과정평가형

최신판

정보처리
산업기사 실기

이대희 저

학습 부교재 및 외부평가 실무 시험 대비 활용!

| **개발자 환경구축 방법**을 체계적으로 안내 | 다양한 오류 상황에 대한 **대응법 수록** | 문제와 풀이를 분리한 **자기 주도 학습 구성** | 프로그램 초보자를 위한 **맞춤형 설명** |

 **4가지 출제 유형**의 문제 및 풀이 제공

과정평가형
국가기술자격
교육·훈련 1 + 내·외부평가 2

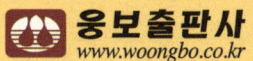
www.woongbo.co.kr

01 책의 머리말 PREFACE

정보처리산업기사 자격증은 IT 분야로 진입하고자 하는 많은 이들에게 필수적인 자격입니다. 그러나 기존 검정형 자격은 실무 경력이나 전문학사 이상의 학력을 요구하여 접근이 쉽지 않았습니다. 이러한 제약을 보완하기 위해 2016년부터 과정평가형 자격제도가 도입되었습니다.

과정평가형은 600시간의 교육과정을 통해 9과목을 이수하고, **내부평가와 외부평가(지필 및 실무평가)를 통해 평균 80점 이상을 취득해야 자격을 얻을 수 있는 체계적인 제도**입니다.

단순히 시험을 위한 공부가 아니라, **이론과 실무를 겸비한 초급 개발자 양성을 목표**로 하고 있습니다.

본 교재는 특히 **외부평가 중 실무평가를 어려워하는 수험생을 위해 구성**되었습니다. 개발 환경 설정부터 프로그램 구현, 테스트에 이르기까지 실무 흐름에 맞춰 단계별로 설명하고 있어, **학습자가 실제 개발 역량을 자연스럽게 쌓을 수 있도록 돕습니다.**

1. 개발자 환경구축을 체계적으로 안내

실제 프로그램 구현을 위해 필요한 개발 환경설정 과정을 단계별로 상세히 안내합니다. 여러 프로그램을 설치하고 설정하는 순서, 정상 설치 여부를 확인하는 방법까지 설명하여 초보자도 혼자서 무리 없이 시작할 수 있도록 돕습니다.

2. 다양한 오류 상황에 대한 대응법 수록

학습 중 자주 발생하는 오류와 그에 대한 대응 방법을 책 곳곳에 실었습니다. 단순한 문제라도 해결방법을 몰라 당황하거나 시간을 낭비하지 않도록, 예상 가능한 문제와 그 해결책을 미리 안내하여 실전 시험은 물론 연습 과정에서도 학습자의 자신감과 효율성을 높입니다.

3. 문제와 풀이를 분리한 자기 주도 학습 구성

문제 풀이 방식은 기본형 예제를 통해 먼저 설명하고, 이후 제공되는 연습 문제는 문제와 풀이를 분리하여 학습자가 스스로 풀어보는 과정을 경험할 수 있도록 구성했습니다. 또한, HTML, CSS, JS, 데이터베이스 등 영역별 난이도를 조절하여 점진적으로 실력을 향상시킬 수 있도록 하였습니다.

4. 프로그래밍 초보자를 위한 맞춤형 설명

저자는 다년간 교육 현장에서 초보 학습자가 어려움을 느끼는 지점을 직접 경험하고 분석해 왔습니다.

따라서 이 책은 초보자가 가장 이해하기 쉬운 방식으로 문제에 접근하도록 유도하며, 일관된 프로그래밍 방식을 유지한 상태에서 추가 요구사항을 어떻게 반영해야 하는지를 해당 문제 풀이 과정에 중점적으로 안내합니다. 이를 통해 학습자는 혼란 없이 자연스럽게 실력을 키워갈 수 있습니다.

과정평가형 정보처리산업기사 자격증은 단순한 시험 통과를 넘어, 실력을 갖춘 초급 개발자로 성장하기 위한 첫걸음입니다. 이 책이 여러분의 자격 취득은 물론, 실무 역량 향상에도 실질적인 도움이 되기를 바랍니다.

저자 이대희 씀

이 책의 차례 CONTENTS

PART I 과정평가형의 개요 및 개발 환경 구축

CHAPTER 1 과정평가형이란?

1. 과정평가형 ··· 008
2. 과정평가형 장점 ·· 009
3. 교육훈련 기관 ··· 010
4. 필수능력 단위 ··· 010
5. 평가방법 ··· 011

CHAPTER 2 개발자 환경 구축

1. WAS 서버(Apache Tomcat) 프로그램 설치 ··· 015
2. 개발 프로그램 설치 ··· 018
3. 데이터베이스 관리 시스템(DBMS: Database Management System) 설치 ···· 023

PART II 외부평가

CHAPTER 1 　외부평가 기본형 실무 문제 풀이 따라하기

1. 문제를 풀기 전에 ··· 031
2. 기본형 실습 과제 ··· 032
3. 기본형 실습 과제 풀이 따라 하기 ·· 039

CHAPTER 2 　외부평가 시험 2차 평가(실무) 대비 문제

1. 과제 1 제과점 매출관리 프로그램 ··· 109
2. 과제 2 독서실 자리관리 프로그램 ··· 119
3. 과제 3 놀이동산 관리 프로그램 ·· 132

CHAPTER 3 　외부평가 시험 2차 평가(실무) 대비 문제 풀이

1. 풀이 1 제과점 매출관리 프로그램 ··· 157
2. 풀이 2 독서실 자리관리 프로그램 ··· 221
3. 풀이 3 놀이동산 관리 프로그램 ·· 279

이 책의 차례 | 005

정보처리산업기사 실기(과정평가형)

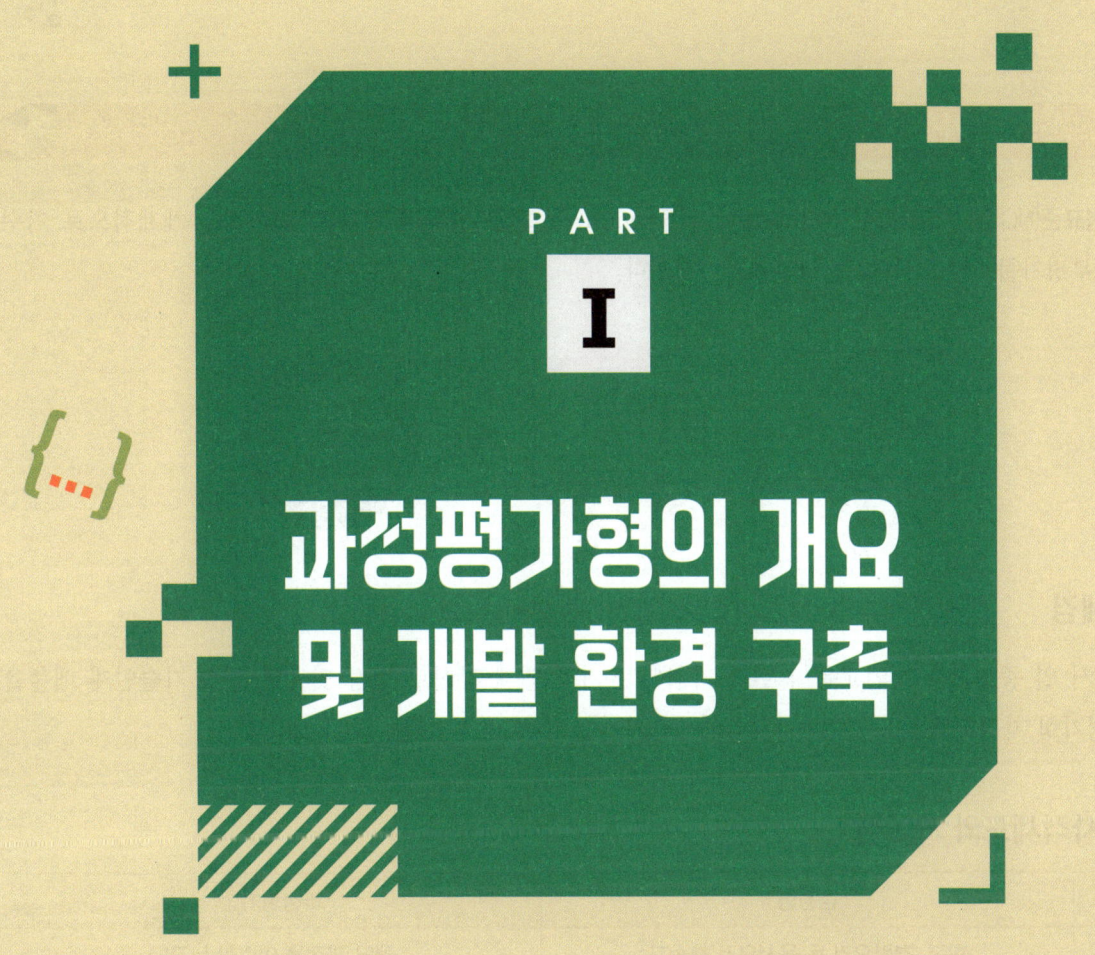

PART I

과정평가형의 개요 및 개발 환경 구축

CHAPTER 1. 과정평가형이란?
CHAPTER 2. 개발자 환경 구축

CHAPTER 1. 과정평가형이란? (출처 https://c.q-net.or.kr/)

1 과정평가형

국가직무능력표준(NCS : National Competency Standards)으로 설계된 교육·훈련과정을 체계적으로 이수하고 내·외부평가를 거쳐 취득하는 국가기술자격이다.

1 도입배경

산업현장에서 일 중심으로 직업교육·훈련과 자격의 유기적 연계 강화로 현장 맞춤형 우수 기술인재 배출을 위해 과정평가형 자격제도를 도입하였다. (국가기술자격법 10조 개정 신설, '14.5.20)

2 기존 자격제도와 차이점

구분	검정형	과정평가형
응시자격	학력, 경력요건 등 응시요건 충족자	해당 과정을 이수한 누구나
평가방법	지필평가 · 실무평가	내부평가 · 외부평가
합격기준	필기 : 평균 60점 이상 / 실기 : 60점 이상	내부평가와 외부평가 결과를 1 : 1로 반영하여 평균 80점 이상
자격증	기재내용 : 자격종목, 인적사항	검정형 기재 내용 + 교육 · 훈련 기관명, 교육 · 훈련 기간 및 이수시간, NCS 능력 단위명

2 과정평가형 장점

1 누구나 참여

1) 해당 교육·훈련을 성실히 이수할 수 있는 사람
2) 별도 응시자격 없이 기능사, 산업기사, 기사 응시 가능
3) 과정 이수자 누구나 외부평가 응시자격 부여

응시자격		최소 훈련시간(h) 자격 종목별로 다름		
		직업기초	필수 능력단위	총 이수 시간
기능사	과정 이수자 누구나	12h ~ 40h	약 200h	약 320h(80%) ~ 600h(150%)
산업기사		18h ~ 60h	약 400h	약 480h(80%) ~ 900h(150%)
기사		24h ~ 80h	약 600h	약 640h(80%) ~ 1,200h(150%)

2 과정 참여 혜택

1) 비용지원 훈련과정의 경우 훈련비용 지원(참여기관 및 개인에 따라 상이하니, 고용센터에 문의)
2) 별도의 상담 기간 없이 참여 가능

3 교육·훈련과 자격을 동시에

1) 1차 평가(지필)는 한국산업인력공단 지정장소
2) 2차 평가(실무)는 교육·훈련기관에서 평가 시행
3) 교육·훈련은 모든 능력 단위가 기재된 과정평가형 자격증 발급

4 현장 중심 교육·훈련

1) 산업현장 중심의 지식, 기술 습득
2) NCS 기반의 체계적 교육·훈련으로 경력개발 유리

3 교육훈련 기관

1 NCS 실무교육

다양한 기관에서 과정평가형을 도입해서 목표지향형 NCS 실무교육을 진행하고 있다.

2 기관확인(과정평가형 : https://c.q-net.or.kr/)

과정평가형 자격 > 과정평가자격 안내 > 교육훈련기관 안내

4 필수능력 단위

과정평가형 시험을 응시하기 위하여 이수가 필요한 NCS 능력 단위이다.

1 정보처리산업기사

연번	능력 단위 코드	능력 단위명(세분류명)	수준	최소 교육훈련 시간
1	2001020214_23v6	애플리케이션 배포	3	30시간
2	2001020225_23v6	화면 구현	3	60시간
3	2001020227_23v6	애플리케이션 테스트 수행	3	45시간
4	2001020230_23v5	프로그래밍 언어 응용	3	30시간
5	2001020231_23v5	프로그래밍 언어 활용	2	60시간
6	2001020232_23v5	응용 SW 기초 기술 활용	3	30시간
7	2001020233_23v5	개발자 환경 구축	2	15시간
8	2001020413_19v4	SQL 활용(DB 엔지니어링)	3	60시간
9	2001020709_19v3	UI 테스트(UI/UX 엔지니어링)	2	45시간

2 정보처리기능사(2026년부터 명칭 변경 '프로그래밍기능사')

연번	능력 단위 코드	능력 단위 명(세분류명)	수준	최소 교육훈련 시간
1	2001020225_23v6	화면 구현	3	45시간
2	2001020227_23v6	애플리케이션 테스트 수행	3	45시간
3	2001020230_23v5	프로그래밍 언어 응용	3	30시간
4	2001020231_23v5	프로그래밍 언어 활용	2	30시간
5	2001020232_23v5	응용 SW 기초 기술 활용	3	30시간
6	2001020233_23v5	개발자 환경 구축	2	15시간
7	2001020413_19v4	SQL 활용(DB 엔지니어링)	3	30시간
8	2001020415_19v1	SQL 작성(DB 엔지니어링)	2	30시간

5 평가방법

1 평가대상

- 내부평가 이수자를 대상으로 외부평가 응시 가능
- 교육·훈련과정을 마친 이수자에 대한 평가로 과정평가형자격의 공신력을 재고하기 위해 시행

1) 이수자란?

모두 능력 단위별 교육·훈련과정에 75% 이상 출석하여야 하며, 교육·훈련기관에서 시행하는 모든 내부평가에 응시하여 기준(필수능력 단위별 60점 이상 득점, 선택능력 단위 및 자율편성 교과 Pass) 충족 시 이수자로 결정된다.

2) 이수 기준 미충족자

내부평가 결과 해당 능력 단위별 평가점수가 100점 만점 기준 60점 미만이거나, 선택능력 단위 및 자율편성 교과가 Fail인 교육·훈련생은 '이수 기준 미충족자'가 되고 외부평가 대상에서 제외된다.

단, 이수 기준 미충족자에 대해서는 교육·훈련기관에서 마련한 별도의 프로그램 수료 후 1회에 한해 재평가 기회 부여가 가능하나, 이 경우 교육·훈련기관에서 제출한 운영계획서에 반영되어 있어야 한다.

2 외부평가 방식

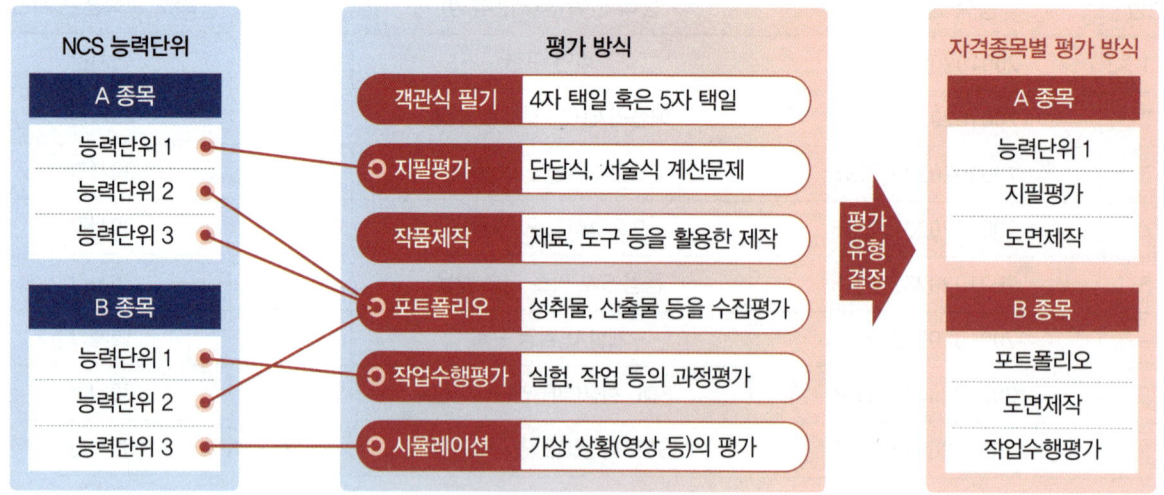

3 자격증 취득 기준

내부평가	외부평가	합격 기준
100점 × 필수능력 단위 수	필기 100점 (20%) 실무 100점 (30%)	80/100점 이상
50%	50%	100%

4 외부평가 재응시

1) 외부평가 재응시자란?
최초응시한 과정평가형 자격 외부평가에서 합격 기준에 미달하여 다시 외부평가에 응시하고자 하는 교육훈련생

2) 원활한 외부평가 재응시를 위해서는?

가) 재응시 기한 확인

(1) 외부평가 재응시를 희망하는 경우, 교육훈련과정을 이수한 이후 최초로 응시한 외부평가의 합격자 공고일로부터 2년 이내에 재응시가 가능하다.

(2) 재응시 기한 2년은 본인이 참여한 교육훈련과정을 기준으로 해당 과정의 훈련생에게 모두 동일하게 적용된다.

> 예) 2019년 정기 제1회 외부평가에 최초 응시한 교육훈련과정의 교육훈련생은 당시 합격자 발표일은 2019년 3월 7일로 재응시기한은 2019년 3월 7일로부터 2년간이며, 당시 본인이 응시하지 못하였더라도 재응시기한은 동일함

(3) 재응시 기한 내에 원서접수가 가능한 회차까지 응시 가능하다.

> 예) 2019년 정기 제5회 외부평가에 최초 응시한 교육훈련과정의 교육훈련생의 경우, 당시 합격자 발표일은 2019년 11월 7일로 재응시 기한은 2019년 11월 7일로부터 2년 안에 원서접수가 가능한 외부평가에 재응시할 수 있음

나) 원서접수 전, 교육 훈련받은 훈련기관으로 재응시 의사 전달

외부평가 재응시를 희망하는 교육훈련생은 회차별 원서접수 이전 HRD-Net 등록 기간에 본인이 교육훈련을 이수했던 운영기관에 재응시 희망의사를 밝혀주어야 한다. 이는 재응시를 희망하는 종목의 원활한 외부평가 시행준비를 위해 필요한 사항이며, 응시수요가 없는 경우 응시 예정 인원이 없는 것으로 판단하여 원서접수 기간에 해당 종목의 원서접수 및 시험장 선택이 어려울 수 있다. 재응시 의사를 전달하지 않은 경우, 원서접수 기간에 지속적으로 시험장을 확인하시어, 개별 접수를 진행하기 바란다.

다) 개별 원서접수

외부평가 재응시를 희망하는 교육훈련생은 반드시 원서접수 기간에 개별로 원서접수를 해주셔야 외부평가에 응시할 수 있다.

CHAPTER 2. 개발자 환경 구축

2025년 과정평가형 국가기술자격 정보처리산업기사 편성기준 25v5(적용 : 2024-12-12)에 장비 기준정보는 아래와 같다.

장비명	규격	단위	활용 구분 (공용/전용)	1대당 활용 인원
컴퓨터	CPU : i5 이상, RAM : 8G 이상	대	공용	1명
운영체제(OS)	Windows 계열	식	공용	1명
Eclipse	4.3(Kepler) 이상	식	공용	1명
Java	Java SE JDK 7 이상	식	공용	1명
Tomcat	8 이상	식	공용	1명
DBMS	Oracle11g XE 이상 또는 MYSQL 8.0.xx 이상	식	공용	1명
문서작성 프로그램	문서 작성용	식	공용	1명
빔프로젝터	3,000 ANSI 이상	대	공용	실당 1대
프린터	A4 이상	대	공용	실당 1대

이 중 내부평가 및 교육에만 적용되는 부분을 제외한 외부평가 실무 작업에 해당하는 컴퓨터와 윈도 운영체제를 제외한 프로그램 부분만 보면 아래와 같습니다. 이제 우리가 과정 평가 실무 작업을 연습하기 위해서 설치해야 하는 프로그램 설치 방법을 안내하고자 한다.

장비명	규격	비용	설치 링크
Eclipse	4.3(Kepler) 이상	무료	https://www.eclipse.org/
Java	Java SE JDK 7 이상	무료	https://www.oracle.com/
Tomcat	8 이상	무료	https://tomcat.apache.org/
DBMS	Oracle11g XE 이상	무료	https://www.oracle.com/

참고로 프로그램 설치를 위한 컴퓨터 환경은 편성기준에 고시된 Intel i5 중앙처리장치(CPU)와 Window 10 운영체제를 기반으로 하며 웹 브라우저는 크롬을 사용하였다. 간혹 Intel CPU가 아닌 AMD용 CPU를 사용하는 독자가 있다면, 설치 중간에 안내하는 ARM 64용 설치파일을 다운받아서 동일한 방법으로 설치하면 되며, 순서는 크게 중요하지 않으니 자신이 원하는 순서로 설치하면 된다.

1 WAS 서버(Apache Tomcat) 프로그램 설치

1 Apache Tomcat

Apache Tomcat은 Java 기반의 오픈소스 웹 애플리케이션 서버로, 서블릿(Servlet)과 JSP(JavaServer Pages)를 실행할 수 있는 컨테이너 역할을 한다. 가볍고 설정이 쉬워 소규모 웹 서비스부터 엔터프라이즈 환경까지 널리 사용된다. Apache Software Foundation에서 관리하며 안정성과 성능이 뛰어나다.

2 프로그램 설치

https://tomcat.apache.org/ 경로를 웹 브라우저에 입력한다.

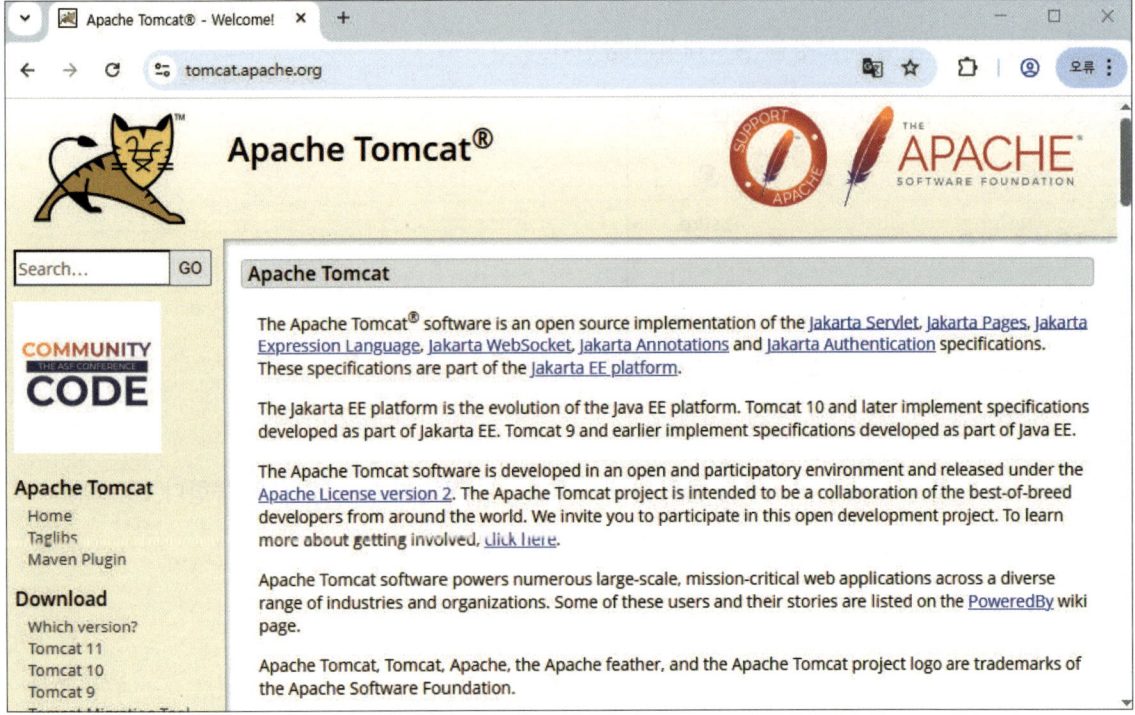

웹사이트에 진입하면 다양한 버전의 Apache Tomcat을 다운로드할 수 있다. 일반적으로 최신 소프트웨어 설치를 권장하지만, 시험장은 서버 프로그램은 안정성을 최우선 순위로 하므로 최대한 안정화가 되어있는 버전인 Apache Tomcat 8.5부터 Apache Tomcat 11까지 다양한 버전의 프로그램이 설치되어 있다. 어떤 버전을 설치해도 문제 풀이에 이상은 없으나 설정에 차이점이 존재하기 때문에 Apache Tomcat 11버전을 중심으로 설명한다.

① 왼쪽하단 내비게이션 목차에서 Download의 Tomcat 11을 클릭한다.

② 이동된 페이지 스크롤을 내려 Binary Distributions의 zip 파일을 클릭하여 다운로드한다.

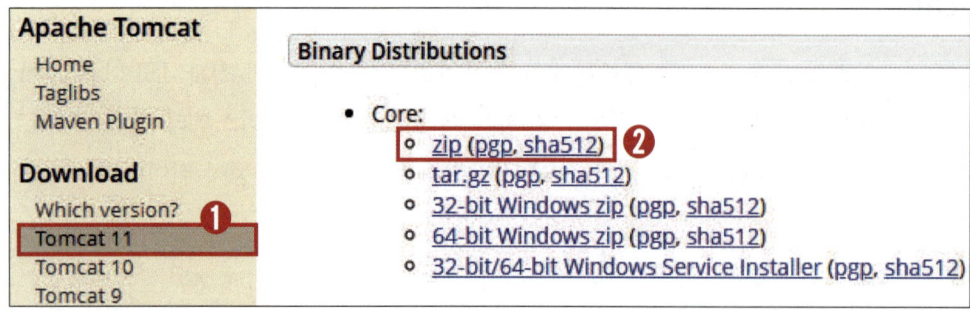

③ 브라우저 상단의 다운로드 상태를 확인한다.

④ 다운로드가 완료되었으면 열기 모양을 클릭해서 이동한다.

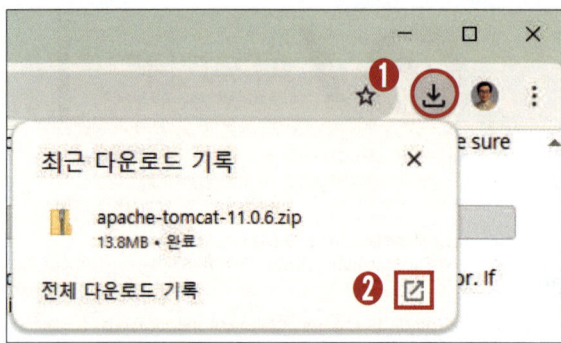

⑤ Apache Tomcat 파일을 오른쪽 마우스를 클릭해서 드래그하여 로컬디스크(C:)로 이동한다.

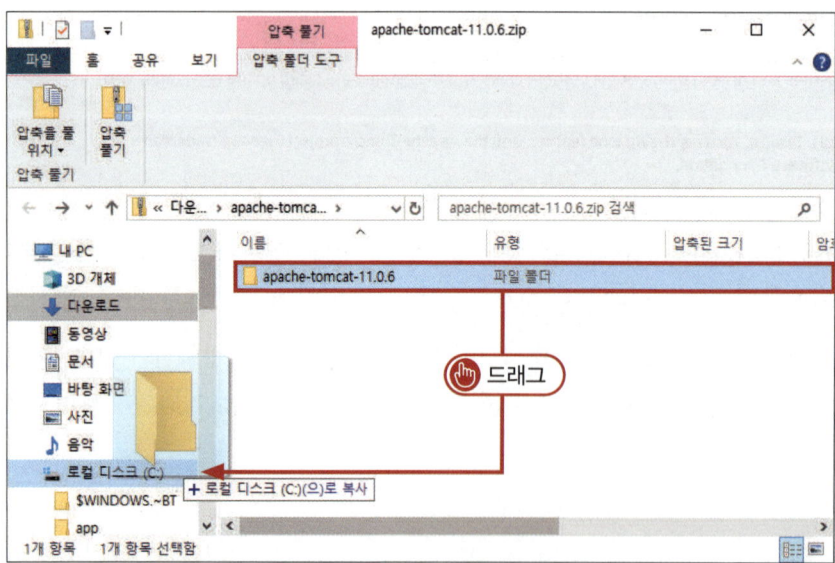

※ 일반적인 프로그램 설치와 다르게 Apache Tomcat은 압축을 푸는 행위만으로 실행 준비가 끝난다. 다만, 일반적인 시험장 설치 경로가 로컬디스크(C:)라서 동일 한 조건으로 구성하였다. 시험장에서 별도의 위치에 Apache Tomcat이 설치되어 있는 경우 감독관이 경로를 안내해 준다.

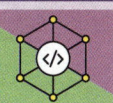
만약 Tomcat 11 대신 Tomcat 9버전을 설치하고 싶다면?

① 왼쪽하단 내비게이션 목차에서 Download의 Tomcat 9를 클릭합니다.

② 이동된 페이지 스크롤을 내려 Binary Distributions의 zip 파일을 클릭하여 다운로드합니다.

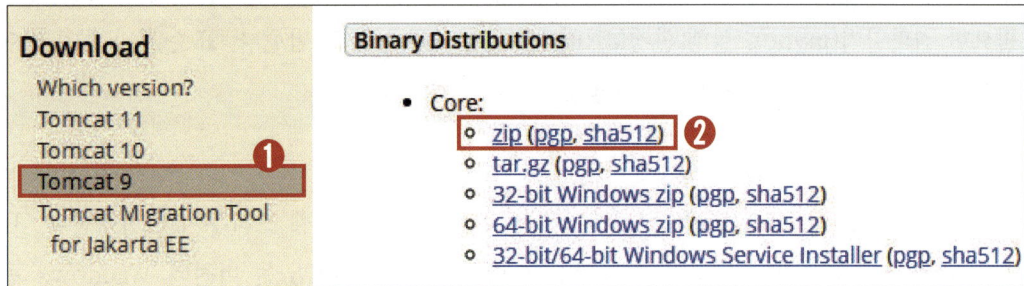

③ 브라우저 상단의 다운로드 상태를 확인합니다.

④ 다운로드가 완료 되었으면 열기 모양을 클릭해서 이동합니다.

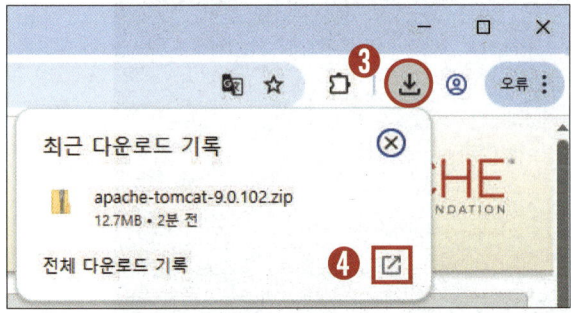

⑤ Apache Tomcat 파일을 오른쪽 마우스를 클릭해서 드래그 하여 로컬디스크(C:)로 이동합니다.

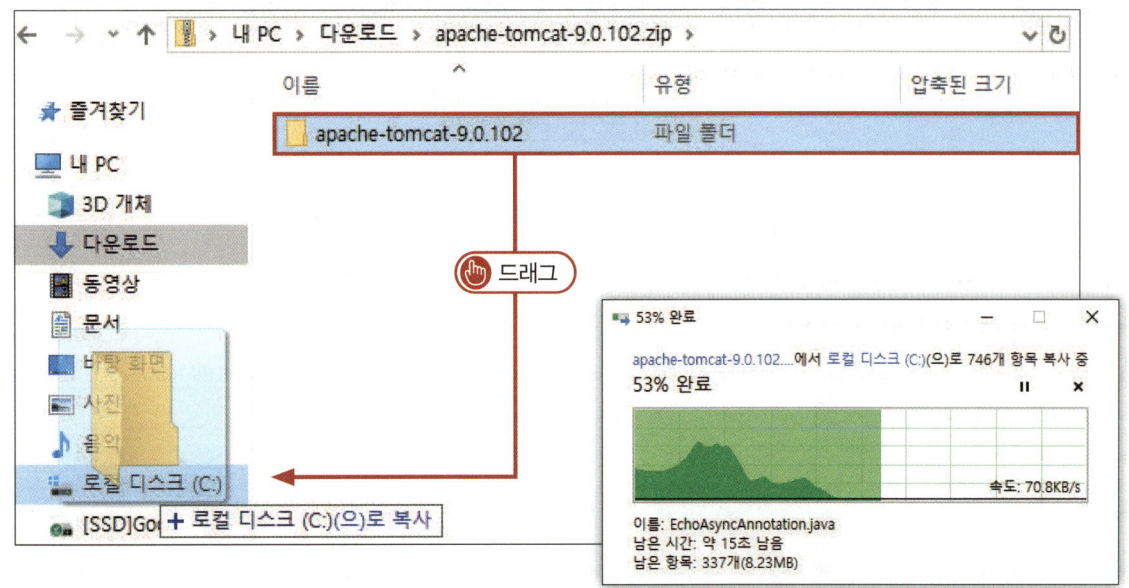

CHAPTER 2. 개발자 환경 구축 | 017

2 개발 프로그램 설치

1 JAVA 프로그램 개발 키트(Java SE Development Kit) 설치

1) JAVA 프로그램 개발 키트(Java SE Development Kit)

Java SE Development Kit(JDK)은 오라클에서 제공하는 Java 표준 개발 키트로, 자바 응용 프로그램 개발과 배포에 필요한 컴파일러(javac), 실행 환경(JRE), 디버깅 도구 등을 포함한다. 표준 자바 API 라이브러리를 제공하며 플랫폼 독립적인 개발 환경을 지원한다.

2) 프로그램 설치

https://www.oracle.com/kr/java/technologies/downloads/ 경로를 웹 브라우저에 입력한다. JDK의 경우 가급적 최신 프로그램을 설치하는 것이 좋기 때문에 링크에 최상 단에 있는 버전의 'Windows' 운영체제용 'x64 Installer'를 클릭하여 다운로드한다. (실습할 당시 더 최신의 버전이 있으면 그것으로 설치한다.)

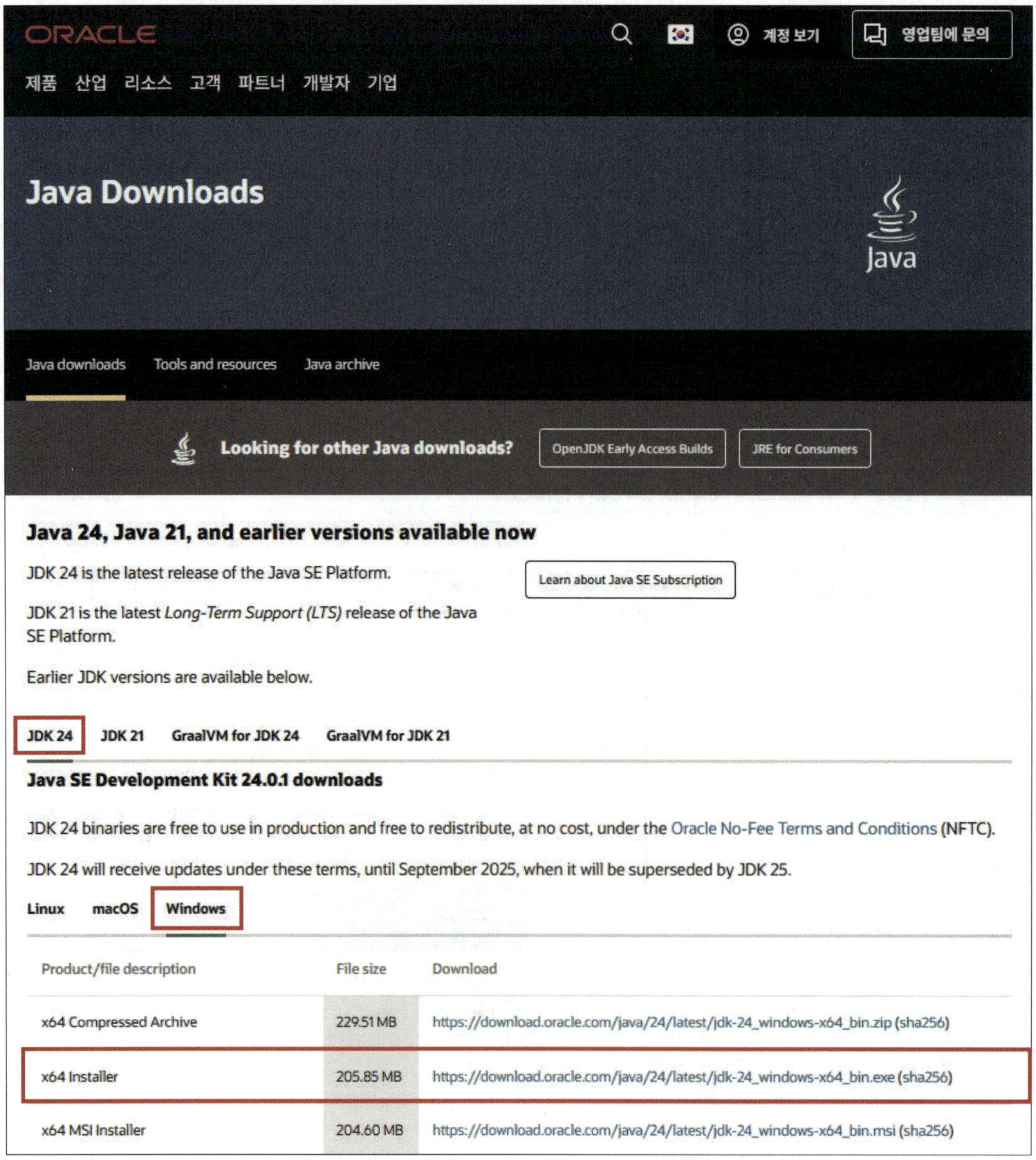

① 다운받은 파일을 실행한다.

② [Next 〉] 버튼을 클릭한다.

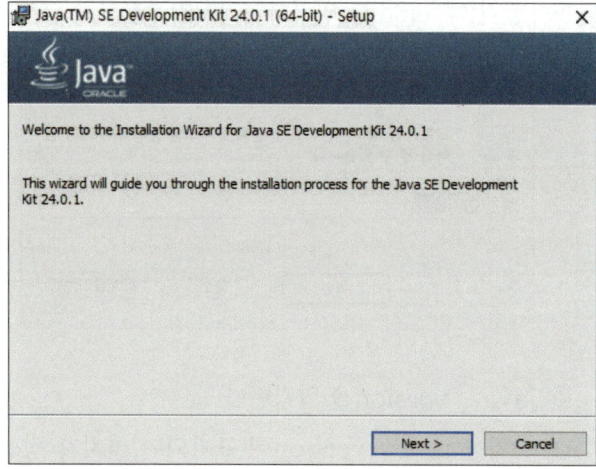

③ 설치 경로를 확인하고 [Next] 버튼을 클릭한다.

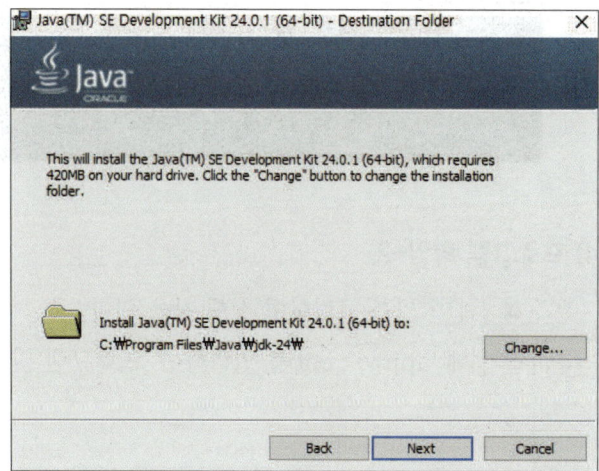

④ 설치가 완료되면 [Close] 버튼을 클릭하여 닫는다.

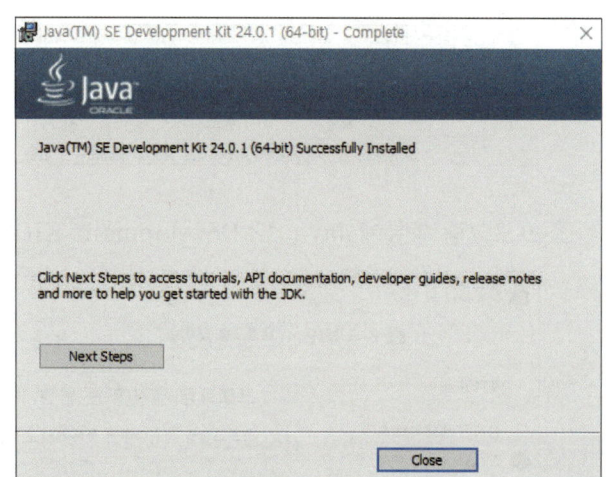

3) 프로그램 확인-1

① ⊞+R를 눌러 실행 창을 연다.
② [열기]에 'cmd'를 입력하여 '명령 프롬프트' 창을 연다.

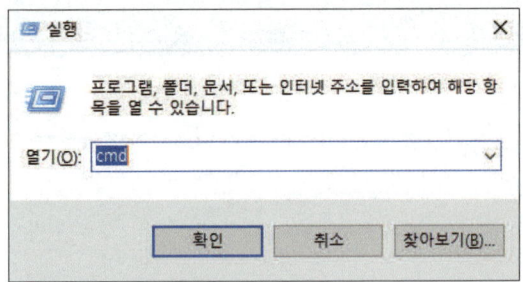

③ java -version을 입력한다.
④ 설치한 java -version이 표기되면 설치가 정상적으로 완료한다.

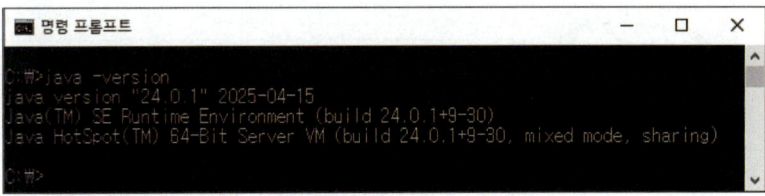

4) 프로그램 확인-2

① ⊞+R 키를 클릭하여 실행 창을 연다.
② [열기]에 'appwiz.cpl'를 입력하여 '프로그램 및 기능' 창을 연다.

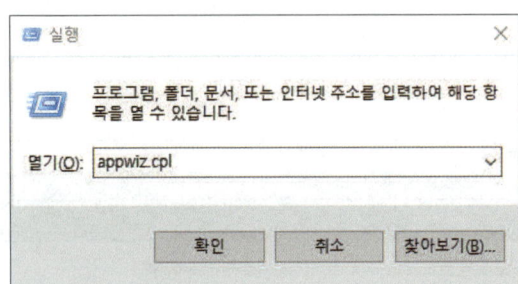

③ 프로그램 목록에 Java SE Development Kit가 있으면 완료한다.

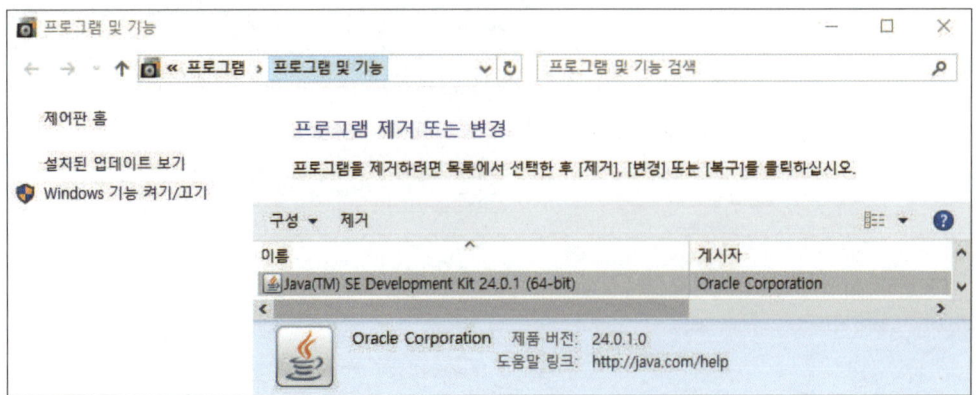

❷ 통합 개발 환경 프로그래밍 도구 설치(Eclipse)

1) 통합 개발 환경 프로그래밍 도구(Eclipse)

Eclipse는 오픈 소스 기반의 통합 개발 환경(IDE)으로, 주로 Java 언어 개발에 널리 사용한다. 그러나 Java 뿐만 아니라 C, C++, PHP, Python 등 다양한 언어에 대한 플러그인과 확장 기능을 제공하여 범용 개발 도구로 활용할 수 있다. Eclipse는 플러그인 아키텍처, 프로젝트 관리, 디버깅 및 테스트, 리팩토링 및 코드 자동 완성, 버전 관리 시스템 통합 등 다양한 개발 분야를 지원하고 있으며, 우리는 Eclipse를 사용해서 HTML 기반으로 JavaScript와 JSP 프로그래밍을 구현하고, JDBC 드라이버를 사용해서 JAVA 기반으로 Oracle 데이터베이스와 연동을 통해 완성형 WAS 서버를 구축한다.

2) 프로그램 설치

https://www.eclipse.org/downloads/ 경로를 웹 브라우저에 입력합니다. Eclipse의 경우 버전마다 저장 디렉터리 경로가 바뀌고, 기본 언어코드가 바뀌는 등의 문제가 있지만, 최신 버전일수록 사용자 편의성이 높아지기 때문에 최신 버전을 기준으로 설치하고, 상황에 따라 이전 버전 설치에서 발생할 수 있는 문제점도 다루도록 한다.

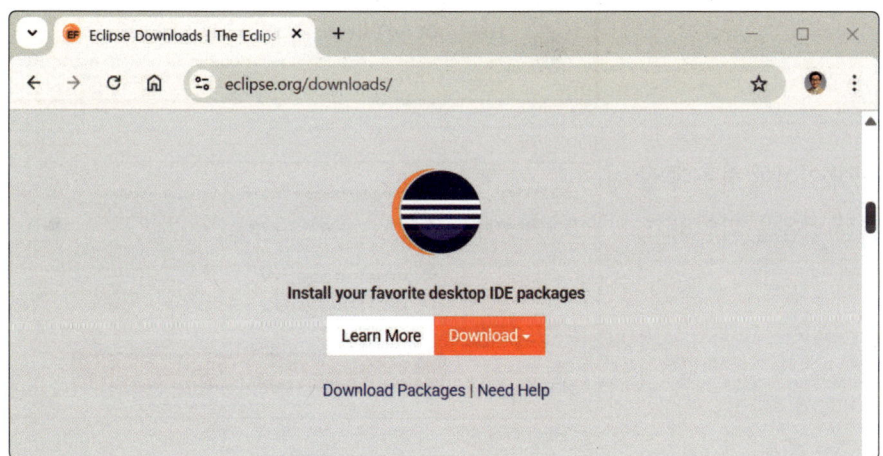

① 중앙의 Download를 클릭하고, x86_64 버전을 선택한다.

② 이동된 페이지 Download를 클릭하여 다운로드한다.

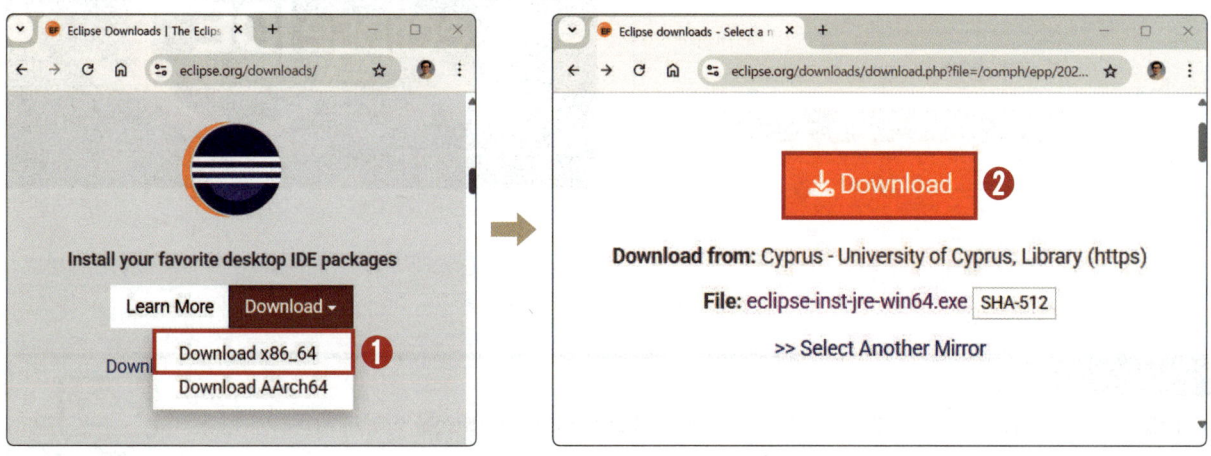

③ 브라우저 상단의 다운로드 상태를 확인한다.

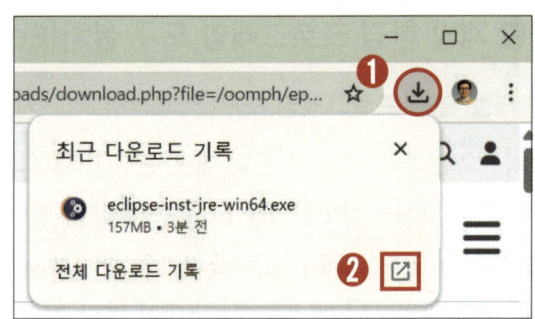

④ 다운로드가 완료되었으면 열기 모양을 클릭해서 이동한다.

⑥ Java and Web Developers 클릭해서 실행한다.

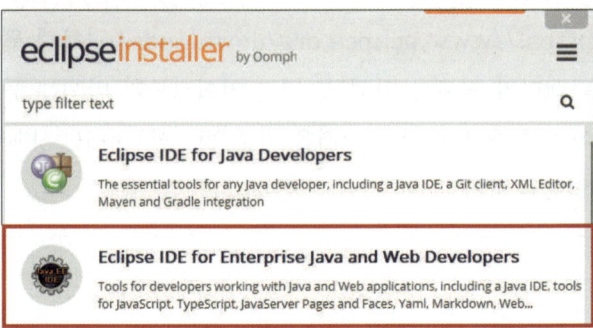

⑦ Java는 21 버전 이상이 설치되어 있어야 하는데 상위 버전이 설치되어 있으니 이상 없음을 확인하고, 원하는 설치 위치에 설치한다.

⑧ 설치가 끝나면 LAUNCH 버튼을 눌러 실행을 확인한다.

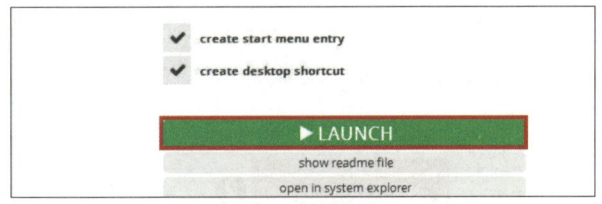

참고 사항

Eclipse는 거의 매달 최신 버전이 나오고 있다. 버전에 신경 쓰지 말고 최신 버전을 받아서 사용하면 된다.

3 데이터베이스 관리 시스템(DBMS: Database Management System) 설치

1 Oracle Database 11g Express Edition 프로그램 설치

https://www.oracle.com/kr/database/technologies/xe-downloads.html 경로를 웹 브라우저에 입력한다.

① [Oracle Database XE 다운로드하기]를 클릭한다.

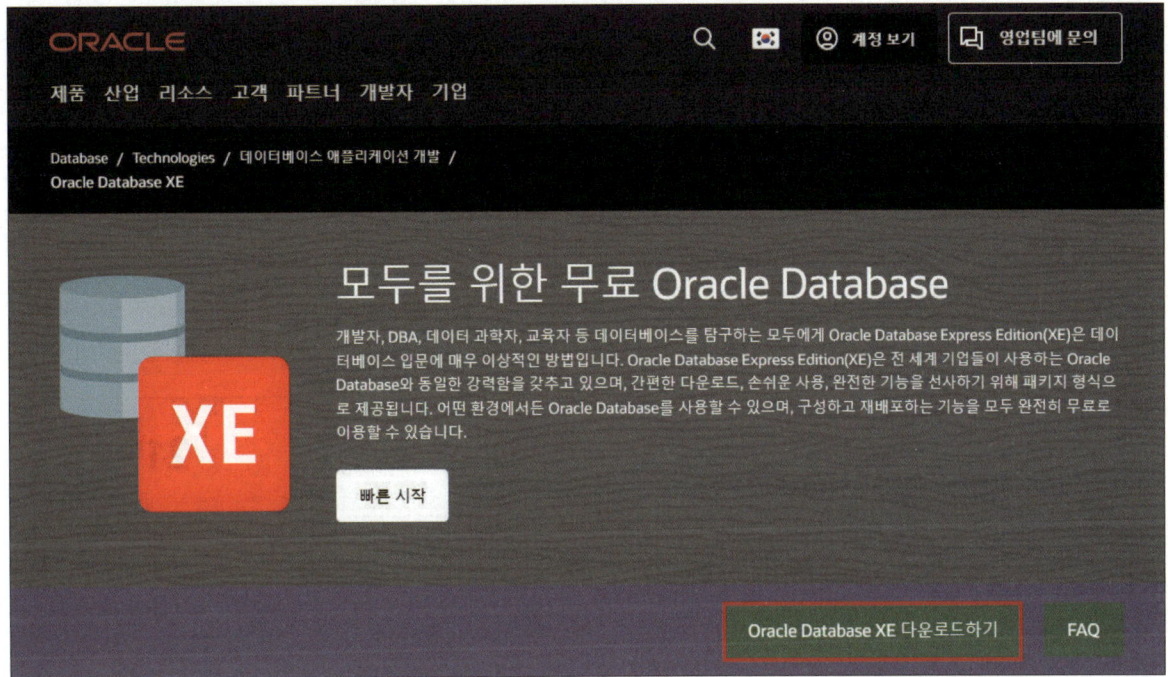

② [Oracle Database 21c Express Edition for Windows x64]를 클릭한다.

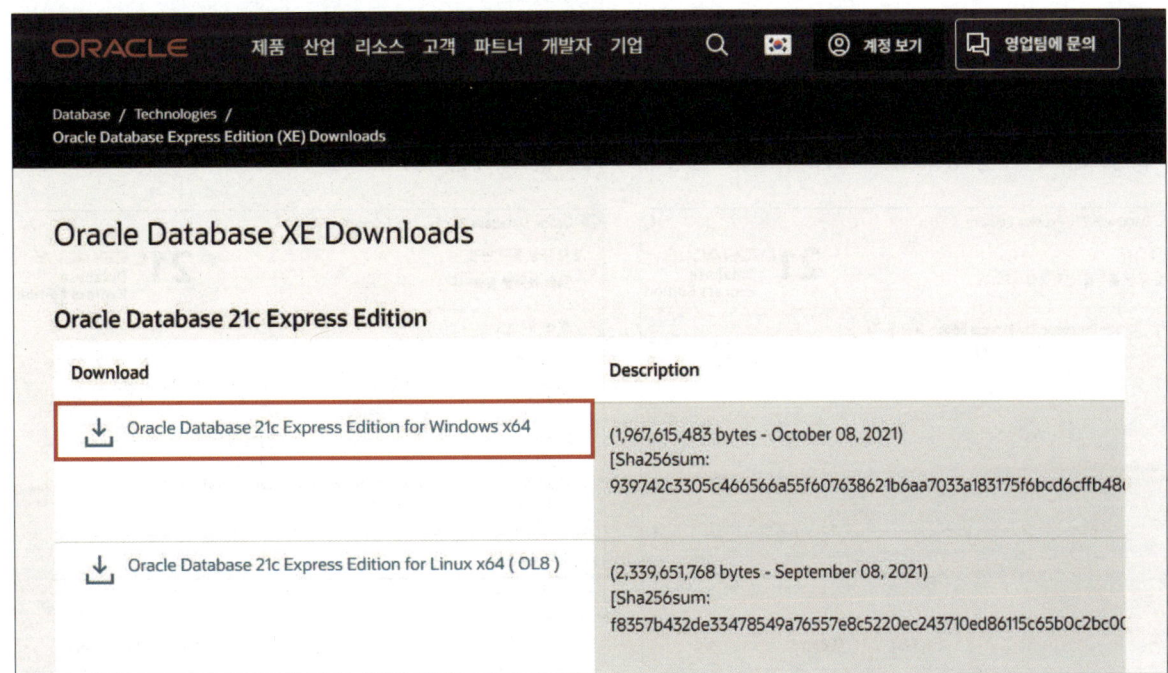

③ 다운받은 파일을 압축을 푼다.

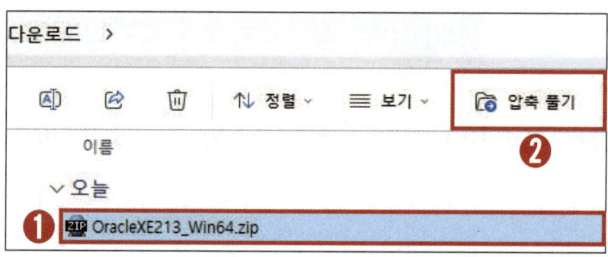

④ 압축이 풀린 폴더에 들어가서 [setup] 파일을 실행한다.

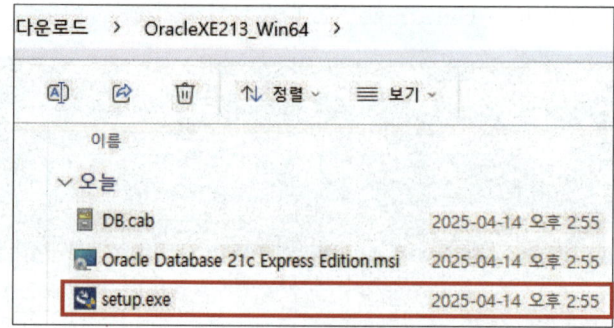

⑤ 설치 마법사를 시작한다.

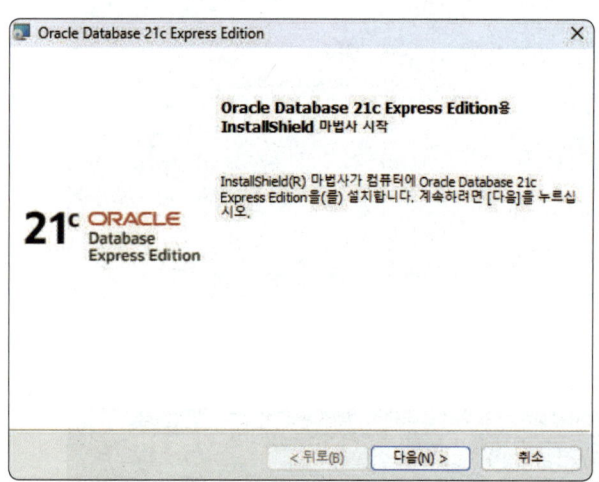 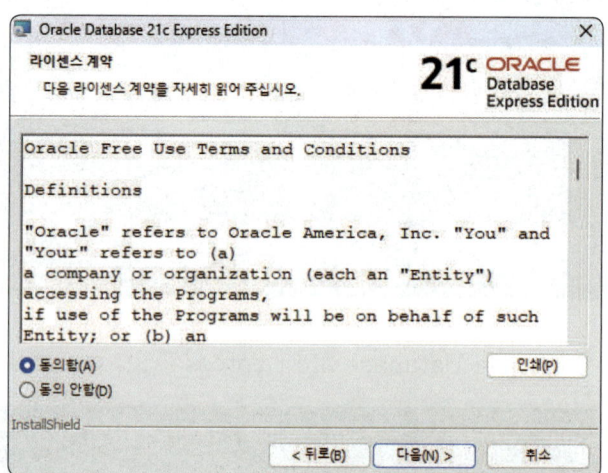

⑥ 설치 경로를 원하는 경로(예 c:/oraclexe)로 변경하고 확인을 클릭한다.

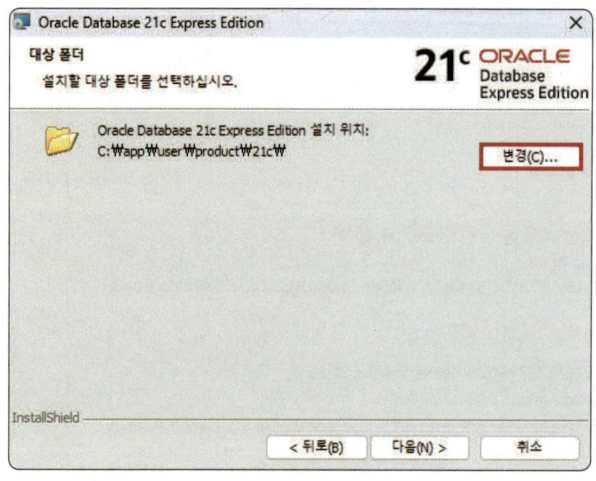 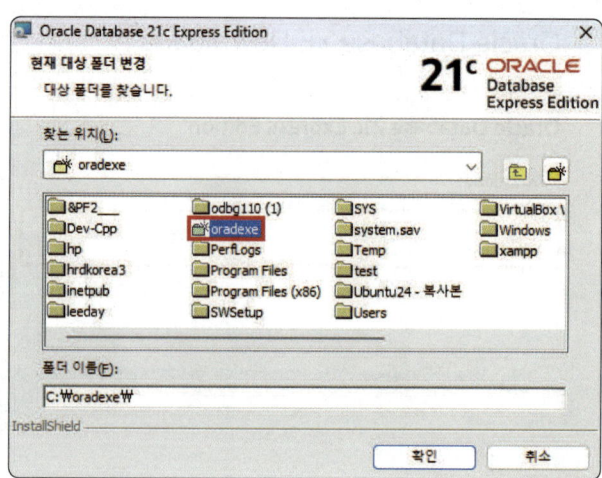

⑦ 비밀번호를 입력할 때 기본적으로 '1234'를 사용한다.

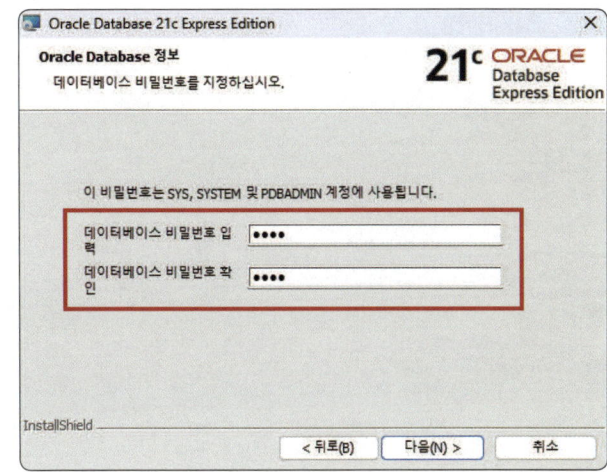

⑧ 설치 정보를 확인하고 설치한다.

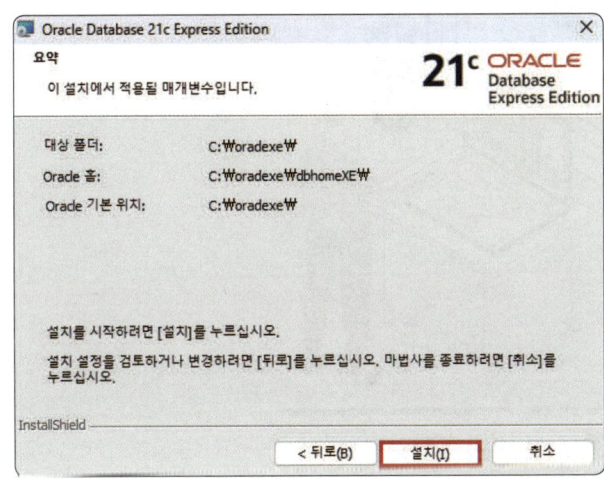 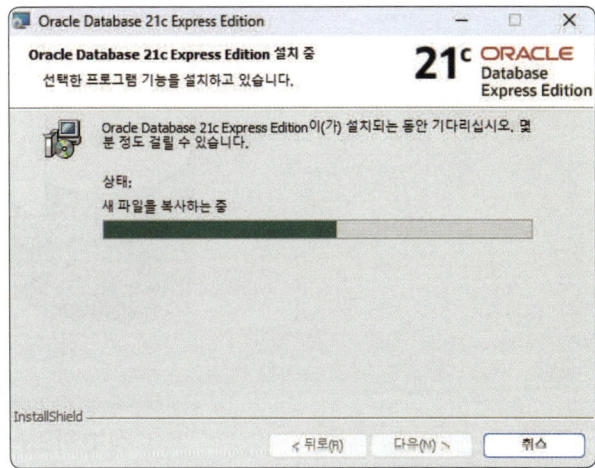

⑨ [시작] → [명령 프롬프트]에서 sqlplus를 입력해서 id:system pw:1234로 실행이 되는지 확인한다.

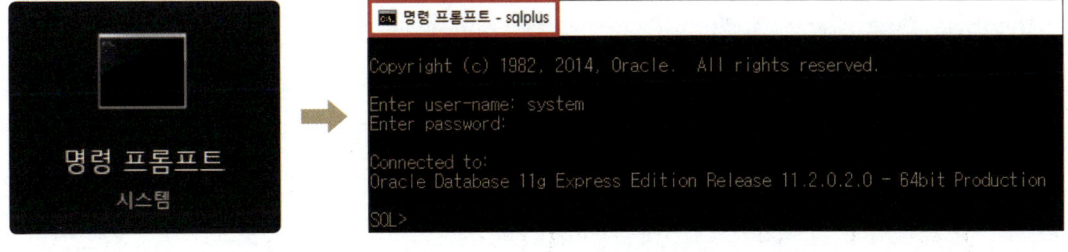

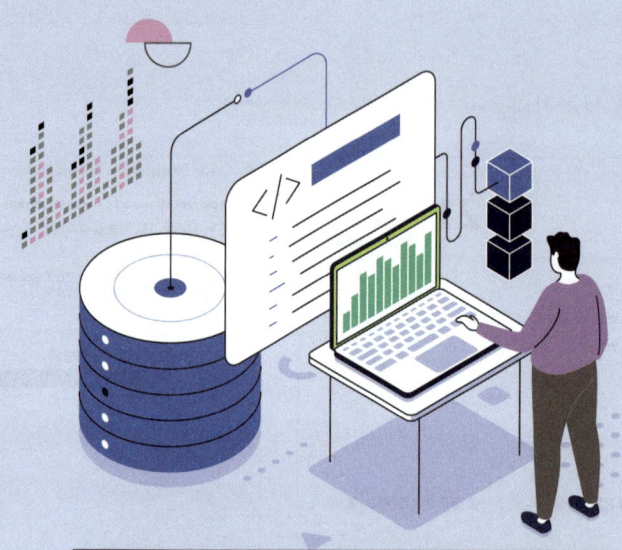

정보처리산업기사 실기(과정평가형)

PART II

외부평가

CHAPTER 1. 외부평가 기본형 실무 문제 풀이 따라하기
CHAPTER 2. 외부평가 시험 2차 평가(실무) 대비 문제
CHAPTER 3. 외부평가 시험 2차 평가(실무) 대비 문제 풀이

CHAPTER 1

외부평가 기본형
실무 문제 풀이 따라하기

CHAPTER 1. 외부평가 기본형 실무 문제 풀이 따라하기

1 문제를 풀기 전에

과정평가형 실습 시험을 다년간 분석하면서, 문제를 풀이하는 과정에서 공통적으로 진행해야 하는 과정이 있다. 이 문제는 그런 공통적 과정을 문제로 만든 것입니다. 실제 문제로 보면 매우 쉬운 수준이지만, 처음 접하는 과정에서는 가장 필요한 가이드 자료가 될 것이다.
이 과정을 저자와 같이 풀어본다면, 실습 과제에 해단 전반적인 이해가 가능할 것이고, 그렇다면 그 이후에는 다양하게 예측할 수 있는 추가 사항에 대해서 대비하면 된다.

처음 실습 과제를 진행한다는 가정으로 상세하게 설명할 예정이기 때문에, 이후 예상 실습 과제에서 어려움에 봉착했다면, 이 부분을 참고해서 고민해보도록 한다.

1 상단 바 설명

과제	기본형	과제명	일정 관리 프로그램	HTML	●○○○○	SSS	●○○○○
				CSS	●○○○○	DB	●○○○○

1) **과제** : 과제번호를 나타낸다. 실습 과제에 따라 번호가 1번부터 순차적으로 붙는다.
2) **과제명** : 해당 과제의 주제를 나타낸다.
3) **HTML** : HTML(Hyper Text Mark-up Language)로 웹사이트에 시각적으로 보이는 부분이다.
   가) 5점 척도로 구성되어서 매우 쉬움 : ●○○○○ – 매우 어려움 : ●●●●● 순으로 나타낸다.
   나) 영역, 스타일 시트, 태그 등의 사용자가 보이는 화면 구현에 관련된 기술이다.
4) **CSS** : CSS는 Client Side Script의 약자로, 서버가 아닌 클라이언트인 웹 브라우저에 의해서 해석되고 적용되는 프로그램이다. 대표적으로 자바스크립트(JS, JavaScript)가 있다.
   가) 5점 척도로 구성되어서 매우 쉬움 : ●○○○○ – 매우 어려움 : ●●●●● 순으로 나타낸다.
   나) 입력 시 유효성 검사, 변수 전달, 경고창 표시 등 웹사이트 보안에 관련성이 적고 서버에 부담을 줄 수 있는 프로그램들을 클라이언트에서 실행하기 위해 개발된 프로그램언어 기술이다.
5) **SSS** : SSS는 Server Side Script의 약자로, CSS와 반대로 서버에 의해서 해석되고 적용되는 프로그램이다. 대표적으로 JSP, PHP, ASP가 있다.
   가) 5점 척도로 구성되어서 매우 쉬움 : ●○○○○ – 매우 어려움 : ●●●●● 순으로 나타낸다.
   나) 데이터베이스 입력, 출력, 삭제, 파일 다운로드, 업로드, 로그인 세션 및 쿠키 생성 등 웹사이트 보안에 관

련성이 높고 클라이언트에 노출 시 위험한 데이터를 처리하기 위한 프로그램들을 서버에서 실행하기 위해 개발된 프로그램언어 기술이다.

2 구성

1) 과제 : 풀이를 해야 할 문제를 시험 보는 형태로 제공한다.

2) 풀이 : 풀이를 위해 해야 할 단계별 작업을 상세하게 제공한다.

가) 환경 구성 : 서버 및 데이터베이스 연동, 인코딩 통일, 프로젝트 생성 등의 작업이 포함된다.

나) 데이터베이스 입력 : 제공되는 문제에서 요구하는 데이터베이스 테이블을 생성하고 값을 입력한다.

다) 화면 구현 : 문제에서 요구하는 화면을 구성하고, 연결될 전체 페이지를 생성한다.

라) 페이지별 기능 구현 : 입력, 검색, 조회 등 각 조건에 맞는 프로그램을 구현 및 단위 테스트를 한다.

마) 최종 테스트 : 문제에서 요구하는 기능이 원활히 되는지 통합 테스트를 실행한다.

바) 데이터 초기화 : 검토를 받기 위해서 프로그램이 제공한 데이터 이외에 테스트 데이터를 삭제한다.

2 기본형 실습 과제

과제	기본형	과제명	일정 관리 프로그램	HTML	●○○○○	SSS	●○○○○
				CSS	●○○○○	DB	●○○○○

1 과제 개요

1) 본 과제는 일정등록과 등록된 일정현황을 확인하는 일정 관리 프로그램이다. 일정등록 및 회원현황, 일정현황 조회가 가능하도록 프로그램을 작성하시오.
2) 프로그램 개발을 위해 개발 환경을 확인하고, 필요한 설정을 수행하시오.
3) 〈표 1〉 DB 연동 소스 코드를 참고하여 필요한 작업을 실시하시오.

2 업무 요건

1) 업무 요건에 따라 회원 정보 테이블, 일정 테이블을 생성하여야 한다.
2) 테이블의 입력 데이터들은 샘플데이터를 참조하여 프로그램 작성과 테스트를 실시하여야 한다.
3) 회원 테이블을 기준에 맞게 생성하고 제공데이터를 입력한다.
4) 일정 테이블을 기준에 맞게 생성하고 제공데이터를 입력한다.
5) 일정을 등록할 때 사용하는 [일정등록] 입력 프로그램 페이지를 작성한다.
6) 등록된 회원을 확인하는 [회원현황] 조회 프로그램 페이지를 작성한다.
7) 등록된 일정을 확인하는 [일정현황] 조회 프로그램 페이지를 작성한다.
8) [홈으로] 페이지를 작성한다.

3 프로젝트 준비

1) 접속에 사용할 오라클 계정은 'system'이고, 암호는 '1234'이다.
2) 이클립스(eclipse)의 작업영역(workspace)은 'C:\sample'를 사용한다.
3) 프로젝트를 생성하기 전에 java, jsp; html, css, text 파일의 기본 인코딩을 'UTF-8'로 지정한다. (이클립스 Window-Preference 메뉴)
4) 이클립스에서 톰캣을 연동하여 실행하기 위한 설정을 수행해야 한다.
5) 오라클 관리를 위해 8080 포트를 사용하고 있기 때문에, 톰캣 서버는 8090 포트를 사용하도록 권장한다.
6) 프로젝트 유형은 'Dynamic Web Project'를 생성하고, 프로젝트 이름은 'default'를 사용한다.
7) 시험 후 이클립스 작업영역(workspace) 즉, 'c:\default' 디렉토리를 반드시 'default.zip'으로 압축해서 제출해야 한다.

```
package DBPKG;

import java.sql.*;
   public static Connection getConnection() throws Exception{
      Class.forName('oracle.jdbc.OracleDriver');
      Connection con = DriverManager.getConnection
         ('jdbc:oracle:thin:@//localhost:1521/xe','system','1234');
      return con;
   }
```

〈표 1〉 DB 연동 소스 코드

4 수행작업

1) 메인화면은 다음과 같은 디자인을 참고하여 작성하시오

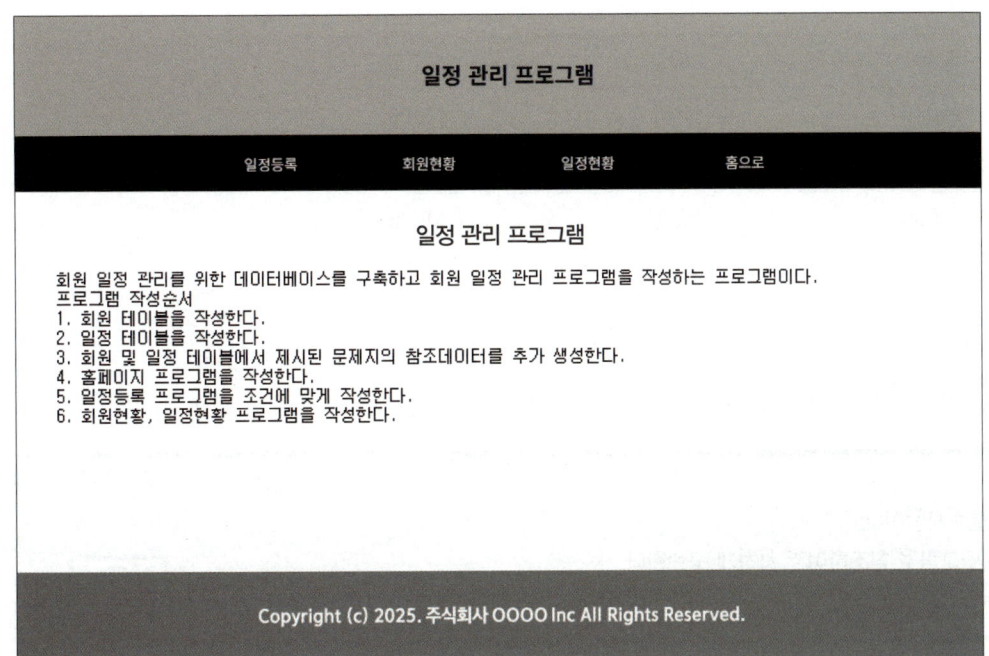

2) 데이터 입출력 요건에 맞게 회원 테이블, 일정 테이블을 생성하시오.

가) 회원 테이블 명세서(테이블 명 : tbl_member)

순서	컬럼 ID	컬럼명	형태	길이	NULL	비고
1	pk_member	회원 코드	VARCHAR	5	NOT	PRIMARY KEY
2	name	회원 이름	VARCHAR	20	NOT	
3	grade	회원 등급	VARCHAR	255		

나) 회원 테이블 제공 데이터

코드	이름	등급
M0001	홍길동	의적
M0002	심청	효녀
M0003	세종	대왕
M0004	이순신	장군
M0005	장영실	과학자

다) 일정 테이블 명세서(테이블 명 : tbl_schedule)

순서	컬럼 ID	컬럼명	형태	길이	NULL	비고
1	pk_schedule	일정 코드	NUMBER	5	NOT	PRIMARY KEY
2	do_date	일정 일자	DATE		NOT	
3	do_memo	일정 메모	VARCHAR	10	NOT	
4	fk_member	회원 코드	VARCHAR	5	NOT	FOREIGN KEY

라) 제과 테이블 제공 데이터

코드	일자	메모	회원 코드
1	20250101	탐관오리 찾기	M0001
2	20250201	아버지 돌보기	M0002
3	20250301	한글 창제	M0003
4	20250401	거북선으로 국가 수호	M0004

3) 회원 테이블, 일정 테이블의 데이터는 SQL 문장을 사용하여 생성된 테이블에 입력하시오.

4) 화면별 업무 요구사항 및 화면 구성 요건에 맞게 화면을 구현하시오.

> **참고 사항**
> - 화면의 구성요소는 필수사항이다.
> - 화면의 스타일은 제공 그림을 참조하여 유사하게 구현한다.
> - 화면의 색상은 구별이 가능하게 작업자가 임의로 선정한다.

가) 시작화면(index.jsp)
　① 시작화면은 헤더(header), 메뉴(nav), 섹션(section), 푸터(footer)로 구성된다.
　② 메뉴는 '일정등록', '회원현황', '일정현황', '홈으로' 등의 메뉴로 구성된다.
　③ 푸터(footer)는 저작권 관련 정보로 구성된다.

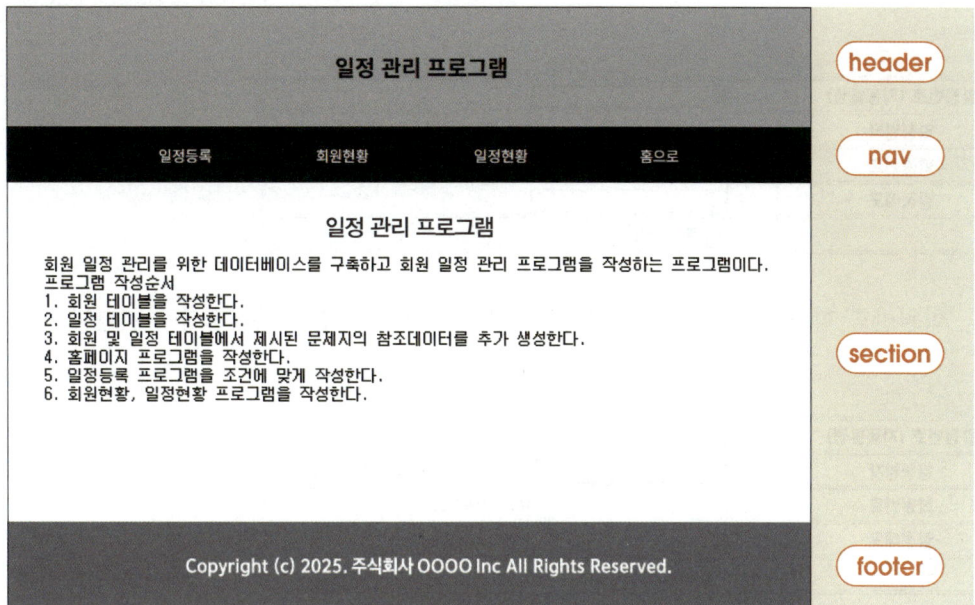

나) 일정등록 화면
　① SQLPLUS를 활용하여 SQL 문으로 '일정' 테이블을 조회하면 다음 화면이 출력된다.

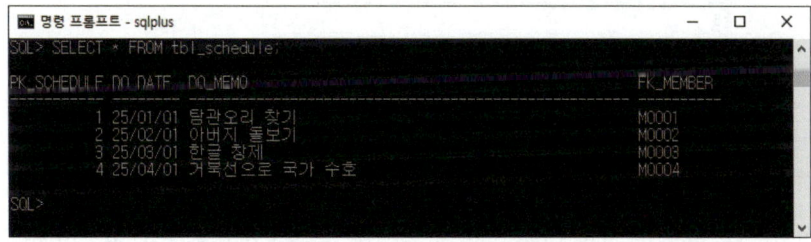

　② '일정등록' 메뉴를 클릭하면 그림과 같이 일정등록 화면이 출력된다.

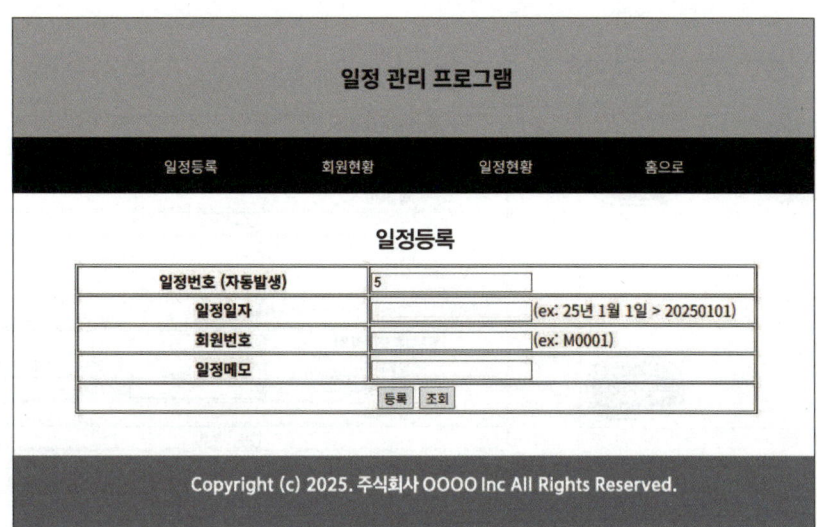

일정등록 화면은 '일정등록'이라는 제목과 폼으로 구성된다. 폼은 일정번호(자동발생), 판매일자, 회원번호, 일정메모 항목으로 이루어져 있다. 모든 항목의 정보를 채운다.

③ '일정번호(자동발생)' 항목은 '일정' 테이블의 마지막 기본키값 +1의 값이 자동으로 입력되어 있도록 한다. 사용자가 웹에서 임의로 수정할 수 없도록 조치한다.

④ '일정일자', '회원번호' 항목은 예시를 첨부하고, 사용자가 웹에서 직접 등록하도록 조치한다.

⑤ '일정메모' 항목은 사용자가 웹에서 직접 등록하도록 조치한다.

⑥ '일정일자', '회원번호', '일정메모' 항목 값이 입력되지 않은 경우에 [등록] 버튼을 누르면 '{항목}을 입력하지 않았습니다!'라는 알림창이 화면에 나타나고 알림창의 '확인' 버튼을 누르면 포커스가 해당 항목으로 이동한다.

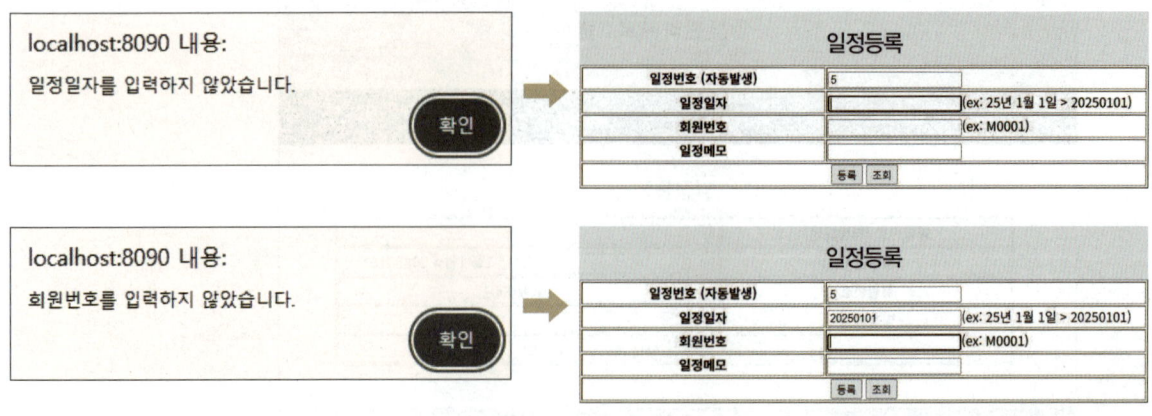

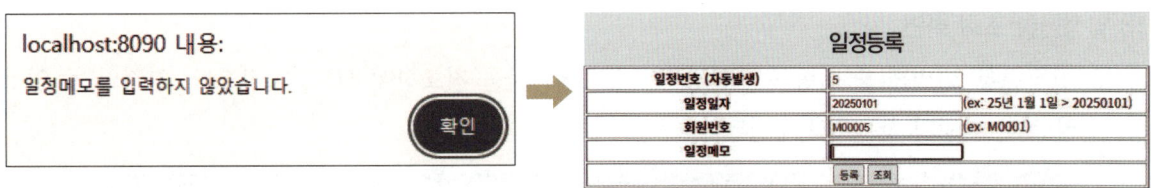

⑦ 모든 항목을 입력한 후 '등록' 버튼을 누르면 데이터베이스 '일정' 테이블에 저장된 후 '일정등록이 정상적으로 되었습니다.'라는 알림창이 화면에 출력되며 알림창의 '확인' 버튼을 누르면 메인(시작) 화면으로 이동한다.

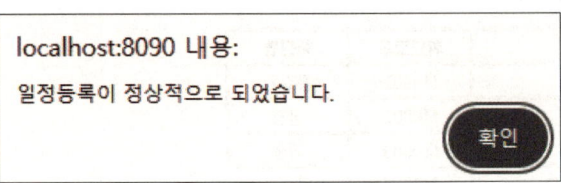

⑧ '조회' 버튼을 누르면 '일정현황' 페이지 화면으로 이동한다.

다) 회원현황 조회 화면

① '회원현황' 화면의 출력 항목은 제과 테이블을 참조하여 회원코드, 회원명, 등급 항목으로 구성된다.

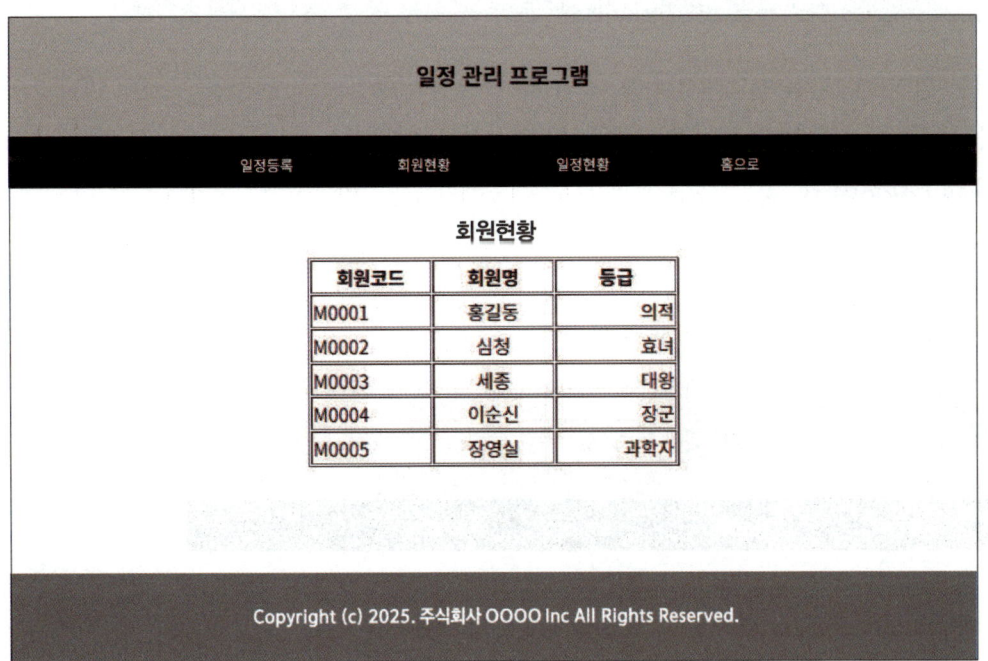

② 각 데이터는 위의 출력물을 참고해서 왼쪽, 중앙, 오른쪽 정렬 형식으로 출력되도록 처리한다.
③ 조회된 데이터는 '회원코드'로 정렬하여 보여준다.

라) 일정현황 조회 화면

① '일정현황' 화면의 출력 항목은 일정 및 회원 테이블을 참조하여 코드, 일정코드, 일정일자, 일정명, 회원코드, 회원명 항목으로 구성된다.

② 각 데이터는 위의 출력물을 참고해서 왼쪽, 오른쪽, 중앙정렬 형식으로 출력되도록 처리한다.
③ '일정일자' 데이터의 화면 출력 형식은 년-월-일 형식으로 출력한다.

　예 20250401 〉 2025-04-01

마) 홈으로 메뉴

'홈으로' 메뉴를 클릭하면 메인(시작) 화면으로 이동한다.

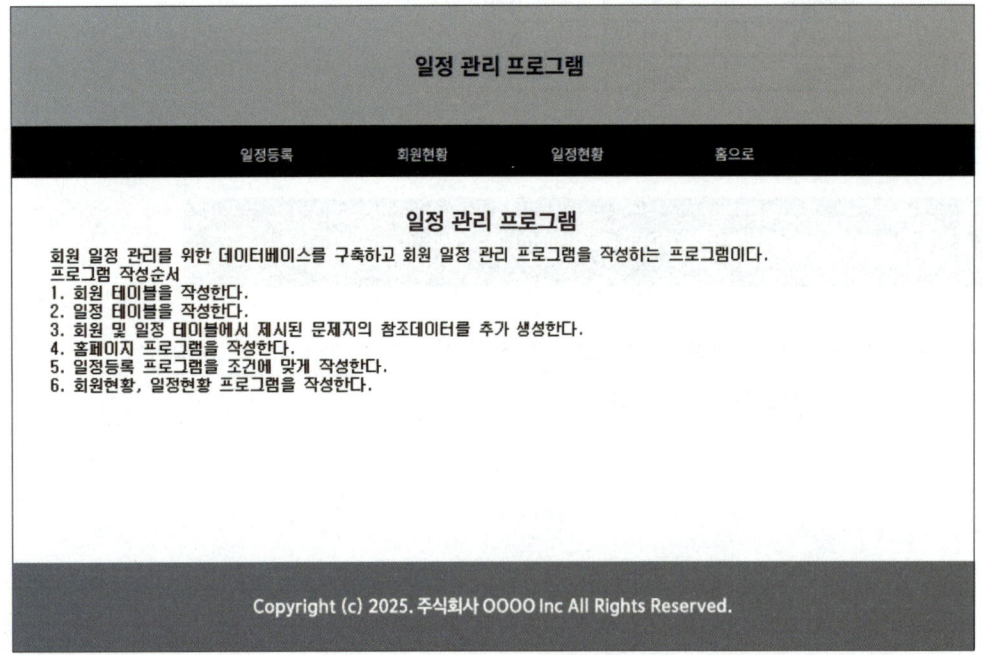

3 기본형 실습 과제 풀이 따라 하기

풀이	기본형	과제명	일정 관리 프로그램	HTML	●○○○○	SSS	●○○○○
				CSS	●○○○○	DB	●○○○○

제공된 문제를 보았을 때 어떤 느낌이 들지 정확히 추측은 어렵지만, 만약 처음 접했다면 어떻게 접근해야 할지 당황스러울 수 있다. 이제부터 책에 적혀있는 대로 한 단계씩 따라 하다 보면, 충분히 과제를 완성할 수 있다. 천천히 진행해 보자.

1 환경 구성

서버 및 데이터베이스 연동, 인코딩 통일, 프로젝트 생성 등의 작업이 포함된다.

시험장은 여러분들이 처음 방문하는 장소일 확률이 높다. 따라서 초기에 프로그램이 정상적으로 작동하는지 테스트를 해야 한다. 프로그램을 한참 작업하고 있는데 데이터베이스에 문제가 생기면, 감독관이 사정을 봐주고 자리를 이동하게 해 주어도, 정신적으로 당황하게 되고, 시간적으로도 손해가 발생하게 된다. 따라서 프로그램이 정상적으로 작동하는지 확인이 필요하다. 익숙해지면 아래 기본 환경설정 과정은 3분 정도면 가능하다.

1) Eclipse를 실행

① 바탕화면의 Eclipse를 실행한다.

② Workspace를 생성을 위한 [Browse] 버튼을 클릭한다.

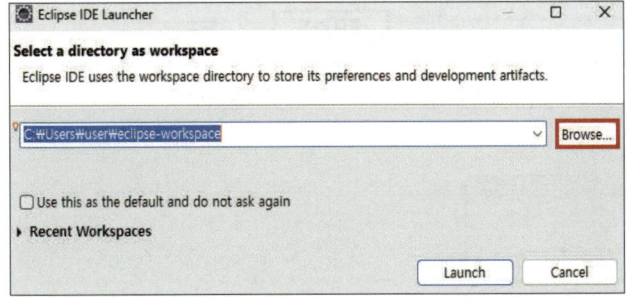

③ 원하는 Workspace 폴더를 생성한다. (문제에서 요구하는 Workspace 경로와 Workspace 폴더명을 준수하여 작성한다. (예 C:/)

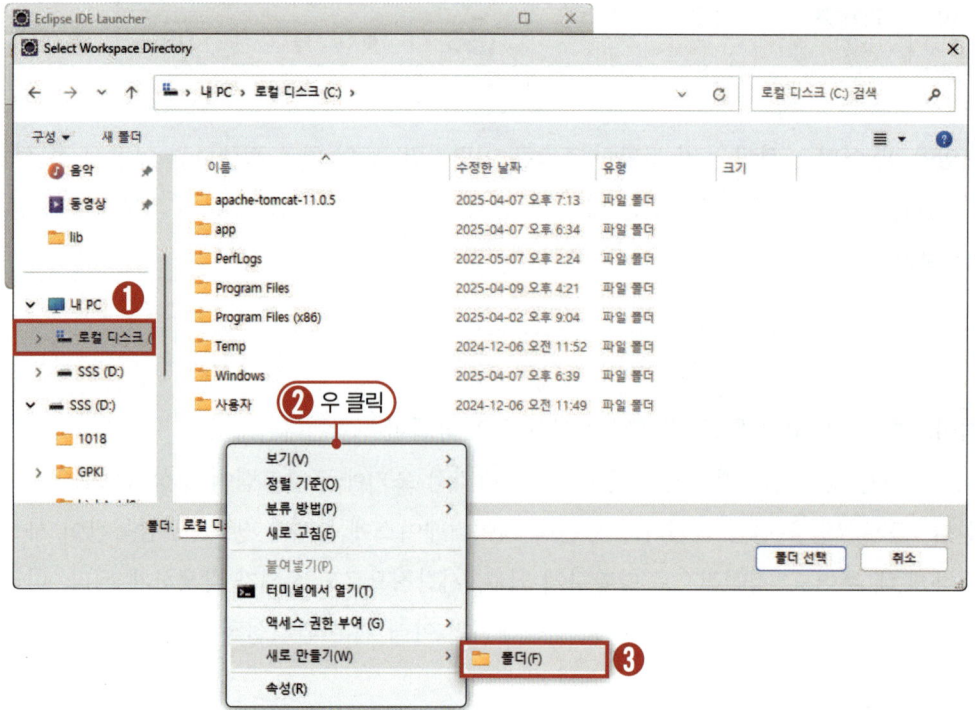

④ 폴더명을 변경한다. (예 sample)

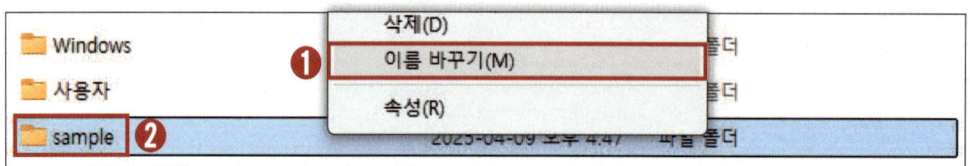

⑤ 폴더를 선택하고 [폴더선택] 버튼을 클릭한다.

⑥ [Launch] 버튼을 클릭한다.

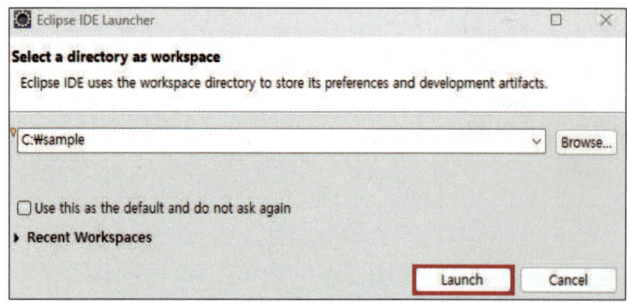

⑦ Eclipse가 정상적으로 실행된 것을 확인한다.

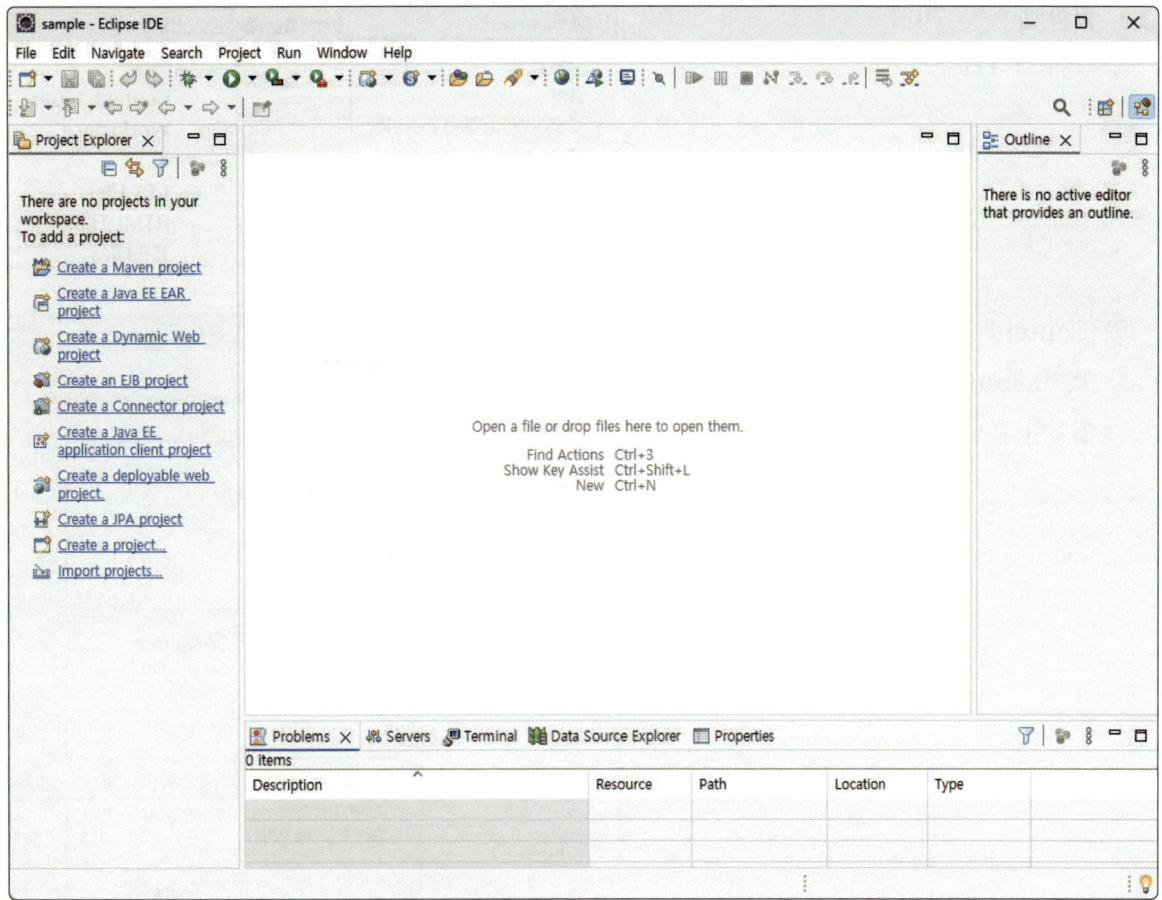

Eclipse는 프로그래밍을 위해 다양한 인코딩을 제공한다. 우리는 한글과 영어 숫자를 혼합 사용해야 하므로 호환성이 좋은 UTF-8을 사용해서 작성하고자 한다. (설치 버전에 따라서 기본 세팅으로 UTF-8이 적용되어 있을 수 있다. 하지만 실기 시험실에 따라 다양한 버전이 설치되어 있으므로 설정하는 방법을 학습해 두는 것은 매우 중요하다. 이 설정이 정상적으로 되지 않으면 웹페이지에서 한글이 정상적으로 출력되지 않는다.

⑧ Eclipse 프로그램 상단 [Window] 메뉴에서 [preferences] 하위 메뉴를 클릭한다.

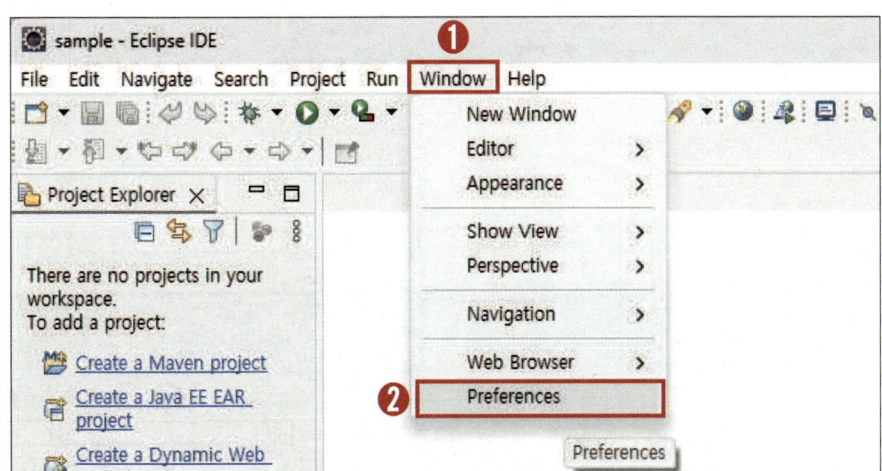

⑨ 'type filter text'에 'encoding'을 입력하면 encoding에 관련된 설정 항목들이 검색된다.

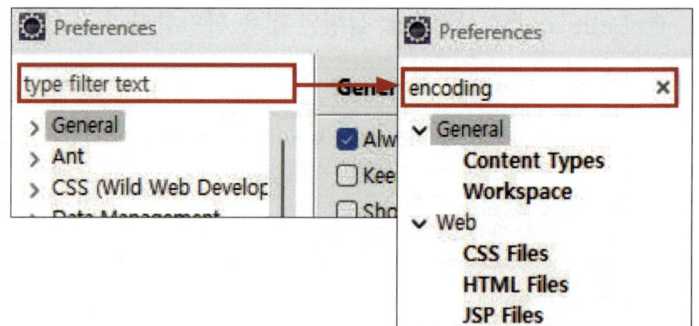

⑩ [Content Types]에서 'Text'를 선택하고, 'Default encoding'에서 'UTF-8'을 입력한 후 [Update] 버튼을 클릭한다.

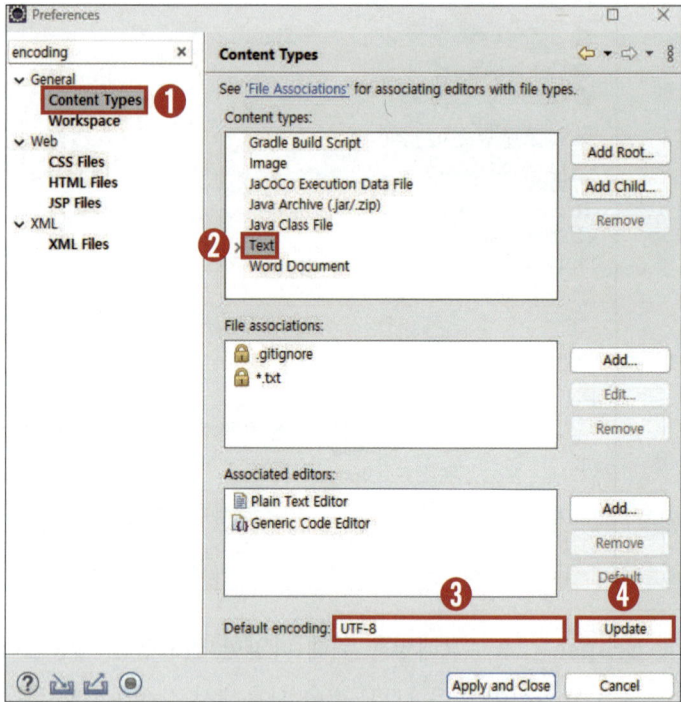

⑪ [Content Types]에 'Word Document'을 선택하고 'Default encoding'에 'UTF-8'을 입력한 후 [Update] 버튼을 클릭한다.

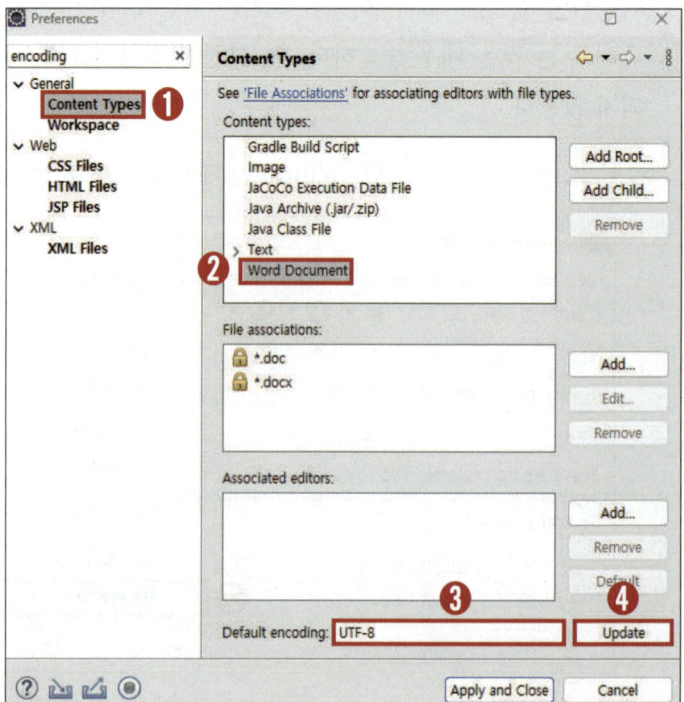

⑫ [Workspace]에 'Text File encoding' 영역에 'Other' 라디오 버튼을 선택하고 'UTF-8' 셀렉트 박스를 선택한 후 [Apply] 버튼을 클릭한다.

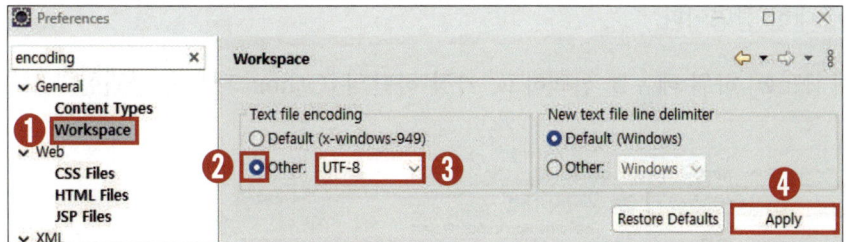

⑬ [CSS Files]의 'Creating files' 영역에서 'Encoding' 항목에서 'Unicode(UTF-8)' 셀렉트 박스를 선택한 후 [Apply] 버튼을 클릭한다.

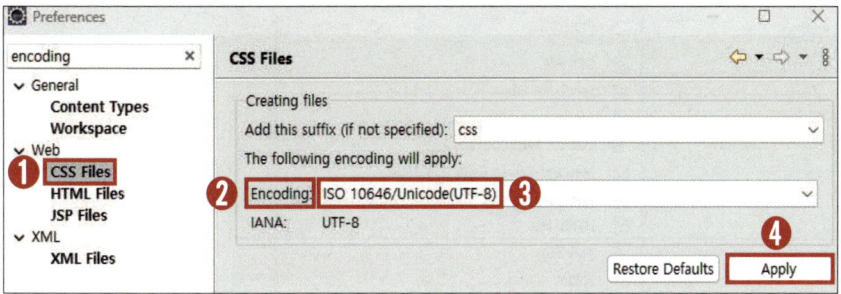

⑭ [HTML Files]의 'Creating files' 영역에서 'Encoding' 항목에 'Unicode(UTF-8)' 셀렉트 박스를 선택한 후 [Apply] 버튼을 클릭한다.

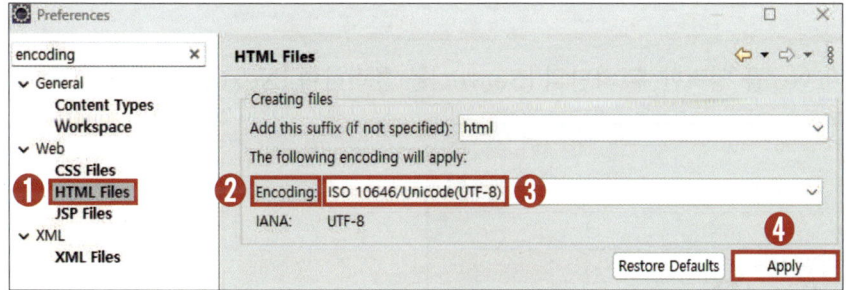

⑮ [JSP Files]에 'Creating files' 영역에 'Encoding' 항목에 'Unicode(UTF-8)' 셀렉트 박스를 선택한 후 [Apply] 버튼을 클릭한다.

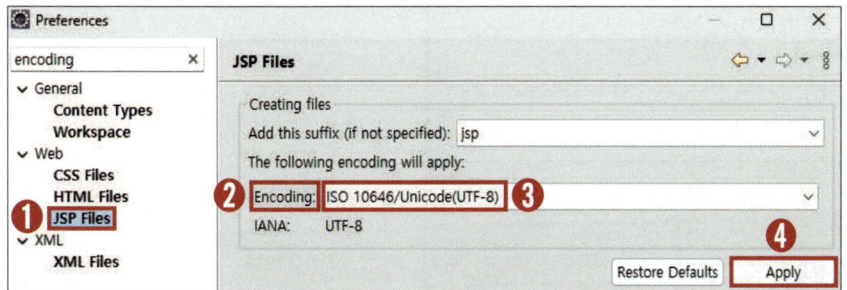

⑯ 모두 적용하였으면 최종적으로 [Apply and Close] 버튼을 클릭하여 창을 닫는다.

2) Eclipse에 Apache Tomcat 연동하기

Eclipse는 웹 개발 환경을 지원한다. 이를 위해서는 Apache Tomcat 웹서버를 연동해야 한다. 다음은 Apache Tomcat 연동방법에 대한 설명이다.

① 상단 메뉴 바 [File]에서 [New] 하위 메뉴를 선택하고, 가장 하단의 [Other] 버튼을 클릭한다.

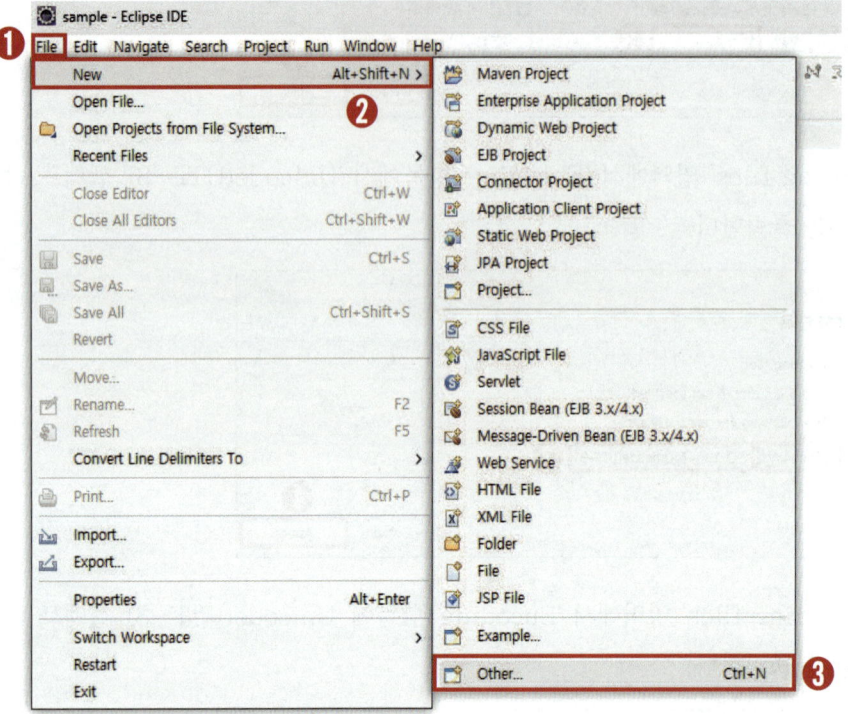

② 'type filter text'에 'Server'를 입력한 후 하단의 [Server]를 클릭하여 [Next >] 버튼을 클릭한다.

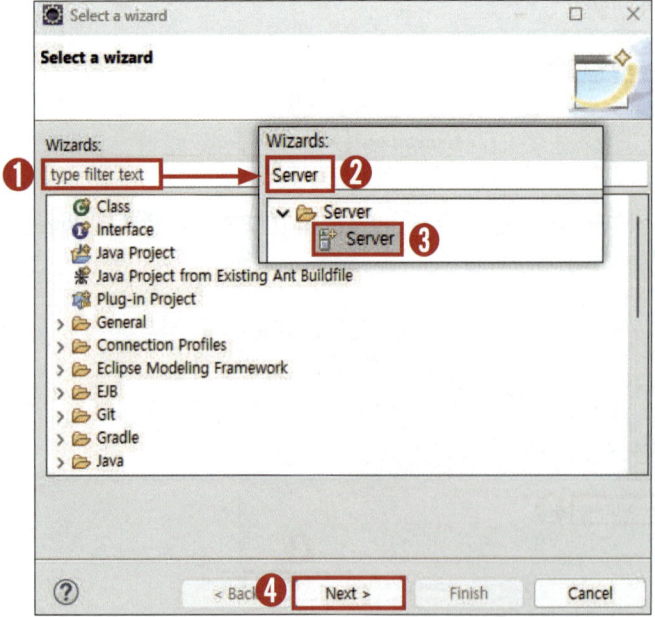

③ [Apache] → [Tomcat v11.0 Server] →
  [Next >] 순서로 버튼을 클릭한다.

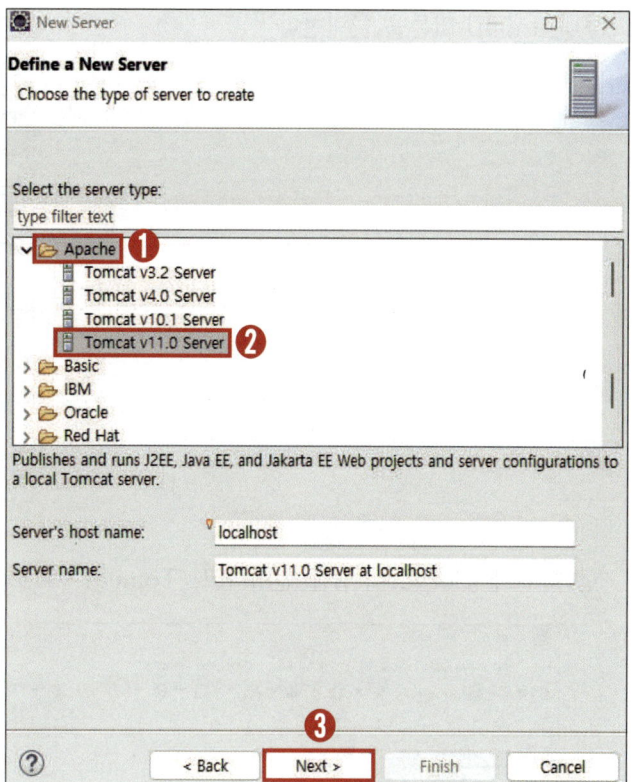

④ [Browse...] 버튼을 클릭하고 '로컬디스
  크 (C:)'의 Apache Tomcat-11.0.5 폴더를
  클릭하여 들어가서 [폴더 선택] 버튼을 클릭
  한다.

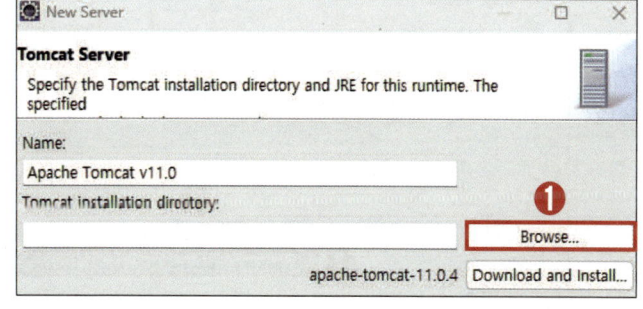

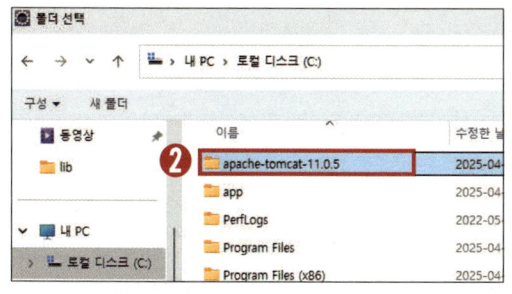

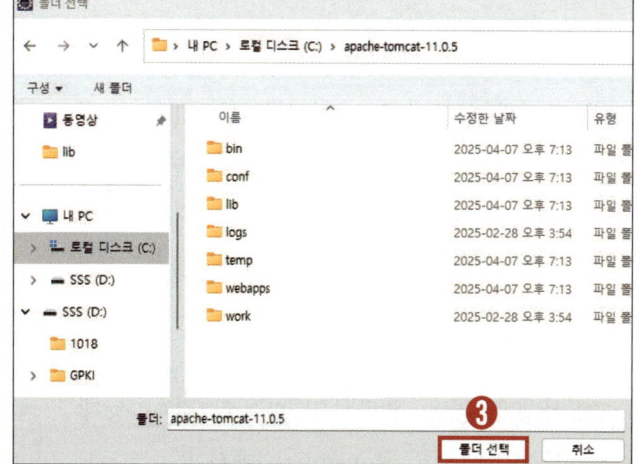

CHAPTER 1. 외부평가 기본형 실무 문제 풀이 따라하기 | 045

⑤ [Finish] 버튼을 클릭한다.

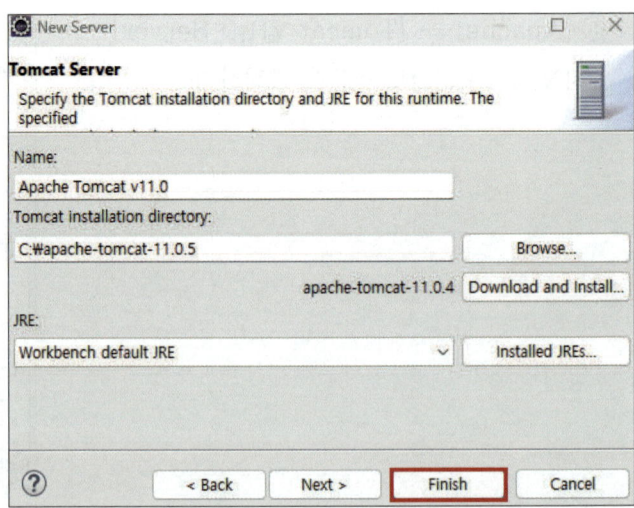

⑥ 하단에 [Servers] 탭을 선택하고, 'Tomcat v11.0 Server'를 클릭한다.

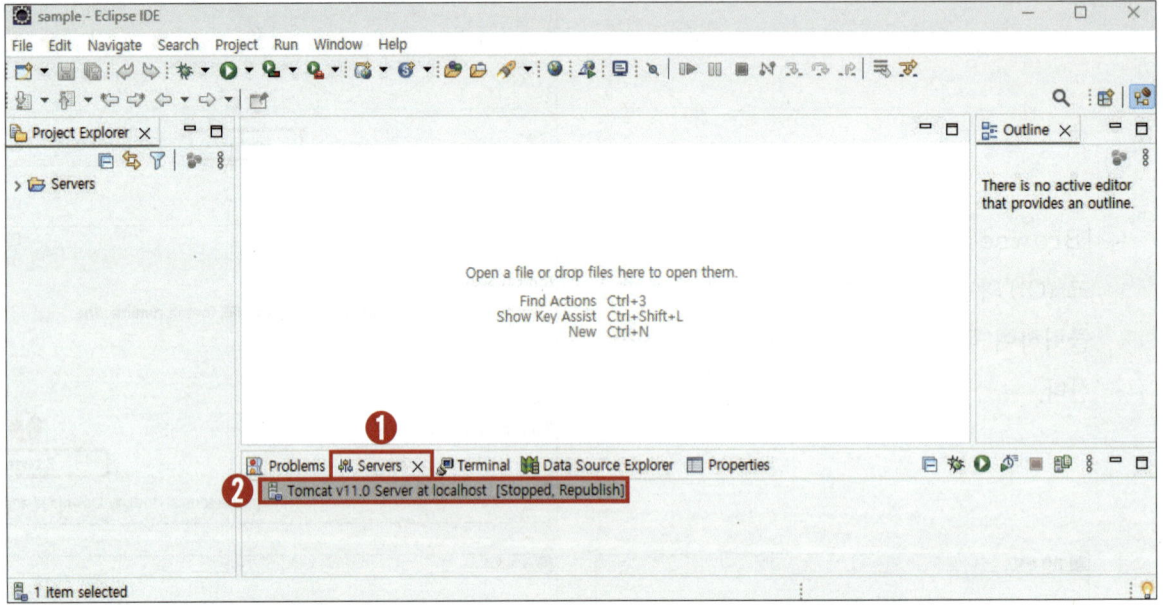

⑦ 로드된 창에서 'Ports' 항목에 'HTTP/1.1' 의 'Port Number'를 8090으로 변경한다. (Oracle에서 해당 포트를 사용하기 때문에 충돌이 발생할 수 있어서 변경한다.)

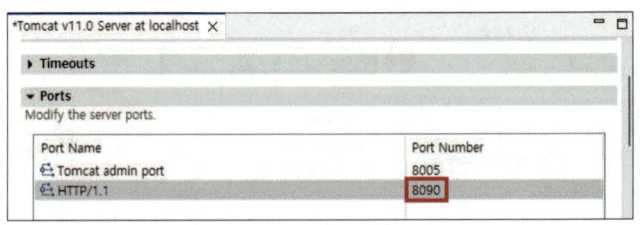

⑧ 실행 버튼을 클릭하면 다음과 같이 상태가 [Stopped, Republish]에서 [Started, Synchronized]로 변경된 것을 확인한다.

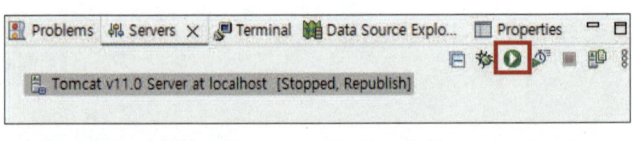

3) Eclipse에 Oracle Databases 연동하기

Eclipse는 데이터베이스 설계 환경을 지원한다. 이를 위해서는 Oracle을 연동해야 한다. 다음은 Oracle Databases 연동방법에 대한 설명이다.

① 하단 [Data Source Explorer] 탭을 선택하고 [Database Connections]에서 오른쪽 마우스를 클릭하고 [New]를 선택한다.

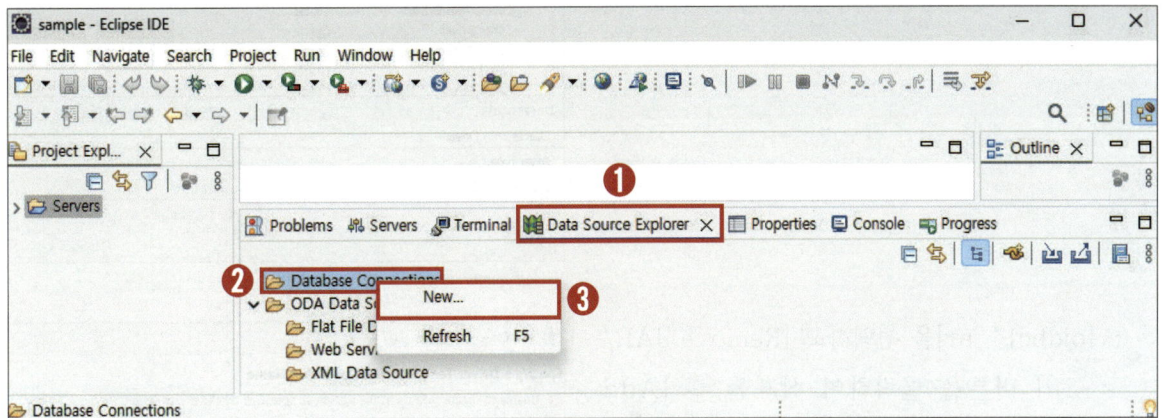

② [Oracle]을 선택하고 [Next >] 버튼을 클릭한다.

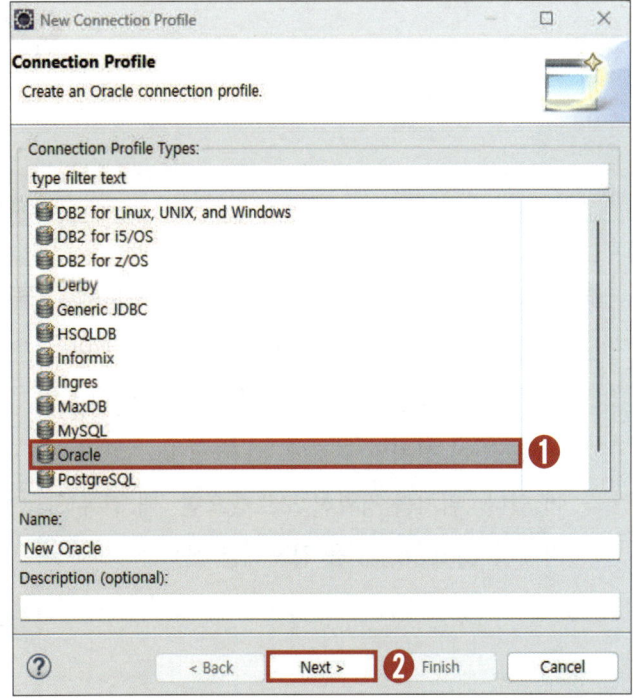

③ [*] 버튼 'New Driver Definition'을 선택한다.

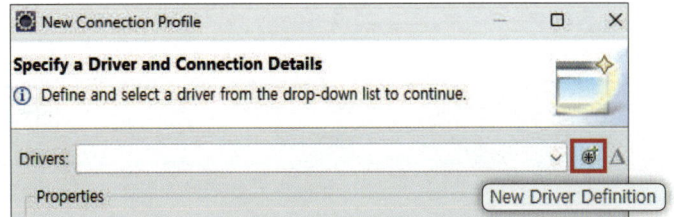

④ [Oracle Thin Driver] - [11]을 선택하고, [JAR List]를 클릭한다.

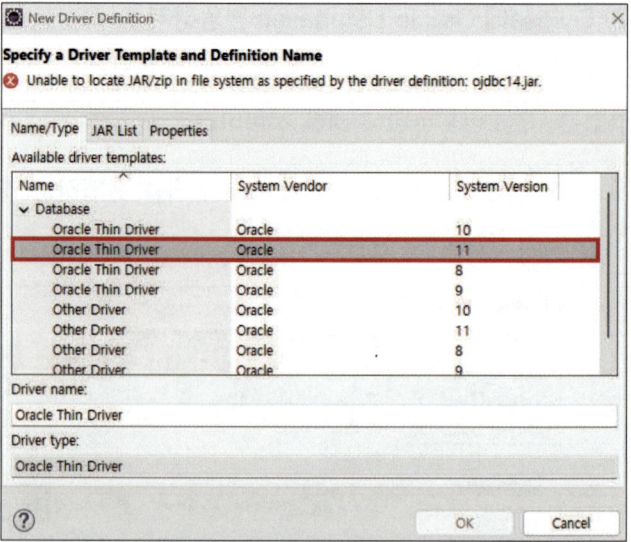

⑤ [ojdbc14.jar]을 선택하고 [Remove JAR/Zip] 버튼을 클릭하여 삭제한 후 [Add JAR/Zip] 버튼을 클릭한다.

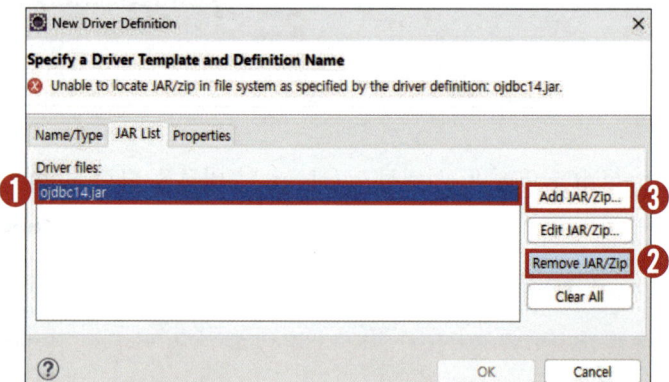

⑥ 'ojdbc.jar' 드라이버가 있는 경로로 이동해서 'ojdbc8.jar' 드라이버를 클릭한 후 [열기] 버튼을 누르고 [OK] 버튼을 클릭한다. (Oracle이 설치된 경로에 'ojdbc8.jar' 파일이 있다. 위치를 정확히 모르겠으면, 내 컴퓨터에서 'ojdbc8.jar'을 검색해본다.)

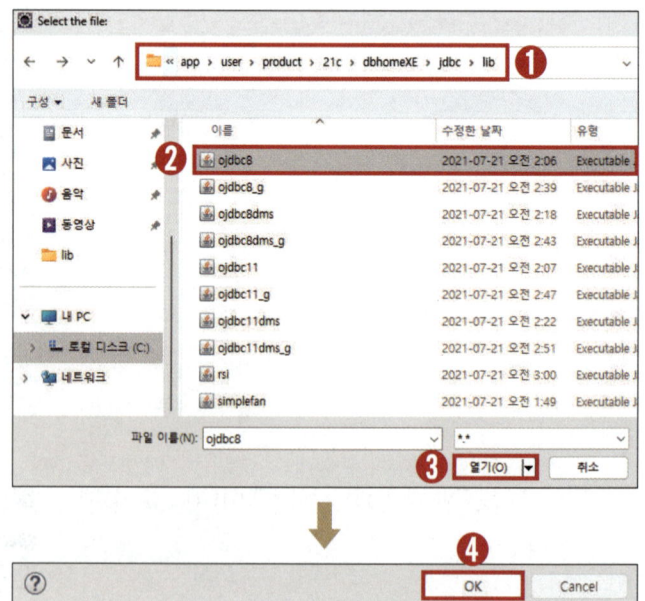

⑦ 'ojdbc8.jar' 드라이버는 사용할 일이 많으므로 파일을 복사해서 'Servers' 디렉토리에 넣어 둔다.

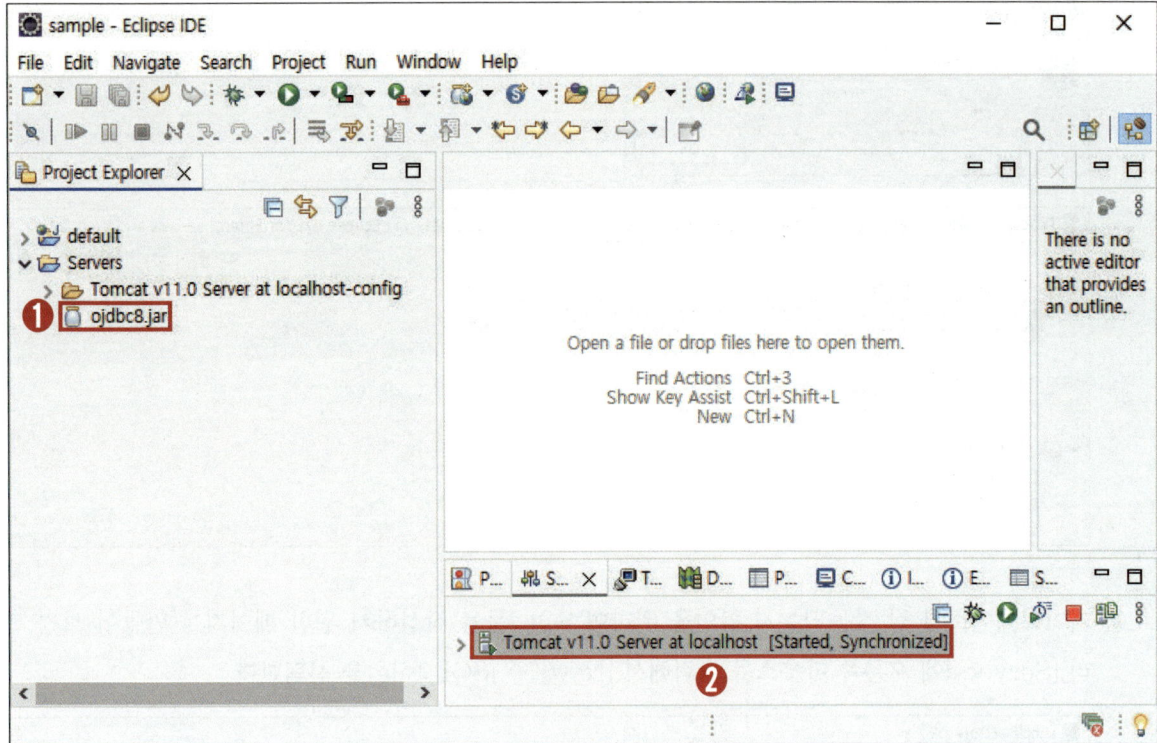

⑧ DB 접속 정보를 입력한다. (비밀번호는 데이터베이스 설치 시 입력했었던 '1234'이다) 입력이 끝나면 [Test Connection]을 누른다.

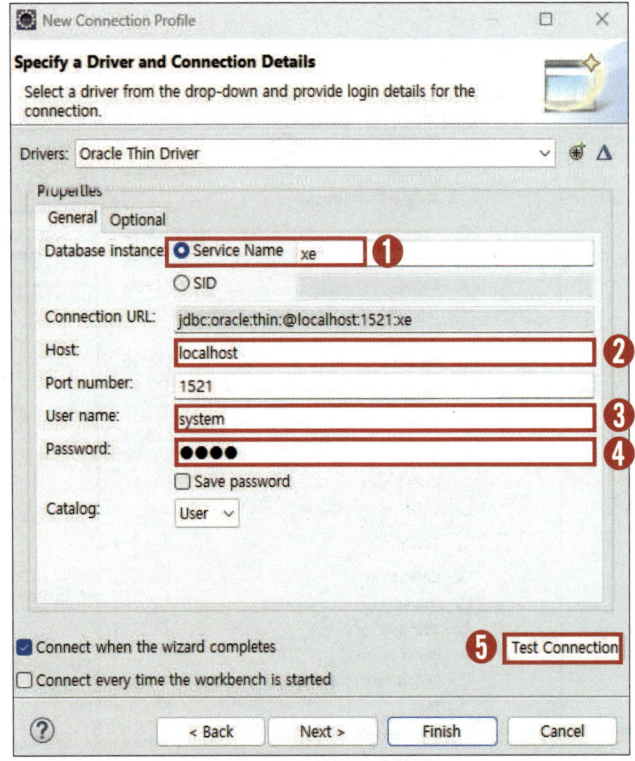

⑨ [Test Connection] 결과가 'Ping succeeded!'가 뜨고, 다음과 같이 'Schemas' 정보가 뜨면 성공이다.

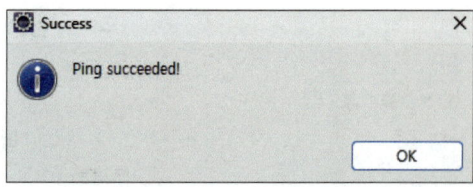

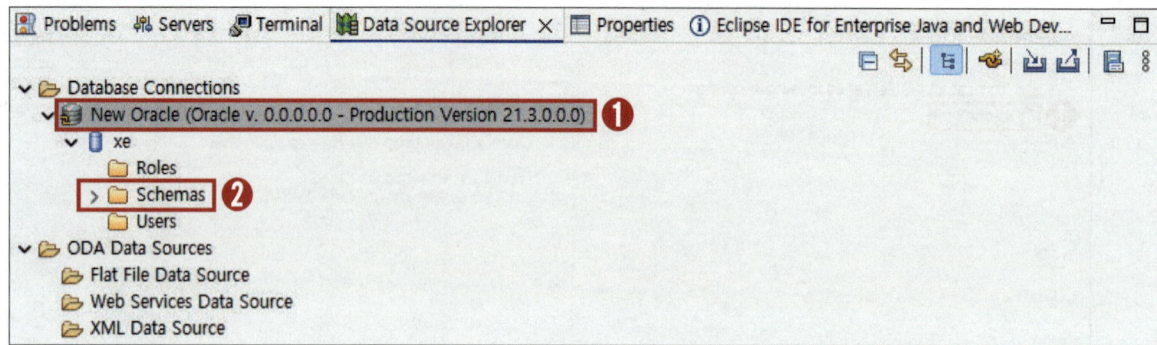

⑩ 데이터베이스가 잘 작동되는지 확인을 위하여 SQL 문을 작성하기 위한 페이지를 만들어 보자. 디렉토리 [Servers]에 오른쪽 마우스를 클릭해서 [New] → [SQL File]을 선택한다.

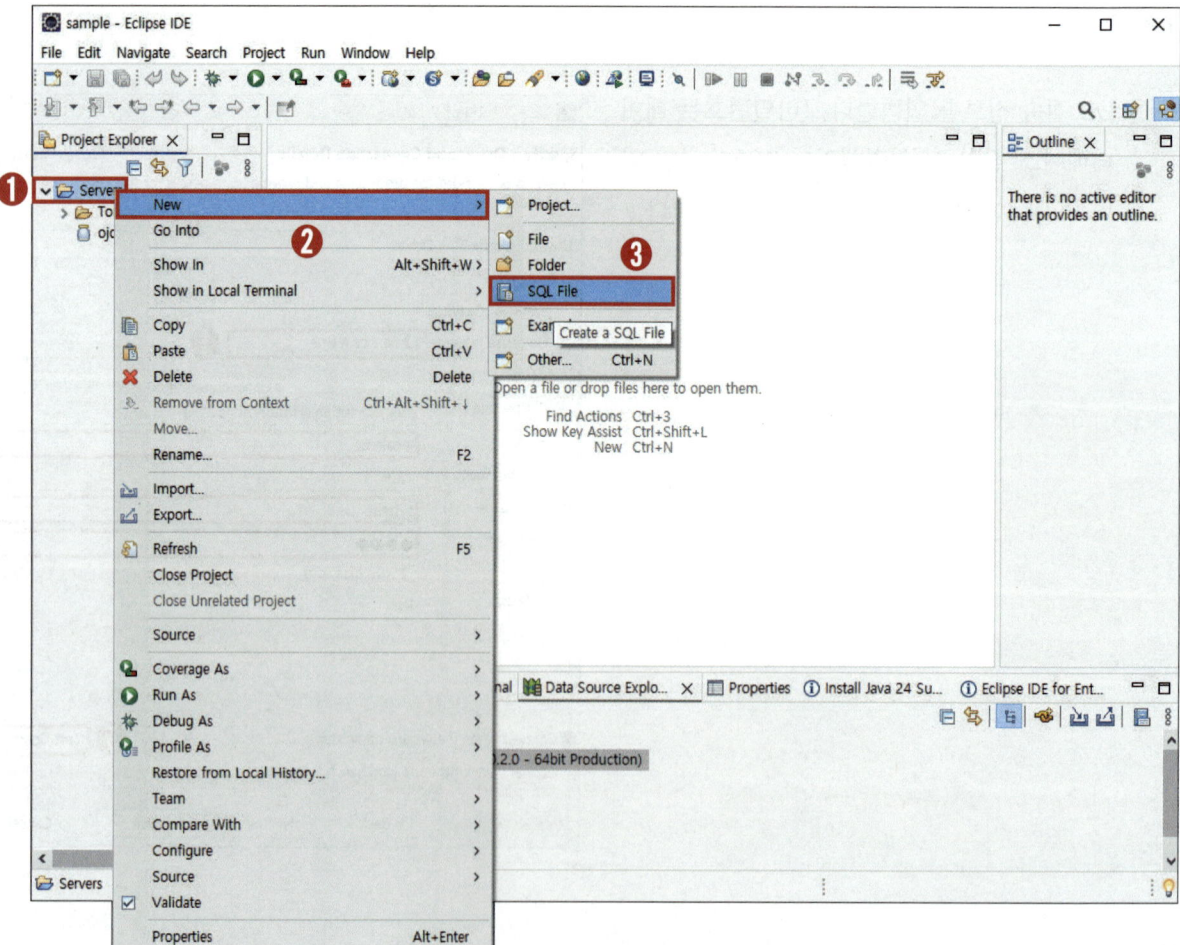

⑪ 파일 이름을 'db.sql'로 작성하고, [Finish] 버튼을 클릭한다.

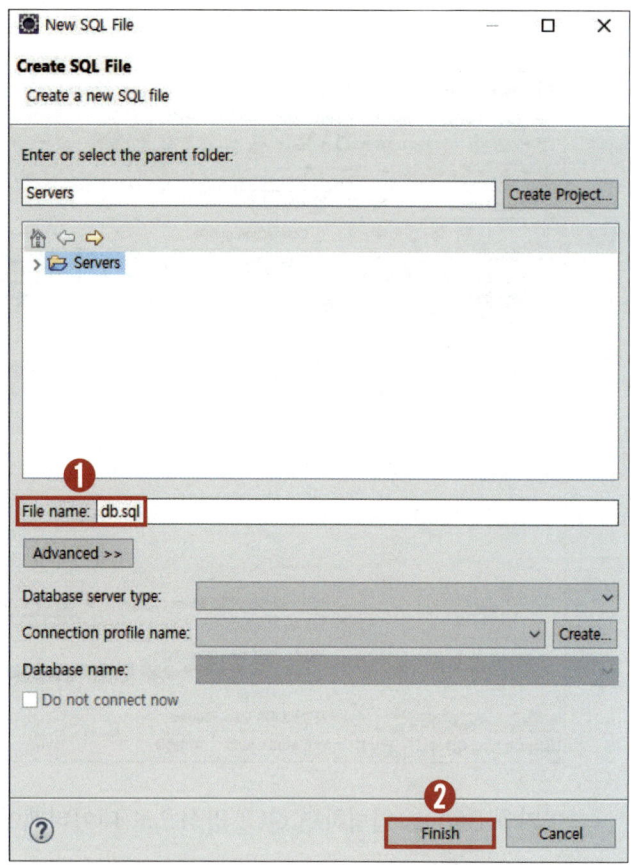

⑫ 생성된 'db.sql' 파일에 [Type]을 'Oracle_11'을 선택한다.

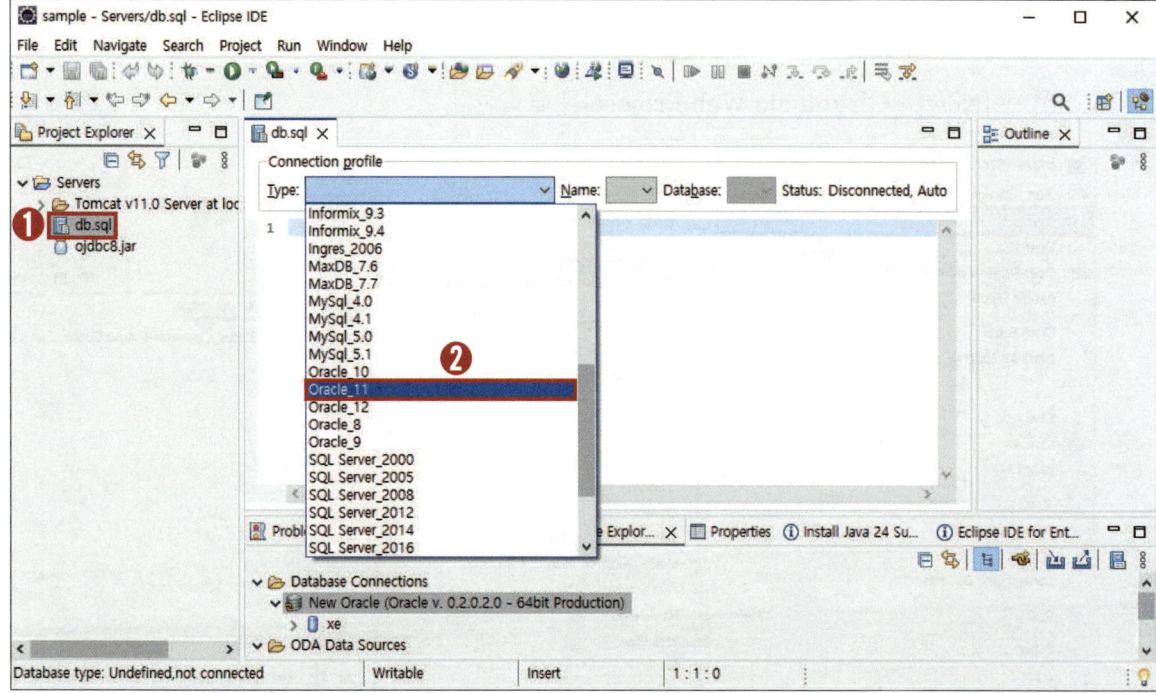

⑬ [Name]과 [Database]도 아래에 써있는 대로 'New Oracle'과 'xe'를 선택한다.

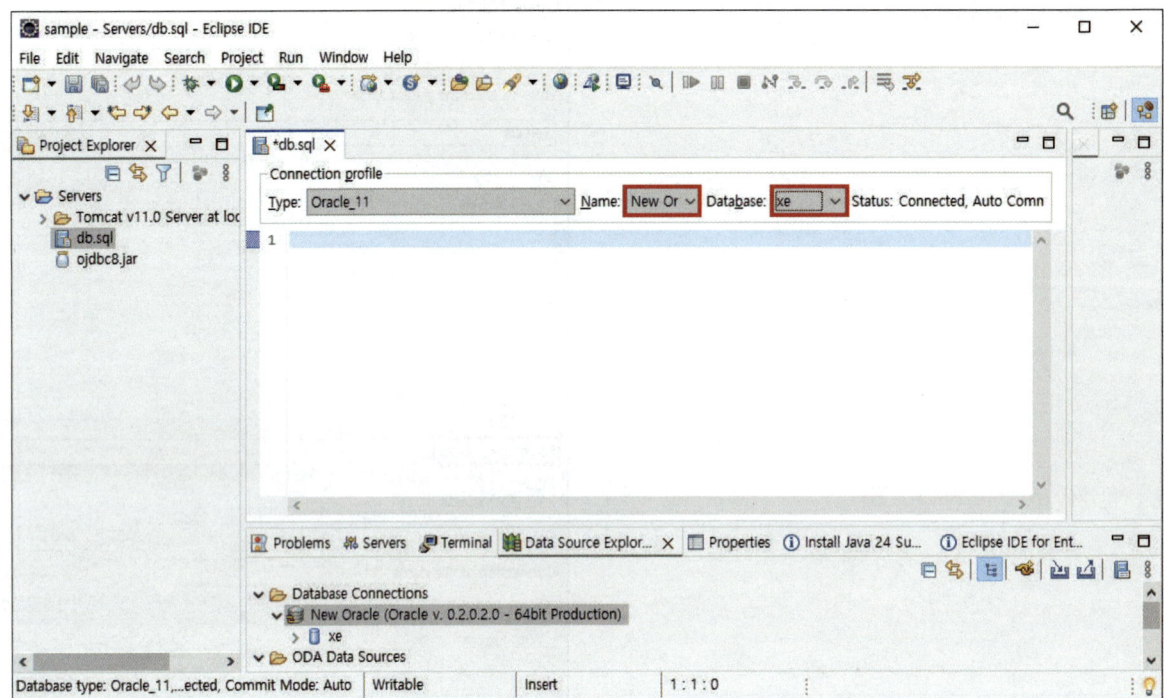

여기에 SQL을 입력하면 GUI 방식으로 데이터베이스 명령어 수행과 결과를 확인할 수 있다.

이제 기본적인 웹서버와 데이터베이스 환경설정 작업과 테스트 작업은 끝났다.

다음 페이지에서는 웹 프로젝트를 생성하여 문제 풀이를 진행한다.

4) Eclipse에 웹 프로젝트 생성하기

① [File] → [New] → [Dynamic Web Project]를 클릭한다.

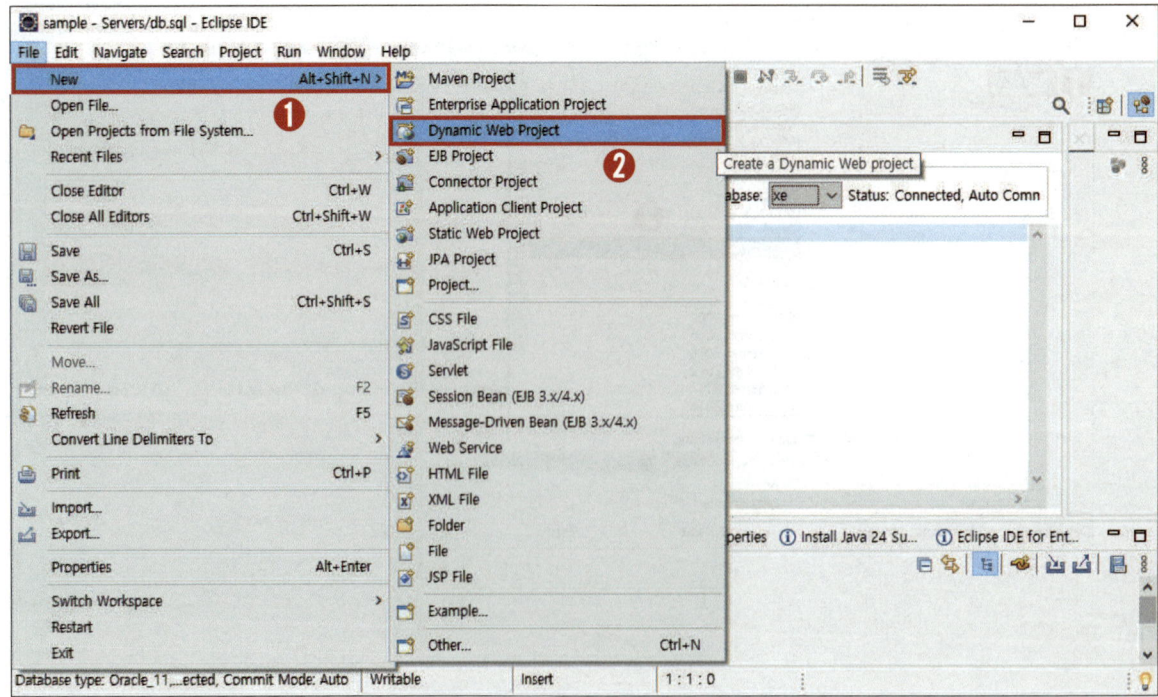

② 프로젝트 이름을 'default'로 작성하고 [Next >] 버튼을 클릭한다.

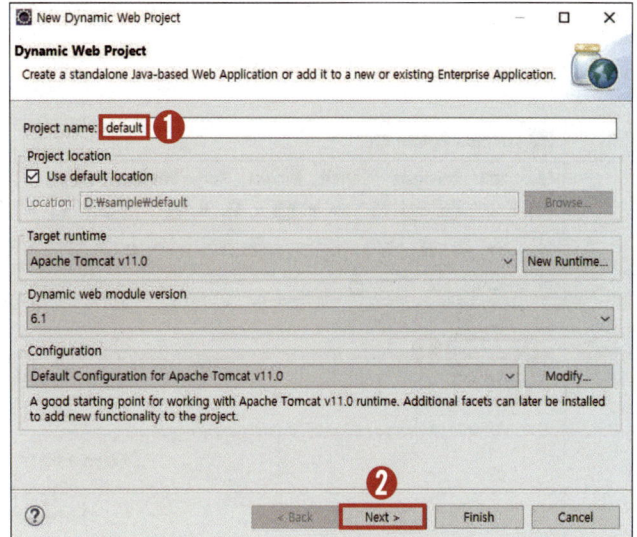

③ Java 애플리케이션 경로를 확인한다.

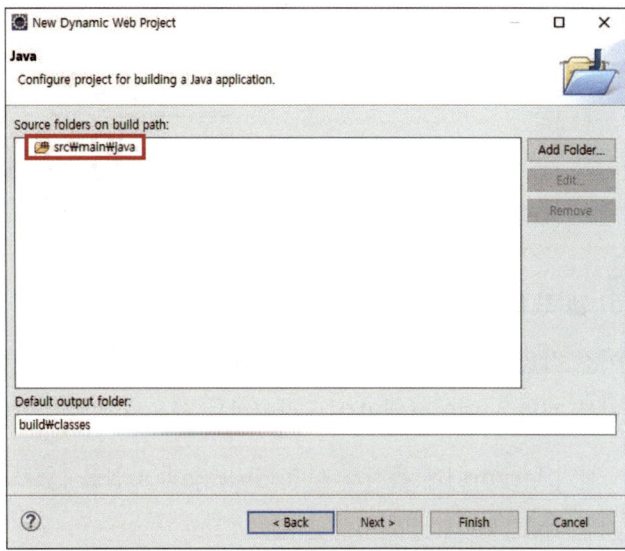

④ Web root와 디렉토리 경로를 확인하고 [Finish] 버튼을 클릭한다.

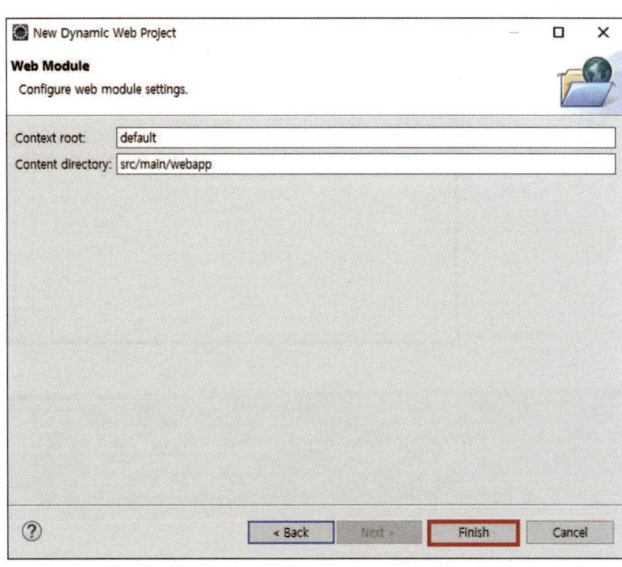

⑤ 왼쪽 디렉토리 리스트에 'default' 프로젝트를 확인한다.

이제 웹 프로젝트 생성 작업이 끝났다.

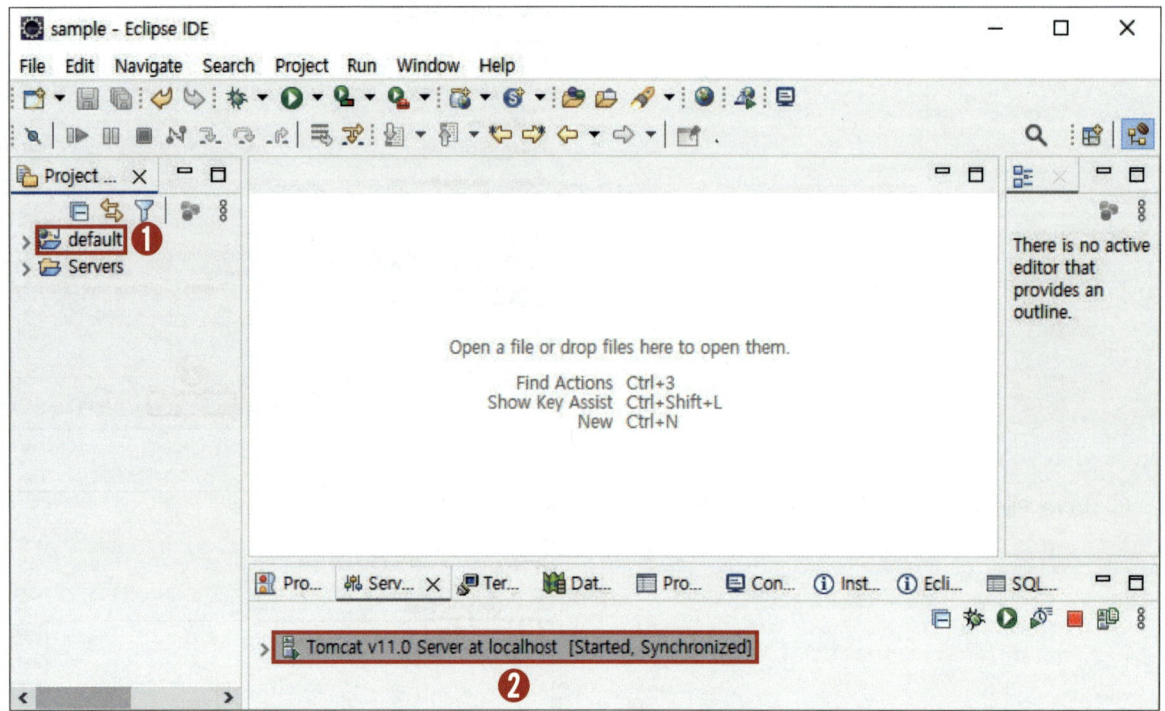

5) 웹 프로젝트에 데이터베이스 연동하기

이전 작업에서 Eclipse에 데이터베이스를 연동하였다. 이번에는 웹 프로젝트에 데이터베이스를 연동해보자. 기본 개념은 데이터베이스 드라이버를 사용해서 연동한다는 점에서 매우 비슷하며, 차례대로 진행해 보자.

① [Servers]에 복사해 둔 'ojdbc8.jar' 파일을 [웹프로젝트] → [src] → [main] → [webapp] → [WEB-INF] → [lib]에 복사한다.

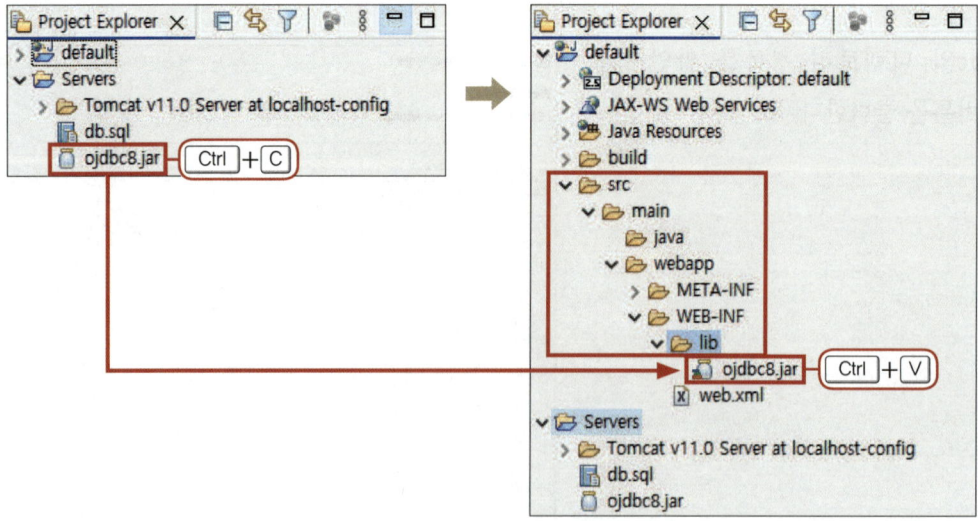

② [프로젝트] → [Build Path]를 클릭한다.

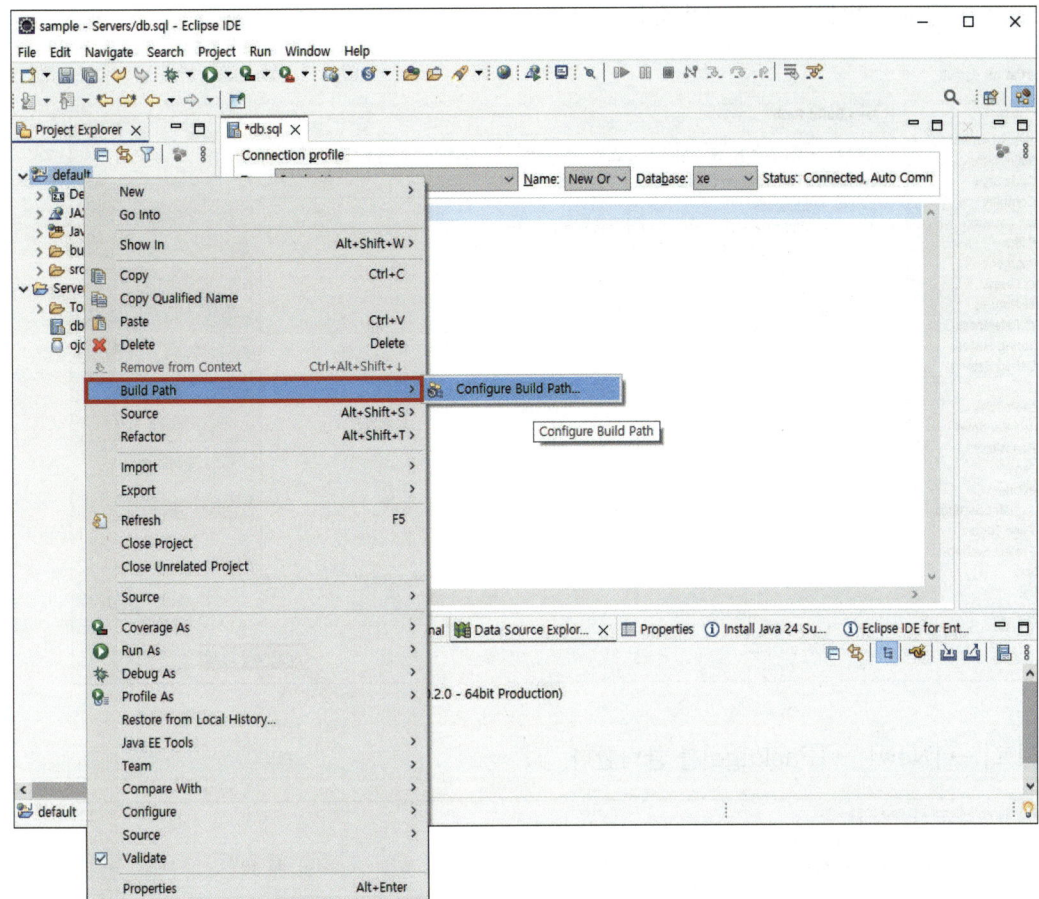

③ [Libraries]를 클릭힌 후 [Modulepath]를 선택힌 디음 [Add JARs] 버튼을 클릭합니다.

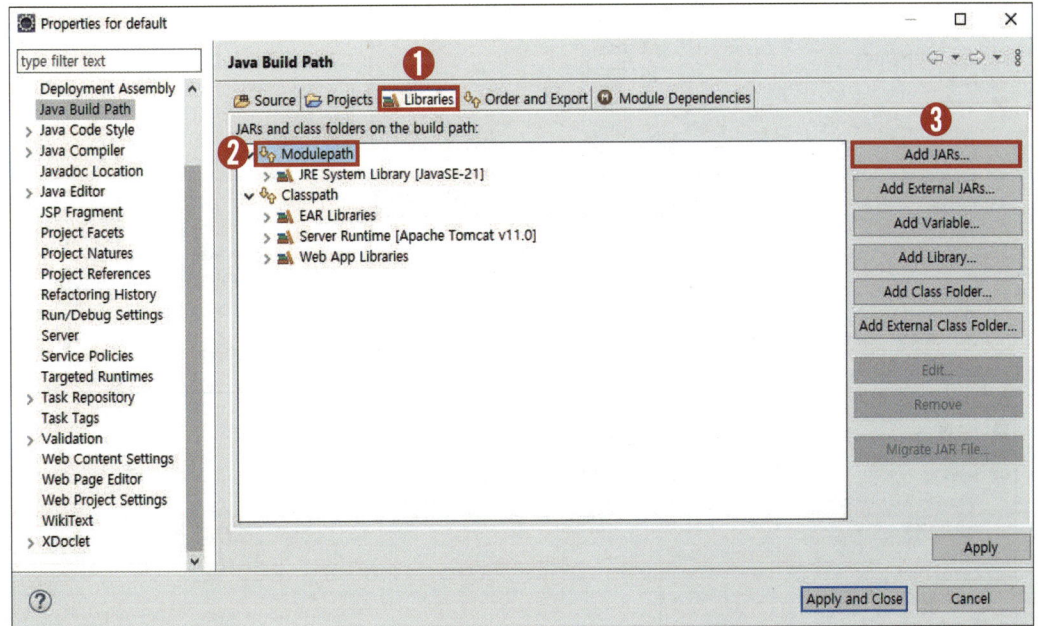

④ [웹프로젝트] → [src] → [main] → [webapp] → [WEB-INF] → [lib]에 ojdbc8.jar 파일을 선택한다.
⑤ [Apply and Close] 버튼을 클릭하여 창을 닫는다.

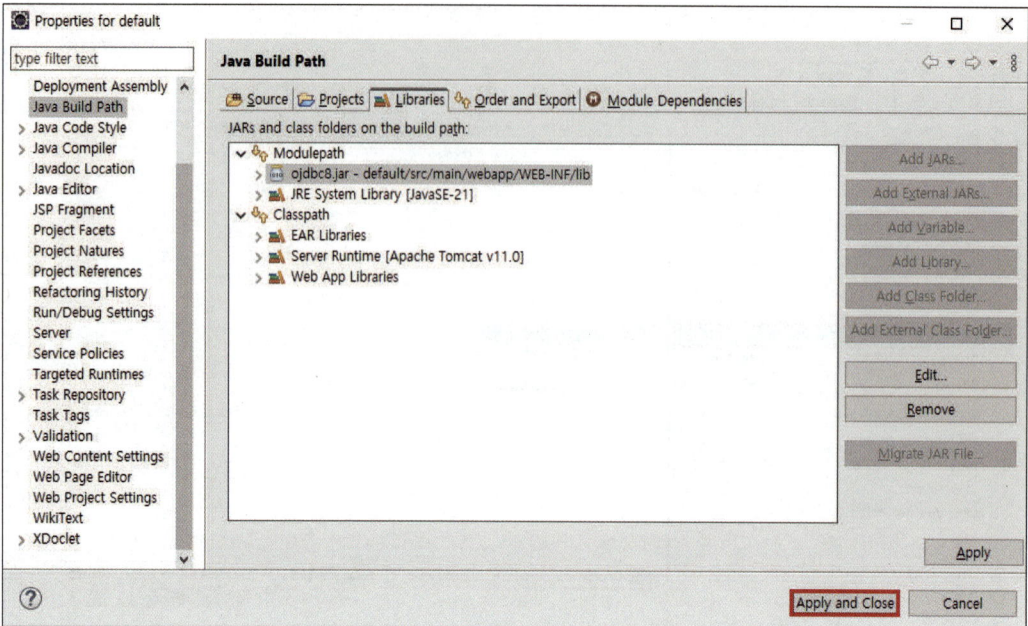

⑥ [프로젝트] → [New] → [Package]를 클릭한다.

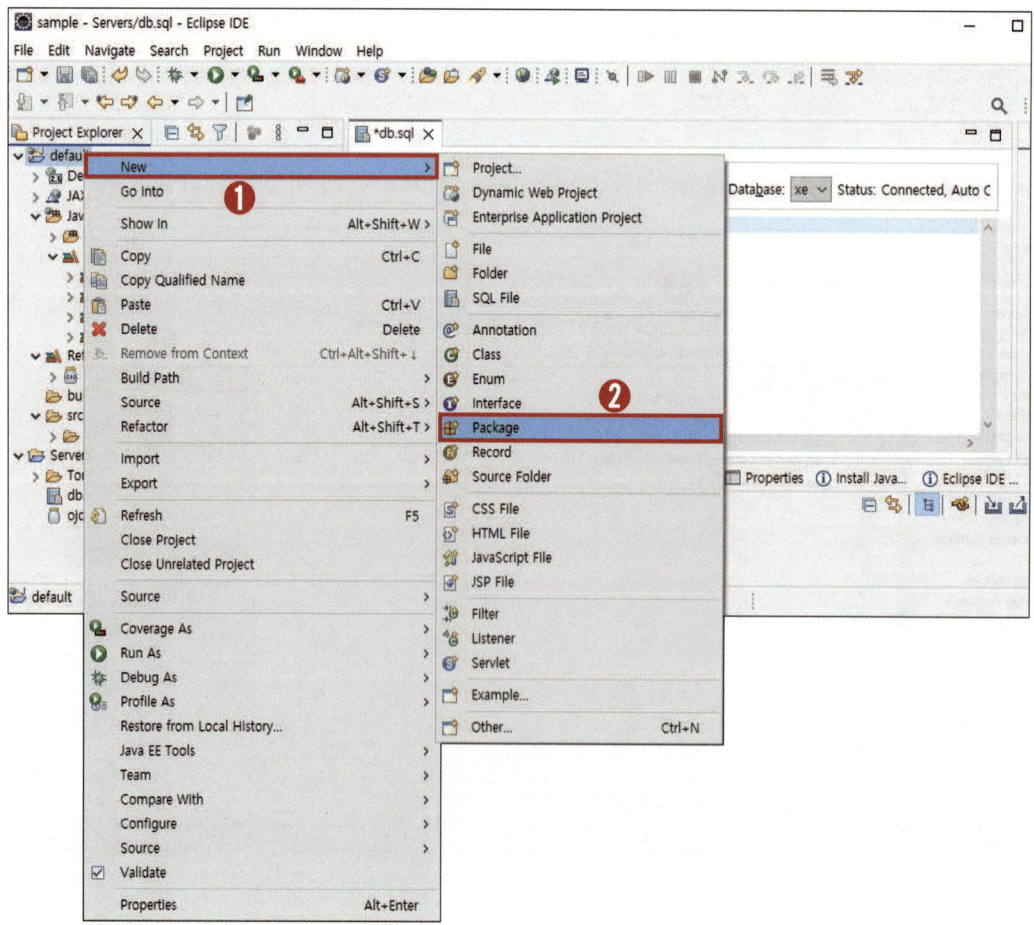

⑦ 이름을 'DBPKG'로 설정하고 [Finish] 버튼을 클릭한다.

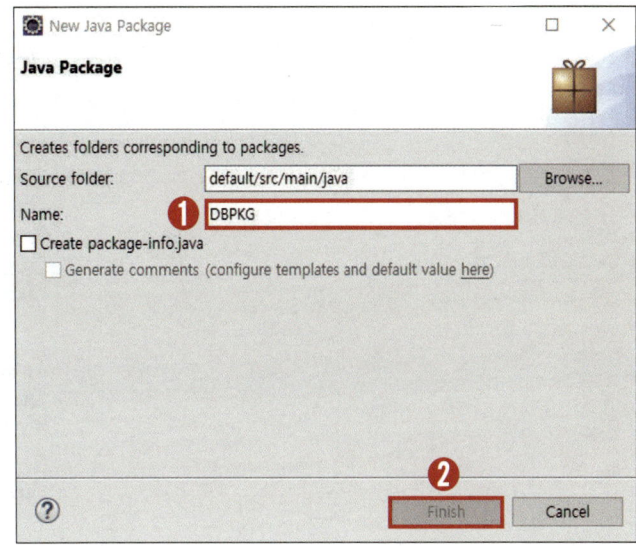

⑧ [프로젝트] → [New] → [Class]를 클릭한다.

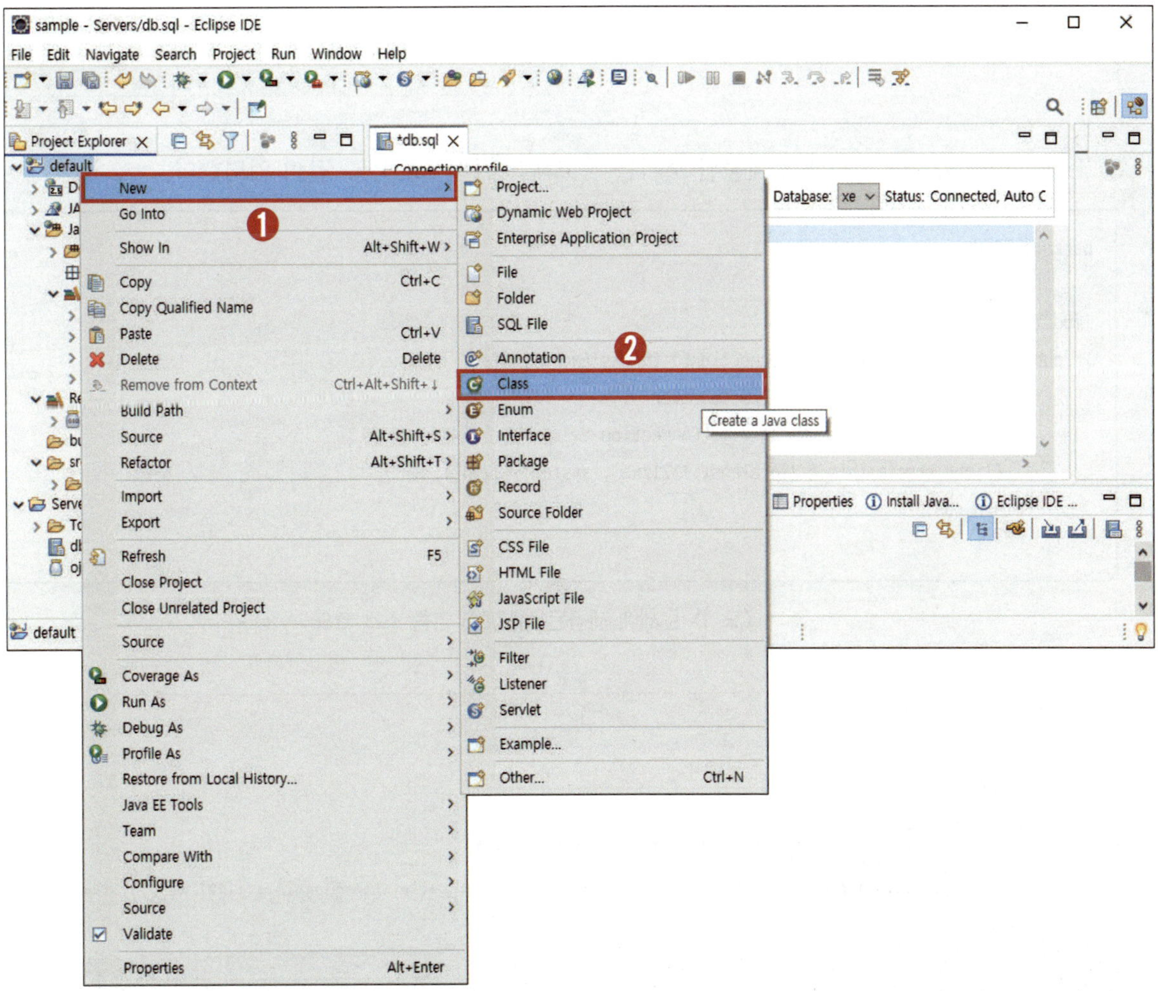

⑨ 이름을 'Util.java'로 설정하고 [Finish] 버튼을 클릭한다.

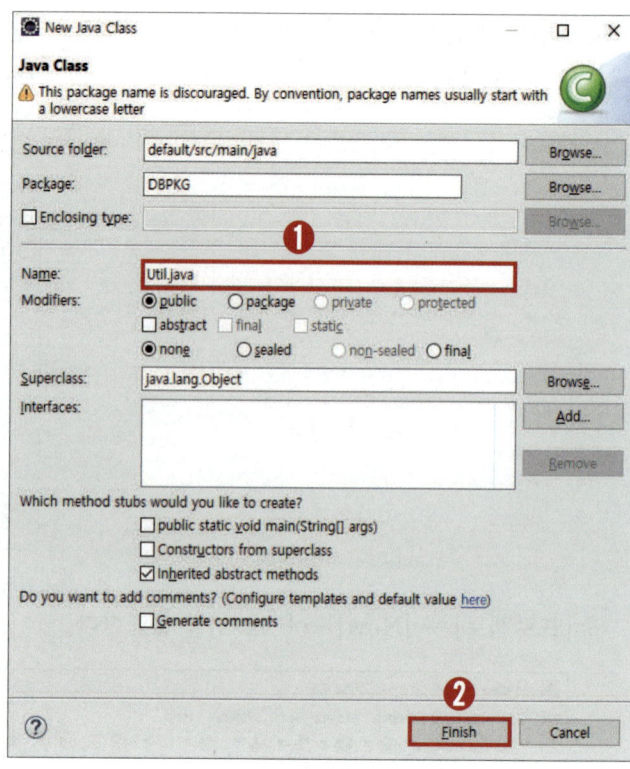

⑩ 'Util.java' 파일에 문제에서 제공된 보기를 참고해서 아래 〈표 1〉과 같이 입력한다.

```
package DBPKG;

import java.sql.*;
    public static Connection getConnection() throws Exception{
        Class.forName('oracle.jdbc.OracleDriver');
        Connection con = DriverManager.getConnection
            ('jdbc:oracle:thin:@//localhost:1521/xe','system','1234');
        return con;
    }
```

〈표 1〉 문제에 제공된 예시 DB 연동 소스 코드

```
  1 package DBPKG;
  2
  3 import java.sql.*;
  4
  5 public class Util {
  6     public static Connection getConnection() throws Exception{
  7         Class.forName("oracle.jdbc.driver.OracleDriver");
  8         Connection conn = DriverManager.getConnection("jdbc:oracle:thin:@localhost:1521/xe","system","1234");
  9         return conn;
 10     }
 11 }
```

◐ 〈표 1〉 예시를 참고해서 작성한 Util.java 코드

2 데이터베이스 입력

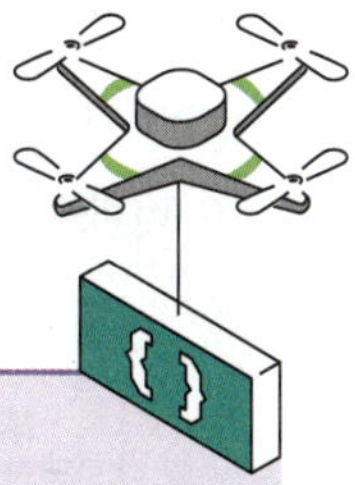

- 제공되는 문제에서 요구하는 데이터베이스 테이블을 생성하고 값을 입력한다.
- 문제에서 요구하는 데이터베이스 테이블과 입력 정보는 아래와 같다.

2) 데이터 입출력 요건에 맞게 회원 테이블, 일정 테이블을 생성하시오.

가) 회원 테이블 명세서(테이블 명 : tbl_member)

순서	컬럼ID	컬럼명	형태	길이	NULL	비고
1	pk_member	회원 코드	VARCHAR	5	NOT	PRIMARY KEY
2	name	회원 이름	VARCHAR	20	NOT	
3	grade	회원 등급	VARCHAR	255		

나) 회원 테이블 제공 데이터

코드	이름	등급
M0001	홍길동	의적
M0002	심청	효녀
M0003	세종	대왕
M0004	이순신	장군
M0005	장영실	과학자

다) 일정 테이블 명세서 (테이블 명 : tbl_schedule)

순서	컬럼ID	컬럼명	형태	길이	NULL	비고
1	pk_schedule	일정 코드	NUMBER	5	NOT	PRIMARY KEY
2	do_date	일정 일자	DATE		NOT	
3	do_memo	일정 메모	VARCHAR	10	NOT	
4	fk_member	회원 코드	VARCHAR	5	NOT	FOREIGN KEY

라) 제과 테이블 제공 데이터

코드	일자	메모	회원 코드
1	20250101	탐관오리 찾기	M0001
2	20250201	아버지 돌보기	M0002
3	20250301	한글 창제	M0003
4	20250401	거북선으로 국가 수호	M0004

3) 회원 테이블, 일정 테이블의 데이터는 SQL 문장을 사용하여 생성된 테이블에 입력하시오.

가) 데이터베이스 테이블 생성

지금부터 Oracle 데이터베이스에 테이블을 생성해보자.

데이터베이스 테이블을 생성하기 위해서 [환경설정]에서 'eclipse'에 생성한 'db.sql' 파일을 활용하자.

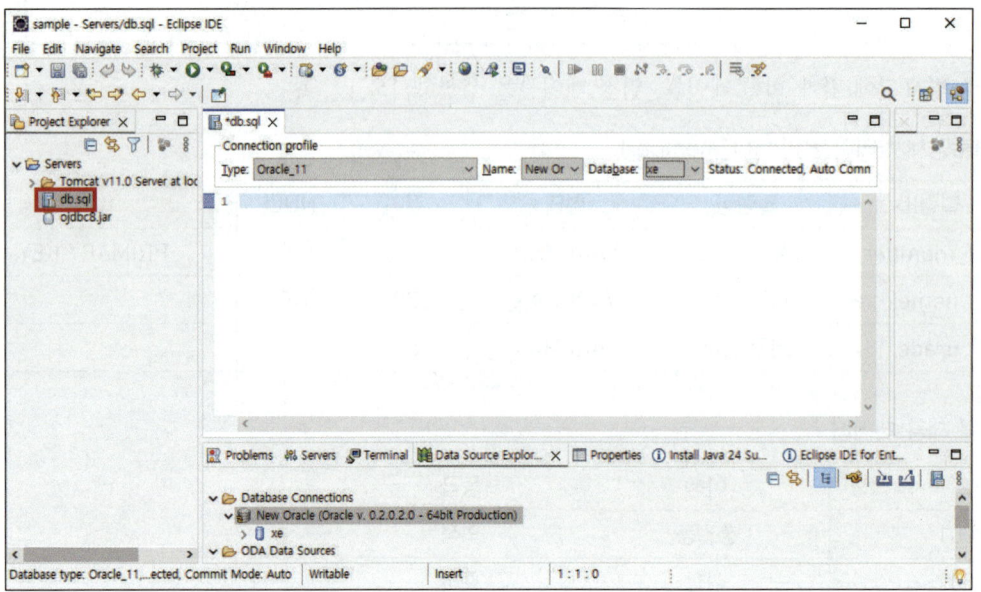

(1) 오른쪽 상단에 상태(Status)가 접속(Connected) 상태인지 확인합니다.

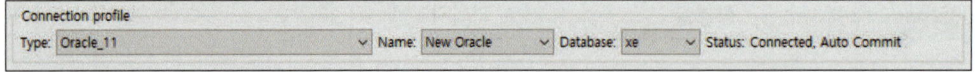

(2) 만약 비접속(Disconnected) 상태일 경우, 하단의 데이터베이스 연결을 수행하고 다시 확인한다.

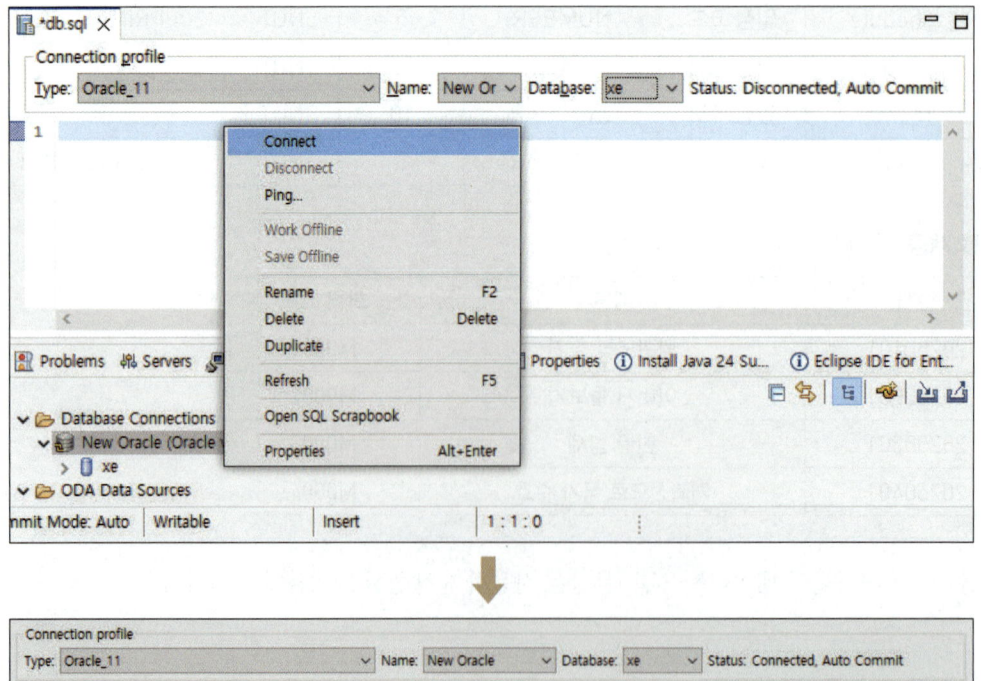

(3) 소스 코드 : 텍스트 입력 박스에 다음과 같이 입력한다.

```sql
/* 관련 테이블 초기화 */
DROP TABLE tbl_member;
DROP TABLE tbl_schedule;

/* 테이블 생성 (tbl_member) */
CREATE TABLE tbl_member(    pk_member   VARCHAR(5)      NOT NULL    PRIMARY KEY
                    ,       name        VARCHAR(20)     NOT NULL
                    ,       grade       VARCHAR(20)
);
/* 테이블 생성 (tbl_schedule) */
CREATE TABLE tbl_schedule(  pk_schedule NUMBER(5)       NOT NULL    PRIMARY KEY
                    ,       do_date     DATE            NOT NULL
                    ,       do_memo     VARCHAR(255)    NOT NULL
                    ,       fk_member   VARCHAR(5)      NOT NULL
                    ,       FOREIGN KEY(fk_member)      REFERENCES  tbl_member(pk_member)
);

/* 테이블 데이터 입력 (tbl_member) */
INSERT INTO tbl_member      VALUES('M0001','홍길동','의적');
INSERT INTO tbl_member      VALUES('M0002','심청','효녀');
INSERT INTO tbl_member      VALUES('M0003','세종','대왕');
INSERT INTO tbl_member      VALUES('M0004','이순신','장군');
INSERT INTO tbl_member      VALUES('M0005','장영실','과학자');
/* 테이블 데이터 입력 (tbl_schedule) */
INSERT INTO tbl_schedule    VALUES(1,'20250101','탐관오리 찾기','M0001');
INSERT INTO tbl_schedule    VALUES(2,'20250201','아버지 돌보기','M0002');
INSERT INTO tbl_schedule    VALUES(3,'20250301','한글 창제','M0003');
INSERT INTO tbl_schedule    VALUES(4,'20250401','거북선으로 국가 수호','M0004');

/* 데이터베이스 처리 작업 확정 */
COMMIT

/* 테이블 데이터 출력 */
SELECT * FROM tbl_member;
SELECT * FROM tbl_schedule;
```

◎ 실제 입력 화면

line	소스 코드 : db.sql

```sql
1   /* 관련 테이블 초기화 */
2   DROP TABLE tbl_member;
3   DROP TABLE tbl_schedule;
4   
5   /* 테이블 생성 (tbl_member) */
6   CREATE TABLE tbl_member(   pk_member        VARCHAR(5)       NOT NULL PRIMARY KEY
7   ,                          name             VARCHAR(20)      NOT NULL
8   ,                          grade            VARCHAR(20)
9   );
10  /* 테이블 생성 (tbl_schedule) */
11  CREATE TABLE tbl_schedule( pk_schedule      NUMBER(5)        NOT NULL PRIMARY KEY
12  ,                          do_date          DATE             NOT NULL
13  ,                          do_memo          VARCHAR(255)     NOT NULL
14  ,                          fk_member        VARCHAR(5)       NOT NULL
15  ,                          FOREIGN KEY(fk_member)            REFERENCES      tbl_member(pk_member)
16  );
17  
18  /* 테이블 데이터 입력 (tbl_member) */
19  INSERT INTO      tbl_member       VALUES('M0001','홍길동','의적');
20  INSERT INTO      tbl_member       VALUES('M0002','심청','효녀');
21  INSERT INTO      tbl_member       VALUES('M0003','세종','대왕');
22  INSERT INTO      tbl_member       VALUES('M0004','이순신','장군');
23  INSERT INTO      tbl_member       VALUES('M0005','장영실','과학자');
24  /* 테이블 데이터 입력 (tbl_schedule) */
25  INSERT INTO      tbl_schedule     VALUES(1,'20250101','탐관오리 찾기','M0001');
26  INSERT INTO      tbl_schedule     VALUES(2,'20250201','아버지 돌보기','M0002');
27  INSERT INTO      tbl_schedule     VALUES(3,'20250301','한글 창제','M0003');
28  INSERT INTO      tbl_schedule     VALUES(4,'20250401','거북선으로 국가 수호','M0004');
29  
30  /* 데이터베이스 처리 작업 확정 */
31  COMMIT
32  
33  /* 테이블 데이터 출력 */
34  SELECT * FROM tbl_member;
35  SELECT * FROM tbl_schedule;
```

(4) 코드 설명 : 각 라인의 코드 설명이다.

line	소스 코드 : db.sql
1	관련 테이블 초기화를 위한 주석입니다.
2	tbl_member 테이블을 삭제합니다.
3	tbl_schedule 테이블을 삭제합니다.
4	빈 줄로, 구역 구분을 위해 사용됩니다.
5	tbl_member 테이블 생성 섹션을 알리는 주석입니다.
6	tbl_member 테이블을 생성하며, pk_member 칼럼(pk, VARCHAR(5), NOT NULL)을 정의합니다.
7	name 칼럼(VARCHAR(20), NOT NULL)을 정의합니다.
8	grade 칼럼(VARCHAR(20), NULL 허용)을 정의합니다.
9	테이블 생성 명령을 마무리하는 닫는 괄호와 세미콜론( );)이며, 이후 빈 줄로 구분됩니다.
10	tbl_schedule 테이블 생성 섹션을 알리는 주석입니다.
11	tbl_schedule 테이블을 생성하며, pk_schedule 칼럼(NUMBER(5), NOT NULL, PRIMARY KEY)을 정의합니다.
12	do_date 칼럼(DATE, NOT NULL)을 정의합니다.
13	do_memo 칼럼(VARCHAR(255), NOT NULL)을 정의합니다.
14	fk_member 칼럼(VARCHAR(5), NOT NULL)을 정의합니다.
15	fk_member에 외래키 제약을 걸어 tbl_member(pk_member)를 참조하도록 설정합니다.
16	테이블 생성 명령을 마무리하는 닫는 괄호와 세미콜론( );)입니다.
17	빈 줄로, 가독성을 위해 구역 구분을 제공합니다.
18	tbl_member 데이터 입력 섹션을 알리는 주석입니다.
19	tbl_member 테이블에 첫 번째 레코드를 삽입합니다.
20	두 번째 레코드를 삽입합니다.
21	세 번째 레코드를 삽입합니다.
22	네 번째 레코드를 삽입합니다.
23	다섯 번째 레코드를 삽입합니다.
24	tbl_schedule 데이터 입력 섹션을 알리는 주석입니다.
25	tbl_schedule 테이블에 첫 번째 일정 레코드를 삽입합니다.
26	두 번째 일정 레코드를 삽입합니다.
27	세 번째 일정 레코드를 삽입합니다.
28	네 번째 일정 레코드를 삽입합니다.
29	빈 줄로, 가독성을 위해 구역 구분을 제공합니다.
30	데이터 변경 작업을 확정 세션을 알리는 주석입니다.
31	데이터 변경 작업을 확정하는 COMMIT 명령입니다.
32	빈 줄로, 구역 구분을 제공합니다.
33	테이블 데이터 조회 섹션을 알리는 주석입니다.
34	tbl_member 테이블의 모든 레코드를 조회합니다.
35	tbl_schedule 테이블의 모든 레코드를 조회합니다.

(5) 코드 세부 설명

   (가) 관련 테이블 초기화(1~3) : 과제를 시작하거나 작업 중에 테이블이 잘못 생성되거나 기존에 같은 이름의 테이블이 데이터베이스에 이미 존재하는 경우 오류나 데이터 이상을 만들 수 있다. 따라서 해당 이름의 테이블을 삭제하고, 초기화한 다음 새로 테이블을 만들기 위한 기반 작업이다.

   ① SQL 분석 : [테이블 이름] 영역에 원하는 테이블의 이름을 기입한다.

   > DROP TABLE [테이블 이름];

   ② SQL 실행 : 해당 SQL 명령어를 마우스 오른쪽으로 클릭하면 실행방법 4가지가 나온다. 이 4가지 방법을 상황에 맞게 활용하면, 큰 SQL을 단계별로 테스트하거나 부분 실행하면서 효율적으로 개발할 수 있다. (주로 Execute Selected Text 방식이 사용된다.)

   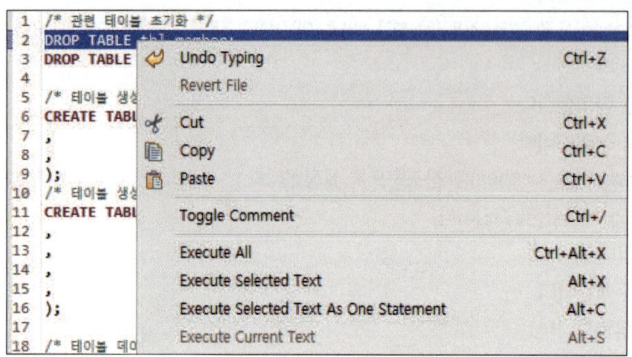

   ㉮ Execute All - 전체 실행(Ctrl+Alt+X) : 선택된 영역 없이 스크립트 창에 있는 모든 SQL 구문을 순서대로 실행한다.

   ㉯ Execute Selected Text - 선택 영역 실행(Alt+X) : 사용자가 마우스 드래그나 Shift+화살표로 지정한 텍스트만 실행한다.

   ㉰ Execute Selected Text As One Statement - 선택 구문을 한 개의 배치로 실행(Alt+C) : 선택된 여러 줄을 하나의 단일 SQL 문장으로 묶어서 실행한다.

   ㉱ Execute Current Statement - 커서 위치 문장 실행(Alt+S) : 별도 선택 없이 커서가 위치한 하나의 SQL(보통 세미콜론으로 구분된 그 문장)만 실행한다.

   (나) 테이블 생성(5~16) : 테이블 생성문이다. 원하는 구조의 테이블을 다양한 형태로 생성할 수 있다.

   ① SQL 분석 : 테이블을 생성하는 생성문이다. [테이블 이름]에 원하는 테이블 명을 입력하고, 자료 형태(숫자, 문자 등)와 길이(영어와 숫자는 자릿수당 1, 한글은 2의 공간을 차지한다.)를 선택하고, 빈값(NULL)이 가능한지를 선택한다. NULL이 가능하면 해당 컬럼에 데이터를 입력하지 않아도 오류가 나지 않고 입력된다. 하지만 기본 키는 입력을 필수로 해야 한다. 이외에 선택 설정으로 기본값을 추가해주면 아무 값도 입력하지 않았을 때 기본값이 자동으로 입력된다.

   > CREATE TABLE [테이블 이름](
   >   [컬럼ID]   [자료 형태]([길이])   [NULL 허용]   [선택: 기본값]   [키]
   > , [컬럼ID]   [자료 형태]([길이])   [NULL 허용]   [선택: 기본값]
   > , [컬럼ID]   [자료 형태]([길이])   [NULL 허용]   [선택: 기본값]
   > , [제약 조건: 외래키 등]
   >);

② SQL 실행 : '(가)-② SQL 실행'을 참고하여 실행한다.

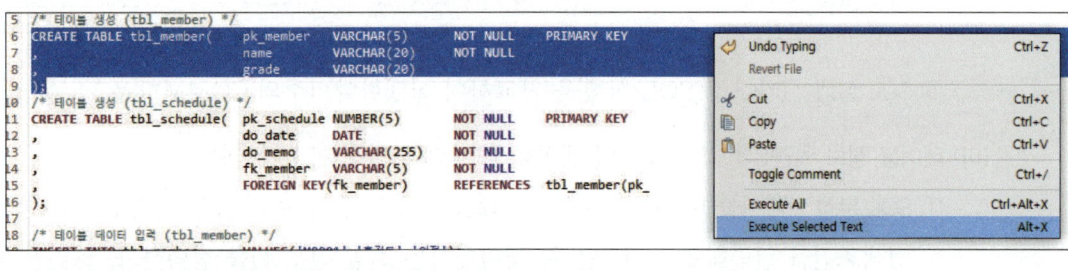

(다) 테이블 데이터 입력(18~28) : 테이블 데이터 입력문이다. 원하는 구조의 테이블에 데이터를 입력할 수 있다.

① SQL 분석 : [테이블 이름]에 원하는 테이블 명을 입력하고, 입력하고자 하는 컬럼 ID를 순서대로 기입한 후 입력할 데이터를, 구분으로 하여 순서대로 입력한다. 숫자 형태는 그냥 입력하고, 문자형태는 작은따옴표('데이터')로 입력한다. 컬럼 ID를 입력하지 않은 경우, 테이블 생성 시에 컬럼 ID 순서대로 입력된다. 반대로 NOT NULL 설정이 아닌 컬럼 ID를 선택적으로 입력한 경우, 컬럼 ID가 입력된 데이터만 입력하고, 나머지 컬럼 ID는 NULL 또는 기본값이 입력된다.

INSERT INTO [테이블 이름](입력할 컬럼 ID1, 입력할 컬럼 ID2 ... VALUES('[데이터1]','[데이터2]'...);

② SQL 실행 : 위의 '(가) - ② SQL 실행'을 참고하여 실행한다.

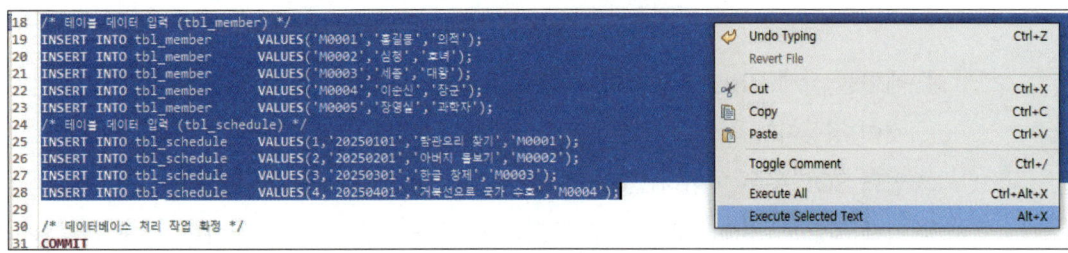

(라) 데이터베이스 처리 작업 확정(31) : SQL 작업이 이상이 없을 때 데이터베이스 작업을 확정하는 명령어이다.

① SQL 분석 : COMMIT은 확정, 이상이 있으면 ROLLBACK을 입력하면 마지막 COMMIT 상태로 돌아간다. 상단 상태(Status)를 보면 자동(Auto) COMMIT이 되어있어서 굳이 COMMIT을 하지 않아도 적용되지만, 자동(Auto) COMMIT 설정이 되어있지 않은 경우도 있고, 되어있어도 구문 오류나 설정 오류로 인하여 COMMIT 처리가 되지 않을 수 있어서, 중요한 순간마다 습관적으로 해야 한다.

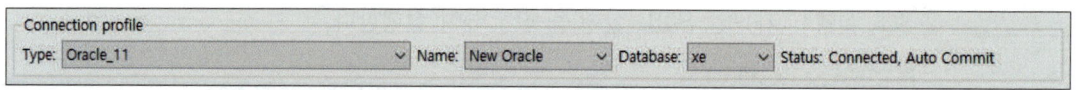

② SQL 실행 : '(가)-② SQL 실행'을 참고하여 실행한다. (주의 COMMIT은 ' ; '을 붙이지 않는다.)

(마) 테이블 정보 확인(34~35) : 입력된 테이블 데이터를 검색해서 확인할 수 있다.

① SQL 분석 : '테이블 이름'을 입력하고, 해당 테이블 안에 '보고 싶은 칼럼 ID'를 선택하여 입력 후, 검색조건을 입력하면 된다. 단 위 예시에서는 컬럼 전부(*)를 선택하고, 조건을 입력하지 않아서 매우 단순한 SQL 문이 되었다. 복잡한 SQL 문이 많기 때문에 문제 풀이 중 나오는 SQL에서 좀 더 자세하게 다룰 예정이다.

SELECT	[보고 싶은 칼럼 ID]
FROM	[테이블 이름]
WHERE	[검색조건]

② SQL 실행 : 위의 '(가)-② SQL 실행'을 참고하여 실행한다.

(바) SQL 입력 확인 : 정상적으로 실행이 모두 되었다면 아래와 같이 성공 표시가 나타난다.

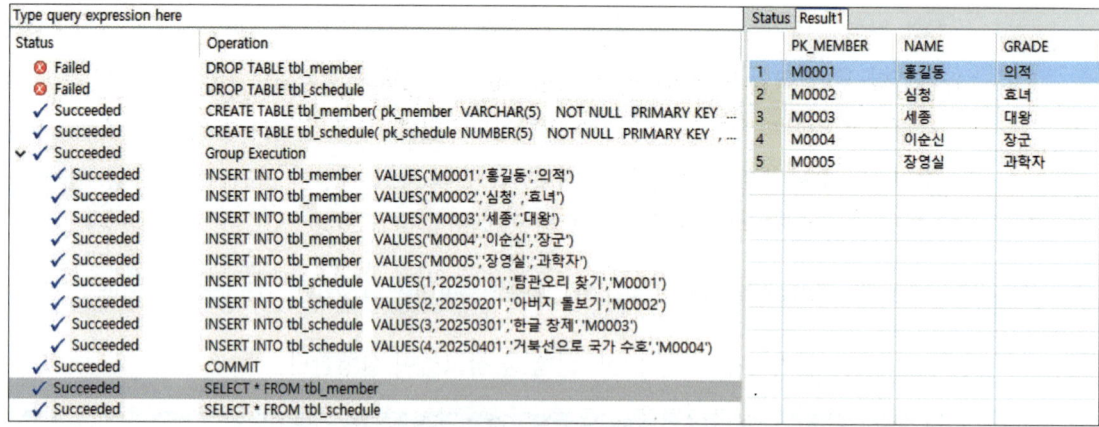

① 테이블 삭제(DROP) 명령어의 경우 삭제할 테이블이 없는 경우 실패(Failed) 표시가 나타나는 것이 정상이다.

② 입력 SQL 문은 데이터 1줄씩 성공(Succeeded)을 확인할 수 있다.

③ 검색(Select) SQL 문의 경우 클릭하여 결과(Result)를 확인하면 실제 입력된 데이터를 볼 수 있다.

3 화면구현

- 문제에서 요구하는 화면을 구성하고, 연결될 전체 페이지를 생성한다.

> **참고 사항**
> - 화면의 구성요소는 필수사항이다.
> - 화면의 스타일은 제공 그림을 참조하여 유사하게 구현한다.
> - 화면의 색상은 구별이 가능하게 작업자가 임의로 선정한다.

- 문제에서 요구하는 화면 구현 정보는 아래와 같다.

가) 시작화면(index.jsp)

① 시작화면은 헤더(header), 메뉴(nav), 섹션(section), 푸터(footer)로 구성된다.
② 메뉴는 '일정등록', '회원현황', '일정현황', '홈으로' 등의 메뉴로 구성된다.
③ 푸터(footer)는 저작권 관련정보로 구성된다.

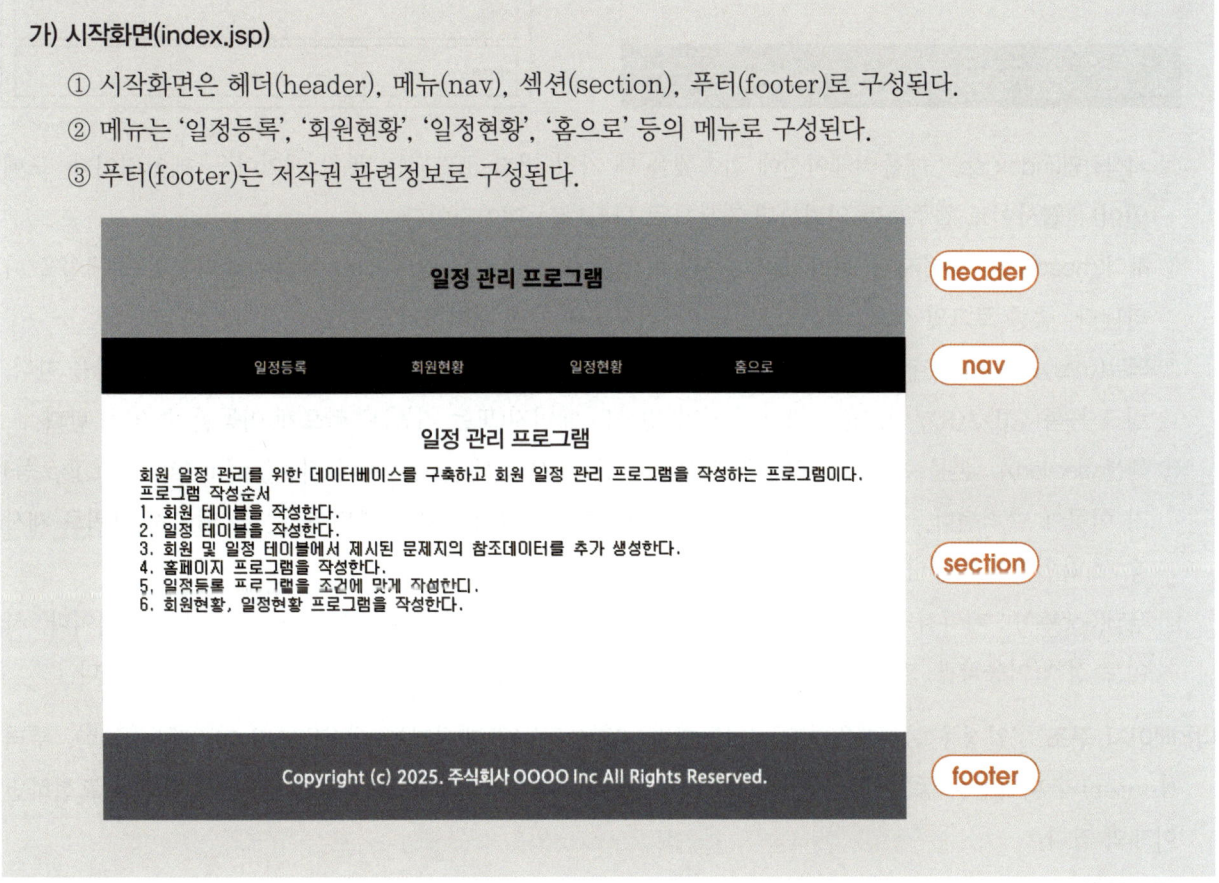

가) 웹 구조 설명

- 제시된 요구사항의 구성은 HTML 기준으로 아래와 같다.

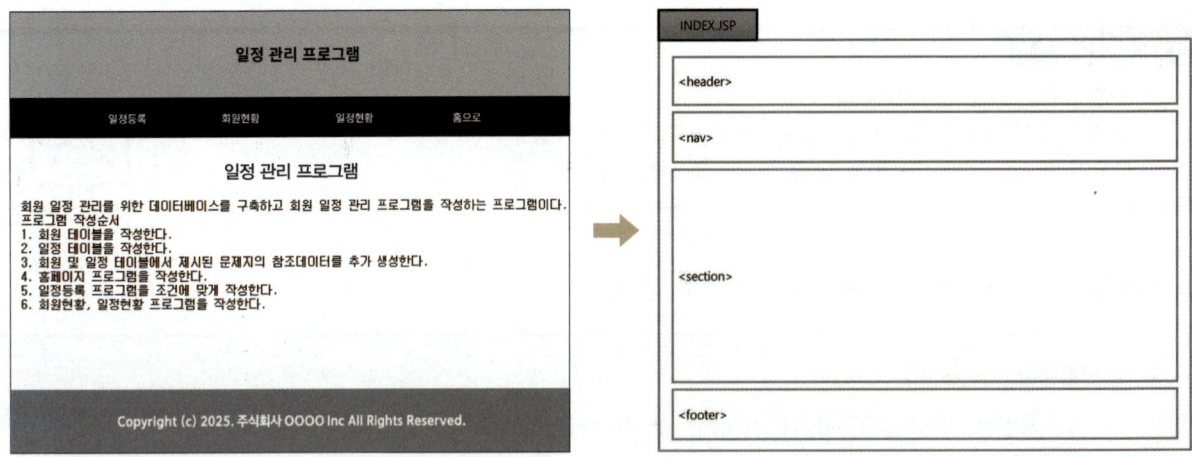

① **시작화면(index.jsp)** : 애플리케이션에 접속했을 때 가장 먼저 로드되는 '통합 레이아웃' 페이지이다. 도메인이나 웹사이트 웹주소만 입력하면 기본으로 나타나는 페이지이다.

② **헤더(〈header〉)** : 페이지의 '로고' 또는 '서비스 이름'을 보여주는 영역으로, 애플리케이션의 정체성을 나타낸다. 종종 로그인 정보, 검색창, 알림 아이콘 등을 함께 배치하기도 한다.

③ **메뉴(〈nav〉)** : 사이트 내 주요 기능 또는 페이지 이동 경로를 한눈에 보여주는 내비게이션 바 역할을 한다. 링크 목록(〈ul〉/〈li〉/〈a〉)을 통해 사용자가 원하는 페이지(또는 기능)로 빠르게 이동할 수 있게 한다.

④ **섹션(〈section〉)** : 본문 콘텐츠를 담는 영역으로, 메뉴에서 선택된 페이지나 자료(main.jsp, list.jsp 등)가 이곳에 출력된다. 시맨틱하게 '하나의 독립된 콘텐츠 블록'으로 구분되어, 문서·페이지 단위로 재사용·스타일링하기 좋다.

⑤ **푸터(〈footer〉)** : 페이지의 제일 아래에 저작권 정보, 연락처, 고객지원 링크 등을 표시하는 영역이다. 사이트 정책(이용약관, 개인정보처리방침) 또는 회사 주소·전화번호 같은 보조 정보를 주로 담는다.

나) 페이지 구조 : '일정등록', '회원현황', '일정현황', '홈으로' 웹 페이지는 헤더(header), 메뉴(nav), 푸터(footer)의 디자인은 동일하며, 섹션(section) 부분의 내용만 다르게 구성되어 있다. 그림으로 표현하면 아래와 같다.

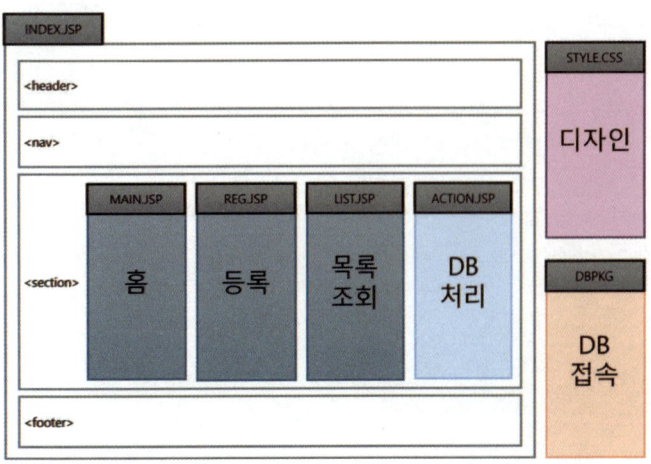

위 그림은 문제를 레이아웃으로 시각화한 것이다. 사이트 제목을 나타내는 헤더(header) 영역이 있고, 클릭하여 원하는 페이지를 연결해주는 메뉴(nav) 영역, 그리고 본 내용이 보여주는 섹션(section) 영역과 사이트 정보를 보여주는 푸터(footer)가 있다.

섹션(section)만 변화를 주는 방식은 디자인 수정을 쉽게 하고, 코드 중복을 최소화해 오류를 낮출 수 있다. 시작화면(index.jsp) 섹션(section)에 세부 프레임을 두어서 등록('일정등록'), 목록조회('회원현황', '일정현황') 페이지가 포함되어 있다고 생각하면 된다.

추가 페이지로는 이 외에 디자인을 담당하는 CSS 파일과(style.css) DB 접속을 위한 패키지 파일(DBPKG), 그리고 시각적으로 보이지는 않지만 입력된 정보를 데이터베이스에 연결하는 처리(action.jsp) 페이지가 있다.

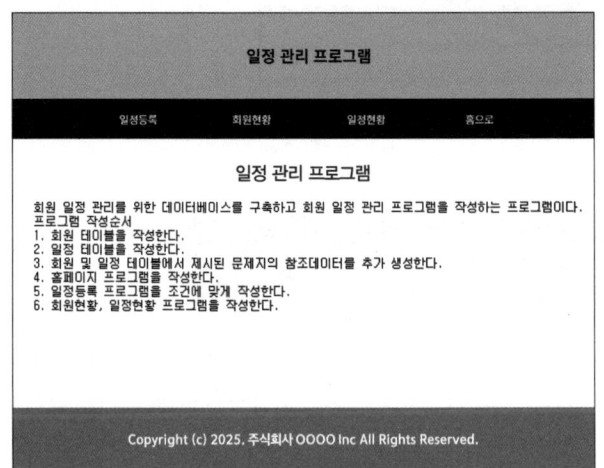

○ 시작화면(index.jsp)

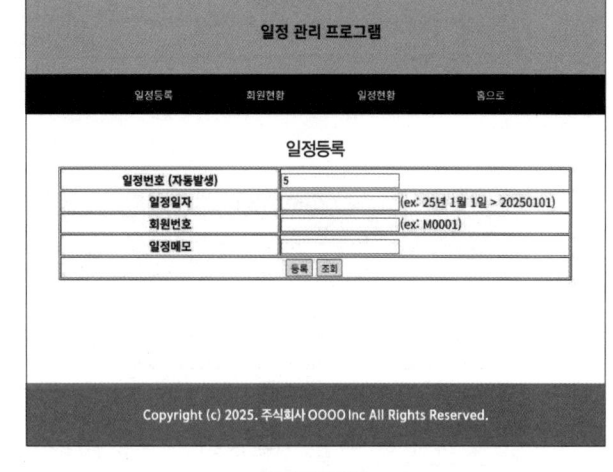

○ 일정등록

○ 회원현황

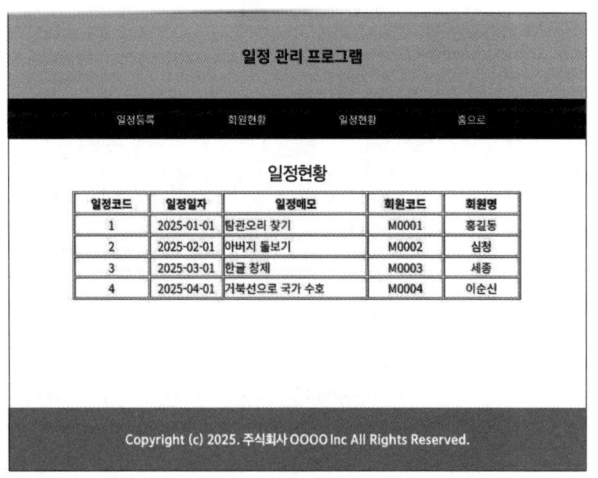

○ 일정현황

다) 페이지 생성 : 웹사이트 구성을 위한 페이지를 생성한다.

① 웹 페이지를 만들기 위해 마우스 오른쪽 버튼을 클릭해서 [New] → [jsp File]를 클릭한다.

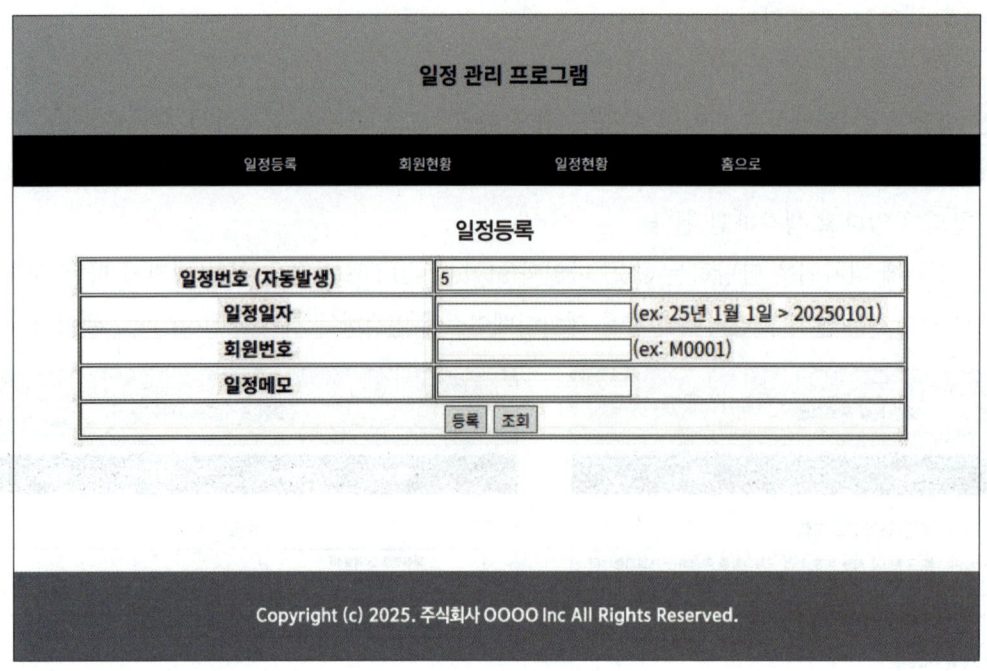

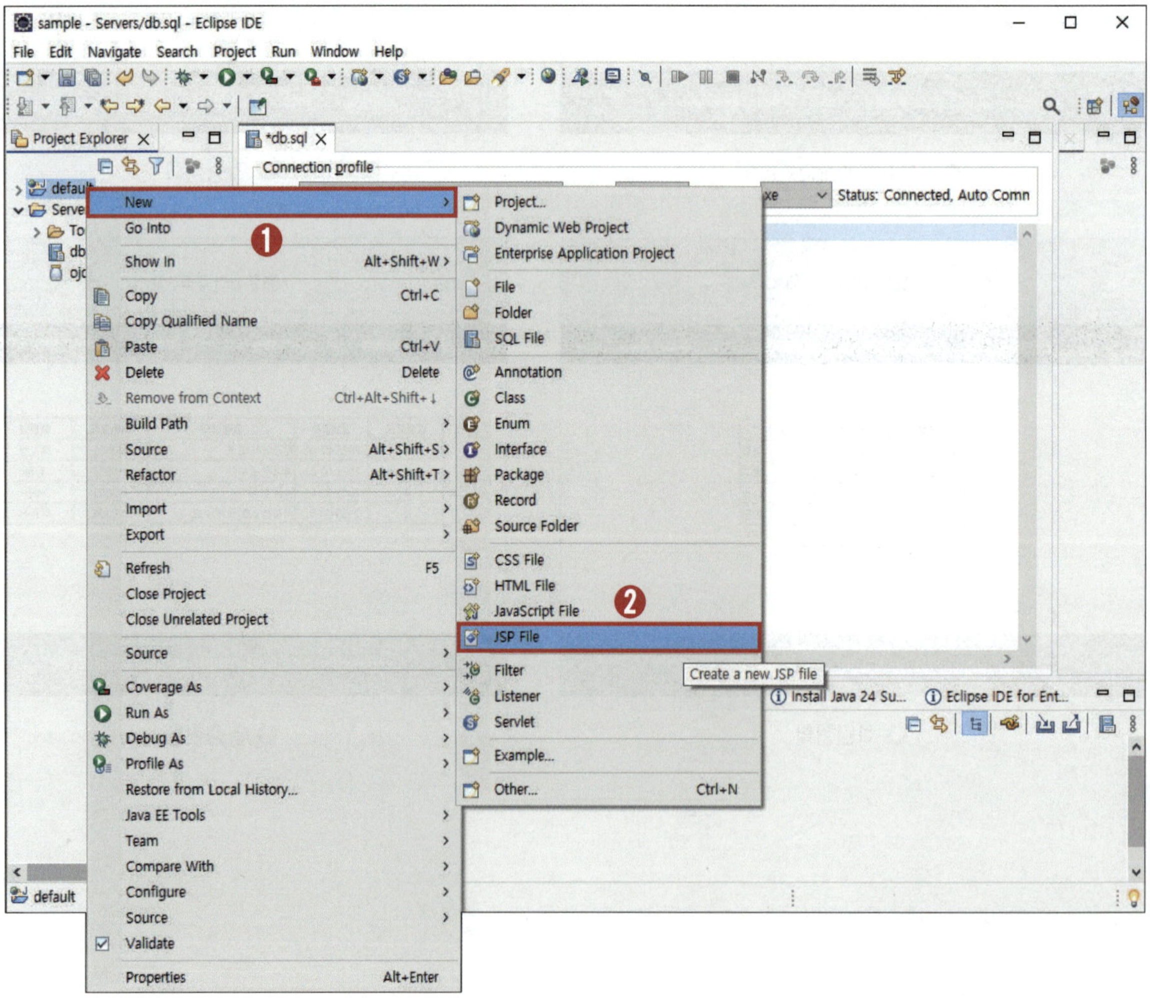

② 파일 이름을 웹 시작 페이지인 'index.jsp'로 입력한다.

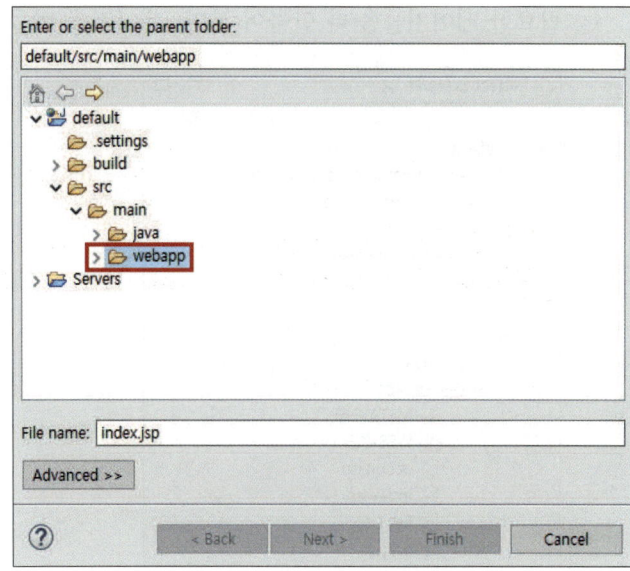

③ 페이지 구분 : 페이지 용도에 맞게 이름을 고정적으로 생성하면 작업 속도가 빨라진다.

	이름		용도	사용
1	index.jsp		시작 페이지	✓
2	style.css		스타일 시트	✓
3	main.jsp		메인(홈)	✓
4	reg.jsp		등록	✓
5	action.jsp		데이터베이스 처리	✓
6	list.jsp	기본	조회(현황) 부가 기능에 따라 단어 추가 예) join+group by = list_jg.jsp	✓
		join		✓
		group by		
		order by		
		where		
7	search.jsp		검색	✓
8	DBPKG(Util.java)		데이터베이스 연결	✓

④ 필요한 페이지들을 다 만들어 본다. 페이지를 만들어 둔 후 내용은 이후에 작성하도록 하자.

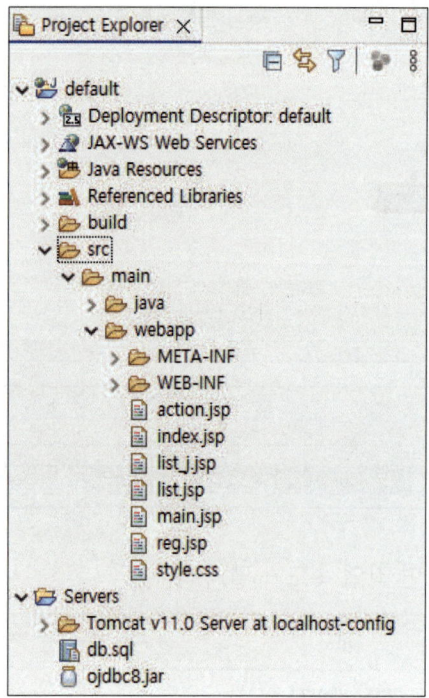

 더 알아보기   일반적인 과정평가형 외부평가 실무문제

1. 구조
일반적으로 실무문제에서 제작해야 하는 페이지는 프로그래밍 설계 방법에 따라 다르겠지만, 제공한 풀이대로 설계한다면 '등록, 조회, 그룹 조회, 홈으로' 등의 4개 페이지이다.
여기에 보이지 않지만, 프로그램을 구성하는 데이터베이스 처리 페이지(action.jsp)와 데이터베이스 연결을 위한 클래스 Util.java 그리고 스타일시트(style.css)로 구성할 수 있다.

2. 디자인
〈정보처리산업기사〉는 디자인보다는 프로그래밍에 초점이 맞추어져 있기 때문에 초창기 '과정평가형'부터 현재에 이르기까지 디자인적 요소는 거의 변경이 없다.

3. 주의점
문제에 따라 편차가 있는 편이지만 주로 합격에 가장 큰 영향을 주는 항목은 다음과 같다. 또한, 아랫부분을 주의하면 좋은 결과를 기대할 수 있다.
- 초기 환경 구축: 웹서버 연결, 프로젝트 생성, 데이터베이스 연동
- 등록 페이지: 입력 부분의 유효성 검사, 다양한 INPUT 타입 데이터 전송
- 처리 페이지: 등록 페이지에서 전달된 데이터 실제 데이터베이스 입력
- 조회 페이지: 데이터베이스 자료를 요구사항에 맞게 가공(원화, 날짜, 등급 등)하여 표기
- 그룹 조회 페이지: Join, Group by, 집계함수(sum, max, count 등) 사용 가능 여부

4 페이지별 기능 구현

입력, 검색, 조회 등 각 조건에 맞는 프로그램을 구현 및 단위 테스트를 한다.

가) 시작 페이지 index.jsp

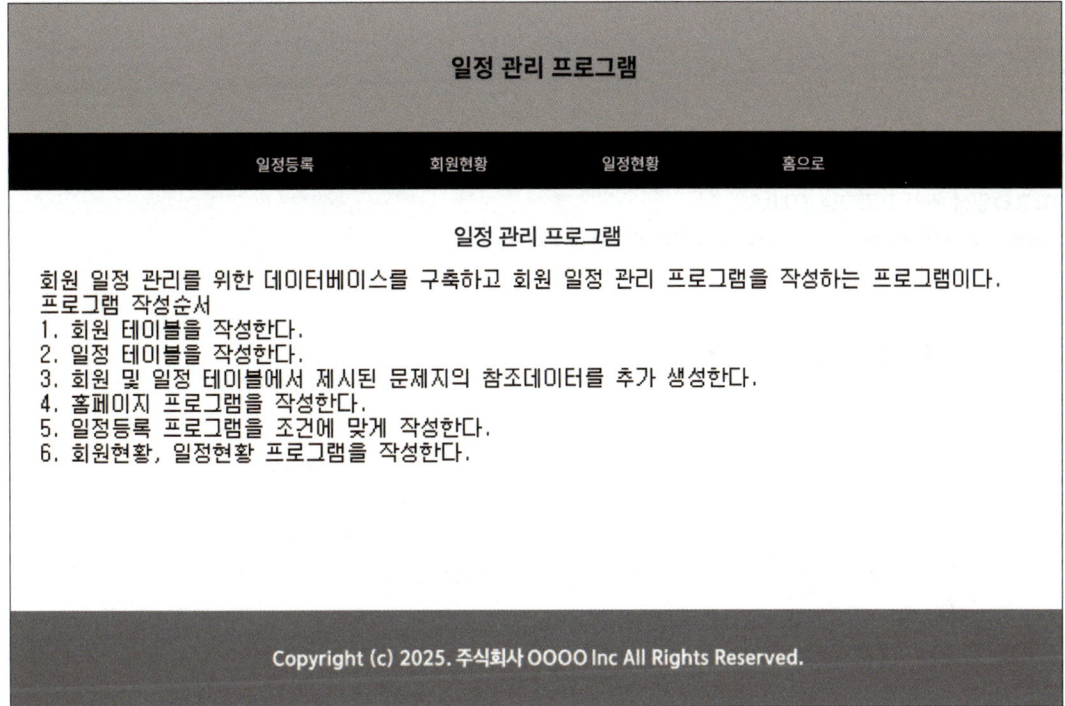

나) 시작 페이지 index.jsp는 기본 영역 구성과 디자인을 결정한다. 따라서 시작 페이지가 원활하게 작동하기 위해서는 3개의 페이지가 필요하다.
　① 시작 페이지 index.jsp
　② 스타일시트 페이지 style.css
　③ 메인 본문 내용 페이지 mail.jsp
순서대로 소스 코드와 완성 화면 그리고 세부 설명을 차례대로 한다.

다) 각 라인의 설명이 쉽도록 번호를 달았다. 실제 코딩에서는 텍스트만 입력하면 된다.
　① 코드를 쉽게 알아볼 수 있게 하기 위해서 최대한 깔끔하고 간결하게 작성하였다.
　② HTML 태그는 대문자로 작성하였다.
　③ 기본형에서 다룬 기본적 내용은 중복을 최소화하였다.

(1) 소스 코드 : 시작 페이지(index.jsp)

line	소스 코드
1	`<%@ page language        =        "java"`
2	`            contentType   =        "text/html; charset=UTF-8"`
3	`            pageEncoding  =        "UTF-8"                    %>`
4	`<!DOCTYPE HTML>`
5	`<HTML>`
6	`<HEAD>`
7	`        <META charset="UTF-8">`
8	`        <TITLE>일정 관리 프로그램</TITLE>`
9	`        <LINK rel="stylesheet" type="text/css" href="style.css">`
10	`</HEAD>`
11	`<BODY>`
12	`        <HEADER><H2>일정 관리 프로그램</H2></HEADER>`
13	`        <NAV>`
14	`                <UL>`
15	`                        <LI><A href = "reg.jsp"     target = "section_page">일정등록</A></LI>`
16	`                        <LI><A href = "list.jsp"    target = "section_page">회원현황</A></LI>`
17	`                        <LI><A href = "list_j.jsp"  target = "section_page">일정현황</A></LI>`
18	`                        <LI><A href = "main.jsp"    target = "section_page">홈으로</A></LI>`
19	`                </UL>`
20	`        </NAV>`
21	`        <SECTION>`
22	`                <IFRAME   name = "section_page"    src    = "main.jsp"></IFRAME>`
23	`        </SECTION>`
24	`        <FOOTER>`
25	`                <H3>Copyright (c) 2025. 주식회사 0000 Inc All Rights Reserved.</H3>`
26	`        </FOOTER>`
27	`</BODY>`
28	`</HTML>`

(가) 코드 설명 : 각 라인의 코드 설명이다.

line	코드 설명
1	이 페이지에서 사용할 스크립팅 언어(서버 사이드 코드)를 Java로 지정하는 설정입니다.
2	브라우저로 전송되는 응답의 종류를 HTML(text/html)로, 문자 인코딩을 UTF-8로 설정합니다.
3	JSP 파일 자체를 UTF-8로 읽고 처리하도록 지정한 뒤, JSP 설정 블록을 닫습니다.
4	이 문서가 HTML5 표준임을 브라우저에 선언합니다.
5	HTML 문서의 최상위(root) 요소를 여는 태그입니다.
6	메타데이터(문서 제목·문자셋·스타일 등)를 담는 머리말(head) 영역을 시작합니다.
7	이 HTML을 UTF-8 문자셋으로 해석하도록 브라우저에 지시합니다.
8	브라우저 탭에 표시될 페이지 제목을 "일정 관리 프로그램"으로 설정합니다.
9	외부 스타일시트(style.css) 파일을 불러와 페이지의 디자인을 적용합니다.
10	머리말(head) 영역을 닫습니다.
11	실제 화면에 보이는 본문(body) 영역을 시작합니다.
12	페이지 상단에 "일정 관리 프로그램"이라는 제목을 헤더(header) 안에 크기 2 수준으로 표시합니다.
13	내비게이션 메뉴(nav) 영역을 시작합니다.
14	순서 없는 목록(ul)을 시작해 메뉴 항목을 나열할 준비를 합니다.
15	'일정등록' 메뉴를 클릭하면 reg.jsp가 지정된 iframe에 표시되도록 하는 링크입니다.
16	'회원현황' 메뉴를 클릭하면 list.jsp가 지정된 iframe에 표시되도록 하는 링크입니다.
17	'일정현황' 메뉴를 클릭하면 list_j.jsp가 지정된 iframe에 표시되도록 하는 링크입니다.
18	'홈으로' 메뉴를 클릭하면 main.jsp가 지정된 iframe에 표시되도록 하는 링크입니다.
19	순서 없는 목록(ul) 영역을 닫습니다.
20	내비게이션 메뉴(nav) 영역을 닫습니다.
21	콘텐츠를 담을 섹션(section) 영역을 시작합니다.
22	이름이 section_page인 iframe을 생성하고, 기본으로 main.jsp를 불러오게 설정합니다.
23	섹션(section) 영역을 닫습니다.
24	페이지 맨 아래 푸터(footer) 영역을 시작합니다.
25	저작권 문구를 크기 3 수준의 글자로 표시합니다.
26	푸터(footer) 영역을 닫습니다.
27	본문(body) 영역을 닫습니다.
28	HTML 문서의 최상위(root) 요소를 닫아 페이지 구성을 완전히 종료합니다.

(나) 코드 세부 설명 : URL 접근 시에 가장 초기에 나오는 페이지이다.

① 웹페이지 기본설정(1~3) : 웹페이지를 구동하기 위해 기본적으로 들어가는 코드이다. eclipse에서 JSP 파일을 생성한다면 기본으로 최상단에 자동으로 입력되어 있다. 따라서 외울 필요는 없으며, 기본적으로는 JAVA를 사용하고 기본언어로 UTF-8을 사용한다는 의미를 알고 있으면 된다. 아래는 JSP 파일 생성 시 기본으로 작성되는 코드이다.

```
<%@ page language        =        "java"
         contentType     =        "text/html; charset=UTF-8"
         pageEncoding    =        "UTF-8"                        %>
<!DOCTYPE HTML>
<HTML>
<HEAD>
    <META charset="UTF-8">
    <TITLE>Insert title here</TITLE>
</HEAD>
<BODY>

</BODY>
</HTML>
```

② HTML 기본 구조(전체) : HTML은 프로그래밍 언어와는 다르게 태그를 시작하면 대부분 끝을 알려줘야 한다. 위에처럼 〈HTML〉을 시작하면 〈/HTML〉로 /를 추가하여 끝을 알려준다. 마찬가지로 〈HEAD〉~〈/HEAD〉, 〈TITLE〉~〈/TITLE〉, 〈BODY〉~〈/BODY〉, 〈HEADER〉~〈/HEADER〉, 〈NAV〉~〈/NAV〉 등 대부분 태그가 시작과 끝이 있음을 알 수 있다. 정상적으로 끝을 표기하지 않으면 작동은 될 수 있으나 원하는 영역에서 끝나지 않아서 전체 구성이 깨질 수 있다.

③ 타이틀(8) : 페이지의 타이틀(제목)을 입력한다. 웹페이지를 열었을 때 페이지 제목으로 표시된다.

④ 스타일시트(9) : 웹 페이지의 디자인을 적용하는 CSS 코드가 들어 있다. 내부에 코드를 직접 기입해서 사용할 수 있지만, 외부 파일로 만들지 않으면 모든 페이지에서 직접 작성해야 하므로 코드가 일치하지 않을 수 있는 문제점이 있다. 따라서 범용적으로 사용하기 위해 style.css 파일로 작성하여 다양한 페이지에서 불러와서 사용한다.

⑤ 내비게이션(15-18) : 〈A〉 태그 안에 글자 버튼을 클릭하면 지정(href) 페이지로 구역(target)이 이동된다. 이 코드에서는 구역이 'section_page' 이므로 버튼을 클릭하면 해당 HTML 문서 안에 'section_page'라는 이름을 가지는 구역으로 페이지를 이동하라는 명령을 전달한다.

⑥ IFRAME(22) : 프레임 안에 프레임을 두는 기능이다. 이 페이지의 핵심으로 메뉴를 클릭했을 때 페이지를 로딩하는 방식은

1. 모든 페이지를 각각 코딩하는 방식
2. 단일 페이지로 코딩 후 DIV 태그를 사용해서 일부분씩 보여주는 방식
3. 영역별로 다른 페이지를 만들고 참조해서 사용하는 방식 등 다양한 방식이 있지만, 우리는 index.jsp 페이지 하위에 IFRAME을 만들어서 사용하는 방식이다.

마치 게임기에 팩을 바꿔 끼면 다른 게임이 실행되는 것처럼 게임기의 기능을 하는 것이 시작 페이지(index.jsp)이고, 팩은 각각 일정등록(reg.jsp), 회원현황(list.jsp), 일정현황(list_j.jsp), 홈으로(main.jsp)이다. 이 기능을 구현하기 위해 IFRAME의 이름을 '*section_page*'로 하여 내비게이션 영역의 버튼과 연동하였다.

(2) 소스 코드 : 스타일시트 페이지(style.css)

소스 코드 : index.jsp (1/2)

```css
@charset "UTF-8";

/* === 공통 === */
BODY, HTML {
        text-align:center;
}
HEADER, NAV, SECTION, IFRAME, FOOTER {
    width:100%;
    padding:15px;
    display:flex;
    align-items:center;
    justify-content:center;
}

/* === 헤더/푸터 === */
HEADER {
        height:100px;
        background:rgb(192, 192, 192);
}
FOOTER {
        height:70px;
        background:rgb(128, 128, 128);
        color:#fff;
}

/* === 네비게이션 === */
NAV {
        height:30px;
        background:rgb(0, 0, 0);
}
NAV UL {
        margin:0;
        padding:0;
}
NAV LI {
        display:inline-block;
        width:170px;
}
NAV A {
        color:#fff;
        text-decoration:none;
}
/* === 본문 === */
SECTION {
        background:#fff;
        border:0;
}
SECTION IFRAME  {
```

(가) 코드 설명 : 각 라인의 코드 설명이다.

line	코드 설명 (1/2)
1	CSS 파일의 문자 인코딩을 UTF-8로 설정합니다.
2	빈 줄로, 가독성을 위해 섹션 구분을 제공합니다.
3	"공통" 스타일 블록의 시작을 알리는 주석입니다.
4	body와 html요소에 공통 스타일을 적용하기 위한 선언입니다.
5	텍스트를 가로 중앙으로 정렬합니다.
6	앞선 공통 스타일 블록을 닫습니다.
7	header, nav, section, iframe, footer요소에 공통 스타일을 적용하기 위한 선언입니다.
8	해당 요소의 너비를 부모 또는 화면 너비의 100%로 설정합니다.
9	내부 여백(padding)을 15픽셀로 지정합니다.
10	Flexbox 레이아웃을 사용하겠다고 지정합니다.
11	Flexbox의 세로(교차축) 방향으로 내부 항목을 가운데 정렬합니다.
12	Flexbox의 가로(주축) 방향으로 내부 항목을 가운데 정렬합니다.
13	앞선 공통 스타일 블록을 닫습니다.
14	빈 줄로, 가독성을 위해 구획을 나눕니다.
15	"헤더/푸터" 스타일 블록의 시작을 알리는 주석입니다.
16	header요소 전용 스타일 적용을 위한 선언입니다.
17	헤더 높이를 100픽셀로 설정합니다.
18	헤더 배경색을 연한 회색(RGB(192,192,192))으로 지정합니다.
19	header스타일 블록을 닫습니다.
20	footer요소 전용 스타일 적용을 위한 선언입니다.
21	푸터 높이를 70픽셀로 설정합니다.
22	푸터 배경색을 진한 회색(RGB(128,128,128))으로 지정합니다.
23	푸터 텍스트 색상을 흰색(#fff)으로 설정합니다.
24	footer스타일 블록을 닫습니다.
25	빈 줄로, 가독성을 위해 구획을 나눕니다.
26	"네비게이션" 스타일 블록의 시작을 알리는 주석입니다.
27	nav요소 전용 스타일 적용을 위한 선언입니다.
28	네비게이션 바의 높이를 30픽셀로 설정합니다.
29	네비게이션 배경색을 검은색(RGB(0,0,0))으로 지정합니다.
30	nav스타일 블록을 닫습니다.
31	nav ul요소 전용 스타일 적용을 위한 선언입니다.
32	목록 바깥 여백(margin)을 0으로 제거합니다.
33	목록 안쪽 여백(padding)을 0으로 제거합니다.
34	nav ul스타일 블록을 닫습니다.
35	nav li요소 전용 스타일 적용을 위한 선언입니다.
36	목록 항목을 인라인 블록으로 설정해 가로로 나열합니다.
37	각 메뉴 항목의 너비를 170픽셀로 지정합니다.
38	nav li스타일 블록을 닫습니다.
39	nav a요소 전용 스타일 적용을 위한 선언입니다.
40	링크 텍스트 색상을 흰색(#fff)으로 설정합니다.
41	링크의 밑줄 등 기본 장식을 제거합니다.
42	nav a스타일 블록을 닫습니다.
43	"본문" 스타일 블록의 시작을 알리는 주석입니다.
44	section요소 전용 스타일 적용을 위한 선언입니다.
45	본문 영역 배경색을 흰색(#fff)으로 지정합니다.
46	본문 영역의 테두리를 제거합니다.
47	section스타일 블록을 닫습니다.
48	section iframe요소 전용 스타일 적용을 위한 선언입니다.

line	소스 코드 : index.jsp (2/2)
49	`height:400px;`
50	`border:0;`
51	`}`
52	`PRE {`
53	`text-align:left;`
54	`}`
55	`TABLE {`
56	`margin:auto;`
57	`}`

line	코드 설명 (2/2)
49	iframe 높이를 400픽셀로 설정합니다.
50	iframe 테두리를 제거합니다.
51	section iframe스타일 블록을 닫습니다.
52	pre요소 전용 스타일 적용을 위한 선언입니다.
53	사전 서식(pre) 영역 내 텍스트를 왼쪽 정렬합니다.
54	pre스타일 블록을 닫습니다.
55	table요소 전용 스타일 적용을 위한 선언입니다.
56	표를 가로 중앙에 배치하기 위해 margin:auto를 설정합니다.
57	table스타일 블록을 닫습니다.

(나) 코드 세부 설명 : 스타일 시트이다.

① CSS 기본 구조(전체) : 스타일시트(CSS : Cascading Style Sheet)는 Client Side Script와 약어만 같은 문서가 실제로 웹사이트에 표현되는 방법을 정해주는 스타일시트 언어이다. 예전에는 HTML에 디자인적 요소를 직접 포함하여 작성하는 것이 일반적이다. HTML 페이지에 디자인 정보를 전무 입력하다 보니 HTML의 본연의 목적인 구조화된 문서가 아닌 디자인코드가 대부분인 문서가 되고 말았다. 표를 작성해야 하는 〈table〉 태그가 레이아웃을 구성하는 용도로 쓰이는 등으로 인해 HTML 소스 코드만 보면 이 문서가 어떤 문서인지 구분하기 힘들었다. 따라서 CSS 파일이 별로로 작성하여 참조하는 형태로 변경되었다.

② CSS 미적용 시(전체) : 스타일시트를 적용하지 않으면 HTML 태그가 가지고 있는 본 디자인적 요소와 크기만을 화면에 보여준다. 아래는 CSS를 적용하지 않은 index.jsp이다. 만약 여러분이 작성한 웹페이지가 아래와 같이 나타난다면 스타일시트가 정상적으로 작동하지 않는 것이다.

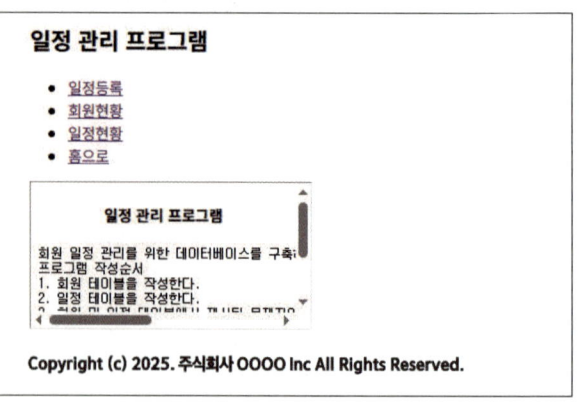

③ Eclipse에서 색상 손쉽게 변경하기 : 대부분의 Eclipse 버전에서는 색상 팔레트를 지원한다. 생각나는 기본색 예 red, blue, green 등을 입력하고, 앞에 흰색 네모 칸을 클릭하면 다른 색상을 고를 수 있다. 사용자 지정 색 만들기(D)를 선택하면 대부분의 색상을 선택할 수 있다.

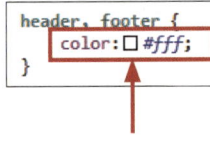

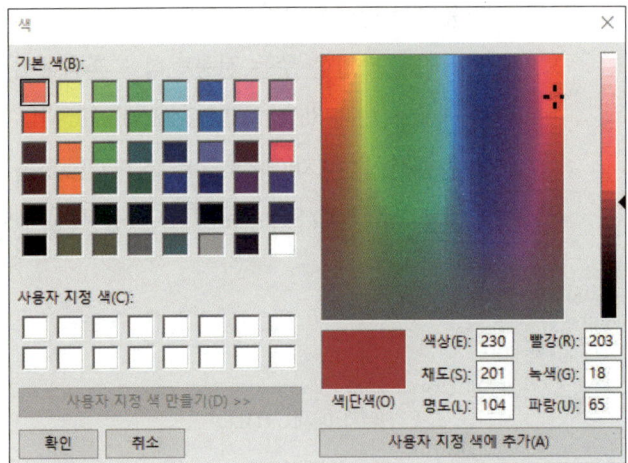

④ 색상(전체) : 실습 과제의 디자인 구조는 대부분 비슷하다. 문제의 참고 사항에 나타난 것처럼 색상은 구별이 가능하면 되고, 문제지도 흑백의 경우가 대부분이기 때문에, 색상은 흰색, 검은색을 포함해서 4가지 색이면 충분하다. 여기에서는 회색계열 *rgb(192, 192, 192)*, *rgb(128, 128, 128)* 두 가지 색상을 사용하였다. 같은 숫자 반복이라 사용하기가 쉽기 때문이다. 앞으로 문제에는 다른 색상을 다용하겠지만, 지금 4가지 색상으로도 충분하다.

> ☑ **참고 사항**
>
> • 화면의 구성요소는 필수사항이다.
> • 화면의 스타일은 제공 그림을 참조하여 유사하게 구현한다.
> • 화면의 색상은 구별이 가능하게 작업자가 임의로 선정한다.

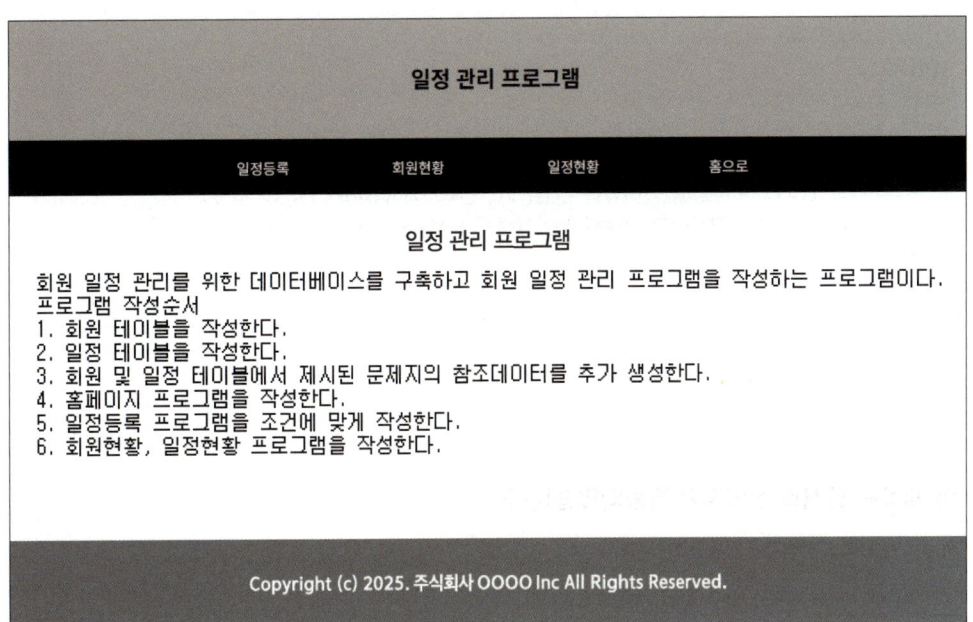

⑤ CSS를 HTML에 적용하는 방식은 3가지가 있다. 1. HTML 태그 자체에 주는 방식, 2. Class를 만들어서 설정하는 방식, 3. ID 값을 사용해서 설정하는 방식이다. 일반적인 웹 페이지에서는 공통적인 스타일은 1번 방식을 주로 사용하고, 자주 사용되는 스타일은 2번 방식, 단일로 적용되는 방식은 3번 방식을 사용한다. 우리는 1번 방식을 주로 사용하고, 필요에 따라 HTML에 직접 스타일을 주는 전통방식을 혼용해서 사용한다.

㉮ 요소 선택자(Element Selector) : HTML 태그 자체에 주는 방식 예) P

㉯ 클래스 선택자(Class Selector) : Class를 만들어서 설정하는 방식 예) .HIGHLIGHT

㉰ ID 선택자(ID Selector) : ID 값을 사용해서 설정하는 방식 예) #MAIN-TITLE

```html
<!DOCTYPE HTML>
<HTML>
<HEAD>
    <META charset="UTF-8">
    <TITLE>요소 선택자 예제</TITLE>
    <STYLE>
    /* 요소 선택자(Element Selector) : P 태그 자체에 대해 스타일 적용 */
    P {
        color : blue;
        font-style : italic;
    }
    /* 클래스 선택자(Class Selector) : .HIGHLIGHT 클래스를 정의 */
    .HIGHLIGHT {
        background-color : yellow;
        padding : 5px;
        border-radius : 3px;
    }
    /* ID 선택자(ID Selector) : #MAIN-TITLE 아이디를 가진 요소에만 스타일 적용 */
    #MAIN-TITLE {
        font-size : 24px;
        color : darkgreen;
        text-align : center;
        margin-bottom : 20px;
    }
    </STYLE>
</HEAD>
<BODY>
    <P>이 문단은 요소 선택자로 '파란색, 이탤릭' 스타일이 적용되었습니다.</P>
    <H1 CLASS="HIGHLIGHT">이 제목은 클래스 선택자가 적용되었습니다.</H1>
    <H2 CLASS="HIGHLIGHT">이 제목은 클래스 선택자가 적용되었습니다.</H2>
    <H3 ID="MAIN-TITLE">이 제목은 ID 선택자가 적용되었습니다.</H3>
</BODY>
</HTML>
```

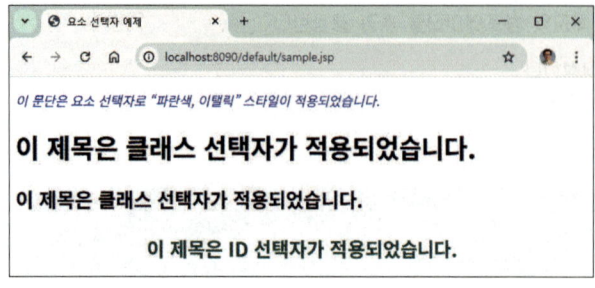

⑥ 해당 구역에서만 작동하는 요소 선택자 만들기 1(39) : 〈A〉 태그는 페이지 이동을 지원하기 때문에 많은 페이지나 영역에서 사용될 여지가 있다. 하지만 내비게이션에서 여러 〈A〉 태그가 같은 스타일을 적용해 줄 필요가 있다면 해당 영역에서만 작동하도록 중첩해서 스타일 시트를 주면 된다. NAV A와 같이 설정을 해준다면 NAV 영역 안에 A 태그만 스타일이 적용되도록 할 수 있다.

⑦ 해당 구역에서만 작동하는 요소 선택자 만들기 2(39) : 위와 비슷하지만 명확하게 내비게이션 안에 순서 없는 목차〈UL〉 태그에 〈A〉 태그에 스타일을 주고 싶다면 '〉' 사용하면 된다. NAV 〉 UL 〉 LI 〉 A 방식으로 해당 위치의 태그에 스타일을 적용할 수 있다.

```jsp
<%@ page language    = "java"
         contentType = "text/html; charset=UTF-8"
         pageEncoding = "UTF-8"                        %>
<!DOCTYPE HTML>
<HTML>
<HEAD>
    <META charset="UTF-8">
    <TITLE>요소 선택자 예제</TITLE>
    <STYLE>
    NAV A {
        color:red;
    }
    NAV > UL > LI > A {
        color:green;
    }
    </STYLE>
</HEAD>
<BODY>
    <HEADER><A href = "a.jsp">[샘플1]</A></HEADER>
    <NAV>
        <A href = "a.jsp">[샘플2]</A>
        <A href = "a.jsp">[샘플3]</A>
        <UL>
            <LI><A href = "a.jsp">[샘플4]</A></LI>
        </UL>
    </NAV>
</BODY>
</HTML>
```

[샘플1]은 NAV 영역 안에 없어서 스타일을 적용받지 못해서 기본 A 태그 색상인 파란색이 적용되어 있다.

[샘플2], [샘플3]는 NAV 영역안에 있어서 NAV 스타일을 적용받아서 빨간색이 적용되어 있다.

[샘플4]는 NAV 영역안에 UL 태그에 있어서 NAV 〉 UL 〉 LI 〉 A 적용받아서 녹색이 적용되어 있다.

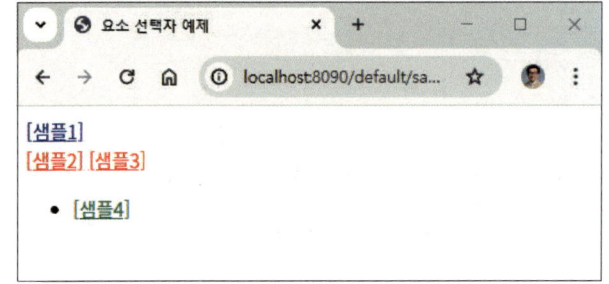

(3) 소스 코드 : 메인 페이지(main.jsp)

line	소스 코드
1	`<%@ page language         =        "java"`
2	`            contentType   =        "text/html; charset=UTF-8"`
3	`            pageEncoding  =        "UTF-8"                    %>`
4	`<!DOCTYPE HTML>`
5	`<HTML>`
6	`<HEAD>`
7	`        <META charset = "UTF-8">`
8	`        <LINK rel = "stylesheet" type = "text/css" href = "style.css">`
9	`</HEAD>`
10	`<BODY>`
11	`        <H4>일정관리 프로그램</H4>`
12	`        <PRE>`
13	회원 일정 관리를 위한 데이터베이스를 구축하고 회원 일정 관리 프로그램을 작성하는 프로그램이다.
14	프로그램 작성순서
15	1. 회원 테이블을 작성한다.
16	2. 일정 테이블을 작성한다.
17	3. 회원 및 일정 테이블에서 제시된 문제지의 참조데이터를 추가 생성한다.
18	4. 홈페이지 프로그램을 작성한다.
19	5. 일정등록 프로그램을 조건에 맞게 작성한다.
20	6. 회원현황, 일정현황 프로그램을 작성한다.
21	`        </PRE>`
22	`</BODY>`
23	`</HTML>`

(가) 코드 설명 : 각 라인의 코드 설명이다.

line	코드 설명
1	이 페이지에서 사용할 스크립팅 언어(서버 사이드 코드)를 Java로 지정하는 설정입니다.
2	브라우저에 보내는 응답의 종류를 HTML(text/html)으로, 문자 인코딩을 UTF-8로 설정합니다.
3	JSP 파일 자체를 UTF-8 인코딩으로 읽고 처리하도록 지정하고, JSP 지시문 블록을 종료합니다.
4	이 문서가 HTML5 표준임을 브라우저에 선언합니다.
5	HTML 문서의 최상위(root) 요소를 여는 태그입니다.
6	메타데이터(문서 제목·문자셋·스타일 등)를 담는 머리말(head) 영역을 시작합니다.
7	이 HTML을 UTF-8 문자셋으로 해석하도록 브라우저에 지시합니다.
8	외부 스타일시트(style.css) 파일을 불러와 페이지의 디자인을 적용합니다.
9	머리말(head) 영역을 닫습니다.
10	실제 화면에 보이는 본문(body) 영역을 시작합니다.
11	크기 4(H4) 수준의 제목으로 '일정관리 프로그램'을 화면에 표시합니다.
12	줄바꿈과 공백을 그대로 유지하는 사전 서식(pre) 텍스트 블록을 시작합니다.
13	"회원 일정 관리를 위한 데이터베이스를 구축하고 회원 일정 관리 프로그램을 작성하는 프로그램이다."라는 소개 문장입니다.
14	"프로그램 작성순서"라는 소제목으로, 이후 단계별 목록이 이어집니다.
15	1단계 - 회원 테이블을 작성하는 작업입니다.
16	2단계 - 일정 테이블을 작성하는 작업입니다.
17	3단계 - 회원 및 일정 테이블에 참조 데이터를 추가 생성하는 작업입니다.
18	4단계 - 홈페이지 프로그램을 작성하는 작업입니다.
19	5단계 - 일정등록 프로그램을 조건에 맞게 작성하는 작업입니다.
20	6단계 - 회원현황 및 일정현황 프로그램을 작성하는 작업입니다.
21	사전 서식 텍스트(pre) 블록을 종료합니다.
22	본문(body) 영역을 닫습니다.
23	HTMl 문서의 최상위(root) 요소를 닫아 페이지 구성을 마칩니다.

(나) 코드 세부 설명 : 메인 페이지이다. 본문 텍스트를 나타낸다.

① main.jsp는 시작 페이지의 섹션(section)에 기본으로 들어가는 페이지이다. 내비게이션에서 [홈으로] 버튼을 클릭할 때도 이동되는 페이지이다. 특별한 프로그램적 기능은 없으며, 텍스트를 표기한다.

② 기본 적용 HTML(1-10) : 대부분의 웹페이지에 모두 들어가는 기본 태그이다.

③ PRE 태그(12-21) : 〈PRE〉~〈/PRE〉는 줄 바꿈과 공백을 그대로 유지하는 사전 서식이다. 본문처럼 긴 글을 입력 시에 별다른 스타일을 적용하지 않는다면, 〈PRE〉를 사용하여 매우 손쉽게 본문을 작성할 수 있다. 아래는 〈PRE〉를 사용하지 않을 때 다양한 태그를 사용해야 동일한 화면이 보이는 불편한 경우를 비교해 보았다.

```
<%@ page language        =       "java"
         contentType     =       "text/html; charset=UTF-8"
         pageEncoding    =       "UTF-8"                                %>
<!DOCTYPE html>
<html>
<head>
        <meta charset = "UTF-8">
        <link rel = "stylesheet" type = "text/css" href = "style.css">
</head>
<body>
        <h4>일정 관리 프로그램 : PRE</h4>
        <pre>
회원 일정관리를 위한 데이터베이스를 구축하고 회원 일정 관리 프로그램을 작성하는 프로그램이다.
프로그램 작성순서
1. 회원 테이블을 작성한다.
2. 일정 테이블을 작성한다.
3. 회원 및 일정 테이블에서 제시된 문제지의 참조데이터를 추가 생성한다.
4. 홈페이지 프로그램을 작성한다.
5. 일정등록 프로그램을 조건에 맞게 작성한다.
6. 회원현황, 일정현황 프로그램을 작성한다.
        </pre>

        <h4>일정 관리 프로그램 : PRE 제외</h4>
    <P align="left">회원 일정관리를 위한 데이터베이스를 구축하고
                    회원 일정 관리 프로그램을 작성하는 프로그램이다.
<br>프로그램 작성순서</P>
<OL align="left">
        <LI>회원 테이블을 작성한다.</LI>
        <LI>일정 테이블을 작성한다.</LI>
        <LI>회원 및 일정 테이블에서 제시된 문제지의 참조데이터를 추가 생성한다.</LI>
        <LI>홈페이지 프로그램을 작성한다.</LI>
        <LI>일정등록 프로그램을 조건에 맞게 작성한다.</LI>
        <LI>회원현황, 일정현황 프로그램을 작성한다.</LI>
</OL>

일정 관리 프로그램 : 태그 미사용
회원 일정관리를 위한 데이터베이스를 구축하고 회원 일정 관리 프로그램을 작성하는 프로그램이다.
프로그램 작성순서
1. 회원 테이블을 작성한다.
2. 일정 테이블을 작성한다.
3. 회원 및 일정 테이블에서 제시된 문제지의 참조데이터를 추가 생성한다.
4. 홈페이지 프로그램을 작성한다.
5. 일정등록 프로그램을 조건에 맞게 작성한다.
6. 회원현황, 일정현황 프로그램을 작성한다.
</body>
</html>
```

일정 관리 프로그램: PRE

회원 일정 관리를 위한 데이터베이스를 구축하고 회원 일정 관리 프로그램을 작성하는 프로그램이다.
프로그램 작성순서
1. 회원 테이블을 작성한다.
2. 일정 테이블을 작성한다.
3. 회원 및 일정 테이블에서 제시된 문제지의 참조데이터를 추가 생성한다.
4. 홈페이지 프로그램을 작성한다.
5. 일정등록 프로그램을 조건에 맞게 작성한다.
6. 회원현황, 일정현황 프로그램을 작성한다.

일정 관리 프로그램: PRE 제외

회원 일정 관리를 위한 데이터베이스를 구축하고 회원 일정 관리 프로그램을 작성하는 프로그램이다.
프로그램 작성순서

1. 회원 테이블을 작성한다.
2. 일정 테이블을 작성한다.
3. 회원 및 일정 테이블에서 제시된 문제지의 참조데이터를 추가 생성한다.
4. 홈페이지 프로그램을 작성한다.
5. 일정등록 프로그램을 조건에 맞게 작성한다.
6. 회원현황, 일정현황 프로그램을 작성한다.

일정 관리 프로그램: 태그 미사용 회원 일정 관리를 위한 데이터베이스를 구축하고 회원 일정 관리 프로그램을 작성하는 프로그램이다. 프로그램 작성순서 1. 회원 테이블을 작성한다. 2. 일정 테이블을 작성한다. 3. 회원 및 일정 테이블에서 제시된 문제지의 참조데이터를 추가 생성한다. 4. 홈페이지 프로그램을 작성한다. 5. 일정등록 프로그램을 조건에 맞게 작성한다. 6. 회원현황, 일정현황 프로그램을 작성한다.

더 알아보기 — PRE, 일반 태그, 태그 미사용 비교

항목	⟨pre⟩ 방식	HTML 태그 방식	태그 미사용
구조 표현	불가능	가능(목차, 리스트 등)	불가능
스타일 지정	제한적	자유로움(CSS)	불가능
접근성/SEO	낮음	높음	없음
줄바꿈 유지	그대로 유지	⟨br⟩ 필요	무시됨
작성 편의	매우 간단	다소 복잡	매우 간단
포맷 정확성	고정 폭 표현에 적합	일반 텍스트 중심	출력 불안정

(4) 회원현황 페이지(list.jsp)

line	소스 코드
1	`<%@ page language        =        "java"`
2	`         contentType     =        "text/html; charset=UTF-8"`
3	`         pageEncoding    =        "UTF-8"                      %>`
4	`<%@ page import          =        "java.sql.*"                 %>`
5	`<%@ page import          =        "DBPKG.Util"                 %>`
6	
7	`<!DOCTYPE HTML>`
8	`<HTML>`
9	`<HEAD>`
10	`    <META charset = "UTF-8">`
11	`    <LINK rel = "stylesheet" type = "text/css" href = "style.css">`
12	`</HEAD>`
13	`<BODY>`
14	`<%`
15	`request.setCharacterEncoding("UTF-8");`
16	`Connection conn = Util.getConnection();`
17	`Statement stmt  = conn.createStatement();`
18	`String sql = " SELECT     tbl_m.pk_member    AS    회원코드    " +`
19	`             "    ,       tbl_m.name         AS    회원명     " +`
20	`             "    ,       tbl_m.grade        AS    등급       " +`
21	`             "  FROM      tbl_member tbl_m                    ";`
22	`ResultSet rs = stmt.executeQuery(sql);`
23	`%>`
24	`<H4>회원현황</H4>`
25	`<TABLE border='1'>`
26	`    <TR>`
27	`        <TH width="100px">회원코드</TH>`
28	`        <TH width="100px">회원명</TH>`
29	`        <TH width="100px">등급</TH>`
30	`    </TR>`
31	`<% while(rs.next()){ %>`
32	`    <TR>`
33	`        <TD align="left"  ><%=rs.getString("회원코드") %></TD>`
34	`        <TD align="center"><%=rs.getString("회원명") %></TD>`
35	`        <TD align="right" ><%=rs.getString("등급") %></TD>`
36	`    </TR>`
37	`<% } %>`
38	`</TABLE>`
39	`</BODY>`
40	`</HTML>`

(가) 코드 설명 : 각 라인의 코드 설명이다.

line	코드 설명
1	이 페이지에서 사용할 스크립팅 언어(서버 사이드 코드)를 Java로 지정하는 설정입니다.
2	브라우저로 전송되는 응답의 종류를 HTML(text/html)으로, 문자 인코딩을 UTF-8로 설정합니다.
3	JSP 파일 자체를 UTF-8 인코딩으로 읽고 처리하도록 지정하고, 지시문 블록을 종료합니다.
4	Java의 데이터베이스 작업을 위해 java.sql 패키지를 가져옵니다.
5	DB 연결을 돕는 유틸리티 클래스(DBPKG.Util)를 가져옵니다.
6	HTML 문서와의 구분을 위해 빈 줄을 추가합니다.
7	문서가 HTML5 표준임을 선언합니다.
8	HTML 문서의 최상위 요소를 여는 태그입니다.
9	메타데이터(head) 영역을 시작합니다.
10	브라우저가 HTML을 UTF-8로 해석하도록 지정합니다.
11	외부 스타일시트(style.css)를 불러와 페이지 디자인을 적용합니다.
12	메타데이터(head) 영역을 닫습니다.
13	실제 콘텐츠를 담는 본문(body) 영역을 시작합니다.
14	JSP 스크립틀릿을 시작해 Java 코드를 삽입합니다.
15	요청 파라미터를 UTF-8로 읽도록 설정합니다.
16	데이터베이스 연결 객체를 얻어옵니다.
17	SQL 문 실행에 사용할 Statement 객체를 생성합니다.
18	회원 데이터 조회를 위한 SQL 문자열 작성 시작(회원코드, 이름, 등급 조회).
19	SQL 문자열에 회원명을 조회하도록 추가합니다.
20	SQL 문자열에 등급을 조회하도록 추가합니다.
21	SQL 문자열의 FROM 절을 완성합니다.
22	SQL을 실행하여 결과(ResultSet)를 가져옵니다.
23	JSP 스크립틀릿을 닫습니다.
24	크기 4(H4) 수준의 제목으로 '회원현황'을 화면에 표시합니다.
25	테두리가 있는 표(table) 레이아웃을 시작합니다.
26	표의 첫 번째 행(tr)을 시작합니다.
27	첫 번째 헤더 셀(th)에 '회원코드'를 100px 너비로 표시합니다.
28	두 번째 헤더 셀(th)에 '회원명'을 100px 너비로 표시합니다.
29	세 번째 헤더 셀(th)에 '등급'을 100px 너비로 표시합니다.
30	첫 번째 행(tr)을 닫습니다.
31	JDBC 결과 집합을 반복하면서 각 행을 처리하기 위한 while 반복문을 시작합니다.
32	새로운 표 행(tr)을 시작합니다.
33	첫 번째 데이터 셀(td)에 회원코드를 왼쪽 정렬로 표시합니다.
34	두 번째 데이터 셀(td)에 회원명을 가운데 정렬로 표시합니다.
35	세 번째 데이터 셀(td)에 등급을 오른쪽 정렬로 표시합니다.
36	데이터 행(tr)을 닫습니다.
37	while 반복문을 종료합니다.
38	표(table) 레이아웃을 닫습니다.
39	본문(body) 영역을 닫습니다.
40	HTML 문서의 최상위 요소를 닫아 페이지 구성을 종료합니다.

(나) 코드 세부 설명 : 회원현황 페이지이다. 단독 테이블의 데이터를 출력한다.

① 데이터베이스 접속을 위한 클래스 연동(4-5) : Java의 데이터베이스 작업을 위해 java.sql 패키지를 가져오고, DB 연결을 위해서 만들어둔 유틸리티 클래스(DBPKG.Util)를 가져온다.

② 데이터베이스 접속(15,16,17,22) : 데이터 베이스 접속과 SQL 문 실행을 위한 명령어이다.

③ 데이터베이스 접속을 위한 기본 코드(1~17,22) : 데이터베이스 접속을 한다면 해당 코드는 필수로 사용된다. 나머지는 페이지 용도에 따라 SQL 문이 변경되고 해당 SQL 문에 따라 출력 부분이 변경된다.

④ SELECT SQL 문 : 데이터베이스에서 특정 테이블의 값을 불러오기 위한 SQL 문이다. 형식은 아래와 같다.

```
String sql = " SELECT      tbl_m.pk_member       AS   회원코드   " +
             " ,           tbl_m.name            AS   회원명    " +
             " ,           tbl_m.grade           AS   등급      " +
             " FROM        tbl_member tbl_m                    " ;
```

㉮ SQL 문을 한 줄로 작성하면 가시성이 떨어져서 한눈에 파악하기에 어려움이 있다.

㉯ '...'+'...'를 사용해서 SQL 문을 줄 바꿈 함으로서 가시성을 높인다.

㉰ ','를 앞으로 배치함으로써 오타를 사전에 방지한다.

㉱ AS(별칭)를 사용해서 HTML에서 사용할 컬럼 이름과 SQL 컬럼 결과를 일치시킨다.

㉲ 테이블 명도 별칭을 사용해서 추후 여러 테이블을 한 번에 검색할 때 생길 수 있는 혼란을 방지한다.

⑤ SQL 문 실행(22) : SQL 문을 실행합니다. 정상적으로 실행 안 되면 주석 처리하고, out.print(sql); 명령어를 사용해서 쿼리 문을 확인한 뒤 이클립스 db.sql에서 실행하면서 오류를 확인한다.

⑥ 테이블⟨TABLE⟩에서 제목 줄은 ⟨TH⟩⟨/TH⟩를 사용한다. 자동으로 굵은 글씨를 적용해 준다. 줄은 ⟨TR⟩⟨/TR⟩을 사용하고, 항목(칸)은 ⟨TD⟩⟨/TD⟩를 사용한다.

⑦ SQL 문의 출력 결과를 라인(ROW)별로 반복문(While)을 사용해서 출력한다.

⑧ 출력 결과 정렬(33-35) : 요구 화면을 참고해서 정렬한다. 왼쪽, 가운데, 오른쪽 정렬을 사용한다.

⑨ 결과 페이지 확인 : 정렬, 제목, 데이터 모두 일치하는지 꼼꼼하게 확인한다.

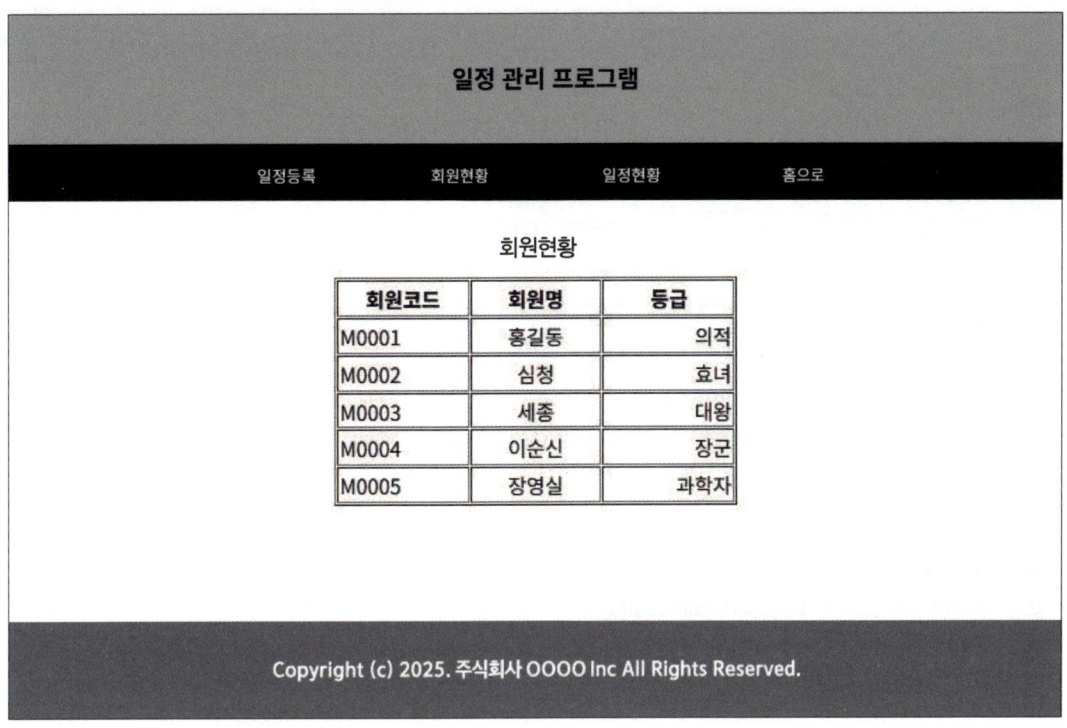

 더 알아보기   컬럼 별칭(Column Alias)이란?

SELECT 절에서 컬럼 이름이나 테이블 이름에 별명을 붙여 가독성을 높이고 편리하게 사용할 수 있게 해준다.

1. **사용방법**
   - SELECT 컬럼명 AS 별칭 FROM 테이블명

2. **AS는 생략이 가능하다.**
   - AS 기입: SELECT 컬럼명 AS 별칭 FROM 테이블명
   - AS 생략: SELECT 컬럼명 별칭 FROM 테이블명

3. **공백이 있는 별칭은 " "를 사용한다.**
   - SELECT 컬럼명 AS "월 급여" FROM 테이블명

4. **계산식이나 함수 결과에도 사용이 가능하다.**
   - SELECT TO_CHAR(date, 'YYYY-MM-DD') AS 날짜 FROM tbl_name;

5. **테이블도 사용이 가능하다.**
   - SELECT 컬럼명 AS 별칭 FROM 테이블명 테이블 별칭

6. **실제 데이터베이스 데이터 구조에는 영향을 주지 않는다.**

7. **VIEW 테이블 생성 시에 컬럼명으로 사용할 수 있다.**

(5) 일정현황 페이지(list_j.jsp)

```jsp
1   <%@ page language       =       "java"
2            contentType    =       "text/html; charset=UTF-8"
3            pageEncoding   =       "UTF-8"                                     %>
4   <%@ page import         =       "java.sql.*"                                %>
5   <%@ page import         =       "DBPKG.Util"                                %>
6
7   <!DOCTYPE HTML>
8   <HTML>
9   <HEAD>
10          <META charset = "UTF-8">
11          <LINK rel = "stylesheet" type = "text/css" href = "style.css">
12  </HEAD>
13  <BODY>
14  <%
15  request.setCharacterEncoding("UTF-8");
16  Connection conn = Util.getConnection();
17  Statement stmt = conn.createStatement();
18  String sql =" SELECT    tbl_s.pk_schedule                   AS   일정코드          " +
19             " ,         to_char(tbl_s.do_date,'yyyy-MM-dd')  AS   일정일자          " +
20             " ,         tbl_s.do_memo || '개'                AS   일정메모          " +
21             " ,         tbl_m.pk_member                      AS   회원코드          " +
22             " ,         tbl_m.name                           AS   회원명           " +
23             " FROM      tbl_schedule tbl_s                                    " +
24             " LEFT JOIN tbl_member   tbl_m   ON   tbl_s.fk_member = tbl_m.pk_member " +
25             " ORDER BY tbl_s.pk_schedule    ASC                               " ;
26  ResultSet rs = stmt.executeQuery(sql);
27  %>
28  <H4>일정현황</H4>
29  <TABLE border='1'>
30          <TR>
31                  <TH width="100px">일정코드</TH>
32                  <TH width="100px">일정일자</TH>
33                  <TH width="200px">일정메모</TH>
34                  <TH width="100px">회원코드</TH>
35                  <TH width="100px">회원명</TH>
36          </TR>
37  <% while(rs.next()){ %>
38          <TR>
39                  <TD align="center" ><%=rs.getString("일정코드") %></TD>
40                  <TD align="center"><%=rs.getString("일정일자") %></TD>
41                  <TD align="left" ><%=rs.getString("일정메모") %></TD>
42                  <TD align="center"><%=rs.getString("회원코드") %></TD>
43                  <TD align="center"><%=rs.getString("회원명") %></TD>
44          </TR>
45  <% } %>
46  </TABLE>
47  </BODY>
48  </HTML>
```

(가) 코드 설명 : 각 라인의 코드 설명이다.

line	코드 설명
1	이 페이지에서 사용할 스크립팅 언어(서버 사이드 코드)를 Java로 지정하는 설정입니다.
2	브라우저로 전송될 응답의 종류를 HTML(text/html)으로, 문자 인코딩을 UTF-8로 설정합니다.
3	JSP 파일 자체를 UTF-8로 읽고 처리하도록 지정한 뒤 지시문 블록을 닫습니다.
4	Java의 데이터베이스 기능을 사용하기 위해 java.sql 패키지를 가져옵니다.
5	DB 연결 유틸리티 클래스(DBPKG.Util)를 가져옵니다.
6	빈 줄로 JSP 설정부와 HTML 본문부를 구분합니다.
7	이 문서가 HTML5 표준임을 브라우저에 선언합니다.
8	HTML 문서의 최상위(root) 요소를 여는 태그입니다.
9	메타데이터(head) 영역을 시작합니다.
10	브라우저가 이 HTML을 UTF-8 문자셋으로 해석하도록 지시합니다.
11	외부 스타일시트(style.css)를 불러와 페이지 디자인을 적용합니다.
12	head 영역을 닫습니다.
13	실제 화면에 보이는 본문(body) 영역을 시작합니다.
14	JSP 스크립틀릿을 시작해 서버에서 실행할 Java 코드를 삽입합니다.
15	클라이언트 요청 파라미터를 UTF-8로 처리하도록 설정합니다.
16	Util 클래스로부터 데이터베이스 연결(Connection)을 가져옵니다.
17	SQL 실행을 위한 Statement 객체를 생성합니다.
18	tbl_schedule의 pk_schedule을 '일정코드'로 조회하는 SQL문 첫 줄입니다.
19	do_date를 'yyyy-MM-dd' 형식의 '일정일자'로 조회합니다.
20	do_memo 뒤에 '개'를 붙여 '일정메모'로 조회합니다.
21	tbl_member의 pk_member를 '회원코드'로 조회합니다.
22	tbl_member의 name을 '회원명'으로 조회합니다.
23	FROM 절에서 tbl_schedule을 'tbl_s'라는 별칭으로 지정합니다.
24	LEFT JOIN으로 tbl_member(tbl_m)와 fk_member 기준으로 조인합니다.
25	ORDER BY로 pk_schedule을 오름차순 정렬합니다.
26	작성한 SQL을 실행하여 결과 집합(ResultSet)을 가져옵니다.
27	JSP 스크립틀릿을 닫고 HTML 코드로 돌아옵니다.
28	H4 태그로 '일정현황' 제목을 표시합니다.
29	테두리가 있는 테이블(table) 레이아웃을 시작합니다.
30	표의 첫 번째 행(tr)을 시작합니다.
31	'일정코드' 헤더 셀(th)을 너비 100px로 설정합니다.
32	'일정일자' 헤더 셀(th)을 너비 100px로 설정합니다.
33	'일정메모' 헤더 셀(th)을 너비 200px로 설정합니다.
34	'회원코드' 헤더 셀(th)을 너비 100px로 설정합니다.
35	'회원명' 헤더 셀(th)을 너비 100px로 설정합니다.
36	첫 번째 행(tr)을 닫습니다.
37	JSP 스크립틀릿으로 결과 집합의 각 행을 반복하기 시작합니다.
38	새로운 데이터 행(tr)을 시작합니다.
39	'일정코드' 값을 가운데 정렬하여 표시합니다.
40	'일정일자' 값을 가운데 정렬하여 표시합니다.
41	'일정메모' 값을 왼쪽 정렬하여 표시합니다.
42	'회원코드' 값을 가운데 정렬하여 표시합니다.
43	'회원명' 값을 가운데 정렬하여 표시합니다.
44	데이터 행(tr)을 닫습니다.
45	JSP 스크립틀릿에서 반복문을 종료합니다.
46	테이블(table) 레이아웃을 닫습니다.
47	본문(body) 영역을 닫습니다.
48	HTML 문서의 최상위(root) 요소를 닫아 페이지 구성을 마칩니다.

(나) 코드 세부 설명 : 일정현황 페이지이다. 두 개의 테이블을 연결해서 데이터를 출력한다.

① 데이터베이스 접속을 위한 기본 코드(1~17,22) : 데이터베이스 접속을 한다면 해당 코드는 필수로 사용된다. 나머지는 페이지 용도에 따라 SQL 문이 변경되고 해당 SQL 문에 따라 출력 부분이 변경된다.

② SELECT SQL 문 : 데이터베이스에서 특정 테이블의 값을 불러오기 위한 SQL 문이다. 형식은 아래와 같다.

```
String sql =" SELECT    tbl_s.pk_schedule                          AS  일정코드    " +
             ",        to_char(tbl_s.do_date,'yyyy-MM-dd')         AS  일정일자    " +
             ",        tbl_s.do_memo || '개'                        AS  일정메모    " +
             ",        tbl_m.pk_member                             AS  회원코드    " +
             ",        tbl_m.name                                  AS  회원명     " +
             " FROM    tbl_schedule       tbl_s                                  " +
             " LEFT JOIN  tbl_member  tbl_m ON tbl_s.fk_member = tbl_m.pk_member " +
             " ORDER BY  tbl_s.pk_schedule     ASC                              ";
```

㉮ SQL 문을 한 줄로 작성하면 가시성이 떨어져서 한눈에 파악하기에 어려움이 있다.

㉯ '...'+'...'를 사용해서 SQL 문을 줄 바꿈 함으로서 가시성을 높인다.

㉰ ','를 앞으로 배치함으로써 오타를 사전에 방지한다.

㉱ AS(별칭)를 사용해서 HTML에서 사용할 컬럼 이름과 SQL 컬럼 결과를 일치시킨다.

㉲ 날짜를 년-월-일 형태로 변경하여 출력한다. to_char를 사용해서 원하는 문자형태로 변경한다.

㉳ ||를 사용하여 출력된 결과에 단어를 붙인다. (여러 단어를 붙일 경우 Concat( )이라는 예약어를 사용한다.)

㉴ 테이블 명도 별칭을 사용해서 여러 테이블을 한 번에 검색할 때 생길 수 있는 혼란을 방지한다.

㉵ LEFT JOIN을 사용해서 tbl_schedule 테이블의 외래 키 fk_member와 tbl_member 테이블의 기본키 pk_member를 연결한다. 대부분 외래키 조건은 문제에 제공되어 있다.

조인 유형	결과 집합
INNER JOIN	양쪽 테이블에서 매칭되는(교집합) 행만 반환
LEFT OUTER JOIN	왼쪽 테이블의 모든 행 + 오른쪽 테이블과 매칭되는 행(없는 경우 NULL)
RIGHT OUTER JOIN	오른쪽 테이블의 모든 행 + 왼쪽 테이블과 매칭되는 행(없는 경우 NULL)
FULL OUTER JOIN	양쪽 테이블의 모든 행 + 매칭되는 부분은 합쳐서 반환(매칭 없으면 NULL)
CROSS JOIN	왼쪽 × 오른쪽의 모든 조합(데카르트 곱)
SELF JOIN	같은 테이블을 두 번 참조하여 매칭(자기 자신과의 조인)
NATURAL JOIN	같은 이름의 컬럼을 자동으로 매칭하는 INNER JOIN

tbl_schedule

PK_SCHEDULE	DO_DATE	DO_MEMO	FK_MEMBER
1	2025-01-01	탐관오리 찾기	M0001
2	2025-02-01	아버지 돌보기	M0002
3	2025-03-01	한글 창제	M0003
4	2025-04-01	거북선으로 국가 수호	M0004

tbl_member

PK_MEMBER	NAME	GRADE
M0001	홍길동	의적
M0002	심청	효녀
M0003	세종	대왕
M0004	이순신	장군
M0005	장영실	과학자

㉙ tbl_schedule 테이블의 pk_schedule을 기준으로 오름차순(ASC)으로 정렬한다.

③ SQL 문의 출력 결과를 라인(ROW)별로 반복문(While)을 사용해서 출력한다.

④ 출력 결과 정렬(39–43) : 요구 화면을 참고해서 정렬합니다. 왼쪽, 가운데, 오른쪽 정렬을 사용한다.

⑤ 결과 페이지 확인 : 정렬, 제목, 데이터 모두 일치하는지 꼼꼼하게 확인한다.

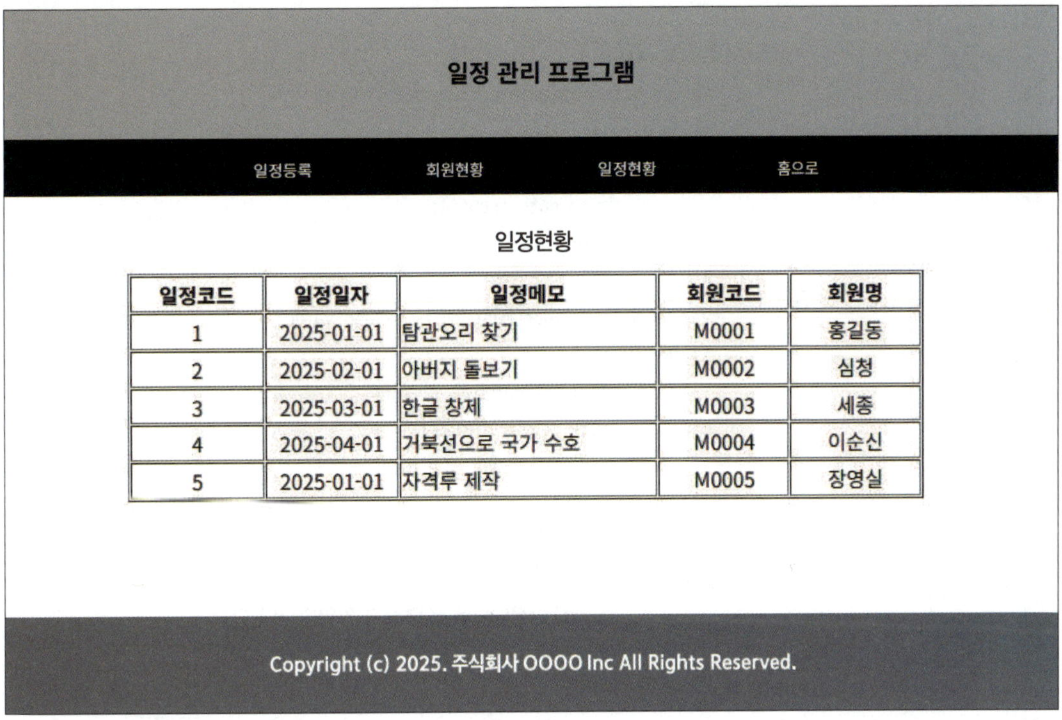

일정 관리 프로그램

일정등록   회원현황   일정현황   홈으로

일정현황

일정코드	일정일자	일정메모	회원코드	회원명
1	2025-01-01	탐관오리 찾기	M0001	홍길동
2	2025-02-01	아버지 돌보기	M0002	심청
3	2025-03-01	한글 창제	M0003	세종
4	2025-04-01	거북선으로 국가 수호	M0004	이순신
5	2025-01-01	자격루 제작	M0005	장영실

Copyright (c) 2025. 주식회사 OOOO Inc All Rights Reserved.

(6) 일정등록 페이지(reg.jsp)

line	소스 코드 (1/2)

```jsp
1   <%@ page language      =       "java"
2             contentType  =       "text/html; charset=UTF-8"
3             pageEncoding =       "UTF-8"                      %>
4   <%@ page import        =       "java.sql.*"                 %>
5   <%@ page import        =       "DBPKG.Util"                 %>
6   <!DOCTYPE HTML>
7   <HTML>
8   <HEAD>
9           <META charset = "UTF-8">
10          <LINK rel = "stylesheet" type = "text/css" href = "style.css">
11          <SCRIPT>
12                  function check_val(){
13                          var do_date = document.fm.do_date.value;
14                          if(do_date == ""){
15                                  alert("일정일자를 입력하지 않았습니다.");
16                                  fm.do_date.focus();
17                                  return false;
18                          }
19                          var fk_member = document.fm.fk_member.value;
20                          if(fk_member == ""){
21                                  alert("회원번호를 입력하지 않았습니다.");
22                                  fm.fk_member.focus();
23                                  return false;
24                          }
25                          var do_memo = document.fm.do_memo.value;
26                          if(do_memo == ""){
27                                  alert("일정메모를 입력하지 않았습니다.");
28                                  fm.do_memo.focus();
29                                  return false;
30                          }
31                          return true;
32                  }
33          </SCRIPT>
34  </HEAD>
35  <%
36  request.setCharacterEncoding("UTF-8");
37  Connection conn    = Util.getConnection();
38  Statement stmt     = conn.createStatement();
39  String sql         = " SELECT     to_char(max(pk_schedule) + 1) AS pk_schedule   " +
40                       " FROM       tbl_schedule                                   " ;
41  ResultSet rs       = stmt.executeQuery(sql);
42  rs.next();
43  String pk_schedule = rs.getString("pk_schedule");
44  %>
```

(가) 코드 설명 : 각 라인의 코드 설명이다.

line	코드 설명 (1/2)
1	이 페이지에서 사용할 스크립팅 언어(서버 사이드 코드)를 Java로 지정하는 설정입니다.
2	브라우저로 전송되는 응답의 종류를 HTML(text/html)으로, 문자 인코딩을 UTF-8로 설정합니다.
3	JSP 파일 자체의 문자 인코딩을 UTF-8로 지정하고 JSP 설정 블록을 종료합니다.
4	Java의 데이터베이스 연동을 위해 java.sql 패키지를 가져옵니다.
5	DB 연결 유틸리티 클래스(DBPKG.Util)를 사용하기 위해 가져옵니다.
6	이 문서가 HTML5 표준임을 선언합니다.
7	HTML 문서의 최상위 요소를 여는 태그입니다.
8	문서의 메타데이터(head) 영역을 시작합니다.
9	브라우저에게 이 HTML을 UTF-8 문자셋으로 해석하도록 지시합니다.
10	외부 스타일시트(style.css)를 불러와 페이지 디자인을 적용합니다.
11	JavaScript 코드 영역을 시작합니다.
12	폼 전송 전 호출될 check_val( ) 함수를 정의합니다.
13	폼의 do_date 입력값을 변수에 저장합니다.
14	do_date 값이 비어 있으면 아래 동작을 실행합니다.
15	날짜 입력 누락 시 경고창을 띄웁니다.
16	날짜 입력란으로 커서를 이동시킵니다.
17	false를 반환해 폼 제출을 중단합니다.
18	첫 번째 if 블록을 닫습니다.
19	폼의 fk_member 입력값을 변수에 저장합니다.
20	fk_member 값이 비어 있으면 아래 동작을 실행합니다.
21	회원번호 입력 누락 시 경고창을 띄웁니다.
22	회원번호 입력란으로 커서를 이동시킵니다.
23	false를 반환해 폼 제출을 중단합니다.
24	두 번째 if 블록을 닫습니다.
25	폼의 do_memo 입력값을 변수에 저장합니다.
26	do_memo 값이 비어 있으면 아래 동작을 실행합니다.
27	메모 입력 누락 시 경고창을 띄웁니다.
28	메모 입력란으로 커서를 이동시킵니다.
29	false를 반환해 폼 제출을 중단합니다.
30	세 번째 if 블록을 닫습니다.
31	모든 검사를 통과하면 true를 반환해 폼 제출을 허용합니다.
32	함수 정의를 마치고 스크립트 블록을 닫습니다.
33	head 영역을 닫고 본문으로 전환합니다.
34	본문(body) 영역을 시작합니다.
35	서버에서 실행할 Java 코드 스크립트를 시작합니다.
36	요청 파라미터를 UTF-8로 읽도록 설정합니다.
37	유틸 클래스를 통해 데이터베이스 연결(Connection) 객체를 가져옵니다.
38	SQL 실행을 위한 Statement 객체를 생성합니다.
39	다음 pk_schedule 값을 계산하기 위한 SQL문의 첫 부분을 작성합니다.
40	SQL문의 FROM 절을 완성합니다.
41	작성된 SQL을 실행해 결과(ResultSet)를 가져옵니다.
42	결과 집합의 첫 번째 행으로 커서를 이동합니다.
43	조회된 pk_schedule 값을 문자열 변수에 저장합니다.
44	JSP 스크립트를 닫고 HTML로 돌아옵니다.

소스 코드 (2/2)

```html
45  <BODY>
46  <H4>일정등록</H4>
47  <FORM name="fm" action="action.jsp" onsubmit="return check_val()">
48  <TABLE border='1'>
49          <TR>
50                  <TH align="center" width="300px">일정번호 (자동발생)</TH>
51                  <TD align="left" width="400px" >
52                          <INPUT type='text' name='pk_schedule' value='<%=pk_schedule %>' readonly >
53                  </TD>
54          </TR>
55          <TR>
56                  <TH align="center">일정일자</TH>
57                  <TD align="left"><INPUT type='text' name='do_date'>(ex: 25년 1월 1일 > 20250101)</TD>
58          </TR>
59          <TR>
60                  <TH align="center">회원번호</TH>
61                  <TD align="left"><INPUT type='text' name='fk_member'>(ex: M0001)</TD>
62          </TR>
63          <TR>
64                  <TH align="center">일정메모</TH>
65                  <TD align="left"><INPUT type='text' name='do_memo'></TD>
66          </TR>
67          <TR>
68                  <TD align="center" colspan="2">
69                          <INPUT type="submit" value="등록">
70                          <INPUT type="button" value="조회/" onclick="location.href='list_j.jsp'">
71                  </TD>
72          </TR>
73  </TABLE>
74  </FORM>
75  </BODY>
76  </HTML>
```

line	코드 설명 (2/2)
45	본문 영역의 시작 태그를 엽니다.
46	크기 4 수준의 제목으로 '일정등록'을 표시합니다.
47	이름이 fm인 폼을 시작하고, 전송 대상과 전송 전 검사 함수를 지정합니다.
48	테두리가 있는 표(table) 레이아웃을 시작합니다.
49	첫 번째 표 행(tr)을 시작합니다.
50	'일정번호(자동발생)'를 가운데 정렬로 표시하는 헤더 셀(th)입니다.
51	데이터 셀(td)을 왼쪽 정렬로 시작합니다.
52	자동 생성된 pk_schedule 값을 읽기 전용으로 표시하는 입력 상자입니다.
53	데이터 셀을 닫습니다.
54	첫 번째 표 행을 닫습니다.
55	두 번째 표 행을 시작합니다.
56	'일정일자'를 가운데 정렬로 표시하는 헤더 셀입니다.
57	do_date 입력 상자와 예시를 표시하는 데이터 셀입니다.
58	두 번째 표 행을 닫습니다.
59	세 번째 표 행을 시작합니다.
60	'회원번호'를 가운데 정렬로 표시하는 헤더 셀입니다.
61	fk_member 입력 상자와 예시를 표시하는 데이터 셀입니다.
62	세 번째 표 행을 닫습니다.
63	네 번째 표 행을 시작합니다.
64	'일정메모'를 가운데 정렬로 표시하는 헤더 셀입니다.
65	do_memo 입력 상자를 표시하는 데이터 셀입니다.
66	네 번째 표 행을 닫습니다.
67	다섯 번째 표 행을 시작합니다.
68	두 칸을 합친 데이터 셀(colspan="2")을 시작합니다.
69	제출 버튼을 생성합니다.
70	조회 버튼을 생성하고 클릭 시 list_j.jsp로 이동합니다.
71	데이터 셀을 닫습니다.
72	다섯 번째 표 행을 닫습니다.
73	표 레이아웃을 닫습니다.
74	폼을 닫아 입력 섹션을 종료합니다.
75	본문 영역을 닫습니다.
76	HTML 문서의 최상위 요소를 닫아 페이지 구성을 마칩니다.

(나) 코드 세부 설명

① 데이터베이스 접속을 위한 기본 코드(1~17, 22) : 데이터베이스 접속을 한다면 해당 코드는 필수로 사용된다. 나머지는 페이지 용도에 따라 SQL 문이 변경되고 해당 SQL 문에 따라 출력 부분이 변경된다.

② 데이터가 잘 입력되었는지 유효성을 검사하는 자바스크립트이다. 기본 구조는 다음과 같다.

```
<SCRIPT>
    function check_val(){
        var 변수A = document.[폼이름].[입력변수A].value;
        if(변수A == ""){
            alert("입력변수A를 입력하지 않았습니다.");
            fm.입력변수A.focus();
            return false;
        }
        var 변수B = document.[폼이름].[입력변수B].value;
        if(변수B == ""){
            alert("입력변수B를 입력하지 않았습니다.");
            fm.입력변수B.focus();
            return false;
        }
        반복 ....
        return true;
    }
</SCRIPT>
```

㉮ HTML 〉 FORM 안에 입력(INPUT) 변수(NAME)들의 값(VALUE)이 있는지 확인하는 구조이다.

㉯ 소스에서 폼 이름은 'fm', 입력변수는 'pk_schedule', 'do_date', fk_member', 'do_memo'이다.

㉰ 'pk_schedule'는 자동으로 입력되고 사용자가 수정할 수 없으므로(readonly) 3개만 유효성 검사를 진행하고, 이상이 있으면 return false; 반환하고, 모두 값이 있으면, return true;를 반환하여 변수와 값의 전송(submit)을 액션페이지(action.jsp)로 한다.

③ 일정번호(pk_schedule)를 최신(max) 번호로 조회한 후 +1을 하여 자동으로 기입한다.

```
String sql      = " SELECT        to_char(max(pk_schedule) + 1) AS pk_schedule   " +
                  " FROM          tbl_schedule                                   " ;
```

④ 폼 입력변수명과 테이블 컬럼 ID를 통일해서 발생할 수 있는 오류를 방지한다.

⑤ 조회 버튼을 클릭하면 'list.jsp'페이지로 이동한다.

⑥ 결과 페이지 확인 : 정렬, 제목, 데이터 모두 일치하는지 꼼꼼하게 확인한다.

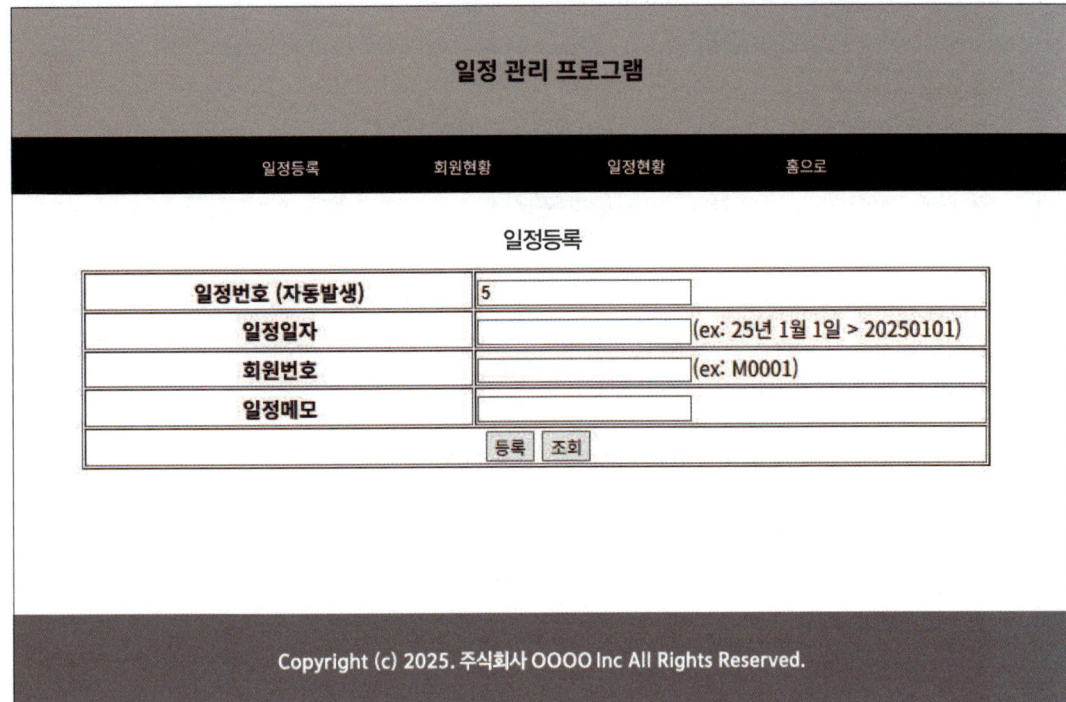

 더 알아보기

 MySQL에서는 자동증가(AUTO_INCREMENT)가 가능한데 왜 Oracle은 to_char(max(pk_schedule)+1)과 같이 불편한 방법을 사용해야 할까?

Oracle은 오래전부터 확장성과 복잡한 트랜잭션 제어를 우선한 설계를 지향하고 있다. 그 결과 단순한 자동증가보다는 더 유연한 SEQUENCE 객체를 사용하게 되었다.

- SEQUENCE는 하나의 시퀀스를 여러 테이블 또는 트랜잭션에서 재사용할 수 있다.
- MySQL의 AUTO_INCREMENT는 테이블 단위이기 때문에, 여러 테이블 간 공통 키값 생성에는 불리하다.
- 하지만 Oracle 12c부터는 개발자 편의성 향상 요구 증가와 다른 DBMS(MySQL, PostgreSQL 등)와의 호환성 개선을 위해 트리거 없는 간단한 자동증가를 할 수 있도록 MySQL의 AUTO_INCREMENT에 대응하는 GENERATED AS IDENTITY가 도입되었다.

 본서의 예제에서 to_char(max(pk_schedule)+1)와 같은 방법을 사용하는 이유

시험장 기준이 11g 이상으로 되어 있기 때문에 대부분의 시험장에서는 12c부터 지원하는 GENERATED AS IDENTITY를 사용할 수 없을 수 있기 때문에 어떤 버전에서도 사용이 가능한 SQL을 작성하였다.

(7) 액션 페이지(action.jsp)

line	소스 코드
1	`<%@ page language        =    "java"`
2	`         contentType     =    "text/html; charset=UTF-8"`
3	`         pageEncoding    =    "UTF-8"                      %>`
4	`<%@ page import          =    "java.sql.*"                 %>`
5	`<%@ page import          =    "DBPKG.Util"                 %>`
6	`<%`
7	`request.setCharacterEncoding("UTF-8");`
8	`Connection conn   = Util.getConnection();`
9	`Statement stmt    = conn.createStatement();`
10	
11	`String pk_schedule = request.getParameter("pk_schedule");`
12	`String do_date    = request.getParameter("do_date");`
13	`String do_memo    = request.getParameter("do_memo");`
14	`String fk_member  = request.getParameter("fk_member");`
15	
16	`String sql        = " INSERT INTO tbl_schedule VALUES( '" + pk_schedule  + "'" +`
17	`                    "                                '" + do_date       + "'" +`
18	`                    "                                '" + do_memo       + "'" +`
19	`                    "                                '" + fk_member     + "')" ;`
20	
21	`ResultSet rs      = stmt.executeQuery(sql);`
22	`%>`
23	`<script>`
24	`   alert("일정등록이 정상적으로 되었습니다.");`
25	`   window.location.href = "main.jsp";`
26	`</script>`

(가) 코드 설명 : 각 라인의 코드 설명이다.

line	코드 설명
1	이 페이지에서 사용할 스크립팅 언어(서버 사이드 코드)를 Java로 지정하는 설정입니다.
2	브라우저로 전송될 응답의 종류를 HTML(text/html)으로, 문자 인코딩을 UTF-8로 설정합니다.
3	JSP 파일 자체를 UTF-8 인코딩으로 읽고 처리하도록 지정하고, 위 설정 블록을 닫습니다.
4	Java의 데이터베이스 작업을 위해 java.sql 패키지 전체를 가져옵니다.
5	DB 연결 유틸리티 클래스(DBPKG.Util)를 사용하기 위해 가져옵니다.
6	JSP 스크립틀릿(scriptlet) 블록의 시작을 알립니다.
7	클라이언트 요청(request)의 문자 인코딩을 UTF-8로 설정합니다.
8	Util 클래스를 통해 데이터베이스 연결(Connection) 객체를 얻어옵니다.
9	SQL 문 실행을 위한 Statement 객체를 생성합니다.
10	코드 가독성을 위한 빈 줄입니다.
11	폼에서 전송된 'pk_schedule' 값을 가져와 변수에 저장합니다.
12	폼에서 전송된 'do_date' 값을 가져와 변수에 저장합니다.
13	폼에서 전송된 'do_memo' 값을 가져와 변수에 저장합니다.
14	폼에서 전송된 'fk_member' 값을 가져와 변수에 저장합니다.
15	코드 가독성을 위한 빈 줄입니다.
16	INSERT 구문 시작 tbl_schedule테이블에 값을 삽입하기 위한 SQL 문자열을 구성합니다.
17	SQL 문자열에 'do_date' 값을 이어 붙입니다.
18	SQL 문자열에 'do_memo' 값을 이어 붙입니다.
19	SQL 문자열에 'fk_member' 값을 이어 붙여 구문을 완성합니다.
20	(주석 처리) 완성된 SQL을 출력해볼 때 사용하던 코드입니다.
21	생성된 SQL을 실행하여 결과(ResultSet)를 가져옵니다.
22	JSP 스크립틀릿을 닫고 HTML/JavaScript로 전환합니다.
23	클라이언트에서 실행할 JavaScript 코드 블록을 시작합니다.
24	"일정등록이 정상적으로 되었습니다."라는 알림창을 띄웁니다.
25	작업 완료 후 main.jsp페이지로 브라우저를 이동(리다이렉트)시킵니다.
26	JavaScript 코드 블록을 닫습니다.

(나) 코드 세부 설명 : 사용자가 보이는 페이지는 아니지만, 등록 내용을 데이터베이스에 입력한다.

① 데이터베이스 접속을 위한 기본 코드(1-9) : 데이터베이스 접속을 한다면 해당 코드는 필수로 사용된다. 나머지는 페이지 용도에 따라 SQL 문이 변경되고 해당 SQL 문에 따라 출력 부분이 변경된다.

② 이전 페이지(reg.jsp)에서 전송된 변수('pk_schedule', 'do_date', fk_member', 'do_memo')를 jsp변수('pk_schedule', 'do_date', fk_member', 'do_memo')에 입력한다.

③ 입력 SQL 문을 작성한다. (변수 수량만큼 줄을 추가하면 된다.)

```
String sql     = " INSERT INTO tbl_schedule VALUES( '" + pk_schedule    + "'" +
                 "                                   '" + do_date        + "'" +
                 "                                   '" + do_memo        + "'" +
                 "                                   '" + fk_member      + "')" ;
```

④ 정상적으로 입력되면 문제 조건에 맞게 "일정등록이 정상적으로 되었다." 메시지창을 띄우고 메인(main.jsp) 페이지로 이동한다.

```
<script>
    alert("일정등록이 정상적으로 되었습니다.");
    window.location.href = "main.jsp";
</script>
```

5 최종 테스트

문제에서 요구하는 기능이 원활히 되는지 통합 테스트를 실행한다.

(가) 시작 페이지 작동 확인 : 웹브라우저에 'http://localhost:8090/default/'를 입력한다.

(나) 일정등록, 회원현황, 일정현황, 홈으로 버튼을 클릭해서 페이지가 정상적으로 변경되는지 확인한다.

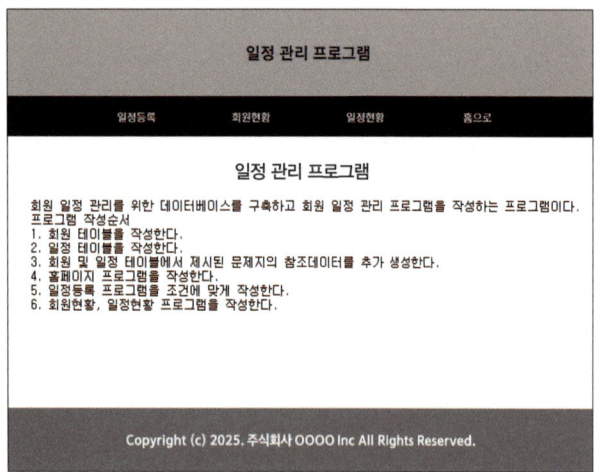

○ 시작화면(index.jsp)

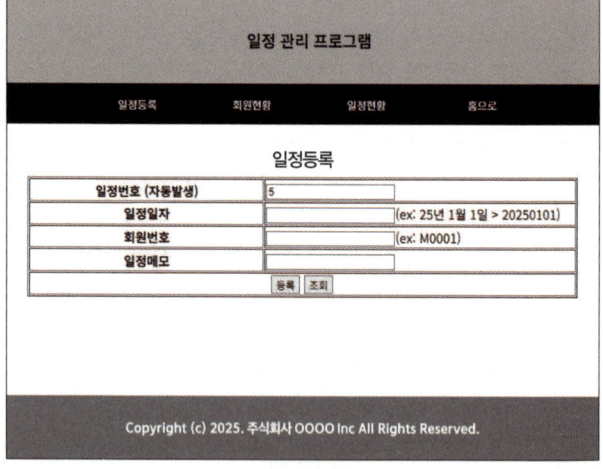

○ 일정등록

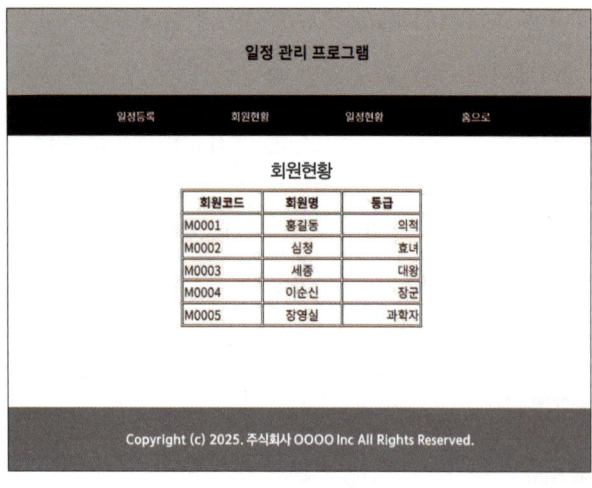

○ 회원현황

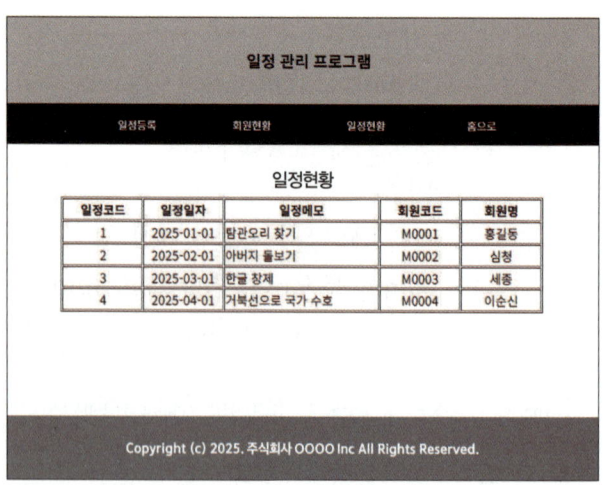

○ 일정현황

(다) 일정등록 버튼을 클릭한다.

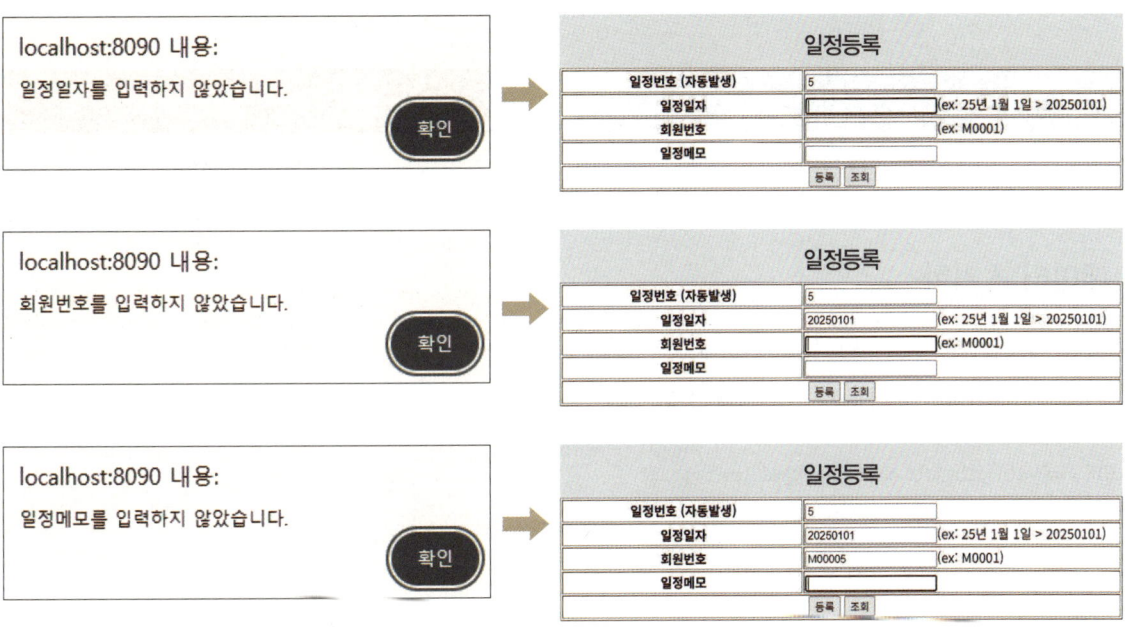

(라) 일정 번호가 5번으로 나오는지 확인 후, 등록 버튼을 눌러서 경고문을 확인한다.

(마) 모든 항목을 입력(5, 20250101, M0005, 자격루 제작)한 후 '등록' 버튼을 누르면 데이터베이스 '일정' 테이블에 저장된 후 '일정등록이 정상적으로 되었습니다.'라는 알림창이 화면에 출력되며 알림창의 '확인' 버튼을 누르면 메인(시작) 화면으로 이동한다.

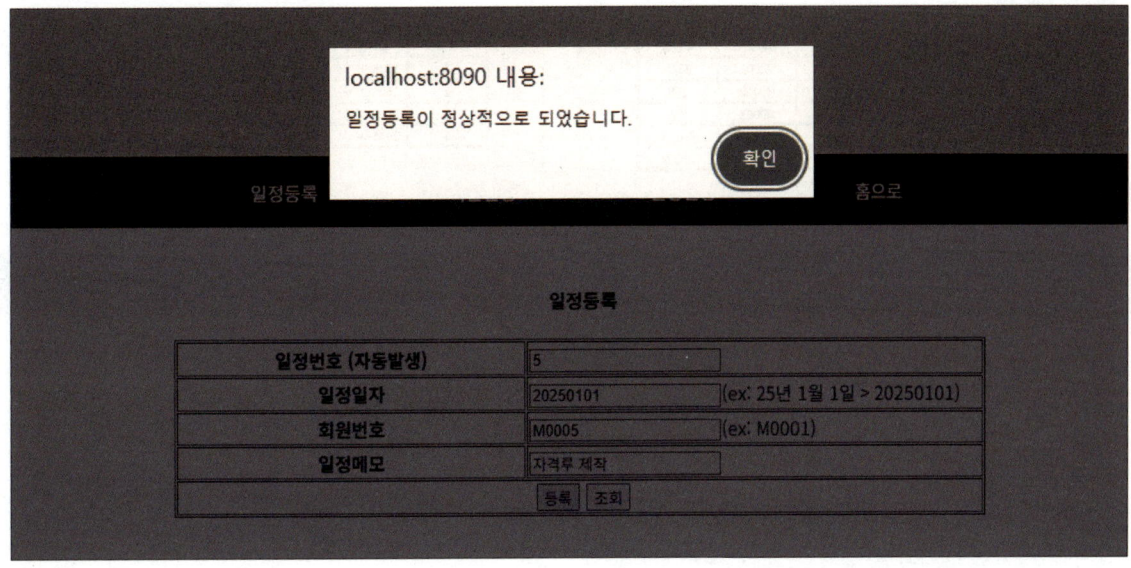

(바) 데이터를 입력해서 변동된 일정현황 페이지 데이터를 확인한다.

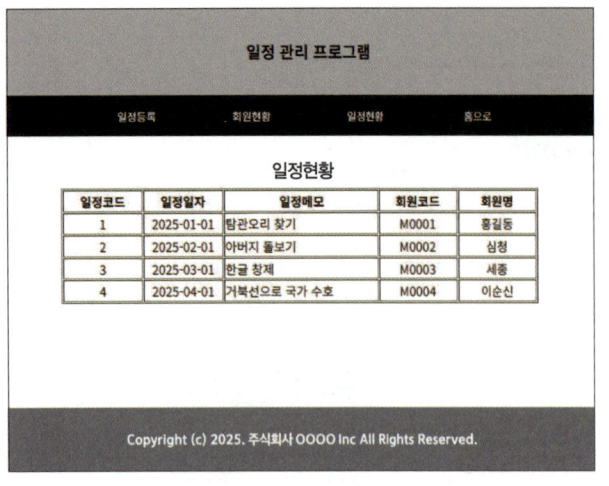
◐ 일정현황(기존)

◐ 일정현황(데이터 입력)

6 데이터 초기화

검토를 받기 위해서 프로그램이 제공한 데이터 이외에 테스트 데이터를 삭제한다.

(가) 이클립스 db.sql에 다음과 같이 입력한다.

```sql
DELETE FROM tbl_schedule WHERE pk_schedule='5';
COMMIT
```

(나) 마우스 오른쪽을 눌러서 실행한다.
(다) 데이터가 원상태로 돌아온 것을 확인한다.

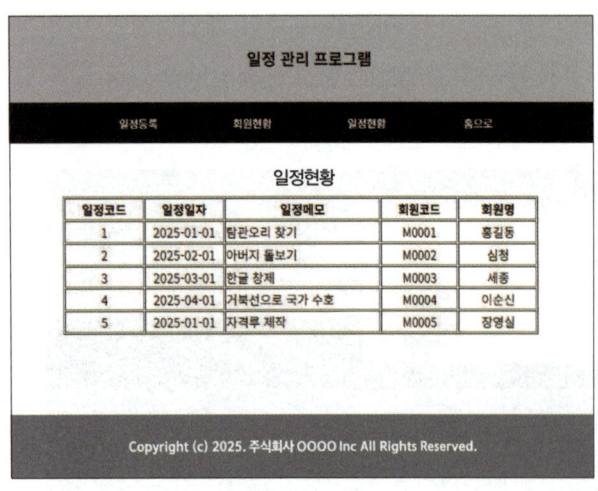
◐ 일정현황(삭제 전)

◐ 일정현황(삭제 후)

CHAPTER 2

외부평가 시험
2차 평가(실무) 대비 문제

CHAPTER 2. 외부평가 시험 2차 평가(실무) 대비 문제

과제	1	과제명	제과점 매출관리 프로그램	HTML	●●○○○	SSS	●●○○○
				CSS	●●○○○	DB	●●○○○

1 과제 개요

1) 본 과제는 제과점 판매등록과 제과점별 매출 현황을 확인하는 제과점 매출 관리 프로그램이다. 판매등록 입력 및 제과 현황, 판매현황, 매출 현황 조회가 가능하도록 프로그램을 작성하시오.
2) 프로그램 개발을 위해 개발 환경을 확인하고, 필요한 설정을 수행하시오.
3) 〈표 1〉 DB 연동 소스 코드를 참고하여 필요한 작업을 실시하시오.

2 업무 요건

1) 업무 요건에 따라 판매정보 테이블, 제과 테이블, 제과점 테이블을 생성하여야 한다.
2) 테이블의 입력 데이터들은 샘플데이터를 참조하여 프로그램 작성과 테스트를 실시하여야 한다.
3) 제과 테이블을 기준에 맞게 생성하고 제공데이터를 입력한다.
4) 제과점 테이블을 기준에 맞게 생성하고 제공데이터를 입력한다.
5) 제과 테이블과 제과점 테이블을 참고하여 판매정보 테이블을 기준에 맞게 생성하고 제공데이터를 입력한다.
6) 제과를 판매할 때 사용하는 [판매등록] 입력 프로그램 페이지를 작성한다.
7) 제과점에서 판매하는 [제과현황] 조회 프로그램 페이지를 작성한다.
8) 제과 [판매현황] 조회 프로그램 페이지를 작성한다.
9) 제과점별 [매출현황] 조회 프로그램 페이지를 작성한다.
10) [홈으로] 페이지를 작성한다.

3 프로젝트 준비

1) 접속에 사용할 오라클 계정은 'system'이고, 암호는 '1234'이다.
2) 이클립스(eclipse)의 작업영역(workspace)은 'C:\sample'을 사용한다.
3) 프로젝트를 생성하기 전에 java, jsp, html, css, text 파일의 기본 인코딩을 'UTF-8'로 지정한다. (이클립스 Window-Preference 메뉴)
4) 이클립스에서 톰캣을 연동하여 실행하기 위한 설정을 수행해야 한다.

5) 오라클 관리를 위해 8080 포트를 사용하고 있기 때문에, 톰캣 서버는 8090 포트를 사용하도록 권장한다.
6) 프로젝트 유형은 'Dynamic Web Project'를 생성하고, 프로젝트 이름은 'sample_비번호'를 사용한다. (비번호는 수험자가 부여받은 번호를 사용한다.)
7) 시험 후 이클립스 작업영역(workspace), 즉 'c:\sample_비번호' 디렉토리를 반드시 'sample_비번호.zip'으로 압축해서 제출해야 한다.

```
package DBPKG;

import java.sql.*;
   public static Connection getConnection() throws Exception{
      Class.forName('oracle.jdbc.OracleDriver');
      Connection con = DriverManager.getConnection
         ('jdbc:oracle:thin:@//localhost:1521/xe','system','1234');
      return con;
   }
```

〈표 1〉 DB 연동 소스 코드

4 수행작업

1) 메인화면은 다음과 같은 디자인을 참고하여 작성하시오.

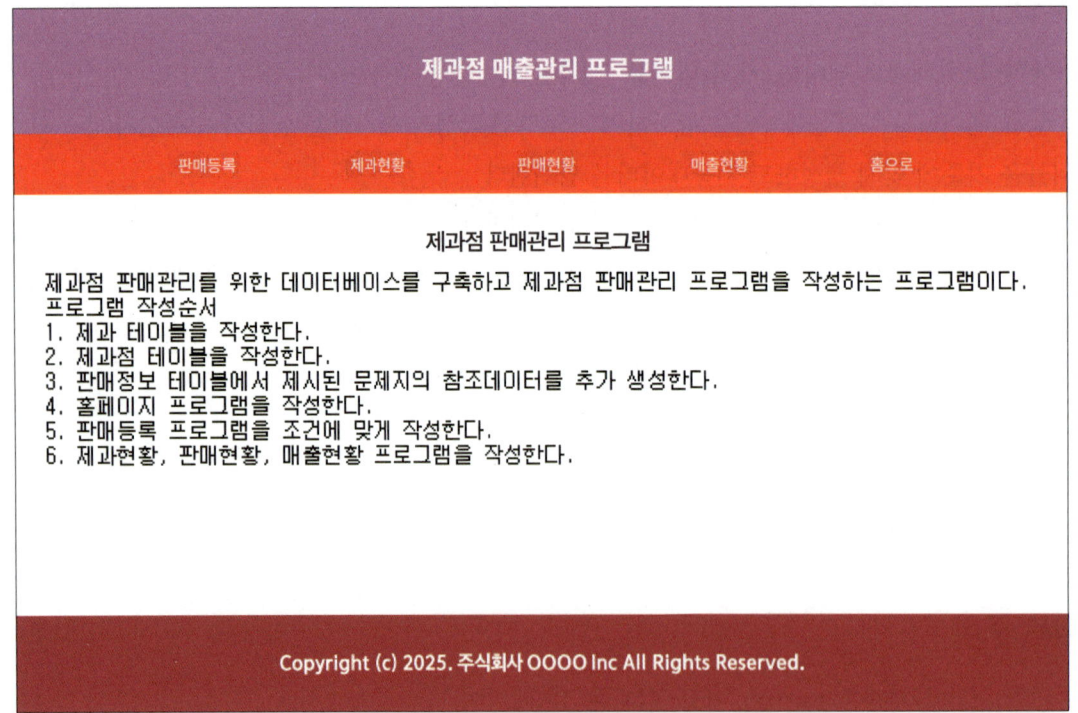

2) 데이터 입출력 요건에 맞게 판매정보 테이블, 제과 테이블, 제과점 테이블을 생성하시오.

가) 제과점 테이블 명세서(테이블 명 : tbl_bakery)

순서	컬럼 ID	컬럼명	형태	길이	NULL	비고
1	pk_bakery	제과점 코드	VARCHAR2	5	NOT	PRIMARY KEY
2	name	제과점 이름	VARCHAR2	20	NOT	
3	address	제과점 주소	VARCHAR2	255		
4	etc	비고	VARCHAR2	255		

나) 제과점 테이블 제공 데이터

코드	이름	지역	비고
A0001	정심당	대전	정성을 다한 마음으로 빵을 만드는 빵집
A0002	셋쥬루	천안	전설의 레전드 원조 빵집
A0003	오송빵집	대구	고구마 맛을 극한으로 올린 빵집
A0004	코끼리제과	안동	코끼리 없는 코끼리 빵집

다) 제과 테이블 명세서(테이블 명 : tbl_bread)

순서	컬럼 ID	컬럼명	형태	길이	NULL	비고
1	pk_bread	제과 코드	VARCHAR2	5	NOT	PRIMARY KEY
2	name	제과 이름	VARCHAR2	20	NOT	
3	price	제과 가격	VARCHAR2	10	NOT	

라) 제과 테이블 제공 데이터

코드	이름	가격
B0001	대보름빵	1000
B0002	자라빵	1500
B0003	코끼리빵	2000
B0004	찹쌀도너츠	2500
B0005	고구마빵	3000
B0006	치즈빵	3500
B0007	햄빵	4000

마) 판매정보 테이블 명세서(테이블 명 : tbl_sale)

순서	컬럼 ID	컬럼명	형태	길이	NULL	비고
1	pk_sale	판매 코드	VARCHAR2	5	NOT	PRIMARY KEY
2	deal_date	판매 날짜	DATE	–	NOT	
3	deal_count	판매 수량	NUMBER	10	NOT	
4	fk_bakery	제과점 코드	VARCHAR2	5	NOT	FOREIGN KEY
5	fk_bread	제과 코드	VARCHAR2	5	NOT	

바) 판매정보 테이블 제공 데이터

판매 코드	판매 날짜	판매 수량	제과점 코드	제과 코드
00001	20250401	10	A0001	B0001
00002	20250402	15	A0001	B0004
00003	20250403	10	A0001	B0005
00004	20250404	15	A0001	B0003
00005	20250405	10	A0002	B0002
00006	20250406	15	A0002	B0004
00007	20250407	10	A0002	B0003
00008	20250408	15	A0002	B0004
00009	20250409	10	A0003	B0002
00010	20250410	15	A0003	B0004
00011	20250411	10	A0003	B0002
00012	20250412	15	A0004	B0001
00013	20250413	15	A0004	B0002
00014	20250414	10	A0004	B0003
00015	20250415	15	A0004	B0005

3) 제과점, 제과, 판매정보 테이블의 데이터는 SQL 문장을 사용하여 생성된 테이블에 입력하시오.

4) 화면별 업무 요구사항 및 화면 구성 요건에 맞게 화면을 구현하시오.

✅ 참고 사항

- 화면의 구성요소는 필수사항이다.
- 화면의 스타일은 제공 그림을 참조하여 유사하게 구현한다.
- 화면의 색상은 구별이 가능하게 작업자가 임의로 선정한다.

가) 시작화면(index.jsp)

① 시작화면은 헤더(header), 메뉴(nav), 섹션(section), 푸터(footer)로 구성된다.

② 메뉴는 '판매등록', '제과현황', '판매현황', '매출현황', '홈으로' 등의 메뉴로 구성된다.

③ 푸터(footer)는 저작권 관련 정보로 구성된다.

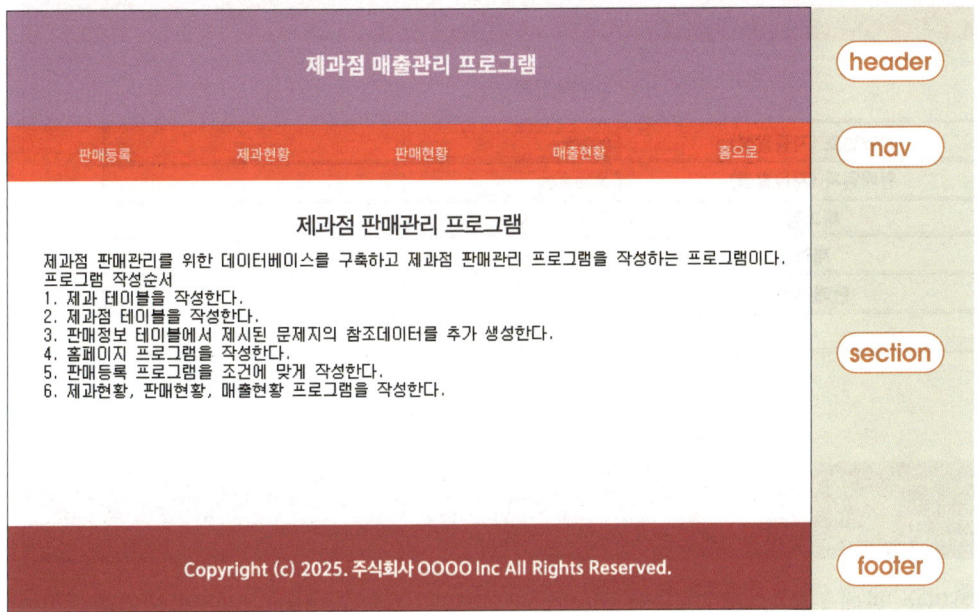

나) 판매등록 화면

① SQLPLUS를 활용하여 SQL 문으로 '판매등록' 테이블을 조회하면 다음 화면이 출력된다.

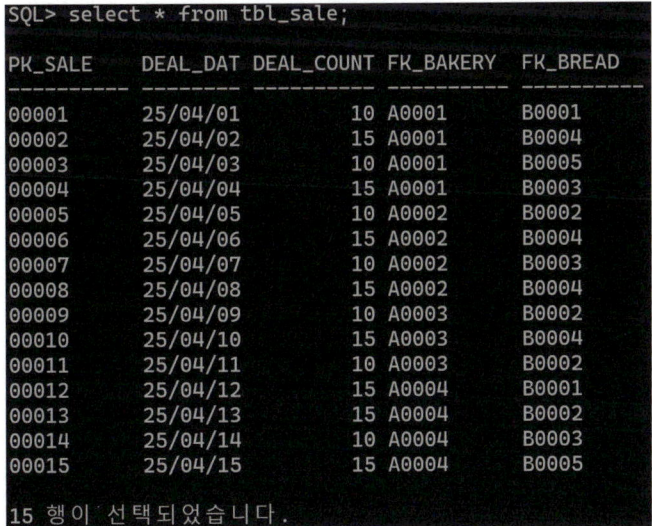

② '판매등록' 메뉴를 클릭하면 그림과 같이 판매등록 화면이 출력된다.

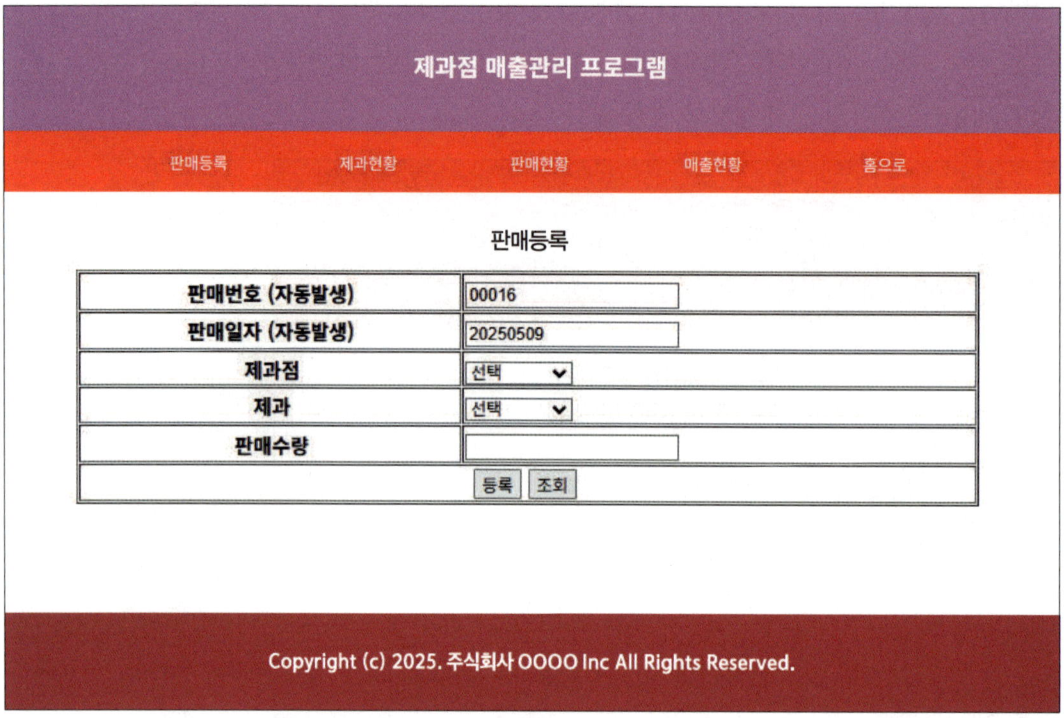

판매등록 화면은 '판매등록'이라는 제목과 폼으로 구성된다. 폼은 판매번호(자동발생), 판매일자(자동발생), 제과점, 제과 항목으로 이루어져 있다. 모든 항목의 정보를 채운다.

③ '판매번호(자동발생)' 항목은 '판매번호' 테이블의 마지막 기본키값 +1의 값이 자동으로 입력되어 있도록 한다. 사용자가 웹에서 임의로 수정할 수 없도록 조치한다.

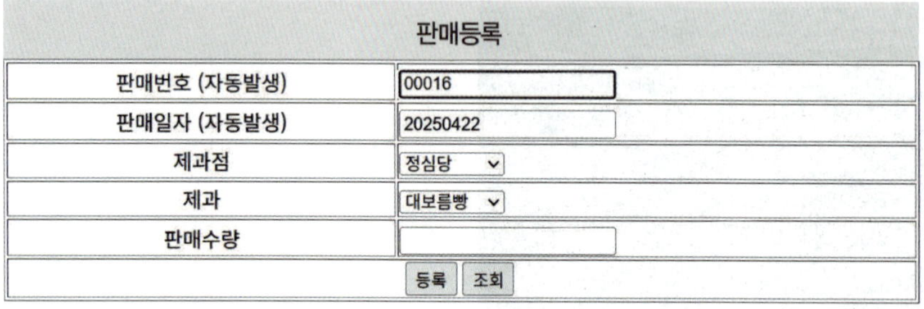

④ '판매일자(자동발생)' 항목은 작업하는 컴퓨터의 오늘 날짜 값이 아래와 같은 형식으로 자동으로 입력되어 있도록 한다. 사용자가 웹에서 임의로 수정할 수 없도록 조치한다.

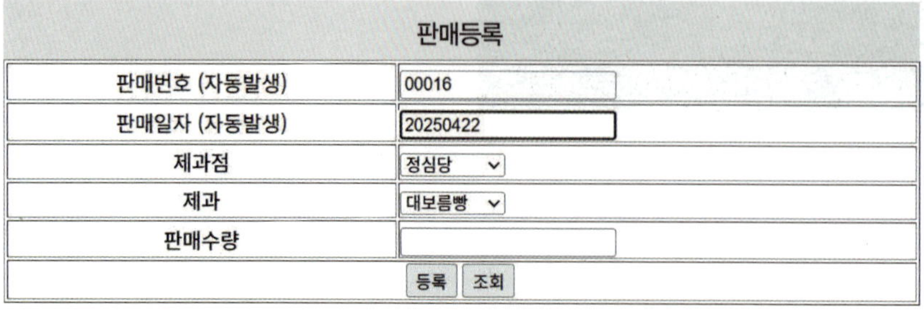

⑤ '제과점', '제과' 항목은 셀렉트 박스로 한다. 셀렉트 박스에 들어갈 항목은 '제과점', '제과' 데이터베이스 테이블의 컬럼 '이름'에서 검색하여 자동으로 출력되도록 한다. 항목을 선택하면 각 테이블의 기본 키값이 저장될 수 있도록 프로그래밍한다.

⑥ '제과점', '제과', '판매수량' 항목 값이 입력되지 않은 경우에 [등록] 버튼을 누르면 '{항목}을 입력(선택)하지 않았습니다!' 라는 알림창이 화면에 나타나고 알림창의 '확인' 버튼을 누르면 포커스가 해당 항목으로 이동한다.

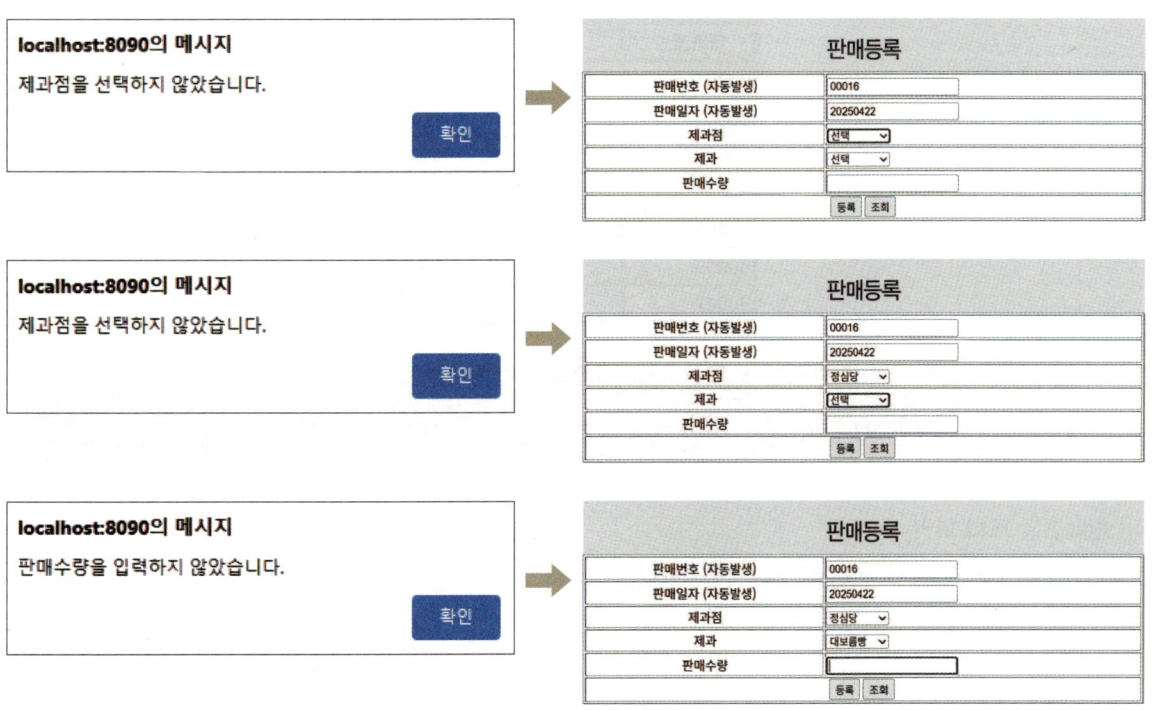

⑦ 모든 항목을 입력한 후 '등록' 버튼을 누르면 데이터베이스 '판매정보' 테이블에 저장된 후 '판매등록이 정상적으로 등록되었습니다.'라는 알림창이 화면에 출력되며 알림창의 '확인' 버튼을 누르면 메인(시작) 화면으로 이동한다.

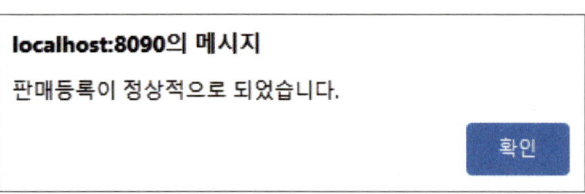

⑧ '조회' 버튼을 누르면 '판매현황' 페이지 화면으로 이동한다.

다) 제과 현황 조회 화면

① '제과현황' 화면의 출력 항목은 제과 테이블을 참조하여 제과코드, 제과명, 가격 항목으로 구성된다.
② 각 데이터는 위의 출력물을 참고해서 왼쪽, 오른쪽, 중앙정렬 형식으로 출력되도록 처리한다.
③ '가격' 데이터의 화면 출력 형식은 통화기호 표시 및 천 단위 구분기호 형태로 출력한다.

> 예 ₩25,000원

④ 조회된 데이터는 '제과코드'로 정렬하여 보여준다.

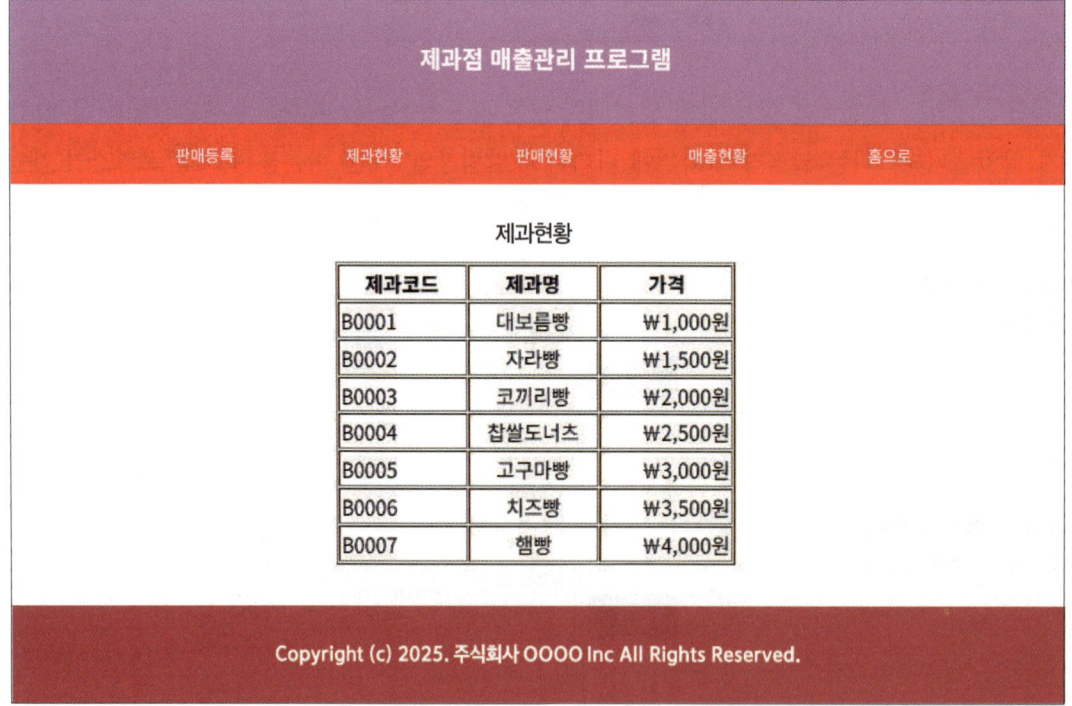

라) 판매현황 조회 화면

① '판매현황' 화면의 출력 항목은 판매정보 및 제과 테이블을 참조하여 판매코드, 판매일, 판매수량, 제과명 항목으로 구성된다.

제과점 매출관리 프로그램

판매등록　　제과현황　　판매현황　　매출현황　　홈으로

판매현황

판매코드	판매일	판매수량	제과명
00001	25-04-01	10개	대보름빵
00002	25-04-02	15개	찹쌀도너츠
00003	25-04-03	10개	고구마빵
00004	25-04-04	15개	코끼리빵
00005	25-04-05	10개	자라빵
00006	25-04-06	15개	찹쌀도너츠
00007	25-04-07	10개	코끼리빵
00008	25-04-08	15개	찹쌀도너츠
00009	25-04-09	10개	자라빵
00010	25-04-10	15개	찹쌀도너츠
00011	25-04-11	10개	자라빵
00012	25-04-12	15개	대보름빵
00013	25-04-13	15개	자라빵
00014	25-04-14	10개	코끼리빵
00015	25-04-15	15개	고구마빵

Copyright (c) 2025. 주식회사 OOOO Inc All Rights Reserved.

② 각 데이터는 위의 출력물을 참고해서 왼쪽, 오른쪽, 중앙정렬 형식으로 출력되도록 처리한다.
③ '판매일' 데이터의 화면 출력 형식은 년-월-일 형식으로 출력한다.

　　예) 250401 → 25-04-01

④ '판매수량' 데이터의 화면 출력 형식은 뒤에 개를 붙여서 출력한다.

　　예) 10 → 10개

⑤ 조회된 데이터는 '판매코드'로 정렬하여 보여준다.
⑥ 판매현황은 데이터가 여러 줄이므로 데이터가 한눈에 보이도록 창 크기를 자동으로 크게 조절한다.

마) 제과점별 매출 현황 조회 화면

① '매출현황' 화면은 '판매정보' 테이블과 '제과' 테이블, '제과점' 테이블을 참조하여 제과점명, 지역, 설명, 판매수량, 매출 항목으로 구성된다.
② 매출은 다음과 같이 처리한다.

> 매출=제과점별 판매금액(제과가격×판매수량)의 합

③ '매출' 데이터의 화면 출력 형식은 통화기호 표시 및 천 단위 구분기호 형태로 출력한다.

　예〉 ₩95,000원

④ '판매수량' 데이터의 화면 출력 형식은 뒤에 개를 붙여서 출력한다.

　예〉 10 → 10개

⑤ 각 데이터는 위의 출력물을 참고해서 왼쪽, 오른쪽, 중앙정렬 형식으로 출력되도록 처리한다.

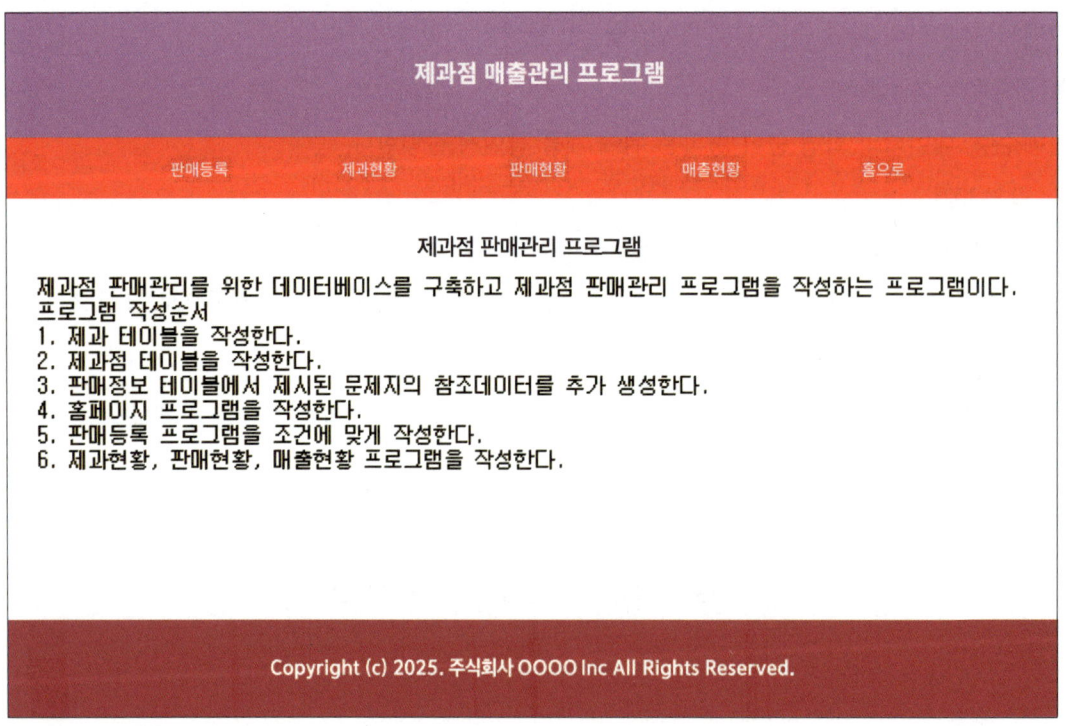

바) 홈으로 메뉴

① '홈으로' 메뉴를 클릭하면 메인(시작) 화면으로 이동한다.

과제	2	과제명	독서실 자리관리 프로그램	HTML	●●●○○	SSS	●●●●○
				CSS	●●●●○	DB	●●○○○

1 과제 개요

1) 본 과제는 독서실 자리등록과 독서실별 자리 현황을 확인하는 독서실 자리관리 프로그램이다. 자리등록 입력 및 자리현황, 일별검색, 학습자별 이용료 조회가 가능하도록 프로그램을 작성하시오.
2) 프로그램 개발을 위해 개발 환경을 확인하고, 필요한 설정을 수행하시오.
3) 〈표 1〉 DB 연동 소스 코드를 참고하여 필요한 작업을 실시하시오.

2 업무 요건

1) 업무 요건에 따라 학습자 테이블, 독서실 테이블을 생성하여야 한다.
2) 테이블의 입력 데이터들은 샘플데이터를 참조하여 프로그램 작성과 테스트를 실시하여야 한다.
3) 학습자 테이블을 기준에 맞게 생성하고 제공데이터를 입력한다.
4) 독서실 테이블을 기준에 맞게 생성하고 제공데이터를 입력한다.
5) 학습자 테이블을 참고하여 독서실 테이블을 기준에 맞게 생성하고 제공데이터를 입력한다.
6) 독서실 자리를 등록할 때 사용하는 [자리등록] 입력 프로그램 페이지를 작성한다.
7) 독서실에 등록된 자리를 확인하는 [자리현황] 조회 프로그램 페이지를 작성한다.
8) 등록된 독서실 자리를 일별로 검색하는 [일별검색] 조회 프로그램 페이지를 작성한다.
9) 학습자별 이용료를 검색하는 [학습자별 이용료] 조회 프로그램 페이지를 작성한다.
10) [홈으로] 페이지를 작성한다.

3 프로젝트 준비

1) 접속에 사용할 오라클 계정은 'system'이고, 암호는 '1234'이다.
2) 이클립스(eclipse)의 작업영역(workspace)은 'C:\sample'를 사용한다.
3) 프로젝트를 생성하기 전에 java, jsp; html, css, text 파일의 기본 인코딩을 'UTF-8'로 지정한다. (이클립스 Window-Preference 메뉴)
4) 이클립스에서 톰캣을 연동하여 실행하기 위한 설정을 수행해야 한다.
5) 오라클 관리를 위해 8080 포트를 사용하고 있기 때문에, 톰캣 서버는 8090 포트를 사용하도록 권장한다.
6) 프로젝트 유형은 'Dynamic Web Project'를 생성하고, 프로젝트 이름은 'sample_비번호'를 사용한다. (비번호는 수험자가 부여받은 번호를 사용한다.)
7) 시험 후 이클립스 작업영역(workspace), 즉, 'c:\sample_비번호' 디렉토리를 반드시 'sample_비번호.zip'으로 압축해서 제출해야 한다.

```
package DBPKG;

import java.sql.*;
   public static Connection getConnection() throws Exception{
      Class.forName('oracle.jdbc.OracleDriver');
      Connection con = DriverManager.getConnection
         ('jdbc:oracle:thin:@//localhost:1521/xe','system','1234');
      return con;
   }
```

<표 1> DB 연동 소스 코드

4 수행작업

1) 메인화면은 다음과 같은 디자인을 참고하여 작성하시오

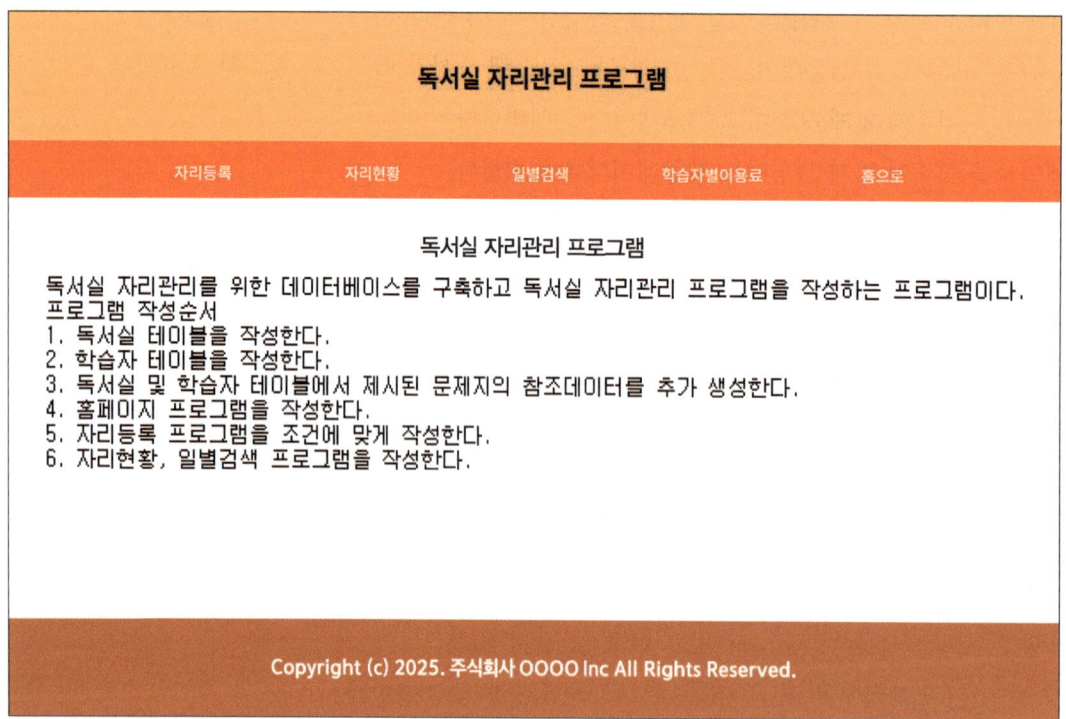

2) 데이터 입출력 요건에 맞게 학습자 테이블, 독서실 테이블을 생성하시오.

가) 학습자 테이블 명세서(테이블 명 : tbl_learner)

순서	컬럼 ID	컬럼명	형태	길이	NULL	비고
1	pk_learner	학습자 코드	VARCHAR2	5	NOT	PRIMARY KEY
2	name	학습자 이름	VARCHAR2	20	NOT	
3	grade	학습자 등급	VARCHAR2	20		

나) 학습자 테이블 제공 데이터

코드	이름	등급
L0001	영희	학생
L0002	철수	학생
L0003	은희	학생
L0004	지윤	직장인
L0005	지은	직장인

다) 독서실 테이블 명세서(테이블 명 : tbl_studycafe)

순서	컬럼 ID	컬럼명	형태	길이	NULL	비고
1	pk_studycafe	독서실 코드	VARCHAR2	5	NOT	PRIMARY KEY
2	usage_date_start	사용 시간 시작일	DATE	-	NOT	
3	usage_date_end	사용 시간 종료일	DATE	-	NOT	
4	seat_x	자리 가로위치	NUMBER	2	NOT	
5	seat_y	자리 세로위치	NUMBER	2	NOT	
6	fk_learner	학습자 코드	VARCHAR2	5	NOT	FOREIGN KEY

라) 독서실 테이블 제공 데이터

등록 코드	등록 날짜	등록 수량	자리 가로위치	자리 세로위치	학습자 코드
00001	2025-04-20 10:00:00	2025-04-20 16:00:00	9	4	L0001
00002	2025-04-21 10:00:00	2025-04-21 16:00:00	9	4	L0001
00003	2025-04-22 10:00:00	2025-04-22 16:00:00	9	4	L0001
00004	2025-04-23 10:00:00	2025-04-23 16:00:00	9	4	L0001
00005	2025-04-24 10:00:00	2025-04-24 16:00:00	9	4	L0001
00006	2025-04-20 10:00:00	2025-04-20 16:00:00	3	4	L0002
00007	2025-04-21 10:00:00	2025-04-21 16:00:00	3	4	L0002
00008	2025-04-22 10:00:00	2025-04-22 16:00:00	3	4	L0002
00009	2025-04-23 10:00:00	2025-04-23 16:00:00	3	4	L0002
00010	2025-04-24 10:00:00	2025-04-24 16:00:00	3	4	L0002
00011	2025-04-20 10:00:00	2025-04-20 20:00:00	6	5	L0003
00012	2025-04-21 10:00:00	2025-04-21 20:00:00	6	5	L0003
00013	2025-04-22 10:00:00	2025-04-22 20:00:00	6	5	L0003
00014	2025-04-23 10:00:00	2025-04-23 20:00:00	6	5	L0003

등록 코드	등록 날짜	등록 수량	자리 가로위치	자리 세로위치	학습자 코드
00015	2025-04-24 10:00:00	2025-04-24 20:00:00	6	5	L0003
00016	2025-04-20 10:00:00	2025-04-20 20:00:00	7	9	L0004
00017	2025-04-21 10:00:00	2025-04-21 20:00:00	7	9	L0004
00018	2025-04-22 10:00:00	2025-04-22 20:00:00	7	9	L0004
00019	2025-04-23 10:00:00	2025-04-23 20:00:00	7	9	L0004
00020	2025-04-24 10:00:00	2025-04-24 20:00:00	7	9	L0004

3) 학습자, 독서실 테이블의 데이터는 SQL 문장을 사용하여 생성된 테이블에 입력하시오.
4) 화면별 업무 요구사항 및 화면 구성 요건에 맞게 화면을 구현하시오.

참고 사항

- 화면의 구성요소는 필수사항이다.
- 화면의 스타일은 제공 그림을 참조하여 유사하게 구현한다.
- 화면의 색상은 구별이 가능하게 작업자가 임의로 선정한다.

가) 시작화면(index.jsp)

① 시작화면은 헤더(header), 메뉴(nav), 섹션(section), 푸터(footer)로 구성된다.
② 메뉴는 '자리등록', '자리현황', '일별검색', '학습자별 이용료', '홈으로' 등의 메뉴로 구성된다.
③ 푸터(footer)는 저작권 관련 정보로 구성된다.

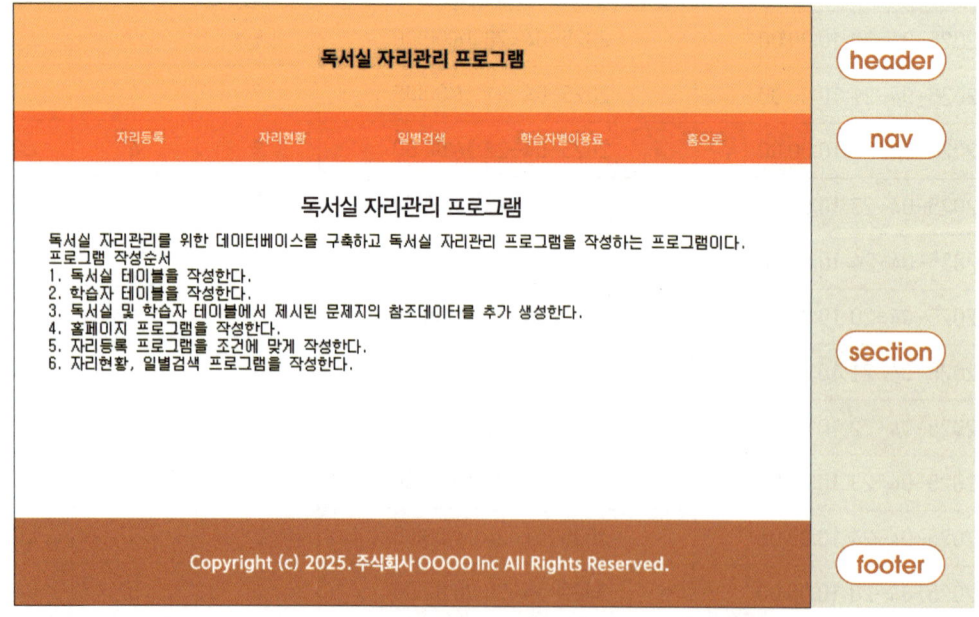

나) 자리등록 화면

① SQLPLUS를 활용하여 SQL 문으로 '자리등록' 테이블을 조회하면 다음 화면이 출력된다.

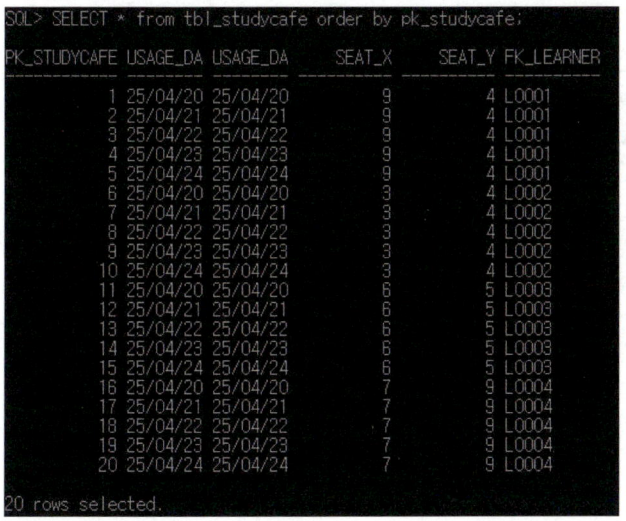

② '자리등록' 메뉴를 클릭하면 그림과 같이 자리등록 화면이 출력된다.

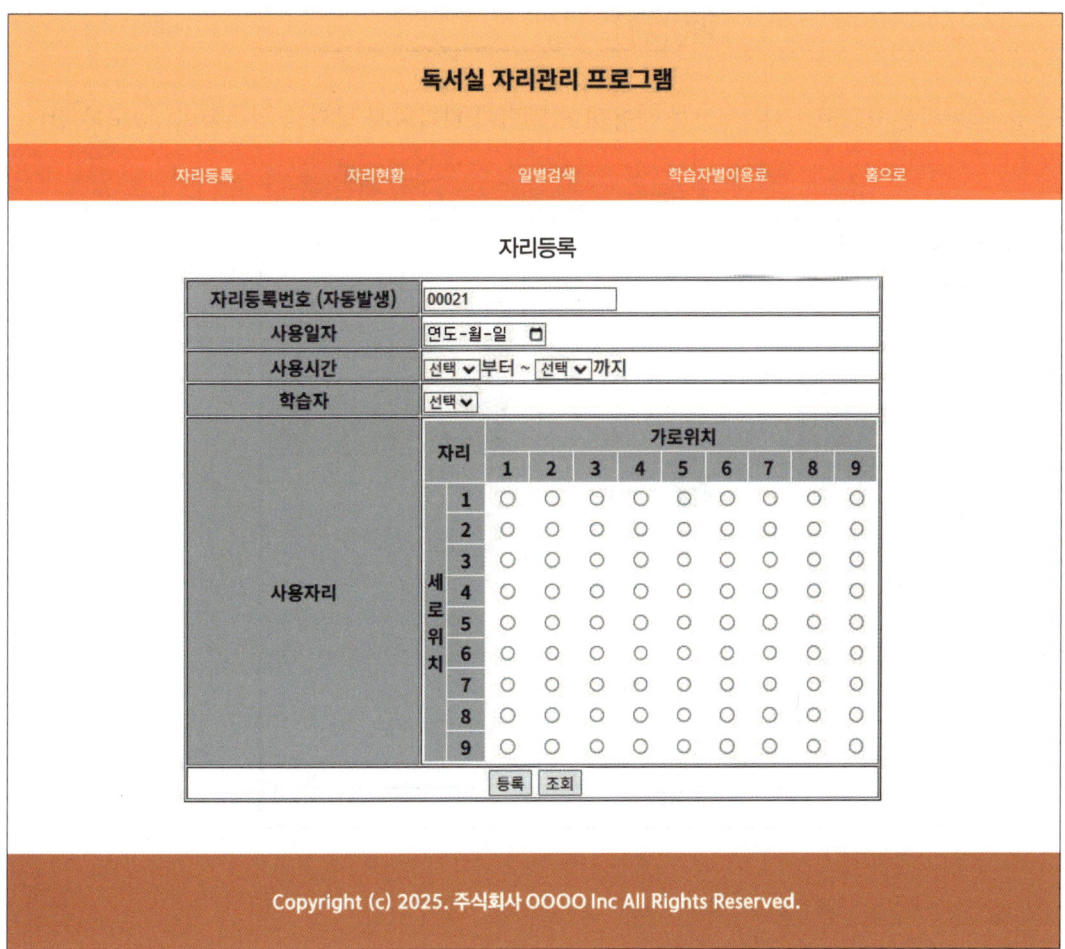

자리등록 화면은 '자리등록'이라는 제목과 폼으로 구성된다. 폼은 자리등록번호(자동발생), 사용일자, 사용시간, 학습자, 사용자리 항목으로 이루어져 있다. 모든 항목의 정보를 채운다.

③ '자리등록번호(자동발생)' 항목은 '독서실' 테이블의 마지막 기본 키값 +1의 값이 자동으로 입력되어 있도록 한다. 사용자가 웹에서 임의로 수정할 수 없도록 조치한다.

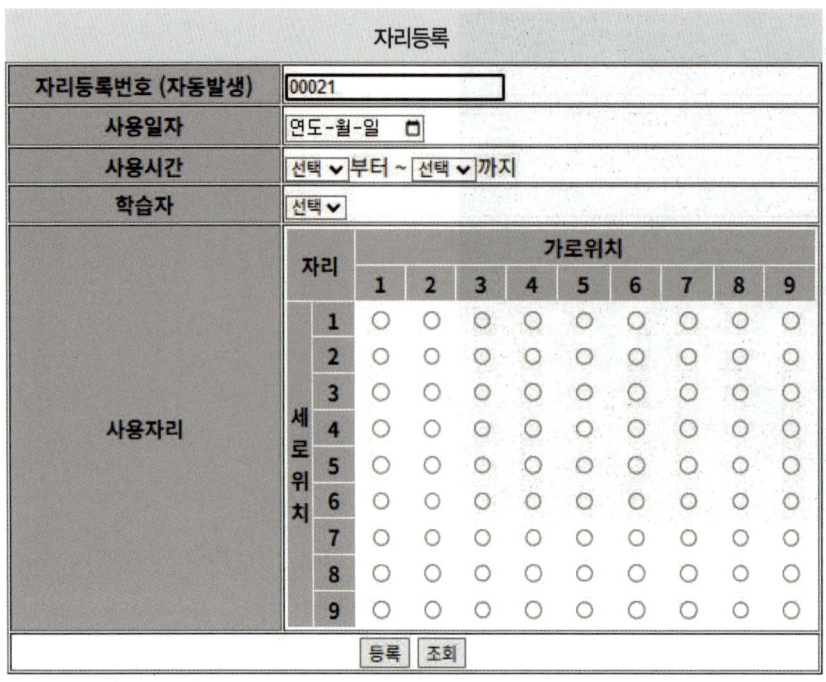

④ '사용일자' 항목은 HTML 기본 태그를 사용하여 달력이 나타나서 날짜를 입력할 수 있도록 한다.

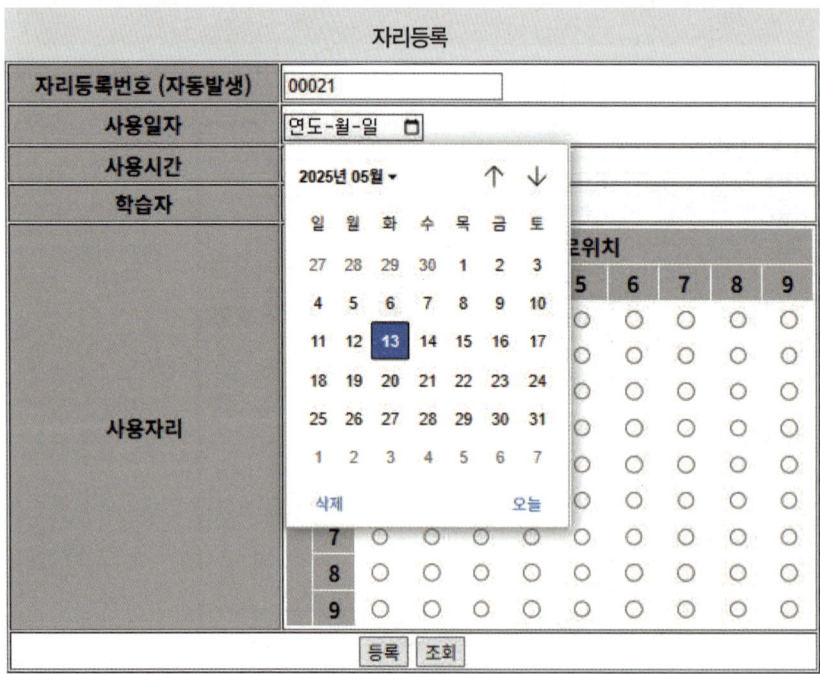

⑤ '사용시간' 항목은 셀렉트 박스로 한다. 셀렉트 박스에 들어갈 항목은 1시~24시로 한다. 항목을 선택하면 시간이 저장될 수 있도록 프로그래밍한다.

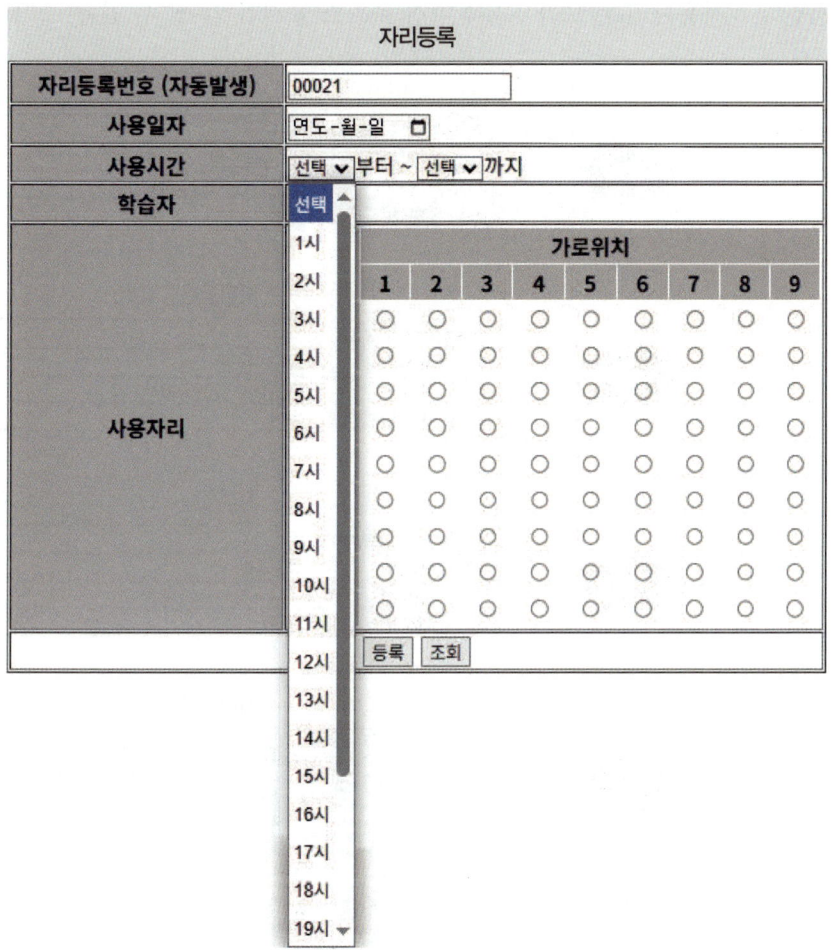

⑥ '사용자리' 항목은 라디오 버튼을 사용해서 9×9의 가로세로 배치의 자리를 선택할 수 있도록 한다.

⑦ '사용일자', '사용시간', '학습자', '사용자리' 항목 값이 입력되지 않은 경우에 [등록] 버튼을 누르면 '{항목}을 입력(선택)하지 않았습니다!'라는 알림창이 화면에 나타나고 알림창의 '확인' 버튼을 누르면 포커스가 해당 항목으로 이동한다. ('사용자리'는 브라우저에 따라 포커스 표시가 안 될 수 있음)

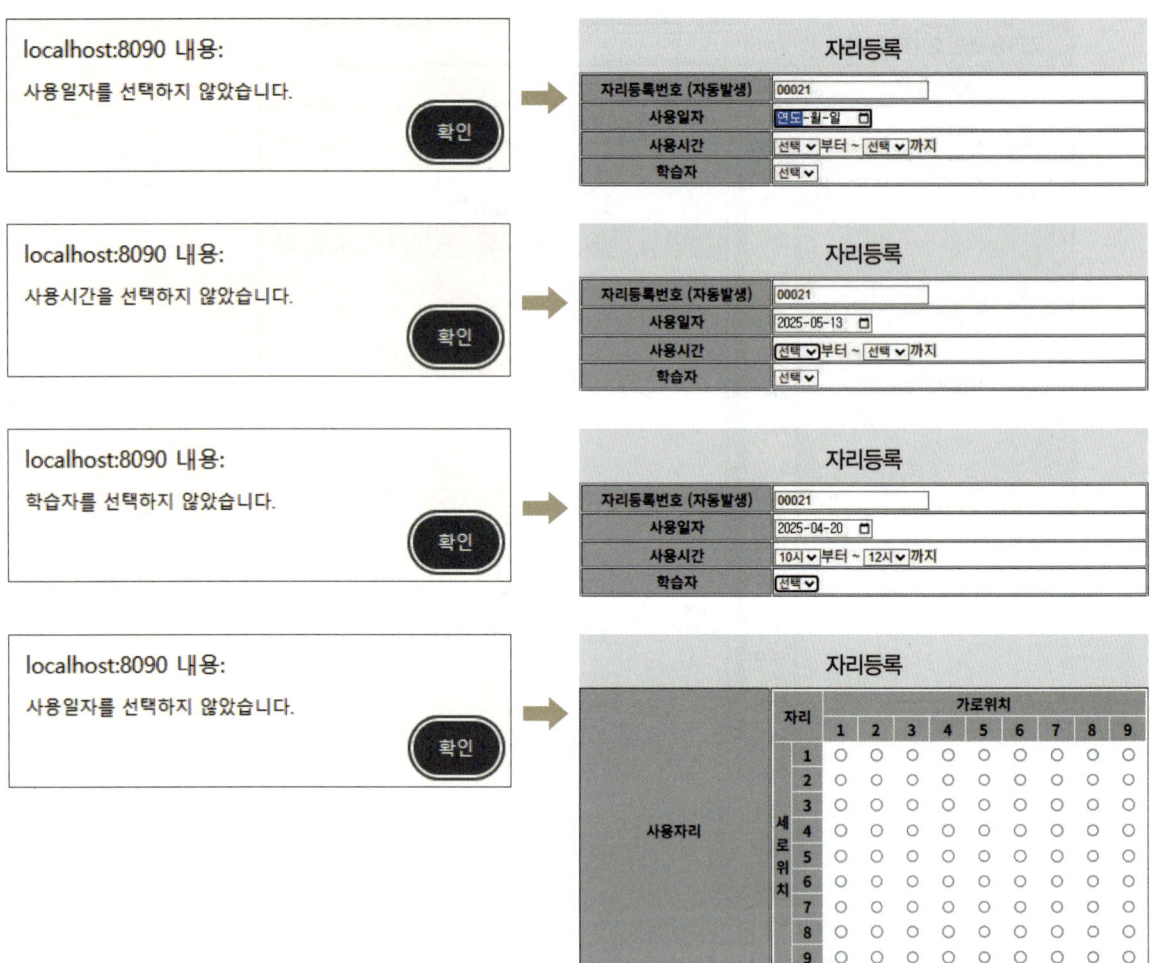

⑧ 모든 항목을 입력한 후 '등록' 버튼을 누르면 데이터베이스 '등록정보' 테이블에 저장된 후 '자리등록이 정상적으로 되었습니다.'라는 알림창이 화면에 출력되며 알림창의 '확인' 버튼을 누르면 '자리현황' 화면으로 이동한다.

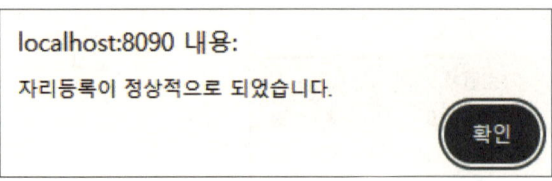

⑨ '조회' 버튼을 누르면 '자리현황' 페이지 화면으로 이동한다.

다) 자리현황 조회 화면

① '자리현황' 화면의 출력 항목은 자리 테이블을 참조하여 독서실코드, 사용시간, 가로위치, 세로위치, 학습자코드 항목으로 구성된다.

독서실 자리관리 프로그램

자리등록　　자리현황　　일별검색　　학습자별이용료　　홈으로

예약현황

독서실코드	사용시간	가로위치	세로위치	학습자코드
1	2025-04-20 10시 ~ 2025-04-20 16시	9	4	L0001
2	2025-04-21 10시 ~ 2025-04-21 16시	9	4	L0001
3	2025-04-22 10시 ~ 2025-04-22 16시	9	4	L0001
4	2025-04-23 10시 ~ 2025-04-23 16시	9	4	L0001
5	2025-04-24 10시 ~ 2025-04-24 16시	9	4	L0001
6	2025-04-20 10시 ~ 2025-04-20 16시	3	4	L0002
7	2025-04-21 10시 ~ 2025-04-21 16시	3	4	L0002
8	2025-04-22 10시 ~ 2025-04-22 16시	3	4	L0002
9	2025-04-23 10시 ~ 2025-04-23 16시	3	4	L0002
10	2025-04-24 10시 ~ 2025-04-24 16시	3	4	L0002
11	2025-04-20 10시 ~ 2025-04-20 20시	6	5	L0003
12	2025-04-21 10시 ~ 2025-04-21 20시	6	5	L0003
13	2025-04-22 10시 ~ 2025-04-22 20시	6	5	L0003
14	2025-04-23 10시 ~ 2025-04-23 20시	6	5	L0003
15	2025-04-24 10시 ~ 2025-04-24 20시	6	5	L0003
16	2025-04-20 10시 ~ 2025-04-20 20시	7	9	L0004
17	2025-04-21 10시 ~ 2025-04-21 20시	7	9	L0004
18	2025-04-22 10시 ~ 2025-04-22 20시	7	9	L0004
19	2025-04-23 10시 ~ 2025-04-23 20시	7	9	L0004
20	2025-04-24 10시 ~ 2025-04-24 20시	7	9	L0004
21	2025-04-20 10시 ~ 2025-04-20 20시	7	7	L0005

Copyright (c) 2025. 주식회사 OOOO Inc All Rights Reserved.

② 각 데이터는 위의 출력물을 참고해서 왼쪽, 오른쪽, 중앙정렬 형식으로 출력되도록 처리한다.
③ 데이터가 한 화면에 출력될 수 있도록 창의 크기를 조절해 준다.
④ 조회된 데이터는 '독서실코드'로 정렬하여 보여준다.

라) 일별검색 조회 화면

① '일별검색' 화면의 출력 항목은 일자와 시간을 입력하고 검색버튼을 누르면 일별 검색이 되도록 구성된다.

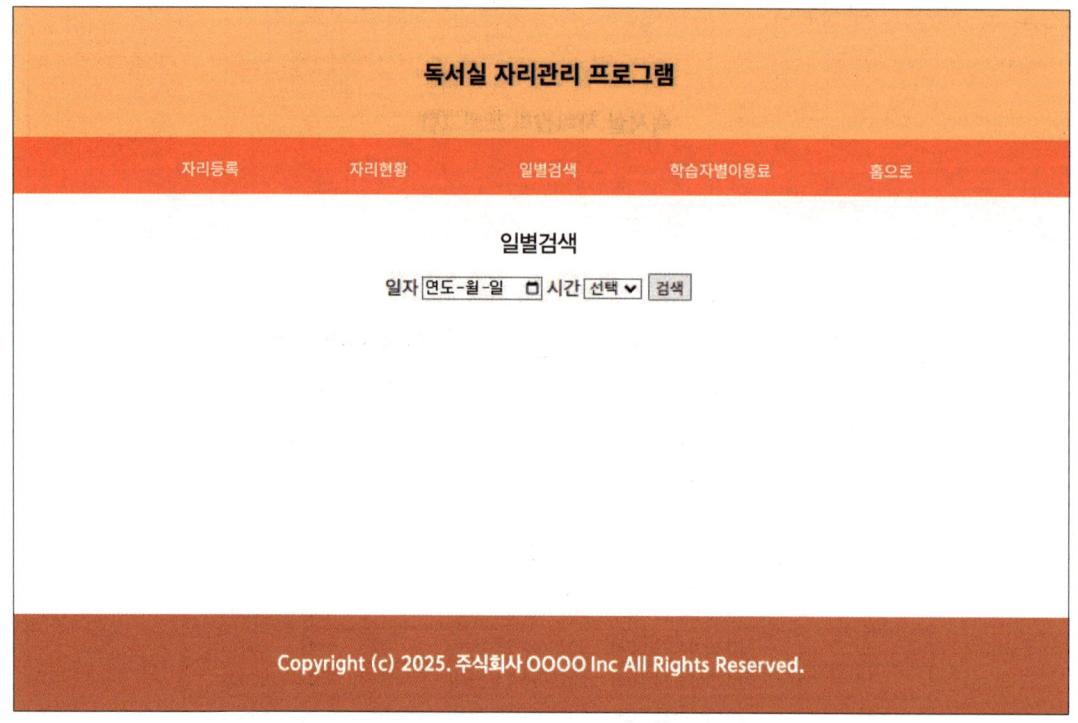

② '일자'와 '시간'을 입력하지 않으면 경고문구를 하고 포커스를 이동시킨다.

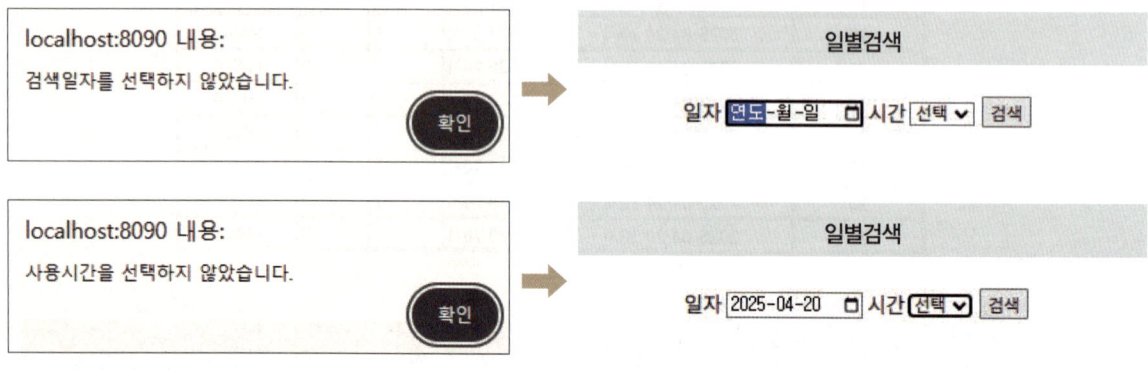

③ '일자' 항목은 HTML 기본 태그를 사용하여 달력이 나타나서 날짜를 입력할 수 있도록 한다.

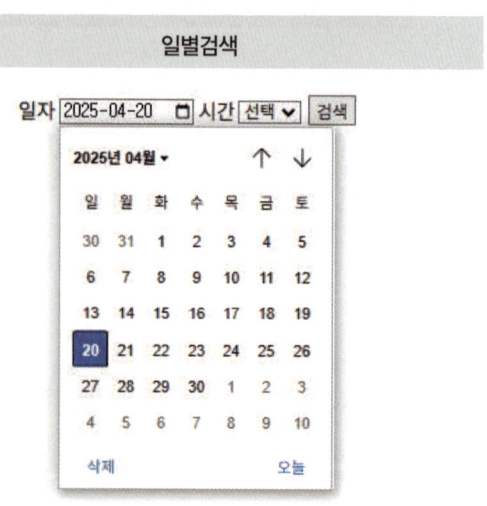

④ '사용시간' 항목은 셀렉트 박스로 한다. 셀렉트 박스에 들어갈 항목은 1시~24시로 한다.

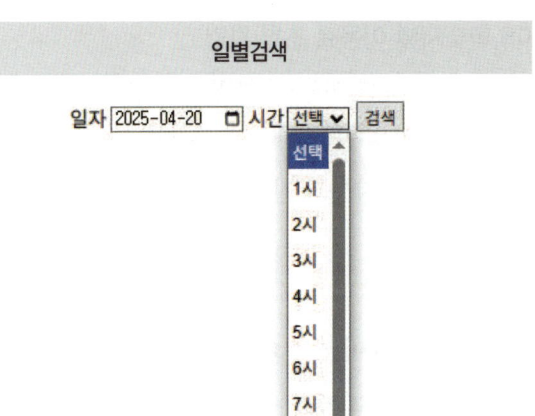

⑤ '검색' 버튼을 누르면 해당 일자의 자리 배치도가 보이고 예약한 학습자의 이름을 해당 자리에 표기한다.

독서실 자리관리 프로그램

자리등록　자리현황　일별검색　학습자별이용료　홈으로

자리현황 : 2025-04-20 13시

자리	가로위치								
	1	2	3	4	5	6	7	8	9
세로위치 1									
2									
3									
4			철수						영희
5						은희			
6									
7									
8									
9							지윤		

Copyright (c) 2025. 주식회사 OOOO Inc All Rights Reserved.

⑥ 자리현황에 검색한 날짜와 시간을 표기한다.

마) 학습자별 이용료 조회 화면

① '학습자별 이용료' 화면은 '학습자' 테이블과 '독서실'테이블을 참조하여 학습자코드, 이름, 등급, 이용시간, 비용 항목으로 구성된다.

② 비용은 다음과 같이 처리한다.

> 비용=학습자별 독서실 예약시간×10,000원

③ '비용' 데이터의 화면 출력 형식은 통화 기호 표시 및 천 단위 구분기호 형태로 출력한다.
  예) ₩95,000원

④ '이용시간' 데이터의 화면 출력 형식은 뒤에 시간을 붙여서 출력한다.
  예) 10 → 10시간

⑤ 각 데이터는 위의 출력물을 참고해서 왼쪽, 오른쪽, 중앙정렬 형식으로 출력되도록 처리한다.

바) 홈으로 메뉴

① '홈으로' 메뉴를 클릭하면 메인(시작) 화면으로 이동한다.

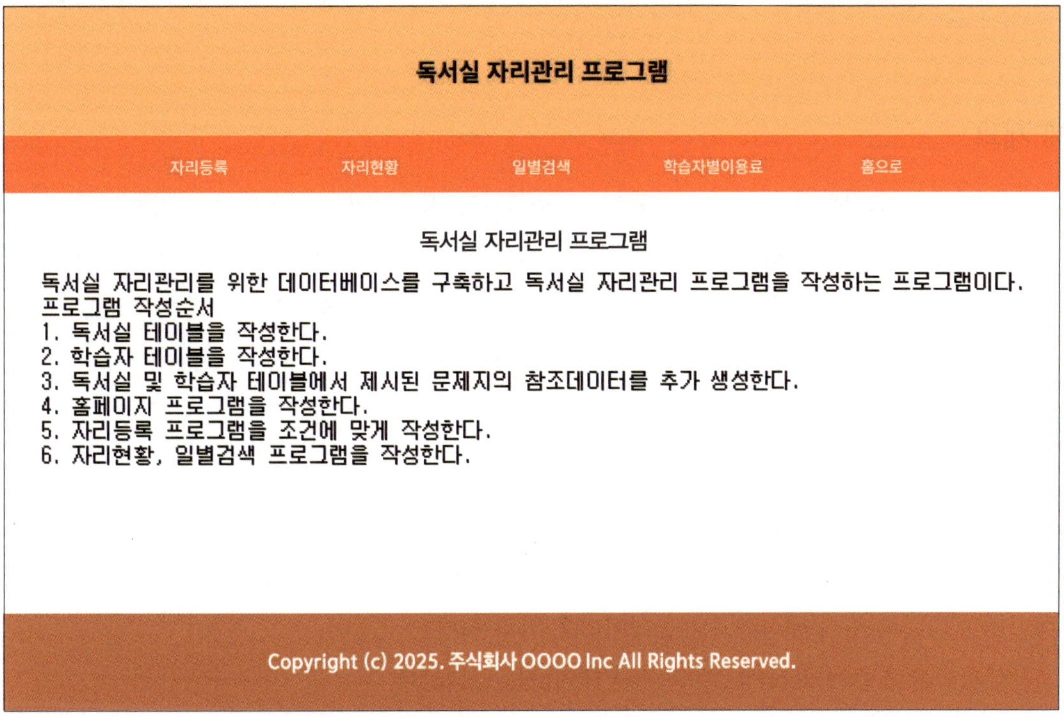

독서실 자리관리 프로그램

| 자리등록 | 자리현황 | 일별검색 | 학습자별이용료 | 홈으로 |

독서실 자리관리 프로그램

독서실 자리관리를 위한 데이터베이스를 구축하고 독서실 자리관리 프로그램을 작성하는 프로그램이다.
프로그램 작성순서
1. 독서실 테이블을 작성한다.
2. 학습자 테이블을 작성한다.
3. 독서실 및 학습자 테이블에서 제시된 문제지의 참조데이터를 추가 생성한다.
4. 홈페이지 프로그램을 작성한다.
5. 자리등록 프로그램을 조건에 맞게 작성한다.
6. 자리현황, 일별검색 프로그램을 작성한다.

Copyright (c) 2025. 주식회사 OOOO Inc All Rights Reserved.

과제	3	과제명	놀이동산 관리 프로그램	HTML	●●●●●	SSS	●●●●●
				CSS	●●●●●	DB	●●●●●

1 과제 개요

1) 본 과제는 놀이동산 고객관리와 놀이기구 관리, 이용현황과 매출현황을 확인하는 놀이동산 관리 프로그램이다. 고객, 놀이기구, 이용등록, 이용현황, 매출현황 조회가 가능하도록 프로그램을 작성하시오.
2) 프로그램 개발을 위해 개발 환경을 확인하고, 필요한 설정을 수행하시오.
3) 〈표 1〉 DB 연동 소스 코드를 참고하여 필요한 작업을 실시하시오.

2 업무 요건

1) 업무 요건에 따라 고객 테이블, 놀이기구 테이블, 이용정보 테이블을 생성하여야 한다.
2) 테이블의 입력 데이터들은 샘플데이터를 참조하여 프로그램 작성과 테스트를 실시하여야 한다.
3) 고객 테이블을 기준에 맞게 생성하고 제공데이터를 입력한다.
4) 놀이기구 테이블을 기준에 맞게 생성하고 제공데이터를 입력한다.
5) 고객 및 놀이기구 테이블을 참고하여 이용정보 테이블을 기준에 맞게 생성하고 제공데이터를 입력한다.
6) 고객 정보를 등록할 때 사용하는 [고객] → [고객등록] 입력 프로그램 페이지를 작성한다.
7) 고객 정보를 확인하는 [고객] → [고객현황] 조회 프로그램 페이지를 작성한다.
8) 놀이기구 정보를 등록할 때 사용하는 [놀이기구] → [놀이기구 등록] 입력 프로그램 페이지를 작성한다.
9) 놀이기구 정보를 확인하는 [놀이기구] → [놀이기구 현황] 조회 프로그램 페이지를 작성한다.
10) 이용정보를 등록할 때 사용하는 [이용등록] 입력 프로그램 페이지를 작성한다.
11) 이용현황을 확인하는 [이용현황] 조회 프로그램 페이지를 작성한다.
12) 고객별 매출을 확인하는 [매출현황] → [고객별 매출현황] 조회 프로그램 페이지를 작성한다.
13) 놀이기구별 매출을 확인하는 [매출현황] → [놀이기구별 매출현황] 조회 프로그램 페이지를 작성한다.
14) 이용일자별 매출을 확인하는 [매출현황] → [이용일자별 매출현황] 조회 프로그램 페이지를 작성한다.
15) [홈으로] 페이지를 작성한다.

3 프로젝트 준비

1) 접속에 사용할 오라클 계정은 'system'이고, 암호는 '1234'이다.
2) 이클립스(eclipse)의 작업영역(workspace)은 'C:\sample'를 사용한다.
3) 프로젝트를 생성하기 전에 java, jsp, html, css, text 파일의 기본 인코딩을 'UTF-8'로 지정한다. (이클립스 Window-Preference 메뉴)
4) 이클립스에서 톰캣을 연동하여 실행하기 위한 설정을 수행해야 한다.
5) 오라클 관리를 위해 8080 포트를 사용하고 있기 때문에, 톰캣 서버는 8090 포트를 사용하도록 권장한다.

6) 프로젝트 유형은 'Dynamic Web Project'를 생성하고, 프로젝트 이름은 'sample_비번호'를 사용한다. (비번호는 수험자가 부여받은 번호를 사용한다.)

7) 시험 후 이클립스 작업영역(workspace), 즉, 'c:\sample_비번호' 디렉토리를 반드시 'sample_비번호.zip'으로 압축해서 제출해야 한다.

```java
package DBPKG;

import java.sql.*;
   public static Connection getConnection() throws Exception{
      Class.forName("oracle.jdbc.OracleDriver");
      Connection con = DriverManager.getConnection
         ("jdbc:oracle:thin:@//localhost:1521/xe","system","1234");
      return con;
   }
```

〈표 1〉 DB 연동 소스 코드

4 수행작업

1) 메인화면은 다음과 같은 디자인을 참고하여 작성하시오.

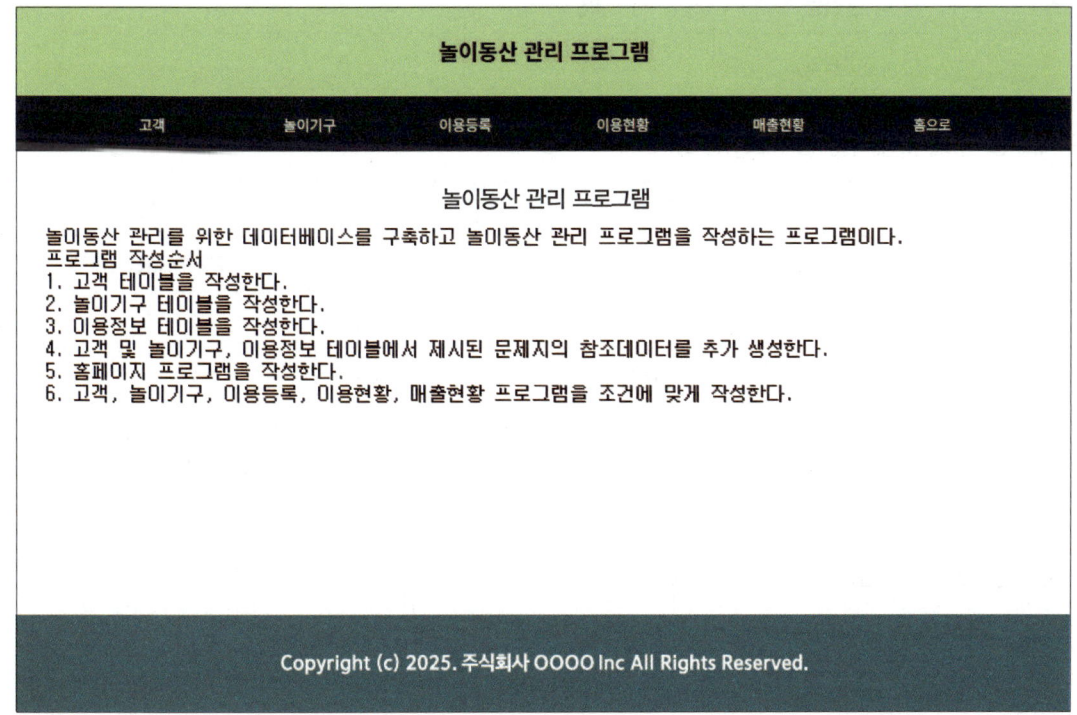

2) 데이터 입출력 요건에 맞게 학습자 테이블, 놀이동산 테이블을 생성하시오.

가) 고객 테이블 명세서(테이블 명 : tbl_customer)

순서	컬럼 ID	컬럼명	형태	길이	NULL	비고
1	pk_customer	고객 코드	NUMBER	5	NOT	PRIMARY KEY
2	name	고객 이름	VARCHAR2	100	NOT	
3	age	고객 나이	NUMBER	3	NOT	
4	free_pass	자유이용권	CHAR	1	NOT	기본값 N Y 또는 N만 입력되도록 체크

나) 고객 테이블 제공 데이터

고객 코드	고객 이름	고객 나이	자유이용권
1	김영희	5	N
2	이철수	12	N
3	흥부	15	N
4	놀부	17	Y
5	홍길동	26	Y
6	장영실	30	N

다) 놀이기구 테이블 명세서(테이블 명 : tbl_ride)

순서	컬럼 ID	컬럼명	형태	길이	NULL	비고
1	pk_ride	놀이기구 코드	NUMBER	5	NOT	PRIMARY KEY
2	name	놀이기구 이름	VARCHAR2	100	NOT	
3	price	놀이기구 가격	NUMBER	20	NOT	
4	grade	놀이기구 등급	CHAR	10	NOT	기본값 전체 ('어린이','청소년','성인','전체')만 입력되도록 체크

라) 놀이기구 테이블 제공 데이터

놀이기구 코드	놀이기구 이름	놀이기구 가격	놀이기구 등급
1	회전목마	2000	전체
2	롤러코스터	5000	청소년
3	유령의집	3000	성인
4	관람차	1500	전체
5	범퍼카	2500	청소년
6	바이킹	6000	어린이

마) 이용정보 테이블 명세서(테이블 명 : tbl_usage)

순서	컬럼 ID	컬럼명	형태	길이	NULL	비고
1	pk_usage	이용 코드	NUMBER	5	NOT	PRIMARY KEY
2	usage_date	이용 날짜	DATE		NOT	기본값 SYSDATE
3	fk_customer	고객 코드	NUMBER	5	NOT	FOREIGN KEY
4	fk_ride	놀이기구 코드	NUMBER	5	NOT	FOREIGN KEY

바) 이용정보 테이블 제공 데이터

이용 코드	이용 날짜	고객 코드	놀이기구 코드
1	2025-05-01	1	1
2	2025-05-01	2	2
3	2025-05-01	1	3
4	2025-05-01	3	1
5	2025-05-01	5	4
6	2025-05-02	1	2
7	2025-05-02	4	5
8	2025-05-02	2	1
9	2025-05-02	6	3
10	2025-05-02	3	2
11	2025-05-03	4	1
12	2025-05-03	1	5
13	2025-05-03	2	3
14	2025-05-03	5	2
15	2025-05-03	6	4
16	2025-05-04	3	4
17	2025-05-04	4	2
18	2025-05-04	1	1
19	2025-05-04	6	5
20	2025-05-04	5	1
21	2025-05-05	2	4
22	2025-05-05	4	3
23	2025-05-05	3	5
24	2025-05-05	6	1

이용 코드	이용 날짜	고객 코드	놀이기구 코드
25	2025-05-05	5	3
26	2025-05-06	2	5
27	2025-05-06	4	4
28	2025-05-06	6	2
29	2025-05-06	3	1
30	2025-05-06	1	4

3) 고객, 놀이기구, 이용정보 테이블의 데이터는 SQL 문장을 사용하여 생성된 테이블에 입력하시오.

4) 화면별 업무 요구사항 및 화면 구성 요건에 맞게 화면을 구현하시오.

참고 사항

- 화면의 구성요소는 필수사항이다.
- 화면의 스타일은 제공 그림을 참조하여 유사하게 구현한다.
- 화면의 색상은 구별이 가능하게 작업자가 임의로 선정한다.

가) 시작화면(index.jsp)

① 시작화면은 헤더(header), 메뉴(nav), 메인(main), 푸터(footer)로 구성된다.

② 메뉴는 '고객', '놀이기구', '이용등록', '이용현황', '매출현황', '홈으로' 등의 메뉴로 구성된다.

③ 푸터(footer)는 저작권 관련 정보로 구성된다.

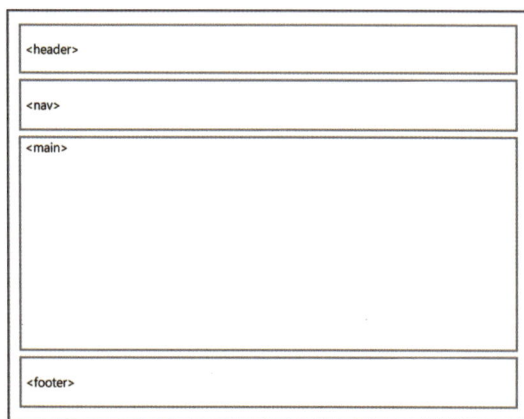
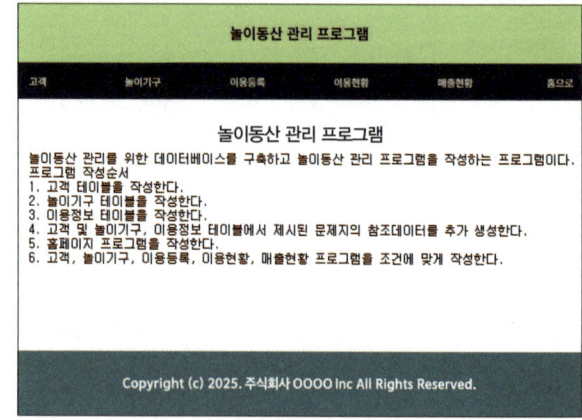

④ 서브화면 중 '고객', '놀이기구', '매출현황' 페이지는 헤더(header), 메뉴(nav), 메인(main), 사이드바(aside), 섹션(section), 푸터(footer)로 구성된다.

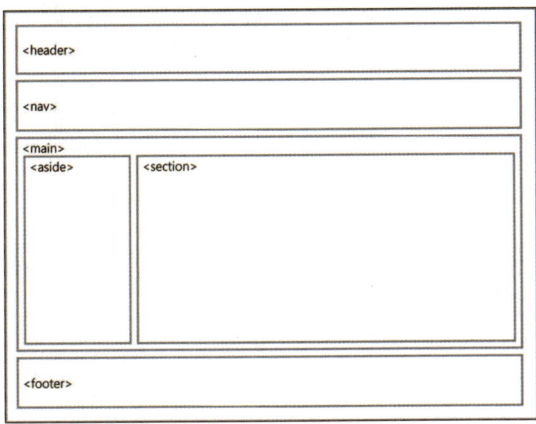
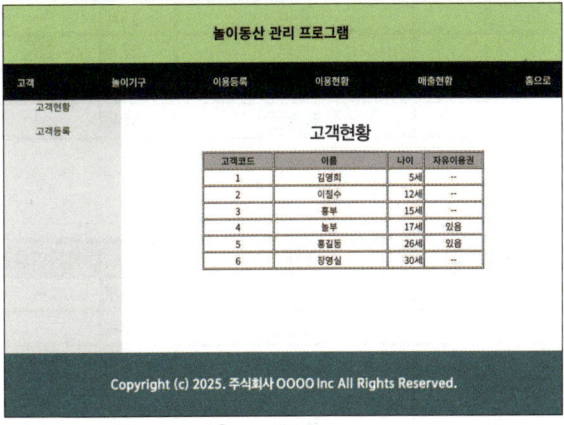

나) 고객 → 고객현황 화면

① '고객' 메뉴를 클릭하면 그림과 같이 '고객현황' 화면이 출력된다.

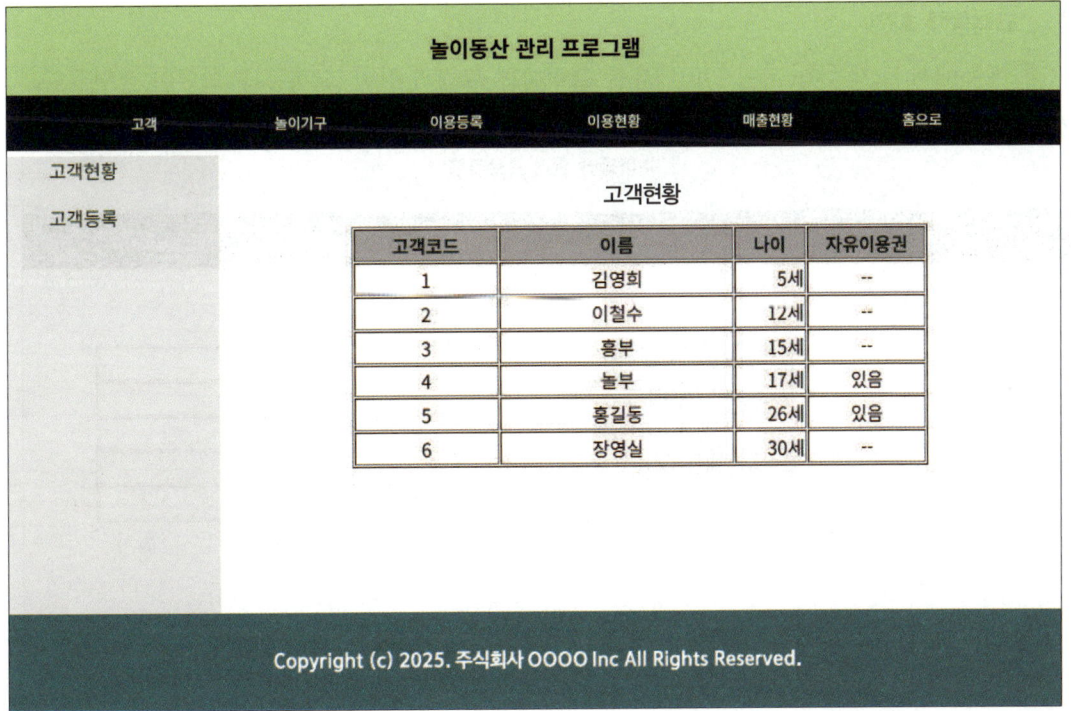

② 사이드바에 고객현황과 고객등록 버튼이 나타나고, 섹션에는 고객현황 테이블이 출력된다.
③ 각 데이터는 위의 출력물을 참고해서 왼쪽, 오른쪽, 중앙정렬 형식으로 출력되도록 처리한다.
④ 데이터가 한 화면에 출력될 수 있도록 창의 크기를 조절해 준다.
⑤ 조회된 데이터는 '고객코드'로 정렬하여 보여준다.
⑥ 테이블 상단 제목(고객코드, 이름, 나이, 자유이용권)을 클릭하면 해당 항목으로 오름차순 정렬이 되도록 처리한다.

고객코드	이름	나이	자유이용권
1	김영희	5세	--
2	이철수	12세	--
3	흥부	15세	--
4	놀부	17세	있음
5	홍길동	26세	있음
6	장영실	30세	--

◎ 고객코드 정렬

고객코드	이름	나이	자유이용권
1	김영희	5세	--
4	놀부	17세	있음
2	이철수	12세	--
6	장영실	30세	--
5	홍길동	26세	있음
3	흥부	15세	--

◎ 이름 정렬

고객코드	이름	나이	자유이용권
1	김영희	5세	--
2	이철수	12세	--
3	흥부	15세	--
4	놀부	17세	있음
5	홍길동	26세	있음
6	장영실	30세	--

◎ 나이 정렬

고객코드	이름	나이	자유이용권
1	김영희	5세	--
2	이철수	12세	--
6	장영실	30세	--
3	흥부	15세	--
5	홍길동	26세	있음
4	놀부	17세	있음

◎ 자유이용권 정렬

다) 고객 → 고객등록 화면

① '고객' 메뉴에서 '고객등록' 사이드바 메뉴를 클릭하면 그림과 같이 '고객등록' 화면이 출력된다.

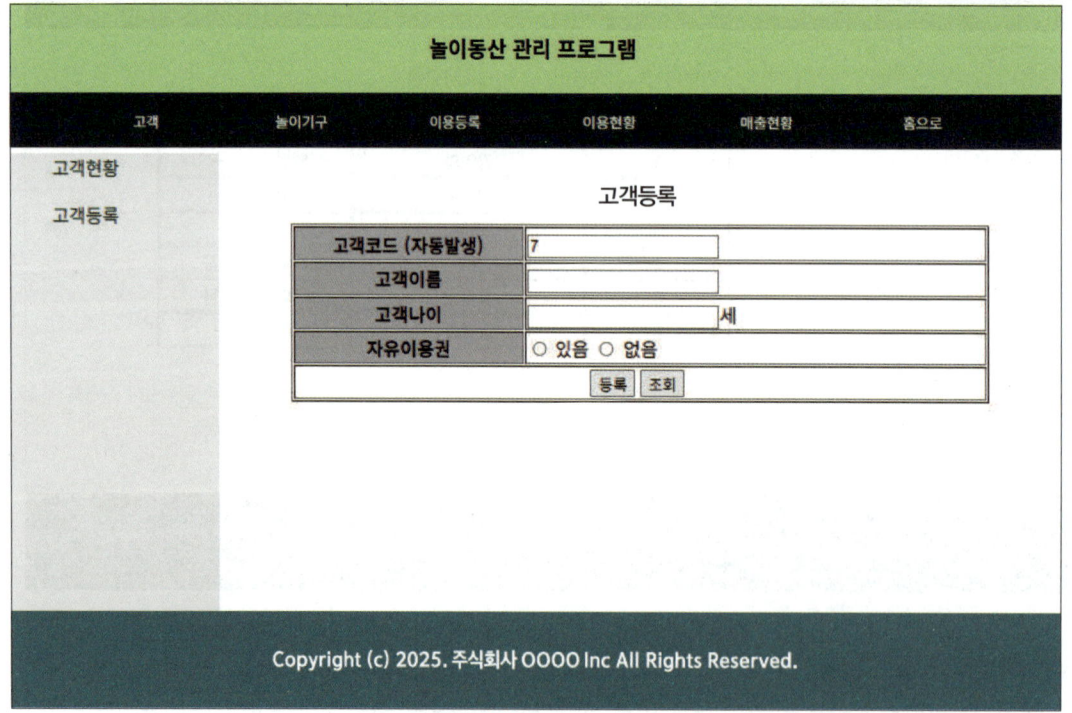

② 고객등록 화면은 '고객등록'이라는 제목과 폼으로 구성된다. 폼은 고객코드(자동발생), 고객이름, 고객나이, 자유이용권 항목으로 이루어져 있다. 모든 항목의 정보를 채운다.

③ '고객코드(자동발생)' 항목은 '고객' 테이블의 마지막 기본 키값 +1의 값이 자동으로 입력되어 있도록 한다. 사용자가 웹에서 임의로 수정할 수 없도록 조치한다.

④ '고객이름' 항목은 텍스트를 입력할 수 있도록 한다.

⑤ '고객나이' 항목은 숫자만 입력될 수 있도록 프로그래밍한다.

⑥ '자유이용권' 항목은 라디오 버튼을 사용해서 '있음'과 '없음' 중 선택할 수 있도록 한다.

⑦ 이름, 나이, 자유이용권 항목 값이 입력되지 않은 경우에 [등록] 버튼을 누르면 '{항목}을 입력(선택)하지 않았습니다!'라는 알림창이 화면에 나타나고 알림창의 '확인' 버튼을 누르면 포커스가 해당 항목으로 이동한다. ('자유이용권'은 브라우저에 따라 포커스 표시가 안 될 수 있음)

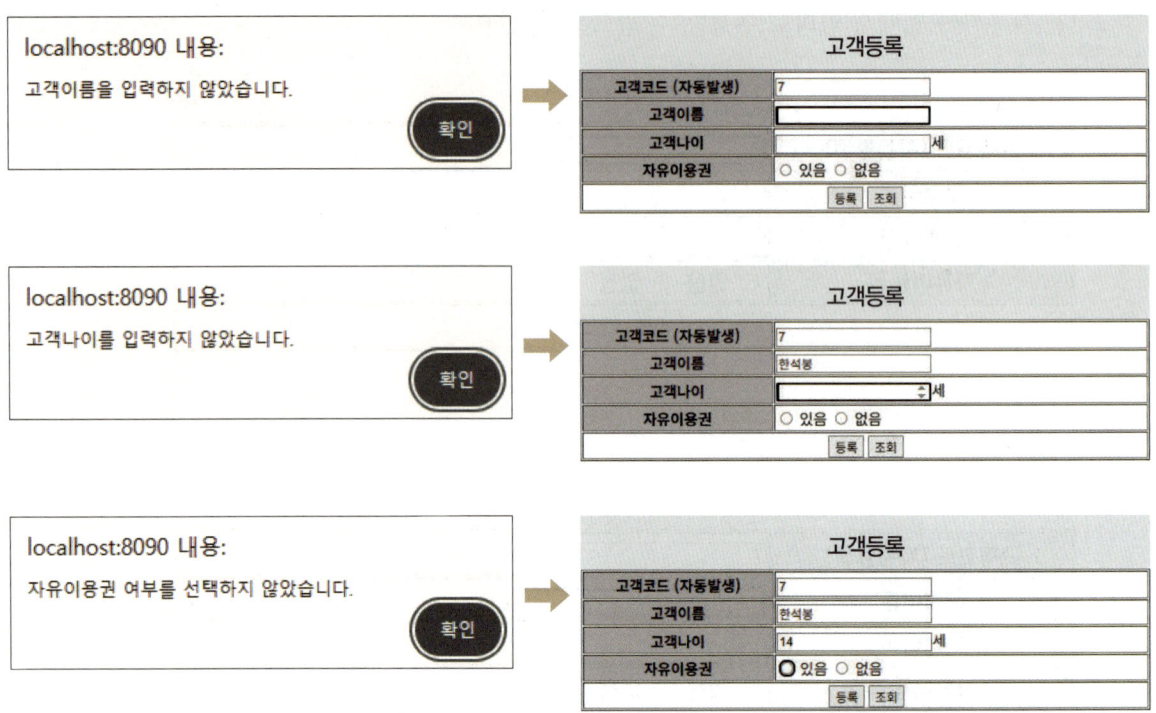

⑧ 모든 항목을 입력한 후 '등록' 버튼을 누르면 데이터베이스 '고객' 테이블에 저장된 후 '정상적으로 처리되었습니다.'라는 알림창이 화면에 출력되며 알림창의 '확인' 버튼을 누르면 '고객현황' 화면으로 이동한다.

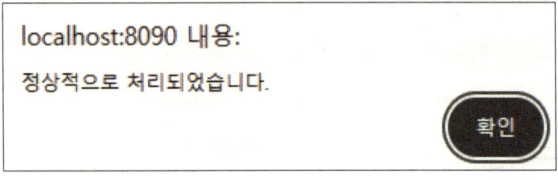

⑨ '조회' 버튼을 누르면 '고객현황' 페이지 화면으로 이동한다.

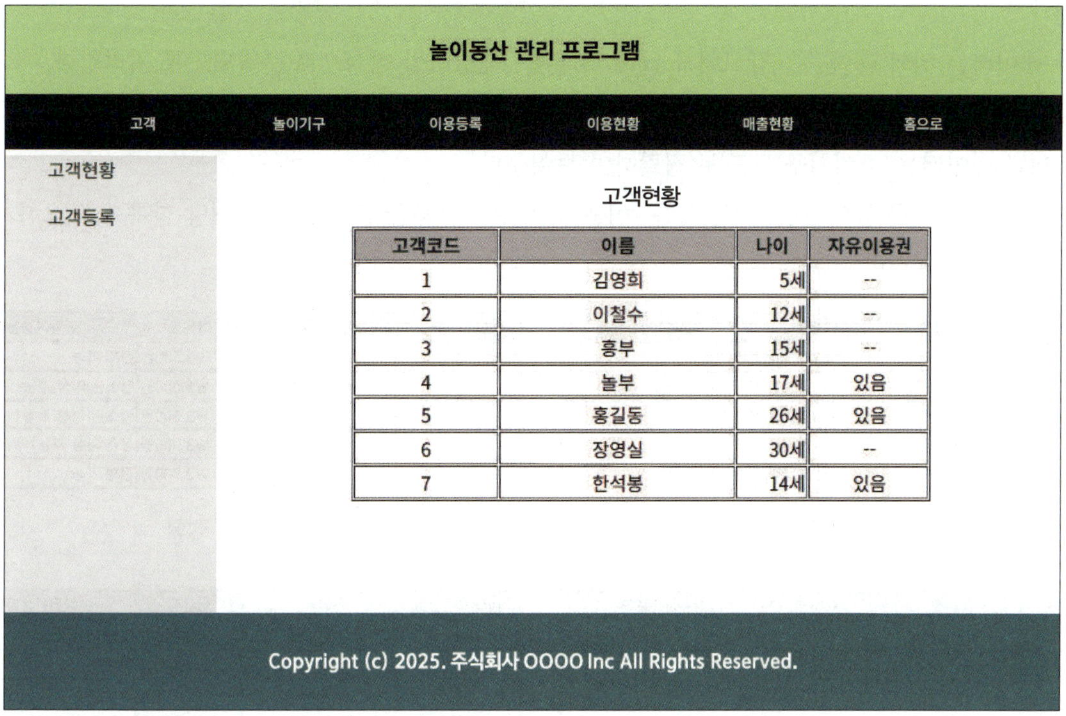

놀이동산 관리 프로그램

고객 | 놀이기구 | 이용등록 | 이용현황 | 매출현황 | 홈으로

고객현황
고객등록

고객현황

고객코드	이름	나이	자유이용권
1	김영희	5세	--
2	이철수	12세	--
3	흥부	15세	--
4	놀부	17세	있음
5	홍길동	26세	있음
6	장영실	30세	--
7	한석봉	14세	있음

Copyright (c) 2025. 주식회사 OOOO Inc All Rights Reserved.

라) 놀이기구 → 놀이기구 현황 화면

① '놀이기구' 메뉴를 클릭하면 그림과 같이 '놀이기구 현황' 화면이 출력된다.

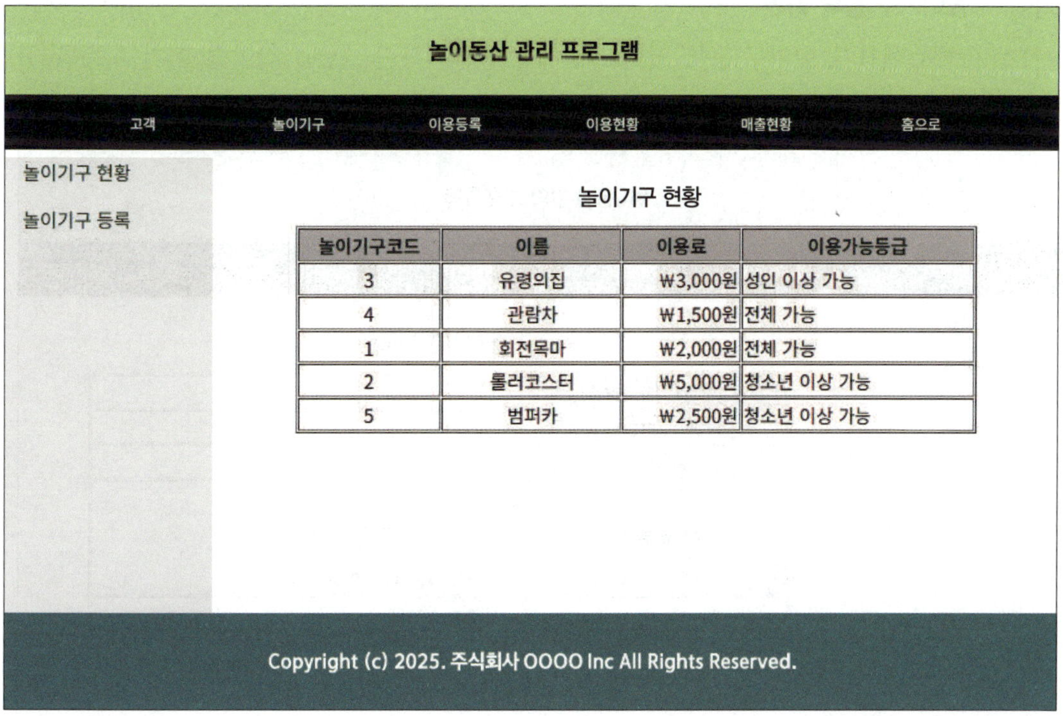

놀이동산 관리 프로그램

고객 | 놀이기구 | 이용등록 | 이용현황 | 매출현황 | 홈으로

놀이기구 현황
놀이기구 등록

놀이기구 현황

놀이기구코드	이름	이용료	이용가능등급
3	유령의집	₩3,000원	성인 이상 가능
4	관람차	₩1,500원	전체 가능
1	회전목마	₩2,000원	전체 가능
2	롤러코스터	₩5,000원	청소년 이상 가능
5	범퍼카	₩2,500원	청소년 이상 가능

Copyright (c) 2025. 주식회사 OOOO Inc All Rights Reserved.

② 사이드바에 놀이기구 현황과 놀이기구 등록 버튼이 나타나고, 섹션에는 놀이기구 현황 테이블이 출력된다.
③ 각 데이터는 위의 출력물을 참고해서 왼쪽, 오른쪽, 중앙정렬 형식으로 출력되도록 처리한다.
④ 데이터가 한 화면에 출력될 수 있도록 창의 크기를 조절해 준다.
⑤ 조회된 데이터는 '놀이기구 코드'로 정렬하여 보여준다.
⑥ 테이블 상단 제목(놀이기구 코드, 이름, 이용료, 이용가능등급)을 클릭하면 해당 항목으로 오름차순 정렬이 되도록 처리한다.

놀이기구코드	이름	이용료	이용가능등급
1	회전목마	₩2,000원	전체 가능
2	롤러코스터	₩5,000원	청소년 이상 가능
3	유령의집	₩3,000원	성인 이상 가능
4	관람차	₩1,500원	전체 가능
5	범퍼카	₩2,500원	청소년 이상 가능

○ 놀이기구 코드 정렬

놀이기구코드	이름	이용료	이용가능등급
4	관람차	₩1,500원	전체 가능
2	롤러코스터	₩5,000원	청소년 이상 가능
5	범퍼카	₩2,500원	청소년 이상 가능
3	유령의집	₩3,000원	성인 이상 가능
1	회전목마	₩2,000원	전체 가능

○ 이름 정렬

놀이기구코드	이름	이용료	이용가능등급
4	관람차	₩1,500원	전체 가능
1	회전목마	₩2,000원	전체 가능
5	범퍼카	₩2,500원	청소년 이상 가능
3	유령의집	₩3,000원	성인 이상 가능
2	롤러코스터	₩5,000원	청소년 이상 가능

○ 이용료 정렬

놀이기구코드	이름	이용료	이용가능등급
3	유령의집	₩3,000원	성인 이상 가능
4	관람차	₩1,500원	전체 가능
1	회전목마	₩2,000원	전체 가능
2	롤러코스터	₩5,000원	청소년 이상 가능
5	범퍼카	₩2,500원	청소년 이상 가능

○ 이용가능등급 정렬

마) 놀이기구 → 놀이기구 등록 화면

① '놀이기구' 메뉴에서 '놀이기구 등록' 사이드바 메뉴를 클릭하면 그림과 같이 '놀이기구 등록' 화면이 출력된다.

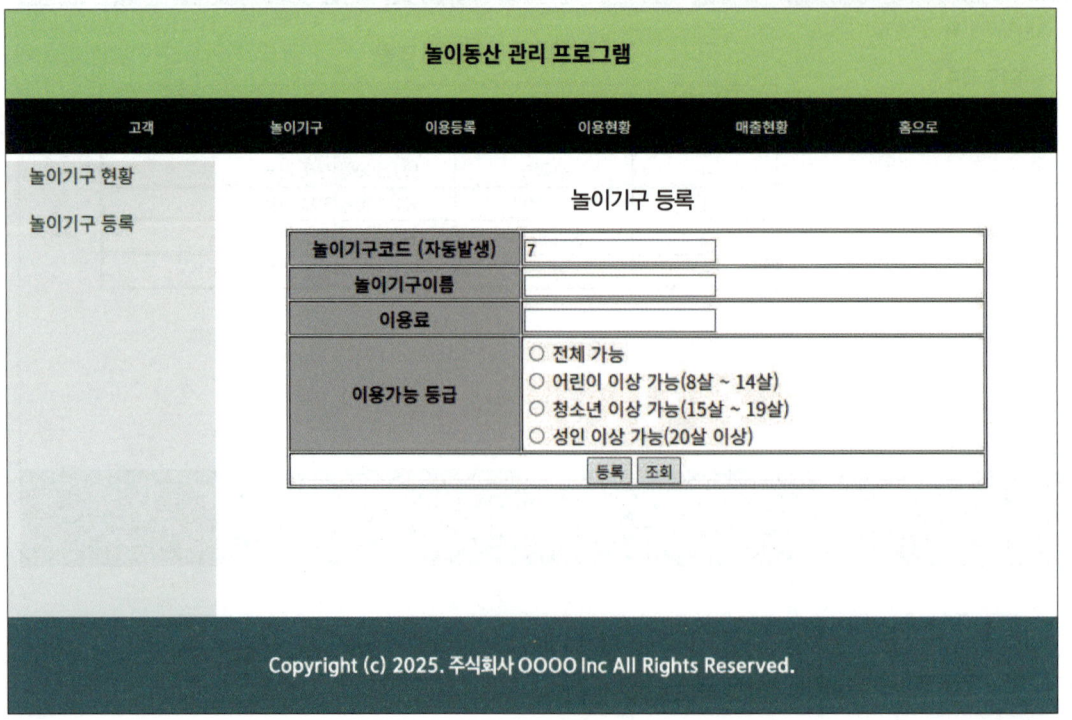

② 놀이기구 등록 화면은 '놀이기구 등록'이라는 제목과 폼으로 구성된다. 폼은 '놀이기구코드 (자동발생)', '놀이기구이름', '이용료', '이용가능 등급' 항목으로 이루어져 있다. 모든 항목의 정보를 채운다.

③ '놀이기구코드 (자동발생)' 항목은 '놀이기구' 테이블의 마지막 기본 키값 +1의 값이 자동으로 입력되어 있도록 한다. 사용자가 웹에서 임의로 수정할 수 없도록 조치한다.

④ '놀이기구 이름' 항목은 텍스트를 입력할 수 있도록 한다.

⑤ '이용료' 항목은 숫자만 입력될 수 있도록 프로그래밍한다.

⑥ '이용가능 등급' 항목은 라디오 버튼을 사용해서 전체 가능, 어린이 이상 가능(8살~14살), 청소년 이상 가능(15살~19살), 성인 이상 가능(20살 이상) 중 선택할 수 있도록 한다.

⑦ 이름, 나이, 자유이용권 항목 값이 입력되지 않은 경우에 [등록] 버튼을 누르면 '{항목}을 입력(선택)하지 않았습니다!'라는 알림창이 화면에 나타나고 알림창의 '확인' 버튼을 누르면 포커스가 해당 항목으로 이동한다. ('자유이용권'은 브라우저에 따라 포커스 표시가 안 될 수 있음)

⑧ 모든 항목을 입력한 후 '등록' 버튼을 누르면 데이터베이스 '고객' 테이블에 저장된 후 '정상적으로 처리되었습니다.'라는 알림창이 화면에 출력되며 알림창의 '확인' 버튼을 누르면 '고객현황' 화면으로 이동한다.

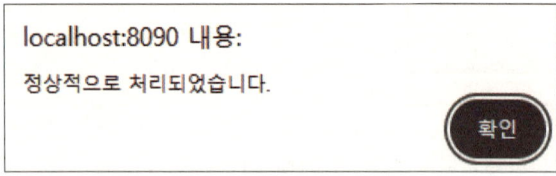

⑨ '조회' 버튼을 누르면 '놀이기구 현황' 페이지 화면으로 이동한다.

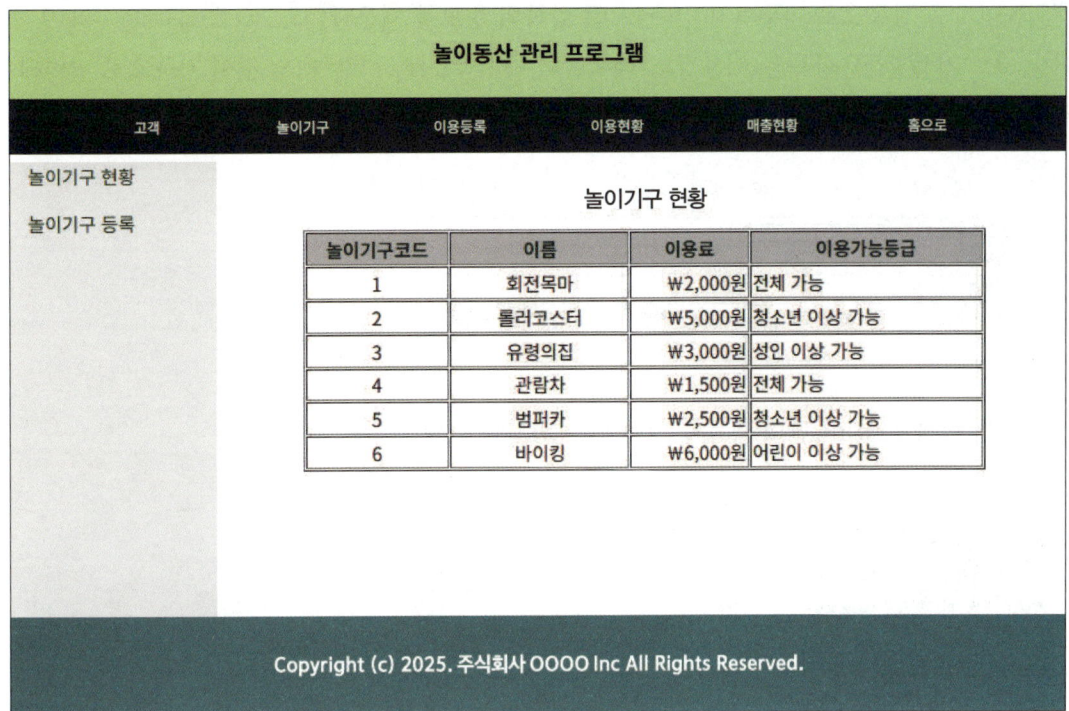

바) 이용등록 화면

① '이용등록' 메뉴를 클릭하면 그림과 같이 '이용등록' 화면이 출력된다.

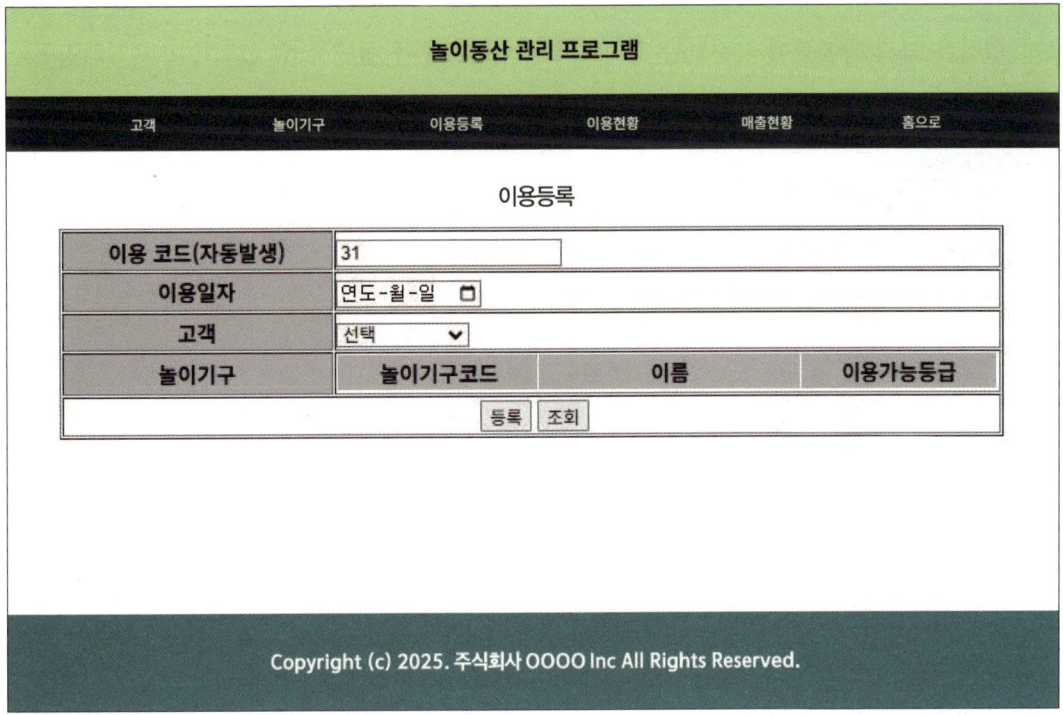

② 이용등록 화면은 '이용등록'이라는 제목과 폼으로 구성된다. 폼은 '이용 코드(자동발생)', '이용일자', '고객', '놀이기구' 항목으로 이루어져 있다. 모든 항목의 정보를 채운다.

③ '이용 코드(자동발생)' 항목은 '이용정보' 테이블의 마지막 기본 키값 +1의 값이 자동으로 입력되어 있도록 한다. 사용자가 웹에서 임의로 수정할 수 없도록 조치한다.

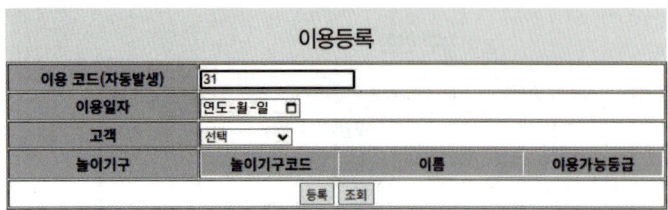

④ '이용일자' 항목은 html 달력 기능을 입력할 수 있도록 한다.

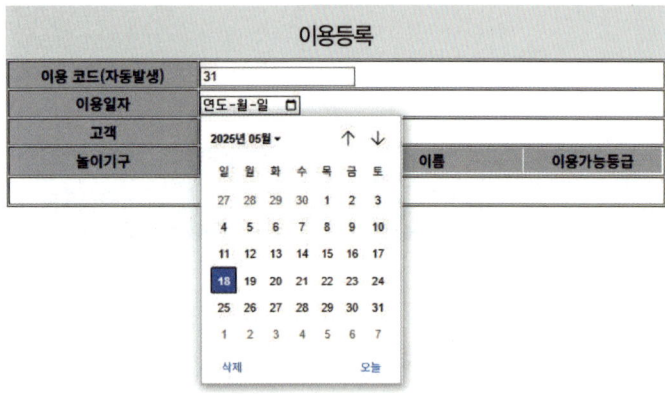

⑤ '고객' 항목은 고객 테이블에서 정보를 가져와서 '이름(나이)'을 선택할 수 있도록 프로그래밍한다.

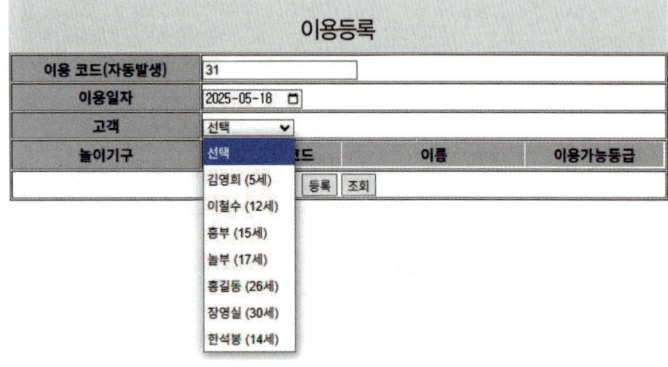

⑥ '놀이기구' 항목은 고객을 선택하였을 때 고객의 나이에 따라 선택할 수 있는 놀이기구만 자동으로 표기하여 선택할 수 있도록 한다.

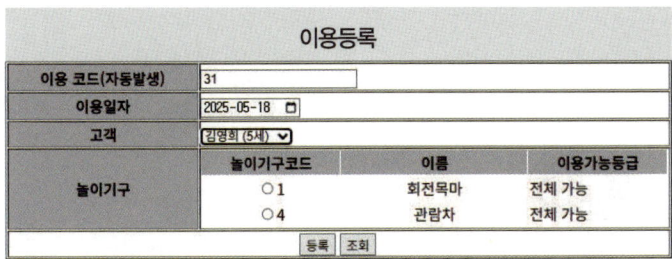

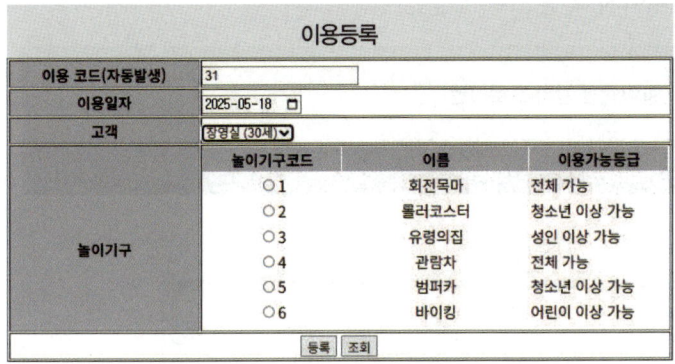

⑦ '이용일자', '고객', '놀이기구' 항목 값이 입력되지 않은 경우에 [등록] 버튼을 누르면 '{항목}을 입력(선택)하지 않았습니다!'라는 알림창이 화면에 나타나고 알림창의 '확인' 버튼을 누르면 포커스가 해당 항목으로 이동한다. ('자유이용권'은 브라우저에 따라 포커스 표시가 안 될 수 있음)

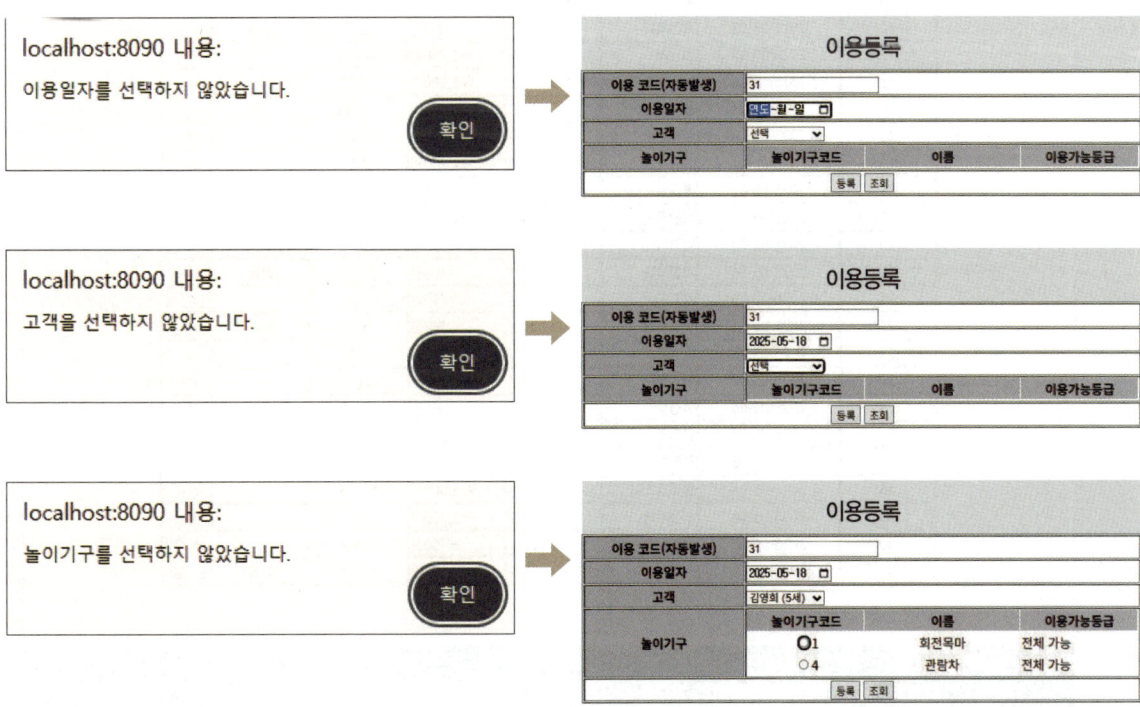

⑧ 모든 항목을 입력한 후 '등록' 버튼을 누르면 데이터베이스 '이용정보' 테이블에 저장된 후 '정상적으로 처리되었습니다.'라는 알림창이 화면에 출력되며 알림창의 '확인' 버튼을 누르면 '이용현황' 화면으로 이동한다.

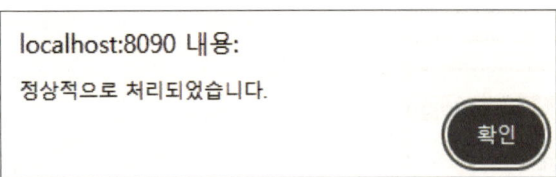

⑨ '조회' 버튼을 누르면 '놀이기구 현황' 페이지 화면으로 이동한다.

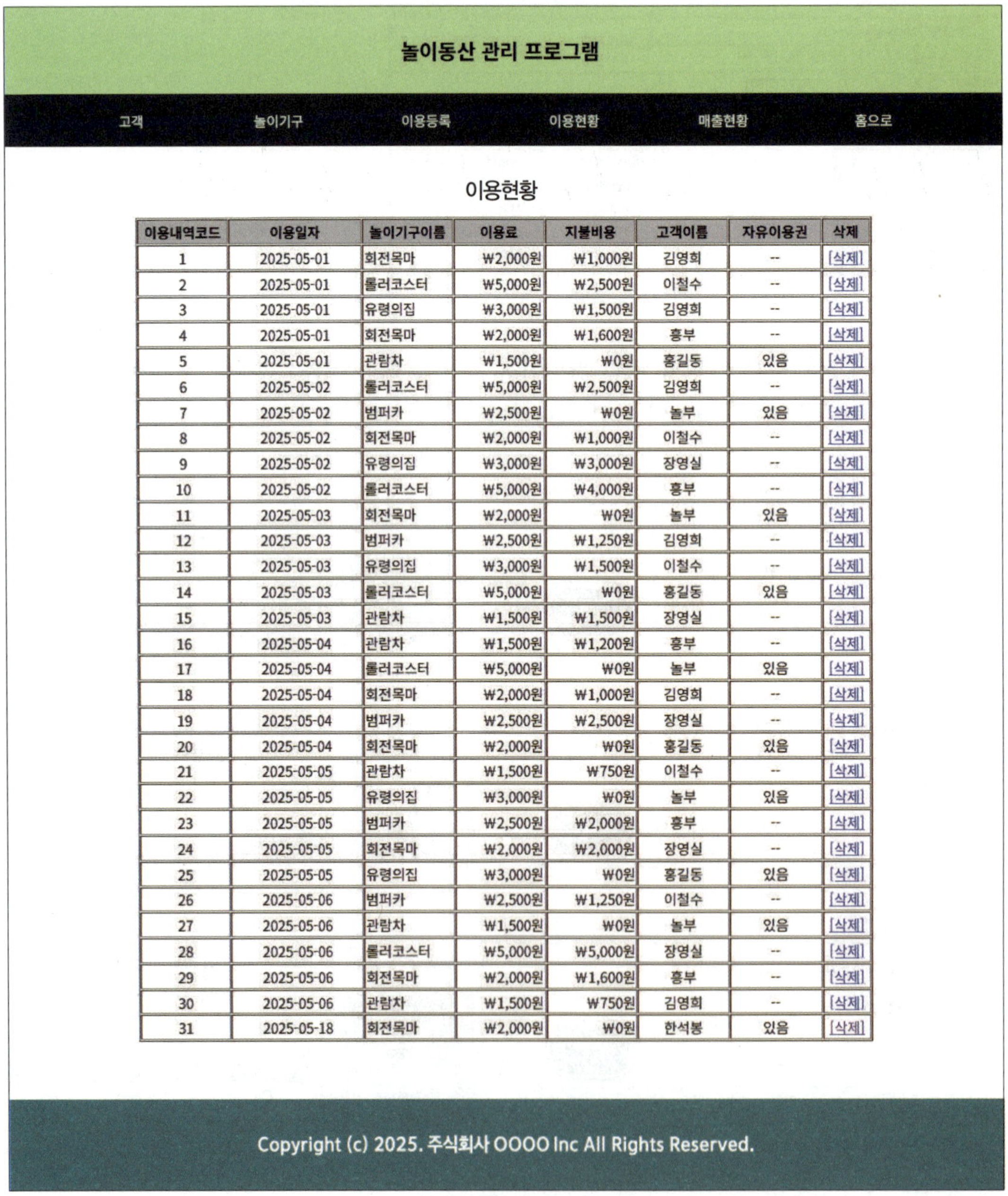

놀이동산 관리 프로그램

고객 | 놀이기구 | 이용등록 | 이용현황 | 매출현황 | 홈으로

이용현황

이용내역코드	이용일자	놀이기구이름	이용료	지불비용	고객이름	자유이용권	삭제
1	2025-05-01	회전목마	₩2,000원	₩1,000원	김영희	--	[삭제]
2	2025-05-01	롤러코스터	₩5,000원	₩2,500원	이철수	--	[삭제]
3	2025-05-01	유령의집	₩3,000원	₩1,500원	김영희	--	[삭제]
4	2025-05-01	회전목마	₩2,000원	₩1,600원	흥부	--	[삭제]
5	2025-05-01	관람차	₩1,500원	₩0원	홍길동	있음	[삭제]
6	2025-05-02	롤러코스터	₩5,000원	₩2,500원	김영희	--	[삭제]
7	2025-05-02	범퍼카	₩2,500원	₩0원	놀부	있음	[삭제]
8	2025-05-02	회전목마	₩2,000원	₩1,000원	이철수	--	[삭제]
9	2025-05-02	유령의집	₩3,000원	₩3,000원	장영실	--	[삭제]
10	2025-05-02	롤러코스터	₩5,000원	₩4,000원	흥부	--	[삭제]
11	2025-05-03	회전목마	₩2,000원	₩0원	놀부	있음	[삭제]
12	2025-05-03	범퍼카	₩2,500원	₩1,250원	김영희	--	[삭제]
13	2025-05-03	유령의집	₩3,000원	₩1,500원	이철수	--	[삭제]
14	2025-05-03	롤러코스터	₩5,000원	₩0원	홍길동	있음	[삭제]
15	2025-05-03	관람차	₩1,500원	₩1,500원	장영실	--	[삭제]
16	2025-05-04	관람차	₩1,500원	₩1,200원	흥부	--	[삭제]
17	2025-05-04	롤러코스터	₩5,000원	₩0원	놀부	있음	[삭제]
18	2025-05-04	회전목마	₩2,000원	₩1,000원	김영희	--	[삭제]
19	2025-05-04	범퍼카	₩2,500원	₩2,500원	장영실	--	[삭제]
20	2025-05-04	회전목마	₩2,000원	₩0원	홍길동	있음	[삭제]
21	2025-05-05	관람차	₩1,500원	₩750원	이철수	--	[삭제]
22	2025-05-05	유령의집	₩3,000원	₩0원	놀부	있음	[삭제]
23	2025-05-05	범퍼카	₩2,500원	₩2,000원	흥부	--	[삭제]
24	2025-05-05	회전목마	₩2,000원	₩2,000원	장영실	--	[삭제]
25	2025-05-05	유령의집	₩3,000원	₩0원	홍길동	있음	[삭제]
26	2025-05-06	범퍼카	₩2,500원	₩1,250원	이철수	--	[삭제]
27	2025-05-06	관람차	₩1,500원	₩0원	놀부	있음	[삭제]
28	2025-05-06	롤러코스터	₩5,000원	₩5,000원	장영실	--	[삭제]
29	2025-05-06	회전목마	₩2,000원	₩1,600원	흥부	--	[삭제]
30	2025-05-06	관람차	₩1,500원	₩750원	김영희	--	[삭제]
31	2025-05-18	회전목마	₩2,000원	₩0원	한석봉	있음	[삭제]

Copyright (c) 2025. 주식회사 OOOO Inc All Rights Reserved.

사) 이용현황 조회 화면

① '이용현황' 화면은 '고객' 테이블과 '놀이기구' 테이블, '이용정보' 테이블을 참조하여 '이용내역코드', '이용일자', '놀이기구 이름', '이용료', '지불비용', '고객이름', '자유이용권', '삭제' 항목으로 구성된다.

② 각 데이터는 위의 출력물을 참고해서 왼쪽, 오른쪽, 중앙정렬 형식으로 출력되도록 처리한다.

③ '이용료', '지불비용' 데이터의 화면 출력 형식은 통화기호 표시 및 천 단위 구분기호 형태로 출력한다.

> 예) ₩95,000원

④ '자유이용권' 데이터가 'Y'이면 '있음', 아니면 '--'을 출력한다.

⑤ '지불비용'은 다음과 같이 처리한다. (단, 자유이용권이 있으면 지불비용은 0원이다.)

> 지불=비용놀이기구 이용료×(14세까지 50% 할인 19세까지 20% 할인, 20세 이상 0% 할인)

⑥ '[삭제]'를 클릭하면 '정상적으로 처리되었습니다.'라는 알림창이 뜨고 데이터가 삭제된다.

놀이동산 관리 프로그램

고객 | 놀이기구 | 이용등록 | 이용현황 | 매출현황 | 홈으로

이용현황

이용내역코드	이용일자	놀이기구이름	이용료	지불비용	고객이름	자유이용권	삭제
1	2025-05-01	회전목마	₩2,000원	₩1,000원	김영희	--	[삭제]
2	2025-05-01	롤러코스터	₩5,000원	₩2,500원	이철수	--	[삭제]
3	2025-05-01	유령의집	₩3,000원	₩1,500원	김영희	--	[삭제]
4	2025-05-01	회전목마	₩2,000원	₩1,600원	흥부	--	[삭제]
5	2025-05-01	관람차	₩1,500원	₩0원	홍길동	있음	[삭제]
6	2025-05-02	롤러코스터	₩5,000원	₩2,500원	김영희	--	[삭제]
7	2025-05-02	범퍼카	₩2,500원	₩0원	놀부	있음	[삭제]
8	2025-05-02	회전목마	₩2,000원	₩1,000원	이철수	--	[삭제]
9	2025-05-02	유령의집	₩3,000원	₩3,000원	장영실	--	[삭제]
10	2025-05-02	롤러코스터	₩5,000원	₩4,000원	흥부	--	[삭제]
11	2025-05-03	회전목마	₩2,000원	₩0원	놀부	있음	[삭제]
12	2025-05-03	범퍼카	₩2,500원	₩1,250원	김영희	--	[삭제]
13	2025-05-03	유령의집	₩3,000원	₩1,500원	이철수	--	[삭제]
14	2025-05-03	롤러코스터	₩5,000원	₩0원	홍길동	있음	[삭제]
15	2025-05-03	관람차	₩1,500원	₩1,500원	장영실	--	[삭제]
16	2025-05-04	관람차	₩1,500원	₩1,200원	흥부	--	[삭제]
17	2025-05-04	롤러코스터	₩5,000원	₩0원	놀부	있음	[삭제]
18	2025-05-04	회전목마	₩2,000원	₩1,000원	김영희	--	[삭제]
19	2025-05-04	범퍼카	₩2,500원	₩2,500원	장영실	--	[삭제]
20	2025-05-04	회전목마	₩2,000원	₩0원	홍길동	있음	[삭제]
21	2025-05-05	관람차	₩1,500원	₩750원	이철수	--	[삭제]
22	2025-05-05	유령의집	₩3,000원	₩0원	놀부	있음	[삭제]
23	2025-05-05	범퍼카	₩2,500원	₩2,000원	흥부	--	[삭제]
24	2025-05-05	회전목마	₩2,000원	₩2,000원	장영실	--	[삭제]
25	2025-05-05	유령의집	₩3,000원	₩0원	홍길동	있음	[삭제]
26	2025-05-06	범퍼카	₩2,500원	₩1,250원	이철수	--	[삭제]
27	2025-05-06	관람차	₩1,500원	₩0원	놀부	있음	[삭제]
28	2025-05-06	롤러코스터	₩5,000원	₩5,000원	장영실	--	[삭제]
29	2025-05-06	회전목마	₩2,000원	₩1,600원	흥부	--	[삭제]
30	2025-05-06	관람차	₩1,500원	₩750원	김영희	--	[삭제]

Copyright (c) 2025. 주식회사 OOOO Inc All Rights Reserved.

아) 매출현황 → 이용자별 매출현황 조회 화면

① '매출현황' 메뉴에서 '이용자별 매출현황' 사이드바 메뉴를 클릭하면 그림과 같이 '이용자별 매출현황' 화면이 출력된다. '이용자별 매출현황' 화면은 '고객' 테이블과 '놀이기구' 테이블, '이용정보' 테이블을 참조하여 이용일자, 매출금액 항목으로 구성된다. (매출현황 페이지를 클릭하면 기본으로 '이용자별 매출현황' 페이지가 보여진다.)

② 각 데이터는 위의 출력물을 참고해서 왼쪽, 오른쪽, 중앙정렬 형식으로 출력되도록 처리한다.

③ '매출금액' 데이터의 화면 출력 형식은 통화기호 표시 및 천 단위 구분기호 형태로 출력한다.

   예) ₩95,000원

④ 동일한 '이용일자' 별로 묶어서 표현한다.

⑤ '매출금액'은 다음과 같이 처리한다.

> 매출금액=같은 이용일자 지불비용의 합
> 지불비용=놀이기구 이용료×(14세까지 50% 할인 19세까지 20% 할인, 20세 이상 0% 할인)
>
> (단, 자유이용권이 있으면 지불비용은 0원이다.)

⑥ 제일 하단에 자유이용권 사용자의 금액을 인당 20,000원씩 합산하여 출력한다.

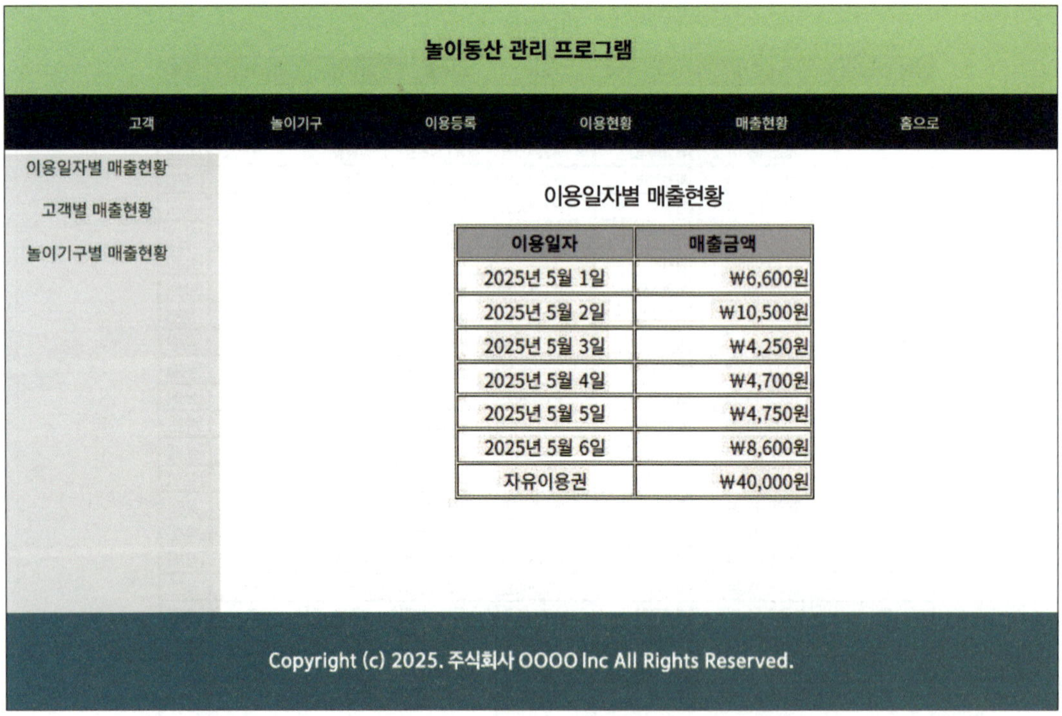

놀이동산 관리 프로그램

| 고객 | 놀이기구 | 이용등록 | 이용현황 | 매출현황 | 홈으로 |

이용일자별 매출현황
고객별 매출현황
놀이기구별 매출현황

이용일자별 매출현황

이용일자	매출금액
2025년 5월 1일	₩6,600원
2025년 5월 2일	₩10,500원
2025년 5월 3일	₩4,250원
2025년 5월 4일	₩4,700원
2025년 5월 5일	₩4,750원
2025년 5월 6일	₩8,600원
자유이용권	₩40,000원

Copyright (c) 2025. 주식회사 OOOO Inc All Rights Reserved.

자) 매출현황 → 고객별 매출현황 조회 화면

① '매출현황' 메뉴에서 '고객별 매출현황' 사이드바 메뉴를 클릭하면 그림과 같이 '고객별 매출현황' 화면이 출력된다. '고객별 매출현황' 화면은 '고객' 테이블과 '놀이기구' 테이블, '이용정보' 테이블을 참조하여 고객코드, 고객이름, 고객나이, 이용횟수, 매출금액 항목으로 구성된다.

② 각 데이터는 위의 출력물을 참고해서 왼쪽, 오른쪽, 중앙정렬 형식으로 출력되도록 처리한다.

③ '매출금액' 데이터의 화면 출력 형식은 통화기호 표시 및 천 단위 구분기호 형태로 출력한다.

> **예** ₩95,000원

④ 동일한 '고객코드' 별로 묶어서 표현한다.

⑤ '매출금액'은 다음과 같이 처리한다.

> 매출금액=같은 고객의 지불비용의 합
> 지불비용=놀이기구 이용료×(14세까지 50% 할인 19세까지 20% 할인, 20세 이상 0% 할인)
> (단, 자유이용권이 있으면 매출금액은 고정으로 20,000원이다.)

⑥ '이용횟수'는 고객이 이용한 모든 놀이기구 횟수이다.

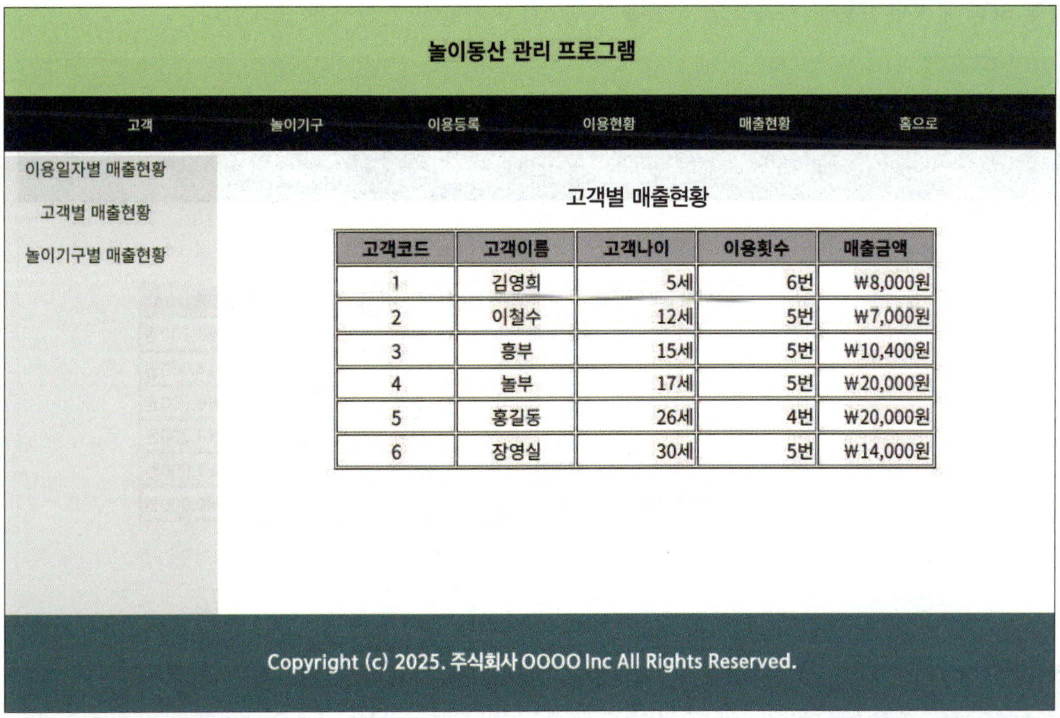

놀이동산 관리 프로그램

| 고객 | 놀이기구 | 이용등록 | 이용현황 | 매출현황 | 홈으로 |

이용일자별 매출현황
고객별 매출현황
놀이기구별 매출현황

고객별 매출현황

고객코드	고객이름	고객나이	이용횟수	매출금액
1	김영희	5세	6번	₩8,000원
2	이철수	12세	5번	₩7,000원
3	흥부	15세	5번	₩10,400원
4	놀부	17세	5번	₩20,000원
5	홍길동	26세	4번	₩20,000원
6	장영실	30세	5번	₩14,000원

Copyright (c) 2025. 주식회사 OOOO Inc All Rights Reserved.

차) 매출현황 → 놀이기구별 매출현황 조회 화면

① '매출현황' 메뉴에서 '놀이기구별 매출현황' 사이드바 메뉴를 클릭하면 그림과 같이 '놀이기구별 매출현황' 화면이 출력된다. '놀이기구별 매출현황' 화면은 '고객' 테이블과 '놀이기구' 테이블, '이용정보' 테이블을 참조하여 '놀이기구코드', '놀이기구이름', '놀이기구등급', '매출금액' 항목으로 구성된다.

② 각 데이터는 위의 출력물을 참고해서 왼쪽, 오른쪽, 중앙정렬 형식으로 출력되도록 처리한다.

③ '매출금액' 데이터의 화면 출력 형식은 통화기호 표시 및 천 단위 구분기호 형태로 출력한다.

> 예) ₩95,000원

④ 동일한 '놀이기구 코드' 별로 묶어서 표현한다.

⑤ '매출금액'은 다음과 같이 처리한다.

⑥ '이용횟수'는 고객이 이용한 모든 놀이기구 횟수이다.

> 매출금액=같은 고객의 지불비용의 합
> 지불비용=놀이기구 이용료×(14세까지 50% 할인, 19세까지 20% 할인, 20세 이상 0% 할인)
> (단 자유이용권이 있으면 매출금액은 0원이다.)

⑦ 제일 하단에 자유이용권 사용자의 금액을 인당 20,000원씩 합산하여 출력한다.

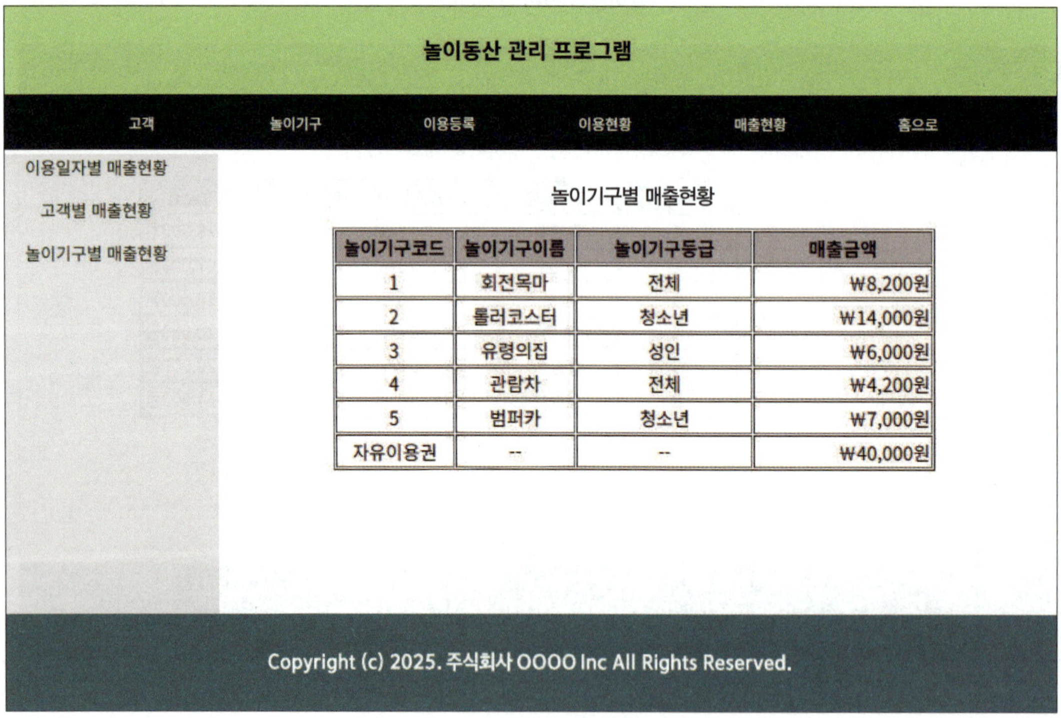

놀이동산 관리 프로그램

| 고객 | 놀이기구 | 이용등록 | 이용현황 | 매출현황 | 홈으로 |

이용일자별 매출현황
고객별 매출현황
놀이기구별 매출현황

놀이기구별 매출현황

놀이기구코드	놀이기구이름	놀이기구등급	매출금액
1	회전목마	전체	₩8,200원
2	롤러코스터	청소년	₩14,000원
3	유령의집	성인	₩6,000원
4	관람차	전체	₩4,200원
5	범퍼카	청소년	₩7,000원
자유이용권	--	--	₩40,000원

Copyright (c) 2025. 주식회사 OOOO Inc All Rights Reserved.

카) 홈으로 메뉴

① '홈으로' 메뉴를 클릭하면 메인(시작) 화면으로 이동한다.

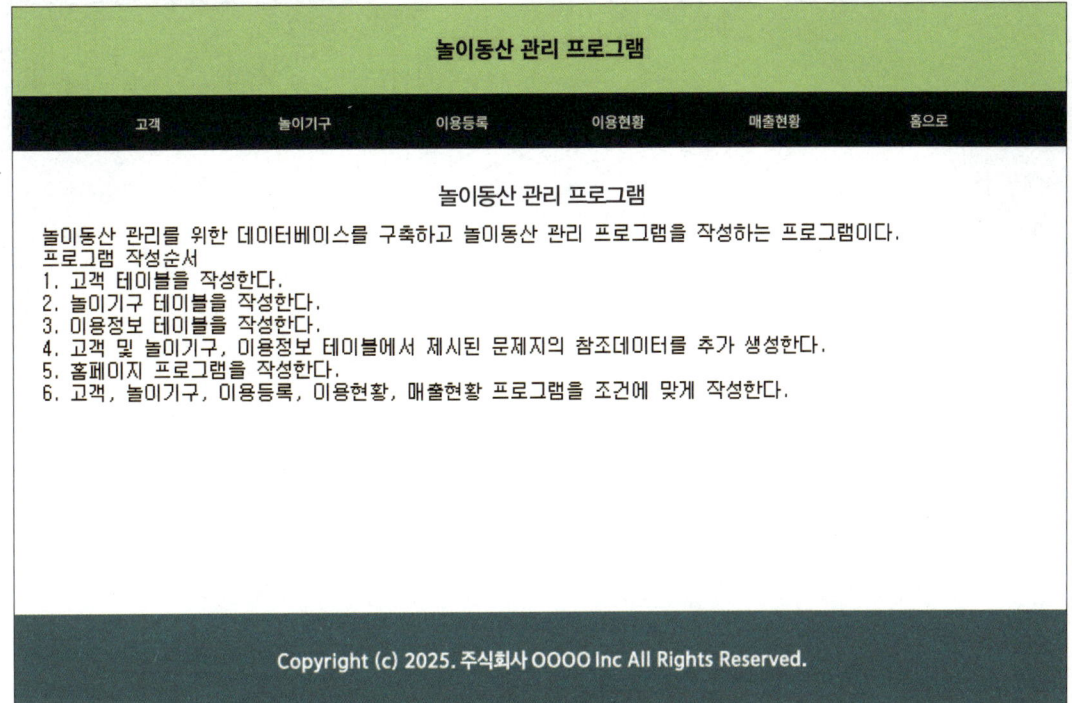

CHAPTER 3

외부평가 시험
2차 평가(실무) 대비 문제 풀이

CHAPTER 3. 외부평가 시험 2차 평가(실무) 대비 문제 풀이

풀이	1	과제명	제과점 매출관리 프로그램	HTML	●●○○○	SSS	●●○○○
				CSS	●●○○○	DB	●●○○○

제공된 문제를 보았을 때 기본 문제를 풀이하고 난 뒤라면 한결 더 친숙하게 느껴졌을 것으로 생각된다. 기존 문제와 대부분 비슷하지만 조금씩 모든 부분에서 수준을 높였는데, 문제를 분석해보면서 생각했던 차이점과 아래 분석내용이 일치하는지도 함께 비교해 보자.

분야	수준	설명
HTML	●●○○○	페이지가 1페이지 추가되었습니다.
CSS	●●○○○	페이지에 따라 크기 변환이 추가되었습니다.
SSS	●●○○○	등록 페이지 선택항목 값을 데이터베이스에서 가져옵니다. 현재 날짜를 구하는 기능이 추가되었습니다. 데이터를 불러올 때 형태를 변환하여 출력합니다.
DB	●●○○○	테이블이 1개 추가되어 3개가 되었습니다. 1개의 테이블이 2개의 테이블과 외래키로 연결되어 있습니다. Group by로 테이블 데이터를 묶는 기능이 추가되었습니다.

1 환경 구성

기본형 문제에서 해보았지만, 시험장에서 매번 해야 하는 작업입니다. 사례들을 보면 프로그래밍은 다 할 수 있는데 초반 환경 구성이 되어있는 컴퓨터에서만 작업하다 보니 할 줄 몰라서 웹이 브라우저에서 실행이 안 된다든가 한글이 정상적으로 표기되지 않거나, 데이터베이스를 연동하지 못해서 포기하는 경우가 많다. 400시간 이상을 과정평가 공부에 노력했는데, 환경 구성을 못해서 자격증을 취득하지 못한다면, 매우 속상할 것이다. 쉬운 작업이지만 순서대로 진행해 보자. 중요한 점은 순서대로 하지 않을 경우 프로그램이 정상적으로 작동하지 않을 수 있다. 환경 구성을 다 했는데 위에서 열거한 문제들이 있다면 순서를 뒤바꿔서 한 것이 있는지 생각해 보시길 바란다.

1) Eclipse를 실행

① 바탕화면의 Eclipse를 실행하고, Workspace를 생성을 위한 [Browse] 버튼을 클릭한다.

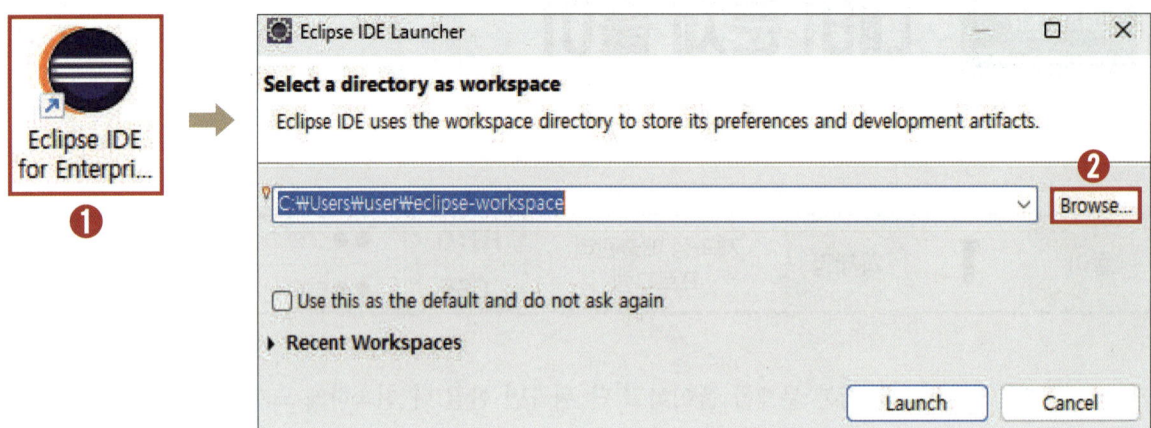

② 원하는 Workspace 폴더를 생성한다. (문제에서 요구하는 Workspace 경로와 Workspace 폴더명을 준수하여 작성한다. 예 C:/)

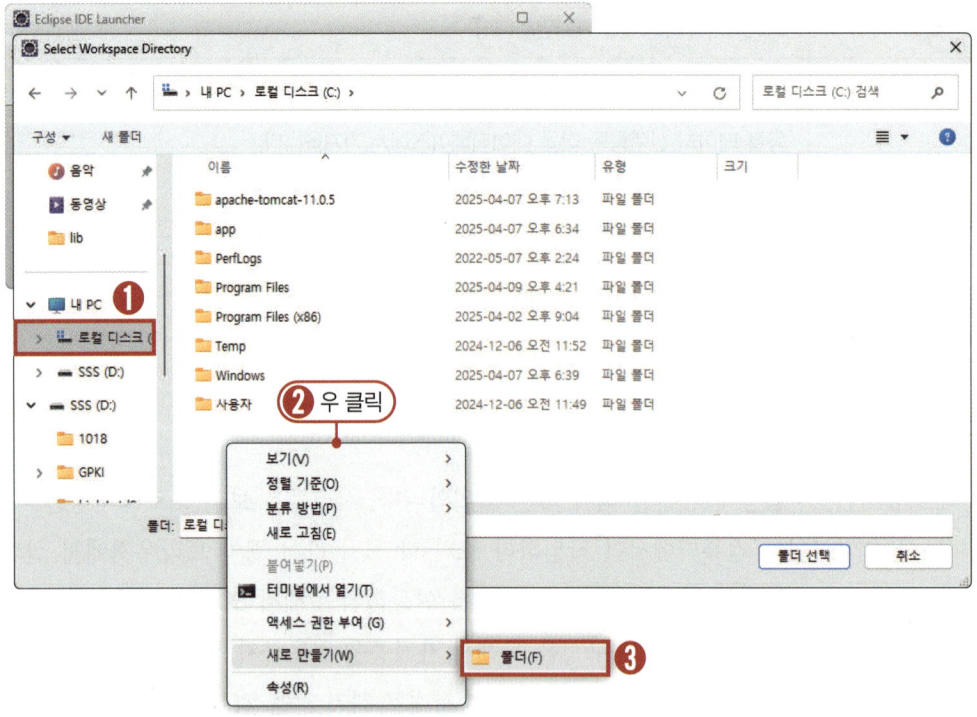

③ 폴더명을 변경한다. (예 sample)

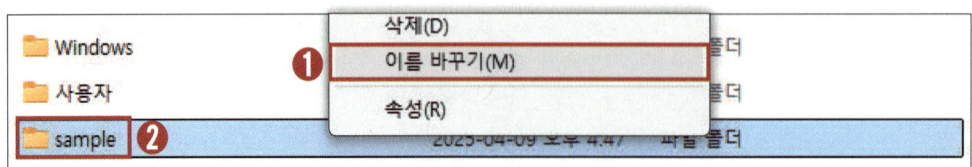

④ 폴더를 선택하고 [폴더선택] 버튼을 클릭한다.

⑤ [Launch] 버튼을 클릭한다.

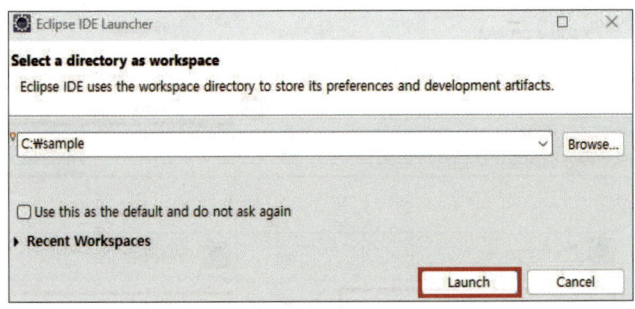

⑥ Eclipse가 정상적으로 실행된 것을 확인한다.

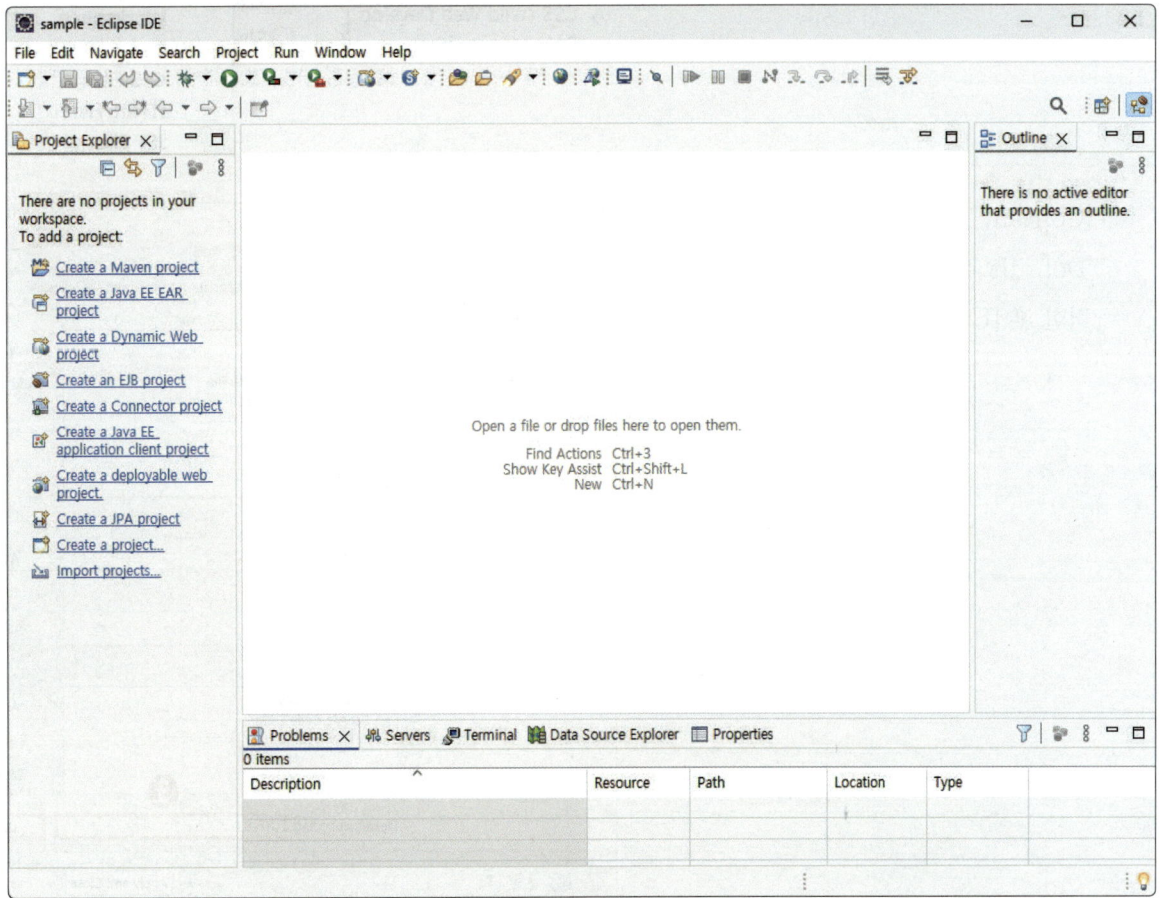

Eclipse는 프로그래밍을 위해 다양한 인코딩을 제공한다. 우리는 한글과 영어 숫자를 혼합 사용해야 하므로 호환성이 좋은 UTF-8을 사용해서 작성하고자 한다. (설치 버전에 따라서 기본 세팅으로 UTF-8이 적용되어 있을 수 있다. 하지만 실기 시험실에 따라 다양한 버전이 설치되어 있으므로 설정하는 방법을 학습해 두는 것은 매우 중요하다. 이 설정이 정상적으로 되지 않으면 웹페이지에서 한글이 정상적으로 출력되지 않는다.

⑦ Eclipse 프로그램 상단 [Window] 대메뉴의 [preferences] 하위 메뉴를 클릭한다.

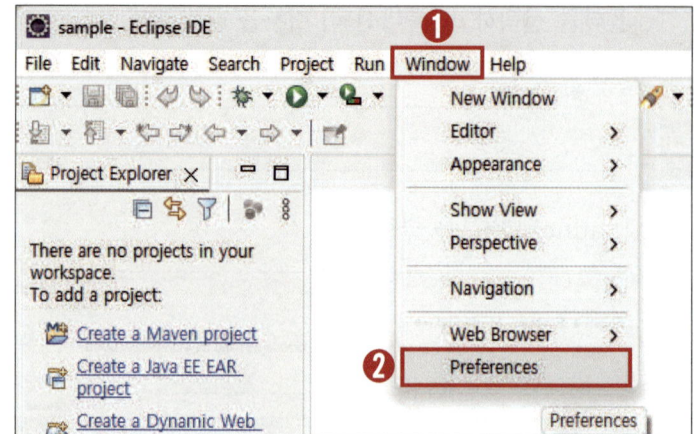

⑧ 'type filter text'에 'encoding'을 입력하면 encoding에 관련된 설정 항목들이 검색된다.

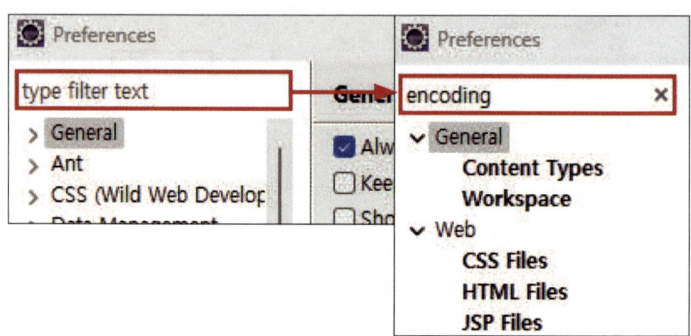

⑨ [Content Types]에 'Text'를 선택하고 'Default encoding'에 'UTF-8'을 입력한 후 [Update] 버튼을 클릭한다.

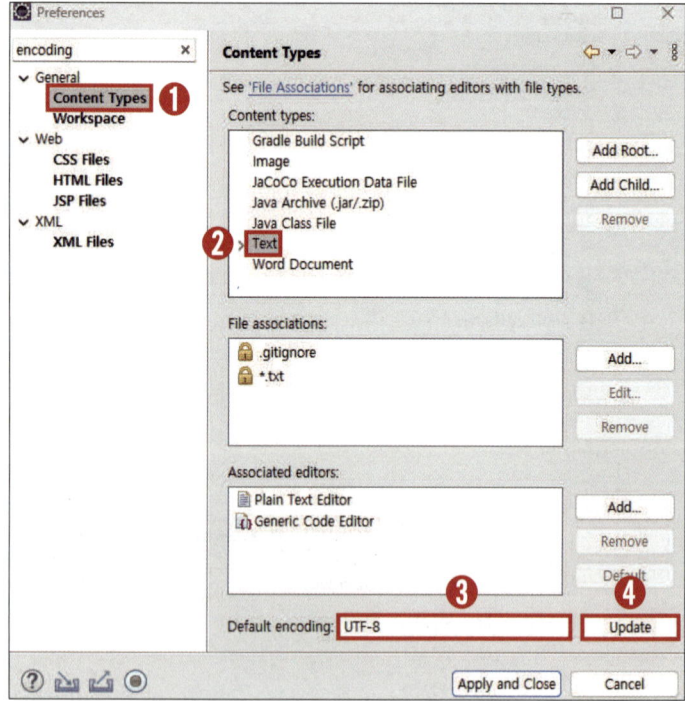

⑩ [Content Types]에 'Word Document'을 선택하고 'Default encoding'에 'UTF-8'을 입력한 후 [Update] 버튼을 클릭한다.

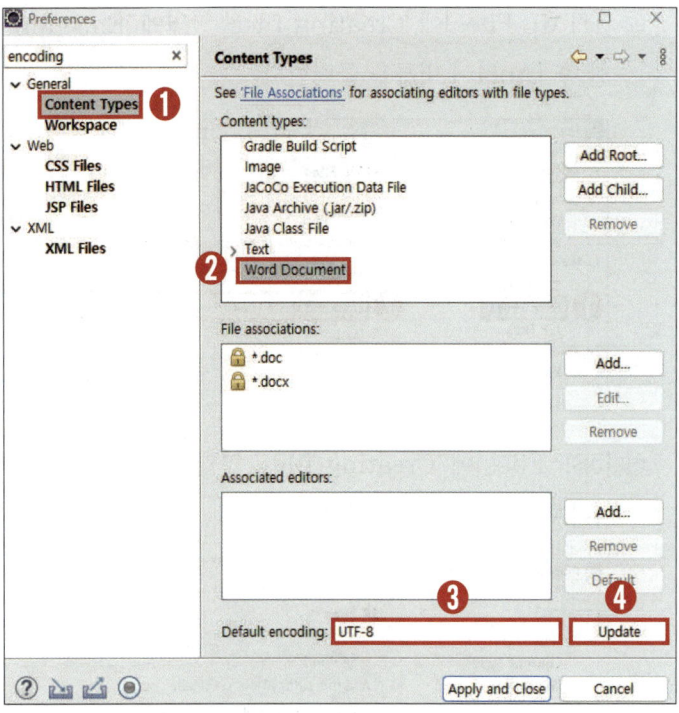

⑪ [Workspace]에 'Text File encoding' 영역에 'Other' 라디오 버튼을 선택하고 'UTF-8' 셀렉트 박스를 선택한 후 [Apply] 버튼을 클릭한다.

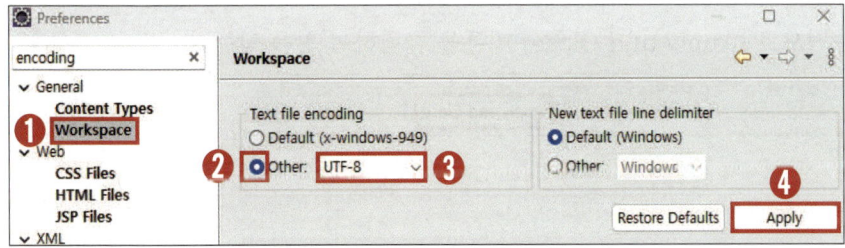

⑫ [CSS Files]에 'Creating files' 영역에 'Encoding' 항목에 'Unicode(UTF-8)' 셀렉트 박스를 선택한 후 [Apply] 버튼을 클릭한다.

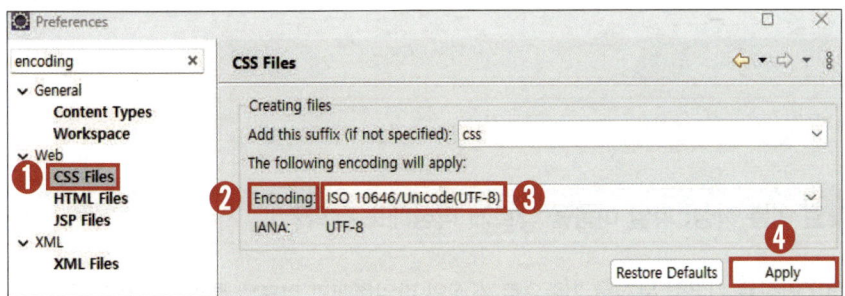

⑬ [HTML Files]에 'Creating files' 영역에 'Encoding' 항목에 'Unicode(UTF-8)' 셀렉트 박스를 선택한 후 [Apply] 버튼을 클릭한다.

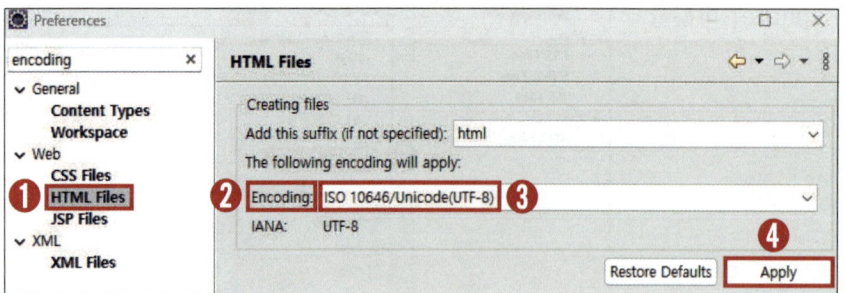

⑭ [JSP Files]에 'Creating files' 영역에 'Encoding' 항목에 'Unicode(UTF-8)' 셀렉트 박스를 선택한 후 [Apply] 버튼을 클릭한다.

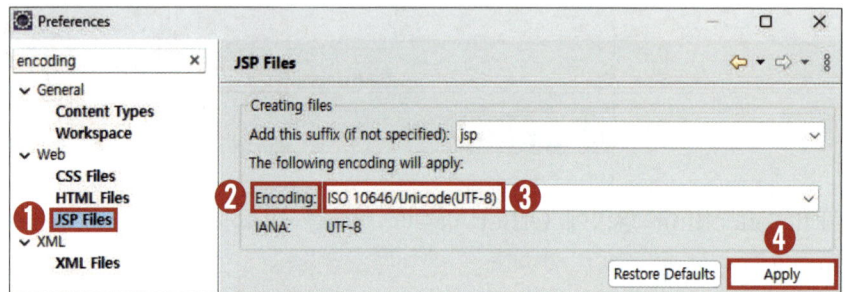

⑮ 모두 적용하였으면 최종적으로 [Apply and Close] 버튼을 클릭하여 창을 닫는다.

더 알아보기   파일 이름 작성: 파일 이름을 다르게 작성해도 될까?

가능하다. 다만 제공된 문제 풀이 방식은 기본형 문제를 기준으로 소스의 파일형식과 코드의 통일성을 주기 위해서 규칙을 정하고 작성한 것이다.

학습자 입장에서 파일 이름이 변경되었을 때 어느 부분에 소스 코드 내용을 수정해야 할지 알고 있다면 원하는 이름으로 파일명을 수정해도 된다.

단, index.jsp의 경우 수정하면 제작된 홈페이지가 http://127.0.0.1이나 http://localhost로 접근했을 때 나타나지 않을 수 있습니다. 나머지 페이지는 자유롭게 수정 가능하다.

2) Eclipse에 Apache Tomcat 연동하기

Eclipse는 웹 개발 환경을 지원한다. 이를 위해서는 Apache Tomcat 웹서버를 연동해야 한다. 다음은 Apache Tomcat 연동방법에 대한 설명이다.

① [File] 대 메뉴에서 [New] 하위 메뉴를 선택하고 최 하단의 [Other] 버튼을 클릭한다.

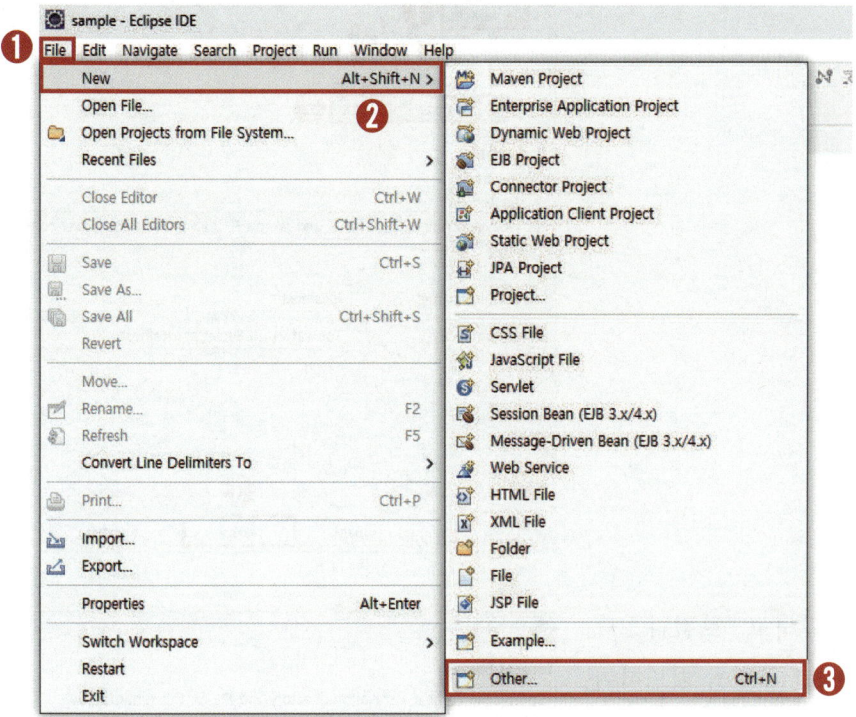

② 'type filter text'에 'Server'를 입력하고 하단에 [Server]를 클릭하고 [Next] 버튼을 클릭힌다.

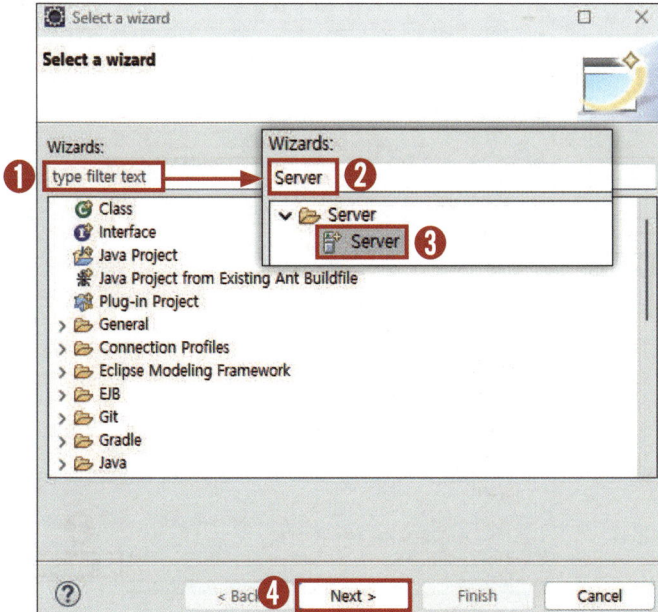

③ [Apache] - [Tomcat v11.0 Server] - [Next >] 순서로 버튼을 클릭한다.

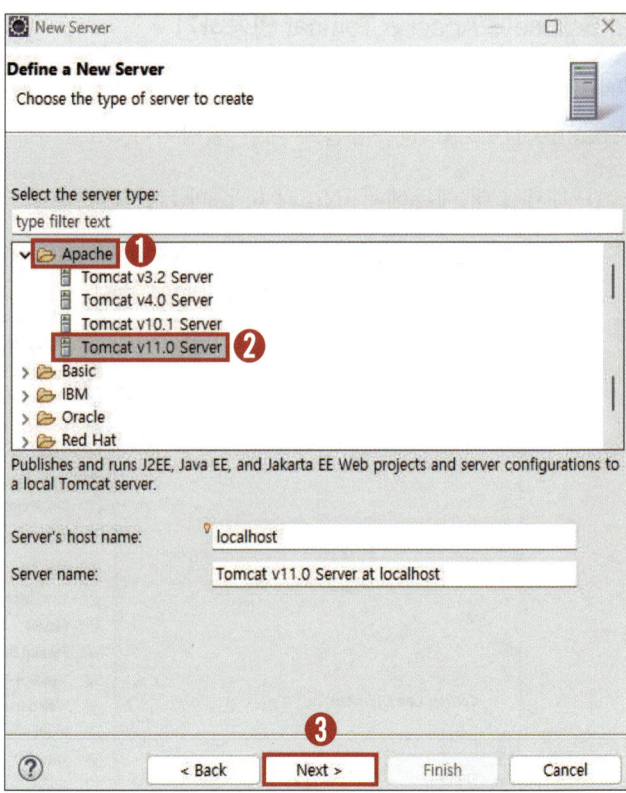

④ [Browse] 버튼을 클릭하고 '로컬디스크 (C:)'의 Apache Tomcat 폴더를 클릭하여 들어가서 [폴더 선택] 버튼을 클릭한다.

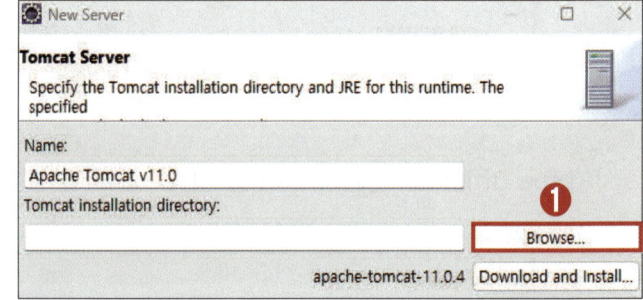

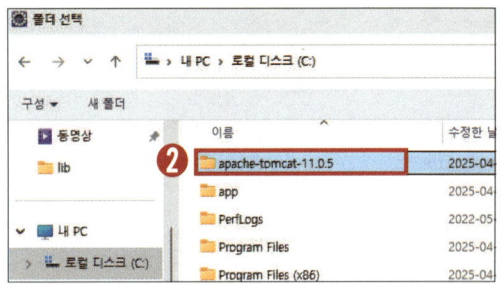

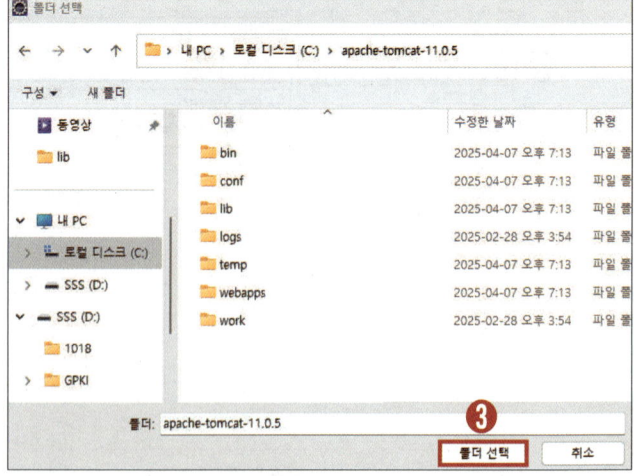

⑤ [Finish] 버튼을 클릭한다.

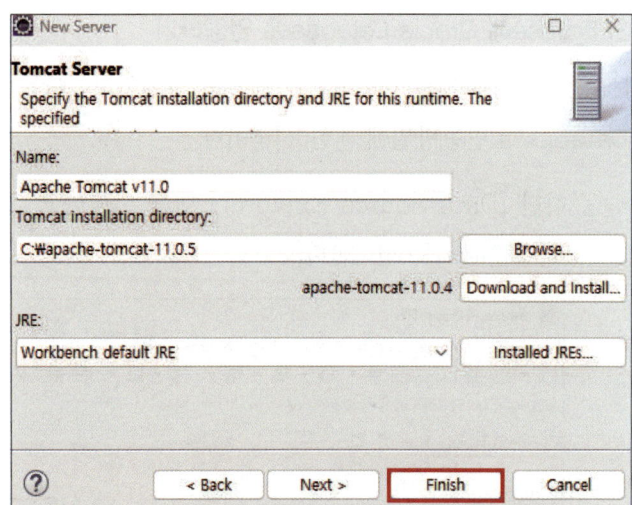

⑥ 하단에 [Servers] 탭을 선택하고, 'Tomcat v11.0 Server'를 클릭한다.

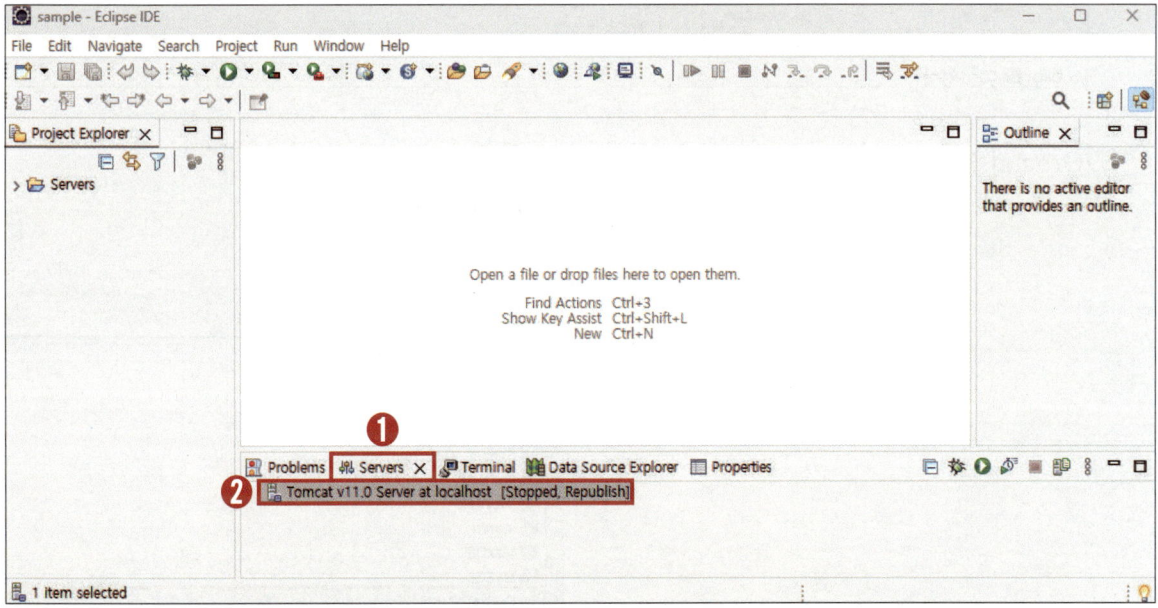

⑦ 로드된 창에서 'Ports' 항목에 'HTTP/1.1'의 'Port Number'를 8090으로 변경한다. (Oracle에서 해당 포트를 사용하기 때문에 충돌이 발생할 수 있어서 변경한다.)

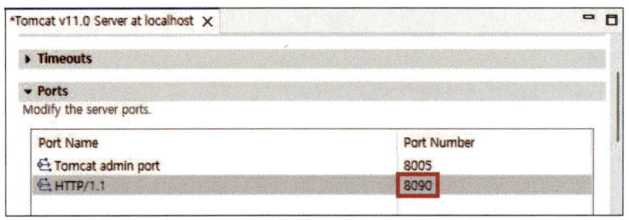

⑧ 실행 버튼을 클릭하면 다음과 같이 상태가 [Stopped, Republish]에서 [Started, Synchronized]로 변경된 것을 확인한다.

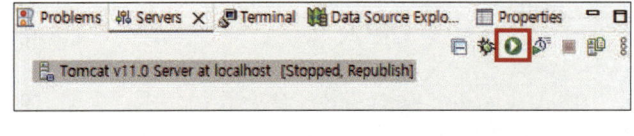

3) Eclipse에 Oracle Databases 연동하기

Eclipse는 데이터베이스 설계 환경을 지원한다. 이를 위해서는 Oracle을 연동해야 한다. 다음은 Oracle Databases 연동방법에 대한 설명이다.

① 하단 [Data Source Explorer] 탭을 선택하고 [Database Connections]에서 오른쪽 마우스를 클릭하고 [New]를 선택한다.

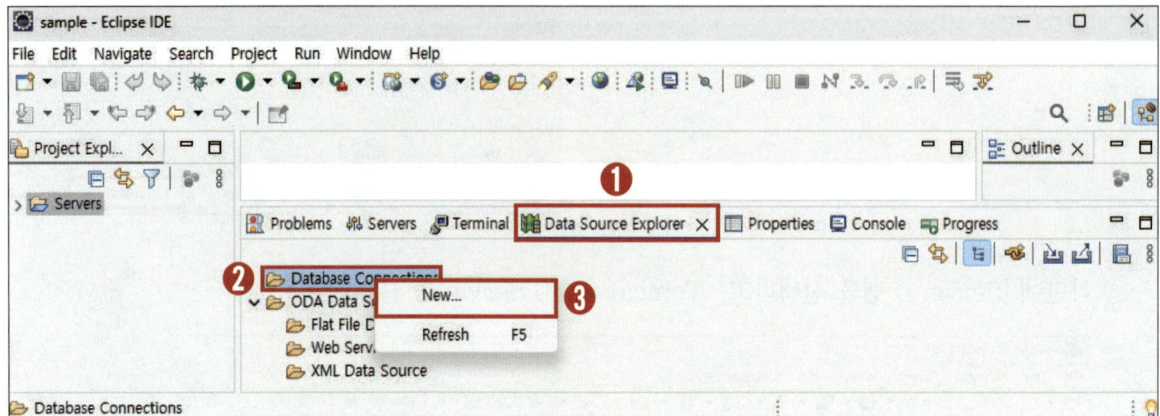

② [Oracle]을 선택하고 [Next 〉] 버튼을 클릭한다.

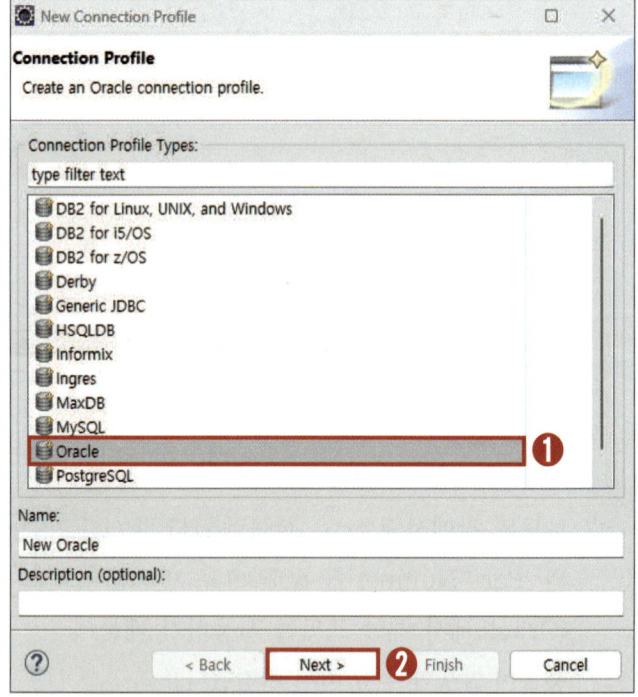

③ [*] 버튼 'New Driver Definition'을 선택한다.

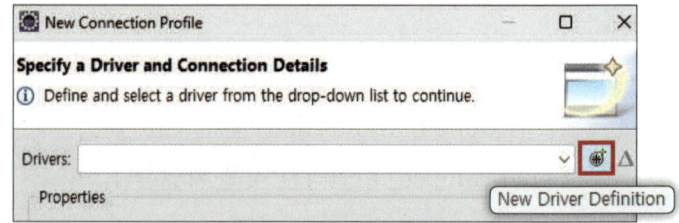

166 | PART II. 외부평가

④ [Oracle Thin Driver] [11]을 선택하고, [JAR List]를 클릭한다.

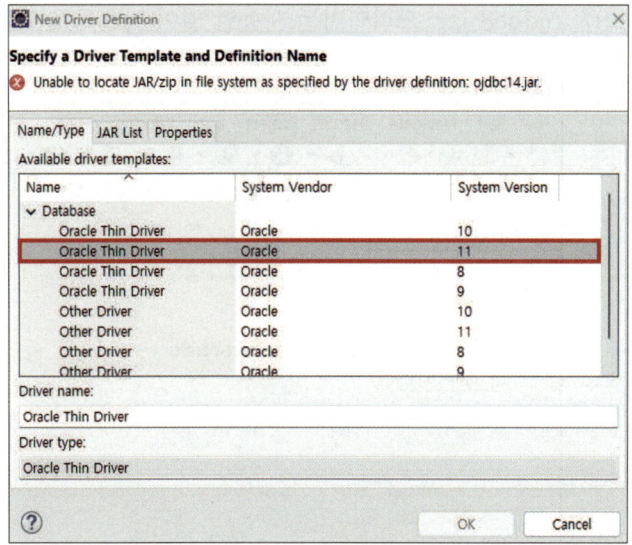

⑤ [ojdbc14.jar]을 선택하고 [Remove JAR/Zip] 버튼을 클릭하여 삭제한 후 [Add JAR/Zip] 버튼을 클릭한다.

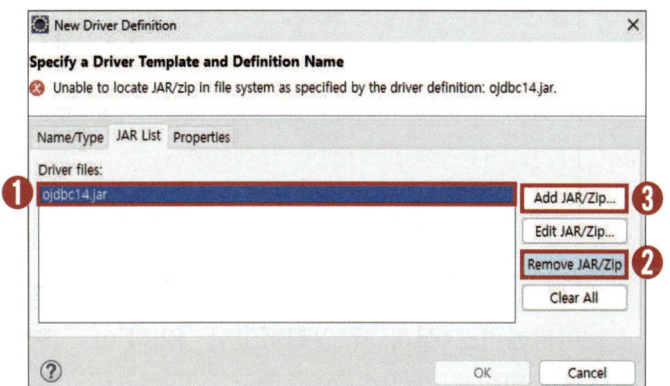

⑥ 'ojdbc.jar' 드라이버가 있는 경로로 이동해서 'ojdbc8.jar' 드라이버를 클릭한 후 [열기] 버튼을 누르고 [OK] 버튼을 클릭한다. (Oracle이 설치된 경로에 'ojdbc8.jar' 파일이 있는데, 위치를 정확히 모르겠으면 내 컴퓨터에서 'ojdbc8.jar'을 검색한다.)

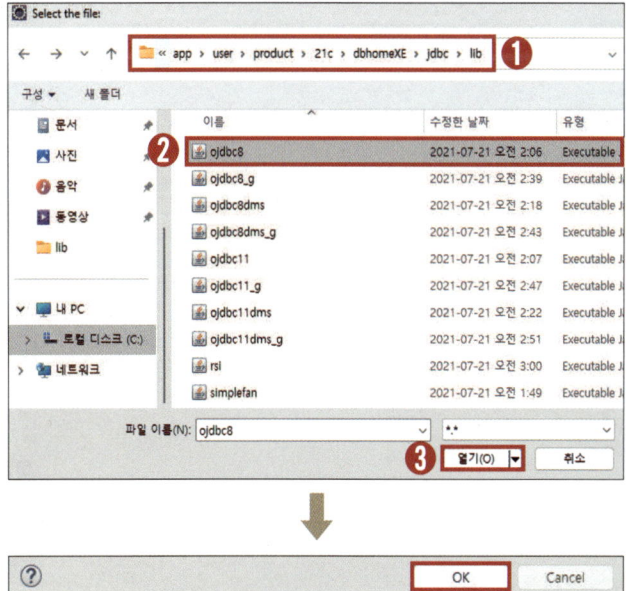

⑦ 'ojdbc8.jar' 드라이버는 사용할 일이 많으므로 파일을 복사해서 'Servers' 디렉토리에 넣어 둔다.

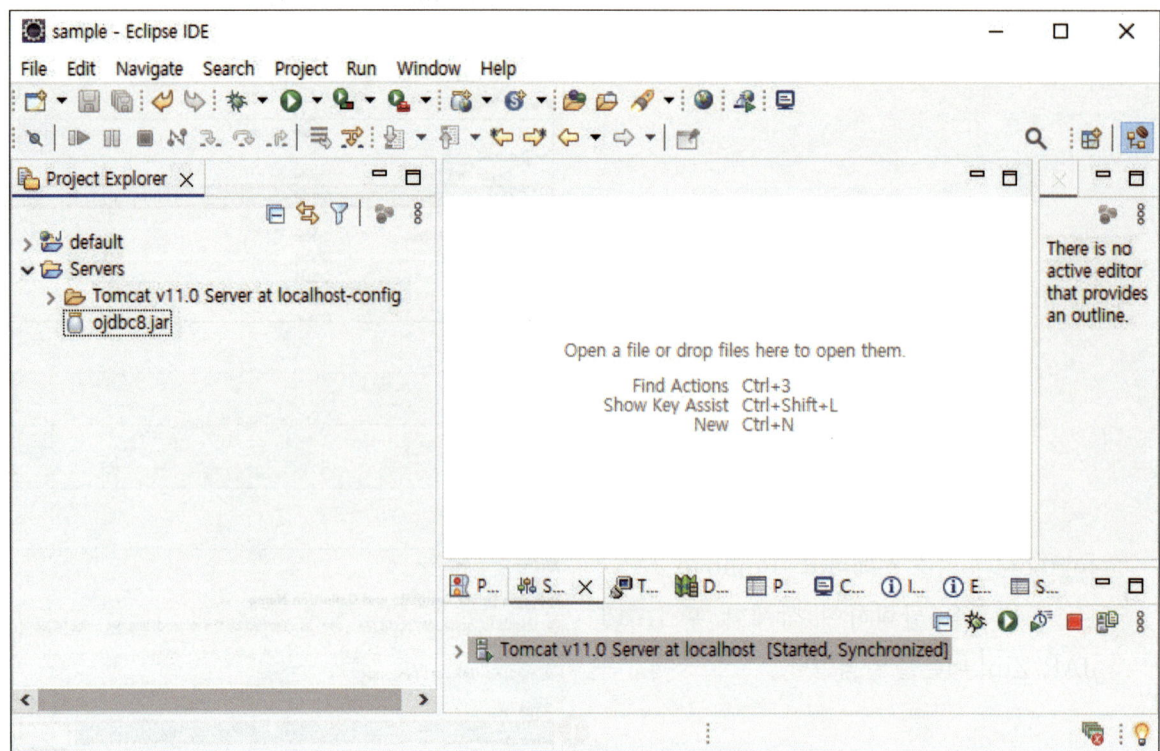

⑧ DB 접속 정보를 입력한다. (비밀번호는 데이터베이스 설치 시 입력했었던 '1234'이다.) 입력이 끝나면 [Test Connection]을 누른다.

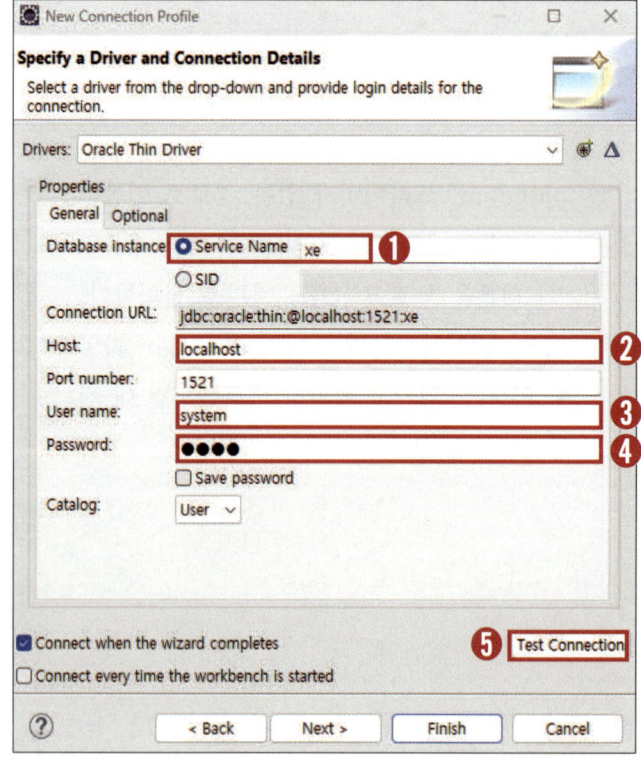

⑨ [Test Connection]의 결과로 'Ping succeeded!'가 뜨고, 다음과 같이 'Schemas' 정보가 뜨면 성공이다.

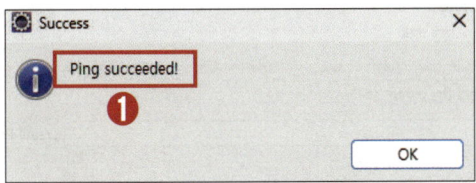

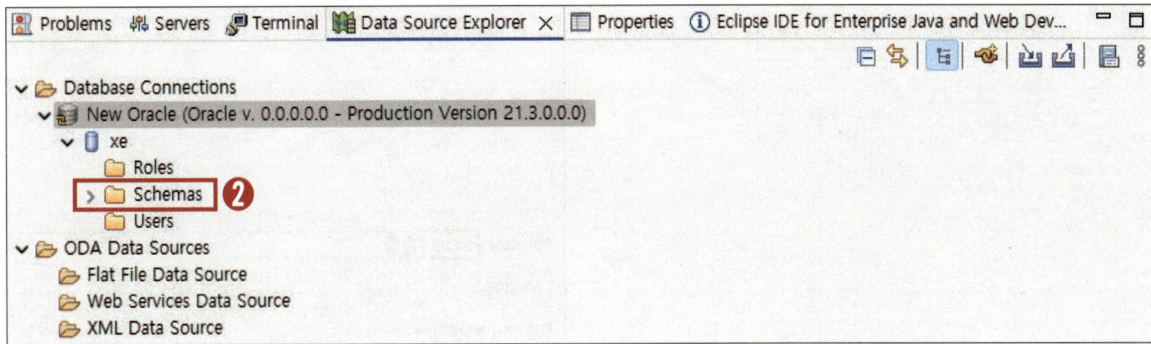

⑩ 데이터베이스가 잘 작동되는지 확인을 위하여 SQL 문을 작성하기 위한 페이지를 만들어 보자. 디렉토리 [Servers]에 오른쪽 마우스를 클릭해서 [New] → [SQL File]을 선택한다.

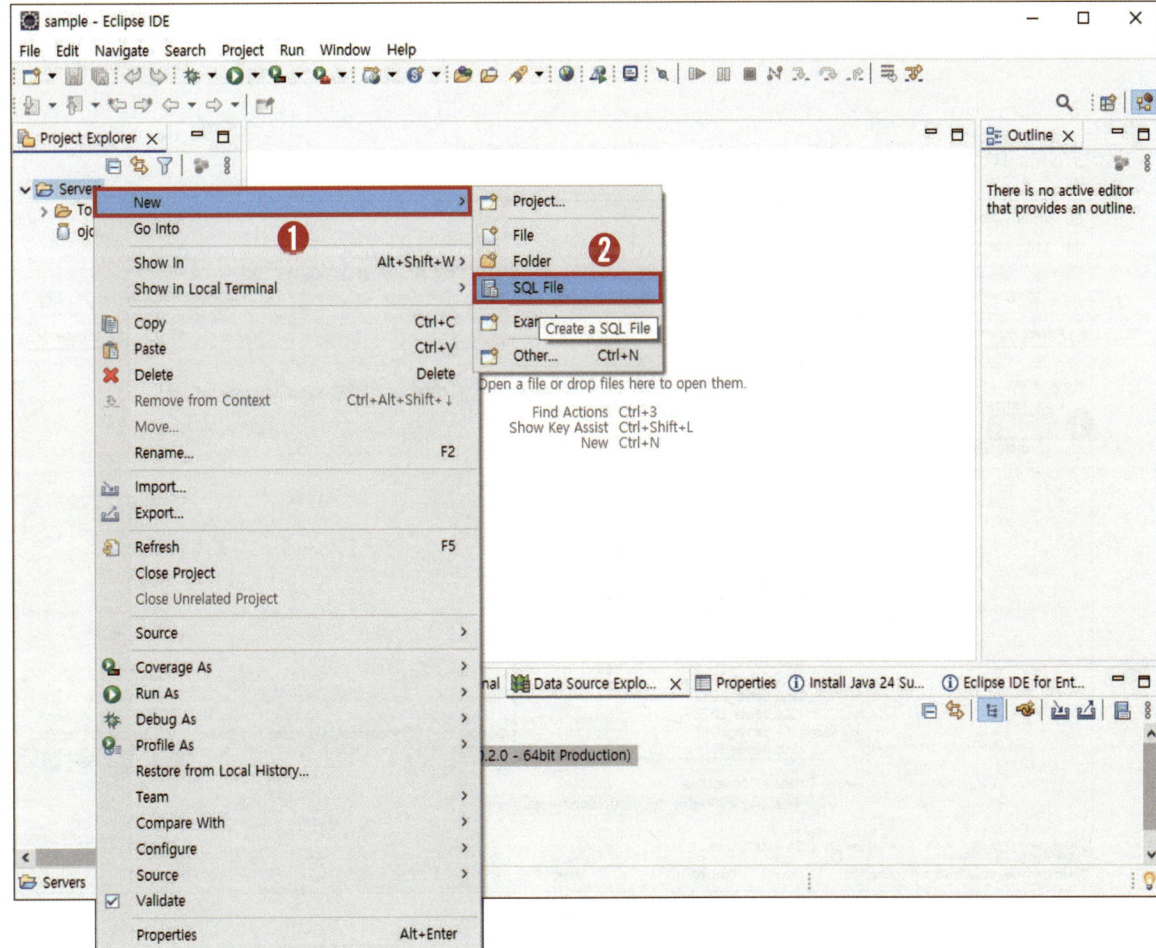

⑪ 파일 이름을 'db.sql'로 작성하고, [Finish] 버튼을 클릭한다.

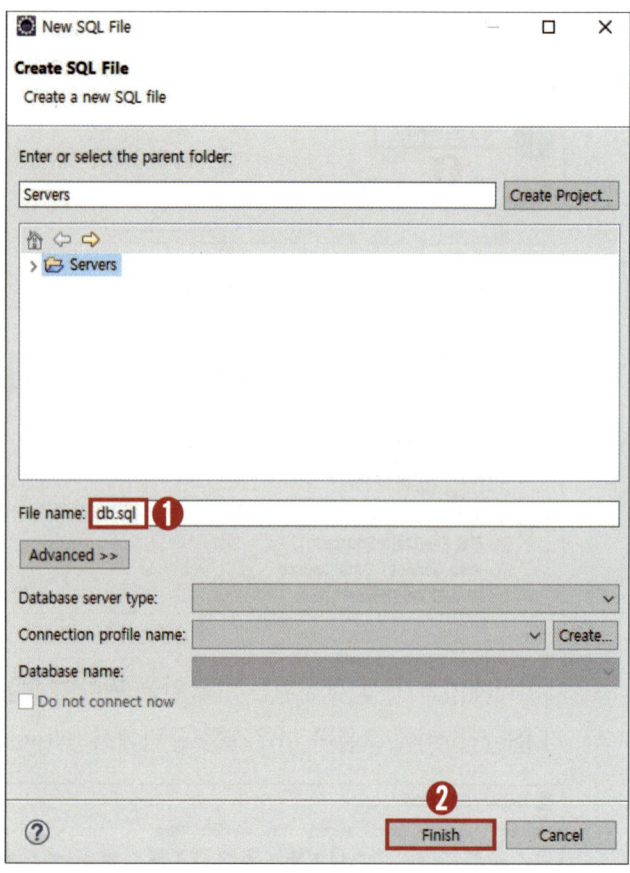

⑫ 생성된 'db.sql' 파일에 [Type]을 'Oracle_11'을 선택한다.

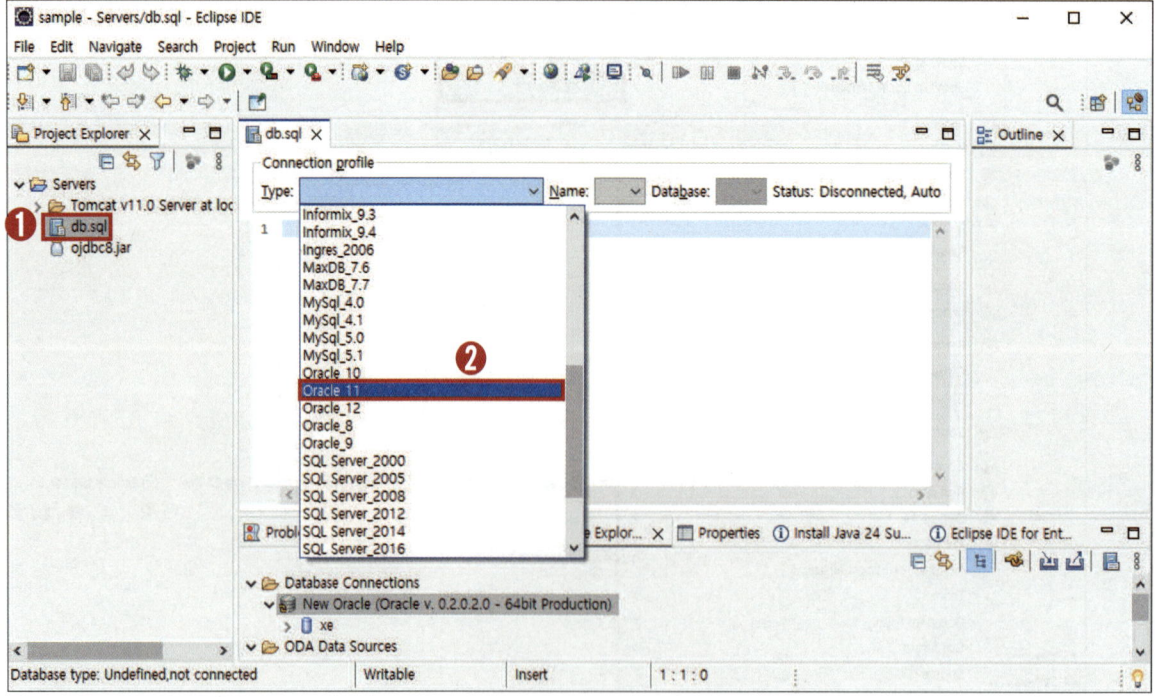

⑬ [Name]과 [Database]도 아래에 써있는 대로 'New Oracle'과 'xe'를 선택한다.

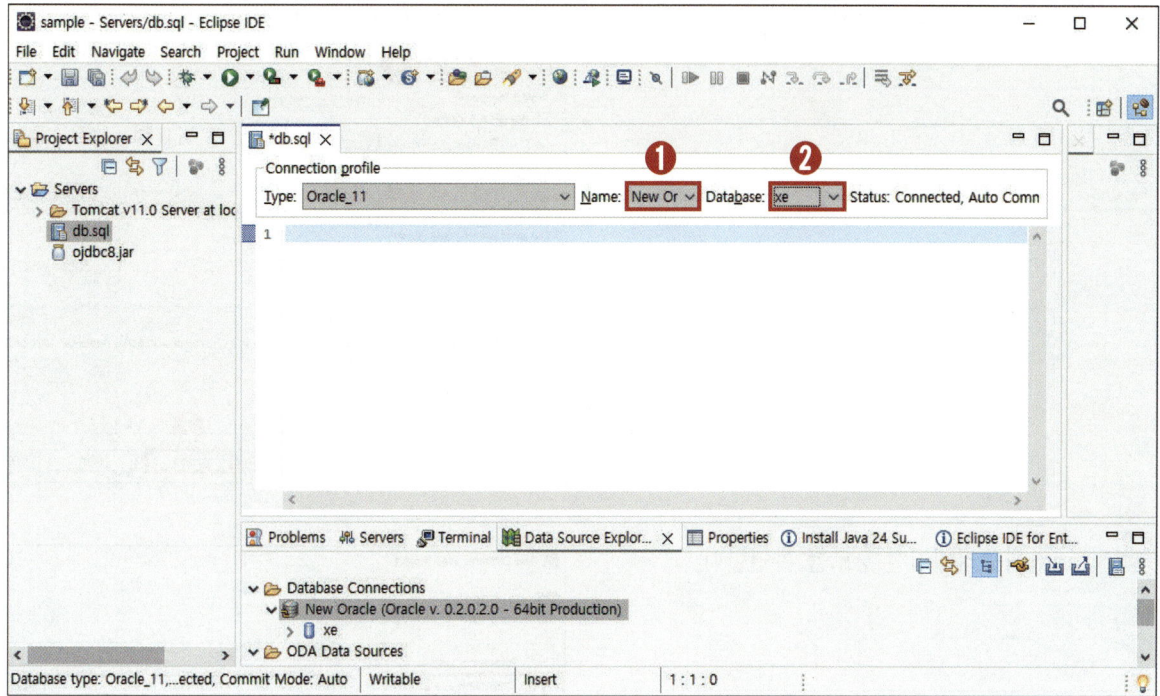

여기에 SQL을 입력하면 GUI 방식으로 데이터베이스 명령어 수행과 결과를 확인할 수 있다.

이제 기본적인 웹서버와 데이터베이스 환경설정 작업과 테스트 작업은 끝났다.

다음 페이지에서는 웹 프로젝트를 생성하여 문제 풀이를 진행한다.

4) Eclipse에 웹 프로젝트 생성하기

① [File] → [New] → [Dynamic Web Project]를 클릭한다.

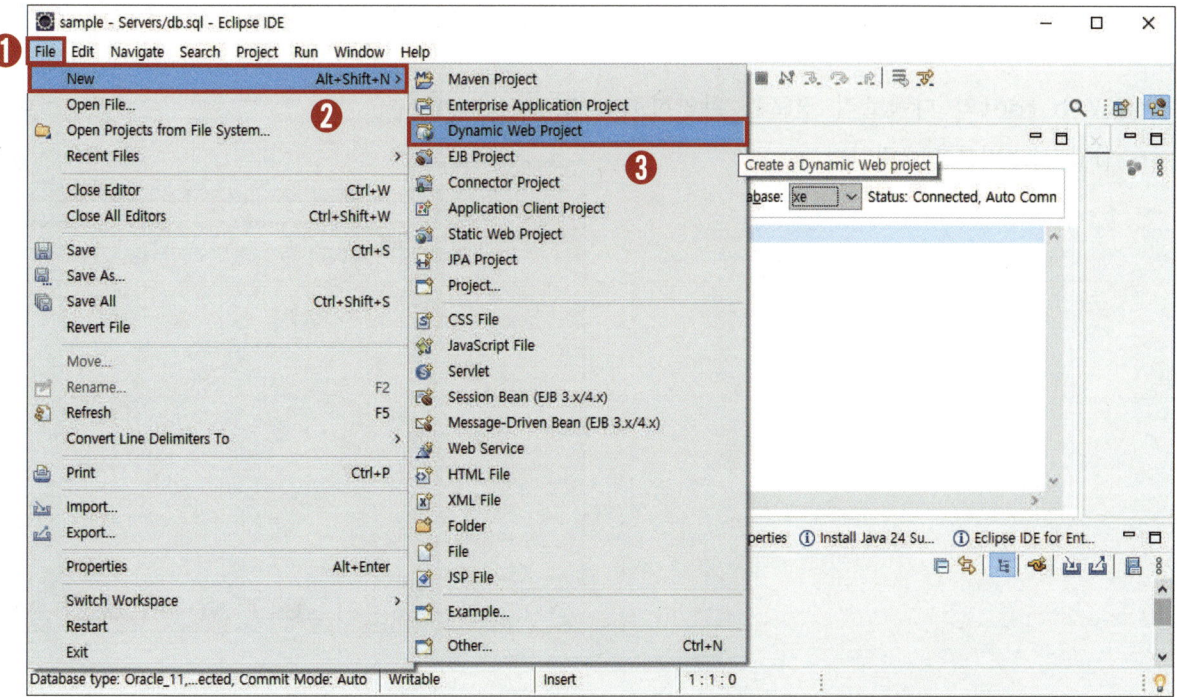

② 프로젝트 이름을 'default'로 작성하고 [Next >] 버튼을 클릭한다.

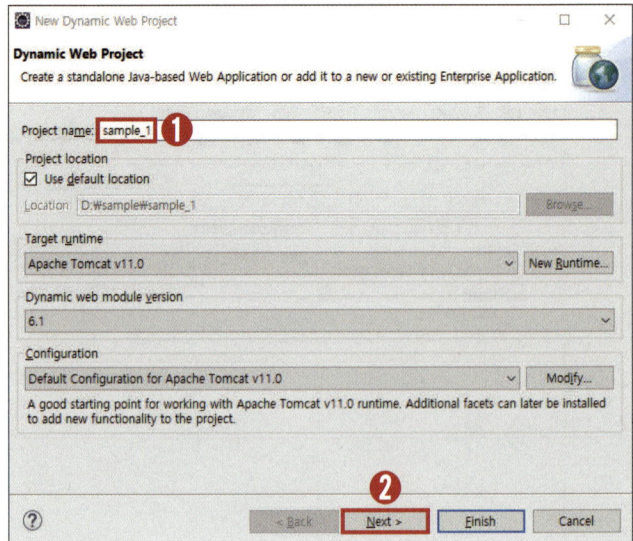

③ Java 애플리케이션 경로를 확인한다.

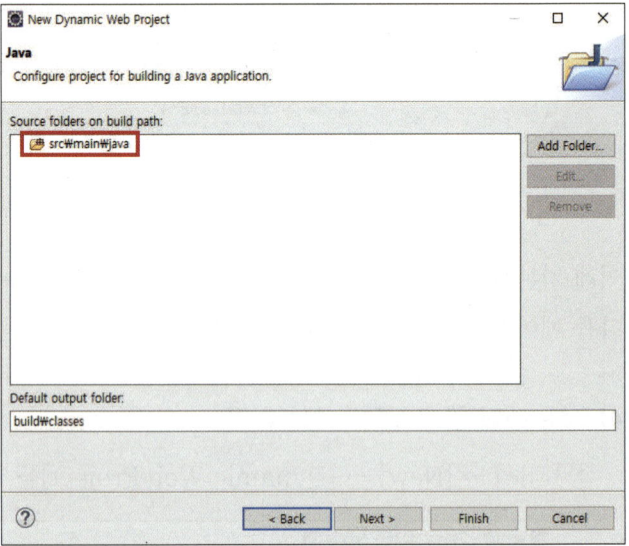

④ Web root와 디렉토리 경로를 확인하고 [Finish] 버튼을 클릭한다.

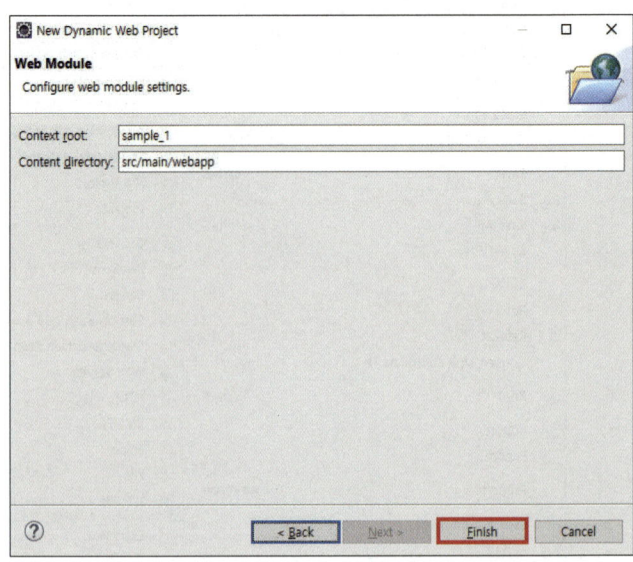

⑤ 왼쪽 디렉토리 리스트에 'sample_1' 프로젝트를 확인한다. 이제 웹 프로젝트 생성 작업이 끝났다.

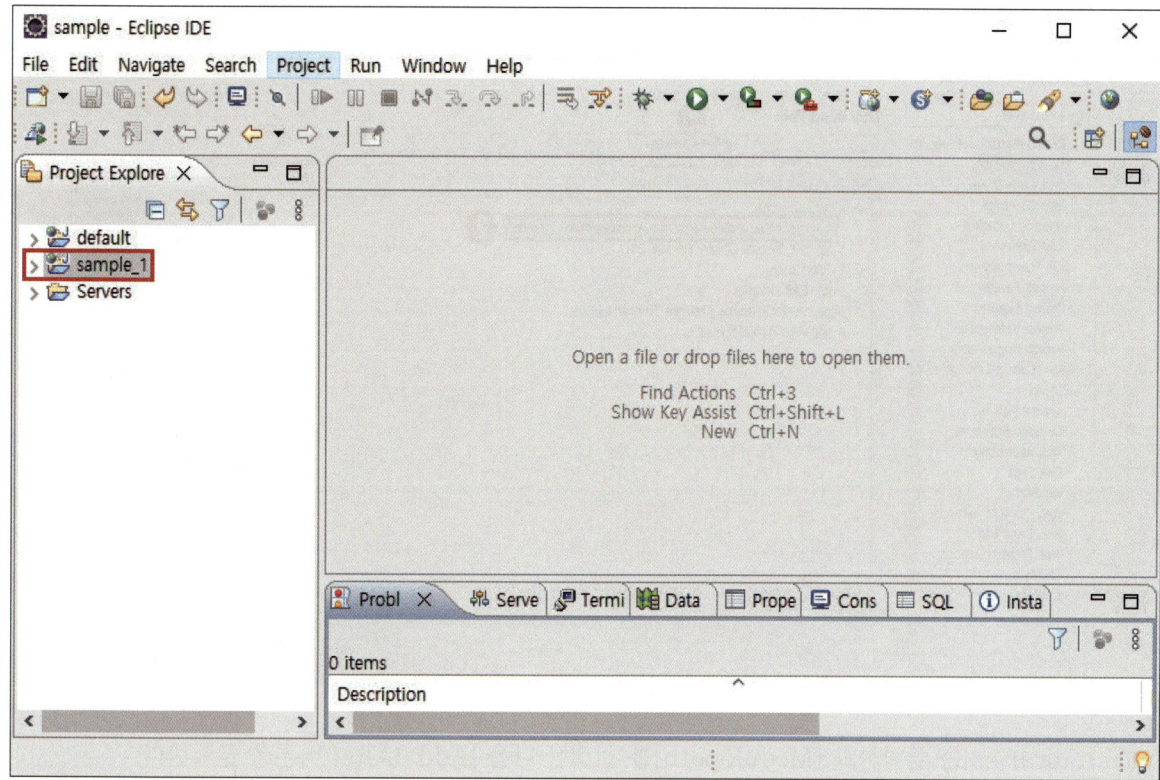

5) 웹 프로젝트에 데이터베이스 연동하기

기본형에서 작업한 내용과 동일하다. (간단하게 설명하겠으니 자세한 설명이 필요한 경우 기본형 풀이를 참고하길 바란다.)

① [Servers]에 복사해 둔 ojdbc8.jar 파일을 [웹프로젝트] → [src] → [main] → [webapp] → [WEB-INF] → [lib] 에 복사한다.

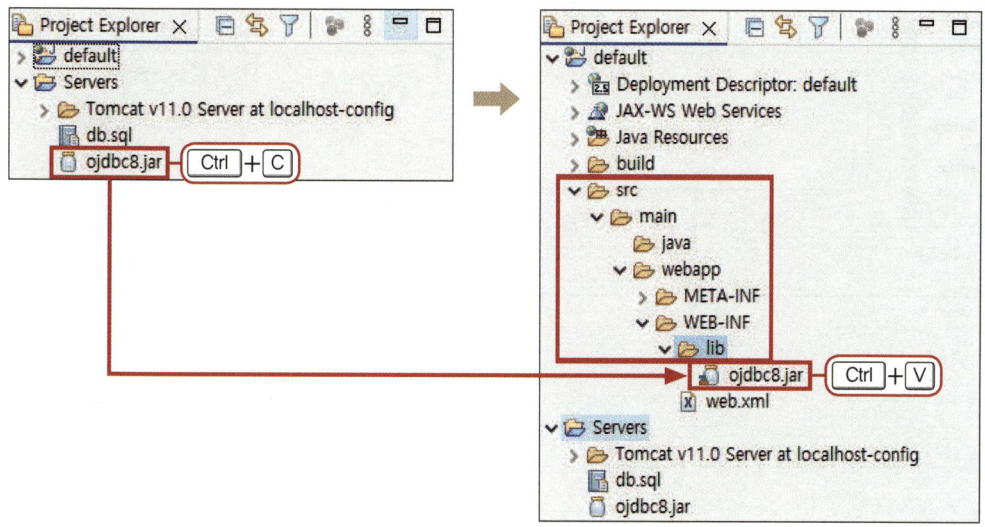

② [프로젝트] → [Java Build Path]를 클릭하여 [Libraries]를 클릭하고 [Modulepath]에 [Add JARs]를 사용하여 ojdbc8.jar 파일을 추가한다.

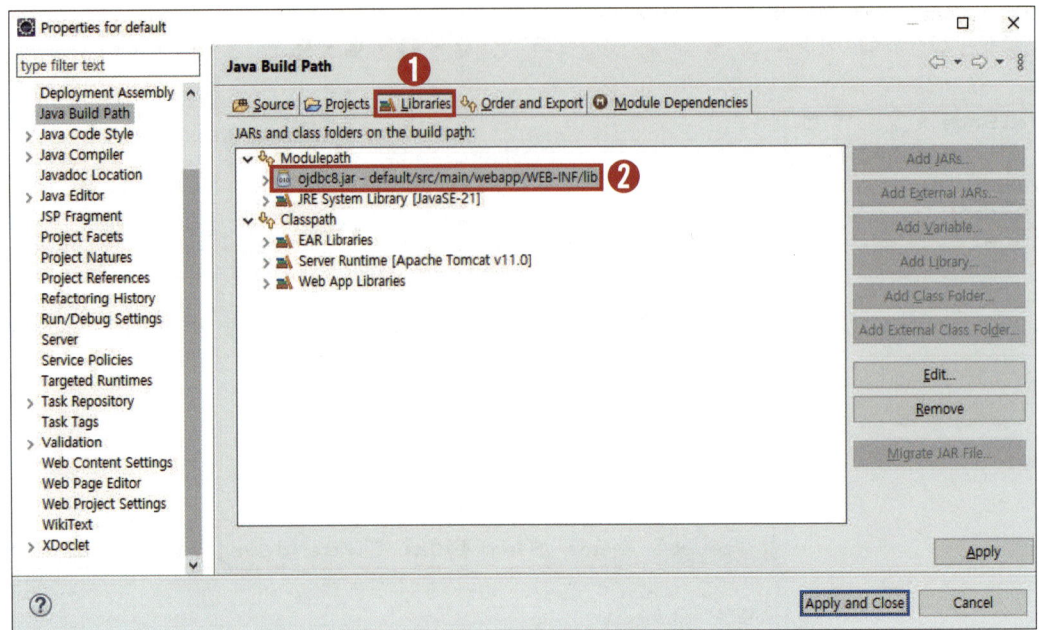

③ [Libraries]를 클릭하고 [Modulepath]를 선택한 다음 [Add JARs] 버튼을 클릭한다.

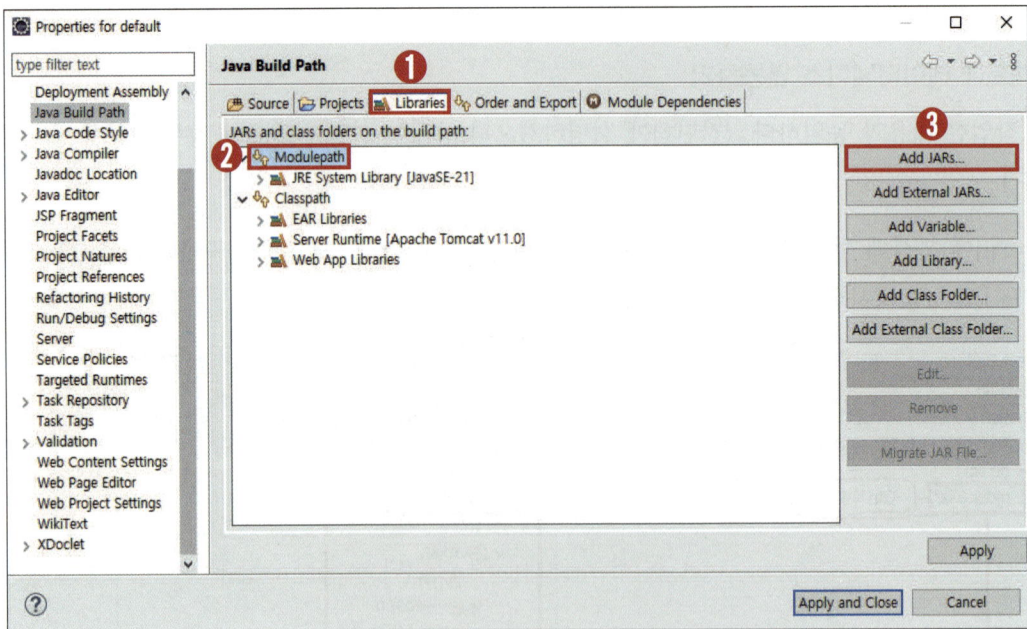

④ [웹프로젝트] → [src] → [main] → [webapp] → [WEB-INF] → [lib]에 ojdbc8.jar 파일을 선택하고 [Apply and Close] 버튼을 클릭하여 창을 닫는다.

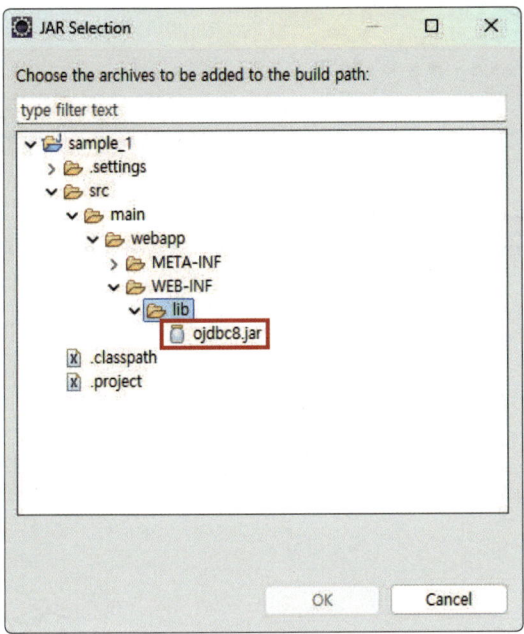

⑤ [프로젝트] → [New] → [Package]를 클릭한다.

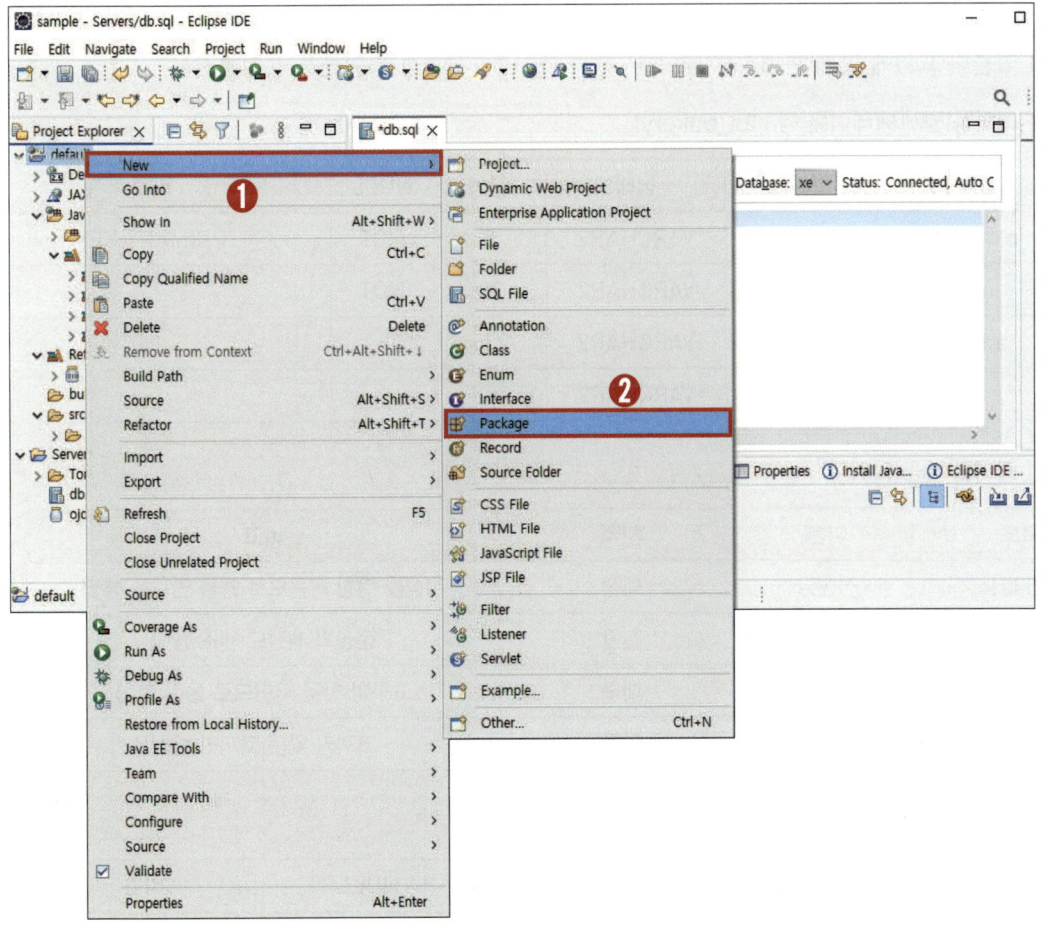

⑥ 이름을 'DBPKG'로 설정하고 [Finish] 버튼을 누른 후 [프로젝트] → [New] → [Class]를 클릭하고, 이름을 'Util.java'로 설정한 후 [Finish] 버튼을 클릭한다. 파일 내용을 문제의 예시와 같이 입력한다.

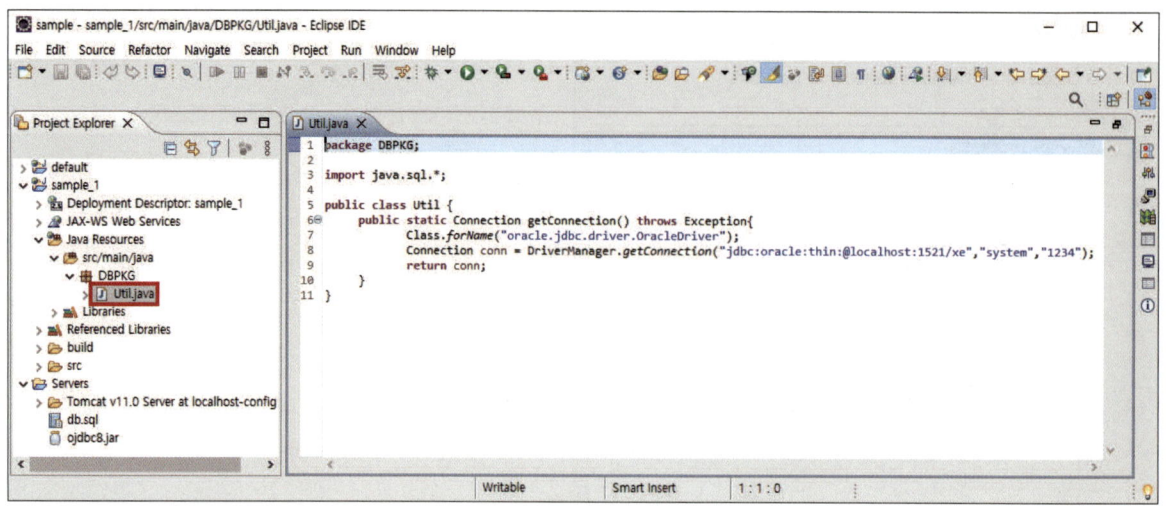

2 데이터베이스 입력

- 제공되는 문제에서 요구하는 데이터베이스 테이블을 생성하고 값을 입력한다.
- 문제에서 요구하는 데이터베이스 테이블과 입력 정보는 아래와 같다.

2) 데이터 입출력 요건에 맞게 판매정보 테이블, 제과 테이블, 제과점 테이블을 생성하시오.

가) 제과점 테이블 명세서(테이블 명 : tbl_bakery)

순서	컬럼 ID	컬럼명	형태	길이	NULL	비고
1	pk_bakery	제과점 코드	VARCHAR2	5	NOT	PRIMARY KEY
2	name	제과점 이름	VARCHAR2	20	NOT	
3	address	제과점 주소	VARCHAR2	255		
4	etc	비고	VARCHAR2	255		

나) 제과점 테이블 제공 데이터

코드	이름	지역	비고
A0001	정심당	대전	정성을 다한 마음으로 빵을 만드는 빵집
A0002	셋쥬루	천안	전설의 레전드 원조 빵집
A0003	오송빵집	대구	고구마 맛을 극한으로 올린 빵집
A0004	코끼리제과	안동	코끼리 없는 코끼리 빵집

다) 제과 테이블 명세서(테이블 명 : tbl_bread)

순서	컬럼 ID	컬럼명	형태	길이	NULL	비고
1	pk_bread	제과 코드	VARCHAR2	5	NOT	PRIMARY KEY

| 2 | name | 제과 이름 | VARCHAR2 | 20 | NOT | |
| 3 | price | 제과 가격 | VARCHAR2 | 10 | NOT | |

라) 제과 테이블 제공 데이터

코드	이름	가격
B0001	대보름빵	1000
B0002	자라빵	1500
B0003	코끼리빵	2000
B0004	찹쌀도너츠	2500

마) 판매정보 테이블 명세서(테이블 명 : tbl_sale)

순서	컬럼 ID	컬럼명	형태	길이	NULL	비고
1	pk_sale	판매 코드	VARCHAR2	5	NOT	PRIMARY KEY
2	deal_date	판매 날짜	DATE	-	NOT	
3	deal_count	판매 수량	NUMBER	10	NOT	
4	fk_bakery	제과점 코드	VARCHAR2	5	NOT	FOREIGN KEY
5	fk_bread	제과 코드	VARCHAR2	5	NOT	

바) 판매정보 테이블 제공 데이터

판매 코드	판매 날짜	판매 수량	제과점 코드	제과 코드
00001	20250401	10	A0001	B0001
00002	20250402	15	A0001	B0004
00003	20250403	10	A0001	B0005
00004	20250404	15	A0001	B0003
00005	20250405	10	A0002	B0002
00006	20250406	15	A0002	B0004
00007	20250407	10	A0002	B0003
00008	20250408	15	A0002	B0004
00009	20250409	10	A0003	B0002
00010	20250410	15	A0003	B0004
00011	20250411	10	A0003	B0002
00012	20250412	15	A0004	B0001
00013	20250413	15	A0004	B0002
00014	20250414	10	A0004	B0003
00015	20250415	15	A0004	B0005

가) 데이터베이스 테이블 생성

(1) **소스 코드** : db.sql 텍스트 입력 박스에 다음과 같이 입력한다.

line	소스 코드 : db.sql (1/2)
1	`/* 관련 테이블 초기화 */`
2	`DROP TABLE tbl_sale;`
3	`DROP TABLE tbl_bread;`
4	`DROP TABLE tbl_bakery;`
5	
6	`/* 테이블 생성 */`
7	`CREATE TABLE tbl_bakery(  pk_bakery    VARCHAR2(5)    NOT NULL    PRIMARY KEY`
8	`,                         name         VARCHAR2(20)   NOT NULL`
9	`,                         address      VARCHAR2(255)`
10	`,                         etc          VARCHAR2(255)`
11	`);`
12	`CREATE TABLE tbl_bread(   pk_bread     VARCHAR2(5)    NOT NULL    PRIMARY KEY`
13	`,                         name         VARCHAR2(20)   NOT NULL`
14	`,                         price        NUMBER(10)     NOT NULL`
15	`);`
16	`CREATE TABLE tbl_sale(    pk_sale      VARCHAR2(5)    NOT NULL    PRIMARY KEY`
17	`,                         deal_date    DATE           NOT NULL`
18	`,                         deal_count   NUMBER(10)     NOT NULL`
19	`,                         fk_bakery    VARCHAR2(5)    NOT NULL`
20	`,                         fk_bread     VARCHAR2(5)    NOT NULL`
21	`,                         FOREIGN KEY(fk_bakery)      REFERENCES    tbl_bakery(pk_bakery)`
22	`,                         FOREIGN KEY(fk_bread)       REFERENCES    tbl_bread(pk_bread)`
23	`);`
24	
25	`/* 테이블 데이터 입력 */`
26	`INSERT INTO tbl_bakery    VALUES('A0001','정심당','대전','정성을 다한 마음으로 빵을 만드는 빵집');`
27	`INSERT INTO tbl_bakery    VALUES('A0002','셋쥬루','천안','전설의 레전드 원조 빵집');`
28	`INSERT INTO tbl_bakery    VALUES('A0003','오송빵집','대구','고구마 맛을 극한으로 올린 빵집');`
29	`INSERT INTO tbl_bakery    VALUES('A0004','코끼리제과','안동','코끼리 없는 코끼리 빵집');`
30	`INSERT INTO tbl_bread     VALUES('B0001','대보름빵',1000);`
31	`INSERT INTO tbl_bread     VALUES('B0002','자라빵',1500);`
32	`INSERT INTO tbl_bread     VALUES('B0003','코끼리빵',2000);`
33	`INSERT INTO tbl_bread     VALUES('B0004','찹쌀도너츠',2500);`
34	`INSERT INTO tbl_bread     VALUES('B0005','고구마빵',3000);`
35	`INSERT INTO tbl_bread     VALUES('B0006','치즈빵',3500);`
36	`INSERT INTO tbl_bread     VALUES('B0007','햄빵',4000);`
37	`INSERT INTO tbl_sale      VALUES('00001','20250401','10','A0001','B0001');`
38	`INSERT INTO tbl_sale      VALUES('00002','20250402','15','A0001','B0004');`
39	`INSERT INTO tbl_sale      VALUES('00003','20250403','10','A0001','B0005');`
40	`INSERT INTO tbl_sale      VALUES('00004','20250404','15','A0001','B0003');`
41	`INSERT INTO tbl_sale      VALUES('00005','20250405','10','A0002','B0002');`
42	`INSERT INTO tbl_sale      VALUES('00006','20250406','15','A0002','B0004');`
43	`INSERT INTO tbl_sale      VALUES('00007','20250407','10','A0002','B0003');`

(2) 코드 설명 : 각 라인의 코드 설명이다.

line	소스 코드 : db.sql (1/2)
1	관련 테이블 초기화를 알리는 주석입니다.
2	기존의 tbl_sale 테이블을 삭제하는 명령입니다.
3	기존의 tbl_bread 테이블을 삭제하는 명령입니다.
4	기존의 tbl_bakery 테이블을 삭제하는 명령입니다.
5	구역 구분을 위한 빈 줄입니다.
6	테이블 생성 섹션의 시작을 알리는 주석입니다.
7	tbl_bakery 테이블을 생성하며, pk_bakery를 최대 5자 길이의 VARCHAR2, NOT NULL, PRIMARY KEY 로 정의합니다.
8	tbl_bakery의 name 칼럼을 최대 20자 길이의 VARCHAR2, NOT NULL로 정의합니다.
9	tbl_bakery의 address 칼럼을 최대 255자 길이의 VARCHAR2로 정의합니다(기본 NULL 허용).
10	tbl_bakery의 etc 칼럼을 최대 255자 길이의 VARCHAR2로 정의합니다(기본 NULL 허용).
11	tbl_bakery 테이블 생성 명령을 종료합니다.
12	tbl_bread 테이블을 생성하며, pk_bread를 최대 5자 길이의 VARCHAR2, NOT NULL, PRIMARY KEY로 정의합니다.
13	tbl_bread의 name 칼럼을 최대 20자 길이의 VARCHAR2, NOT NULL로 정의합니다.
14	tbl_bread의 price 칼럼을 최대 10자리 정수의 NUMBER(10), NOT NULL로 정의합니다.
15	tbl_bread 테이블 생성 명령을 종료합니다.
16	tbl_sale 테이블을 생성하며, 첫 번째 칼럼 pk_sale를 최대 5자 길이의 VARCHAR2, NOT NULL, PRIMARY KEY로 정의합니다.
17	tbl_sale의 deal_date 칼럼을 DATE, NOT NULL로 정의합니다.
18	tbl_sale의 deal_count 칼럼을 최대 10자리 정수의 NUMBER(10), NOT NULL로 정의합니다.
19	tbl_sale의 fk_bakery 칼럼을 최대 5자 길이의 VARCHAR2, NOT NULL로 정의합니다.
20	tbl_sale의 fk_bread 칼럼을 최대 5자 길이의 VARCHAR2, NOT NULL로 정의합니다.
21	fk_bakery에 외래키 제약을 설정하여 tbl_bakery(pk_bakery)를 참조하도록 지정합니다.
22	fk_bread에 외래키 제약을 설정하여 tbl_bread(pk_bread)를 참조하도록 지정합니다.
23	tbl_sale 테이블 생성 명령을 종료합니다.
24	구역 구분을 위한 빈 줄입니다.
25	테이블 데이터 입력 섹션의 시작을 알리는 주석입니다.
26	tbl_bakery에 첫 번째 샘플 레코드를 삽입합니다. (A0001, '정심당', '대전', '정성을 다한 마음으로 빵을 만드는 빵집')
27	tbl_bakery에 두 번째 샘플 레코드를 삽입합니다. (A0002, '셋쥬루', '천안', '전설의 레전드 원조 빵집')
28	tbl_bakery에 세 번째 샘플 레코드를 삽입합니다. (A0003, '오송빵집', '대구', '고구마 맛을 극한으로 올린 빵집')
29	tbl_bakery에 네 번째 샘플 레코드를 삽입합니다. (A0004, '코끼리제과', '안동', '코끼리 없는 코끼리 빵집')
30	tbl_bread에 첫 번째 샘플 레코드를 삽입합니다. (B0001, '대보름빵', 1000)
31	tbl_bread에 두 번째 샘플 레코드를 삽입합니다. (B0002, '자라빵', 1500)
32	tbl_bread에 세 번째 샘플 레코드를 삽입합니다. (B0003, '코끼리빵', 2000)
33	tbl_bread에 네 번째 샘플 레코드를 삽입합니다. (B0004, '찹쌀도너츠', 2500)
34	tbl_bread에 다섯 번째 샘플 레코드를 삽입합니다. (B0005, '고구마빵', 3000)
35	tbl_bread에 여섯 번째 샘플 레코드를 삽입합니다. (B0006, '치즈빵', 3500)
36	tbl_bread에 일곱 번째 샘플 레코드를 삽입합니다. (B0007, '햄빵', 4000)
37	tbl_sale에 첫 번째 판매 레코드를 삽입합니다. (00001, 2025-04-01, 10, A0001, B0001)
38	tbl_sale에 두 번째 판매 레코드를 삽입합니다. (00002, 2025-04-02, 15, A0001, B0004)
39	tbl_sale에 세 번째 판매 레코드를 삽입합니다. (00003, 2025-04-03, 10, A0001, B0005)
40	tbl_sale에 네 번째 판매 레코드를 삽입합니다. (00004, 2025-04-04, 15, A0001, B0003)
41	tbl_sale에 다섯 번째 판매 레코드를 삽입합니다. (00005, 2025-04-05, 10, A0002, B0002)
42	tbl_sale에 여섯 번째 판매 레코드를 삽입합니다. (00006, 2025-04-06, 15, A0002, B0004)
43	tbl_sale에 일곱 번째 판매 레코드를 삽입합니다. (00007, 2025-04-07, 10, A0002, B0003)

line	소스 코드 : db.sql (2/2)
44	`INSERT INTO tbl_sale     VALUES('00008','20250408','15','A0002','B0004');`
45	`INSERT INTO tbl_sale     VALUES('00009','20250409','10','A0003','B0002');`
46	`INSERT INTO tbl_sale     VALUES('00010','20250410','15','A0003','B0004');`
47	`INSERT INTO tbl_sale     VALUES('00011','20250411','10','A0003','B0002');`
48	`INSERT INTO tbl_sale     VALUES('00012','20250412','15','A0004','B0001');`
49	`INSERT INTO tbl_sale     VALUES('00013','20250413','15','A0004','B0002');`
50	`INSERT INTO tbl_sale     VALUES('00014','20250414','10','A0004','B0003');`
51	`INSERT INTO tbl_sale     VALUES('00015','20250415','15','A0004','B0005');`
52	
53	`/* 데이터베이스 처리 작업 확정 */`
54	`COMMIT`
55	
56	`/* 테이블 데이터 출력 */`
57	`SELECT * FROM tbl_bakery;`
58	`SELECT * FROM tbl_bread;`
59	`SELECT * FROM tbl_sale;`

line	소스 코드 : db.sql (2/2)
44	tbl_sale에 여덟 번째 판매 레코드를 삽입합니다. (00008, 2025-04-08, 15, A0002, B0004)
45	tbl_sale에 아홉 번째 판매 레코드를 삽입합니다. (00009, 2025-04-09, 10, A0003, B0002)
46	tbl_sale에 열 번째 판매 레코드를 삽입합니다. (00010, 2025-04-10, 15, A0003, B0004)
47	tbl_sale에 열한 번째 판매 레코드를 삽입합니다. (00011, 2025-04-11, 10, A0003, B0002)
48	tbl_sale에 열두 번째 판매 레코드를 삽입합니다. (00012, 2025-04-12, 15, A0004, B0001)
49	tbl_sale에 열세 번째 판매 레코드를 삽입합니다. (00013, 2025-04-13, 15, A0004, B0002)
50	tbl_sale에 열네 번째 판매 레코드를 삽입합니다. (00014, 2025-04-14, 10, A0004, B0003)
51	tbl_sale에 열다섯 번째 판매 레코드를 삽입합니다. (00015, 2025-04-15, 15, A0004, B0005)
52	구역 구분을 위한 빈 줄입니다.
53	데이터베이스 처리 작업 확정을 알리는 주석입니다.
54	`COMMIT` 명령으로 트랜잭션을 커밋해 모든 변경 사항을 확정합니다.
55	구역 구분을 위한 빈 줄입니다.
56	테이블 데이터 출력 섹션의 시작을 알리는 주석입니다.
57	tbl_bakery 테이블의 모든 레코드를 조회하는 문입니다.
58	tbl_bread 테이블의 모든 레코드를 조회하는 문입니다.
59	tbl_sale 테이블의 모든 레코드를 조회하는 문입니다.

(3) 코드 세부 설명

(가) SQL 입력 확인 : 정상적으로 실행이 다 되었다면 아래와 같이 성공 표시가 나타난다.

Status	Operation
Failed	DROP TABLE tbl_sale
Failed	DROP TABLE tbl_bread
Failed	DROP TABLE tbl_bakery
Succeeded	CREATE TABLE tbl_bakery(pk_bakery VARCHAR2(5) NOT NULL PRIMARY KEY , ...
Succeeded	CREATE TABLE tbl_bread(pk_bread VARCHAR2(5) NOT NULL PRIMARY KEY , na...
Succeeded	CREATE TABLE tbl_sale(pk_sale VARCHAR2(5) NOT NULL PRIMARY KEY , deal_...
▽ Succeeded	Group Execution
Succeeded	INSERT INTO tbl_bakery VALUES('A0001','정심당','대전','정성을 다한 마음으로 빵을...
Succeeded	INSERT INTO tbl_bakery VALUES('A0002','셋쥬루','천안','전설의 레전드 원조 빵집')
Succeeded	INSERT INTO tbl_bakery VALUES('A0003','오송빵집','대구','고구마 맛을 극한으로 올...
Succeeded	INSERT INTO tbl_bakery VALUES('A0004','코끼리제과','안동','코끼리 없는 코끼리 빵...
Succeeded	INSERT INTO tbl_bread VALUES('B0001','대보름빵',1000)
Succeeded	INSERT INTO tbl_bread VALUES('B0002','자라빵',1500)
Succeeded	INSERT INTO tbl_bread VALUES('B0003','코끼리빵',2000)
Succeeded	INSERT INTO tbl_bread VALUES('B0004','찹쌀도너츠',2500)
Succeeded	INSERT INTO tbl_bread VALUES('B0005','고구마빵',3000)
Succeeded	INSERT INTO tbl_bread VALUES('B0006','치즈빵',3500)
Succeeded	INSERT INTO tbl_bread VALUES('B0007','햄빵',4000)
Succeeded	INSERT INTO tbl_sale VALUES('00001','20250401','10','A0001','B0001')
Succeeded	INSERT INTO tbl_sale VALUES('00002','20250402','15','A0001','B0004')
Succeeded	INSERT INTO tbl_sale VALUES('00003','20250403','10','A0001','B0005')
Succeeded	INSERT INTO tbl_sale VALUES('00004','20250404','15','A0001','B0003')
Succeeded	INSERT INTO tbl_sale VALUES('00005','20250405','10','A0002','B0002')
Succeeded	INSERT INTO tbl_sale VALUES('00006','20250406','15','A0002','B0004')
Succeeded	INSERT INTO tbl_sale VALUES('00007','20250407','10','A0002','B0003')
Succeeded	INSERT INTO tbl_sale VALUES('00008','20250408','15','A0002','B0004')
Succeeded	INSERT INTO tbl_sale VALUES('00009','20250409','10','A0003','B0002')
Succeeded	INSERT INTO tbl_sale VALUES('00010','20250410','15','A0003','B0004')
Succeeded	INSERT INTO tbl_sale VALUES('00011','20250411','10','A0003','B0002')
Succeeded	INSERT INTO tbl_sale VALUES('00012','20250412','15','A0004','B0001')
Succeeded	INSERT INTO tbl_sale VALUES('00013','20250413','15','A0004','B0002')
Succeeded	INSERT INTO tbl_sale VALUES('00014','20250414','10','A0004','B0003')
Succeeded	INSERT INTO tbl_sale VALUES('00015','20250415','15','A0004','B0005')
Succeeded	COMMIT
▽ Succeeded	Group Execution
Succeeded	SELECT * FROM tbl_bakery
Succeeded	SELECT * FROM tbl_bread
Succeeded	SELECT * FROM tbl_sale

① 테이블 삭제(DROP) 명령어의 경우 삭제할 테이블이 없는 경우 실패(Failed) 표시가 나타나는 것이 정상이다.

② 입력 SQL 문은 데이터 1줄씩 성공(Succeeded)을 확인할 수 있다.

③ 검색(Select) SQL 문의 경우 클릭하여 결과(Result)를 확인하면 실제 입력된 데이터를 볼 수 있다.

(나) 테이블 구조 확인

① 이 과제의 테이블은 3개입니다. 제과 테이블과 제과점 테이블에 값이 판매정보 테이블에 외래 키로 연결되어 있다. 그림으로 표현하면 다음과 같다.

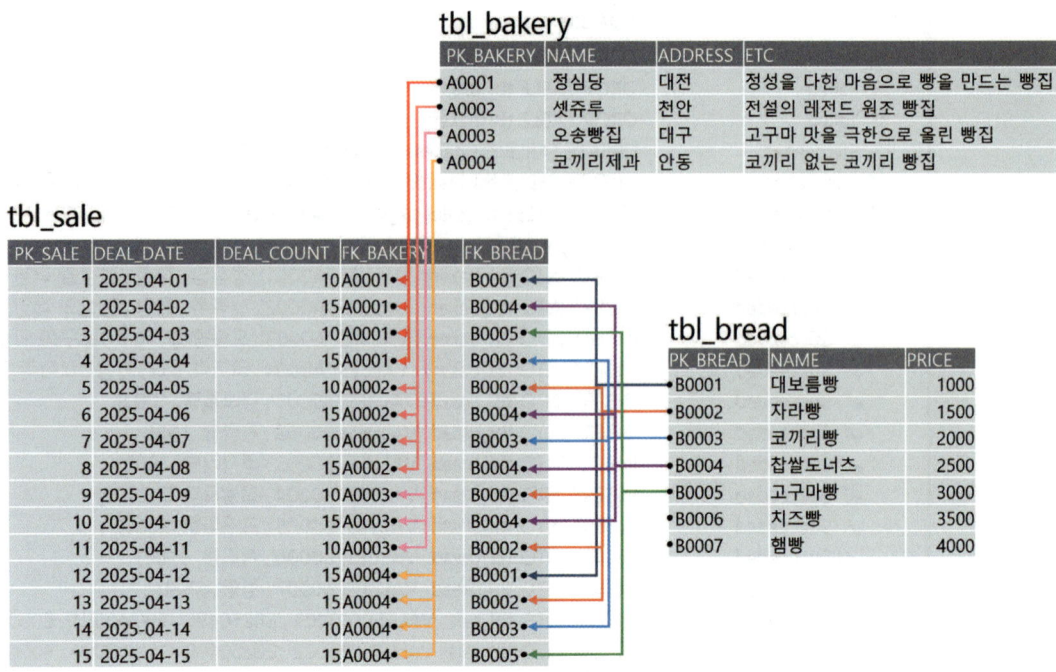

② tbl_bakery 테이블의 pk_bakery 컬럼 ID는 tbl_sale 테이블의 fk_bakery와 연결된다.
③ tbl_bread 테이블의 pk_bread 컬럼 ID는 tbl_sale 테이블의 fk_bread와 연결된다.

이러한 테이블 연결 구조를 잘 이해할 수 있어야 앞으로의 실기 문제를 풀이하는 데 유리하다. 처음에 어려울 수 있지만, FOREIGN KEY 설정을 잘 이해하고, 문제를 풀어보도록 하자.

더 알아보기 | 소스코드 이해 돕기

데이터 입력(INSERT) 시 값(VALUES)의 다양한 입력 방법

1. 기본 사용법 (전체 컬럼 순서대로 입력)

INSERT INTO 테이블명 VALUES (값1, 값2, 값3, ...);

설명 테이블의 모든 컬럼 순서대로 값을 정확히 맞춰야 함

2. 컬럼명 지정 사용법 (권장 방식)

INSERT INTO 테이블명 (컬럼1, 컬럼4, 컬럼2) VALUES (값1, 값4, 값2);

설명 입력할 컬럼만 선택 가능하며, 순서도 자유롭게 조정할 수 있음

3. 서브쿼리를 통한 INSERT

INSERT INTO 테이블A (컬럼1, 컬럼2) SELECT 컬럼A, 컬럼B FROM 테이블B WHERE 조건

설명 다른 테이블B에서 값을 가져와서 지정된 테이블A에 데이터를 입력할 수 있음

3 화면구현

• 문제에서 요구하는 화면을 구성하고, 연결될 전체 페이지를 생성한다.

> **참고 사항**
> • 화면의 구성요소는 필수사항이다.
> • 화면의 스타일은 제공 그림을 참조하여 유사하게 구현한다.
> • 화면의 색상은 구별이 가능하게 작업자가 임의로 선정한다.

• 문제에서 요구하는 화면 구현 정보는 아래와 같다.

가) 시작화면(index.jsp)

① 시작화면은 헤더(header), 메뉴(nav), 섹션(section), 푸터(footer)로 구성된다.
② 메뉴는 '판매등록', '제과현황', '판매현황', '매출현황', '홈으로' 구성된다.
③ 푸터(footer)는 저작권 관련정보로 구성된다.

가) 웹 구조 설명

① 제시된 요구사항의 구성은 HTML 기준으로 아래와 같다.

② 우리가 기본형 문제에서 했던 구조와 동일한 것을 확인할 수 있다.

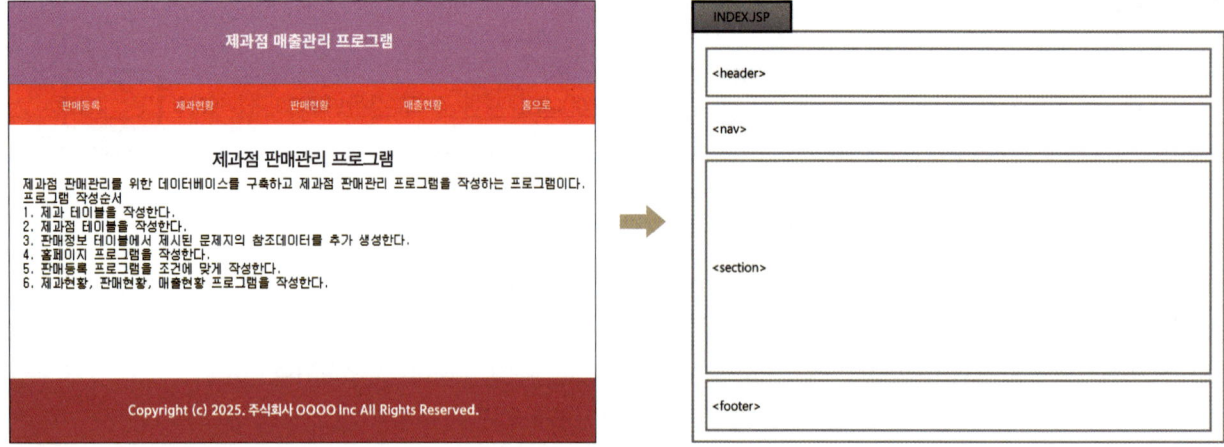

나) 페이지 구조

① '판매등록', '제과현황', '판매현황', '매출현황', '홈으로', 웹 페이지는 '헤더(header)', '메뉴(nav)', '푸터(footer)'의 디자인은 동일하며, '섹션(section)' 부분의 내용만 다르게 구성되어 있다.

② 시작 페이지를 제외한 4개 페이지의 구성은 다음과 같다.

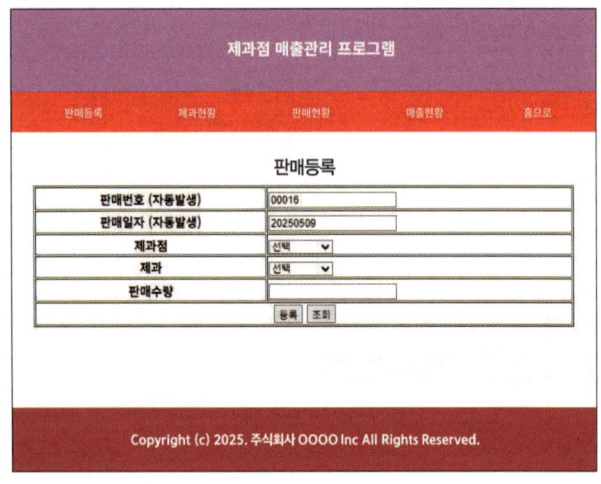

◐ 판매등록

◐ 제과현황

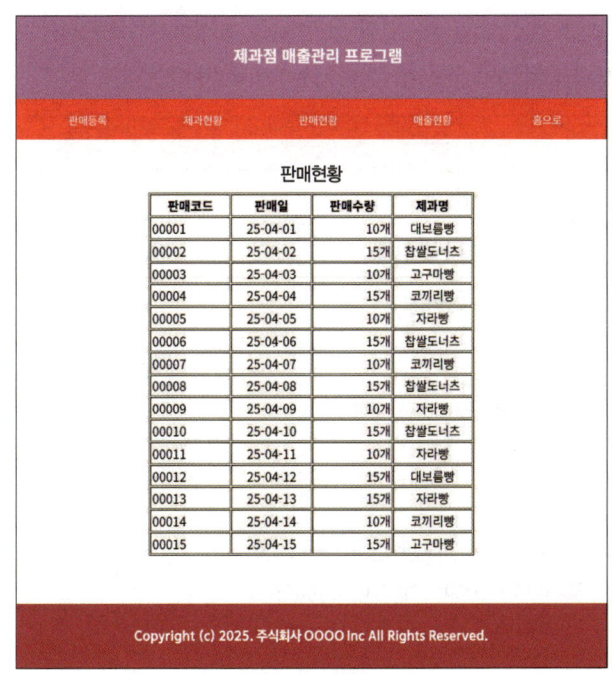

◉ 판매현황

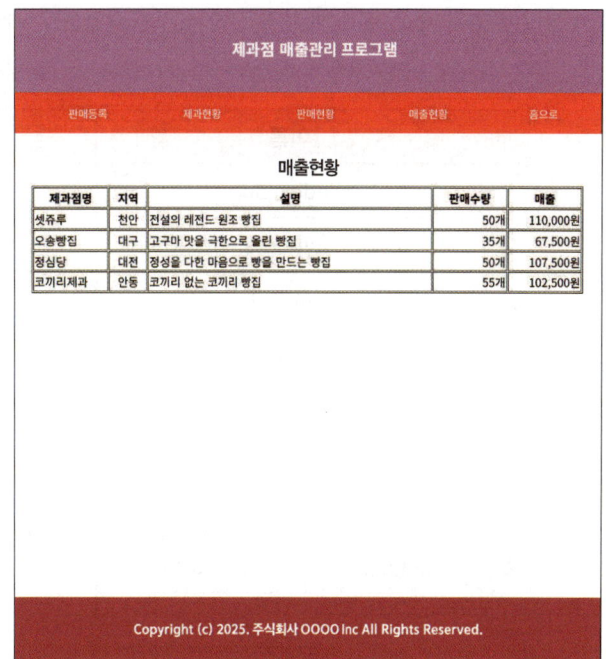

◉ 매출현황

다) 페이지 생성 : 웹사이트 구성을 위한 페이지를 생성한다.

① 웹 페이지를 만들기 위해 마우스 오른쪽 버튼을 클릭해서 [New] → [jsp File]를 클릭한다.

② 제작에 필요한 파일을 생성한다.

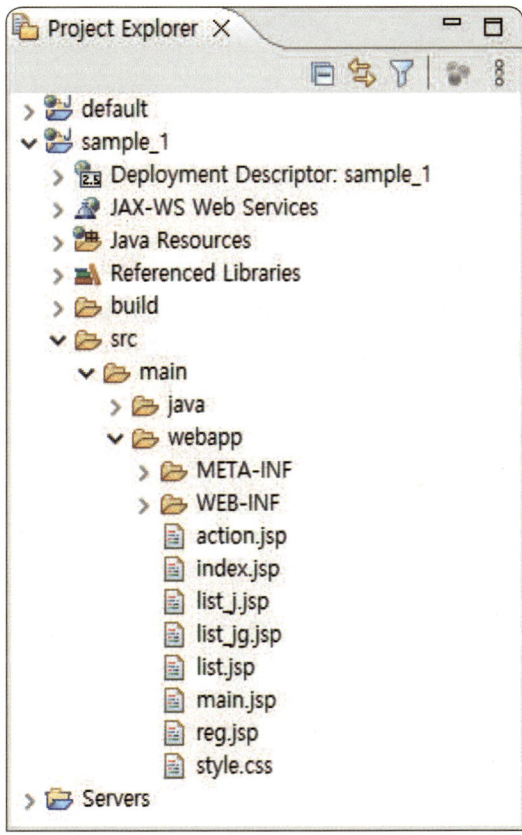

③ 기본형과 다른 점은 페이지가 하나 추가되었는데 '매출현황' 페이지는 제과점별 판매 합계 금액을 산출해야 하므로 Group by를 사용해야 한다. 따라서 list_jg.jsp(list:join 기능 + group by 기능)가 추가되었다.

	이름		용도	사용
1	index.jsp		시작 페이지	✓
2	style.css		스타일 시트	✓
3	main.jsp		메인(홈)	✓
4	reg.jsp		등록	✓
5	action.jsp		데이터베이스 처리	✓
6	list.jsp	기본	조회(현황) 부가 기능에 따라 단어 추가 예 ▶ join+group by = list_jg.jsp	✓
		join		✓
		group by		✓
		order by		
		where		
7	search.jsp		검색	✓
8	DBPKG(Util.java)		데이터베이스 연결	✓

더 알아보기 — 대소문자 구분

정보처리산업기사 과정평가형 외부평가 실무는 윈도 운영체제 환경에서 서버(Apache Tomcat)를 구축하고 수행된다. 윈도 환경은 대소문자를 구분하지 않고 같은 파일로 인식하지만, 보편적인 서버에 설치되어있는 Linux/Unix 기반 운영체제는 대소문자를 구분하여 다른 파일로 인식한다. 따라서 파일 이름을 STYLE.CSS를 작성할 경우 윈도에서는 style.css로 소스 코드에서 사용해도 허용되지만, Linux/Unix 기반 운영체제는 없는 파일로 처리되어서 오류가 발생한다. 가능한 소문자를 사용해서 파일을 생성해야 다양한 서버 운영체제에서 오류를 방지할 수 있다.

소스코드 대소문자 구분	예약어	변수명	문자열/값
HTML	✕	○	○
CSS	✕	○	✕
JavaScript	○	○	○
JSP	✕	○	○
Java	○	○	○
Oracle SQL	✕	✕	○

4 페이지별 기능 구현

입력, 검색, 조회 등 각 조건에 맞는 프로그램을 구현 및 단위 테스트를 한다.

가) 시작 페이지 index.jsp

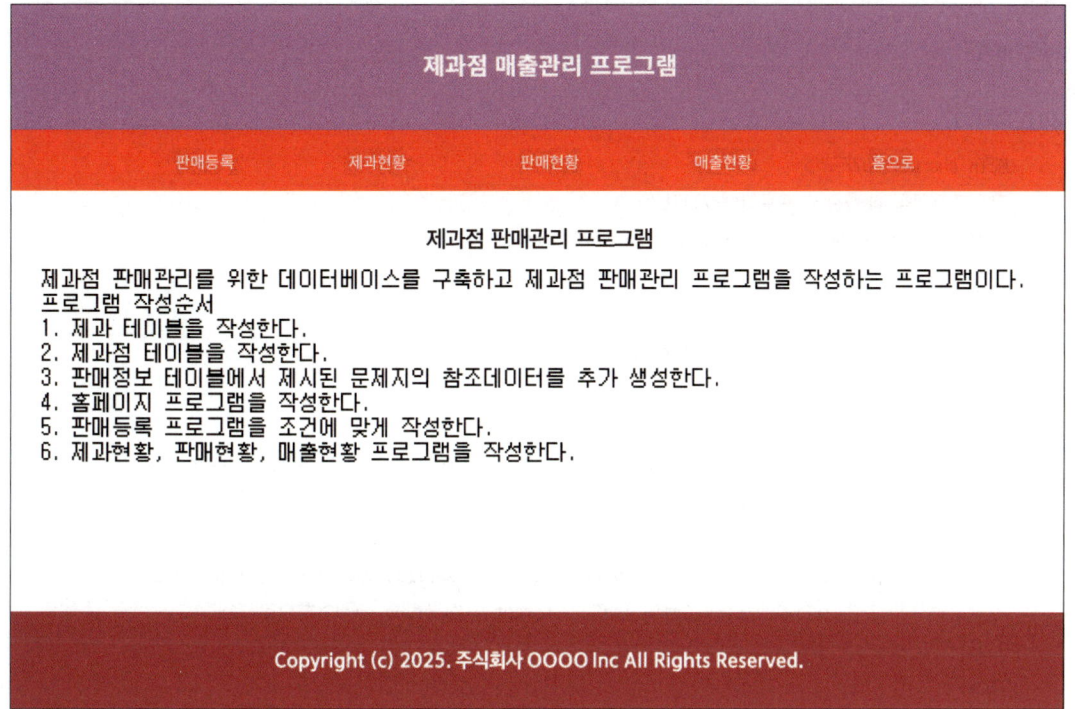

나) 시작 페이지 index.jsp는 기본 영역 구성과 디자인을 결정한다. 따라서 시작 페이지가 원활하게 작동하기 위해서는 3개의 페이지가 필요하다.

① 시작 페이지 index.jsp
② 스타일시트 페이지 style.css
③ 메인 본문 내용 페이지 mail.jsp

순서대로 소스 코드와 완성 화면 그리고 세부 설명을 차례대로 한다.

다) 각 라인의 설명이 쉽도록 번호를 달았다. 실제 코딩에서는 텍스트만 입력하면 된다.

① 코드를 쉽게 알아볼 수 있게 하기 위해서 최대한 깔끔하고 간결하게 작성하였다.
② HTML 태그는 대문자로 작성하였다.
③ 기본형에서 다룬 기본적 내용은 중복을 최소화하였다.

(1) 소스 코드 : 시작 페이지(index.jsp)

line	소스 코드
1	`<%@ page language    =    "java"`
2	`         contentType  =    "text/html; charset=UTF-8"`
3	`         pageEncoding =    "UTF-8"                    %>`
4	`<!DOCTYPE HTML>`
5	`<HTML>`
6	`<HEAD>`
7	`     <META charset="UTF-8">`
8	`     <TITLE>제과점 매출관리 프로그램</TITLE>`
9	`     <LINK rel="stylesheet" type="text/css" href="style.css">`
10	`</HEAD>`
11	`<BODY>`
12	`     <HEADER><H2>제과점 매출관리 프로그램</H2></HEADER>`
13	`     <NAV>`
14	`          <UL>`
15	`               <LI><A href = "reg.jsp"     target = "section_page">판매등록</A></LI>`
16	`               <LI><A href = "list.jsp"    target = "section_page">재고현황</A></LI>`
17	`               <LI><A href = "list_j.jsp"  target = "section_page">판매현황</A></LI>`
18	`               <LI><A href = "list_jg.jsp" target = "section_page">매출현황</A></LI>`
19	`               <LI><A href = "main.jsp"    target = "section_page">홈으로</A></LI>`
20	`          </UL>`
21	`     </NAV>`
22	`     <SECTION>`
23	`          <IFRAME   name = "section_page"   src  = "main.jsp"></IFRAME>`
24	`     </SECTION>`
25	`     <FOOTER>`
26	`          <H3>Copyright (c) 2025. 주식회사 0000 Inc All Rights Reserved.</H3>`
27	`     </FOOTER>`
28	`</BODY>`
29	`<SCRIPT>`
30	`     const frame = document.querySelector('iframe[name="section_page"]');`
31	`     frame.addEventListener('load', () => {`
32	`          const url = frame.contentWindow.location.pathname;`
33	`          if (url.endsWith('list_j.jsp')) {`
34	`               frame.style.height = '600px';`
35	`          }else{`
36	`               frame.style.height = '400px';`
37	`          }`
38	`     });`
39	`</SCRIPT>`
40	`</HTML>`

(가) 코드 설명 : 각 라인의 코드 설명이다.

line	코드 설명
1	JSP 페이지 지시자로 스크립팅 언어를 Java로 지정합니다.
2	응답 콘텐츠 타입을 text/html, 문자 인코딩을 UTF-8로 설정합니다.
3	JSP 파일 자체의 페이지 인코딩을 UTF-8로 지정하고 지시자를 닫습니다.
4	문서를 HTML5 표준으로 선언합니다.
5	HTML 문서의 최상위 요소를 시작합니다.
6	메타데이터를 포함하는 head 요소를 시작합니다.
7	문서의 문자 인코딩을 UTF-8로 지정하는 메타 태그입니다.
8	브라우저 탭에 표시될 제목을 "제과점 매출관리 프로그램"으로 설정합니다.
9	외부 스타일시트(style.css)를 링크하여 CSS를 적용합니다.
10	head 요소를 종료합니다.
11	문서의 본문을 나타내는 body 요소를 시작합니다.
12	프로그램 제목을 H2 헤더로 표시하는 header 영역입니다.
13	내비게이션 메뉴를 감싸는 nav 요소를 시작합니다.
14	순서 없는 목록(ul) 요소를 시작합니다.
15	"판매등록" 페이지(reg.jsp)를 section_page iframe에 로드하는 링크입니다.
16	"제과현황" 페이지(list.jsp)를 section_page iframe에 로드하는 링크입니다.
17	"판매현황" 페이지(sales.jsp)를 section_page iframe에 로드하는 링크입니다.
18	"매출현황" 페이지(revenue.jsp)를 section_page iframe에 로드하는 링크입니다.
19	"홈으로" 페이지(main.jsp)를 section_page iframe에 로드하는 링크입니다.
20	순서 없는 목록(ul) 요소를 종료합니다.
21	내비게이션(nav) 요소를 종료합니다.
22	주요 콘텐츠 영역을 감싸는 section 요소를 시작합니다.
23	기본 src가 main.jsp인 iframe을 정의하여 내부 페이지를 표시합니다.
24	section 요소를 종료합니다.
25	문서 하단의 footer 요소를 시작합니다.
26	저작권 정보를 H3 헤더로 표시합니다.
27	footer 요소를 종료합니다.
28	body 요소를 종료합니다.
29	JavaScript 코드를 포함하기 위한 script 요소를 시작합니다.
30	iframe[name="section_page"] 요소를 선택하여 frame 변수에 할당합니다.
31	iframe이 로드될 때 실행될 이벤트 리스너를 등록합니다.
32	iframe 내부 문서의 경로명을 가져옵니다.
33	로드된 URL이 'list_j.jsp'로 끝나는지 확인합니다.
34	조건이 참일 경우 iframe 높이를 600px로 설정합니다.
35	else 블록을 시작합니다.
36	iframe 높이를 400px로 설정합니다.
37	else 블록을 종료합니다.
38	이벤트 리스너 콜백 함수를 종료합니다.
39	script 요소를 종료합니다.
40	HTML 문서의 루트 요소를 종료합니다.

(나) 코드 세부 설명 : URL 접근 시에 가장 초기에 나오는 페이지이다.
① 기본형 문제와 구성이 거의 비슷한 코드로 구현되어 있는 것을 확인할 수 있다. 단지 차이점은 링크된 페이지가 총 5개이고, 내비게이션 메뉴 제목이 다르다는 것이다.
② 이 문제의 CSS적 특징이 있다. 바로 페이지별로 창 크기를 조절한 것이다. 문제 요구사항에서 판매현황의 경우 데이터양이 많으므로 높이를 다른 페이지에 비해 높게 할 것을 요구하였다. 해당 조건을 만족하기 위해 자바스크립트로 처리하였다. 아래와 같이 코드를 입력하면 페이지에 따라 원하는 크기로 창 크기를 조절할 수 있다.

```
<SCRIPT>
    const frame = document.querySelector('iframe[name="[아이프레임 이름]"]');
    frame.addEventListener('load', () => {
        const url = frame.contentWindow.location.pathname;
        if (url.endsWith('[변경하고자 하는 페이지]')) {
                frame.style.height = '[변경하고자 하는 높이]';
        }else{
                frame.style.height = '[기본 높이]';
        }
    });
</SCRIPT>
```

제과점 매출관리 프로그램

| 판매등록 | 제과현황 | 판매현황 | 매출현황 | 홈으로 |

판매현황

판매코드	판매일	판매수량	제과명
00001	25-04-01	10개	대보름빵
00002	25-04-02	15개	찹쌀도너츠
00003	25-04-03	10개	고구마빵
00004	25-04-04	15개	코끼리빵
00005	25-04-05	10개	자라빵
00006	25-04-06	15개	찹쌀도너츠
00007	25-04-07	10개	코끼리빵
00008	25-04-08	15개	찹쌀도너츠
00009	25-04-09	10개	자라빵
00010	25-04-10	15개	찹쌀도너츠
00011	25-04-11	10개	자라빵
00012	25-04-12	15개	대보름빵
00013	25-04-13	15개	자라빵
00014	25-04-14	10개	코끼리빵
00015	25-04-15	15개	고구마빵

Copyright (c) 2025. 주식회사 OOOO Inc All Rights Reserved.

○ 판매현황

| 제과점 매출관리 프로그램 | | | | | |

| 판매등록 | 제과현황 | 판매현황 | 매출현황 | 홈으로 |

매출현황

제과점명	지역	설명	판매수량	매출
셋쥬루	천안	전설의 레전드 원조 빵집	50개	110,000원
오송빵집	대구	고구마 맛을 극한으로 올린 빵집	35개	67,500원
정심당	대전	정성을 다한 마음으로 빵을 만드는 빵집	50개	107,500원
코끼리제과	안동	코끼리 없는 코끼리 빵집	55개	102,500원

Copyright (c) 2025. 주식회사 OOOO Inc All Rights Reserved.

 매출현황

더 알아보기 — HTML에서 사용하는 크기 단위

1. px(픽셀, Pixel) : 절대 단위
- 화면상의 고정된 점(pixel) 개수를 기준으로 크기를 지정한다.
- 고정 크기이므로 반응형 디자인에는 불리할 수 있다.

2. %(퍼센트) : 상대 단위
- 부모 요소 또는 기준 요소의 크기에 대한 비율로 계산된다.
- 주로 유동적인 레이아웃이나 반응형 웹 디자인에 많이 사용된다.

3. vh(Viewport Height)
- 뷰포트 높이에 대한 상대 단위이다.
- 1vh는 브라우저 화면 높이의 1%를 의미한다.

4. 비교

단위	종류	기준	장점	단점
px	절대	픽셀	정확한 크기 지정	반응형 어려움
%	상대	부모 요소	유동적, 반응형 적합	부모 크기 의존
vh	상대	브라우저 높이	전체 화면 대응 가능	일부 모바일 브라우저에서 오차 가능

(2) 소스 코드 : 스타일시트 페이지(style.css)

소스 코드 : index.jsp (1/2)

```css
@charset "UTF-8";

/* === 공통 === */
BODY, HTML {
        text-align:center;
}
HEADER, NAV, SECTION, IFRAME, FOOTER {
  width:100%;
  padding:15px;
  display:flex;
  align-items:center;
  justify-content:center;
}

/* === 헤더/푸터 === */
HEADER {
        height:100px;
        background:rgb(255, 128, 255);
}
FOOTER {
        height:70px;
        background:rgb(203, 18, 65);
        color:#fff;
}

/* === 내비게이션 === */
NAV {
        height:30px;
        background:rgb(255, 0, 0);
}
NAV UL {
        margin:0;
        padding:0;
}
NAV LI {
        display:inline-block;
        width:170px;
}
NAV A {
        color:#fff;
        text-decoration:none;
}
/* === 본문 === */
SECTION {
        background:#fff;
        border:0;
}
SECTION IFRAME {
```

(가) 코드 설명 : 각 라인의 코드 설명이다.

line	코드 설명 (1/2)
1	CSS 파일의 문자 인코딩을 UTF-8로 설정합니다.
2	빈 줄로, 가독성을 위해 섹션 구분을 제공합니다.
3	"공통" 스타일 블록의 시작을 알리는 주석입니다.
4	body와 html요소에 공통 스타일을 적용하기 위한 선언입니다.
5	텍스트를 가로 중앙으로 정렬합니다.
6	앞선 공통 스타일 블록을 닫습니다.
7	header, nav, section, iframe, footer요소에 공통 스타일을 적용하기 위한 선언입니다.
8	해당 요소의 너비를 부모 또는 화면 너비의 100%로 설정합니다.
9	내부 여백(padding)을 15픽셀로 지정합니다.
10	Flexbox 레이아웃을 사용하겠다고 지정합니다.
11	Flexbox의 세로(교차축) 방향으로 내부 항목을 가운데 정렬합니다.
12	Flexbox의 가로(주축) 방향으로 내부 항목을 가운데 정렬합니다.
13	앞선 공통 스타일 블록을 닫습니다.
14	빈 줄로, 가독성을 위해 구획을 나눕니다.
15	"헤더/푸터" 스타일 블록의 시작을 알리는 주석입니다.
16	header요소 전용 스타일 적용을 위한 선언입니다.
17	헤더 높이를 100픽셀로 설정합니다.
18	헤더 배경색을 연한 핑크색(RGB(255,128,255))으로 지정합니다.
19	header스타일 블록을 닫습니다.
20	footer요소 전용 스타일 적용을 위한 선언입니다.
21	푸터 높이를 70픽셀로 설정합니다.
22	푸터 배경색을 붉은색(RGB(203,18,65))으로 지정합니다.
23	푸터 텍스트 색상을 흰색(#fff)으로 설정합니다.
24	footer스타일 블록을 닫습니다.
25	빈 줄로, 가독성을 위해 구획을 나눕니다.
26	"내비게이션" 스타일 블록의 시작을 알리는 주석입니다.
27	nav요소 전용 스타일 적용을 위한 선언입니다.
28	내비게이션 바의 높이를 30픽셀로 설정합니다.
29	내비게이션 배경색을 빨간색(RGB(255,0,0))으로 지정합니다.
30	nav스타일 블록을 닫습니다.
31	nav ul요소 전용 스타일 적용을 위한 선언입니다.
32	목록 바깥 여백(margin)을 0으로 제거합니다.
33	목록 안쪽 여백(padding)을 0으로 제거합니다.
34	nav ul스타일 블록을 닫습니다.
35	nav li요소 전용 스타일 적용을 위한 선언입니다.
36	목록 항목을 인라인 블록으로 설정해 가로로 나열합니다.
37	각 메뉴 항목의 너비를 170픽셀로 지정합니다.
38	nav li스타일 블록을 닫습니다.
39	nav a요소 전용 스타일 적용을 위한 선언입니다.
40	링크 텍스트 색상을 흰색(#fff)으로 설정합니다.
41	링크의 밑줄 등 기본 장식을 제거합니다.
42	nav a스타일 블록을 닫습니다.
43	"본문" 스타일 블록의 시작을 알리는 주석입니다.
44	section요소 전용 스타일 적용을 위한 선언입니다.
45	본문 영역 배경색을 흰색(#fff)으로 지정합니다.
46	본문 영역의 테두리를 제거합니다.
47	section스타일 블록을 닫습니다.
48	section iframe요소 전용 스타일 적용을 위한 선언입니다.

line	소스 코드 : index.jsp (2/2)
49	height:*400px*;
50	border:*0*;
51	}
52	PRE {
53	text-align:*left*;
54	}
55	TABLE {
56	margin:*auto*;
57	}

(3) 소스 코드 : 메인 페이지(main.jsp)

line	소스 코드
1	<%@ page language = *"java"*
2	contentType = *"text/html; charset=UTF-8"*
3	pageEncoding = *"UTF-8"* %>
4	<!DOCTYPE HTML>
5	<HTML>
6	<HEAD>
7	<META charset = *"UTF-8"*>
8	<LINK rel = *"stylesheet"* type = *"text/css"* href = *"style.css"*>
9	</HEAD>
10	<BODY>
11	<H4>제과점 판매관리 프로그램</H4>
12	<PRE>
13	제과점 판매관리를 위한 데이터베이스를 구축하고 제과점 판매관리 프로그램을 작성하는 프로그램이다.
14	프로그램 작성순서
15	1. 제과 테이블을 작성한다.
16	2. 제과점 테이블을 작성한다.
17	3. 판매정보 테이블에서 제시된 문제지의 참조데이터를 추가 생성한다.
18	4. 홈페이지 프로그램을 작성한다.
19	5. 판매등록 프로그램을 조건에 맞게 작성한다.
20	6. 제과현황, 판매현황, 매출현황 프로그램을 작성한다.
21	</PRE>
22	</BODY>
23	</HTML>

line	코드 설명 (2/2)
49	iframe 높이를 400픽셀로 설정합니다.
50	iframe 테두리를 제거합니다.
51	section iframe스타일 블록을 닫습니다.
52	pre요소 전용 스타일 적용을 위한 선언입니다.
53	사전 서식(pre) 영역 내 텍스트를 왼쪽 정렬합니다.
54	pre스타일 블록을 닫습니다.
55	table요소 전용 스타일 적용을 위한 선언입니다.
56	표를 가로 중앙에 배치하기 위해 margin:auto를 설정합니다.
57	table스타일 블록을 닫습니다.

(나) 코드 세부 설명 : 스타일 시트이다.

기본형에서 색상을 제외하고는 변경된 부분이 없다. 실제 실습 시험에서도 비슷하니, 스타일 시트는 외워 두는 것이 좋다.

(가) 코드 설명 : 각 라인의 코드 설명이다.

line	코드 설명
1	이 페이지에서 사용할 스크립팅 언어(서버 사이드 코드)를 Java로 지정하는 설정입니다.
2	브라우저에 보내는 응답의 종류를 HTML(text/html)으로, 문자 인코딩을 UTF-8로 설정합니다.
3	JSP 파일 자체를 UTF-8 인코딩으로 읽고 처리하도록 지정하고, JSP 지시문 블록을 종료합니다.
4	이 문서가 HTML5 표준임을 브라우저에 선언합니다.
5	HTML 문서의 최상위(root) 요소를 여는 태그입니다.
6	메타데이터(문서 제목·문자셋·스타일 등)를 담는 머리말(head) 영역을 시작합니다.
7	이 HTML을 UTF-8 문자셋으로 해석하도록 브라우저에 지시합니다.
8	외부 스타일시트(style.css) 파일을 불러와 페이지의 디자인을 적용합니다.
9	머리말(head) 영역을 닫습니다.
10	실제 화면에 보이는 본문(body) 영역을 시작합니다.
11	크기 4(H4) 수준의 제목으로 '일정관리 프로그램'을 화면에 표시합니다.
12	줄바꿈과 공백을 그대로 유지하는 사전 서식(pre) 텍스트 블록을 시작합니다.
13	"회원 일정 관리를 위한 데이터베이스를 구축하고 회원 일정 관리 프로그램을 작성하는 프로그램이다."라는 소개 문장입니다.
14	"프로그램 작성순서"라는 소제목으로, 이후 단계별 목록이 이어집니다.
15	1단계 - 제과 테이블을 작성하는 작업입니다.
16	2단계 - 제과점 테이블을 작성하는 작업입니다.
17	3단계 - 판매정보 테이블에서 제시된 문제지의 참조데이터를 추가 생성하는 작업입니다.
18	4단계 - 홈페이지 프로그램을 작성하는 작업입니다.
19	5단계 - 판매등록 프로그램을 조건에 맞게 작성하는 작업입니다.
20	6단계 - 제과현황. 판매현황, 매출현황 프로그램을 작성하는 작업입니다.
21	사전 서식 텍스트(pre) 블록을 종료합니다.
22	본문(body) 영역을 닫습니다.
23	HTML 문서의 최상위(root) 요소를 닫아 페이지 구성을 마칩니다.

(나) 코드 세부 설명 : 메인페이지이다.

기본형에서 본문 내용을 제외하면 변경된 부분이 없다. 실제 실습 시험에서도 비슷하니, 부담 없이 타이핑하면 된다.

(4) 제과현황 페이지(list.jsp)

line	소스 코드
1	`<%@ page   language      =          "java"`
2	`           contentType   =          "text/html; charset=UTF-8"`
3	`           pageEncoding  =          "UTF-8"                    %>`
4	`<%@ page   import        =          "java.sql.*"               %>`
5	`<%@ page   import        =          "DBPKG.Util"               %>`
6	
7	`<!DOCTYPE HTML>`
8	`<HTML>`
9	`<HEAD>`
10	`    <META charset = "UTF-8">`
11	`    <LINK rel = "stylesheet" type = "text/css" href = "style.css">`
12	`</HEAD>`
13	`<BODY>`
14	`<%`
15	`request.setCharacterEncoding("UTF-8");`
16	`Connection conn = Util.getConnection();`
17	`Statement stmt  = conn.createStatement();`
18	`String sql = " SELECT     tbl_b.pk_bread                        AS   제과코드                 " +`
19	`             "  ,         tbl_b.name                            AS   제과명                   " +`
20	`             "  ,         TO_CHAR(tbl_b.price,'L999,999') || '원' AS   가격                     " +`
21	`             "  FROM      tbl_bread     tbl_b                                                ";`
22	`ResultSet rs = stmt.executeQuery(sql);`
23	`%>`
24	`<H4>제과현황</H4>`
25	`<TABLE border='1'>`
26	`    <TR>`
27	`        <TH width="100px">제과코드</TH>`
28	`        <TH width="100px">제과명</TH>`
29	`        <TH width="100px">가격</TH>`
30	`    </TR>`
31	`<% while(rs.next()){ %>`
32	`    <TR>`
33	`        <TD align="left"  ><%=rs.getString("제과코드") %></TD>`
34	`        <TD align="center"><%=rs.getString("제과명") %></TD>`
35	`        <TD align="right" ><%=rs.getString("가격") %></TD>`
36	`    </TR>`
37	`<% } %>`
38	`</TABLE>`
39	`</BODY>`
40	`</HTML>`

(가) 코드 설명 : 각 라인의 코드 설명이다.

line	코드 설명
1	이 페이지에서 사용할 스크립팅 언어(서버 사이드 코드)를 Java로 지정하는 설정입니다.
2	브라우저로 전송되는 응답의 종류를 HTML(text/html)으로, 문자 인코딩을 UTF-8로 설정합니다.
3	JSP 파일 자체를 UTF-8 인코딩으로 읽고 처리하도록 지정하고, 지시문 블록을 종료합니다.
4	Java의 데이터베이스 작업을 위해 java.sql 패키지를 가져옵니다.
5	DB 연결을 돕는 유틸리티 클래스(DBPKG.Util)를 가져옵니다.
6	HTML 문서와의 구분을 위해 빈 줄을 추가합니다.
7	문서가 HTML5 표준임을 선언합니다.
8	HTML 문서의 최상위 요소를 여는 태그입니다.
9	메타데이터(head) 영역을 시작합니다.
10	브라우저가 HTML을 UTF-8로 해석하도록 지정합니다.
11	외부 스타일시트(style.css)를 불러와 페이지 디자인을 적용합니다.
12	메타데이터(head) 영역을 닫습니다.
13	실제 콘텐츠를 담는 본문(body) 영역을 시작합니다.
14	JSP 스크립틀릿을 시작해 Java 코드를 삽입합니다.
15	요청 파라미터를 UTF-8로 읽도록 설정합니다.
16	데이터베이스 연결 객체를 얻어옵니다.
17	SQL 문 실행에 사용할 Statement 객체를 생성합니다.
18	회원 데이터 조회를 위한 SQL 문자열 작성 시작(제과코드, 이름, 가격 조회).
19	SQL 문자열에 제과명을 조회하도록 추가합니다.
20	SQL 문자열에 가격을 ₩(원화) 기호 표시와 '원'단위를 추가하고, 1000원 단위로 ','를 표기하여 조회하도록 추가합니다.
21	SQL 문자열의 FROM 절을 완성합니다.
22	SQL을 실행하여 결과(ResultSet)를 가져옵니다.
23	JSP 스크립틀릿을 닫습니다.
24	크기 4(H4) 수준의 제목으로 '제과현황'을 화면에 표시합니다.
25	테두리가 있는 표(table) 레이아웃을 시작합니다.
26	표의 첫 번째 행(tr)을 시작합니다.
27	첫 번째 헤더 셀(th)에 '제과코드'를 100px 너비로 표시합니다.
28	두 번째 헤더 셀(th)에 '제과명'을 100px 너비로 표시합니다.
29	세 번째 헤더 셀(th)에 '가격'을 100px 너비로 표시합니다.
30	첫 번째 행(tr)을 닫습니다.
31	JDBC 결과 집합을 반복하면서 각 행을 처리하기 위한 while 반복문을 시작합니다.
32	새로운 표 행(tr)을 시작합니다.
33	첫 번째 데이터 셀(td)에 제과코드를 왼쪽 정렬로 표시합니다.
34	두 번째 데이터 셀(td)에 제과명을 가운데 정렬로 표시합니다.
35	세 번째 데이터 셀(td)에 가격을 오른쪽 정렬로 표시합니다.
36	데이터 행(tr)을 닫습니다.
37	while 반복문을 종료합니다.
38	표(table) 레이아웃을 닫습니다.
39	본문(body) 영역을 닫습니다.
40	HTML 문서의 최상위 요소를 닫아 페이지 구성을 종료합니다.

(나) 코드 세부 설명 : 제과현황 페이지이다. 단독 테이블의 데이터를 출력한다.

① 이 문제에 추가된 사항은 금액의 표현이다. 데이터에는 단순하게 '1000'이 입력되어 있지만, ₩(원화) 기호 표시와 '원'단위를 추가하고, 1000원 단위로 ','를 표기하여 조회되도록 쿼리문을 수정해야 한다. 다음과 같은 형태로 SQL 문을 작성한다.

```
TO_CHAR([컬럼 ID],'L999,999') || '원'        AS 별칭
```

② TO_CHAR(number, format_mask) : 숫자형 값을 지정한 패턴(format_mask)에 맞춰 문자열로 변환한다.

㉮ 예 : TO_CHAR(12345, '999,999') → ' 12,345'(빈칸은 포맷 자릿수만큼 공백)

㉯ 9 : 숫자가 있으면 출력, 없으면 공백

㉰ 0 : 숫자가 없으면 0으로 출력

㉱ , : 천 단위 구분자

㉲ . : 소수점 구분자

㉳ L : 로케일에 맞는 통화 기호(한국 환경이라면 '₩')

㉴ 빈 공간이 싫다면 FM(Fill Mode) 옵션을 함께 사용하면 됩니다.

```
TO_CHAR(price, 'FML999,999')
```

㉵ 소수점 둘째 자리까지 표시

```
TO_CHAR(price, 'L999,999.00')
```

㉶ 항상 자릿수 고정(0 채우기)

```
TO_CHAR(price, 'L000,000')
```

㉷ 부호 표시(price = −4500 → "− 4,500", price = 4500 → "+ 4,500")

```
TO_CHAR(price, 'S999,999')
```

㉸ 공백 제거 + 통화 기호 생략

```
TO_CHAR(price, 'FM999,999') || '원'
```

③ 문자열 결합 연산자 || : 두 문자열을 이어 붙인다.

예 'ABC' || 'DEF' → 'ABCDEF'

④ 종합 예시

```
SELECT      price
,           TO_CHAR(price, 'L9G999D99')         AS 예시1
,           TO_CHAR(price, 'FML999,999')        AS 예시2
,           TO_CHAR(price, 'L000,000') || '원'   AS 예시3
,           TO_CHAR(price, 'S999,999.00') || '원' AS 예시4
FROM        tbl_b;
```

㉮ 'G'와 ' , '는 동일하게 천 단위 구분자 역할을 한다.
㉯ 'D'와 ' . '는 동일하게 소수점 구분자 역할을 한다.

price	예시1	예시2	예시3	예시4
500	₩500.00	₩500	₩000,500원	+ 500.00원
12345	₩12,345.00	₩12,345	₩012,345원	+12,345.00원
-67890	-₩67,890.00	-₩67,890	-₩067,890원	-67,890.00원

⑤ 결과 페이지 확인 : 정렬, 제목, 데이터 모두 일치하는지 꼼꼼하게 확인한다.

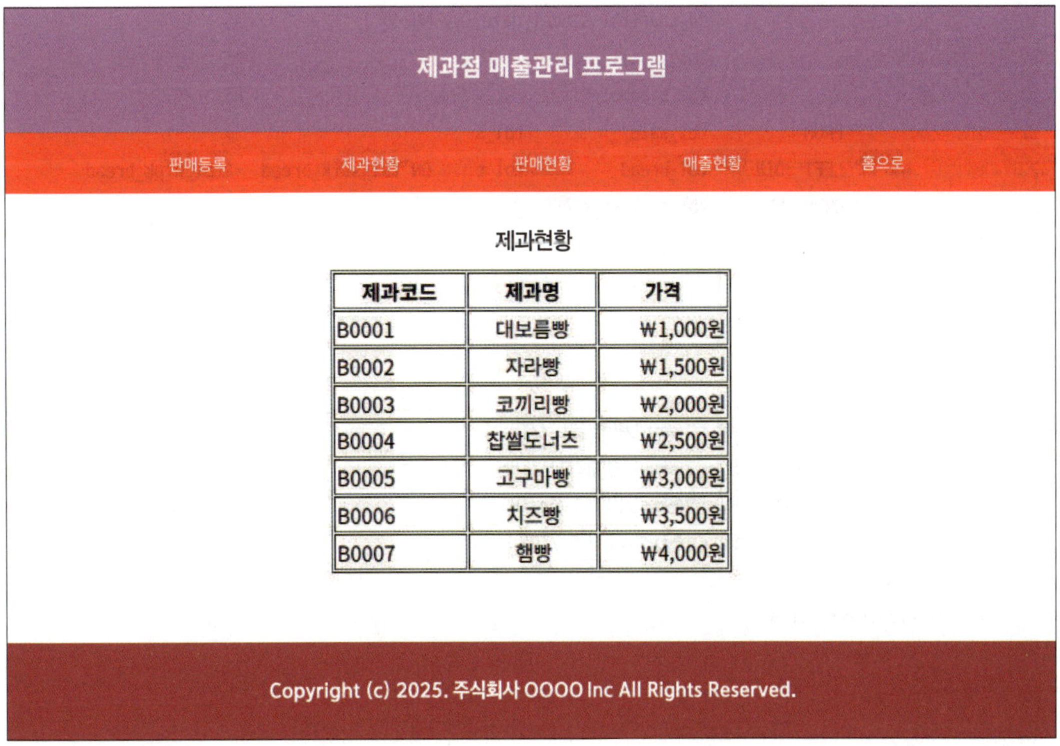

제과점 매출관리 프로그램

판매등록   제과현황   판매현황   매출현황   홈으로

제과현황

제과코드	제과명	가격
B0001	대보름빵	₩1,000원
B0002	자라빵	₩1,500원
B0003	코끼리빵	₩2,000원
B0004	찹쌀도너츠	₩2,500원
B0005	고구마빵	₩3,000원
B0006	치즈빵	₩3,500원
B0007	햄빵	₩4,000원

Copyright (c) 2025. 주식회사 OOOO Inc All Rights Reserved.

(5) 판매현황 페이지(list_j.jsp)

line	소스 코드
1	`<%@ page   language      =        "java"`
2	`            contentType  =        "text/html; charset=UTF-8"`
3	`            pageEncoding =        "UTF-8"                    %>`
4	`<%@ page import         =        "java.sql.*"               %>`
5	`<%@ page import         =        "DBPKG.Util"               %>`
6	
7	`<!DOCTYPE HTML>`
8	`<HTML>`
9	`<HEAD>`
10	`    <META charset = "UTF-8">`
11	`    <LINK rel = "stylesheet" type = "text/css" href = "style.css">`
12	`</HEAD>`
13	`<BODY>`
14	`<%`
15	`request.setCharacterEncoding("UTF-8");`
16	`Connection conn = Util.getConnection();`
17	`Statement stmt  = conn.createStatement();`
18	`String sql =" SELECT     tbl_s.pk_sale                              AS   판매코드             " +`
19	`            " ,          to_char(tbl_s.deal_date,'yy-MM-dd')        AS   판매일              " +`
20	`            " ,          tbl_s.deal_count || '개'                    AS   판매수량            " +`
21	`            " ,          tbl_b.name                                 AS   제과명              " +`
22	`            " FROM       tbl_sale       tbl_s                                               " +`
23	`            " LEFT JOIN  tbl_bread      tbl_b    ON tbl_s.fk_bread = tbl_b.pk_bread         " +`
24	`            " ORDER BY   tbl_s.pk_sale ASC                                                  " ;`
25	`ResultSet rs = stmt.executeQuery(sql);`
26	`%>`
27	`<H4>판매현황</H4>`
28	`<TABLE border='1'>`
29	`    <TR>`
30	`        <TH width="100px">판매코드</TH>`
31	`        <TH width="100px">판매일자</TH>`
32	`        <TH width="100px">판매수량</TH>`
33	`        <TH width="100px">제과명</TH>`
34	`    </TR>`
35	`<% while(rs.next()){ %>`
36	`    <TR>`
37	`        <TD align="left"  ><%=rs.getString("판매코드") %></TD>`
38	`        <TD align="center"><%=rs.getString("판매일") %></TD>`
39	`        <TD align="right" ><%=rs.getString("판매수량") %></TD>`
40	`        <TD align="center"><%=rs.getString("제과명") %></TD>`
41	`    </TR>`
42	`<% } %>`
43	`</TABLE>`
44	`</BODY>`
45	`</HTML>`

(가) 코드 설명 : 각 라인의 코드 설명이다.

line	코드 설명
1	JSP 페이지 지시어의 시작으로, 스크립팅 언어를 Java로 지정합니다.
2	JSP 페이지의 contentType을 text/html; charset=UTF-8로 설정해 응답 콘텐츠의 MIME 타입과 문자 인코딩을 정의합니다.
3	페이지 인코딩을 UTF-8로 지정하고, JSP 페이지 지시어를 닫습니다.
4	Java의 JDBC 관련 클래스를 포함하는 java.sql.* 패키지를 이 페이지로 가져옵니다.
5	커스텀 유틸리티 클래스로 보이는 DBPKG.Util을 임포트합니다.
6	(빈 줄) 코드 가독성을 위해 공백으로 분리한 부분입니다.
7	HTML5 문서 타입을 선언합니다.
8	HTML 문서의 최상위 요소인 〈html〉 태그를 엽니다.
9	문서의 메타데이터를 담는 〈head〉 태그를 엽니다.
10	문서의 문자 인코딩을 UTF-8로 지정하는 〈meta〉 태그입니다.
11	외부 스타일시트 style.css를 적용하기 위한 〈link〉 태그입니다.
12	〈head〉 태그를 닫습니다.
13	본문 콘텐츠를 담을 〈body〉 태그를 엽니다.
14	JSP 스크립틀릿(scriptlet)을 시작합니다.
15	요청 파라미터의 문자 인코딩을 UTF-8로 설정합니다.
16	유틸리티 클래스의 getConnection() 메서드를 호출해 데이터베이스 연결 객체(Connection)를 생성합니다.
17	SQL 실행용 Statement 객체를 생성합니다.
18	SQL 문자열 선언을 시작하며, tbl_s.pk_sale 컬럼을 판매코드라는 별칭으로 선택합니다.
19	deal_date 컬럼을 yy-MM-dd 형식으로 포맷해 판매일 별칭으로 지정합니다.
20	deal_count 컬럼 뒤에 "개" 단위를 붙여 판매수량 별칭으로 지정합니다.
21	tbl_b.name 컬럼을 제과명 별칭으로 지정합니다.
22	조회 대상 테이블로 tbl_sale을 tbl_s라는 별칭으로 지정합니다.
23	LEFT JOIN을 통해 tbl_bread(tbl_b) 테이블과 fk_bread = pk_bread 조건으로 조인합니다.
24	최종적으로 tbl_s.pk_sale 컬럼 기준으로 오름차순 정렬(ORDER BY)을 지정하고 SQL 문자열을 종료합니다.
25	완성된 SQL 문자열을 executeQuery() 호출로 실행해 ResultSet을 얻습니다.
26	JSP 스크립틀릿을 닫습니다.
27	"판매현황"이라는 제목을 보여주는 〈h4〉 태그입니다.
28	테이블 경계를 1픽셀로 지정한 〈table border='1'〉 태그입니다.
29	테이블 헤더 행(〈tr〉)을 시작합니다.
30	"판매코드"라는 헤더 셀을 폭 100px로 지정한 〈th〉 태그입니다.
31	"판매일" 헤더 셀을 폭 100px로 지정한 〈th〉 태그입니다.
32	"판매수량" 헤더 셀을 폭 100px로 지정한 〈th〉 태그입니다.
33	"제과명" 헤더 셀을 폭 100px로 지정한 〈th〉 태그입니다.
34	헤더 행(〈/tr〉)을 닫습니다.
35	JSP 스크립틀릿으로 while(rs.next()) 반복문을 시작해 결과 집합을 순회합니다.
36	데이터 행을 나타내는 〈tr〉 태그를 엽니다.
37	판매코드 값을 왼쪽 정렬로 출력하는 〈td〉 태그입니다.
38	판매일 값을 가운데 정렬로 출력하는 〈td〉 태그입니다.
39	판매수량 값을 오른쪽 정렬로 출력하는 〈td〉 태그입니다.
40	제과명 값을 가운데 정렬로 출력하는 〈td〉 태그입니다.
41	데이터 행(〈/tr〉)을 닫습니다.
42	JSP 스크립틀릿의 while 루프를 종료합니다.
43	테이블 태그(〈/table〉)를 닫습니다.
44	본문 영역을 닫는 〈/body〉 태그입니다.
45	HTML 문서를 닫는 〈/html〉 태그입니다.

(나) 코드 세부 설명 : 일정현황 페이지이다. 두 개의 테이블을 연결해서 데이터를 출력한다.

① 데이터베이스 접속을 위한 기본 코드(1~17,22) : 데이터베이스 접속을 한다면 해당 코드는 필수로 사용된다. 나머지는 페이지 용도에 따라 SQL 문이 변경되고 해당 SQL 문에 따라 출력 부분이 변경된다.

② SELECT SQL 문 : 데이터베이스에서 특정 테이블의 값을 불러오기 위한 SQL 문이다. 형식은 아래와 같다.

```
String sql =" SELECT      tbl_s.pk_sale                         AS 판매코드           " +
           ",            to_char(tbl_s.deal_date,'yy-MM-dd')   AS 판매일             " +
           ",            tbl_s.deal_count || '개'              AS 판매수량           " +
           ",            tbl_b.name                            AS 제과명             " +
           " FROM        tbl_sale          tbl_s                                    " +
           " LEFT JOIN   tbl_bread         tbl_b    ON tbl_s.fk_bread = tbl_b.pk_bread " +
           " ORDER BY    tbl_s.pk_sale ASC                                          " ;
```

㉮ SQL 문을 한 줄로 작성하면 가시성이 떨어져서 한눈에 파악하기에 어려움이 있다.

㉯ '...'+'...'를 사용해서 SQL 문을 줄 바꿈 함으로서 가시성을 높인다.

㉰ ','를 앞으로 배치함으로써 오타를 사전에 방지한다.

㉱ AS(별칭)를 사용해서 HTML에서 사용할 컬럼 이름과 SQL 컬럼 결과를 일치시킨다.

㉲ 날짜를 년-월-일 형태로 변경하여 출력합니다. to_char를 사용해서 원하는 문자형태로 변경한다.

㉳ ||를 사용하여 출력된 결과에 단어를 붙인다. (여러 단어를 붙일 경우 Concat( )이라는 예약어를 사용한다.)

㉴ 테이블 명도 별칭을 사용해서 여러 테이블을 한 번에 검색할 때 생길 수 있는 혼란을 방지한다.

㉵ LEFT JOIN을 사용해서 tbl_sale 테이블의 외래 키 fk_bread와 tbl_bread 테이블의 기본키 pk_bread을 연결한다. 대부분 외래키 조건은 문제에 제공되어 있다.

조인 유형	결과 집합
INNER JOIN	양쪽 테이블에서 매칭되는(교집합) 행만 반환
LEFT OUTER JOIN	왼쪽 테이블의 모든 행 + 오른쪽 테이블과 매칭되는 행(없는 경우 NULL)
RIGHT OUTER JOIN	오른쪽 테이블의 모든 행 + 왼쪽 테이블과 매칭되는 행(없는 경우 NULL)
FULL OUTER JOIN	양쪽 테이블의 모든 행 + 매칭되는 부분은 합쳐서 반환(매칭 없으면 NULL)
CROSS JOIN	왼쪽 × 오른쪽의 모든 조합(데카르트 곱)
SELF JOIN	같은 테이블을 두 번 참조하여 매칭(자기 자신과의 조인)
NATURAL JOIN	같은 이름의 컬럼을 자동으로 매칭하는 INNER JOIN

tbl_sale 테이블의 pk_sale을 기준으로 오름차순(ASC)으로 정렬한다.

③ SQL 문의 출력 결과를 라인(ROW)별로 반복문(While)을 사용해서 출력한다.
④ 출력 결과 정렬(39-43) : 요구 화면을 참고해서 정렬한다. 왼쪽, 가운데, 오른쪽 정렬을 사용한다.

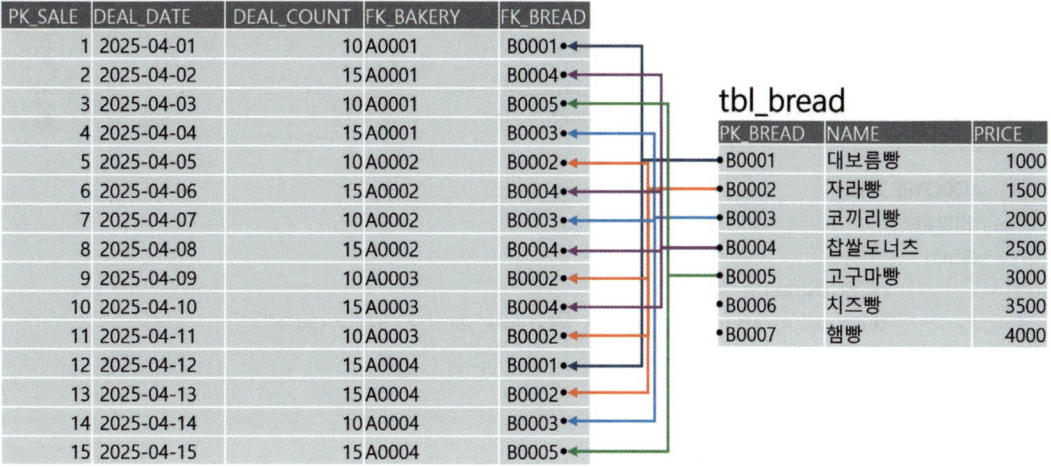

⑤ 결과 페이지 확인 : 정렬, 제목, 데이터 모두 일치하는지 꼼꼼하게 확인한다.

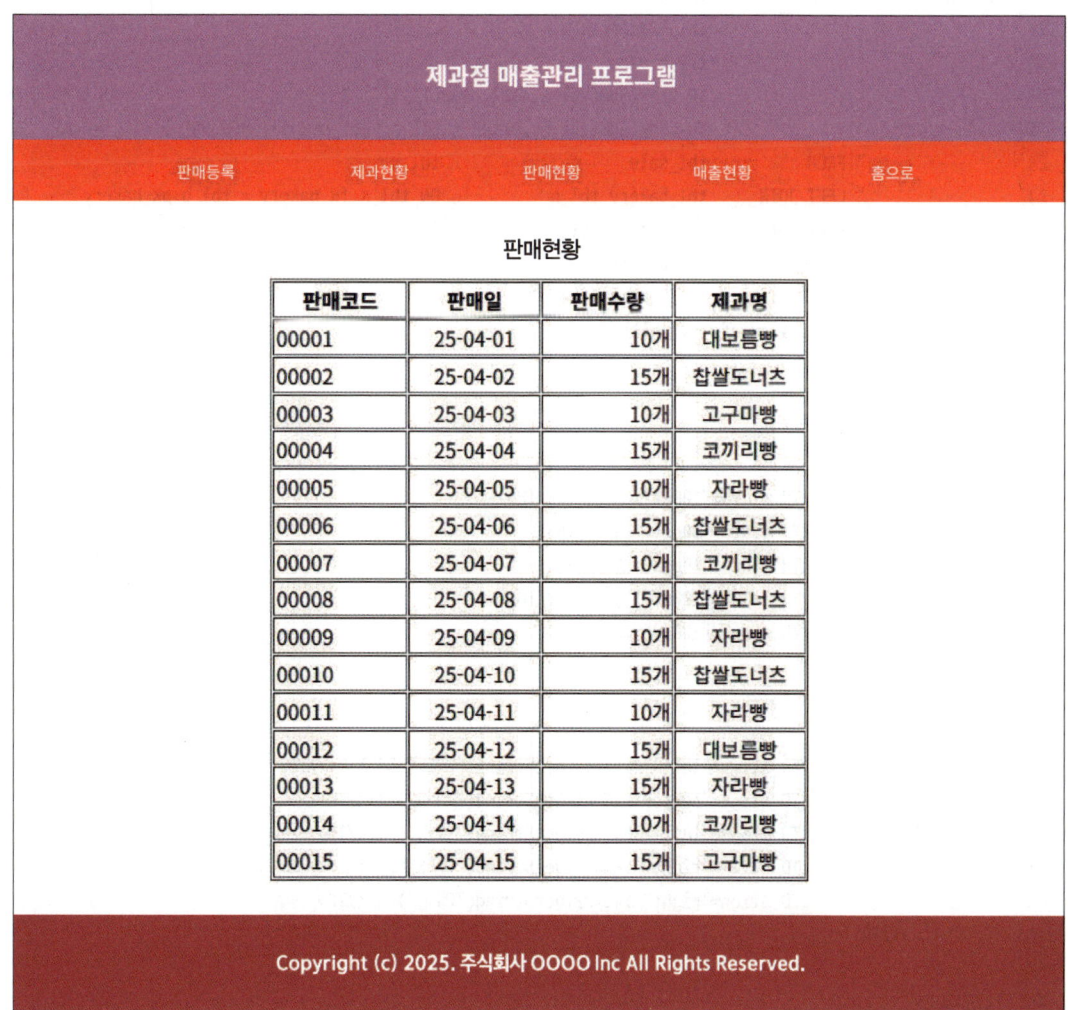

(6) 매출현황 페이지(list_jg.jsp)

line	소스 코드

```jsp
1   <%@ page language     =       "java"
2            contentType  =       "text/html; charset=UTF-8"
3            pageEncoding =       "UTF-8"                                             %>
4   <%@ page import       =       "java.sql.*"                                        %>
5   <%@ page import       =       "DBPKG.Util"                                        %>
6
7   <!DOCTYPE html>
8   <HTML>
9   <HEAD>
10          <META charset = "UTF-8">
11          <LINK rel = "stylesheet" type = "text/css" href = "style.css">
12  </HEAD>
13  <BODY>
14  <%
15  request.setCharacterEncoding("UTF-8");
16  Connection conn = Util.getConnection();
17  Statement stmt = conn.createStatement();
18  String sql = " SELECT     tbl_b.name                                    AS   제과점명  " +
19               "     ,      tbl_b.address                                 AS   지역     " +
20               "     ,      tbl_b.etc                                     AS   설명     " +
21               "     ,      TO_CHAR(SUM(tbl_s.deal_count)) || '개'        AS   판매수량  " +
22               "     ,      TO_CHAR(SUM(tbl_br.price * tbl_s.deal_count),'999,999') || '원' AS   매출    " +
23               "   FROM     tbl_sale         tbl_s                                   " +
24               "   LEFT JOIN tbl_bakery tbl_b    ON tbl_s.fk_bakery = tbl_b.pk_bakery " +
25               "   LEFT JOIN tbl_bread  tbl_br   ON tbl_s.fk_bread  = tbl_br.pk_bread " +
26               "   GROUP BY tbl_b.name                                               " +
27               "   ORDER BY tbl_b.name ASC                                           " ;
28  ResultSet rs = stmt.executeQuery(sql);
29  %>
30  <H4>매출현황</H4>
31  <TABLE border='1'>
32          <TR>
33                  <TH width="100px">제과점명</TH>
34                  <TH width="50px" >지역</TH>
35                  <TH width="400px">설명</TH>
36                  <TH width="100px">판매수량</TH>
37                  <TH width="100px">매출</TH>
38          </TR>
39  <% while(rs.next()){ %>
40          <TR>
41                  <TD align="left"  ><%=rs.getString("제과점명") %></TD>
42                  <TD align="center"><%=rs.getString("지역") %></TD>
43                  <TD align="left"  ><%=rs.getString("설명") %></TD>
44                  <TD align="right" ><%=rs.getString("판매수량") %></TD>
45                  <TD align="right" ><%=rs.getString("매출") %></TD>
46          </TR>
47  <% } %>
48  </TABLE>
49  </BODY>
50  </HTML>
```

(가) 코드 설명 : 각 라인의 코드 설명이다.

line	코드 설명
1	JSP 페이지 지시어 시작으로, 스크립팅 언어를 Java로 지정합니다.
2	contentType을 text/html; charset=UTF-8로 설정해 응답의 MIME 타입과 문자 인코딩을 정의합니다.
3	pageEncoding을 UTF-8로 지정해 JSP 파일 자체의 인코딩을 UTF-8로 맞추고 지시어를 닫습니다.
4	Java의 JDBC 관련 클래스를 사용하기 위해 java.sql.* 패키지를 임포트합니다.
5	커스텀 유틸리티 클래스인 DBPKG.Util을 임포트합니다.
6	(빈 줄) 코드 가독성을 위해 의도적으로 넣은 공백입니다.
7	HTML5 문서 형식을 선언하는 〈!DOCTYPE html〉입니다.
8	HTML 문서의 최상위 요소인 〈HTML〉 태그를 엽니다.
9	문서의 메타데이터를 담는 〈HEAD〉 태그를 엽니다.
10	페이지 문자 인코딩을 UTF-8로 지정하는 〈META charset="UTF-8"〉 태그입니다.
11	외부 스타일시트 style.css를 연결하는 〈LINK rel="stylesheet" type="text/css" href="style.css"〉 태그입니다.
12	〈HEAD〉 태그를 닫습니다.
13	본문 콘텐츠를 담을 〈BODY〉 태그를 엽니다.
14	JSP 스크립틀릿(〈%)을 시작합니다.
15	요청 파라미터의 문자 인코딩을 UTF-8로 설정합니다.
16	Util.getConnection() 호출로 데이터베이스 연결 객체(Connection)를 생성합니다.
17	SQL 실행용 Statement 객체를 생성합니다.
18	SQL 문자열 선언을 시작하며, tbl_b.name을 별칭 제과점명으로 선택합니다.
19	tbl_b.address를 별칭 지역으로 선택합니다.
20	tbl_b.etc를 별칭 설명으로 선택합니다.
21	SUM(tbl_s.deal_count)를 문자열로 변환하고 뒤에 "개"를 붙여 판매수량으로 지정합니다.
22	SUM(tbl_br.price * tbl_s.deal_count)를 '999,999' 형식으로 변환하고 "원"을 붙여 매출으로 지정합니다.
23	조회 대상 테이블로 tbl_sale을 tbl_s라는 별칭으로 지정합니다.
24	LEFT JOIN으로 tbl_bakery(tbl_b)를 fk_bakery = pk_bakery 조건으로 조인합니다.
25	LEFT JOIN으로 tbl_bread(tbl_br)를 fk_bread = pk_bread 조건으로 조인합니다.
26	tbl_b.name 기준으로 그룹핑(GROUP BY)을 지정합니다.
27	tbl_b.name을 오름차순으로 정렬(ORDER BY)하고 SQL 문자열을 종료합니다.
28	executeQuery() 호출로 SQL을 실행해 ResultSet(rs)을 얻습니다.
29	JSP 스크립틀릿을 닫습니다.
30	"매출현황" 제목을 보여주는 〈H4〉 태그입니다.
31	테이블을 경계선 1픽셀로 생성하는 〈TABLE border='1'〉 태그입니다.
32	테이블 헤더 행을 시작하는 〈TR〉 태그입니다.
33	"제과점명" 헤더 셀을 폭 100px로 지정한 〈TH〉 태그입니다.
34	"지역" 헤더 셀을 폭 50px로 지정한 〈TH〉 태그입니다.
35	"설명" 헤더 셀을 폭 400px로 지정한 〈TH〉 태그입니다.
36	"판매수량" 헤더 셀을 폭 100px로 지정한 〈TH〉 태그입니다.
37	"매출" 헤더 셀을 폭 100px로 지정한 〈TH〉 태그입니다.
38	헤더 행을 닫는 〈/TR〉 태그입니다.
39	JSP 스크립틀릿 내 while(rs.next()) 반복문을 시작합니다.
40	데이터 행을 여는 〈TR〉 태그입니다.
41	제과점명(rs.getString("제과점명")) 값을 왼쪽 정렬로 출력하는 〈TD〉 태그입니다.
42	지역(rs.getString("지역")) 값을 가운데 정렬로 출력하는 〈TD〉 태그입니다.
43	설명(rs.getString("설명")) 값을 왼쪽 정렬로 출력하는 〈TD〉 태그입니다.
44	판매수량(rs.getString("판매수량")) 값을 오른쪽 정렬로 출력하는 〈TD〉 태그입니다.
45	매출(rs.getString("매출")) 값을 오른쪽 정렬로 출력하는 〈TD〉 태그입니다.
46	데이터 행을 닫는 〈/TR〉 태그입니다.
47	JSP 스크립틀릿의 while 루프를 종료합니다.
48	테이블을 닫는 〈/TABLE〉 태그입니다.
49	본문 영역을 닫는 〈/BODY〉 태그입니다.
50	HTML 문서를 닫는 〈/HTML〉 태그입니다.

(나) 코드 세부 설명 : 일정현황 페이지이다. 세개의 테이블을 연결해서 데이터를 출력한다.

① JOIN SQL 문 : 데이터베이스에서 특정 테이블을 연결하기 위해 사용한다.

㉮ LEFT JOIN을 사용해서 tbl_sale 테이블의 외래 키 fk_bakery와 tbl_bakery 테이블의 기본키 pk_bakery을 연결한다.

㉯ LEFT JOIN을 사용해서 tbl_sale 테이블의 외래 키 fk_bread와 tbl_bread 테이블의 기본키 pk_bread을 연결한다.. 대부분 외래키 조건은 문제에 제공되어 있다.

㉰ JOIN은 몇 개의 테이블도 조인할 수 있다. 데이터베이스가 정규화가 잘 되어있다면, 수많은 테이블을 낭비 없이 효율적으로 연결할 수 있다.

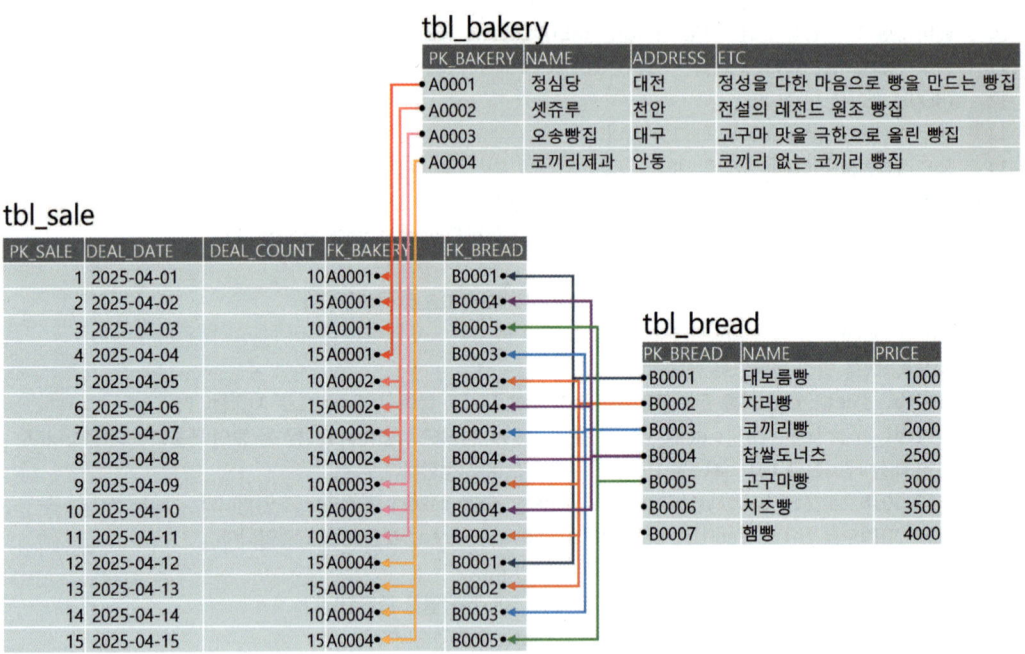

② GROUP BY : 테이블의 여러 행(row)을 지정한 컬럼 기준으로 그룹화(집단화)하여, 각 그룹으로 집계 함수(예 SUM, COUNT, AVG 등)를 적용할 때 사용한다.

㉮ 역할 : 동일한 값(또는 조합 값)을 가진 행들을 하나의 그룹으로 묶는다.

㉯ 이후 SELECT 절에 나온 집계 함수들은 각 그룹 단위로 계산한다.

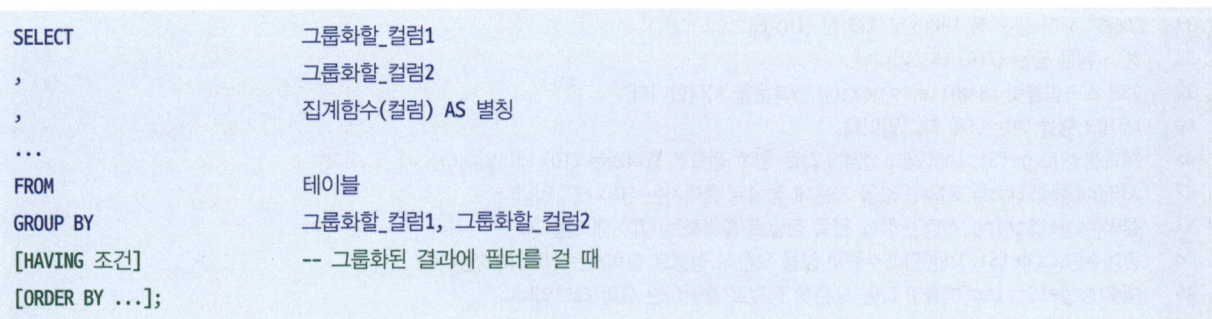

㉰ ⚠️주의 : SELECT 절에 나오는 컬럼은 GROUP BY 절에 명시된 컬럼이거나 집계 함수의 결과이어야 한다. 그렇지 않으면 'ORA-00979 : not a GROUP BY expression' 오류가 발생한다.

③ 집계 함수(SUM, COUNT, AVG)
  ㉮ SUM : 그룹 또는 전체에서 지정한 숫자형 컬럼의 합계를 계산한다. NULL 값은 계산에서 자동 제외됩니다. 그룹별 합계를 얻을 수 있다.
  ㉯ COUNT : 행(row)의 개수를 세어준다. (COUNT(*)=전체 행 수, COUNT(컬럼명)=해당 컬럼이 NULL이 아닌 행 수)
  ㉰ AVG : 지정한 숫자형 컬럼의 산술평균(average)을 계산한다. 결과는 NUMBER 타입(소수점 포함)으로 반환된다.
④ 결과 페이지 확인 : 정렬, 제목, 데이터 모두 일치하는지 꼼꼼하게 확인한다.

제과점 매출관리 프로그램

판매등록　제과현황　판매현황　매출현황　홈으로

매출현황

제과점명	지역	설명	판매수량	매출
셋쥬루	천안	전설의 레전드 원조 빵집	50개	110,000원
오송빵집	대구	고구마 맛을 극한으로 올린 빵집	35개	67,500원
정심당	대전	정성을 다한 마음으로 빵을 만드는 빵집	50개	107,500원
코끼리제과	안동	코끼리 없는 코끼리 빵집	55개	102,500원

Copyright (c) 2025. 주식회사 OOOO Inc All Rights Reserved.

 더 알아보기　두 테이블이 연결되는 관계

1. **1 : 1(One-to-One 관계)**
   - 의미: 하나의 레코드가 다른 테이블의 정확히 하나의 레코드와 연결된다.
2. **1 : N(One-to-Many 관계)**
   - 의미: 하나의 레코드가 다른 테이블의 여러 레코드와 연결된다.
3. **N : M(Many-to-Many 관계)**
   - 의미: 여러 레코드가 서로 다대다로 연결된다.

(7) 판매등록 페이지(reg.jsp)

line	소스 코드 (1/2)

```jsp
1   <%@ page language     =          "java"
2              contentType            =          "text/html; charset=UTF-8"
3       pageEncoding    =        "UTF-8"                                                    %>
4   <%@ page import      =          "java.sql.*"                                           %>
5   <%@ page import      =          "DBPKG.Util"                                           %>
6   <%@ page import      =          "java.util.Date"                  %>
7   <%@ page import      =          "java.text.SimpleDateFormat"      %>
8
9   <!DOCTYPE html>
10  <HTML>
11  <HEAD>
12  <META charset = "UTF-8">
13  <LINK rel = "stylesheet" type = "text/css" href = "style.css">
14  <SCRIPT>
15          function check_val(){
16                  var fk_bakery    = document.fm.fk_bakery.value;
17                  if(fk_bakery == ""){
18                          alert("제과점을 선택하지 않았습니다.");
19                          fm.fk_bakery.focus();
20                          return false;
21                  }
22                  var fk_bread     = document.fm.fk_bread.value;
23                  if(fk_bread == ""){
24                          alert("제과를 선택하지 않았습니다.");
25                          fm.fk_bread.focus();
26                          return false;
27                  }
28                  var deal_count   = document.fm.deal_count.value;
29                  if(deal_count == ""){
30                          alert("판매수량을 입력하지 않았습니다.");
31                          fm.deal_count.focus();
32                          return false;
33                  }
34                  return true;
35          }
36  </SCRIPT>
37  </HEAD>
38  <%
39  request.setCharacterEncoding("UTF-8");
40  Connection conn    =       Util.getConnection();
41  Statement stmt     =       conn.createStatement();
42  String sql         =       " SELECT  TRIM(to_char(max(pk_sale)+1,'00000')) AS pk_sale      " +
43                             " FROM             tbl_sale                                    " ;
44  ResultSet rs       =       stmt.executeQuery(sql);
45  rs.next();
46  String pk_sale     =       rs.getString("pk_sale");
47  Date date          =       new Date();
48  SimpleDateFormat deal_date = new SimpleDateFormat("yyyyMMdd");
49  %>
50  <BODY>
51  <H4>판매등록</H4>
52  <FORM name="fm" action="action.jsp" onsubmit="return check_val()">
53  <TABLE border='1'>
54          <TR>
55                  <TH align="center" width="300px" >판매번호 (자동발생)</TH>
56                  <TD align="left" width="400px" >
57                          <INPUT type='text' name='pk_sale' value='<%=pk_sale %>' readonly >
```

(가) 코드 설명 : 각 라인의 코드 설명이다.

line	코드 설명 (1/2)
1	JSP 페이지에서 사용할 스크립팅 언어(서버 사이드 코드)를 Java로 지정하는 설정입니다.
2	클라이언트로 전송될 응답의 MIME 타입과 문자 인코딩을 text/html; charset=UTF-8로 지정합니다.
3	JSP 파일 자체의 인코딩을 UTF-8로 설정합니다.
4	SQL 관련 클래스를 사용하기 위해 java.sql 패키지를 임포트합니다.
5	DB 연결 처리를 위한 Util 클래스가 포함된 DBPKG.Util 패키지를 임포트합니다.
6	날짜 정보를 다루기 위해 java.util.Date 클래스를 임포트합니다.
7	날짜 형식 포맷을 위해 java.text.SimpleDateFormat 클래스를 임포트합니다.
8	빈 줄로, 가독성 및 코드 구분을 위한 공백입니다.
9	HTML 문서의 표준을 HTML5로 설정하는 문서형 선언입니다.
10	HTML 문서의 루트 요소를 시작합니다.
11	문서의 메타데이터(헤드) 영역의 시작을 나타냅니다.
12	HTML 문서의 문자 인코딩을 UTF-8로 지정하는 메타 태그입니다.
13	외부 스타일시트(style.css)를 문서에 연결합니다.
14	JavaScript 코드를 작성할 스크립트 영역의 시작을 나타냅니다.
15	폼 제출 전 입력값을 검사하는 check_val() 함수를 정의하기 시작합니다.
16	폼(name='fm')에서 제과점 선택값(fk_bakery)을 가져와 변수에 저장합니다.
17	제과점이 선택되지 않았는지 확인하기 위한 조건문을 시작합니다.
18	제과점 선택이 비어 있을 경우 경고창에 '제과점을 선택하지 않았습니다.'를 표시합니다.
19	제과점 선택 폼 요소로 포커스를 이동시킵니다.
20	함수 실행을 종료하고 폼 제출을 중단합니다.
21	제과점 선택 검사를 위한 조건문 블록을 종료합니다.
22	빵 종류 선택값(fk_bread)을 폼에서 가져와 변수에 저장합니다.
23	빵 종류 선택이 비어 있는지 확인하는 조건문을 시작합니다.
24	빵 선택이 비어 있을 경우 경고창에 '제과를 선택하지 않았습니다.'를 표시합니다.
25	빵 선택 요소로 포커스를 이동시킵니다.
26	폼 제출을 중단하고 함수 실행을 종료합니다.
27	빵 종류 검사 조건문 블록을 종료합니다.
28	판매 수량 입력값(deal_count)을 폼에서 가져와 변수에 저장합니다.
29	판매 수량이 비어 있는지 확인하는 조건문을 시작합니다.
30	판매 수량이 입력되지 않은 경우 경고창에 '판매수량을 입력하지 않았습니다.'를 표시합니다.
31	판매 수량 입력 필드로 포커스를 이동시킵니다.
32	폼 제출을 중단하고 함수 실행을 종료합니다.
33	판매 수량 검사 조건문 블록을 종료합니다.
34	모든 검사 항목을 통과한 경우 폼 제출을 허용합니다.
35	check_val() 함수 정의를 완료합니다.
36	스크립트 영역을 종료합니다.
37	헤드 영역을 종료합니다.
38	JSP 스크립틀릿을 시작하여 서버 사이드 Java 코드를 작성합니다.
39	클라이언트로부터 전달된 요청의 문자 인코딩을 UTF-8로 설정합니다.
40	DB 연결을 얻기 위해 Util.getConnection() 메서드를 호출합니다.
41	SQL 문 실행을 위한 Statement 객체를 생성합니다.
42	판매 키 값(pk_sale)의 최대값에 1을 더해 5자리 문자열로 포맷하는 SQL 쿼리 문자열을 정의하기 시작합니다.
43	SQL 쿼리의 FROM 절을 포함하여 tbl_sale 테이블을 지정합니다.
44	정의한 SQL 쿼리를 실행하고 결과를 ResultSet에 저장합니다.
45	결과 집합의 첫 번째 행으로 커서를 이동합니다.
46	결과 집합에서 pk_sale 컬럼 값을 문자열로 읽어 변수에 저장합니다.
47	현재 날짜와 시간 정보를 담은 Date 객체를 생성합니다.
48	날짜를 'yyyyMMdd' 형식으로 포맷하기 위한 SimpleDateFormat 객체를 생성합니다.
49	JSP 스크립틀릿을 종료합니다.
50	HTML 문서의 바디 영역을 시작합니다.
51	제목 레벨 4(〈h4〉) 태그로 '판매등록'이라는 헤딩을 표시합니다.
52	name='fm'인 폼을 정의하며, 제출 시 action.jsp로 요청을 보내고 submit 전 check_val() 함수를 호출합니다.
53	테이블 테두리가 1픽셀인 HTML 테이블을 시작합니다.
54	테이블의 행(row)을 시작합니다.
55	가운데 정렬, 너비 300px인 테이블 헤더 셀로 '판매번호 (자동발생)'을 표시합니다.
56	왼쪽 정렬, 너비 400px인 테이블 데이터 셀을 시작합니다.
57	읽기 전용 텍스트 입력 필드로 pk_sale 값을 표시합니다.

```
58                          </TD>
59                    </TR>
60                    <TR>
61                          <TH align="center" >판매일자 (자동발생)</TH>
62                          <TD align="left" >
63                                <INPUT type='text' name='deal_date' value='<%=deal_date.format(date) %>' readonly >
64                          </TD>
65                    </TR>
66                    <TR>
67                          <TH align="center" >제과점</TH>
68                          <TD align="left" >
69                                <SELECT name='fk_bakery'>
70                                      <OPTION value=''>선택</OPTION>
71                                      <% sql = " SELECT          pk_bakery         " +
72                                              "  ,                name              " +
73                                              "  FROM             tbl_bakery        " ;
74                                         rs = stmt.executeQuery(sql);
75                                         while(rs.next()){ %>
76                                            <OPTION value="<%=rs.getString("pk_bakery") %>">
77                                                  <%=rs.getString("name")%>
78                                            </OPTION>
79                                      <% } %>
80                                </SELECT>
81                          </TD>
82                    </TR>
83                    <TR>
84                          <TH align="center" >제과</TH>
85                          <TD align="left" >
86                                <SELECT name='fk_bread'>
87                                      <OPTION value=''>선택</OPTION>
88                                      <% sql = " SELECT          pk_bread          " +
89                                              "  ,                name              " +
90                                              "  FROM             tbl_bread         " ;
91                                         rs = stmt.executeQuery(sql);
92                                         while(rs.next()){ %>
93                                            <OPTION value="<%=rs.getString("pk_bread") %>">
94                                                  <%=rs.getString("name")%>
95                                            </OPTION>
96                                      <% } %>
97                                </SELECT>
98                          </TD>
99                    </TR>
100                   <TR>
101                         <TH align="center" >판매수량</TH>
102                         <TD align="left" >
103                               <INPUT type='text' name='deal_count'>
104                         </TD>
105                   </TR>
106                   <TR>
107                         <TD align="center" colspan="2">
108                               <INPUT type="submit" value="등록">
109                               <INPUT type="button" value="조회" onclick="location.href='list_j.jsp'">
110                         </TD>
111                   </TR>
112    </TABLE>
113    </FORM>
114    </BODY>
115    </HTML>
```

line	코드 설명 (2/2)
58	테이블 데이터 셀을 종료합니다.
59	테이블 행을 종료합니다.
60	다음 테이블 행을 시작합니다.
61	가운데 정렬된 테이블 헤더 셀로 '판매일자 (자동발생)'을 표시합니다.
62	왼쪽 정렬된 테이블 데이터 셀을 시작합니다.
63	읽기 전용 텍스트 필드에 포맷된 현재 날짜(deal_date.format(date))를 표시합니다.
64	테이블 데이터 셀을 종료합니다.
65	테이블 행을 종료합니다.
66	새로운 테이블 행을 시작합니다.
67	가운데 정렬된 테이블 헤더 셀로 '제과점'을 표시합니다.
68	왼쪽 정렬된 테이블 데이터 셀을 시작합니다.
69	제과점 선택을 위한 드롭다운 요소를 name='pk_bakery'로 생성합니다.
70	옵션 값이 빈 문자열인 기본 항목 '선택'을 표시합니다.
71	tbl_bakery 테이블에서 제과점 목록을 가져오는 SQL 쿼리 문자열을 정의하기 시작합니다.
72	SQL 쿼리에서 제과점의 name 컬럼을 선택하도록 추가합니다.
73	SQL 쿼리의 FROM 절에 tbl_bakery 테이블을 지정합니다.
74	정의한 SQL 쿼리를 실행하여 결과를 ResultSet에 저장합니다.
75	결과 집합에서 각 행을 반복 처리하기 위한 while 루프를 시작합니다.
76	루프 내에서 현재 행의 pk_bakery 값을 옵션 요소의 값으로 설정합니다.
77	옵션 요소에 현재 행의 name 값을 표시합니다.
78	옵션 요소를 종료합니다.
79	while 루프를 종료합니다.
80	드롭다운 선택 요소를 종료합니다.
81	테이블 데이터 셀을 종료합니다.
82	테이블 행을 종료합니다.
83	새 테이블 행을 시작합니다.
84	가운데 정렬된 테이블 헤더 셀로 '제과'를 표시합니다.
85	왼쪽 정렬된 테이블 데이터 셀을 시작합니다.
86	빵 종류 선택을 위한 드롭다운 요소를 name='pk_bread'로 생성합니다.
87	옵션 값이 빈 문자열인 기본 항목 '선택'을 표시합니다.
88	tbl_bread 테이블에서 빵 종류 목록을 가져오는 SQL 쿼리 문자열을 정의하기 시작합니다.
89	SQL 쿼리에서 name 컬럼을 선택하도록 추가합니다.
90	SQL 쿼리의 FROM 절에 tbl_bread 테이블을 지정합니다.
91	정의한 SQL 쿼리를 실행하여 결과를 ResultSet에 저장합니다.
92	결과 집합을 반복 처리하는 while 루프를 시작합니다.
93	현재 행의 pk_bread 값을 옵션의 값으로 설정합니다.
94	옵션 요소에 현재 행의 이름(name)을 표시합니다.
95	옵션 요소를 종료합니다.
96	while 루프를 종료합니다.
97	드롭다운 선택 요소를 종료합니다.
98	테이블 데이터 셀을 종료합니다.
99	테이블 행을 종료합니다.
100	새로운 테이블 행을 시작합니다.
101	가운데 정렬된 테이블 헤더 셀로 '판매수량'을 표시합니다.
102	왼쪽 정렬된 테이블 데이터 셀을 시작합니다.
103	판매수량을 입력할 텍스트 필드를 생성합니다.
104	테이블 데이터 셀을 종료합니다.
105	테이블 행을 종료합니다.
106	새로운 테이블 행을 시작합니다.
107	두 열을 합쳐 가운데 정렬된 테이블 데이터 셀을 시작합니다.
108	'등록' 버튼을 생성하여 폼을 제출합니다.
109	'조회' 버튼을 생성하고 클릭 시 list_j.jsp 페이지로 이동합니다.
110	테이블 데이터 셀을 종료합니다.
111	테이블 행을 종료합니다.
112	테이블을 종료합니다.
113	폼 요소를 종료합니다.
114	바디 영역을 종료합니다.
115	HTML 문서의 루트 요소를 종료합니다.

(나) 코드 세부 설명:

① 데이터베이스 접속을 위한 기본 코드(1-17,22) : 데이터베이스 접속을 한다면 해당 코드는 필수로 사용된다. 나머지는 페이지 용도에 따라 SQL 문이 변경되고 해당 SQL 문에 따라 출력 부분이 변경된다.

② 데이터가 잘 입력되었는지 유효성을 검사하는 자바스크립트이다. 기본 구조는 다음과 같다.

```
<SCRIPT>
    function check_val(){
        var 변수A = document.[폼이름].[입력변수A].value;
        if(변수A == ""){
            alert("입력변수A를 입력하지 않았습니다.");
            fm.입력변수A.focus();
            return false;
        }
        var 변수B = document.[폼이름].[입력변수B].value;
        if(변수B == ""){
            alert("입력변수B를 입력하지 않았습니다.");
            fm.입력변수B.focus();
            return false;
        }
        반복 ....
        return true;
    }
</SCRIPT>
```

㉮ HTML 〉 FORM 안에 입력(INPUT) 변수(NAME)들의 값(VALUE)이 있는지 확인하는 구조이다.

㉯ 소스에서 폼 이름은 'fm', 입력변수는 pk_sale, deal_date, deal_count, fk_bakery, fk_bread이다.

㉰ pk_sale, deal_date는 자동으로 입력되고 사용자가 수정할 수 없으므로(readonly) 3개만 유효성 검사를 진행하고, 이상이 있으면 return false; 반환하고, 모두 값이 있으면, return true;를 반환하여 변수와 값의 전송(submit)을 액션페이지(action.jsp)로 한다.

③ 일정번호(pk_sale)를 최신(max) 번호로 조회한 후 +1을 하여 자동으로 기입한다.

```
String sql      = " SELECT      to_char(max(pk_sale) + 1) AS pk_sale,     " +
                  " FROM        tbl_sale                                  " ;
```

④ *"java.util.Date"* 를 사용하여 오늘 날짜를 계산한다.

㉮ 서버의 현재 일시 정보를 담은 Date 객체를 생성한다.

㉯ 날짜를 'yyyyMMdd' 형태의 문자열(예 20250506)로 변환하기 위한 SimpleDateFormat 객체를 생성한다.

㉯ JSP 표현식 〈%=deal_date.format(date)%〉를 통해 date 객체를 deal_date 포맷으로 문자열로 변환하고, 그 결과를 HTML 입력 필드의 value 속성에 삽입하여 오늘 날짜를 자동으로 표시한다.

⑤ SQL 문을 사용하여 셀렉트 박스 목록을 생성한다.

```
<SELECT name='[외래키 컬럼ID]'>
    <OPTION value=''>선택</OPTION>
    <% sql = " SELECT    [키 컬럼ID]       " +
             ",         [보여질 이름]      " +
             " FROM     [연결될 테이블]    " ;
    rs = stmt.executeQuery(sql);
    while(rs.next()){ %>
        <OPTION value="<%=rs.getString("[키 컬럼ID]") %>">
            <%=rs.getString("[보여질 이름]")%>
        </OPTION>
    <% } %>
</SELECT>
```

㉮ 등록 화면에서 다른 테이블과 JOIN을 고려하여 입력해야 한다면 킷값을 SELECT 한 뒤 변숫값으로 사용한다.

㉯ 이 방식을 이용하면 등록 페이지를 갱신하지 않아도, 데이터베이스의 내용이 자동으로 셀렉트 박스에 검색된다.

⑥ 폼 입력변수명과 테이블 컬럼 ID를 통일해서 발생할 수 있는 오류를 방지한다.

⑦ 조회 버튼을 클릭하면 'list.jsp'페이지로 이동한다.

⑧ 결과 페이지 확인 : 정렬, 제목, 데이터 모두 일치하는지 꼼꼼하게 확인한다.

(8) 액션 페이지(action.jsp)

line	소스 코드
1	`<%@ page language        =         "java"`
2	`        contentType      =         "text/html; charset=UTF-8"`
3	`        pageEncoding     =         "UTF-8"                      %>`
4	`<%@ page import          =         "java.sql.*"                 %>`
5	`<%@ page import          =         "DBPKG.Util"                 %>`
6	`<%`
7	`request.setCharacterEncoding("UTF-8");`
8	`Connection conn     = Util.getConnection();`
9	`Statement stmt      = conn.createStatement();`
10	
11	`String pk_sale     = request.getParameter("pk_sale");`
12	`String deal_date   = request.getParameter("deal_date");`
13	`String deal_count  = request.getParameter("deal_count");`
14	`String fk_bakery   = request.getParameter("fk_bakery");`
15	`String fk_bread    = request.getParameter("fk_bread");`
16	
17	`String sql         = " INSERT INTO tbl_sale VALUES(    '"+    pk_sale       +"'" +`
18	`                      "                           ,    '"+    deal_date     +"'" +`
19	`                      "                           ,    '"+    deal_count    +"'" +`
20	`                      "                           ,    '"+    fk_bakery     +"'" +`
21	`                      "                           ,    '"+    fk_bread      +"')" ;`
22	`//out.print(sql);`
23	`ResultSet rs            = stmt.executeQuery(sql);`
24	`%>`
25	`<script>`
26	`    alert("판매등록이 정상적으로 되었습니다.");`
27	`    window.location.href = "main.jsp";`
28	`</script>`

(가) 코드 설명 : 각 라인의 코드 설명이다.

line	코드 설명
1	JSP 페이지의 페이지 디렉티브로 스크립팅 언어를 Java로 지정하는 설정입니다.
2	클라이언트 응답의 MIME 타입과 문자 인코딩을 text/html; charset=UTF-8로 설정합니다.
3	JSP 파일 자체의 문자 인코딩을 UTF-8로 지정하는 pageEncoding 속성입니다.
4	java.sql 패키지 전체를 임포트하여 JDBC 관련 클래스를 사용할 수 있게 합니다.
5	DB 연결 처리를 위한 DBPKG.Util 패키지를 임포트합니다.
6	JSP 스크립틀릿 영역을 시작하여 서버 사이드 Java 코드를 삽입합니다.
7	요청(request) 객체의 문자 인코딩을 UTF-8로 설정하여 한글 파라미터가 깨지지 않도록 합니다.
8	Util.getConnection() 메서드를 호출해 데이터베이스 연결(Connection) 객체를 얻습니다.
9	SQL 문 실행을 위한 Statement 객체를 생성합니다.
10	가독성을 위한 빈 줄입니다.
11	클라이언트로부터 전달된 판매번호(pk_sale) 파라미터 값을 변수에 저장합니다.
12	클라이언트로부터 전달된 판매일자(deal_date) 파라미터 값을 변수에 저장합니다.
13	클라이언트로부터 전달된 판매수량(deal_count) 파라미터 값을 변수에 저장합니다.
14	클라이언트로부터 전달된 제과점 코드(fk_bakery) 파라미터 값을 변수에 저장합니다.
15	클라이언트로부터 전달된 빵 종류 코드(fk_bread) 파라미터 값을 변수에 저장합니다.
16	가독성을 위한 빈 줄입니다.
17	INSERT INTO tbl_sale SQL 명령의 첫 번째 부분으로 판매번호 값을 문자열에 이어붙입니다.
18	SQL 문자열에 판매일자 값을 이어붙여 날짜 컬럼을 지정합니다.
19	SQL 문자열에 판매수량 값을 이어붙여 수량 컬럼을 지정합니다.
20	SQL 문자열에 제과점 코드를 이어붙여 제과점 컬럼을 지정합니다.
21	SQL 문자열에 빵 종류 코드를 이어붙여 마지막 컬럼을 지정하고 문장을 종료합니다.
22	SQL 확인용 out.print(sql) 호출을 주석 처리해 두었습니다.
23	완성된 SQL 문을 executeQuery 메서드로 실행하고 결과(ResultSet)를 받아옵니다.
24	JSP 스크립틀릿 영역을 종료합니다.
25	클라이언트 측 JavaScript 코드 영역을 시작합니다.
26	"판매등록이 정상적으로 되었습니다."라는 알림창을 표시합니다.
27	사용자 브라우저를 main.jsp 페이지로 이동(리다이렉트)시킵니다.
28	JavaScript 코드 영역을 종료합니다.

(나) 코드 세부 설명 : 사용자가 보이는 페이지는 아니지만, 등록 내용을 데이터베이스에 입력한다.

① 데이터베이스 접속을 위한 기본 코드(1–9) : 데이터베이스 접속을 한다면 해당 코드는 필수로 사용된다. 나머지는 페이지 용도에 따라 SQL 문이 변경되고 해당 SQL 문에 따라 출력 부분이 변경된다.

② 이전 페이지(reg.jsp)에서 전송된 변수(pk_sale, deal_date, deal_count, fk_bakery, fk_bread)를 jsp변수(pk_sale, deal_date, deal_count, fk_bakery, fk_bread)에 입력한다.

③ 입력 SQL 문을 작성한다. (변수 수량만큼 줄을 추가한다.)

```
String sql      = " INSERT INTO tbl_sale VALUES(     '"+     pk_sale        +"'" +
                "                                ,   '"+     deal_date+"'" +
                "                                ,   '"+     deal_count     +"'" +
                "                                ,   '"+     fk_bakery+"'" +
                "                                ,   '"+     fk_bread +"')" ;
```

④ 정상적으로 입력되면 문제 조건에 맞게 "판매등록이 정상적으로 되었습니다." 메시지창을 띄우고 메인(main.jsp) 페이지로 이동한다.

```
<script>
    alert("판매등록이 정상적으로 되었습니다.");
    window.location.href = "main.jsp";
</script>
```

5 최종 테스트

문제에서 요구하는 기능이 원활히 되는지 통합 테스트를 실행한다.

① **시작 페이지 작동 확인** : 웹브라우저에 'http://localhost:8090/sample_1/'를 입력한다.

② 판매등록, 제과현황, 판매현황, 매출현황, 홈으로 버튼을 클릭해서 페이지가 정상적으로 변경되는지 확인한다.

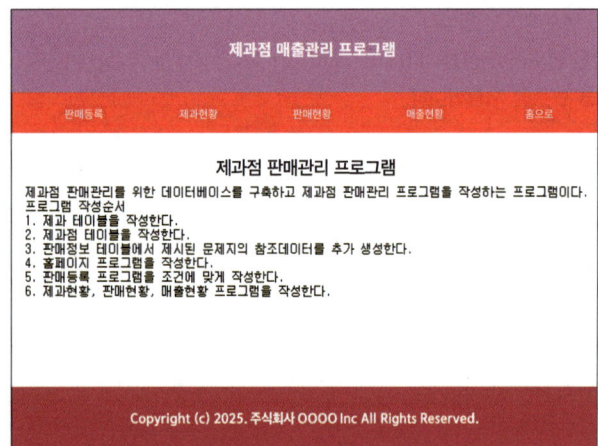

○ 시작 페이지(홈으로)

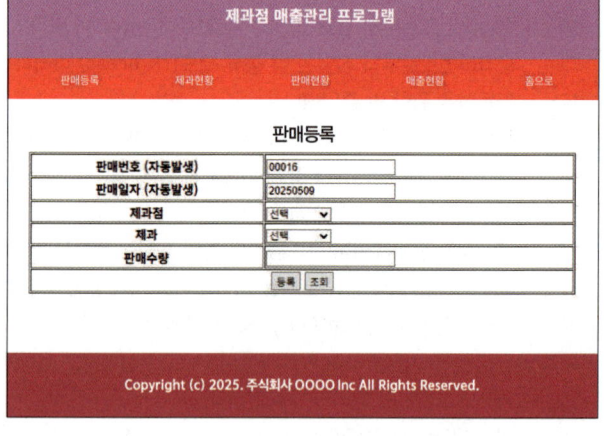

○ 판매등록

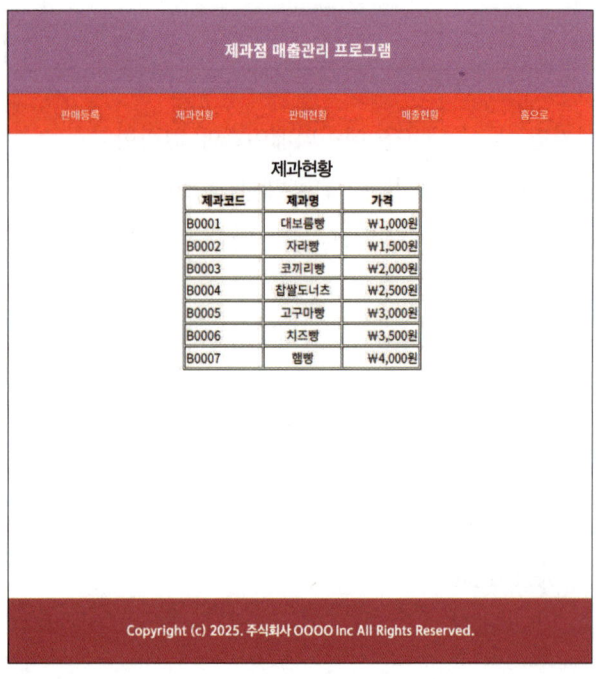

○ 제과현황

○ 판매현황

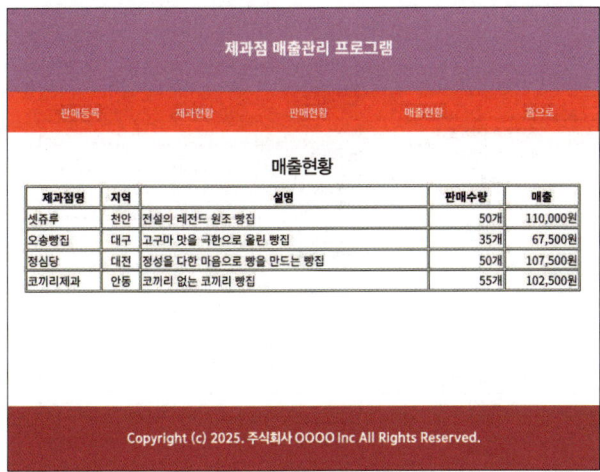

◐ 매출현황

③ 판매등록 버튼을 클릭한다.

④ 판매 번호가 16번으로 나오는지, 판매 일자가 오늘 날짜로 나오는지, 수정이 안 되는지 확인한다.

⑤ '제과점', '제과' 항목의 셀렉트 박스가 데이터베이스 테이블의 컬럼 '이름'에서 검색하여 자동으로 출력되는지 확인한다.

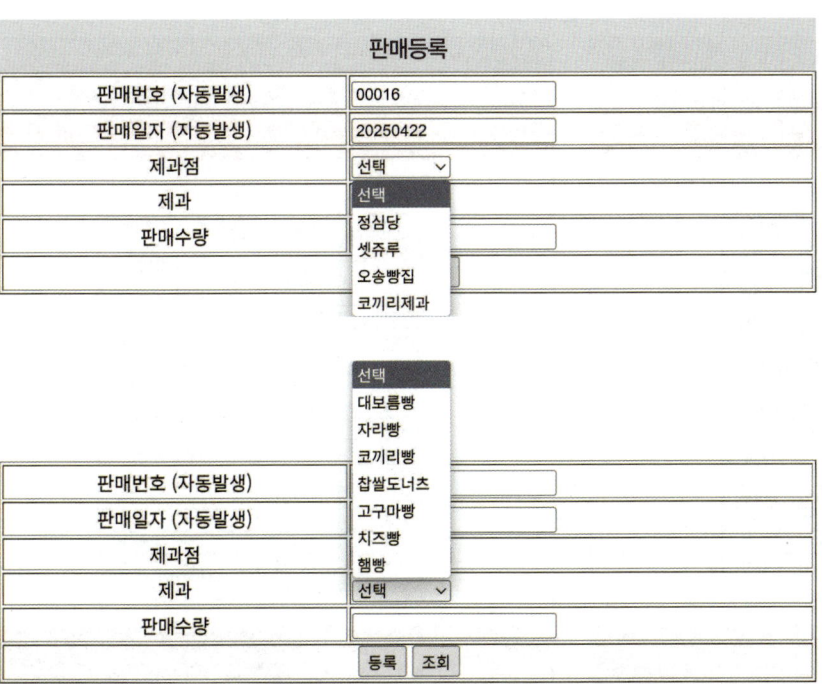

⑥ 등록 버튼을 눌러서 경고문을 확인한다.

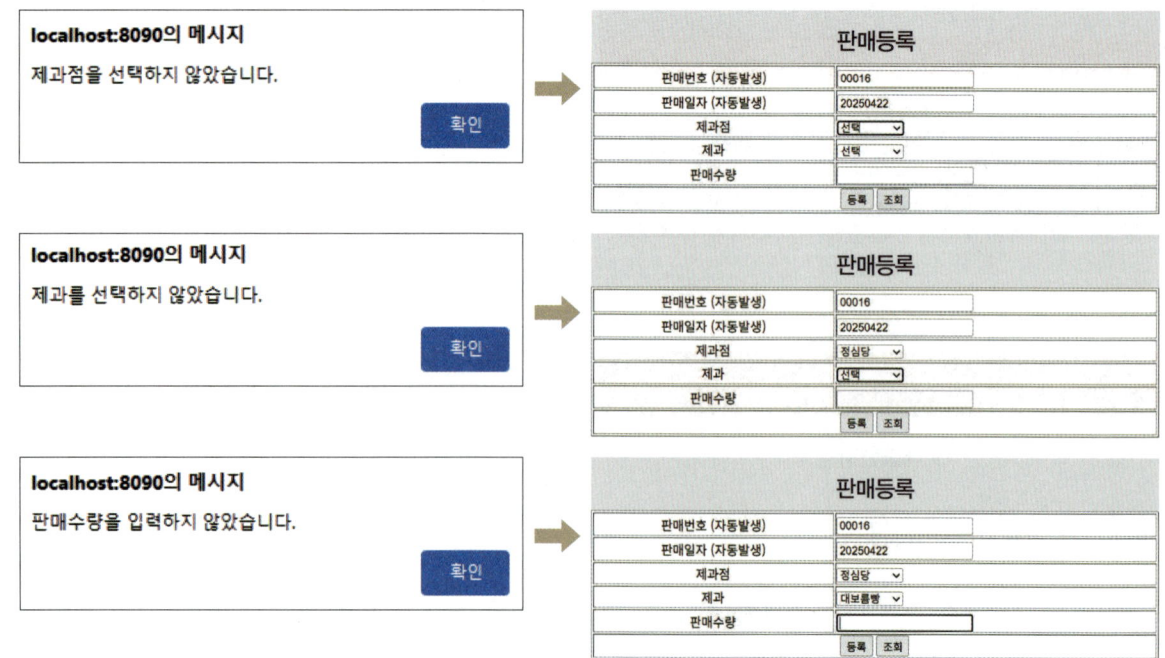

⑦ 모든 항목을 입력(00016, 오늘 날짜, 정심당, 대보름빵, 99)한 후 '등록' 버튼을 누르면 데이터베이스 '판매정보' 테이블에 저장된 후 '판매등록이 정상적으로 되었습니다.'라는 알림창이 화면에 출력되며 알림창의 '확인' 버튼을 누르면 메인(시작) 화면으로 이동한다.

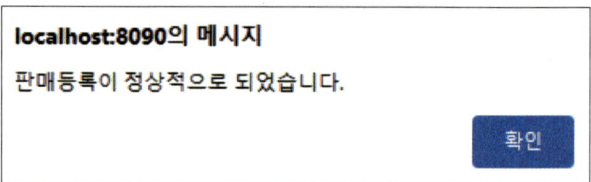

⑧ 데이터를 입력해서 변동된 판매현황 페이지 데이터를 확인한다.

◎ 판매현황(기존)

◎ 판매현황(데이터 입력)

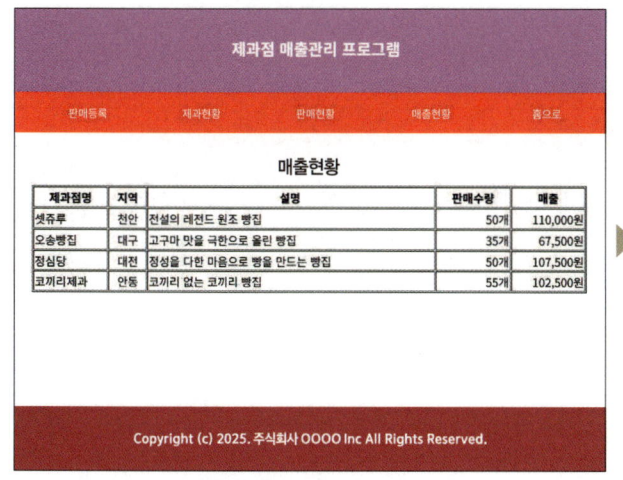

◐ 매출현황(기존)　　　　　　　　◐ 매출현황(데이터 입력)

6 데이터 초기화

검토를 받기 위해서 프로그램이 제공한 데이터 이외에 테스트 데이터를 삭제한다.

① 이클립스 db.sql에 다음과 같이 입력한다.

```sql
DELETE FROM tbl_sale WHERE pk_sale='00016';
COMMIT
```

② 마우스 오른쪽을 눌러서 실행한다.

③ 데이터가 원상태로 돌아온 것을 확인한다.

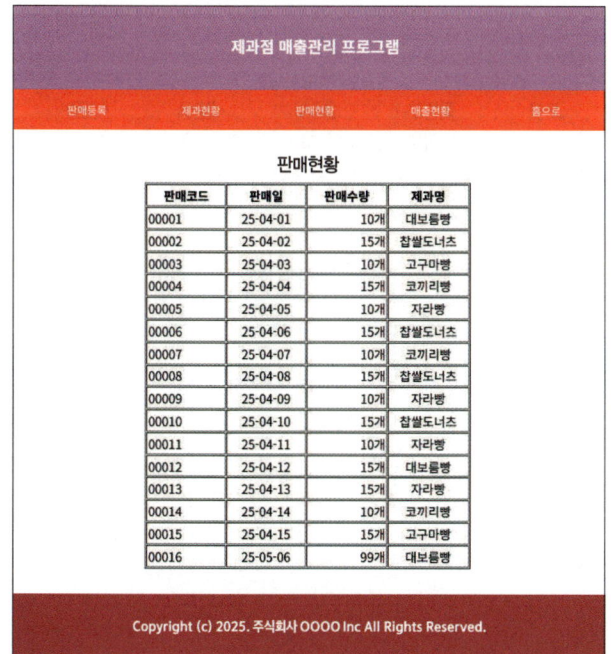 

◐ 판매현황(삭제 전)　　　　　　　　◐ 판매현황(삭제 후)

◎ 매출현황(삭제 전)　　　　　　　　◎ 매출현황(삭제 후)

풀이	2	과제명	독서실 자리관리 프로그램	HTML	●●●○○	SSS	●●●●○
				CSS	●●●●○	DB	●●○○○

제공된 문제를 보았을 때 기본 문제를 구조적인 큰 차이점은 없지만, 더욱 어려워졌다. 즉, 새로운 기능들이 각각의 페이지에서 추가되었는데, 문제를 분석해보면서 생각했던 차이점과 아래 분석내용이 일치하는지도 함께 비교해 보자.

분야	수준	설명
HTML	●●●○○	라디오 버튼, 달력 타입이 추가되었습니다. 검색 페이지가 추가되었습니다. 테이블 안에 테이블을 구성해야 합니다.
CSS	●●●●○	페이지에 따라 창 크기를 능동적으로 변경해야 합니다. 유효성 검사 항목이 증가되었습니다. 라디오 버튼의 유효성 검사가 추가되었습니다. 복수의 변수를 통합하여 한 영역에 표시합니다.
SSS	●●●●○	2중 반복문으로 배열 형태를 구성해야 합니다. 일자와 시간을 병합해야 합니다. 기간 검색을 수행해야 합니다. 라디오 변수에서 전달된 값을 분리하여 입력해야 합니다.
DB	●●○○○	기본형과 유사합니다.

1 환경 구성

기본형 문제 및 1번 과제에서도 해보았지만, 매번 시험장에서 매번 해야 하는 작업이다. 스스로 한번 수행해보고 앞에 설명되어있는 풀이를 참고해서 점검해 보자. 프로젝트를 새로 만들어야 하므로 그 부분만 서술해 보자.

1) Eclipse를 실행하고 관련 Workspace를 선택한다.
2) 인코딩 관련하여 UTF-8 설정을 한다.
3) Server를 생성하여 [Apache] - [Tomcat v11.0 Server]을 연동하고 포트를 변경한다.
4) Oracle 데이터베이스를 연동한다. 기본 환경 구성 절차이다. 정상적으로 마무리되었으면 2번 과제를 풀이한다.

5) Eclipse에 웹 프로젝트 생성하기

① [File] → [New] → [Dynamic Web Project]를 클릭한다.

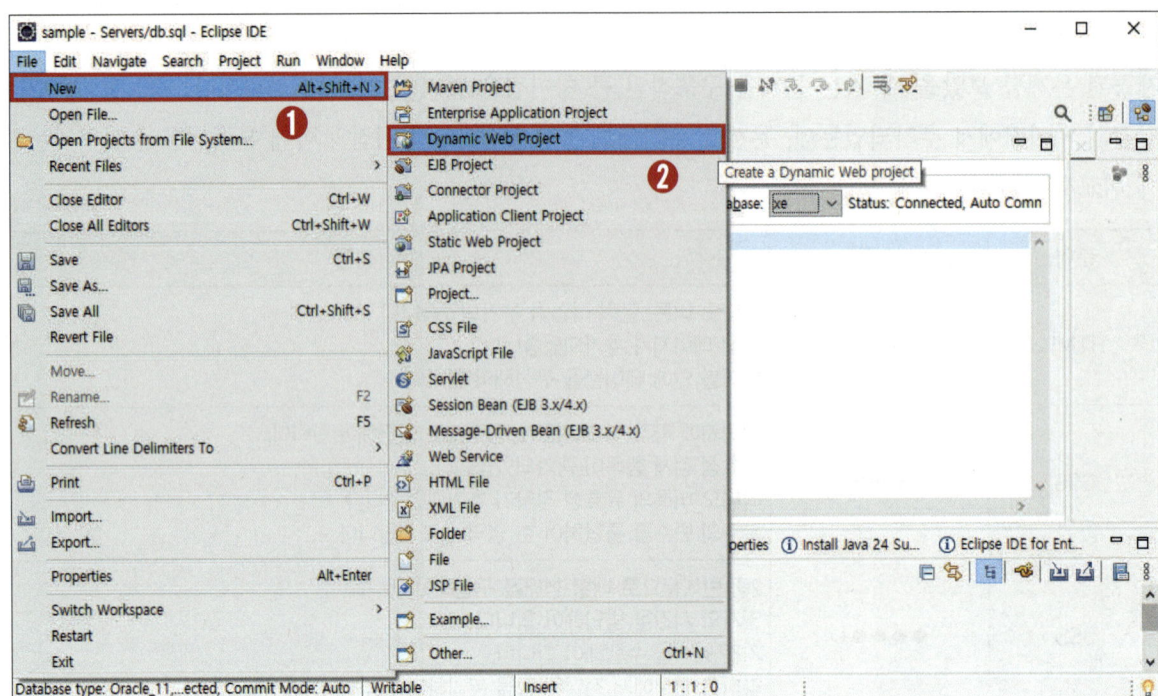

② 프로젝트 이름을 'sample_2'로 작성하고 [Next >] 버튼을 클릭한다.

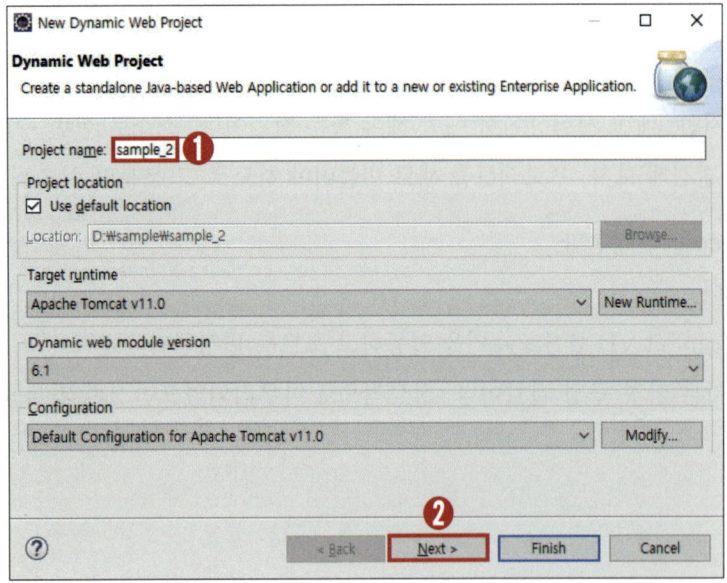

③ Java 애플리케이션 경로를 확인한다.
④ Web root와 디렉토리 경로를 확인하고 [Finish] 버튼을 클릭한다.

⑤ 왼쪽 디렉토리 리스트에 'sample_2' 프로젝트를 확인한다. 이제 웹 프로젝트 생성 작업이 끝났다.

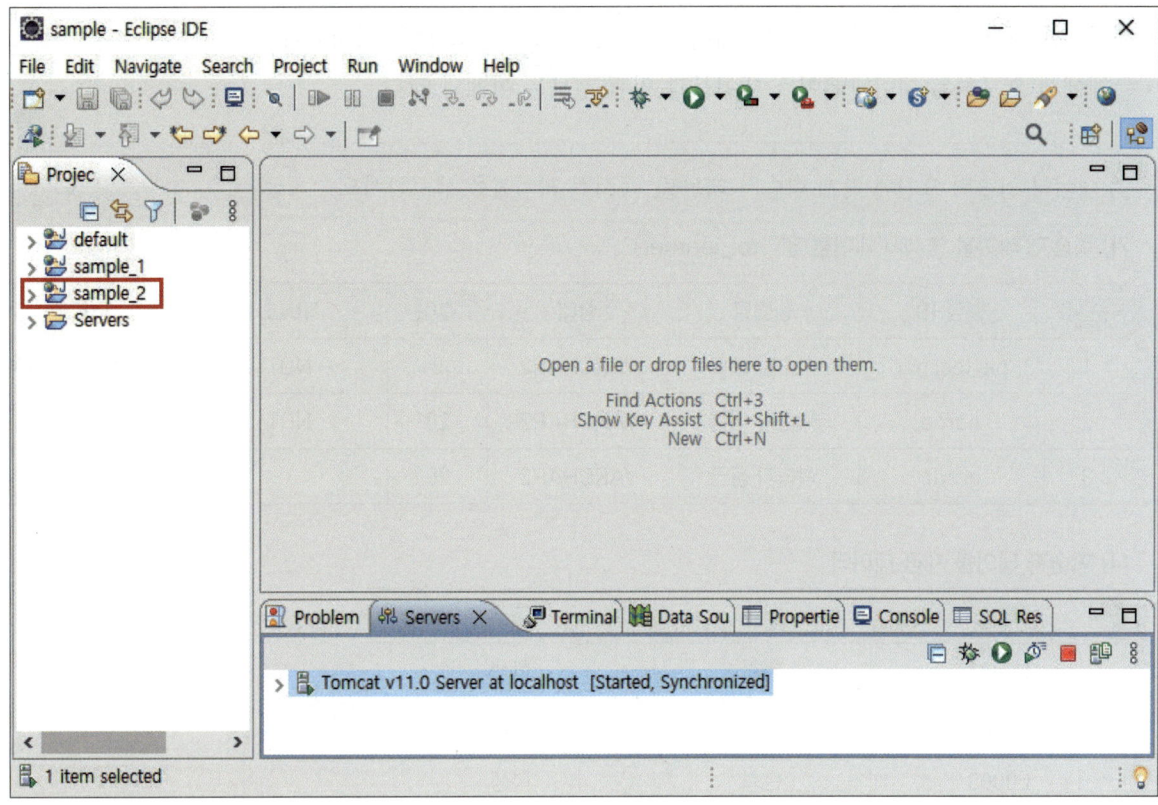

6) [프로젝트] → [Build Path]를 이용하여 웹 프로젝트에 데이터베이스 연동한다.

7) [프로젝트] → [New] → [Package]를 이용하여 'DBPKG'를 생성하고, 'Util.java' 클래스를 작성한다.

더 알아보기 — COMMIT과 ROLLBACK

Oracle에서 COMMIT과 ROLLBACK은 트랜잭션 제어(Transaction Control) 명령어로, 데이터의 변경 사항을 확정하거나 취소하는 데 사용한다.

1. COMMIT
- 기능: 현재 트랜잭션에서 실행한 INSERT, UPDATE, DELETE 등의 변경 사항을 영구적으로 저장한다. 또한, 데이터베이스에 확정(commit)되어 복구할 수 없게 된다.
- 예시: UPDATE 테이블명 SET 변수 = 값; COMMIT;
- 설명: 변경된 내용이 데이터베이스에 저장됨

2. ROLLBACK
- 기능: 트랜잭션 중의 변경 사항을 되돌립니다. COMMIT 이전 상태로 복구됨
- 예시: UPDATE 테이블명 SET 변수 = 값; ROLLBACK;
- 설명: 마지막 COMMIT 이후의 모든 변경 사항을 취소. 원래 상태로 되돌아감

2 데이터베이스 입력

- 제공되는 문제에서 요구하는 데이터베이스 테이블을 생성하고 값을 입력한다.
- 문제에서 요구하는 데이터베이스 테이블과 입력 정보는 아래와 같다.

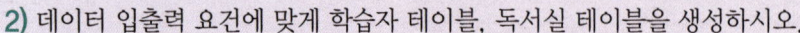

2) 데이터 입출력 요건에 맞게 학습자 테이블, 독서실 테이블을 생성하시오.

가) 학습자 테이블 명세서(테이블 명 : tbl_learner)

순서	컬럼 ID	컬럼명	형태	길이	NULL	비고
1	pk_learner	학습자 코드	VARCHAR2	5	NOT	PRIMARY KEY
2	name	학습자 이름	VARCHAR2	20	NOT	
3	grade	학습자 등급	VARCHAR2	20		

나) 학습자 테이블 제공 데이터

코드	이름	등급
L0001	영희	학생
L0002	철수	학생
L0003	은희	학생
L0004	지윤	직장인
L0005	지은	직장인

다) 독서실 테이블 명세서(테이블 명 : tbl_studycafe)

순서	컬럼 ID	컬럼명	형태	길이	NULL	비고
1	pk_studycafe	독서실 코드	VARCHAR2	5	NOT	PRIMARY KEY
2	usage_date_start	사용 시간 시작일	DATE	-	NOT	
3	usage_date_end	사용 시간 종료일	DATE	-	NOT	
4	seat_x	자리 가로위치	NUMBER	2	NOT	
5	seat_y	자리 세로위치	NUMBER	2	NOT	
6	fk_learner	학습자 코드	VARCHAR2	5	NOT	FOREIGN KEY

라) 독서실 테이블 제공 데이터

등록 코드	등록 날짜	등록 수량	자리 가로위치	자리 세로위치	학습자 코드
00001	2025-04-20 10:00:00	2025-04-20 16:00:00	9	4	L0001
00002	2025-04-21 10:00:00	2025-04-21 16:00:00	9	4	L0001
00003	2025-04-22 10:00:00	2025-04-22 16:00:00	9	4	L0001
00004	2025-04-23 10:00:00	2025-04-23 16:00:00	9	4	L0001
00005	2025-04-24 10:00:00	2025-04-24 16:00:00	9	4	L0001
00006	2025-04-20 10:00:00	2025-04-20 16:00:00	3	4	L0002
00007	2025-04-21 10:00:00	2025-04-21 16:00:00	3	4	L0002
00008	2025-04-22 10:00:00	2025-04-22 16:00:00	3	4	L0002
00009	2025-04-23 10:00:00	2025-04-23 16:00:00	3	4	L0002
00010	2025-04-24 10:00:00	2025-04-24 16:00:00	3	4	L0002
00011	2025-04-20 10:00:00	2025-04-20 20:00:00	6	5	L0003
00012	2025-04-21 10:00:00	2025-04-21 20:00:00	6	5	L0003
00013	2025-04-22 10:00:00	2025-04-22 20:00:00	6	5	L0003
00014	2025-04-23 10:00:00	2025-04-23 20:00:00	6	5	L0003
00015	2025-04-24 10:00:00	2025-04-24 20:00:00	6	5	L0003
00016	2025-04-20 10:00:00	2025-04-20 20:00:00	7	9	L0004
00017	2025-04-21 10:00:00	2025-04-21 20:00:00	7	9	L0004
00018	2025-04-22 10:00:00	2025-04-22 20:00:00	7	9	L0004
00019	2025-04-23 10:00:00	2025-04-23 20:00:00	7	9	L0004
00020	2025-04-24 10:00:00	2025-04-24 20:00:00	7	9	L0004

가) 데이터베이스 테이블 생성

(1) 소스 코드 : db.sql 텍스트 입력 박스에 다음과 같이 입력한다.

line	소스 코드 : db.sql (1/2)
1	`/* 테이블 생성 (tbl_learner) */`
2	`CREATE TABLE tbl_learner(  pk_learner        VARCHAR(5)      NOT NULL       PRIMARY KEY`
3	`,                         name              VARCHAR(20)     NOT NULL`
4	`,                         grade             VARCHAR(20)`
5	`);`
6	`/* 테이블 생성 (tbl_studycafe) */`
7	`CREATE TABLE tbl_studycafe( pk_studycafe    NUMBER(5)       NOT NULL       PRIMARY KEY`
8	`,                          usage_date_start DATE            NOT NULL`
9	`,                          usage_date_end   DATE            NOT NULL`
10	`,                          seat_x           NUMBER(2)       NOT NULL`
11	`,                          seat_y           NUMBER(2)       NOT NULL`
12	`,                          fk_learner       VARCHAR(5)      NOT NULL`
13	`,                          FOREIGN KEY(fk_learner)   REFERENCES      tbl_learner(pk_learner)`
14	`);`
15	`/* 테이블 데이터 입력 (tbl_learner) */`
16	`INSERT INTO tbl_learner            VALUES('L0001','영희','학생');`
17	`INSERT INTO tbl_learner            VALUES('L0002','철수','학생');`
18	`INSERT INTO tbl_learner            VALUES('L0003','은희','학생');`
19	`INSERT INTO tbl_learner            VALUES('L0004','지윤','직장인');`
20	`INSERT INTO tbl_learner            VALUES('L0005','지은','직장인');`
21	`/* 테이블 데이터 입력 (tbl_studycafe) */`
22	`INSERT INTO tbl_studycafe`
23	`VALUES(00001, TIMESTAMP '2025-04-20 10:00:00', TIMESTAMP '2025-04-20 16:00:00',9,4,'L0001');`
24	`INSERT INTO tbl_studycafe`
25	`VALUES(00002, TIMESTAMP '2025-04-21 10:00:00', TIMESTAMP '2025-04-21 16:00:00',9,4,'L0001');`
26	`INSERT INTO tbl_studycafe`
27	`VALUES(00003, TIMESTAMP '2025-04-22 10:00:00', TIMESTAMP '2025-04-22 16:00:00',9,4,'L0001');`
28	`INSERT INTO tbl_studycafe`
29	`VALUES(00004, TIMESTAMP '2025-04-23 10:00:00', TIMESTAMP '2025-04-23 16:00:00',9,4,'L0001');`
30	`INSERT INTO tbl_studycafe`
31	`VALUES(00005, TIMESTAMP '2025-04-24 10:00:00', TIMESTAMP '2025-04-24 16:00:00',9,4,'L0001');`
32	`INSERT INTO tbl_studycafe`
33	`VALUES(00006, TIMESTAMP '2025-04-20 10:00:00', TIMESTAMP '2025-04-20 16:00:00',3,4,'L0002');`
34	`INSERT INTO tbl_studycafe`
35	`VALUES(00007, TIMESTAMP '2025-04-21 10:00:00', TIMESTAMP '2025-04-21 16:00:00',3,4,'L0002');`
36	`INSERT INTO tbl_studycafe`
37	`VALUES(00008, TIMESTAMP '2025-04-22 10:00:00', TIMESTAMP '2025-04-22 16:00:00',3,4,'L0002');`
38	`INSERT INTO tbl_studycafe`
39	`VALUES(00009, TIMESTAMP '2025-04-23 10:00:00', TIMESTAMP '2025-04-23 16:00:00',3,4,'L0002');`
40	`INSERT INTO tbl_studycafe`
41	`VALUES(00010, TIMESTAMP '2025-04-24 10:00:00', TIMESTAMP '2025-04-24 16:00:00',3,4,'L0002');`
42	`INSERT INTO tbl_studycafe`
43	`VALUES(00011, TIMESTAMP '2025-04-20 10:00:00', TIMESTAMP '2025-04-20 20:00:00',6,5,'L0003');`

(2) 코드 설명 : 각 라인의 코드 설명이다.

line	코드 설명 (1/2)
1	tbl_learner 테이블 생성 작업을 나타내는 주석입니다.
2	tbl_learner 테이블을 생성하며, pk_learner 칼럼을 VARCHAR(5)형, NOT NULL, PRIMARY KEY로 정의합니다.
3	name 칼럼을 VARCHAR(20)형, NOT NULL으로 정의합니다.
4	grade 칼럼을 VARCHAR(20)형으로 정의합니다.
5	CREATE TABLE 문을 종료합니다.
6	tbl_studycafe 테이블 생성 작업을 나타내는 주석입니다.
7	tbl_studycafe 테이블을 생성하며, pk_studycafe 칼럼을 NUMBER(5)형, NOT NULL, PRIMARY KEY로 정의합니다.
8	usage_date_start 칼럼을 DATE형, NOT NULL으로 정의합니다.
9	usage_date_end 칼럼을 DATE형, NOT NULL으로 정의합니다.
10	seat_x 칼럼을 NUMBER(2)형, NOT NULL으로 정의합니다.
11	seat_y 칼럼을 NUMBER(2)형, NOT NULL으로 정의합니다.
12	fk_learner 칼럼을 VARCHAR(5)형, NOT NULL으로 정의합니다.
13	FOREIGN KEY 제약을 설정하여 fk_learner가 tbl_learner(pk_learner)를 참조하도록 지정합니다.
14	tbl_studycafe 테이블 생성 문을 종료합니다.
15	tbl_learner 테이블에 데이터를 입력하는 작업을 나타내는 주석입니다.
16	tbl_learner 테이블에 첫 번째 학습자 레코드(L0001, 영희, 학생)를 삽입합니다.
17	tbl_learner 테이블에 두 번째 학습자 레코드(L0002, 철수, 학생)를 삽입합니다.
18	tbl_learner 테이블에 세 번째 학습자 레코드(L0003, 은희, 학생)를 삽입합니다.
19	tbl_learner 테이블에 네 번째 학습자 레코드(L0004, 지윤, 직장인)를 삽입합니다.
20	tbl_learner 테이블에 다섯 번째 학습자 레코드(L0005, 지은, 직장인)를 삽입합니다.
21	tbl_studycafe 테이블에 데이터를 입력하는 작업을 나타내는 주석입니다.
22	tbl_studycafe 테이블에 첫 번째 레코드 삽입을 위한 INSERT 문을 선언합니다.
23	첫 번째 레코드(00001)를 사용 기간, 좌석 위치, 학습자 정보와 함께 삽입합니다.
24	두 번째 레코드 삽입을 위한 INSERT 문을 선언합니다.
25	두 번째 레코드(00002)를 삽입합니다.
26	세 번째 레코드 삽입을 위한 INSERT 문을 선언합니다.
27	세 번째 레코드(00003)를 삽입합니다.
28	네 번째 레코드 삽입을 위한 INSERT 문을 선언합니다.
29	네 번째 레코드(00004)를 삽입합니다.
30	다섯 번째 레코드 삽입을 위한 INSERT 문을 선언합니다.
31	다섯 번째 레코드(00005)를 삽입합니다.
32	여섯 번째 레코드 삽입을 위한 INSERT 문을 선언합니다.
33	여섯 번째 레코드(00006)를 삽입합니다.
34	일곱 번째 레코드 삽입을 위한 INSERT 문을 선언합니다.
35	일곱 번째 레코드(00007)를 삽입합니다.
36	여덟 번째 레코드 삽입을 위한 INSERT 문을 선언합니다.
37	여덟 번째 레코드(00008)를 삽입합니다.
38	아홉 번째 레코드 삽입을 위한 INSERT 문을 선언합니다.
39	아홉 번째 레코드(00009)를 삽입합니다.
40	열 번째 레코드 삽입을 위한 INSERT 문을 선언합니다.
41	열 번째 레코드(00010)를 삽입합니다.
42	열한 번째 레코드 삽입을 위한 INSERT 문을 선언합니다.
43	열한 번째 레코드(00011)를 삽입합니다.

소스 코드 : db.sql (2/2)

line	
44	`INSERT INTO tbl_studycafe`
45	`VALUES(00012, TIMESTAMP '2025-04-21 10:00:00', TIMESTAMP '2025-04-21 20:00:00',6,5,'L0003');`
46	`INSERT INTO tbl_studycafe`
47	`VALUES(00013, TIMESTAMP '2025-04-22 10:00:00', TIMESTAMP '2025-04-22 20:00:00',6,5,'L0003');`
48	`INSERT INTO tbl_studycafe`
49	`VALUES(00014, TIMESTAMP '2025-04-23 10:00:00', TIMESTAMP '2025-04-23 20:00:00',6,5,'L0003');`
50	`INSERT INTO tbl_studycafe`
51	`VALUES(00015, TIMESTAMP '2025-04-24 10:00:00', TIMESTAMP '2025-04-24 20:00:00',6,5,'L0003');`
52	`INSERT INTO tbl_studycafe`
53	`VALUES(00016, TIMESTAMP '2025-04-20 10:00:00', TIMESTAMP '2025-04-20 20:00:00',7,9,'L0004');`
54	`INSERT INTO tbl_studycafe`
55	`VALUES(00017, TIMESTAMP '2025-04-21 10:00:00', TIMESTAMP '2025-04-21 20:00:00',7,9,'L0004');`
56	`INSERT INTO tbl_studycafe`
57	`VALUES(00018, TIMESTAMP '2025-04-22 10:00:00', TIMESTAMP '2025-04-22 20:00:00',7,9,'L0004');`
58	`INSERT INTO tbl_studycafe`
59	`VALUES(00019, TIMESTAMP '2025-04-23 10:00:00', TIMESTAMP '2025-04-23 20:00:00',7,9,'L0004');`
60	`INSERT INTO tbl_studycafe`
61	`VALUES(00020, TIMESTAMP '2025-04-24 10:00:00', TIMESTAMP '2025-04-24 20:00:00',7,9,'L0004');`
62	
63	`/* 데이터베이스 처리 작업 확정 */`
64	`COMMIT`
65	
66	`/* 테이블 데이터 출력 */`
67	`SELECT * from tbl_learner;`
68	`SELECT * from tbl_studycafe;`

더 알아보기 — 오라클 데이터베이스에서 DATE 데이터 타입에 입력하는 다양한 방법 (1)

문자열 + TO_DATE 함수 사용

INSERT INTO 테이블명 (날짜컬럼)

VALUES (TO_DATE('2025-06-16', 'YYYY-MM-DD'));

설명 TO_DATE 함수는 문자열을 날짜로 변환한다.

시간까지 포함할 때

INSERT INTO 테이블명 (날짜컬럼)

VALUES (TO_DATE('2025-06-16 14:30:00', 'YYYY-MM-DD HH24:MI:SS'));

설명 HH24: 24시간제, MI: 분, SS: 초

SYSDATE 사용 (현재 날짜/시간)

INSERT INTO 테이블명 (날짜컬럼)

VALUES (SYSDATE);

설명 SYSDATE 현재 시스템 날짜와 시간

line	코드 설명 (2/2)
44	열두 번째 레코드 삽입을 위한 INSERT 문을 선언합니다.
45	열두 번째 레코드(00012)를 삽입합니다.
46	열세 번째 레코드 삽입을 위한 INSERT 문을 선언합니다.
47	열세 번째 레코드(00013)를 삽입합니다.
48	열네 번째 레코드 삽입을 위한 INSERT 문을 선언합니다.
49	열네 번째 레코드(00014)를 삽입합니다.
50	열다섯 번째 레코드 삽입을 위한 INSERT 문을 선언합니다.
51	열다섯 번째 레코드(00015)를 삽입합니다.
52	열여섯 번째 레코드 삽입을 위한 INSERT 문을 선언합니다.
53	열여섯 번째 레코드(00016)를 삽입합니다.
54	열일곱 번째 레코드 삽입을 위한 INSERT 문을 선언합니다.
55	열일곱 번째 레코드(00017)를 삽입합니다.
56	열여덟 번째 레코드 삽입을 위한 INSERT 문을 선언합니다.
57	열여덟 번째 레코드(00018)를 삽입합니다.
58	열아홉 번째 레코드 삽입을 위한 INSERT 문을 선언합니다.
59	열아홉 번째 레코드(00019)를 삽입합니다.
60	스무 번째 레코드 삽입을 위한 INSERT 문을 선언합니다.
61	스무 번째 레코드(00020)를 삽입합니다.
62	빈 줄로, 가독성을 위한 구분입니다.
63	데이터베이스 변경 확정을 위한 COMMIT 작업을 나타내는 주석입니다.
64	COMMIT 문으로 현재까지의 변경 사항을 확정합니다.
65	빈 줄로, 가독성을 위한 구분입니다.
66	테이블 데이터 조회 작업을 나타내는 주석입니다.
67	tbl_learner 테이블의 모든 레코드를 조회하는 SELECT 문입니다.
68	tbl_studycafe 테이블의 모든 레코드를 조회하는 SELECT 문입니다.

(3) 코드 세부 설명

(가) SQL 입력 확인 : 정상적으로 실행이 다 되었다면 아래와 같이 성공 표시가 나타난다.

① 테이블 생성문은 외래키 제약조건이 없는 테이블 우선 만들어야 이상이 없다.
② 입력 SQL 문은 데이터 1줄씩 성공(Succeeded)을 확인할 수 있다.
③ 검색(Select) SQL 문의 경우 클릭하여 결과(Result)를 확인하면 실제 입력된 데이터를 볼 수 있다.

(나) 테이블 구조 확인

① 이 과제의 테이블은 2개이다. 학습자 테이블과 독서실 테이블이 외래키로 연결되어 있다. 그림으로 표현하면 다음과 같다.

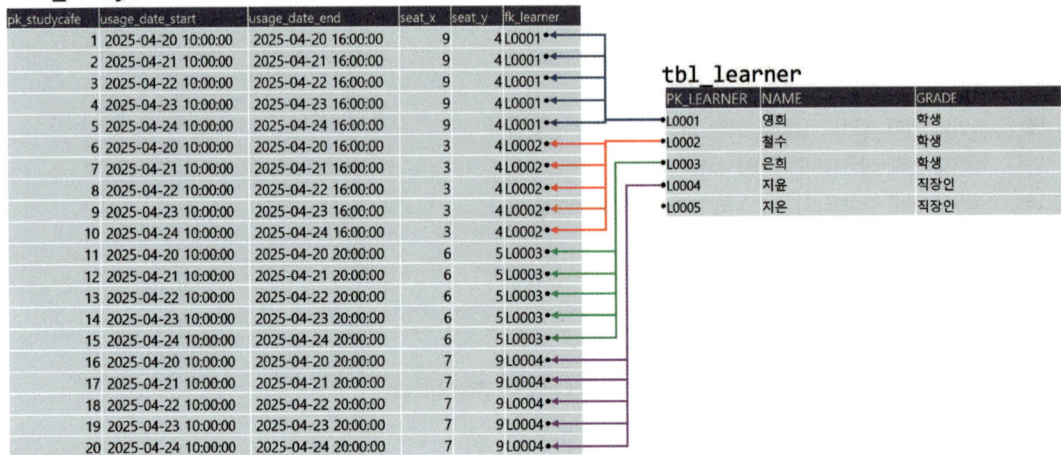

② tbl_studycafe 테이블의 fk_learner 컬럼 ID는 tbl_learner 테이블의 pk_learner와 연결된다.

- 3번째 과제이니 조금 익숙할 것이라고 생각된다. 테이블 연결을 유념해서 과제 수행을 하자.

더 알아보기 — 오라클 데이터베이스에서 DATE 데이터 타입에 입력하는 다양한 방법 (2)

'YYYYMMDD' 형식 문자열 직접 입력
INSERT INTO 테이블명 (날짜컬럼)
VALUES ('20250616');

설명 암시적 형변환(Implicit Conversion) 내부적으로 Oracle이 TO_DATE('20250616', 'YYYYMMDD')처럼 자동으로 처리하지만, 설정에 따라 오류가 날 수도 있다.

TIMESTAMP 리터럴 사용
INSERT INTO 테이블명 (날짜컬럼)
VALUES (TIMESTAMP '2025-06-16 15:30:00');

설명 TIMESTAMP 리터럴입니다. DATE 타입 컬럼에도 저장할 수 있다. → 자동으로 시간 포함 값이 DATE로 저장된다. (초 단위까지만 유지)

DATE 리터럴 사용(DATE 'YYYY-MM-DD')
INSERT INTO 테이블명 (날짜컬럼)
VALUES (DATE '2025-06-16');

설명 ISO 표준에 가까운 방식이다. 시간 없이 날짜만 저장된다. (시간은 자동으로 00:00:00으로 설정됨)

3 화면구현

- 문제에서 요구하는 화면을 구성하고, 연결될 전체 페이지를 생성한다.

> **참고 사항**
> - 화면의 구성요소는 필수사항이다.
> - 화면의 스타일은 제공 그림을 참조하여 유사하게 구현한다.
> - 화면의 색상은 구별이 가능하게 작업자가 임의로 선정한다.

- 문제에서 요구하는 화면 구현 정보는 아래와 같다.

가) 시작화면(index.jsp)

① 시작화면은 헤더(header), 메뉴(nav), 섹션(section), 푸터(footer)로 구성된다.
② 메뉴는 '자리등록', '자리현황', '일별검색', '학습자별 이용료', '홈으로' 구성된다.
③ 푸터(footer)는 저작권 관련정보로 구성된다.

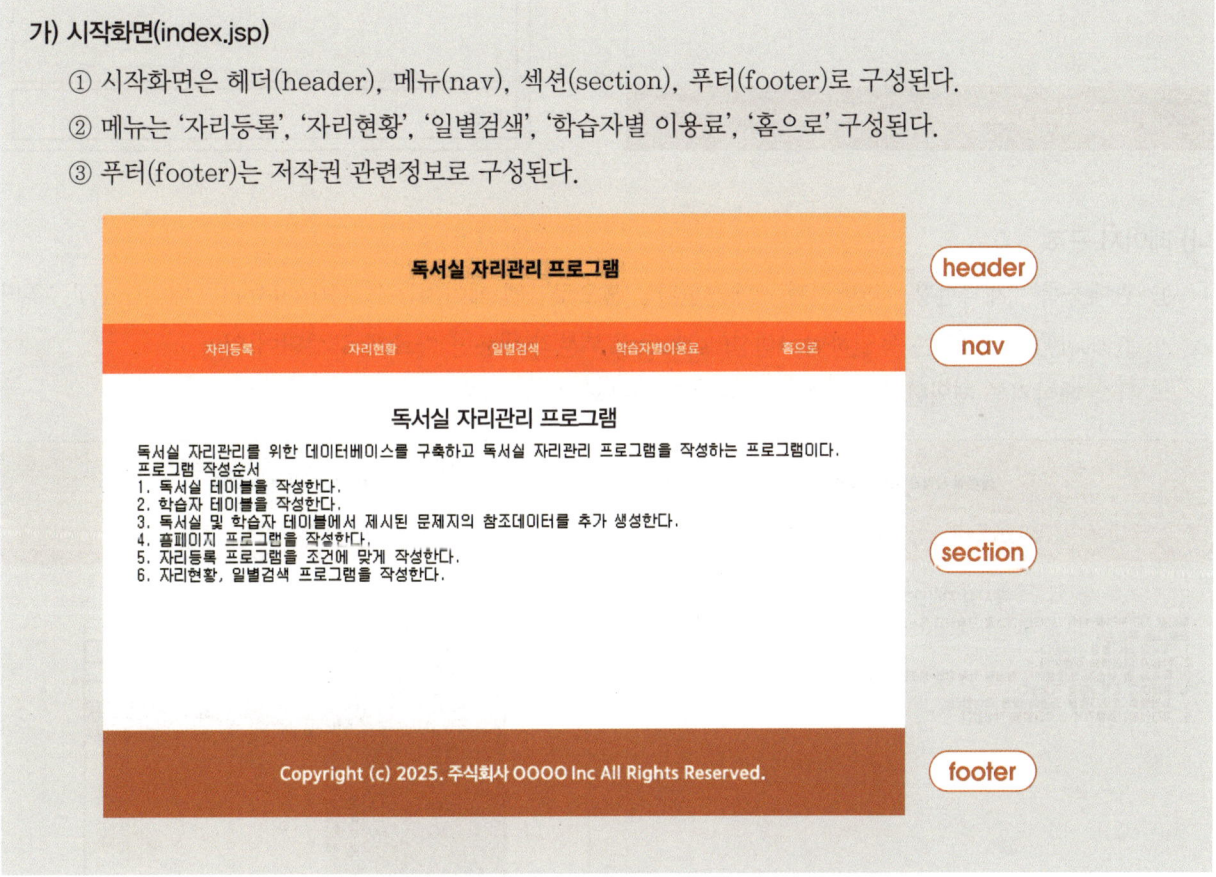

가) 웹 구조 설명

① 제시된 요구사항의 구성은 HTML 기준으로 아래와 같다.

② 우리가 기본형 문제에서 했던 구조와 동일한 것을 확인할 수 있다.

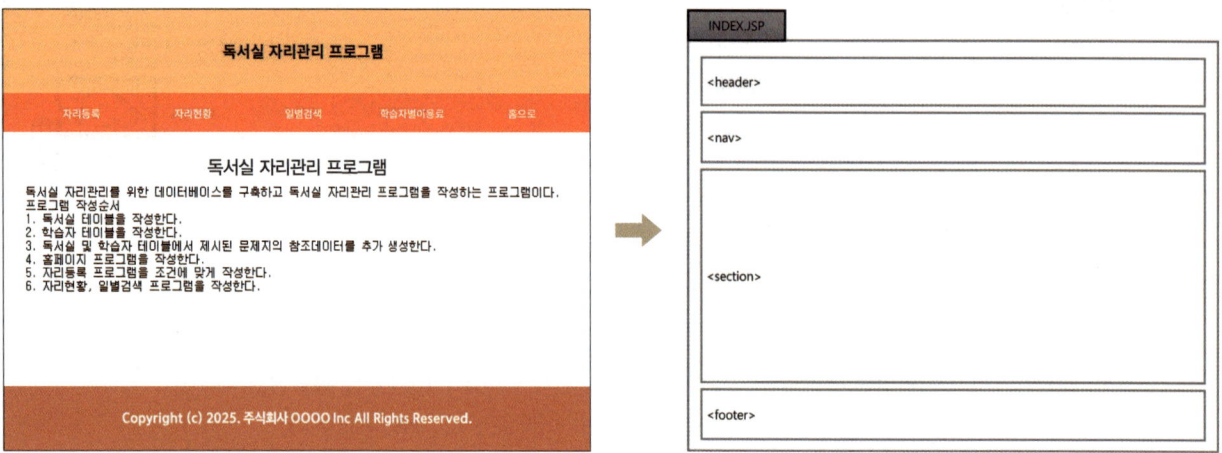

나) 페이지 구조

① '판매등록', '제과현황', '판매현황', '매출현황', '홈으로', 웹 페이지는 '헤더(header)', '메뉴(nav)', '푸터(footer)'의 디자인은 동일하며, '섹션(section)' 부분의 내용만 다르게 구성되어 있다.

② 시작 페이지를 제외한 4개 페이지의 구성은 다음과 같다.

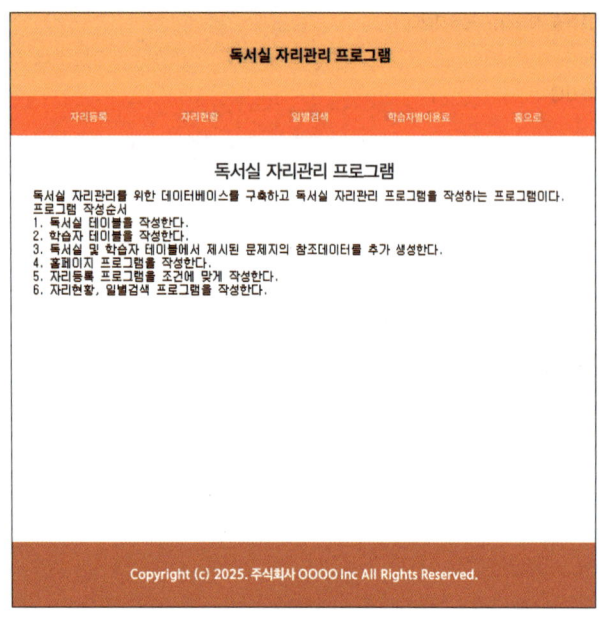

○ 시작 페이지

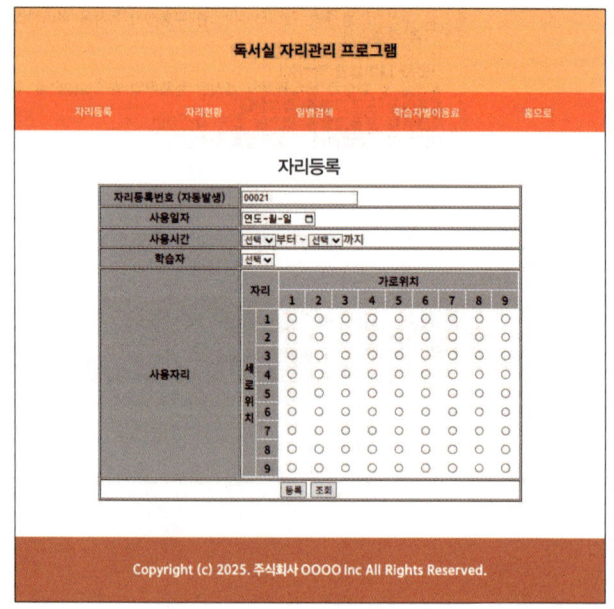

○ 자리등록

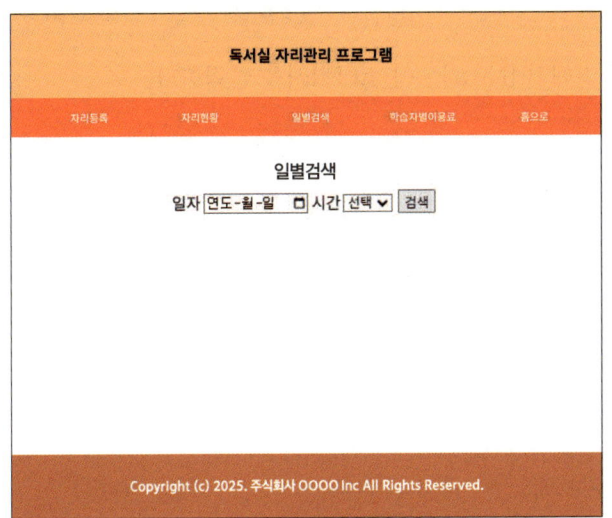

○ 일별검색

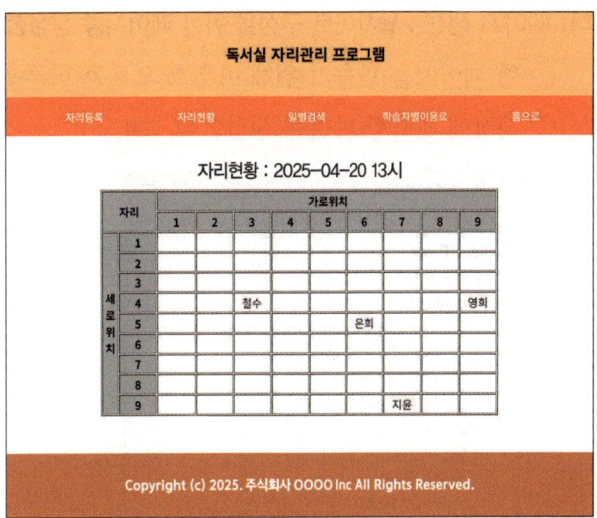

○ 일별검색 결과

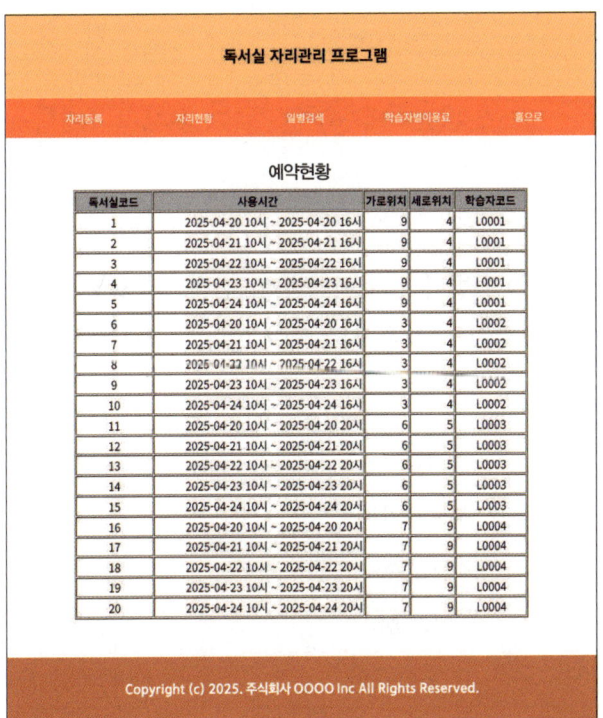

○ 자리현황

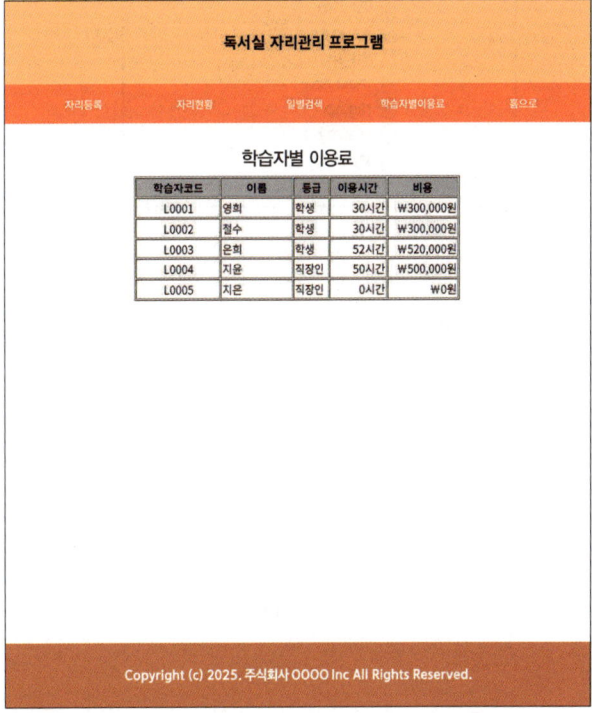

○ 학습자별 이용료

다) 페이지 생성 : 웹사이트 구성을 위한 페이지를 생성한다.

① 웹 페이지를 만들기 위해 마우스 오른쪽 버튼을 클릭해서 [New] → [jsp File]을 클릭한다.
② 제작에 필요한 파일을 생성한다.

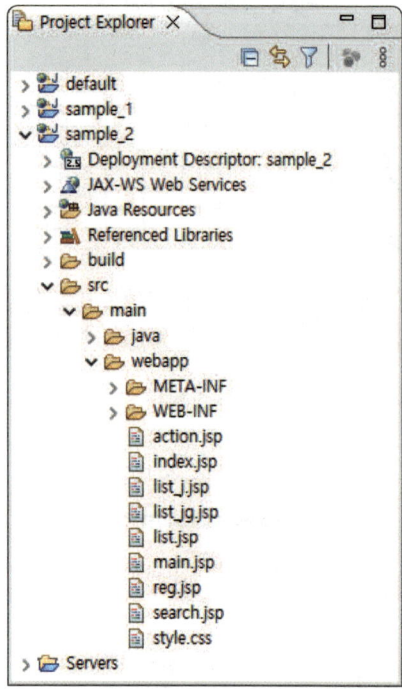

③ 기본형과 가장 큰 다른 점은 페이지가 하나 추가되었는데 '일별검색' 페이지이다. 검색조건을 입력해서 다음 페이지에서 검색조건에 맞게 결과를 출력해야 하므로 Where를 사용해야 한다. 따라서 search.jsp가 추가되고 모든 페이지 용도를 다 사용한다.

	이름		용도	사용
1	index.jsp		시작 페이지	✓
2	style.css		스타일 시트	✓
3	main.jsp		메인(홈)	✓
4	reg.jsp		등록	✓
5	action.jsp		데이터베이스 처리	✓
6	list.jsp	기본	조회(현황) 부가 기능에 따라 단어 추가 예) join+group by = list_jg.jsp	✓
		join		✓
		group by		✓
		order by		✓
		where		✓
7	search.jsp		검색	✓
8	DBPKG(Util.java)		데이터베이스 연결	✓

4 페이지별 기능 구현

입력, 검색, 조회 등 각 조건에 맞는 프로그램을 구현 및 단위 테스트를 한다.

가) 시작 페이지 index.jsp

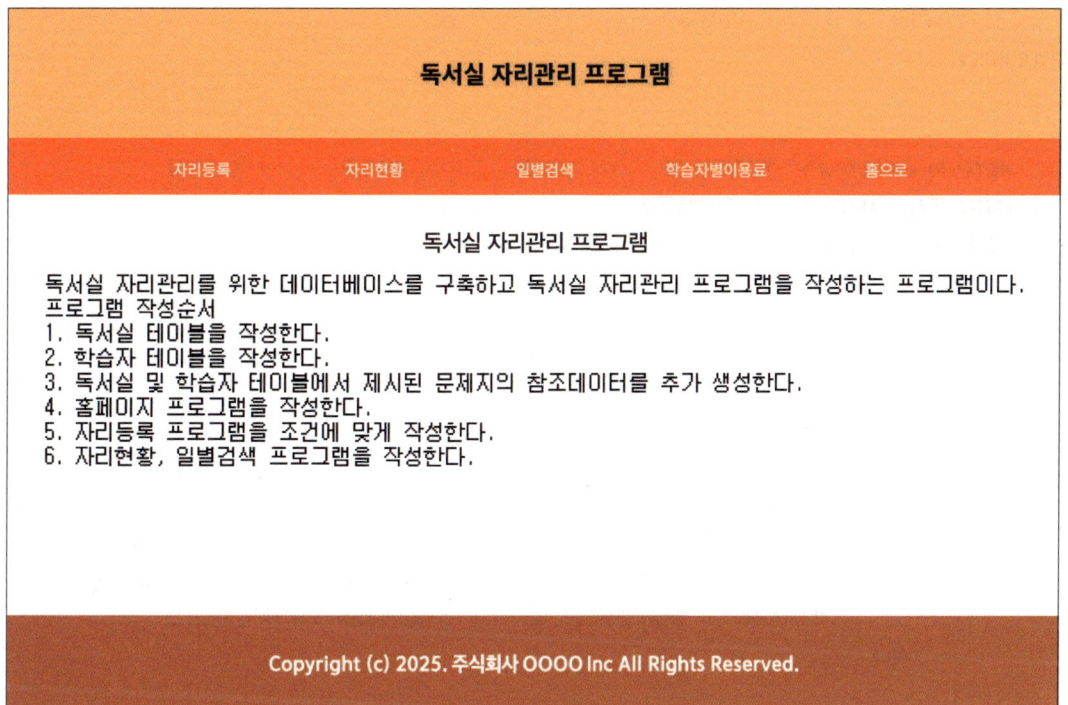

나) 시작 페이지 index.jsp는 기본 영역 구성과 디자인을 결정한다. 따라서 시작 페이지가 원활하게 작동하기 위해서는 3개의 페이지가 필요하다.

① 시작 페이지 index.jsp

② 스타일시트 페이지 style.css

③ 메인 본문 내용 페이지 mail.jsp

순서대로 소스 코드와 완성 화면 그리고 세부 설명을 차례대로 한다.

다) 각 라인의 설명이 쉽도록 번호를 달았다. 실제 코딩에서는 텍스트만 입력하면 된다.

① 코드를 쉽게 알아볼 수 있게 하기 위해서 최대한 깔끔하고 간결하게 작성하였다.

② HTML 태그는 대문자로 작성하였다.

③ 기본형에서 다룬 기본적 내용은 중복을 최소화하였다.

(1) 소스 코드 : 시작페이지(index.jsp)

line	소스 코드
1	`<%@ page   language       =           "java"`
2	`           contentType   =           "text/html; charset=UTF-8"`
3	`           pageEncoding  =           "UTF-8"                          %>`
4	`<!DOCTYPE HTML>`
5	`<HTML>`
6	`<HEAD>`
7	`       <META charset="UTF-8">`
8	`       <TITLE>독서실 자리관리 프로그램</TITLE>`
9	`       <LINK rel="stylesheet" type="text/css" href="style.css">`
10	`</HEAD>`
11	`<BODY>`
12	`       <HEADER> <H2>독서실 자리관리 프로그램</H2></HEADER>`
13	`       <NAV>`
14	`               <UL>`
15	`                       <LI><A href = "reg.jsp"     target = "section_page">자리등록</A></LI>`
16	`                       <LI><A href = "list.jsp"    target = "section_page">자리현황</A></LI>`
17	`                       <LI><A href = "search.jsp"  target = "section_page">일별검색</A></LI>`
18	`                       <LI><A href = "list_jg.jsp" target = "section_page">학습자별이용료</A></LI>`
19	`                       <LI><A href = "main.jsp"    target = "section_page">홈으로</A></LI>`
20	`               </UL>`
21	`       </NAV>`
22	`       <SECTION>`
23	`               <IFRAME    name = "section_page"     src  = "main.jsp"></IFRAME>`
24	`       </SECTION>`
25	`       <FOOTER>`
26	`               <H3>Copyright ⓒ 2025. 주식회사 0000 Inc All Rights Reserved.</H3>`
27	`       </FOOTER>`
28	`</BODY>`
29	`<SCRIPT>`
30	`       const frame = document.querySelector('iframe[name="section_page"]');`
31	`       frame.addEventListener('load', () => {`
32	`               const url = frame.contentWindow.location.pathname;`
33	`               if (url.endsWith('list.jsp')) {`
34	`                       frame.style.height = '800px';`
35	`               }else if (url.endsWith('reg.jsp')) {`
36	`                       frame.style.height = '600px';`
37	`               }else{`
38	`                       frame.style.height = '400px';`
39	`               }`
40	`       });`
41	`</SCRIPT>`
42	`</HTML>`

(가) 코드 설명 : 각 라인의 코드 설명이다.

line	코드 설명
1	JSP 페이지 지시문으로 스크립팅 언어를 Java로 지정합니다.
2	응답 콘텐츠 유형을 text/html; charset=UTF-8로 설정합니다.
3	JSP 페이지 자체의 인코딩을 UTF-8로 지정하며 지시문을 닫습니다.
4	HTML5 문서 형식을 선언합니다.
5	HTML 문서의 루트 요소 시작을 나타냅니다.
6	문서의 메타데이터를 포함하는 헤드 섹션 시작을 나타냅니다.
7	문서의 문자 인코딩을 UTF-8로 설정합니다.
8	브라우저 탭에 표시될 문서 제목을 "독서실 자리관리 프로그램"으로 지정합니다.
9	외부 CSS 파일(style.css)을 현재 문서에 연결합니다.
10	헤드 섹션을 종료합니다.
11	본문(바디) 섹션을 시작합니다.
12	페이지 상단에 프로그램 이름을 H2 제목으로 표시하는 헤더 영역을 정의합니다.
13	내비게이션 영역 시작을 나타냅니다.
14	메뉴 항목을 위한 순서 없는 목록 시작을 나타냅니다.
15	'자리등록' 메뉴 항목을 클릭하면 reg.jsp를 iframe에 로드하도록 설정합니다.
16	'자리현황' 메뉴 항목을 클릭하면 list.jsp를 iframe에 로드하도록 설정합니다.
17	'일별검색' 메뉴 항목을 클릭하면 search.jsp를 iframe에 로드하도록 설정합니다.
18	'학습자별이용료' 메뉴 항목을 클릭하면 list_jg.jsp를 iframe에 로드하도록 설정합니다.
19	'홈으로' 메뉴 항목을 클릭하면 main.jsp를 iframe에 로드하도록 설정합니다.
20	순서 없는 목록을 종료합니다.
21	내비게이션 영역을 종료합니다.
22	주요 콘텐츠 영역을 나타내는 섹션을 시작합니다.
23	이름이 section_page인 iframe을 생성하고 초기 콘텐츠로 main.jsp를 불러옵니다.
24	섹션을 종료합니다.
25	페이지 하단의 바닥글 영역을 시작합니다.
26	저작권 정보를 H3 태그로 표시합니다.
27	바닥글 영역을 종료합니다.
28	바디 섹션을 종료합니다.
29	자바스크립트 코드 블록을 시작합니다.
30	name="section_page"인 iframe 요소를 선택하여 frame 변수에 할당합니다.
31	iframe이 완전히 로드될 때 실행할 이벤트 리스너를 등록합니다.
32	로드된 iframe의 현재 경로(pathname)를 url 변수에 저장합니다.
33	url이 list.jsp로 끝나는지 여부를 확인하는 조건문을 시작합니다.
34	조건이 참이면 iframe의 높이를 800px로 설정합니다.
35	그 외에 url이 reg.jsp로 끝나는지 확인하는 두 번째 조건문을 시작합니다.
36	두 번째 조건이 참이면 iframe의 높이를 600px로 설정합니다.
37	앞선 두 조건에 모두 해당하지 않을 경우를 처리하는 else 블록을 시작합니다.
38	기본적으로 iframe의 높이를 400px로 설정합니다.
39	else 블록을 종료합니다.
40	이벤트 리스너의 콜백 함수를 종료합니다.
41	자바스크립트 코드 블록을 종료합니다.
42	HTML 문서의 루트 요소를 종료합니다.

(나) 코드 세부 설명 : URL 접근 시에 가장 초기에 나오는 페이지이다.
① 기본형 문제와 구성이 거의 비슷한 코드로 구현되어 있는 것을 확인할 수 있다. 단지 차이점은 링크된 페이지가 총 5개이고, 내비게이션 메뉴 제목이 다르다는 것이다.
② 이 문제의 CSS적 특징이 있습니다. 바로 페이지별로 창 크기를 더욱 다양하게 조절한 것이다. 문제 요구사항에서 자리현황의 경우 데이터양이 많으므로 높이를 다른 페이지에 비해 높이 할 것을 요구하였다. 자리등록 또한 기존 400px로는 한 화면에 표현이 어렵다. 해당 조건을 만족시키기 위해 자바스크립트로 처리하였다. 아래와 같이 코드를 입력하면 복수의 페이지가 설정에 따라 원하는 크기로 창 크기를 조절할 수 있다.

```
<SCRIPT>
    const frame = document.querySelector('iframe[name="[아이프레임 이름]"]');
    frame.addEventListener('load', () => {
        const url = frame.contentWindow.location.pathname;
        if (url.endsWith('[변경하고자 하는 페이지1]')) {
            frame.style.height = '[변경하고자 하는 높이1]';
        }else if (url.endsWith('[변경하고자 하는 페이지2]')) {
            frame.style.height = '[변경하고자 하는 높이2]';
        }else{
            frame.style.height = '[기본 높이]';
        }
    });
</SCRIPT>
```

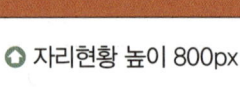

◐ 자리현황 높이 800px

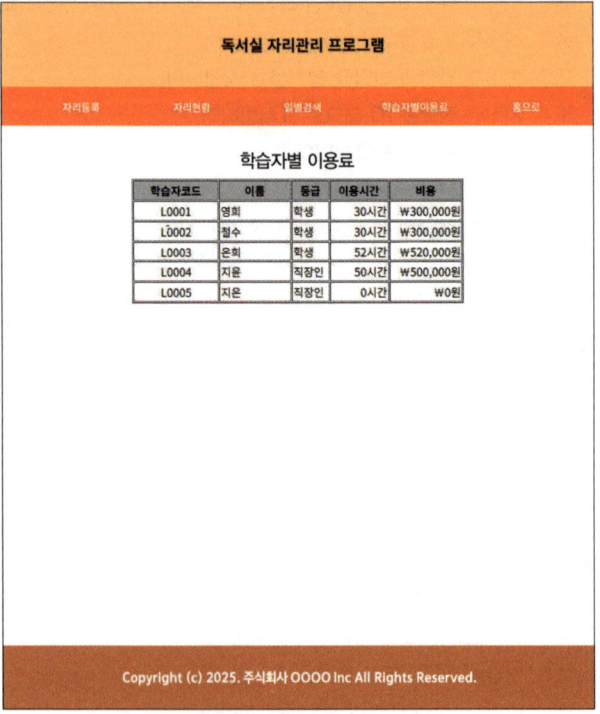

◐ 학습자별 이용료 높이 400px

③ Copyright를 나타내는 마크 ©, (C)
- ㉮ © 기호의 정의 : ©는 'Copyright'의 첫 글자인 C를 원으로 감싼 형태로, 저작권 보유자를 나타내는 국제 표준 기호이다.
- ㉯ (C) : 같은 의미를 ASCII 환경에서 대체 표기한 것으로, 원형 기호가 지원되지 않는 곳에서 사용한다.
- ㉰ 역사적 배경 : 1886년 베른조약(Berne Convention) 채택 전까지는 별도의 표시 없이도 저작권이 자동 보호되었으나, 미국은 1909년 저작권법에서 '© + 연도 + 저작권자' 표기를 의무화했으며, 이후 디지털 문서나 해외 배포를 위해 © 기호를 널리 쓰게 되었다.
- ㉱ 법적 의미 및 효력 : © 표시는 저작권자가 해당 저작물에 대한 권리를 주장한다는 공표의 의미를 가진다. 베른조약 가입국(우리나라 포함)은 표시 유무와 상관없이 저작물 보호가 자동으로 이루어지므로, 법적 요구사항은 아니나 권리 주장을 명확히 한다는 점에서 유용하다. 특히 미국, 일본 등 일부 국가는 아직도 출판물에 © 표기를 권장·의무화하고 있다.
- ㉲ 적용방법 : © + 연도 + 저작권자명 또는 (C) + 연도 + 저작권자명
- ㉳ 다양한 호출 방법 :
  - 윈도 : [Num Lock] + [Alt] + 0169
  - macOS : [Option ⌥] + [G]
  - HTML : © 또는 ©
- ㉴ 기타 마크
  - ℗ : 사운드 레코딩(음반) 권리에 쓰이는 기호(phonogram)
  - ® : 등록상표에 쓰는 Registered Trademark 기호로, ©와 혼동하지 않도록 주의

> **더 알아보기** CC(Creative Commons) 세부 마크
>
> CC 라이선스는 다양한 조합으로 사용되며, 마크에 따라 사용 허용 범위가 다르다.
>
> | 마크 | 의미 |
> | --- | --- |
> | CC BY | 출처 표시만 하면 자유롭게 이용 가능 |
> | CC BY-SA | 출처 표시+동일한 라이선스로 공유 조건 |
> | CC BY-ND | 출처 표시+변경 없이 이용 가능 |
> | CC BY-NC | 출처 표시+비영리 목적만 이용 가능 |
> | CC BY-NC-SA | 비영리+동일 조건 공유 |
> | CC BY-NC-ND | 가장 제한적: 비영리+변경 금지+출처 표시 |

(2) 소스 코드 : 스타일시트 페이지(style.css)

line	소스 코드 : index.jsp (1/2)

```css
1   @charset "UTF-8";
2
3   /* === 공통 === */
4   body, html {
5           text-align:center;
6   }
7   header, nav, section, iframe, footer {
8     width:100%;
9     padding:15px;
10    display:flex;
11    align-items:center;
12    justify-content:center;
13  }
14
15  /* === 헤더/푸터 === */
16  header {
17          height:100px;
18          background:rgb(251, 206, 132)
19  }
20  footer {
21          height:70px;
22          background:rgb(224, 133, 50);
23          color:#fff;
24  }
25
26  /* === 내비게이션 === */
27  nav {
28          height:30px;
29          background:rgb(255, 128, 0);
30  }
31  nav ul {
32          margin:0;
33          padding:0;
34  }
35  nav li {
36          display:inline-block;
37          width:170px;
38  }
39  nav a {
40          color:#fff;
41          text-decoration:none;
42  }
43  /* === 본문 === */
44  section {
45          background:#fff;
46          border:0;
47  }
48  section iframe {
49          height:400px;
50          border:0;
```

(가) 코드 설명 : 각 라인의 코드 설명이다.

line	코드 설명 (1/2)
1	CSS 파일의 문자 인코딩을 UTF-8로 지정합니다.
2	빈 줄로, 가독성을 위한 구분입니다.
3	"공통" 스타일 섹션임을 표시하는 주석입니다.
4	body와 html 요소에 대한 스타일 블록을 시작합니다.
5	body와 html 요소의 텍스트를 가운데 정렬합니다.
6	body와 html 요소 스타일 블록을 종료합니다.
7	header, nav, section, iframe, footer 요소에 대한 스타일 블록을 시작합니다.
8	해당 요소들의 너비를 100%로 설정합니다.
9	해당 요소들의 내부 여백(padding)을 15px로 설정합니다.
10	해당 요소들을 Flexbox 레이아웃으로 지정합니다.
11	Flex 컨테이너 아이템을 수직 방향으로 가운데 정렬합니다.
12	Flex 컨테이너 아이템을 수평 방향으로 가운데 정렬합니다.
13	header, nav, section, iframe, footer 스타일 블록을 종료합니다.
14	빈 줄로, 가독성을 위한 구분입니다.
15	"헤더/푸터" 스타일 섹션임을 표시하는 주석입니다.
16	header 요소에 대한 스타일 블록을 시작합니다.
17	header의 높이를 100px로 설정합니다.
18	header의 배경색을 RGB(251, 206, 132)로 설정합니다.
19	header 스타일 블록을 종료합니다.
20	footer 요소에 대한 스타일 블록을 시작합니다.
21	footer의 높이를 70px로 설정합니다.
22	footer의 배경색을 RGB(224, 133, 50)로 설정합니다.
23	footer 내부 텍스트 색상을 흰색(#fff)으로 설정합니다.
24	footer 스타일 블록을 종료합니다.
25	빈 줄로, 가독성을 위한 구분입니다.
26	"내비게이션" 스타일 섹션임을 표시하는 주석입니다.
27	nav 요소에 대한 스타일 블록을 시작합니다.
28	nav의 높이를 30px로 설정합니다.
29	nav의 배경색을 RGB(255, 128, 0)로 설정합니다.
30	nav 스타일 블록을 종료합니다.
31	nav 내부의 ul 요소에 대한 스타일 블록을 시작합니다.
32	nav ul의 외부 마진을 0으로 설정합니다.
33	nav ul의 내부 패딩을 0으로 설정합니다.
34	nav ul 스타일 블록을 종료합니다.
35	nav 내부의 li 요소에 대한 스타일 블록을 시작합니다.
36	nav li를 인라인 블록 요소로 지정합니다.
37	nav li 각 항목의 너비를 170px로 설정합니다.
38	nav li 스타일 블록을 종료합니다.
39	nav 내부의 a 요소에 대한 스타일 블록을 시작합니다.
40	nav a 텍스트 색상을 흰색(#fff)으로 설정합니다.
41	nav a의 텍스트 장식을 제거합니다.
42	nav a 스타일 블록을 종료합니다.
43	"본문" 스타일 섹션임을 표시하는 주석입니다.
44	section 요소에 대한 스타일 블록을 시작합니다.
45	section의 배경색을 흰색(#fff)으로 설정합니다.
46	section의 테두리를 제거합니다.
47	section 스타일 블록을 종료합니다.
48	section 내부의 iframe 요소에 대한 스타일 블록을 시작합니다.
49	section iframe의 높이를 400px로 설정합니다.
50	section iframe의 테두리를 제거합니다.

소스 코드 : index.jsp (2/2)

```
51  }
52  pre {
53      text-align:left;
54  }
55  table {
56      margin:auto;
57  }
58  th {
59      background:rgb(192, 192, 192);
60  }
```

(3) 소스 코드 : 메인 페이지(main.jsp)

소스 코드

```
1   <%@ page  language     =   "java"
2             contentType  =   "text/html; charset=UTF-8"
3             pageEncoding =   "UTF-8"                      %>
4   <!DOCTYPE HTML>
5   <HTML>
6   <HEAD>
7       <META charset="UTF-8">
8       <LINK rel="stylesheet" type="text/css" href="style.css">
9   </HEAD>
10  <BODY>
11      <H4>독서실 자리관리 프로그램</H4>
12      <PRE>
13  독서실 자리관리를 위한 데이터베이스를 구축하고 독서실 자리관리 프로그램을 작성하는 프로그램이다.
14  프로그램 작성순서
15  1. 독서실 테이블을 작성한다.
16  2. 학습자 테이블을 작성한다.
17  3. 독서실 및 학습자 테이블에서 제시된 문제지의 참조데이터를 추가 생성한다.
18  4. 홈페이지 프로그램을 작성한다.
19  5. 자리등록 프로그램을 조건에 맞게 작성한다.
20  6. 자리현황, 일별검색 프로그램을 작성한다.
21      </PRE>
22  </BODY>
23  </HTML>
```

line	코드 설명 (2/2)
51	section iframe 스타일 블록을 종료합니다.
52	pre 요소에 대한 스타일 블록을 시작합니다.
53	pre 요소의 텍스트를 왼쪽 정렬로 설정합니다.
54	pre 스타일 블록을 종료합니다.
55	table 요소에 대한 스타일 블록을 시작합니다.
56	table의 외부 마진을 자동으로 설정하여 가운데 정렬합니다.
57	table 스타일 블록을 종료합니다.
58	th 요소에 대한 스타일 블록을 시작합니다.
59	th의 배경색을 RGB(192, 192, 192)로 설정합니다.
60	th 스타일 블록을 종료합니다.

(나) 코드 세부 설명 : 스타일 시트이다.

기본형에서 색상을 제외하고는 TH 테이블 제목 테그에 진한색상이 추가되었다. 대부분의 스타일 시트는 실제 실습 시험에서도 비슷하니, 스타일 시트는 외워 두는 것이 좋다.

(가) 코드 설명 : 각 라인의 코드 설명이다.

line	코드 설명
1	JSP 페이지 지시문으로 스크립팅 언어를 Java로 지정합니다.
2	응답 콘텐츠 유형을 text/html; charset=UTF-8로 설정합니다.
3	JSP 페이지 자체의 인코딩을 UTF-8로 지정하며 지시문을 닫습니다.
4	문서 형식을 HTML5로 선언합니다.
5	HTML 문서의 루트 요소를 시작합니다.
6	문서 메타데이터를 포함하는 HEAD 섹션을 시작합니다.
7	문자 인코딩을 UTF-8로 설정하는 META 태그입니다.
8	외부 CSS 파일(style.css)을 연결합니다.
9	HEAD 섹션을 종료합니다.
10	BODY 섹션을 시작하여 본문 콘텐츠를 표시합니다.
11	"독서실 자리관리 프로그램"이라는 제목을 H4 태그로 표시합니다.
12	공백과 줄바꿈을 그대로 출력하는 PREformatted 텍스트 블록을 시작합니다.
13	"독서실 자리관리를 위한 데이터베이스를 구축하고 독서실 자리관리 프로그램을 작성하는 프로그램이다."라는 설명 문구입니다.
14	"프로그램 작성순서"를 안내하는 문구입니다.
15	1단계: 독서실 테이블을 작성한다는 지시입니다.
16	2단계: 학습자 테이블을 작성한다는 지시입니다.
17	3단계: 독서실 및 학습자 테이블에 참조 데이터를 추가 생성한다는 지시입니다.
18	4단계: 홈페이지 프로그램을 작성한다는 지시입니다.
19	5단계: 자리등록 프로그램을 조건에 맞게 작성한다는 지시입니다.
20	6단계: 자리현황 및 일별검색 프로그램을 작성한다는 지시입니다.
21	PREformatted 텍스트 블록을 종료합니다.
22	BODY 섹션을 종료합니다.
23	HTML 문서의 루트 요소를 종료합니다.

(나) 코드 세부 설명 : 메인페이지이다.

기본형에서 본문 내용을 제외하고는 변경된 부분이 없다. 실제 실습 시험에서도 비슷하니, 부담 없이 타이핑하면 된다.

(4) 자리현황 페이지(list.jsp)

line	소스 코드
1	`<%@ page    language      =       "java"`
2	`            contentType   =       "text/html; charset=UTF-8"`
3	`            pageEncoding  =       "UTF-8"                    %>`
4	`<%@ page    import        =       "java.sql.*"               %>`
5	`<%@ page    import        =       "DBPKG.Util"               %>`
6	
7	`<!DOCTYPE HTML>`
8	`<HTML>`
9	`<HEAD>`
10	`    <META charset="UTF-8">`
11	`    <LINK rel="stylesheet" type="text/css" href="style.css">`
12	`</HEAD>`
13	`<BODY>`
14	`    <%`
15	`    request.setCharacterEncoding("UTF-8");`
16	`    Connection conn = Util.getConnection();`
17	`    Statement stmt  = conn.createStatement();`
18	`    String sql =" SELECT tbl_s.pk_studycafe                         AS 스터디카페코드  " +`
19	`              ",       TO_CHAR(tbl_s.usage_date_start,'YYYY-MM-DD HH24')  AS 사용시작시간    " +`
20	`              ",       TO_CHAR(tbl_s.usage_date_end,'YYYY-MM-DD HH24')    AS 사용종료시간    " +`
21	`              ",       tbl_s.seat_x                                      AS 가로위치       " +`
22	`              ",       tbl_s.seat_y                                      AS 세로위치       " +`
23	`              ",       tbl_s.fk_learner                                  AS 학습자코드     " +`
24	`              " FROM   tbl_studycafe               tbl_s                                " +`
25	`              " ORDER BY tbl_s.pk_studycafe        ASC                                 ";`
26	`    ResultSet rs = stmt.executeQuery(sql);`
27	`    %>`
28	`    <H4>예약현황</H4>`
29	`    <TABLE border='1'>`
30	`        <TR>`
31	`            <TH width="110px">독서실코드</TH>`
32	`            <TH width="300px">사용시간</TH>`
33	`            <TH width="60px" >가로위치</TH>`
34	`            <TH width="60px" >세로위치</TH>`
35	`            <TH width="100px">학습자코드</TH>`
36	`        </TR>`
37	`    <% while(rs.next()){ %>`
38	`        <TR>`
39	`            <TD align="center"><%=rs.getString("스터디카페코드") %></TD>`
40	`            <TD align="right" ><%=rs.getString("사용시작시간") %>시 ~ <%=rs.getString("사용종료시간") %>시</TD>`
41	`            <TD align="right" ><%=rs.getString("가로위치") %></TD>`
42	`            <TD align="right" ><%=rs.getString("세로위치") %></TD>`
43	`            <TD align="center"><%=rs.getString("학습자코드") %></TD>`
44	`        </TR>`
45	`    <% } %>`
46	`    </TABLE>`
47	`</BODY>`
48	`</HTML>`

(가) 코드 설명 : 각 라인의 코드 설명이다.

line	코드 설명
1	JSP 페이지 지시문으로 스크립팅 언어를 Java로 지정합니다.
2	응답 콘텐츠 유형을 text/html; charset=UTF-8로 설정합니다.
3	JSP 페이지 자체의 인코딩을 UTF-8로 지정하고 지시문을 닫습니다.
4	java.sql.* 패키지를 임포트합니다.
5	DBPKG.Util 유틸리티 클래스를 임포트합니다.
6	빈 줄로, 가독성을 위한 구분입니다.
7	HTML5 문서 형식을 선언합니다.
8	HTML 문서의 루트 요소를 시작합니다.
9	메타데이터를 포함하는 HEAD 섹션을 시작합니다.
10	문자 인코딩을 UTF-8로 설정하는 META 태그입니다.
11	외부 CSS 파일(style.css)을 연결합니다.
12	HEAD 섹션을 종료합니다.
13	본문 콘텐츠를 담는 BODY 섹션을 시작합니다.
14	JSP 스크립트릿을 시작합니다.
15	요청(request)의 문자 인코딩을 UTF-8로 설정합니다.
16	Util.getConnection()을 호출해 데이터베이스 연결 객체를 가져옵니다.
17	가져온 연결 객체로 SQL 실행용 Statement를 생성합니다.
18	SQL 문자열을 시작하며 tbl_studycafe의 기본 키를 "스터디카페코드"로 조회하도록 지정합니다.
19	SQL 문자열 이어쓰기: usage_date_start를 'YYYY-MM-DD HH24' 형식으로 "사용시작시간"으로 조회합니다.
20	SQL 문자열 이어쓰기: usage_date_end를 'YYYY-MM-DD HH24' 형식으로 "사용종료시간"으로 조회합니다.
21	SQL 문자열 이어쓰기: seat_x를 "가로위치"로 조회합니다.
22	SQL 문자열 이어쓰기: seat_y를 "세로위치"로 조회합니다.
23	SQL 문자열 이어쓰기: fk_learner를 "학습자코드"로 조회합니다.
24	SQL 문자열 이어쓰기: 조회 대상 테이블을 tbl_studycafe 별칭 tbl_s로 지정합니다.
25	SQL 문자열 이어쓰기: 결과를 pk_studycafe 오름차순으로 정렬하고 SQL 정의를 완료합니다.
26	정의한 SQL을 실행해 ResultSet을 획득합니다.
27	JSP 스크립트릿을 종료합니다.
28	"예약현황"이라는 제목을 H4 태그로 표시합니다.
29	테두리(border=1)가 있는 HTML 테이블을 시작합니다.
30	테이블 헤더 행 〈TR〉을 시작합니다.
31	"독서실코드" 헤더 셀(〈TH〉)을 너비 110px로 정의합니다.
32	"사용시간" 헤더 셀을 너비 300px로 정의합니다.
33	"가로위치" 헤더 셀을 너비 60px로 정의합니다.
34	"세로위치" 헤더 셀을 너비 60px로 정의합니다.
35	"학습자코드" 헤더 셀을 너비 100px로 정의합니다.
36	테이블 헤더 행을 종료합니다.
37	ResultSet을 순회하는 JSP while(rs.next()) 루프를 시작합니다.
38	데이터 행 〈TR〉을 시작합니다.
39	"스터디카페코드" 값을 가운데 정렬된 〈TD〉 셀에 출력합니다.
40	"사용시작시간~사용종료시간" 값을 오른쪽 정렬된 〈TD〉 셀에 출력합니다.
41	"가로위치" 값을 오른쪽 정렬된 〈TD〉 셀에 출력합니다.
42	"세로위치" 값을 오른쪽 정렬된 〈TD〉 셀에 출력합니다.
43	"학습자코드" 값을 가운데 정렬된 〈TD〉 셀에 출력합니다.
44	데이터 행을 종료합니다.
45	JSP while 루프를 종료합니다.
46	HTML 테이블을 종료합니다.
47	BODY 섹션을 종료합니다.
48	HTML 문서의 루트 요소를 종료합니다.

(나) 코드 세부 설명 : 자리현황 페이지이다. 단독 테이블의 데이터를 출력한다.

① 이 문제에 추가된 사항은 날짜의 표현이다. 데이터 타입 자체가 DATE이며 이는 연월일시분초를 입력받을 수 있다. 표시 방식은 TO_CHAR과 병합하여 다양하게 표기할 수 있다. 문제지에서 요구하는 방식은 아래와 같으며, 이 외에 다양한 예시를 안내한다.

```
TO_CHAR([컬럼ID],'YYYY-MM-DD HH24') AS [별칭]
```

② DATE 자료형의 주요 포맷 요소이다.

마스크	설명	예시 출력
YYYY	4자리 연도	2025
YY	2자리 연도	25
RRRR	YY와 유사하나 100년 주기 자동 보정	2025 / 1925
MM	2자리 월 (01~12)	4
MON	영문 월 약어 (JAN~DEC)	APR
MONTH	영문 월 전체 (left-padded)	APRIL
DD	2자리 일 (01~31)	7
DY	영문 요일 약어 (MoN~SUN)	MON
HH24	24시간제 시 (00~23)	17
HH12	12시간제 시 (01~12)	5
MI	분 (00~59)	9
SS	초 (00~59)	45
AM/PM	오전/오후 표시	AM / PM

③ 날짜 표현방식 기본 : 오라클 시스템 날짜를 다양한 표현방식으로 표기한 SQL이다.

```
SELECT
  TO_CHAR(SYSDATE, 'YYYY-MM-DD HH24:MI:SS')   AS "기본(24h)",
  TO_CHAR(SYSDATE, 'YY/MM/DD HH12:MI:SS AM')  AS "12시간 AM/PM",
  TO_CHAR(SYSDATE, 'YYYY"년" MM"월" DD"일"')   AS "한글 연월일",
  TO_CHAR(SYSDATE, 'HH2424시 MI분 SS초')       AS "한글 시분초",
  TO_CHAR(SYSDATE, 'YYYYMMDDHH24MISS')         AS "연월일시분초(콤팩트)"
FROM DUAL;
```

기본(24h)	12시간 AM/PM	한글 연월일	한글 시분초	연월일시분초(콤팩트)
2025-05-13 22:15	2025-05-13 22:15	2025년 05월 13일	22시 15분 07초	20250513221507

◐ 출력 결과

④ 요약

　㉮ TO_CHAR(date, mask)**으로 원하는 형태로 문자열 변환

　㉯ 주요 마스크 : YYYY, MM, DD, HH24, MI, SS, AM/PM 등

　㉰ 한글/특수문자는 "년", "월", "일"처럼 큰따옴표로 감싼 뒤 조합

　㉱ 세션 기본 포맷은 ALTER SESSION SET NLS_DATE_FORMAT = '...'로 변경 가능

⑤ ⟨TABLE⟩ ⟨TR⟩ ⟨TH⟩ ⟨TD⟩

　㉮ ⟨TABLE⟩ : 표 전체를 감싸는 컨테이너 역할을 한다.

학습자코드	이름	등급
L0001	영희	학생
L0002	철수	학생
L0003	은희	학생
L0004	지윤	직장인
L0005	지은	직장인

- border : 테이블 테두리 두께 지정

학습자코드	이름	등급
L0001	영희	학생
L0002	철수	학생
L0003	은희	학생
L0004	지윤	직장인
L0005	지은	직장인

border='0' : 테두리 없음

학습자코드	이름	등급
L0001	영희	학생
L0002	철수	학생
L0003	은희	학생
L0004	지윤	직장인
L0005	지은	직장인

border='1' : 테두리 있음

학습자코드	이름	등급
L0001	영희	학생
L0002	철수	학생
L0003	은희	학생
L0004	지윤	직장인
L0005	지은	직장인

border='3' : 테두리 굵게 있음

- cellpadding : 셀 안쪽 여백 지정
- cellspacing : 셀 간격 지정

㉯ ⟨TR⟩ : 표의 한 행(row)을 나타낸다.

학습자코드	이름	등급
L0001	영희	학생	⟵ ⟨TR⟩
L0002	철수	학생	⟵ ⟨TR⟩
L0003	은희	학생	⟵ ⟨TR⟩
L0004	지윤	직장인	⟵ ⟨TR⟩
L0005	지은	직장인	⟵ ⟨TR⟩

㉰ ⟨TH⟩ : 표의 헤더 셀(header cell)을 정의한다. 보통 열 제목(컬럼명)을 표시할 때 쓴다.

| 학습자코드 | 이름 | 등급 | ⟵ ⟨TH⟩
|---|---|---|
| L0001 | 영희 | 학생 |
| L0002 | 철수 | 학생 |
| L0003 | 은희 | 학생 |
| L0004 | 지윤 | 직장인 |
| L0005 | 지은 | 직장인 |

- 기본적으로 글자가 굵게(bold) 가운데 정렬(center)로 렌더링된다.
- 스크린리더에게 '헤더 셀'이라는 의미 정보(header scope)를 제공한다.
- scope="col" : 이 ⟨th⟩가 열(⟨TD⟩) 전체의 머리임을 지정
- scope="row" : 이 ⟨th⟩가 행(⟨TR⟩) 전체의 머리임을 지정

| 학습자코드 | 이름 | 등급 | ⟵ ⟨TH scope="row"⟩
|---|---|---|
| L0001 | 영희 | 학생 |
| L0002 | 철수 | 학생 |
| L0003 | 은희 | 학생 |
| L0004 | 지윤 | 직장인 |
| L0005 | 지은 | 직장인 |

⟵ ⟨TH scope="col"⟩

㉱ ⟨TD⟩ : 표의 데이터 셀(data cell)을 정의한다.
- 일반 텍스트를 왼쪽 정렬(left)로 표시한다.
- ⟨TH⟩와 달리 의미론적 '헤더'가 아니므로 스크린리더는 데이터 셀로 인식한다.
- colspan : 셀을 가로 방향으로 몇 개 열만큼 합칠지 지정
- rowspan : 셀을 세로 방향으로 몇 개 행만큼 합칠지 지정

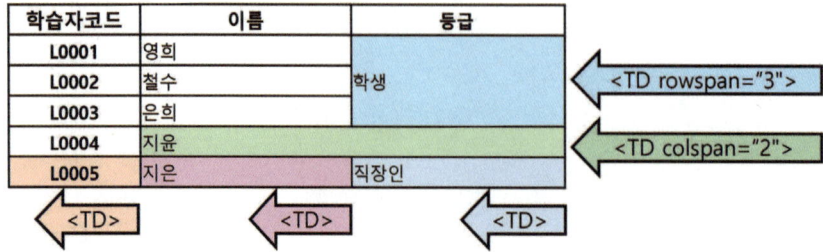

⑥ 결과 페이지 확인 : 정렬, 제목, 데이터 모두 일치하는지 꼼꼼하게 확인한다.

독서실 자리관리 프로그램

자리등록　　자리현황　　일별검색　　학습자별이용료　　홈으로

예약현황

독서실코드	사용시간	가로위치	세로위치	학습자코드
1	2025-04-20 10시 ~ 2025-04-20 16시	9	4	L0001
2	2025-04-21 10시 ~ 2025-04-21 16시	9	4	L0001
3	2025-04-22 10시 ~ 2025-04-22 16시	9	4	L0001
4	2025-04-23 10시 ~ 2025-04-23 16시	9	4	L0001
5	2025-04-24 10시 ~ 2025-04-24 16시	9	4	L0001
6	2025-04-20 10시 ~ 2025-04-20 16시	3	4	L0002
7	2025-04-21 10시 ~ 2025-04-21 16시	3	4	L0002
8	2025-04-22 10시 ~ 2025-04-22 16시	3	4	L0002
9	2025-04-23 10시 ~ 2025-04-23 16시	3	4	L0002
10	2025-04-24 10시 ~ 2025-04-24 16시	3	4	L0002
11	2025-04-20 10시 ~ 2025-04-20 20시	6	5	L0003
12	2025-04-21 10시 ~ 2025-04-21 20시	6	5	L0003
13	2025-04-22 10시 ~ 2025-04-22 20시	6	5	L0003
14	2025-04-23 10시 ~ 2025-04-23 20시	6	5	L0003
15	2025-04-24 10시 ~ 2025-04-24 20시	6	5	L0003
16	2025-04-20 10시 ~ 2025-04-20 20시	7	9	L0004
17	2025-04-21 10시 ~ 2025-04-21 20시	7	9	L0004
18	2025-04-22 10시 ~ 2025-04-22 20시	7	9	L0004
19	2025-04-23 10시 ~ 2025-04-23 20시	7	9	L0004
20	2025-04-24 10시 ~ 2025-04-24 20시	7	9	L0004

Copyright (c) 2025. 주식회사 OOOO Inc All Rights Reserved.

(5) 일별검색 페이지(search.jsp)

line	소스 코드 (1/2)

```jsp
1   <%@ page   language      =   "java"
2              contentType   =   "text/html; charset=UTF-8"
3              pageEncoding  =   "UTF-8"                      %>
4   <%@ page   import        =   "java.sql.*"                 %>
5   <%@ page   import        =   "DBPKG.Util"                 %>
6
7   <!DOCTYPE html>
8   <HTML>
9   <HEAD>
10  <META charset = "UTF-8">
11  <LINK rel = "stylesheet" type = "text/css" href = "style.css">
12  <SCRIPT>
13          function check_val(){
14                  var search_date = document.fm.search_date.value;
15                  if(search_date == ""){
16                          alert("검색일자를 선택하지 않았습니다.");
17                          fm.search_date.focus();
18                          return false;
19                  }
20                  var search_time = document.fm.search_time.value;
21                  if(search_time == ""){
22                          alert("사용시간을 선택하지 않았습니다.");
23                          fm.search_time.focus();
24                          return false;
25                  }
26                  return true;
27          }
28  </SCRIPT>
29  </HEAD>
30  <BODY>
31  <H4>일별검색</H4>
32  <FORM name="fm" action="list_j.jsp" onsubmit="return check_val()">
33  <TABLE>
34          <TR>
35                  <TD>일자</TD>
36                  <TD>
37                          <INPUT type='date' name='search_date'>
38                  </TD>
39                  <TD>시간</TD>
40                  <TD>
41                          <SELECT name='search_time'>
42                                  <OPTION value=''>선택</OPTION>
43                                  <% for(int e=1; e<25; e++){ %>
44                                          <OPTION value="<%=e %>">
45                                                  <%=e%>시
```

(가) 코드 설명 : 각 라인의 코드 설명이다.

line	코드 설명 (1/2)
1	JSP 페이지 지시문으로 스크립팅 언어를 Java로 지정합니다.
2	응답 콘텐츠 유형을 text/html; charset=UTF-8로 설정합니다.
3	JSP 페이지 자체의 인코딩을 UTF-8로 지정하고 지시문을 닫습니다.
4	java.sql.* 패키지를 임포트합니다.
5	DBPKG.Util 유틸리티 클래스를 임포트합니다.
6	빈 줄로, 가독성을 위한 구분입니다.
7	HTML5 문서 형식을 선언합니다.
8	〈HTML〉 루트 요소를 시작합니다.
9	〈HEAD〉 요소를 시작합니다.
10	문자 인코딩을 UTF-8로 지정하는 META 태그를 추가합니다.
11	외부 CSS 파일(style.css)을 문서에 연결합니다.
12	〈SCRIPT〉 요소를 시작하여 JavaScript 코드를 포함합니다.
13	check_val() 함수 정의를 시작합니다.
14	폼에서 선택한 search_date 값을 변수에 저장합니다.
15	search_date 값이 비어 있는지 확인하는 조건문을 시작합니다.
16	빈 날짜일 경우 경고창을 띄웁니다.
17	search_date 필드에 포커스를 이동합니다.
18	폼 제출을 중단하기 위해 false를 반환합니다.
19	날짜 검증 조건문을 종료합니다.
20	폼에서 선택한 search_time 값을 변수에 저장합니다.
21	search_time 값이 비어 있는지 확인하는 조건문을 시작합니다.
22	빈 시간이 선택되었을 경우 경고창을 띄웁니다.
23	search_time 필드에 포커스를 이동합니다.
24	폼 제출을 중단하기 위해 false를 반환합니다.
25	시간 검증 조건문을 종료합니다.
26	모든 검증이 통과했을 때 true를 반환합니다.
27	함수 정의를 종료합니다.
28	〈/SCRIPT〉 요소를 종료합니다.
29	〈/HEAD〉 요소를 종료합니다.
30	〈BODY〉 요소를 시작합니다.
31	'일별검색' 제목을 H4 태그로 표시합니다.
32	name이 fm인 FORM 요소를 list_j.jsp로 제출하며 onsubmit으로 검증 함수를 호출하도록 설정합니다.
33	〈TABLE〉 요소를 시작하여 폼 레이아웃을 구성합니다.
34	테이블 행(〈TR〉)을 시작합니다.
35	'일자' 라벨을 표시하는 〈TD〉 요소를 시작합니다.
36	날짜 입력 필드를 포함하는 〈TD〉 요소를 시작합니다.
37	날짜 입력을 위한 INPUT(type="date", name="search_date") 요소를 추가합니다.
38	날짜 입력을 포함한 〈TD〉 요소를 종료합니다.
39	'시간' 라벨을 표시하는 〈TD〉 요소를 시작합니다.
40	시간 선택 필드를 포함하는 〈TD〉 요소를 시작합니다.
41	name이 search_time인 〈SELECT〉 요소를 시작합니다.
42	빈 값을 선택하도록 안내하는 〈OPTION〉 요소를 추가합니다.
43	JSP for문을 시작하여 1부터 24까지 옵션을 생성합니다.
44	현재 for문의 값(e)을 값으로 가지는 〈OPTION〉 요소를 시작합니다.
45	"e시" 형식으로 옵션 레이블을 출력합니다.

line	소스 코드 (2/2)
46	`</OPTION>`
47	`<% } %>`
48	`</SELECT>`
49	`<INPUT type="submit" value="검색">`
50	`</TD>`
51	`</TR>`
52	`</TABLE>`
53	`</FORM>`
54	`</BODY>`
55	`</HTML>`

line	코드 설명 (2/2)
46	〈OPTION〉 요소를 종료합니다.
47	JSP for문을 종료합니다.
48	〈/SELECT〉 요소를 종료합니다.
49	'검색' 라벨의 submit INPUT 요소를 추가합니다.
50	시간 선택을 포함한 〈TD〉 요소를 종료합니다.
51	테이블 행(〈TR〉)을 종료합니다.
52	〈/TABLE〉 요소를 종료합니다.
53	〈/FORM〉 요소를 종료합니다.
54	〈/BODY〉 요소를 종료합니다.
55	〈/HTML〉 루트 요소를 종료합니다.

(나) 코드 세부 설명 : 새롭게 추가된 검색페이지이다. 데이터베이스에 특정 조건을 요청하여 결괏값을 받기 위한 기능을 수행한다.

① 기본적으로 데이터를 입력하여 해당 조건을 요청하는 구조로서 등록 페이지와 비슷한 기능을 수행합니다. 단, 등록 페이지는 action.jsp에 연결되어 입력 처리가 되고, 검색 페이지는 list_j.jsp에 연결되어 출력되는 값에 영향을 준다.

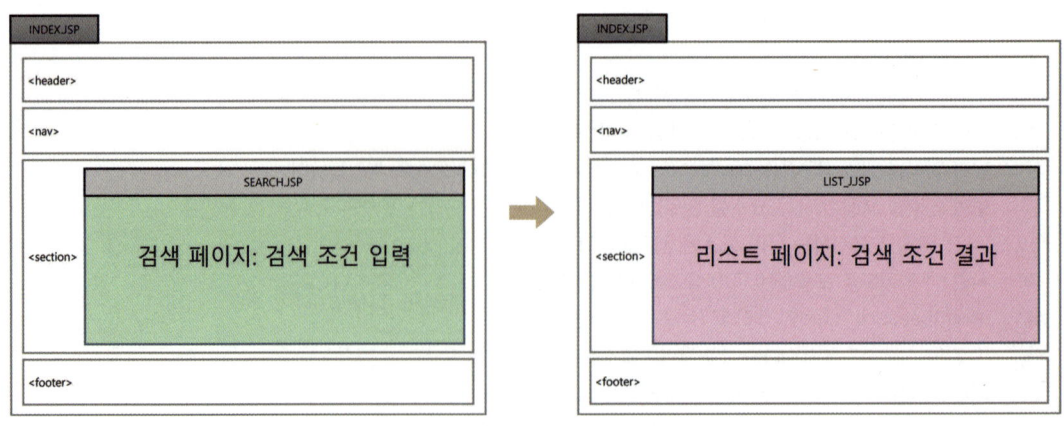

② 검색날짜와 사용시간에 유효성 검사를 수행하여 다음 페이지에 검색 조건이 전달되지 않아서 생기는 오류를 방지한다.

③ 결과 페이지 확인 : 정렬, 제목, 데이터 모두 일치하는지 꼼꼼하게 확인한다.

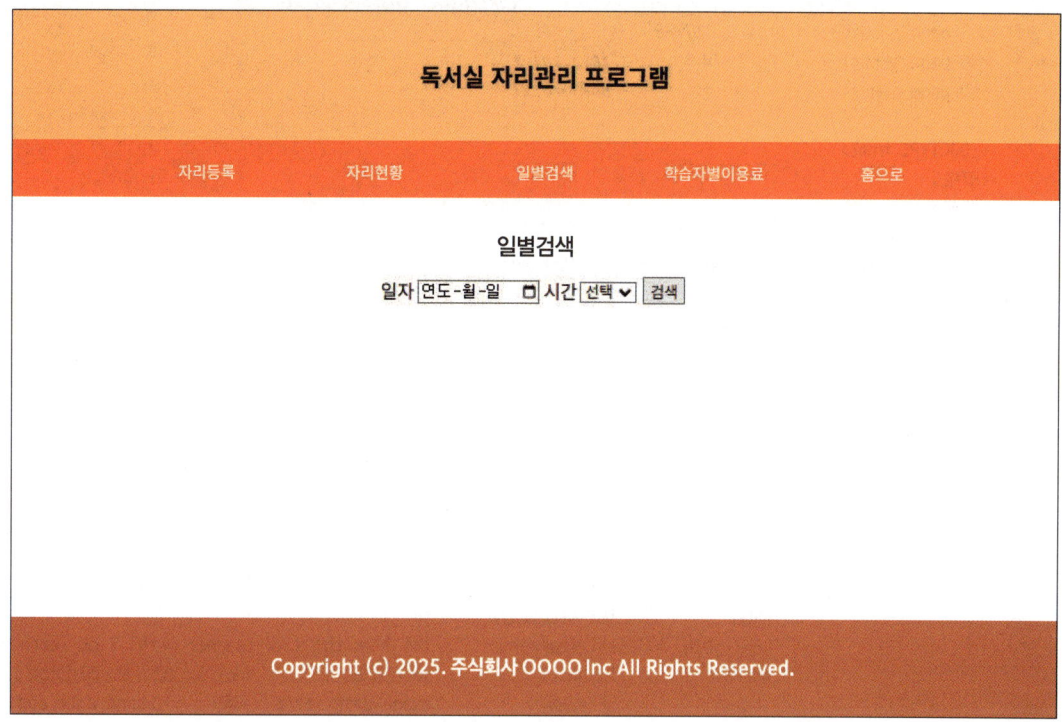

 **검색페이지에서 자주 나오는 기능**

1. 텍스트 박스: 내용이 포함된 문자열 검색

SELECT * FROM tbl_customer WHERE name LIKE '%홍%';

2. 날짜: 지정된 날짜 또는 시작일 ~ 종료일 사이의 데이터를 검색

SELECT * FROM tbl_orders
WHERE order_date BETWEEN TO_DATE('2025-06-01', 'YYYY-MM-DD')
    AND TO_DATE('2025-06-15', 'YYYY-MM-DD');

3. 셀렉트 박스, 라디오 버튼: 여러 가지 중 하나를 선택해서 검색

SELECT * FROM tbl_customer WHERE gender = 'M';

4. 체크 박스: 여러 가지 중 복수의 항목을 검색

SELECT * FROM tbl_product WHERE category IN ('전자제품', '가전', '가구');

(6) 일별검색 → 자리현황 페이지(list_j.jsp)

line	소스 코드 (1/2)

```jsp
1   <%@ page language   =       "java"
2           contentType =                 "text/html; charset=UTF-8"
3       pageEncoding    =       "UTF-8"                                                                 %>
4   <%@ page import     =       "java.sql.*"                                                            %>
5   <%@ page import     =       "DBPKG.Util"                                                            %>
6
7   <!DOCTYPE html>
8   <HTML>
9   <HEAD>
10          <META charset = "UTF-8">
11          <LINK rel = "stylesheet" type = "text/css" href = "style.css">
12  </HEAD>
13  <BODY>
14          <%
15          request.setCharacterEncoding("UTF-8");
16          Connection conn = Util.getConnection();
17          Statement stmt  = conn.createStatement();
18          String search_date = request.getParameter("search_date")+" "+request.getParameter("search_time");
19          String sql =" SELECT    tbl_s.pk_studycafe          AS      스터디카페코드        " +
20                     "  ,        tbl_s.seat_y                AS      세로위치              " +
21                     "  ,        tbl_s.seat_x                AS      가로위치              " +
22                     "  ,        tbl_l.name                  AS      학습자                " +
23                     "  FROM     tbl_studycafe   tbl_s                                     " +
24                     "  LEFT JOIN tbl_learner    tbl_l on tbl_s.fk_learner = tbl_l.pk_learner " +
25                     "  WHERE    TO_DATE('" + search_date    + "','YYYY-MM-DD HH24')       " +
26                     "           BETWEEN         usage_date_start    AND     usage_date_end " ;
27          ResultSet rs = stmt.executeQuery(sql);
28          String[][] 좌석 = new String[10][10];
29          while(rs.next()){
30                  int 세로위치 = rs.getInt("세로위치");
31                  int 가로위치 = rs.getInt("가로위치");
32                  좌석[세로위치][가로위치] = rs.getString("학습자");
33          }
34          %>
35          <H4>자리현황: <%=search_date %>시</H4>
36          <TABLE border='1'>
37                  <TR>
38                          <TH colspan='2' rowspan='2'>자리</TH>
39                          <TH colspan='9'>가로위치</TH>
40                  </TR>
41                  <TR>
42                  <% for(int y=1; y<10; y++){ %>
43                          <TH width="50px"><%=y %></TH>
44                  <% } %>
45                  </TR>
46                  <% for(int y=1; y<10; y++){ %>
47                  <TR>
48                          <% if (y==1) { %> <TH width="20px" rowspan='9'>세<BR>로<BR>위<BR>치</TH> <% }%>
49                          <TH width="50px"><%=y %></TH>
50                          <% for(int x=1; x<10; x++){%>
51                          <TD><% if (좌석[y][x] != null) {  out.print(좌석[y][x]); } %></TD>
52                          <% } %>
53                  </TR>
54                  <% } %>
55          </TABLE>
56  </BODY>
57  </HTML>
```

(가) 코드 설명 : 각 라인의 코드 설명이다.

line	코드 설명 (1/2)
1	JSP 페이지 지시문으로 스크립팅 언어를 Java로 지정합니다.
2	응답 콘텐츠 유형을 text/html; charset=UTF-8로 설정합니다.
3	JSP 페이지 자체의 인코딩을 UTF-8로 지정하고 지시문을 닫습니다.
4	java.sql.* 패키지를 임포트합니다.
5	DBPKG.Util 유틸리티 클래스를 임포트합니다.
6	빈 줄로, 가독성을 위한 구분입니다.
7	HTML5 문서 형식을 선언합니다.
8	HTML 문서의 루트 요소(⟨HTML⟩)를 시작합니다.
9	문서 메타데이터를 포함하는 ⟨HEAD⟩ 섹션을 시작합니다.
10	문자 인코딩을 UTF-8로 지정하는 META 태그입니다.
11	외부 CSS 파일(style.css)을 연결합니다.
12	⟨HEAD⟩ 섹션을 종료합니다.
13	⟨BODY⟩ 섹션을 시작합니다.
14	JSP 스크립트릿을 시작합니다.
15	요청(request)의 문자 인코딩을 UTF-8로 설정합니다.
16	Util.getConnection()을 통해 데이터베이스 연결 객체를 가져옵니다.
17	가져온 연결 객체로 SQL 실행용 Statement를 생성합니다.
18	폼 파라미터 search_date와 search_time을 결합해 검색 기준 날짜 문자열을 만듭니다.
19	SQL 문자열을 시작하며 tbl_s.pk_studycafe를 "스터디카페코드"로 조회하도록 지정합니다.
20	SQL 이어쓰기: tbl_s.seat_y를 "세로위치"로 조회합니다.
21	SQL 이어쓰기: tbl_s.seat_x를 "가로위치"로 조회합니다.
22	SQL 이어쓰기: tbl_l.name을 "학습자"로 조회합니다.
23	SQL 이어쓰기: 조회 대상 테이블을 tbl_studycafe tbl_s로 지정합니다.
24	SQL 이어쓰기: LEFT JOIN tbl_learner tbl_l on tbl_s.fk_learner = tbl_l.pk_learner를 지정합니다.
25	SQL 이어쓰기: TO_DATE('⟨검색일시⟩','YYYY-MM-DD HH24')를 WHERE 절에 사용합니다.
26	SQL 이어쓰기: BETWEEN usage_date_start AND usage_date_end 조건을 추가하고 SQL 정의를 완료합니다.
27	정의한 SQL을 실행해 ResultSet rs를 획득합니다.
28	10×10 크기의 2차원 배열 좌석을 String형으로 선언합니다.
29	rs.next()를 사용해 결과 집합 순회를 시작합니다.
30	현재 행의 "세로위치" 값을 int 세로위치에 저장합니다.
31	현재 행의 "가로위치" 값을 int 가로위치에 저장합니다.
32	좌석[세로위치][가로위치]에 학습자 이름을 저장합니다.
33	while 루프를 종료합니다.
34	JSP 스크립트릿을 종료합니다.
35	검색 일시를 포함한 "자리현황" 제목을 H4 태그로 출력합니다.
36	테두리(border='1')가 있는 HTML ⟨TABLE⟩을 시작합니다.
37	첫 번째 테이블 행(⟨TR⟩)을 시작합니다.
38	"자리"라는 텍스트를 colspan='2' rowspan='2'로 표시하는 ⟨TH⟩를 정의합니다.
39	"가로위치"라는 텍스트를 colspan='9'로 표시하는 ⟨TH⟩를 정의합니다.
40	첫 번째 테이블 행을 종료합니다.
41	두 번째 테이블 행을 시작합니다.
42	for(int y=1; y⟨10; y++) 루프를 시작합니다.
43	각 열 번호(y)를 50px 너비의 ⟨TH⟩에 출력합니다.
44	for 루프를 종료합니다.
45	두 번째 테이블 행을 종료합니다.
46	행 번호를 위한 for(int y=1; y⟨10; y++) 루프를 시작합니다.
47	데이터 행(⟨TR⟩)을 시작합니다.
48	첫 번째 행에서만 "세⟨br⟩로⟨br⟩위⟨br⟩치"를 세로로 표시하는 ⟨TH⟩를 rowspan='9'로 출력합니다.
49	현재 행 번호(y)를 50px 너비의 ⟨TH⟩에 출력합니다.
50	열 번호를 위한 for(int x=1; x⟨10; x++) 루프를 시작합니다.
51	좌석[y][x] 값이 null이 아니면 해당 값을 ⟨TD⟩ 셀에 출력합니다.
52	열 루프를 종료합니다.
53	데이터 행을 종료합니다.
54	행 루-프를 종료합니다.
55	⟨TABLE⟩ 요소를 종료합니다.
56	⟨BODY⟩ 섹션을 종료합니다.
57	HTML 문서의 루트 요소(⟨HTML⟩)를 종료합니다.

(나) 코드 세부 설명 : 일별검색을 통해 확인한 자리 현황 페이지이다. 두 개의 테이블을 연결해서 데이터를 출력하고, WHERE 조건문이 추가되었다.

```
String search_date = request.getParameter("search_date")+" "+request.getParameter("search_time");
```

① 검색을 위해서 이전 페이지에서 넘어온 데이터를 action.jsp처럼 변수에 입력처리를 한다.
 ㉮ 특이한 점은 다양한 변수를 이용하여 하나의 검색 값을 만들기 위해 '+'를 사용해서 변수의 값을 서로 병합하였다.
 ㉯ 연월일과 시간이 병합하여 검색을 위한 search_date 변수를 생성하였다.

```
String sql =" SELECT      tbl_s.pk_studycafe                          AS    스터디카페코드      " +
            ",            tbl_s.seat_y                                AS    세로위치           " +
            ",            tbl_s.seat_x                                AS    가로위치           " +
            ",            tbl_l.name                                  AS    학습자             " +
            " FROM        tbl_studycafe      tbl_s                                            " +
            " LEFT JOIN   tbl_learner        tbl_l on tbl_s.fk_learner = tbl_l.pk_learner     " +
            " WHERE       TO_DATE('" +       search_date         + "','YYYY-MM-DD HH24')      " +
            "             BETWEEN            usage_date_start         AND   usage_date_end    " ;
```

② 전체 SQL 문이다.
 ㉮ search_date를 사용해서 날짜 검색을 YYYY-MM-DD HH24 형태로 한다.
 ㉯ BETWEEN A AND B 구문을 사용해서 A와 B 사이의 값을 검색한다.

```
String[][] 좌석 = new String[10][10];
while(rs.next()){
        int 세로위치 = rs.getInt("세로위치");
        int 가로위치 = rs.getInt("가로위치");
        좌석[세로위치][가로위치] = rs.getString("학습자");
}
```

③ 자리 배치 중 사용 중인 자리에 이름을 표기하기 위해 배열 변수를 사용한다.
 ㉮ 좌석이라는 2차 10*10 크기의 배열을 생성한다.
 ㉯ SQL 결과에서 조건에 해당하는 좌석으로 사용 중인 데이터가 나오면 좌석의 위치를 배열의 위치로 하는 변수에 학습자 이름을 입력한다.

```html
<H4>자리현황: <%=search_date %>시</H4>
<TABLE border='1'>
        <TR>
                <TH colspan='2' rowspan='2'>자리</TH>
                <TH colspan='9'>가로위치</TH>
        </TR>
        <TR>
        <% for(int y=1; y<10; y++){ %>
                <TH width="50px"><%=y %></TH>
        <% } %>
        </TR>
        <% for(int y=1; y<10; y++){ %>
```

```
<TR>
    <% if (y==1) { %> <TH width="20px" rowspan='9'>세<BR>로<BR>위<BR>치</TH> <% }%>
    <TH width="50px"><%=y %></TH>
    <% for(int x=1; x<10; x++){%>
    <TD><% if (좌석[y][x] != null) {  out.print(좌석[y][x]); } %></TD>
    <% } %>
</TR>
<% } %>
</TABLE>
```

④ 9*9칸의 자리 배치도를 만들기 위한 소스 코드이다.

㉠ colspan과 rowspan을 사용하여 디자인적 표현을 위해 테이블 일부 칸(TD)을 병합한다.

㉡ 반복문(FOR)을 이중으로 사용하여 9×9칸을 위한 제목을 만들고 배치한다.

㉢ 해당 칸의 좌석[y][x] 변수의 값이 NULL이 아니고 학습자의 이름이 있으면 표기한다.

⑤ 테이블 구조는 아래와 같다.

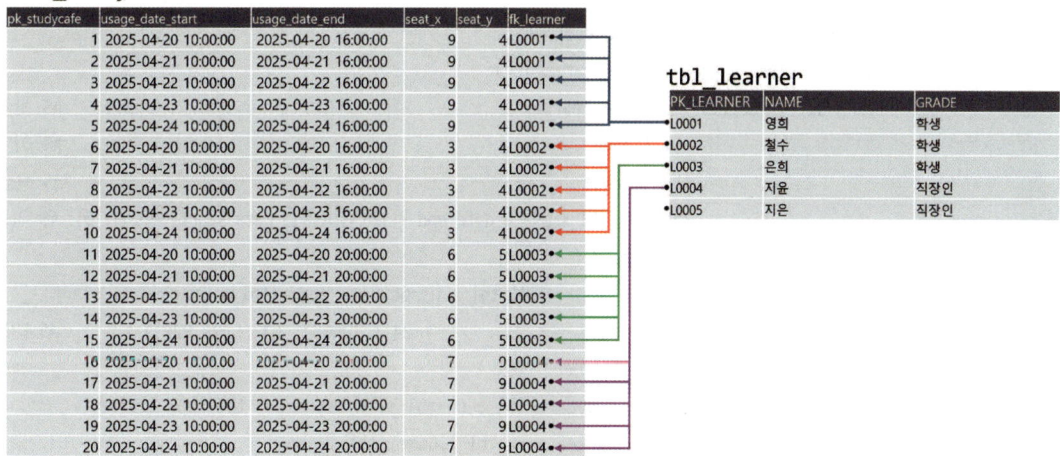

⑥ 결과 페이지 확인 : 정렬, 제목, 데이터 모두 일치하는지 꼼꼼하게 확인한다.

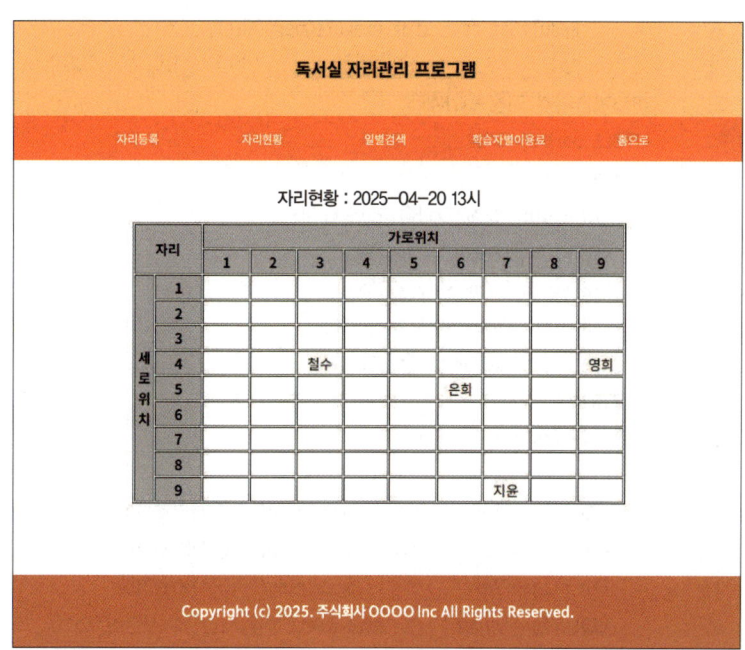

(7) 학습자별 이용료 페이지(list_jg.jsp)

line	소스 코드 (1/2)
1	`<%@ page    language       =       "java"`
2	`             contentType   =       "text/html; charset=UTF-8"`
3	`             pageEncoding  =       "UTF-8"                                          %>`
4	`<%@ page    import        =       "java.sql.*"                                     %>`
5	`<%@ page    import        =       "DBPKG.Util"                                     %>`
6	
7	`<!DOCTYPE html>`
8	`<HTML>`
9	`<HEAD>`
10	`        <META charset = "UTF-8">`
11	`        <LINK rel = "stylesheet" type = "text/css" href = "style.css">`
12	`</HEAD>`
13	`<BODY>`
14	`        <%`
15	`        request.setCharacterEncoding("UTF-8");`
16	`        Connection conn = Util.getConnection();`
17	`        Statement stmt = conn.createStatement();`
18	`        String sql =" SELECT   tbl_l.pk_learner                              AS 학습자코드" +`
19	`                   ",         tbl_l.name                                    AS 이름     " +`
20	`                   ",         tbl_l.grade                                   AS 등급     " +`
21	`                   ",         NVL(SUM((tbl_s.usage_date_end - tbl_s.usage_date_start) * 24), 0) AS 이용시간 " +`
22	`                   ",         TO_CHAR(NVL(                                             " +`
23	`                   "                    SUM((tbl_s.usage_date_end - tbl_s.usage_date_start)  " +`
24	`                   "                    * 24 * 10000), 0),'L999,999')       AS 비용     " +`
25	`                   " FROM      tbl_learner   tbl_l                                      " +`
26	`                   " LEFT JOIN tbl_studycafe tbl_s on tbl_s.fk_learner = tbl_l.pk_learner " +`
27	`                   " GROUP BY  tbl_l.pk_learner, tbl_l.name, tbl_l.grade              " +`
28	`                   " ORDER BY  tbl_l.pk_learner ASC                                   " ;`
29	`        ResultSet rs = stmt.executeQuery(sql);`
30	`        %>`
31	`<H4>학습자별 이용료</H4>`
32	`<TABLE border="1">`
33	`  <TR>`
34	`    <TH width="120px">학습자코드</TH>`
35	`    <TH width="100px">이름</TH>`
36	`    <TH width="50px">등급</TH>`
37	`    <TH width="80px">이용시간</TH>`
38	`    <TH width="100px">비용</TH>`
39	`  </TR>`
40	`  <% while (rs.next()) { %>`
41	`   <TR>`
42	`    <TD align="center"><%= rs.getString("학습자코드")%></TD>`
43	`    <TD align="left"  ><%= rs.getString("이름")%></TD>`
44	`    <TD align="left"  ><%= rs.getString("등급")%></TD>`
45	`    <TD align="right" ><%= rs.getInt("이용시간")%>시간</TD>`

(가) 코드 설명 : 각 라인의 코드 설명이다.

line	코드 설명 (1/2)
1	JSP 페이지 지시문으로 스크립팅 언어를 Java로 지정합니다.
2	응답 콘텐츠 유형을 text/html; charset=UTF-8로 설정합니다.
3	JSP 페이지 자체의 인코딩을 UTF-8로 지정하고 지시문을 닫습니다.
4	java.sql.* 패키지를 임포트합니다.
5	DBPKG.Util 유틸리티 클래스를 임포트합니다.
6	빈 줄로, 가독성을 위한 구분입니다.
7	HTML5 문서 형식을 선언합니다.
8	HTML 문서의 루트 요소를 시작합니다.
9	〈HEAD〉 섹션을 시작합니다.
10	문자 인코딩을 UTF-8로 지정하는 META 태그입니다.
11	외부 CSS 파일(style.css)을 문서에 연결합니다.
12	〈HEAD〉 섹션을 종료합니다.
13	〈BODY〉 섹션을 시작합니다.
14	JSP 스크립트릿을 시작합니다.
15	요청(request)의 문자 인코딩을 UTF-8로 설정합니다.
16	Util.getConnection()을 통해 데이터베이스 연결 객체를 가져옵니다.
17	가져온 연결 객체로 SQL 실행용 Statement를 생성합니다.
18	SQL 문자열 첫 부분을 작성하며, 학습자 기본 키를 "학습자코드"로 조회하도록 지정합니다.
19	SQL 문자열 이어쓰기: 학습자 이름을 "이름"으로 조회합니다.
20	SQL 문자열 이어쓰기: 학습자 등급을 "등급"으로 조회합니다.
21	SQL 문자열 이어쓰기: 총 사용 시간을 시간 단위로 계산해 "이용시간"으로 조회합니다.
22	SQL 문자열 이어쓰기: 비용 계산을 위한 TO_CHAR 함수 호출을 시작합니다.
23	SQL 문자열 이어쓰기: 사용 시간과 요금 단가를 곱해 비용 합계를 계산합니다.
24	SQL 문자열 이어쓰기: 비용을 포맷해 "비용"으로 조회하도록 별칭을 지정합니다.
25	SQL 문자열 이어쓰기: tbl_learner 테이블을 tbl_l로 지정해 FROM 절을 작성합니다.
26	SQL 문자열 이어쓰기: tbl_studycafe 테이블을 LEFT JOIN해 학습자별 기록을 연결합니다.
27	SQL 문자열 이어쓰기: 학습자 키, 이름, 등급별로 그룹화합니다.
28	SQL 문자열 이어쓰기: 학습자 키 오름차순으로 정렬하고 SQL 문을 완료합니다.
29	완성된 SQL을 실행해 ResultSet을 획득합니다.
30	JSP 스크립트릿을 종료합니다.
31	"학습자별 이용료"라는 제목을 H4 태그로 출력합니다.
32	테두리(border=1)가 있는 HTML 테이블을 시작합니다.
33	테이블 헤더 행(〈TR〉)을 시작합니다.
34	"학습자코드" 헤더 셀을 너비 120px로 정의합니다.
35	"이름" 헤더 셀을 너비 100px로 정의합니다.
36	"등급" 헤더 셀을 너비 50px로 정의합니다.
37	"이용시간" 헤더 셀을 너비 80px로 정의합니다.
38	"비용" 헤더 셀을 너비 100px로 정의합니다.
39	헤더 행을 종료합니다.
40	ResultSet을 순회하는 JSP while(rs.next()) 루프를 시작합니다.
41	각 레코드에 대해 새 테이블 행을 시작합니다.
42	"학습자코드" 값을 가운데 정렬된 셀에 출력합니다.
43	"이름" 값을 왼쪽 정렬된 셀에 출력합니다.
44	"등급" 값을 왼쪽 정렬된 셀에 출력합니다.
45	"이용시간" 값을 오른쪽 정렬된 셀에 출력하고 "시간"을 덧붙입니다.

line	소스 코드 (2/2)
46	`<TD align="right" ><%= rs.getString("비용")%>원</TD>`
47	`</TR>`
48	`<% } %>`
49	`</TABLE>`
50	`</BODY>`
51	`</HTML>`

line	코드 설명 (2/2)
46	"비용" 값을 오른쪽 정렬된 셀에 출력하고 "원"을 덧붙입니다.
47	데이터 행을 종료합니다.
48	JSP while 루프를 종료합니다.
49	HTML 테이블을 종료합니다.
50	⟨BODY⟩ 섹션을 종료합니다.
51	HTML 문서의 루트 요소를 종료합니다.

(나) 코드 세부 설명 : 학습자별 이용료 페이지이다. 두 개의 테이블을 연결해서 데이터를 출력한다.

① JOIN SQL 문 : 데이터베이스에서 특정 테이블을 연결하기 위해 사용한다.

㉮ LEFT JOIN을 사용해서 tbl_studycafe 테이블의 외래 키 fk_learner와 tbl_learner 테이블의 기본키 pk_learner을 연결한다.

㉯ JOIN은 몇 개의 테이블도 조인할 수 있다. 데이터베이스가 정규화가 잘 되어있다면, 수많은 테이블을 낭비 없이 효율적으로 연결할 수 있다.

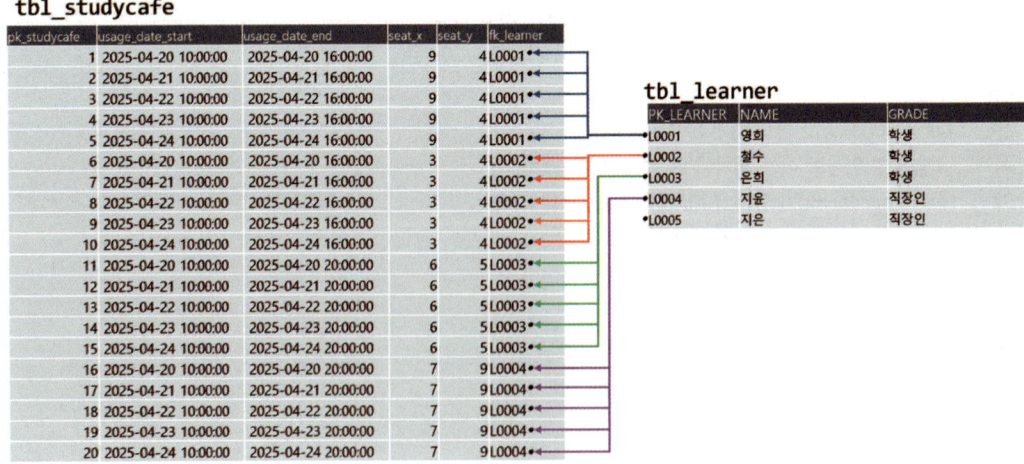

② GROUP BY : 테이블의 여러 행(row)을 지정한 컬럼 기준으로 그룹화(집단화)하여, 각 그룹으로 집계 함수(예 SUM, COUNT, AVG 등)를 적용할 때 사용한다.

③ 집계 함수(SUM, NVL)

㉮ NVL : 값이 없을 때를 대비해서 0을 표기한다.

㉯ SUM : 그룹 또는 전체에서 지정한 숫자형 컬럼의 합계를 계산한다. DATE도 계산이 가능해서 두 날짜의 차를 일자로 반환한다. 일로 반환된 값을 시간으로 환산하기 위해 X 24를 수행한다.

④ 결과 페이지 확인 : 정렬, 제목, 데이터 모두 일치하는지 꼼꼼하게 확인한다.

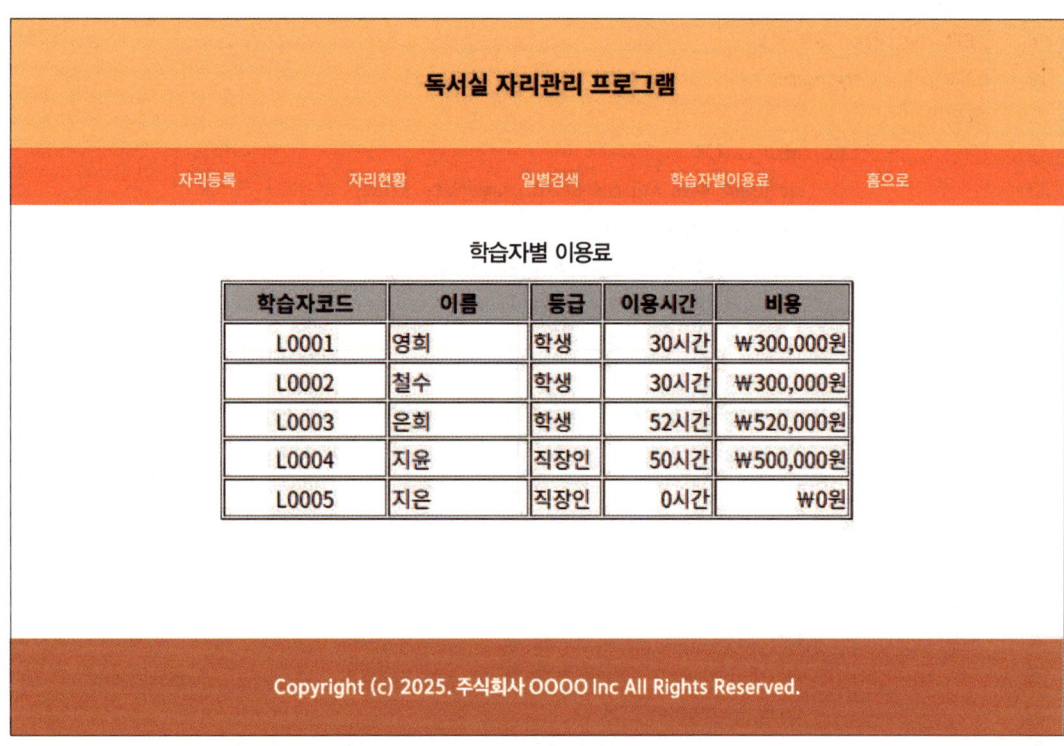

더 알아보기 — 기타 집계 함수

- MAX(column): 최댓값을 반환
- MIN(column): 최솟값을 반환
- STDDEV(column): 표준편차(Standard Deviation)를 계산
- VARIANCE(column): 분산(Variance)을 계산
- MEDIAN(column): 중간값(Median) 반환(오라클 전용 함수, 버전에 따라 지원)
- LISTAGG(column, separator) WITHIN GROUP(ORDER BY column): 문자열 집계 함수로서, 여러 행의 문자열을 하나로 합침
- FIRST_VALUE(column)/LAST_VALUE(column): 그룹 내 가장 첫 번째/마지막 값을 반환
- GROUPING(column): GROUP BY ROLLUP 또는 CUBE 사용 시 해당 행이 집계된 행인지, 아닌지를 알려줌(1이면 집계행)

(8) 자리등록 페이지(reg.jsp)

line	소스 코드 (1/3)
1	`<%@ page language        =     "java"`
2	`         contentType     =     "text/html; charset=UTF-8"`
3	`         pageEncoding    =     "UTF-8"                                          %>`
4	`<%@ page import          =     "java.sql.*"                                     %>`
5	`<%@ page import          =     "DBPKG.Util"                                     %>`
6	`<!DOCTYPE html>`
7	`<HTML>`
8	`<HEAD>`
9	`<META charset = "UTF-8">`
10	`<LINK rel = "stylesheet" type = "text/css" href = "style.css">`
11	`<SCRIPT>`
12	`        function check_val(){`
13	`                var usage_date = document.fm.usage_date.value;`
14	`                if(usage_date == ""){`
15	`                        alert("사용일자를 선택하지 않았습니다.");`
16	`                        fm.usage_date.focus();`
17	`                        return false;`
18	`                }`
19	`                var usage_date_start = document.fm.usage_date_start.value;`
20	`                var usage_date_end   = document.fm.usage_date_end.value;`
21	`                if(usage_date_start == "" ¦¦ usage_date_end == ""){`
22	`                        alert("사용시간을 선택하지 않았습니다.");`
23	`                        fm.usage_date_start.focus();`
24	`                        return false;`
25	`                }`
26	`                var fk_learner = document.fm.fk_learner.value;`
27	`                if(fk_learner == ""){`
28	`                        alert("학습자를 선택하지 않았습니다.");`
29	`                        fm.fk_learner.focus();`
30	`                        return false;`
31	`                }`
32	`                if (!document.querySelector('input[name="seat"]:checked')) {`
33	`                        alert("사용자리를 선택하지 않았습니다.");`
34	`                        document.getElementsByName("seat")[0].focus();`
35	`                        return false;`
36	`                }`
37	`                return true;`
38	`        }`
39	`</SCRIPT>`
40	`</HEAD>`
41	`<%`
42	`request.setCharacterEncoding("UTF-8");`
43	`Connection conn = Util.getConnection();`
44	`Statement  stmt = conn.createStatement();`
45	`String sql =      " SELECT TRIM(to_char(max(pk_studycafe)+1,'00000')) AS pk_studycafe           " +`

(가) 코드 설명 : 각 라인의 코드 설명이다.

line	코드 설명 (1/3)
1	JSP 페이지 지시문으로 스크립팅 언어를 Java로 지정합니다.
2	응답 콘텐츠 유형을 text/html; charset=UTF-8로 설정합니다.
3	JSP 페이지 자체의 인코딩을 UTF-8로 지정하며 지시문을 닫습니다.
4	java.sql.* 패키지를 임포트합니다.
5	DBPKG.Util 유틸리티 클래스를 임포트합니다.
6	HTML5 문서 유형을 선언합니다.
7	HTML 문서의 루트 요소를 시작합니다.
8	문서의 머리말 영역을 시작합니다.
9	문자 인코딩을 UTF-8로 지정하는 메타 태그입니다.
10	외부 CSS 파일(style.css)을 연결합니다.
11	자바스크립트 코드 블록을 시작합니다.
12	입력 검증 함수 check_val()을 정의합니다.
13	폼 필드 usage_date의 값을 변수에 저장합니다.
14	usage_date가 비어 있는지 확인하는 조건문을 시작합니다.
15	비어 있을 경우 경고창을 띄웁니다.
16	usage_date 입력 필드에 포커스를 이동합니다.
17	폼 제출을 중단하기 위해 false를 반환합니다.
18	usage_date 검증 조건문을 종료합니다.
19	폼 필드 usage_date_start의 값을 변수에 저장합니다.
20	폼 필드 usage_date_end의 값을 변수에 저장합니다.
21	시작 시간 또는 종료 시간이 비어 있는지 확인하는 조건문을 시작합니다.
22	비어 있을 경우 경고창을 띄웁니다.
23	usage_date_start 필드에 포커스를 이동합니다.
24	폼 제출을 중단하기 위해 false를 반환합니다.
25	시간 검증 조건문을 종료합니다.
26	폼 필드 fk_learner의 값을 변수에 저장합니다.
27	fk_learner가 비어 있는지 확인하는 조건문을 시작합니다.
28	비어 있을 경우 경고창을 띄웁니다.
29	fk_learner 필드에 포커스를 이동합니다.
30	폼 제출을 중단하기 위해 false를 반환합니다.
31	학습자 선택 검증 조건문을 종료합니다.
32	라디오 버튼(seat)이 선택되었는지 확인하는 조건문을 시작합니다.
33	선택되지 않았을 경우 경고창을 띄웁니다.
34	첫 번째 seat 입력 요소에 포커스를 이동합니다.
35	폼 제출을 중단하기 위해 false를 반환합니다.
36	좌석 선택 검증 조건문을 종료합니다.
37	모든 검증이 통과되면 true를 반환합니다.
38	check_val() 함수 정의를 종료합니다.
39	자바스크립트 코드 블록을 종료합니다.
40	머리말 영역을 종료합니다.
41	JSP 스크립트릿을 시작합니다.
42	요청 인코딩을 UTF-8로 설정합니다.
43	데이터베이스 연결을 얻기 위해 Util.getConnection()을 호출합니다.
44	Statement 객체를 생성합니다.
45	다음 pk_studycafe 값을 계산하기 위한 SQL 쿼리를 문자열로 정의하기 시작합니다.

```
46                          "   FROM           tbl_studycafe                                          " ;
47  ResultSet rs      =       stmt.executeQuery(sql);
48  rs.next();
49  String pk_studycafe=      rs.getString("pk_studycafe");
50  %>
51  <BODY>
52  <H4>자리등록</H4>
53  <FORM name="fm" action="action.jsp" onsubmit="return check_val()">
54  <TABLE border='1'>
55          <TR>
56                  <TH width="200px" >자리등록번호 (자동발생)</TH>
57                  <TD align="left" width="400px" >
58                          <INPUT type='text' name='pk_studycafe' value='<%=pk_studycafe %>' readonly >
59                  </TD>
60          </TR>
61          <TR>
62                  <TH>사용일자</TH>
63                  <TD align="left" ><INPUT type='date' name='usage_date'></TD>
64          </TR>
65          <TR>
66                  <TH>사용시간</TH>
67                  <TD align="left" >
68                          <SELECT name='usage_date_start'>
69                          <OPTION value=''>선택</OPTION>
70                          <% for(int s=1; s<25; s++){ %><OPTION value="<%=s %>"><%=s%>시</OPTION><% } %>
71                          </SELECT>부터 ~
72                          <SELECT name='usage_date_end'>
73                          <OPTION value=''>선택</OPTION>
74                          <% for(int e=1; e<25; e++){ %><OPTION value="<%=e %>"><%=e%>시</OPTION><% } %>
75                          </SELECT>까지
76                  </TD>
77          </TR>
78          <TR>
79                  <TH>학습자</TH>
80                  <TD align="left" >
81                          <SELECT name='fk_learner'>
82                          <OPTION value=''>선택</OPTION>
83                          <% sql = "  SELECT   pk_learner          " +
84                                  "   ,       name                " +
85                                  "   FROM    tbl_learner         " ;
86                              rs = stmt.executeQuery(sql);
87                              while(rs.next()){ %>
88                                  <OPTION value="<%=rs.getString("pk_learner") %>">
89                                      <%=rs.getString("name")%>
90                                  </OPTION>
91                          <% } %>
```

line	코드 설명 (2/3)
46	SQL 문자열 이어쓰기를 통해 tbl_studycafe 테이블을 지정합니다.
47	정의한 SQL을 실행하여 ResultSet을 획득합니다.
48	결과 집합의 첫 번째 행으로 이동합니다.
49	새 pk_studycafe 값을 문자열로 가져옵니다.
50	JSP 스크립트릿을 종료합니다.
51	본문 영역을 시작합니다.
52	"자리등록" 제목을 H4 태그로 표시합니다.
53	이름이 fm인 폼을 action.jsp로 제출하며 검증 함수를 호출하도록 설정합니다.
54	테두리가 있는 HTML 테이블을 시작합니다.
55	첫 번째 표 행을 시작합니다.
56	"자리등록번호 (자동발생)" 헤더 셀을 너비 200px로 정의합니다.
57	데이터 셀을 왼쪽 정렬, 너비 400px로 설정합니다.
58	자동 생성된 pk_studycafe 값을 읽기 전용 텍스트 입력으로 표시합니다.
59	데이터 셀을 종료합니다.
60	첫 번째 표 행을 종료합니다.
61	두 번째 표 행을 시작합니다.
62	"사용일자" 헤더 셀을 정의합니다.
63	날짜 입력 필드를 왼쪽 정렬 셀에 포함합니다.
64	두 번째 표 행을 종료합니다.
65	세 번째 표 행을 시작합니다.
66	"사용시간" 헤더 셀을 정의합니다.
67	데이터 셀을 왼쪽 정렬로 시작합니다.
68	시작 시간 선택을 위한 〈SELECT〉 요소를 시작합니다.
69	기본 "선택" 옵션을 추가합니다.
70	1시부터 24시까지 옵션을 반복 생성합니다.
71	시작 선택 요소를 종료하고 구분 문구를 표시합니다.
72	종료 시간 선택을 위한 〈SELECT〉 요소를 시작합니다.
73	기본 "선택" 옵션을 추가합니다.
74	1시부터 24시까지 옵션을 반복 생성합니다.
75	종료 선택 요소를 종료하고 "까지" 문구를 표시합니다.
76	데이터 셀을 종료합니다.
77	세 번째 표 행을 종료합니다.
78	네 번째 표 행을 시작합니다.
79	"학습자" 헤더 셀을 정의합니다.
80	데이터 셀을 왼쪽 정렬로 시작합니다.
81	학습자 선택을 위한 〈SELECT〉 요소를 시작합니다.
82	기본 "선택" 옵션을 추가합니다.
83	학습자 목록을 조회하기 위한 SQL 문자열을 정의하기 시작합니다.
84	SQL 문자열 이어쓰기를 통해 name 컬럼을 지정합니다.
85	SQL 문자열 이어쓰기를 통해 tbl_learner 테이블을 지정합니다.
86	정의한 SQL을 실행하여 ResultSet을 갱신합니다.
87	조회된 각 학습자에 대해 반복 루프를 시작합니다.
88	학습자 기본 키를 값으로 하는 옵션을 시작합니다.
89	학습자 이름을 옵션 레이블로 출력합니다.
90	옵션 요소를 종료합니다.
91	학습자 반복 루프를 종료합니다.

소스 코드(3/3)

```
 92                                </SELECT>
 93                        </TD>
 94                </TR>
 95                <TR>
 96                        <TH>사용자리</TH>
 97                        <TD align="left" >
 98                        <TABLE>
 99                            <TR>
100                                <TH colspan='2' rowspan='2'>자리</TH>
101                                <TH colspan='9'>가로위치</TH>
102                            </TR>
103                            <TR>
104                            <% for(int y=1; y<10; y++){ %><TH width="50px"><%=y %></TH><% } %>
105                            </TR>
106                            <% for(int y=1; y<10; y++){ %>
107                            <TR>
108                                <% if(y==1){ %><TH width="20px" rowspan='9'>세<BR>로<BR>위<BR>치</TH><% } %>
109                                <TH width="50px"><%=y %></TH>
110                                <% for(int x=1; x<10; x++){%>
111                                <TD align="center"><INPUT type='radio' name='seat' value="<%=y %>/<%=x %>"></TD>
112                                <% } %>
113                            </TR>
114                            <% } %>
115                        </TABLE>
116                        </TD>
117                </TR>
118                <TR>
119                        <TD align="center" colspan="2">
120                                <INPUT type="submit" value="등록">
121                                <INPUT type="button" value="조회/" onclick="location.href='list_j.jsp'">
122                        </TD>
123                </TR>
124    </TABLE>
125    </FORM>
126    </BODY>
127    </HTML>
```

line	코드 설명 (3/3)
92	학습자 선택 요소를 종료합니다.
93	데이터 셀을 종료합니다.
94	네 번째 표 행을 종료합니다.
95	다섯 번째 표 행을 시작합니다.
96	"사용자리" 헤더 셀을 정의합니다.
97	데이터 셀을 왼쪽 정렬로 시작합니다.
98	내부에 중첩 테이블을 시작합니다.
99	중첩 테이블의 첫 번째 행을 시작합니다.
100	"자리" 헤더 셀을 colspan=2 및 rowspan=2로 설정합니다.
101	"가로위치" 헤더 셀을 colspan=9로 설정합니다.
102	중첩 테이블 첫 번째 행을 종료합니다.
103	두 번째 중첩 행을 시작합니다.
104	1부터 9까지 열 번호를 너비 50px 헤더로 생성합니다.
105	두 번째 중첩 행을 종료합니다.
106	1부터 9까지 행 반복을 시작합니다.
107	각 반복마다 중첩 행을 시작합니다.
108	첫 번째 반복에서만 "세\ 로\ 위\ 치"를 세로 방향으로 rowspan=9로 출력합니다.
109	현재 행 번호를 너비 50px 헤더로 출력합니다.
110	1부터 9까지 열 반복을 시작합니다.
111	각 위치에 라디오 버튼 입력을 가운데 정렬된 셀로 추가합니다.
112	열 반복을 종료합니다.
113	중첩 행을 종료합니다.
114	행 반복을 종료합니다.
115	중첩 테이블을 종료합니다.
116	데이터 셀을 종료합니다.
117	다섯 번째 표 행을 종료합니다.
118	여섯 번째 표 행을 시작합니다.
119	두 개의 열을 병합한 가운데 정렬 셀을 시작합니다.
120	제출 버튼 "등록"을 추가합니다.
121	조회 버튼을 추가하여 list_j.jsp로 이동하도록 설정합니다.
122	가운데 정렬 셀을 종료합니다.
123	여섯 번째 표 행을 종료합니다.
124	메인 테이블을 종료합니다.
125	폼 요소를 종료합니다.
126	본문 영역을 종료합니다.
127	HTML 문서를 종료합니다.

(나) 코드 세부 설명:

① 데이터가 잘 입력되었는지 유효성을 검사하는 자바스크립트이다. 복수 데이터가 둘 다 입력되어 있는지 확인하는 부분이다.

```javascript
var usage_date_start = document.fm.usage_date_start.value;
var usage_date_end   = document.fm.usage_date_end.value;
if(usage_date_start == "" || usage_date_end == ""){
        alert("사용시간을 선택하지 않았습니다.");
        fm.usage_date_start.focus();
        return false;
}
```

㉮ HTML → FORM 안에 입력(INPUT) 변수(NAME)들의 값(VALUE)이 있는지 확인하는 구조이다.

㉯ 소스에서 폼 이름은 'fm', 입력변수는 usage_date_start, usage_date_end이다.

㉰ 두 값이 모두 입력되어야 하므로 둘 중 하나라도 값이 없으면 경고문을 표시하고, return false; 반환한다. 모두 값이 있으면, return true;를 반환하고, 다른 유효성 검사를 수행한다.

② 라디오 버튼의 유효성 검사 부분이다.

```javascript
if (!document.querySelector('input[name="seat"]:checked')) {
        alert("사용자리를 선택하지 않았습니다.");
        document.getElementsByName("seat")[0].focus();
        return false;
}
```

㉮ 라디오 버튼의 데이터를 확인하기 위해 'input[name="seat"]:checked'를 사용해서 해당 이름의 라디오 값 중에 체크된 항목이 있는지 확인한다.

㉯ 값이 없으면 경고 메시지를 표기한 후 return true;를 반환하고, 라디오 버튼으로 포커스를 이동한다.

③ 시간 입력을 위해 셀렉트 박스에 반복문(FOR)을 사용해서 1시~24시까지 표기한다.

```html
<TD align="left" >
        <SELECT name='usage_date_start'>
        <OPTION value=''>선택</OPTION>
        <% for(int s=1; s<25; s++){ %><OPTION value="<%=s%>"><%=s%>시</OPTION><% } %>
        </SELECT>부터 ~
        <SELECT name='usage_date_end'>
        <OPTION value=''>선택</OPTION>
        <% for(int e=1; e<25; e++){ %><OPTION value="<%=e %>"><%=e%>시</OPTION><% } %>
        </SELECT>까지
</TD>
```

㉮ 시작과 끝이 있어야 하므로, 셀렉트 박스를 2개로 하여 시작 시간(usage_date_start)과 종료 시간(usage_date_end)을 입력받는다.

④ SQL 문을 사용하여 셀렉트 박스 목록을 생성한다.

```
<SELECT name='[외래키 컬럼ID]'>
    <OPTION value=''>선택</OPTION>
    <% sql = " SELECT     [키 컬럼ID]        " +
             " ,          [보여질 이름]      " +
             " FROM       [연결될 테이블]    " ;
    rs = stmt.executeQuery(sql);
    while(rs.next()){ %>
        <OPTION value="<%=rs.getString("[키 컬럼ID]") %>">
            <%=rs.getString("[보여질 이름]")%>
        </OPTION>
    <% } %>
</SELECT>
```

㉮ 등록 화면에서 다른 테이블과 JOIN을 고려하여 입력해야 한다면 킷값을 SELECT 한 뒤 변숫값으로 사용한다.

㉯ 이 방식을 이용하면 등록 페이지를 갱신하지 않아도, 데이터베이스의 내용이 자동으로 셀렉트 박스에 검색된다.

⑤ 폼 입력변수명과 테이블 컬럼 ID를 통일해서 발생할 수 있는 오류를 방지한다.

⑥ 조회 버튼을 클릭하면 'list.jsp'페이지로 이동한다.

⑦ 결과 페이지 확인 : 정렬, 제목, 데이터 모두 일치하는지 꼼꼼하게 확인한다.

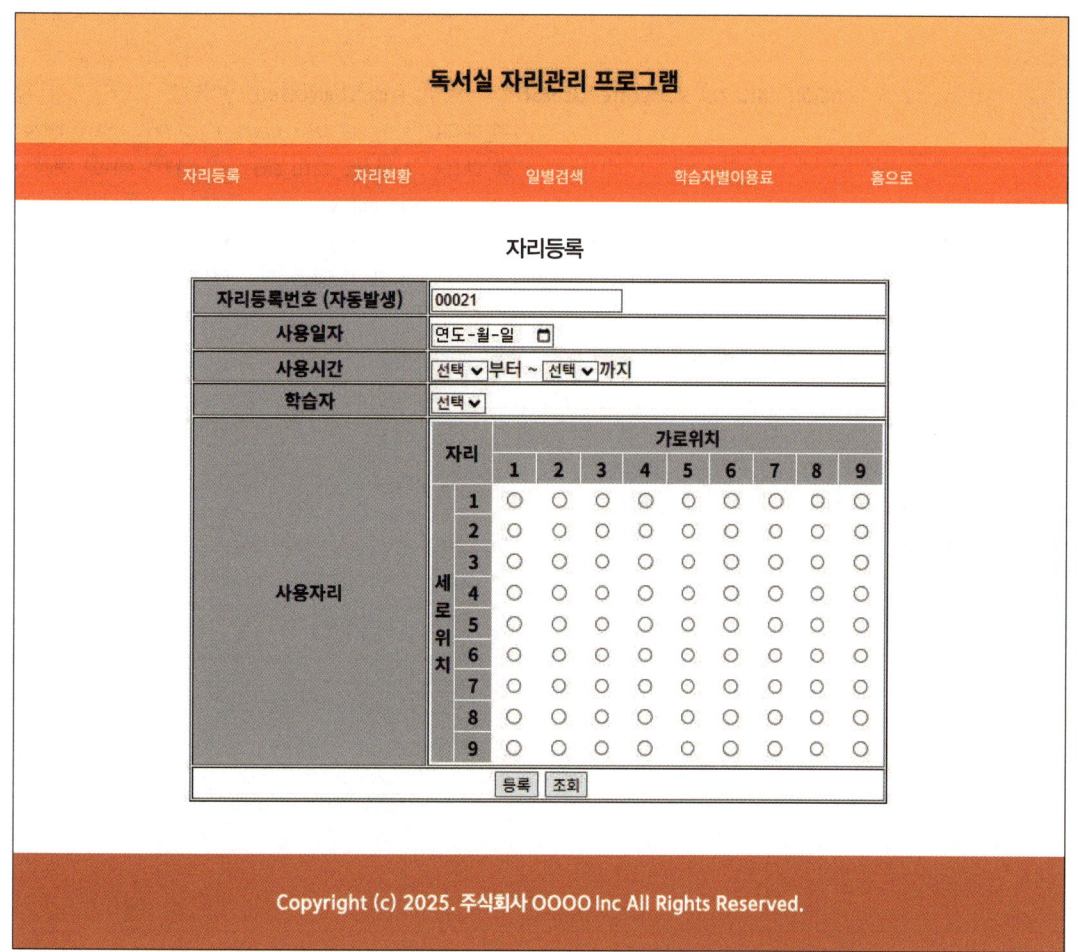

(9) 액션 페이지(action.jsp)

line	소스 코드
1	`<%@ page language    =    "java"`
2	`        contentType  =    "text/html; charset=UTF-8"`
3	`        pageEncoding =    "UTF-8"                                          %>`
4	`<%@ page import      =    "java.sql.*"                                     %>`
5	`<%@ page import      =    "DBPKG.Util"                                     %>`
6	`<%`
7	`request.setCharacterEncoding("UTF-8");`
8	`Connection conn = Util.getConnection();`
9	`Statement stmt    = conn.createStatement();`
10	
11	`String pk_studycafe        = request.getParameter("pk_studycafe");`
12	`String usage_date_start    = request.getParameter("usage_date") + " " + request.getParameter("usage_date_start");`
13	`String usage_date_end      = request.getParameter("usage_date") + " " + request.getParameter("usage_date_end");`
14	`String fk_learner          = request.getParameter("fk_learner");`
15	`String seat                = request.getParameter("seat");`
16	`int seat_y = 0, seat_x = 0;`
17	`if (seat != null && seat.contains("/")) {`
18	`    String[] parts = seat.split("/");`
19	`    seat_y = Integer.parseInt(parts[0]);`
20	`    seat_x = Integer.parseInt(parts[1]);`
21	`}`
22	
23	`String sql = " INSERT INTO tbl_studycafe VALUES('"     + pk_studycafe   +"'                   " +`
24	`             "                                        ,TO_DATE('"+ usage_date_start +"','YYYY-MM-DD HH24')   " +`
25	`             "                                        ,TO_DATE('"+ usage_date_end   +"','YYYY-MM-DD HH24')   " +`
26	`             "                                        ,'"         + seat_x          +"'                   " +`
27	`             "                                        ,'"         + seat_y          +"'                   " +`
28	`             "                                        ,'"         + fk_learner      +"')                  " ;`
29	`out.print(sql);`
30	`ResultSet rs = stmt.executeQuery(sql);`
31	`%>`
32	`<script>`
33	`    alert("자리등록이 정상적으로 되었습니다.");`
34	`    window.location.href = "list.jsp";`
35	`</script>`

(가) 코드 설명 : 각 라인의 코드 설명이다.

line	코드 설명
1	JSP 페이지 지시문으로 스크립팅 언어를 Java로 지정합니다.
2	응답 콘텐츠 유형을 text/html; charset=UTF-8로 설정합니다.
3	JSP 페이지 자체의 문자 인코딩을 UTF-8로 지정합니다.
4	java.sql.* 패키지를 임포트합니다.
5	DBPKG.Util 유틸리티 클래스를 임포트합니다.
6	JSP 스크립트릿을 시작합니다.
7	클라이언트 요청의 문자 인코딩을 UTF-8로 설정합니다.
8	Util.getConnection()을 호출해 데이터베이스 연결 객체를 가져옵니다.
9	SQL 실행을 위한 Statement 객체를 생성합니다.
10	빈 줄로, 가독성을 위한 구분입니다.
11	폼 파라미터 pk_studycafe 값을 변수에 저장합니다.
12	사용 시작 일시를 나타내는 문자열을 생성하기 위해 날짜와 시간 파라미터를 결합합니다.
13	사용 종료 일시를 나타내는 문자열을 생성하기 위해 날짜와 시간 파라미터를 결합합니다.
14	폼 파라미터 fk_learner 값을 변수에 저장합니다.
15	폼 파라미터 seat(좌석 위치) 값을 문자열로 저장합니다.
16	좌석의 세로(seat_y) 및 가로(seat_x) 좌표를 저장할 변수를 초기화합니다.
17	seat 문자열에 슬래시가 포함된 경우 분리 로직을 실행하기 위한 조건문을 시작합니다.
18	seat 문자열을 슬래시 구분자로 분리해 배열로 저장합니다.
19	분리된 첫 번째 요소를 파싱해 seat_y에 저장합니다.
20	분리된 두 번째 요소를 파싱해 seat_x에 저장합니다.
21	좌석 좌표 파싱 블록을 종료합니다.
22	빈 줄로, 가독성을 위한 구분입니다.
23	INSERT 문 작성을 시작하는 SQL 문자열의 첫 부분을 정의합니다.
24	SQL 문자열에 사용 시작 일시를 TO_DATE 함수로 변환해 이어붙입니다.
25	SQL 문자열에 사용 종료 일시를 TO_DATE 함수로 변환해 이어붙입니다.
26	SQL 문자열에 seat_x 값을 이어붙입니다.
27	SQL 문자열에 seat_y 값을 이어붙입니다.
28	SQL 문자열에 학습자 키(fk_learner) 값을 이어붙이고 VALUES 절을 완료합니다.
29	생성된 SQL 문자열을 JSP 출력 버퍼에 표시합니다.
30	Statement.executeQuery(sql)을 통해 SQL을 실행하고 결과 집합을 획득합니다.
31	JSP 스크립트릿을 종료합니다.
32	클라이언트 측 JavaScript 코드 블록을 시작합니다.
33	등록 성공 메시지를 알림창으로 표시합니다.
34	처리 완료 후 list.jsp 페이지로 리디렉션합니다.
35	JavaScript 코드 블록을 종료합니다.

(나) 코드 세부 설명: 사용자가 보이는 페이지는 아니지만, 등록 내용을 데이터베이스에 입력한다.

① 데이터베이스 접속을 위한 기본 코드(1-9): 데이터베이스 접속을 한다면 해당 코드는 필수로 사용된다. 나머지는 페이지 용도에 따라 SQL 문이 변경되고 해당 SQL 문에 따라 출력 부분이 변경된다.

② 이전 페이지(reg.jsp)에서 전송된 변수(pk_studycafe, usage_date, usage_date_start, usage_date_end, fk_learner, seat)를 jsp변수((pk_studycafe, usage_date_start, usage_date_end, fk_learner, seat)에 입력한다.

③ usage_date_start는 usage_date와 usage_date_start를 병합해서 입력한다.

④ usage_date_end는 usage_date와 usage_date_end를 병합해서 입력한다.

⑤ 입력 SQL 문을 작성한다. (변수 수량만큼 줄을 추가하면 된다.)

```
String sql = " INSERT INTO tbl_studycafe VALUES('"    + pk_studycafe      +"'                          " +
             "                                       ,TO_DATE('"+ usage_date_start +"','YYYY-MM-DD HH24') " +
             "                                       ,TO_DATE('"+ usage_date_end   +"','YYYY-MM-DD HH24') " +
             "                                       ,'"        + seat_x            +"'                   " +
             "                                       ,'"        + seat_y            +"'                   " +
             "                                       ,'"        + fk_learner        +"')                  " ;
```

㉮ DATE 자료형에 입력을 하기 위해 TO_DATE를 사용해서 연월일시('YYYY-MM-DD HH24') 날짜 형태로 변환한다.

㉯ usage_date_start, usage_date_end 둘 다 TO_DATE로 변환한다.

⑥ 정상적으로 입력되면 문제 조건에 맞게 "자리등록이 정상적으로 되었다." 메시지창을 띄우고 메인(main.jsp) 페이지로 이동한다.

```
<script>
    alert("자리등록이 정상적으로 되었습니다.");
    window.location.href = "main.jsp";
</script>
```

더 알아보기 — 스크립트와 같은 기능을 하는 JSP 코드

기능: 처리 완료 후 "main.jsp" 페이지로 리디렉션한다.

1. Script

window.location.href = "main.jsp";

2. JSP

response.sendRedirect("main.jsp");

둘 다 동일한 기능을 수행하지만 메시지 창(alert)을 출력하기 위해서는 Script를 사용하는 것이 효과적이다.

5 최종 테스트

문제에서 요구하는 기능이 원활히 되는지 통합 테스트를 실행한다.

① **시작 페이지 작동 확인** : 웹브라우저에 'http://localhost:8090/sample_2/'를 입력한다.
② 자리등록, 자리현황, 일별검색, 학습자별 이용료, 홈으로 버튼을 클릭해서 페이지가 정상적으로 변경되는지 확인한다.

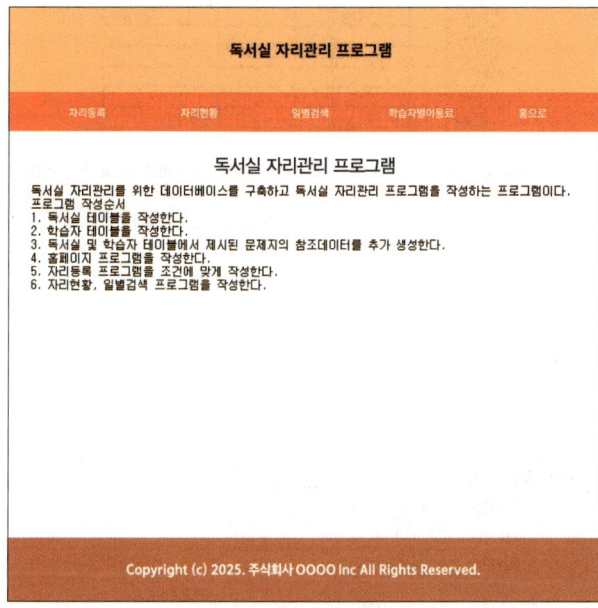

◉ 시작 페이지(홈으로)

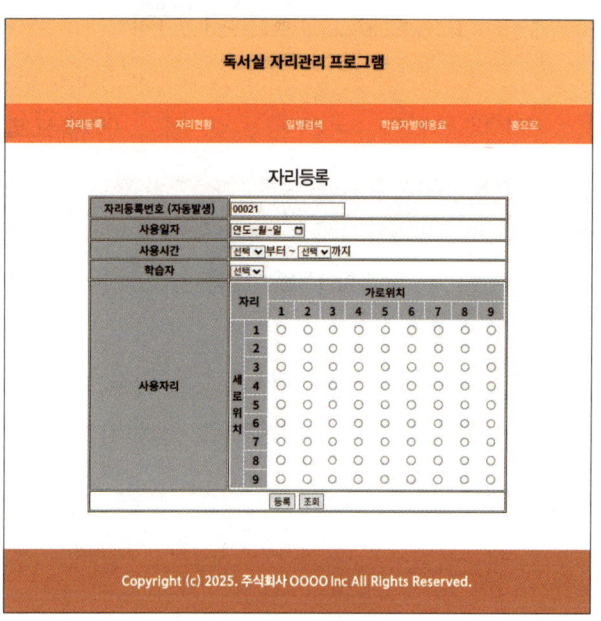

◉ 자리등록

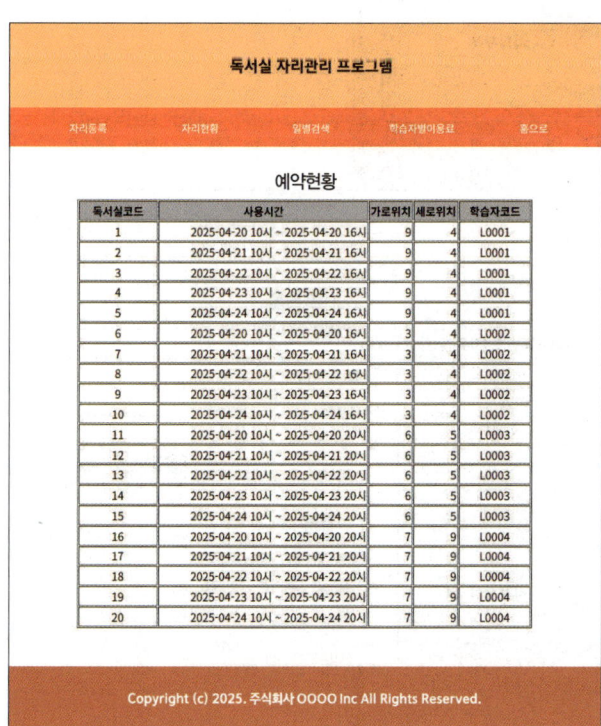

◉ 자리현황

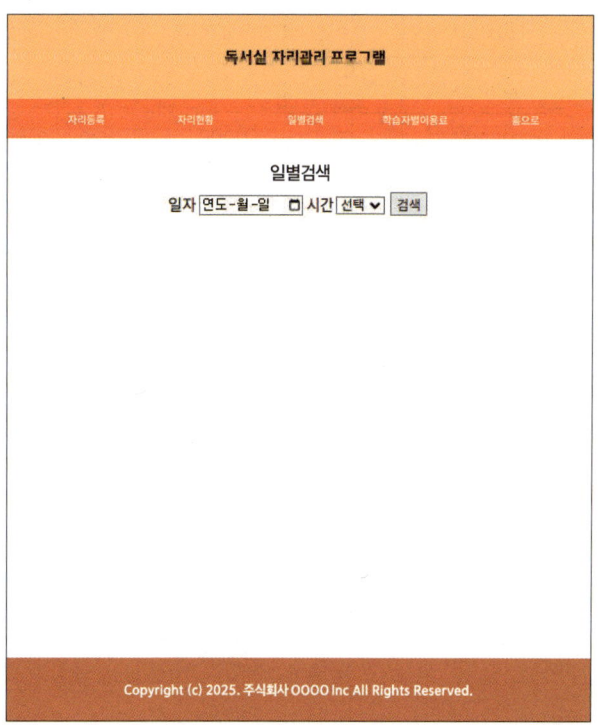

◉ 일별검색

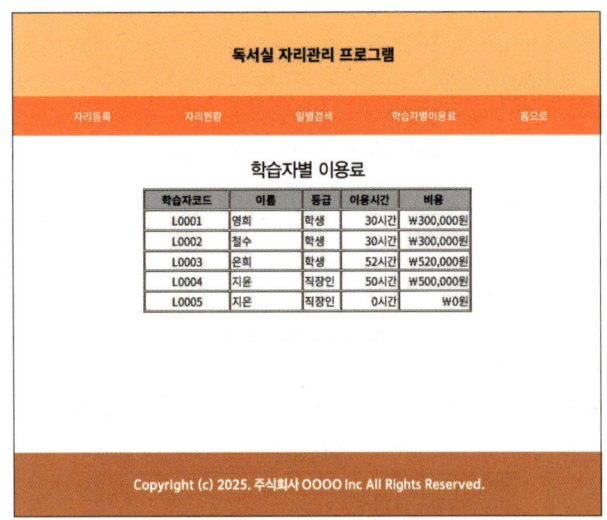

◐ 학습자별 이용료

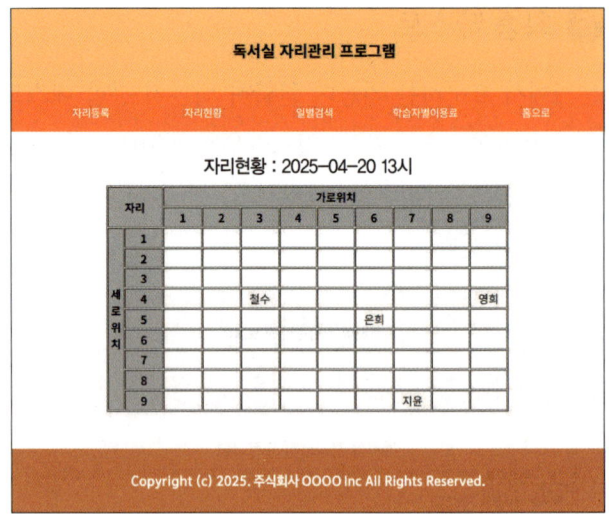

◐ 일별검색 결과

③ 자리등록 버튼을 클릭한다.
④ 자리등록 번호가 00021번으로 나오는지, 수정이 안 되는지 확인한다.

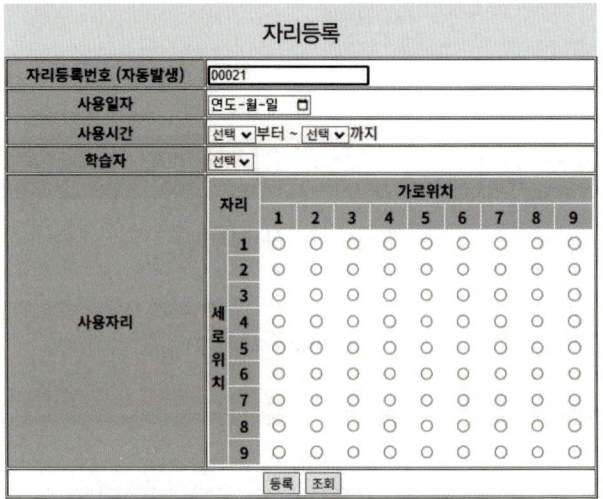

⑤ 사용일자가 달력 형태로 나오는지 확인한다.

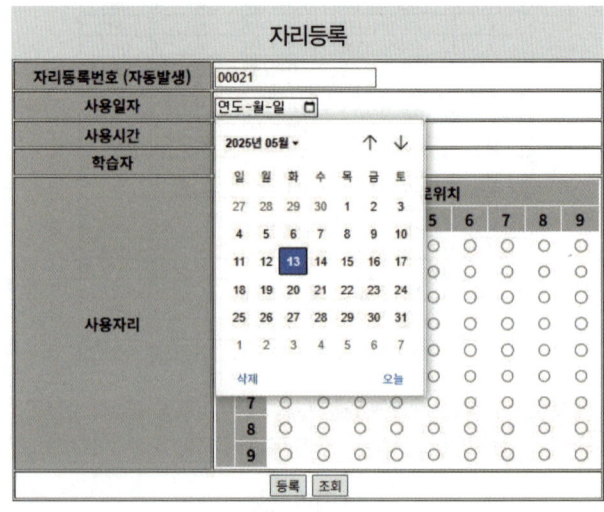

⑥ 사용시간이 셀렉스 박스로 1시~24시까지 나오는지 박스가 2개인지 확인한다.

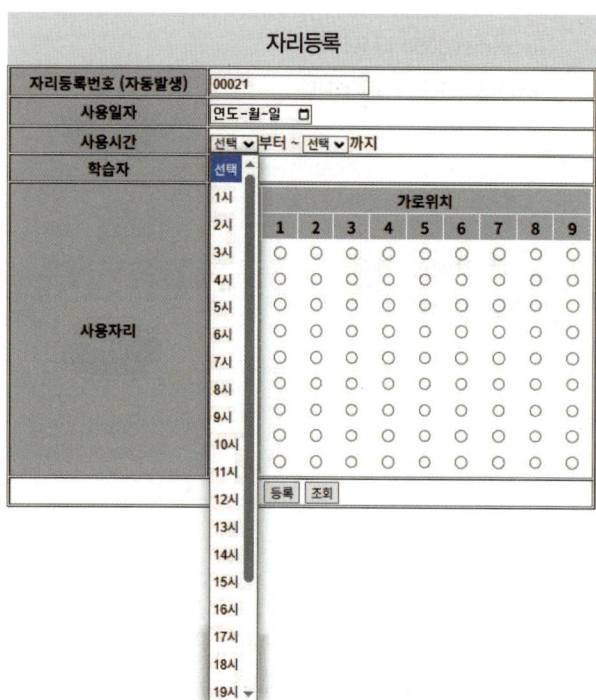

⑦ 사용자리 라디오 버튼이 중복을 허용하지 않고 작동되는지 확인한다.

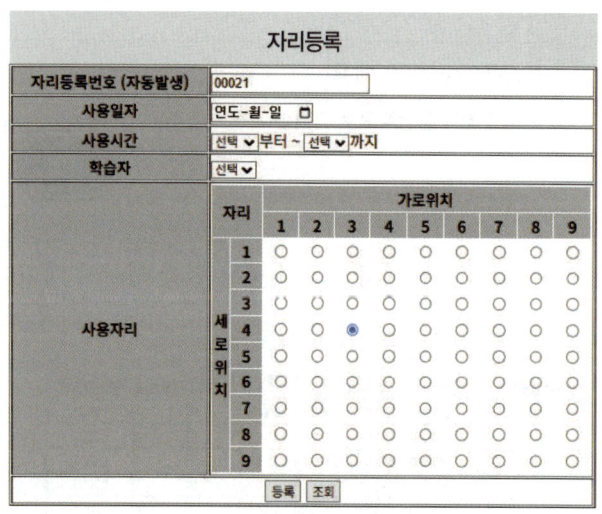

⑧ 등록 버튼을 클릭해서 경고문을 확인한다.

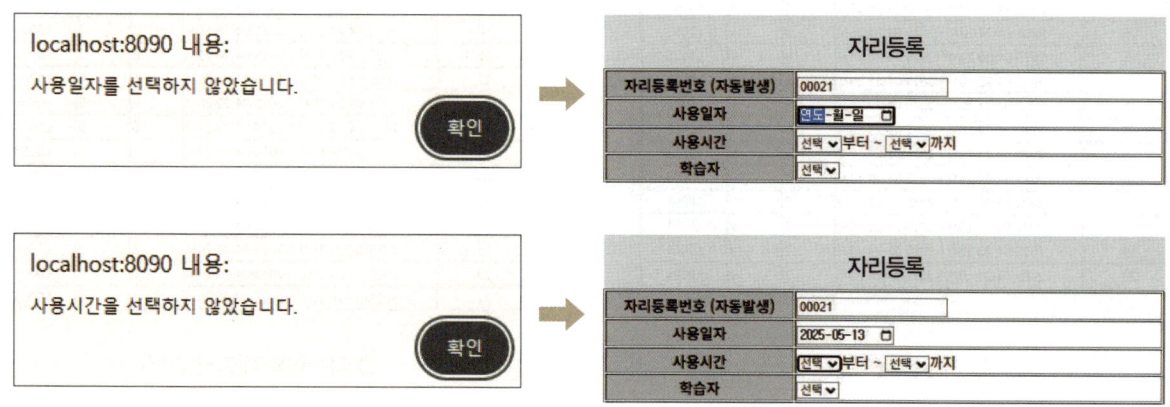

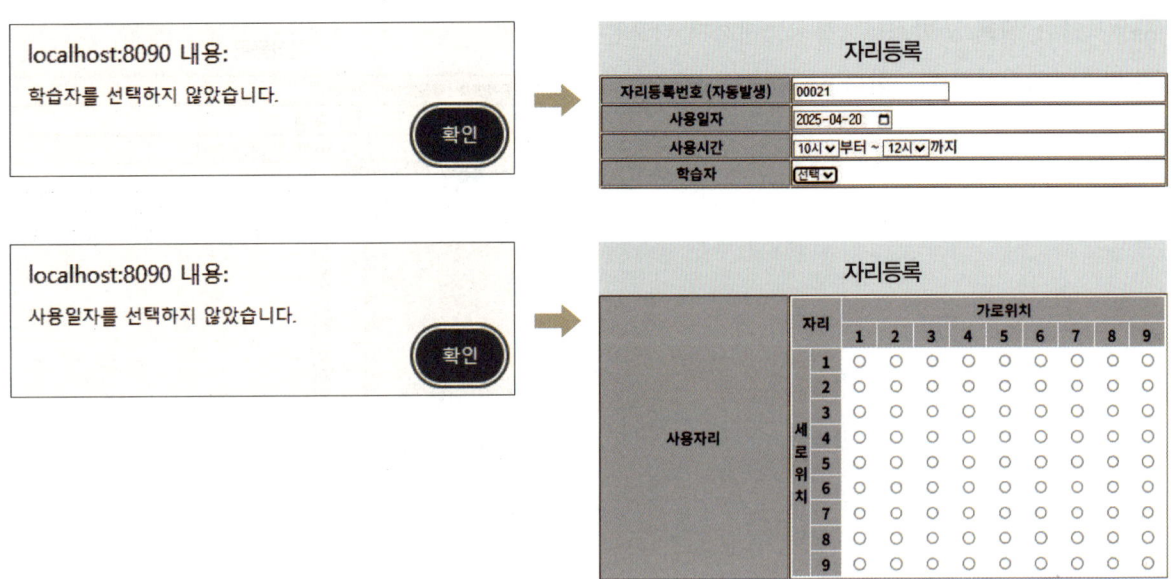

⑨ 모든 항목을 입력(00021, 날짜 2025-04-20, 시간 10시부터 20시까지, 학습자 지은, 가로위치 7, 세로위치 7을 선택한 후 '등록' 버튼을 누르면 데이터베이스 '등록정보' 테이블에 저장된 후 '자리등록이 정상적으로 되었다.'라는 알림창이 화면에 출력되며 알림창의 '확인' 버튼을 누르면 메인(시작) 화면으로 이동한다.

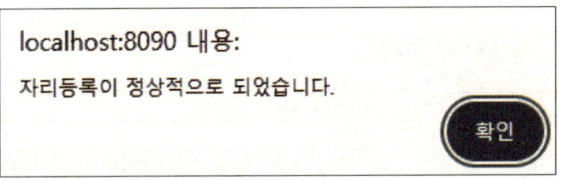

⑩ 데이터를 입력해서 변동된 등록 현황 페이지 데이터를 확인한다.

예약현황 (자리현황(기존))

독서실코드	사용시간	가로위치	세로위치	학습자코드
1	2025-04-20 10시 ~ 2025-04-20 16시	9	4	L0001
2	2025-04-21 10시 ~ 2025-04-21 16시	9	4	L0001
3	2025-04-22 10시 ~ 2025-04-22 16시	9	4	L0001
4	2025-04-23 10시 ~ 2025-04-23 16시	9	4	L0001
5	2025-04-24 10시 ~ 2025-04-24 16시	9	4	L0001
6	2025-04-20 10시 ~ 2025-04-20 16시	3	4	L0002
7	2025-04-21 10시 ~ 2025-04-21 16시	3	4	L0002
8	2025-04-22 10시 ~ 2025-04-22 16시	3	4	L0002
9	2025-04-23 10시 ~ 2025-04-23 16시	3	4	L0002
10	2025-04-24 10시 ~ 2025-04-24 16시	3	4	L0002
11	2025-04-20 10시 ~ 2025-04-20 20시	6	5	L0003
12	2025-04-21 10시 ~ 2025-04-21 20시	6	5	L0003
13	2025-04-22 10시 ~ 2025-04-22 20시	6	5	L0003
14	2025-04-23 10시 ~ 2025-04-23 20시	6	5	L0003
15	2025-04-24 10시 ~ 2025-04-24 20시	6	5	L0003
16	2025-04-20 10시 ~ 2025-04-20 20시	7	9	L0004
17	2025-04-21 10시 ~ 2025-04-21 20시	7	9	L0004
18	2025-04-22 10시 ~ 2025-04-22 20시	7	9	L0004
19	2025-04-23 10시 ~ 2025-04-23 20시	7	9	L0004
20	2025-04-24 10시 ~ 2025-04-24 20시	7	9	L0004

예약현황 (자리현황(데이터 입력))

독서실코드	사용시간	가로위치	세로위치	학습자코드
1	2025-04-20 10시 ~ 2025-04-20 16시	9	4	L0001
2	2025-04-21 10시 ~ 2025-04-21 16시	9	4	L0001
3	2025-04-22 10시 ~ 2025-04-22 16시	9	4	L0001
4	2025-04-23 10시 ~ 2025-04-23 16시	9	4	L0001
5	2025-04-24 10시 ~ 2025-04-24 16시	9	4	L0001
6	2025-04-20 10시 ~ 2025-04-20 16시	3	4	L0002
7	2025-04-21 10시 ~ 2025-04-21 16시	3	4	L0002
8	2025-04-22 10시 ~ 2025-04-22 16시	3	4	L0002
9	2025-04-23 10시 ~ 2025-04-23 16시	3	4	L0002
10	2025-04-24 10시 ~ 2025-04-24 16시	3	4	L0002
11	2025-04-20 10시 ~ 2025-04-20 20시	6	5	L0003
12	2025-04-21 10시 ~ 2025-04-21 20시	6	5	L0003
13	2025-04-22 10시 ~ 2025-04-22 20시	6	5	L0003
14	2025-04-23 10시 ~ 2025-04-23 20시	6	5	L0003
15	2025-04-24 10시 ~ 2025-04-24 20시	6	5	L0003
16	2025-04-20 10시 ~ 2025-04-20 20시	7	9	L0004
17	2025-04-21 10시 ~ 2025-04-21 20시	7	9	L0004
18	2025-04-22 10시 ~ 2025-04-22 20시	7	9	L0004
19	2025-04-23 10시 ~ 2025-04-23 20시	7	9	L0004
20	2025-04-24 10시 ~ 2025-04-24 20시	7	9	L0004
21	2025-04-20 10시 ~ 2025-04-20 20시	7	7	L0005

학습자별 이용료(기존)

학습자코드	이름	등급	이용시간	비용
L0001	영희	학생	30시간	₩300,000원
L0002	철수	학생	30시간	₩300,000원
L0003	은희	학생	50시간	₩500,000원
L0004	지윤	직장인	50시간	₩500,000원
L0005	지은	직장인	0시간	₩0원

학습자별 이용료(데이터 입력)

학습자코드	이름	등급	이용시간	비용
L0001	영희	학생	30시간	₩300,000원
L0002	철수	학생	30시간	₩300,000원
L0003	은희	학생	50시간	₩500,000원
L0004	지윤	직장인	50시간	₩500,000원
L0005	지은	직장인	10시간	₩100,000원

일별검색(기존) — 자리현황: 2025-04-20 13시

자리 (세로위치)	1	2	3	4	5	6	7	8	9
1									
2									
3									
4			철수						영희
5						은희			
6									
7									
8									
9							지윤		

일별검색(데이터 입력) — 자리현황: 2025-04-20 13시

자리 (세로위치)	1	2	3	4	5	6	7	8	9
1									
2									
3									
4			철수						영희
5						은희			
6									
7							지은		
8									
9							지윤		

6 데이터 초기화

검토를 받기 위해서 프로그램이 제공한 데이터 이외에 테스트 데이터를 삭제한다.

① 이클립스 db.sql에 다음과 같이 입력한다.

```sql
DELETE FROM tbl_studycafe WHERE pk_studycafe in('00021');
COMMIT
```

② 마우스 오른쪽을 눌러서 실행한다.

③ 데이터가 원상태로 돌아온 것을 확인한다.

예약현황 (삭제 전)

독서실코드	사용시간	가로위치	세로위치	학습자코드
1	2025-04-20 10시 ~ 2025-04-20 16시	9	4	L0001
2	2025-04-21 10시 ~ 2025-04-21 16시	9	4	L0001
3	2025-04-22 10시 ~ 2025-04-22 16시	9	4	L0001
4	2025-04-23 10시 ~ 2025-04-23 16시	9	4	L0001
5	2025-04-24 10시 ~ 2025-04-24 16시	9	4	L0001
6	2025-04-20 10시 ~ 2025-04-20 16시	3	4	L0002
7	2025-04-21 10시 ~ 2025-04-21 16시	3	4	L0002
8	2025-04-22 10시 ~ 2025-04-22 16시	3	4	L0002
9	2025-04-23 10시 ~ 2025-04-23 16시	3	4	L0002
10	2025-04-24 10시 ~ 2025-04-24 16시	3	4	L0002
11	2025-04-20 10시 ~ 2025-04-20 20시	6	5	L0003
12	2025-04-21 10시 ~ 2025-04-21 20시	6	5	L0003
13	2025-04-22 10시 ~ 2025-04-22 20시	6	5	L0003
14	2025-04-23 10시 ~ 2025-04-23 20시	6	5	L0003
15	2025-04-24 10시 ~ 2025-04-24 20시	6	5	L0003
16	2025-04-20 10시 ~ 2025-04-20 20시	7	9	L0004
17	2025-04-21 10시 ~ 2025-04-21 20시	7	9	L0004
18	2025-04-22 10시 ~ 2025-04-22 20시	7	9	L0004
19	2025-04-23 10시 ~ 2025-04-23 20시	7	9	L0004
20	2025-04-24 10시 ~ 2025-04-24 20시	7	9	L0004
21	2025-04-20 10시 ~ 2025-04-20 20시	7	7	L0005

○ 자리현황(삭제 전)

예약현황 (삭제 후)

독서실코드	사용시간	가로위치	세로위치	학습자코드
1	2025-04-20 10시 ~ 2025-04-20 16시	9	4	L0001
2	2025-04-21 10시 ~ 2025-04-21 16시	9	4	L0001
3	2025-04-22 10시 ~ 2025-04-22 16시	9	4	L0001
4	2025-04-23 10시 ~ 2025-04-23 16시	9	4	L0001
5	2025-04-24 10시 ~ 2025-04-24 16시	9	4	L0001
6	2025-04-20 10시 ~ 2025-04-20 16시	3	4	L0002
7	2025-04-21 10시 ~ 2025-04-21 16시	3	4	L0002
8	2025-04-22 10시 ~ 2025-04-22 16시	3	4	L0002
9	2025-04-23 10시 ~ 2025-04-23 16시	3	4	L0002
10	2025-04-24 10시 ~ 2025-04-24 16시	3	4	L0002
11	2025-04-20 10시 ~ 2025-04-20 20시	6	5	L0003
12	2025-04-21 10시 ~ 2025-04-21 20시	6	5	L0003
13	2025-04-22 10시 ~ 2025-04-22 20시	6	5	L0003
14	2025-04-23 10시 ~ 2025-04-23 20시	6	5	L0003
15	2025-04-24 10시 ~ 2025-04-24 20시	6	5	L0003
16	2025-04-20 10시 ~ 2025-04-20 20시	7	9	L0004
17	2025-04-21 10시 ~ 2025-04-21 20시	7	9	L0004
18	2025-04-22 10시 ~ 2025-04-22 20시	7	9	L0004
19	2025-04-23 10시 ~ 2025-04-23 20시	7	9	L0004
20	2025-04-24 10시 ~ 2025-04-24 20시	7	9	L0004

○ 자리현황(삭제 후)

학습자별 이용료 (삭제 전)

학습자코드	이름	등급	이용시간	비용
L0001	영희	학생	30시간	₩300,000원
L0002	철수	학생	30시간	₩300,000원
L0003	은희	학생	50시간	₩500,000원
L0004	지윤	직장인	50시간	₩500,000원
L0005	지은	직장인	10시간	₩100,000원

○ 학습자별 이용료(삭제 전)

학습자별 이용료 (삭제 후)

학습자코드	이름	등급	이용시간	비용
L0001	영희	학생	30시간	₩300,000원
L0002	철수	학생	30시간	₩300,000원
L0003	은희	학생	50시간	₩500,000원
L0004	지윤	직장인	50시간	₩500,000원
L0005	지은	직장인	0시간	₩0원

○ 학습자별 이용료(삭제 후)

자리현황: 2025-04-20 13시 (기존)

자리		가로위치								
		1	2	3	4	5	6	7	8	9
세로위치	1									
	2									
	3									
	4			철수						영희
	5						은희			
	6									
	7							지은		
	8									
	9							지윤		

○ 일별검색(기존)

자리현황: 2025-04-20 13시 (데이터 입력)

자리		가로위치								
		1	2	3	4	5	6	7	8	9
세로위치	1									
	2									
	3									
	4			철수						영희
	5						은희			
	6									
	7									
	8									
	9							지윤		

○ 일별검색(데이터 입력)

풀이	3	과제명	놀이동산 관리 프로그램	HTML	●●●●●	SSS	●●●●●
				CSS	●●●●●	DB	●●●●●

제공된 문제를 보았을 때 기본 문제를 구조적인 큰 차이점은 없지만 가장 높은 난도를 가지고 있다. 실제로 이렇게 문제가 한 번에 다양한 기능과 많은 양으로 출제되는 경우는 없을 것이다. 하지만 부분 부분적으로는 문제에 출제될 만한 기술이기 때문에 묶어서 출제해 보았다.

새로운 기능들이 각각의 페이지에서 추가되었는데, 문제를 분석해보면서 생각했던 차이점과 아래 분석내용이 일치하는지 비교해 보자.

분야	수준	설명
HTML	●●●●●	9페이지에서 14페이지로 페이지가 증가 되었다. 라디오 버튼, 달력 타입이 추가되었다. 〈DIV〉, 〈MAIN〉, 〈ASIDE〉 태그가 추가되었다. 테이블 안에 테이블을 구성해야 한다.
CSS	●●●●●	페이지에 따라 창 크기를 능동적으로 변경해야 한다. 유효성 검사 항목이 증가 되었다. 셀렉트 박스에 결과에 따라 라디오 버튼 데이터가 다르게 표기된다. 항목 제목을 클릭하면 정렬 기능이 추가되었다.
SSS	●●●●●	액션 페이지에서 3개의 테이블 입력 기능을 수행한다. 액션 페이지에서 테이블 데이터 삭제 기능을 수행한다. 등록 기능을 3개의 테이블 모두 수행한다. 라디오 변수에서 전달된 값을 분리하여 입력해야 한다.
DB	●●●●●	COUNT, ORDER BY, GROUP BY가 적극적으로 사용된다. UNION을 사용해서 결과를 병합해야 한다. 날싸 출력을 한글 년 월 일을 사용한다. 자유이용권 여부에 따라 다른 계산을 해야 한다. 나이에 따라 할인율을 적용해야 한다.

1 환경 구성

매번 강조해도 중요한데, 시험장에서 매번 해야 하는 작업이므로 스스로 한번 수행해보고 앞에 설명되어있는 풀이를 참고해서 점검해 보자. 프로젝트를 새로 만들어야 하므로 그 부분만 서술하겠다.

1) Eclipse를 실행하고 관련 Workspace를 선택한다.
2) 인코딩 관련하여 UTF-8 설정을 한다.
3) Server를 생성하여 [Apache] → [Tomcat v11.0 Server]을 연동하고 포트를 변경한다.
4) Oracle 데이터베이스를 연동한다. 기본 환경 구성 절차이다. 정상적으로 마무리되었으면 3번 과제를 풀이해 본다.

5) Eclipse에 웹 프로젝트 생성하기

① [File] → [New] → [Dynamic Web Project]를 클릭한다.

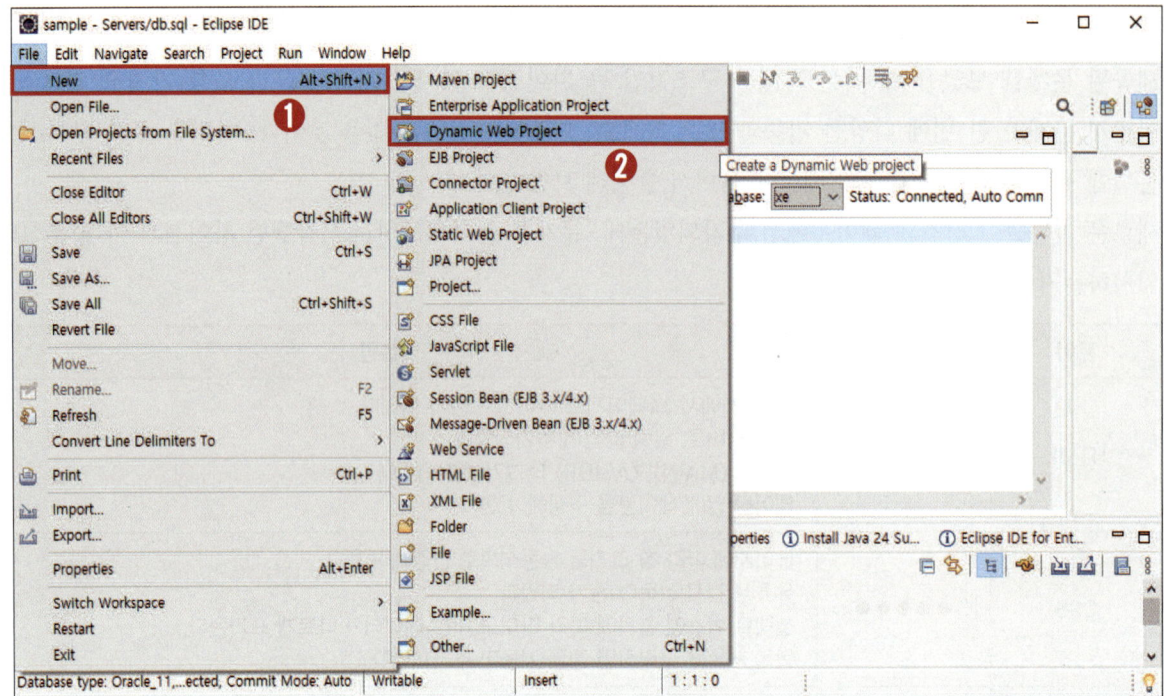

② 프로젝트 이름을 "sample_3"으로 작성하고 [Next >] 버튼을 클릭한다.

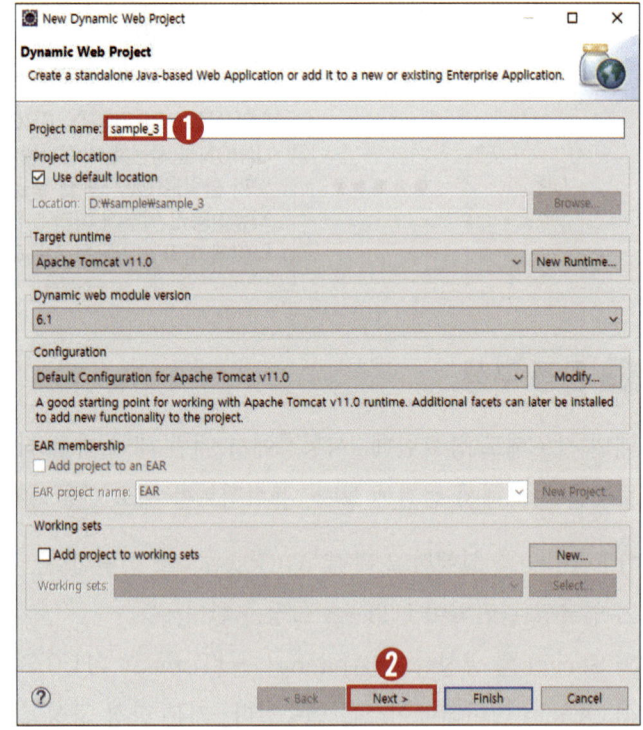

③ Java 애플리케이션 경로를 확인한다.

④ Web root와 디렉토리 경로를 확인하고 [Finish] 버튼을 클릭한다.

⑤ 왼쪽 디렉토리 리스트에 "sample_3" 프로젝트를 확인한다. 이제 웹 프로젝트 생성 작업이 끝났다.

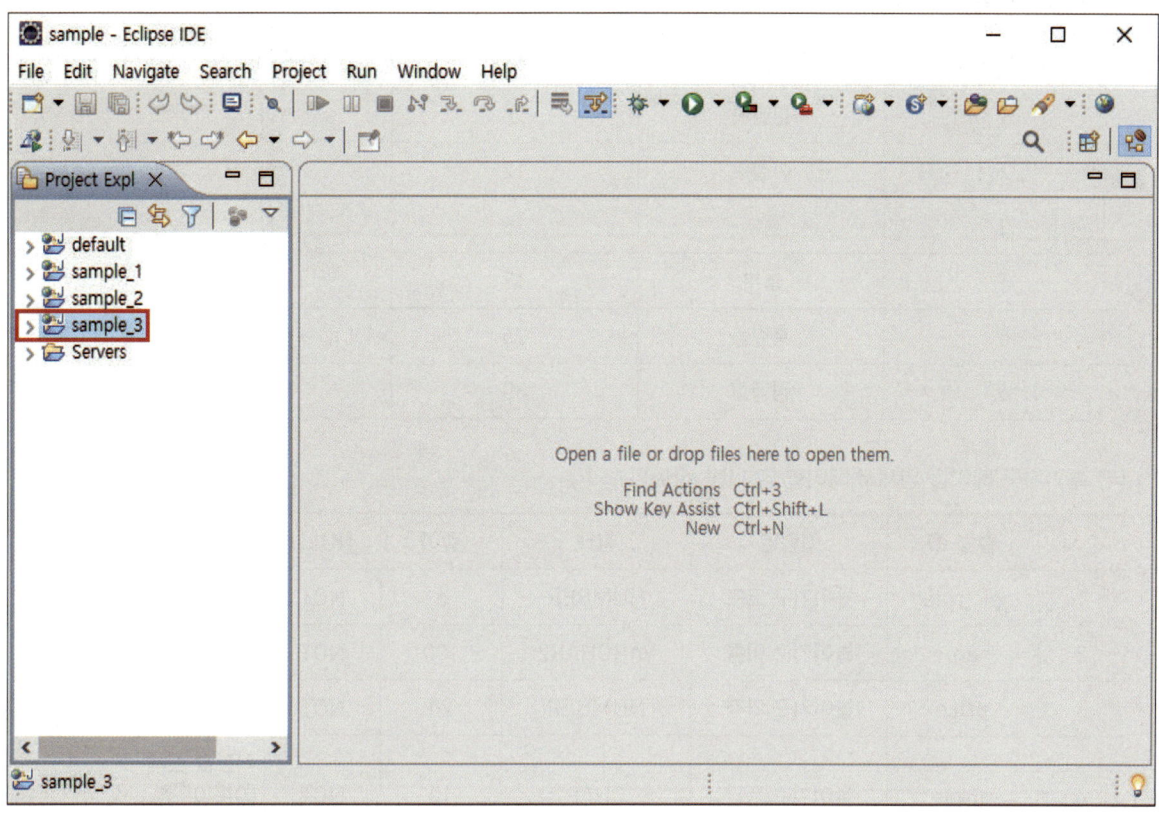

6) [프로젝트] → [Build Path]를 이용하여 웹 프로젝트에 데이터베이스 연동한다.
7) [프로젝트] → [New] → [Package]를 이용하여 'DBPKG'를 생성하고, 'Util.java' 클래스를 작성한다.

2 데이터베이스 입력

- 제공되는 문제에서 요구하는 데이터베이스 테이블을 생성하고 값을 입력한다.
- 문제에서 요구하는 데이터베이스 테이블과 입력 정보는 아래와 같다.

2) 데이터 입출력 요건에 맞게 학습자 테이블, 놀이동산 테이블을 생성하시오.

가) 고객 테이블 명세서(테이블 명 : tbl_customer)

순서	컬럼 ID	컬럼명	형태	길이	NULL	비고
1	pk_customer	고객 코드	NUMBER	5	NOT	PRIMARY KEY
2	name	고객 이름	VARCHAR2	100	NOT	
3	age	고객 나이	NUMBER	3	NOT	
4	free_pass	자유이용권	CHAR	1	NOT	기본값 N Y 또는 N만 입력되도록 체크

나) 고객 테이블 제공 데이터

고객 코드	고객 이름	고객 나이	자유이용권
1	김영희	5	N
2	이철수	12	N
3	흥부	15	N
4	놀부	17	Y
5	홍길동	26	Y
6	장영실	30	N

다) 놀이기구 테이블 명세서(테이블 명 : tbl_ride)

순서	컬럼 ID	컬럼명	형태	길이	NULL	비고
1	pk_ride	놀이기구 코드	NUMBER	5	NOT	PRIMARY KEY
2	name	놀이기구 이름	VARCHAR2	100	NOT	
3	price	놀이기구 가격	NUMBER	20	NOT	
4	grade	놀이기구 등급	CHAR	10	NOT	기본값 전체 ('어린이','청소년','성인','전체')만 입력되도록 체크

라) 놀이기구 테이블 제공 데이터

놀이기구 코드	놀이기구 이름	놀이기구 가격	놀이기구 등급
1	회전목마	2000	전체
2	롤러코스터	5000	청소년
3	유령의집	3000	성인
4	관람차	1500	전체
5	범퍼카	2500	청소년
6	바이킹	6000	청소년

라) 이용정보 테이블 명세서(테이블 명 : tbl_usage)

순서	컬럼 ID	컬럼명	형태	길이	NULL	비고
1	pk_usage	이용 코드	NUMBER	5	NOT	PRIMARY KEY
2	usage_date	이용 날짜	DATE		NOT	기본값 SYSDATE
3	fk_customer	고객 코드	NUMBER	5	NOT	FOREIGN KEY
4	fk_ride	놀이기구 코드	NUMBER	5	NOT	FOREIGN KEY

마) 이용정보 테이블 제공 데이터

이용 코드	이용 날짜	고객 코드	놀이기구 코드
1	2025-05-01	1	1
2	2025-05-01	2	2
3	2025-05-01	1	3
4	2025-05-01	3	1
5	2025-05-01	5	4
6	2025-05-02	1	2
7	2025-05-02	4	5
8	2025-05-02	2	1
9	2025-05-02	6	3
10	2025-05-02	3	2
11	2025-05-03	4	1
12	2025-05-03	1	5
13	2025-05-03	2	3
14	2025-05-03	5	2
15	2025-05-03	6	4
16	2025-05-04	3	4
17	2025-05-04	4	2
18	2025-05-04	1	1
19	2025-05-04	6	5
20	2025-05-04	5	1
21	2025-05-05	2	4
22	2025-05-05	4	3
23	2025-05-05	3	5
24	2025-05-05	6	1
25	2025-05-05	5	3
26	2025-05-06	2	5
27	2025-05-06	4	4
28	2025-05-06	6	2
29	2025-05-06	3	1
30	2025-05-06	1	4

가) 데이터베이스 테이블 생성

(1) 소스 코드 : db.sql 텍스트 입력 박스에 다음과 같이 입력한다.

소스 코드 : db.sql (1/2)

```sql
/* 테이블 생성 (tbl_customer) */
CREATE TABLE tbl_customer ( pk_customer    NUMBER(5)       PRIMARY KEY
,                          name            VARCHAR2(100)   NOT NULL
,                          age             NUMBER(3)       NOT NULL
,                          free_pass       CHAR(1)         DEFAULT 'N' CHECK(free_pass IN('Y','N'))
);
/* 테이블 생성 (tbl_ride) */
CREATE TABLE tbl_ride ( pk_ride    NUMBER(5)       PRIMARY KEY
,                       name       VARCHAR2(100)   NOT NULL
,                       price      NUMBER(10)      NOT NULL
,                       grade      CHAR(10)        DEFAULT '전체' CHECK(grade IN('어린이','청소년','성인','전체'))
);
/* 테이블 생성 (tbl_usage) */
CREATE TABLE tbl_usage (    pk_usage       NUMBER(5)       PRIMARY KEY
,                           usage_date     DATE            DEFAULT SYSDATE
,                           fk_customer    NUMBER(5)       NOT NULL
,                           fk_ride        NUMBER(5)       NOT NULL
,                           FOREIGN KEY(fk_customer)    REFERENCES      tbl_customer(pk_customer)
,                           FOREIGN KEY(fk_ride)        REFERENCES      tbl_ride(pk_ride)
);
/* 테이블 데이터 입력 (tbl_customer) */
INSERT INTO tbl_customer VALUES (1, '김영희', 5, 'N');
INSERT INTO tbl_customer VALUES (2, '이철수', 12,'N');
INSERT INTO tbl_customer VALUES (3, '흥부', 15, 'N');
INSERT INTO tbl_customer VALUES (4, '놀부', 17, 'Y');
INSERT INTO tbl_customer VALUES (5, '홍길동', 26, 'Y');
INSERT INTO tbl_customer VALUES (6, '장영실', 30, 'N');
/* 테이블 데이터 입력 (tbl_ride) */
INSERT INTO tbl_ride VALUES (1, '회전목마',   2000, '전체');
INSERT INTO tbl_ride VALUES (2, '롤러코스터', 5000, '청소년');
INSERT INTO tbl_ride VALUES (3, '유령의집',  3000, '성인');
INSERT INTO tbl_ride VALUES (4, '관람차',    1500, '전체');
INSERT INTO tbl_ride VALUES (5, '범퍼카',    2500, '청소년');
INSERT INTO tbl_ride VALUES (6, '바이킹',    6000, '청소년');
/* 테이블 데이터 입력 (tbl_usage) */
INSERT INTO tbl_usage VALUES ( 1, TO_DATE('2025-05-01','YYYY-MM-DD'), 1, 1);
INSERT INTO tbl_usage VALUES ( 2, TO_DATE('2025-05-01','YYYY-MM-DD'), 2, 2);
INSERT INTO tbl_usage VALUES ( 3, TO_DATE('2025-05-01','YYYY-MM-DD'), 1, 3);
INSERT INTO tbl_usage VALUES ( 4, TO_DATE('2025-05-01','YYYY-MM-DD'), 3, 1);
INSERT INTO tbl_usage VALUES ( 5, TO_DATE('2025-05-01','YYYY-MM-DD'), 5, 4);
INSERT INTO tbl_usage VALUES ( 6, TO_DATE('2025-05-02','YYYY-MM-DD'), 1, 2);
INSERT INTO tbl_usage VALUES ( 7, TO_DATE('2025-05-02','YYYY-MM-DD'), 4, 5);
INSERT INTO tbl_usage VALUES ( 8, TO_DATE('2025-05-02','YYYY-MM-DD'), 2, 1);
INSERT INTO tbl_usage VALUES ( 9, TO_DATE('2025-05-02','YYYY-MM-DD'), 6, 3);
INSERT INTO tbl_usage VALUES (10, TO_DATE('2025-05-02','YYYY-MM-DD'), 3, 2);
INSERT INTO tbl_usage VALUES (11, TO_DATE('2025-05-03','YYYY-MM-DD'), 4, 1);
INSERT INTO tbl_usage VALUES (12, TO_DATE('2025-05-03','YYYY-MM-DD'), 1, 5);
INSERT INTO tbl_usage VALUES (13, TO_DATE('2025-05-03','YYYY-MM-DD'), 2, 3);
```

(2) 코드 설명 : 각 라인의 코드 설명이다.

line	코드 설명 (1/2)
1	tbl_customer 테이블 생성 시작을 알리는 주석입니다.
2	tbl_customer 테이블을 생성하며 pk_customer 컬럼을 NUMBER(5)로 정의하고 PRIMARY KEY 제약을 설정합니다.
3	tbl_customer 테이블의 name 컬럼을 VARCHAR2(100)로 정의하고 NOT NULL 제약을 설정합니다.
4	tbl_customer 테이블의 age 컬럼을 NUMBER(3)로 정의하고 NOT NULL 제약을 설정합니다.
5	tbl_customer 테이블의 free_pass 컬럼을 CHAR(1)로 정의하며 DEFAULT 'N' 및 CHECK 제약을 설정합니다.
6	tbl_customer 테이블 정의를 종료하는 괄호 및 세미콜론입니다.
7	tbl_ride 테이블 생성 시작을 알리는 주석입니다.
8	tbl_ride 테이블을 생성하며 pk_ride 컬럼을 NUMBER(5)로 정의하고 PRIMARY KEY 제약을 설정합니다.
9	tbl_ride 테이블의 name 컬럼을 VARCHAR2(100)로 정의하고 NOT NULL 제약을 설정합니다.
10	tbl_ride 테이블의 price 컬럼을 NUMBER(10)로 정의하고 NOT NULL 제약을 설정합니다.
11	tbl_ride 테이블의 grade 컬럼을 CHAR(10)로 정의하며 DEFAULT '전체' 및 CHECK 제약을 설정합니다.
12	tbl_ride 테이블 정의를 종료하는 괄호 및 세미콜론입니다.
13	tbl_usage 테이블 생성 시작을 알리는 주석입니다.
14	tbl_usage 테이블을 생성하며 pk_usage 컬럼을 NUMBER(5)로 정의하고 PRIMARY KEY 제약을 설정합니다.
15	tbl_usage 테이블의 usage_date 컬럼을 DATE로 정의하며 DEFAULT SYSDATE를 설정합니다.
16	tbl_usage 테이블의 fk_customer 컬럼을 NUMBER(5)로 정의하고 NOT NULL 제약을 설정합니다.
17	tbl_usage 테이블의 fk_ride 컬럼을 NUMBER(5)로 정의하고 NOT NULL 제약을 설정합니다.
18	fk_customer 컬럼에 tbl_customer(pk_customer) 참조를 설정하는 FOREIGN KEY 제약입니다.
19	fk_ride 컬럼에 tbl_ride(pk_ride) 참조를 설정하는 FOREIGN KEY 제약입니다.
20	tbl_usage 테이블 정의를 종료하는 괄호 및 세미콜론입니다.
21	tbl_customer 테이블에 데이터를 입력하기 위한 구문임을 알리는 주석입니다.
22	첫 번째 고객 레코드를 삽입합니다 (pk_customer=1, name='김영희', age=5, free_pass='N').
23	두 번째 고객 레코드를 삽입합니다 (pk_customer=2, name='이철수', age=12, free_pass='N').
24	세 번째 고객 레코드를 삽입합니다 (pk_customer=3, name='흥부', age=15, free_pass='N').
25	네 번째 고객 레코드를 삽입합니다 (pk_customer=4, name='놀부', age=17, free_pass='Y').
26	다섯 번째 고객 레코드를 삽입합니다 (pk_customer=5, name='홍길동', age=26, free_pass='Y').
27	여섯 번째 고객 레코드를 삽입합니다 (pk_customer=6, name='장영실', age=30, free_pass='N').
28	tbl_ride 테이블에 데이터를 입력하기 위한 구문임을 알리는 주석입니다.
29	첫 번째 놀이기구 레코드를 삽입합니다 (pk_ride=1, name='회전목마', price=2000, grade='전체').
30	두 번째 놀이기구 레코드를 삽입합니다 (pk_ride=2, name='롤러코스터', price=5000, grade='청소년').
31	세 번째 놀이기구 레코드를 삽입합니다 (pk_ride=3, name='유령의집', price=3000, grade='성인').
32	네 번째 놀이기구 레코드를 삽입합니다 (pk_ride=4, name='관람차', price=1500, grade='전체').
33	다섯 번째 놀이기구 레코드를 삽입합니다 (pk_ride=5, name='범퍼카', price=2500, grade='청소년').
34	여섯 번째 놀이기구 레코드를 삽입합니다 (pk_ride=6, name='바이킹', price=6000, grade='청소년').
35	tbl_usage 테이블에 데이터를 입력하기 위한 구문임을 알리는 주석입니다.
36	1번째 이용 기록을 삽입합니다 (pk_usage=1, usage_date=2025-05-01, fk_customer=1, fk_ride=1).
37	2번째 이용 기록을 삽입합니다 (pk_usage=2, usage_date=2025-05-01, fk_customer=2, fk_ride=2).
38	3번째 이용 기록을 삽입합니다 (pk_usage=3, usage_date=2025-05-01, fk_customer=1, fk_ride=3).
39	4번째 이용 기록을 삽입합니다 (pk_usage=4, usage_date=2025-05-01, fk_customer=3, fk_ride=1).
40	5번째 이용 기록을 삽입합니다 (pk_usage=5, usage_date=2025-05-01, fk_customer=5, fk_ride=4).
41	6번째 이용 기록을 삽입합니다 (pk_usage=6, usage_date=2025-05-02, fk_customer=1, fk_ride=2).
42	7번째 이용 기록을 삽입합니다 (pk_usage=7, usage_date=2025-05-02, fk_customer=4, fk_ride=5).
43	8번째 이용 기록을 삽입합니다 (pk_usage=8, usage_date=2025-05-02, fk_customer=2, fk_ride=1).
44	9번째 이용 기록을 삽입합니다 (pk_usage=9, usage_date=2025-05-02, fk_customer=6, fk_ride=3).
45	10번째 이용 기록을 삽입합니다 (pk_usage=10, usage_date=2025-05-02, fk_customer=3, fk_ride=2).
46	11번째 이용 기록을 삽입합니다 (pk_usage=11, usage_date=2025-05-03, fk_customer=4, fk_ride=1).
47	12번째 이용 기록을 삽입합니다 (pk_usage=12, usage_date=2025-05-03, fk_customer=1, fk_ride=5).
48	13번째 이용 기록을 삽입합니다 (pk_usage=13, usage_date=2025-05-03, fk_customer=2, fk_ride=3).

소스 코드 : db.sql (2/2)

```sql
49  INSERT INTO tbl_usage VALUES (14, TO_DATE('2025-05-03','YYYY-MM-DD'), 5, 2);
50  INSERT INTO tbl_usage VALUES (15, TO_DATE('2025-05-03','YYYY-MM-DD'), 6, 4);
51  INSERT INTO tbl_usage VALUES (16, TO_DATE('2025-05-04','YYYY-MM-DD'), 3, 4);
52  INSERT INTO tbl_usage VALUES (17, TO_DATE('2025-05-04','YYYY-MM-DD'), 4, 2);
53  INSERT INTO tbl_usage VALUES (18, TO_DATE('2025-05-04','YYYY-MM-DD'), 1, 1);
54  INSERT INTO tbl_usage VALUES (19, TO_DATE('2025-05-04','YYYY-MM-DD'), 6, 5);
55  INSERT INTO tbl_usage VALUES (20, TO_DATE('2025-05-04','YYYY-MM-DD'), 5, 1);
56  INSERT INTO tbl_usage VALUES (21, TO_DATE('2025-05-05','YYYY-MM-DD'), 2, 4);
57  INSERT INTO tbl_usage VALUES (22, TO_DATE('2025-05-05','YYYY-MM-DD'), 4, 3);
58  INSERT INTO tbl_usage VALUES (23, TO_DATE('2025-05-05','YYYY-MM-DD'), 3, 5);
59  INSERT INTO tbl_usage VALUES (24, TO_DATE('2025-05-05','YYYY-MM-DD'), 6, 1);
60  INSERT INTO tbl_usage VALUES (25, TO_DATE('2025-05-05','YYYY-MM-DD'), 5, 3);
61  INSERT INTO tbl_usage VALUES (26, TO_DATE('2025-05-06','YYYY-MM-DD'), 2, 5);
62  INSERT INTO tbl_usage VALUES (27, TO_DATE('2025-05-06','YYYY-MM-DD'), 4, 4);
63  INSERT INTO tbl_usage VALUES (28, TO_DATE('2025-05-06','YYYY-MM-DD'), 6, 2);
64  INSERT INTO tbl_usage VALUES (29, TO_DATE('2025-05-06','YYYY-MM-DD'), 3, 1);
65  INSERT INTO tbl_usage VALUES (30, TO_DATE('2025-05-06','YYYY-MM-DD'), 1, 4);
66  /* 데이터베이스 처리 작업 확정 */
67  COMMIT
68  /* 테이블 데이터 출력 */
69  SELECT * from tbl_customer;
70  SELECT * from tbl_ride;
71  SELECT * from tbl_usage;
```

코드 설명 (2/2)

line	
49	14번째 이용 기록을 삽입합니다 (pk_usage=14, usage_date=2025-05-03, fk_customer=5, fk_ride=2).
50	15번째 이용 기록을 삽입합니다 (pk_usage=15, usage_date=2025-05-03, fk_customer=6, fk_ride=4).
51	16번째 이용 기록을 삽입합니다 (pk_usage=16, usage_date=2025-05-04, fk_customer=3, fk_ride=4).
52	17번째 이용 기록을 삽입합니다 (pk_usage=17, usage_date=2025-05-04, fk_customer=4, fk_ride=2).
53	18번째 이용 기록을 삽입합니다 (pk_usage=18, usage_date=2025-05-04, fk_customer=1, fk_ride=1).
54	19번째 이용 기록을 삽입합니다 (pk_usage=19, usage_date=2025-05-04, fk_customer=6, fk_ride=5).
55	20번째 이용 기록을 삽입합니다 (pk_usage=20, usage_date=2025-05-04, fk_customer=5, fk_ride=1).
56	21번째 이용 기록을 삽입합니다 (pk_usage=21, usage_date=2025-05-05, fk_customer=2, fk_ride=4).
57	22번째 이용 기록을 삽입합니다 (pk_usage=22, usage_date=2025-05-05, fk_customer=4, fk_ride=3).
58	23번째 이용 기록을 삽입합니다 (pk_usage=23, usage_date=2025-05-05, fk_customer=3, fk_ride=5).
59	24번째 이용 기록을 삽입합니다 (pk_usage=24, usage_date=2025-05-05, fk_customer=6, fk_ride=1).
60	25번째 이용 기록을 삽입합니다 (pk_usage=25, usage_date=2025-05-05, fk_customer=5, fk_ride=3).
61	26번째 이용 기록을 삽입합니다 (pk_usage=26, usage_date=2025-05-06, fk_customer=2, fk_ride=5).
62	27번째 이용 기록을 삽입합니다 (pk_usage=27, usage_date=2025-05-06, fk_customer=4, fk_ride=4).
63	28번째 이용 기록을 삽입합니다 (pk_usage=28, usage_date=2025-05-06, fk_customer=6, fk_ride=2).
64	29번째 이용 기록을 삽입합니다 (pk_usage=29, usage_date=2025-05-06, fk_customer=3, fk_ride=1).
65	30번째 이용 기록을 삽입합니다 (pk_usage=30, usage_date=2025-05-06, fk_customer=1, fk_ride=4).
66	트랜잭션을 확정하기 위한 COMMIT 작업 전 주석입니다.
67	데이터베이스 변경 내용을 저장하기 위해 COMMIT을 실행합니다.
68	테이블 조회 결과를 출력하기 위한 주석입니다.
69	tbl_customer 테이블의 모든 레코드를 조회합니다.
70	tbl_ride 테이블의 모든 레코드를 조회합니다.
71	tbl_usage 테이블의 모든 레코드를 조회합니다.

(3) 코드 세부 설명

　(가) SQL 입력 확인 : 정상적으로 실행이 다 되었다면 아래와 같이 성공 표시가 나타난다.

Status	Operation
✓ Succeeded	CREATE TABLE tbl_customer (pk_customer NUMBER(5) PRIMARY KE...
✓ Succeeded	CREATE TABLE tbl_ride (pk_ride NUMBER(5) PRIMARY KEY , ...
✓ Succeeded	CREATE TABLE tbl_usage (pk_usage NUMBER(5) PRIMARY KEY , ...
✓✓ Succeeded	Group Execution
✓ Succeeded	INSERT INTO tbl_customer VALUES (1, '김영희', 5, 'N')
✓ Succeeded	INSERT INTO tbl_customer VALUES (2, '이철수', 12,'N')
✓ Succeeded	INSERT INTO tbl_customer VALUES (3, '흥부', 15, 'N')
✓ Succeeded	INSERT INTO tbl_customer VALUES (4, '놀부', 17, 'Y')
✓ Succeeded	INSERT INTO tbl_customer VALUES (5, '홍길동', 26, 'Y')
✓ Succeeded	INSERT INTO tbl_customer VALUES (6, '장영실', 30, 'N')
✓ Succeeded	INSERT INTO tbl_ride VALUES (1, '회전목마', 2000, '전체')
✓ Succeeded	INSERT INTO tbl_ride VALUES (2, '롤러코스터', 5000, '청소년')
✓ Succeeded	INSERT INTO tbl_ride VALUES (3, '유령의집', 3000, '성인')
✓ Succeeded	INSERT INTO tbl_ride VALUES (4, '관람차', 1500, '전체')
✓ Succeeded	INSERT INTO tbl_ride VALUES (5, '범퍼카', 2500, '청소년')
✓ Succeeded	INSERT INTO tbl_usage VALUES (1, TO_DATE('2025-05-01','YYYY-MM-DD...
✓ Succeeded	INSERT INTO tbl_usage VALUES (2, TO_DATE('2025-05-01','YYYY-MM-DD...
✓ Succeeded	INSERT INTO tbl_usage VALUES (3, TO_DATE('2025-05-01','YYYY-MM-DD...
✓ Succeeded	INSERT INTO tbl_usage VALUES (4, TO_DATE('2025-05-01','YYYY-MM-DD...
✓ Succeeded	INSERT INTO tbl_usage VALUES (5, TO_DATE('2025-05-01','YYYY-MM-DD...
✓ Succeeded	INSERT INTO tbl_usage VALUES (6, TO_DATE('2025-05-02','YYYY-MM-DD...
✓ Succeeded	INSERT INTO tbl_usage VALUES (7, TO_DATE('2025-05-02','YYYY-MM-DD...
✓ Succeeded	INSERT INTO tbl_usage VALUES (8, TO_DATE('2025-05-02','YYYY-MM-DD...
✓ Succeeded	INSERT INTO tbl_usage VALUES (9, TO_DATE('2025-05-02','YYYY-MM-DD...
✓ Succeeded	INSERT INTO tbl_usage VALUES (10, TO_DATE('2025-05-02','YYYY-MM-D...
✓ Succeeded	INSERT INTO tbl_usage VALUES (11, TO_DATE('2025-05-03','YYYY-MM-D...
✓ Succeeded	INSERT INTO tbl_usage VALUES (12, TO_DATE('2025-05-03','YYYY-MM-D...
✓ Succeeded	INSERT INTO tbl_usage VALUES (13, TO_DATE('2025-05-03','YYYY-MM-D...
✓ Succeeded	INSERT INTO tbl_usage VALUES (14, TO_DATE('2025-05-03','YYYY-MM-D...
✓ Succeeded	INSERT INTO tbl_usage VALUES (15, TO_DATE('2025-05-03','YYYY-MM-D...
✓ Succeeded	INSERT INTO tbl_usage VALUES (16, TO_DATE('2025-05-04','YYYY-MM-D...
✓ Succeeded	INSERT INTO tbl_usage VALUES (17, TO_DATE('2025-05-04','YYYY-MM-D...
✓ Succeeded	INSERT INTO tbl_usage VALUES (18, TO_DATE('2025-05-04','YYYY-MM-D...
✓ Succeeded	INSERT INTO tbl_usage VALUES (19, TO_DATE('2025-05-04','YYYY-MM-D...
✓ Succeeded	INSERT INTO tbl_usage VALUES (20, TO_DATE('2025-05-04','YYYY-MM-D...
✓ Succeeded	INSERT INTO tbl_usage VALUES (21, TO_DATE('2025-05-05','YYYY-MM-D...
✓ Succeeded	INSERT INTO tbl_usage VALUES (22, TO_DATE('2025-05-05','YYYY-MM-D...
✓ Succeeded	INSERT INTO tbl_usage VALUES (23, TO_DATE('2025-05-05','YYYY-MM-D...
✓ Succeeded	INSERT INTO tbl_usage VALUES (24, TO_DATE('2025-05-05','YYYY-MM-D...
✓ Succeeded	INSERT INTO tbl_usage VALUES (25, TO_DATE('2025-05-05','YYYY-MM-D...
✓ Succeeded	INSERT INTO tbl_usage VALUES (26, TO_DATE('2025-05-06','YYYY-MM-D...
✓ Succeeded	INSERT INTO tbl_usage VALUES (27, TO_DATE('2025-05-06','YYYY-MM-D...
✓ Succeeded	INSERT INTO tbl_usage VALUES (28, TO_DATE('2025-05-06','YYYY-MM-D...
✓ Succeeded	INSERT INTO tbl_usage VALUES (29, TO_DATE('2025-05-06','YYYY-MM-D...
✓ Succeeded	INSERT INTO tbl_usage VALUES (30, TO_DATE('2025-05-06','YYYY-MM-D...
✓ Succeeded	COMMIT
✓✓ Succeeded	Group Execution
✓ Succeeded	SELECT * from tbl_customer
✓ Succeeded	SELECT * from tbl_ride
✓ Succeeded	SELECT * from tbl_usage

① 테이블 생성문은 외래키 제약조건이 없는 테이블 우선 만들어야 이상이 없다.

② 입력 SQL 문은 데이터 1줄씩 성공(Succeeded)을 확인할 수 있다.

③ 검색(Select) SQL 문의 경우 클릭하여 결과(Result)를 확인하면 실제 입력된 데이터를 볼 수 있다.

(나) 테이블 구조 확인

① 이 과제의 테이블은 2개이다. 학습자 테이블과 놀이동산 테이블이 외래키로 연결되어 있다. 그림으로 표현하면 다음과 같다.

tbl_usage

PK_USAGE	USAGE_DATE	FK_CUSTOMER	FK_RIDE
1	2025-05-01	1	1
2	2025-05-01	2	2
3	2025-05-01	1	3
4	2025-05-01	3	1
5	2025-05-01	5	4
6	2025-05-02	1	2
7	2025-05-02	4	5
8	2025-05-02	2	1
9	2025-05-02	6	3
10	2025-05-02	3	2
11	2025-05-03	4	1
12	2025-05-03	1	5
13	2025-05-03	2	3
14	2025-05-03	5	2
15	2025-05-03	6	4
16	2025-05-04	3	4
17	2025-05-04	4	2
18	2025-05-04	1	1
19	2025-05-04	6	5
20	2025-05-04	5	1
21	2025-05-05	2	4
22	2025-05-05	4	3
23	2025-05-05	3	5
24	2025-05-05	6	1
25	2025-05-05	5	3
26	2025-05-06	2	5
27	2025-05-06	4	4
28	2025-05-06	6	2
29	2025-05-06	3	1
30	2025-05-06	1	4

tbl_ride

PK_RIDE	NAME	PRICE	GRADE
1	회전목마	2000	전체
2	롤러코스터	5000	청소년
3	유령의집	3000	성인
4	관람차	1500	전체
5	범퍼카	2500	청소년
6	바이킹	6000	청소년

tbl_customer

PK_CUSTOMER	NAME	AGE	FREE_PASS
1	김영희	5	N
2	이철수	12	N
3	홍부	15	N
4	놀부	17	Y
5	홍길동	26	Y
6	장영실	30	N

② tbl_usage테이블의 fk_customer 컬럼 ID는 tbl_customer 테이블의 pk_customer와 연결됩니다.

③ tbl_usage테이블의 fk_ride 컬럼 ID는 tbl_ride 테이블의 pk_ride와 연결됩니다.

3 화면구현

• 문제에서 요구하는 화면을 구성하고, 연결될 전체 페이지를 생성한다.

> **참고 사항**
> • 화면의 구성요소는 필수사항이다.
> • 화면의 스타일은 제공 그림을 참조하여 유사하게 구현한다.
> • 화면의 색상은 구별이 가능하게 작업자가 임의로 선정한다.

• 문제에서 요구하는 화면 구현 정보는 아래와 같다.

가) 시작화면(index.jsp)

① 시작화면은 헤더(header), 메뉴(nav), 메인(main), 푸터(footer)로 구성된다.
② 메뉴는 '고객', '놀이기구', '이용등록', '이용현황', '매출현황', '홈으로'로 구성된다.
③ 푸터(footer)는 저작권 관련정보로 구성된다.

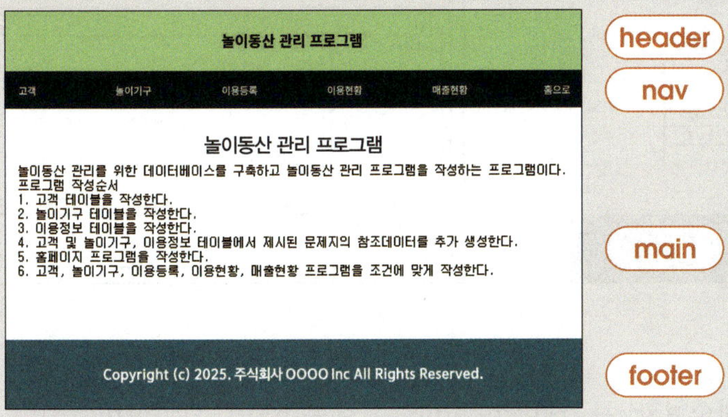

④ 서브화면 중 '고객', '놀이기구', '매출현황' 페이지는 '헤더(header)', '메뉴(nav)', '메인(main)', '사이드바(aside)', '섹션(section)', '푸터(footer)'로 구성된다.

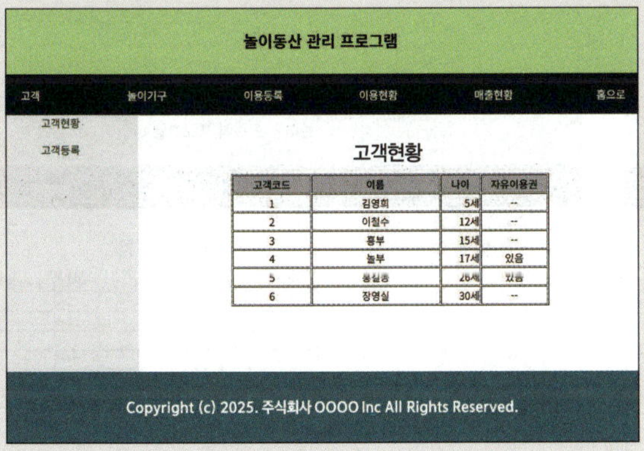

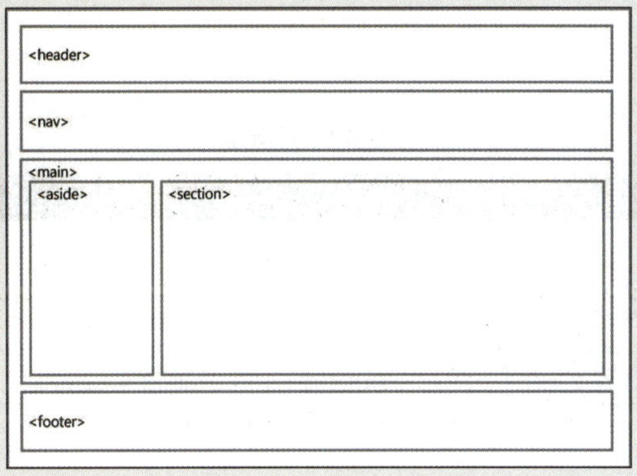

가) 웹 구조 설명

① 제시된 요구사항의 구성은 HTML 기준으로 아래와 같다.
② 시작 페이지는 우리가 기본형 문제에서 했던 구조와 동일한 것을 확인할 수 있다.

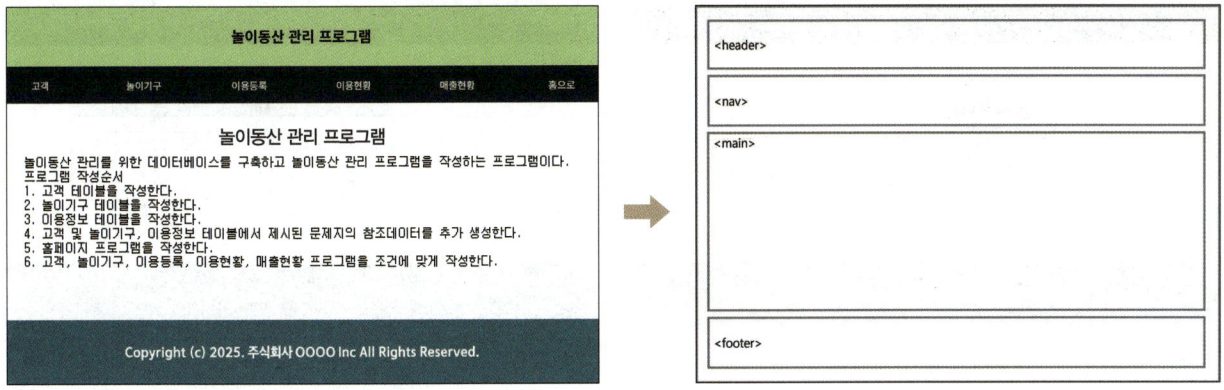

나) 페이지 구조(시작 페이지)

메뉴는 '고객', '놀이기구', '이용등록', '이용현황', '매출현황', '홈으로', 웹 페이지는 '헤더(header)', '메뉴(nav)', '푸터(footer)'의 디자인은 동일하며, '메인(main)' 부분의 내용만 다르게 구성되어 있다.

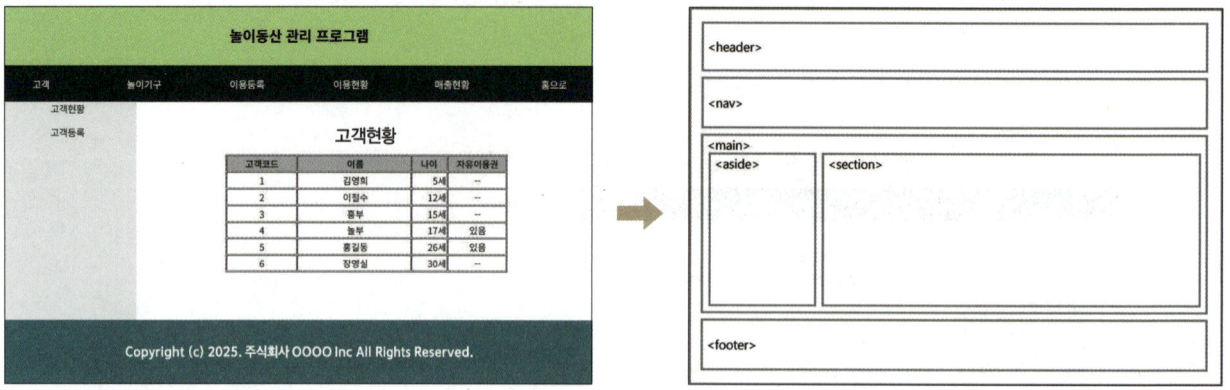

다) 페이지 구조(서브화면)

일부 서브페이지('고객', '놀이기구', '매출현황')는 '헤더(header)', '메뉴(nav)', '메인(main)', '사이드바(aside)', '섹션(section)', '푸터(footer)'로 구성된다.

라) 우리가 볼 수 있는 페이지는 '고객:2', '놀이기구:2', '이용등록:1', '이용현황:1', '매출현황:3', '홈으로:1'로 총 10개 페이지이다. 구성은 다음과 같다.

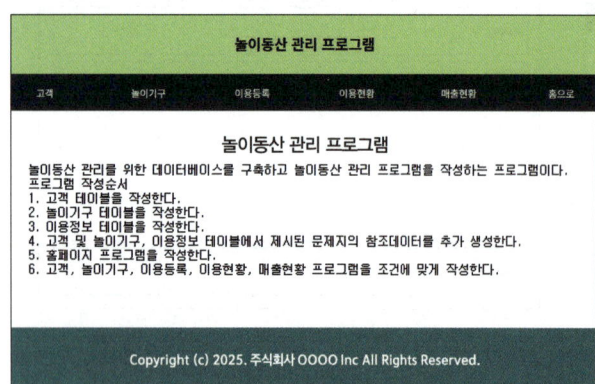

⬆ 시작 페이지

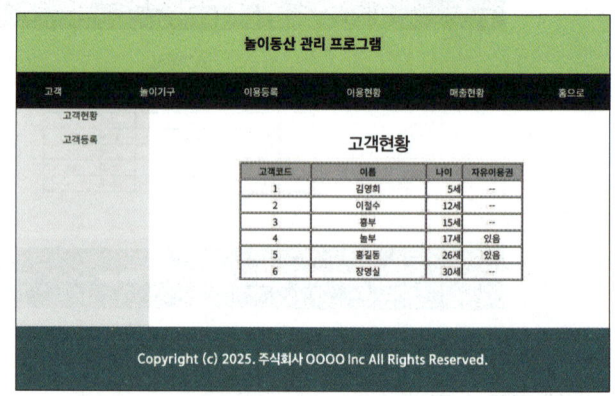

⬆ 고객 → 고객현황

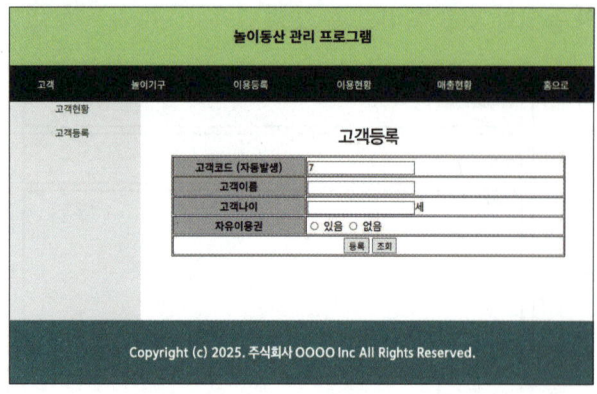

⬆ 고객 → 고객등록

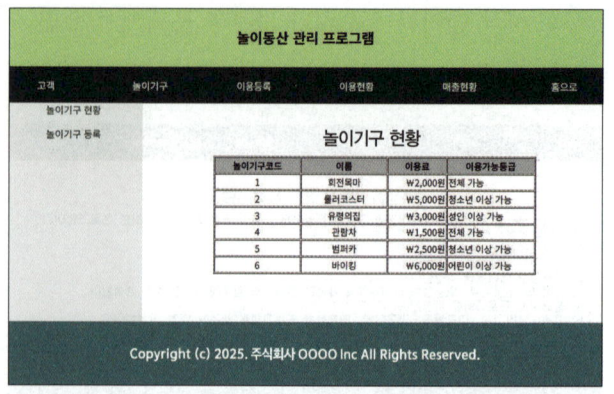

⬆ 놀이기구 → 놀이기구 현황

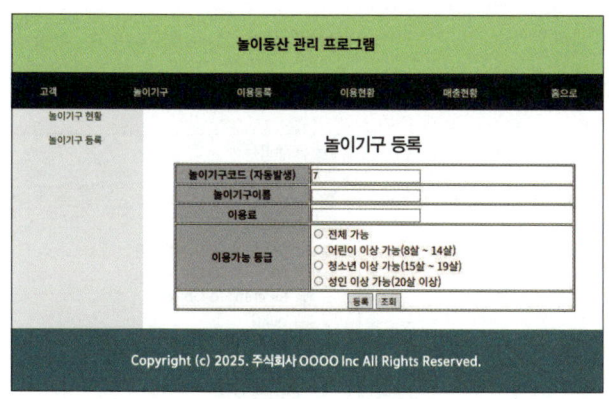

◐ 놀이기구 → 놀이기구 등록

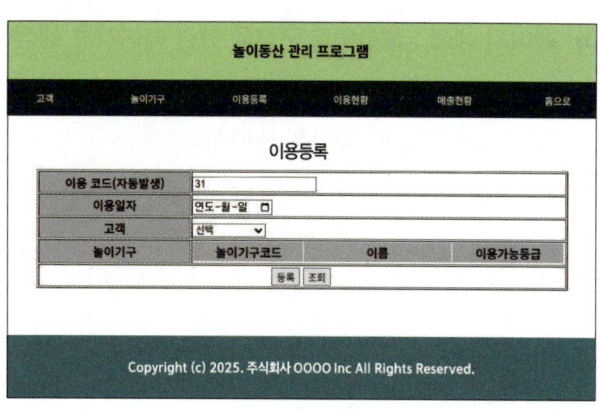

◐ 이용등록

◐ 이용현황

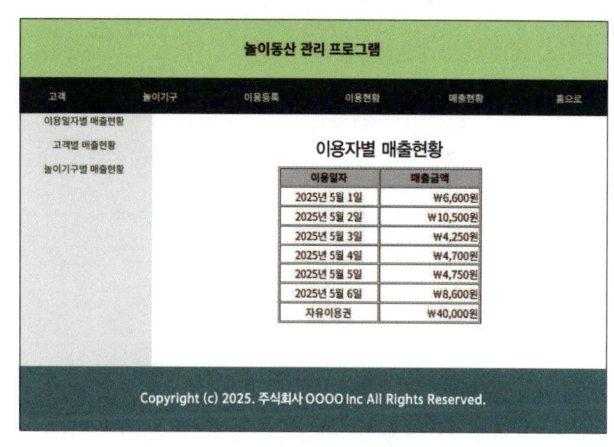

◐ 매출현황 → 이용자별 매출현황

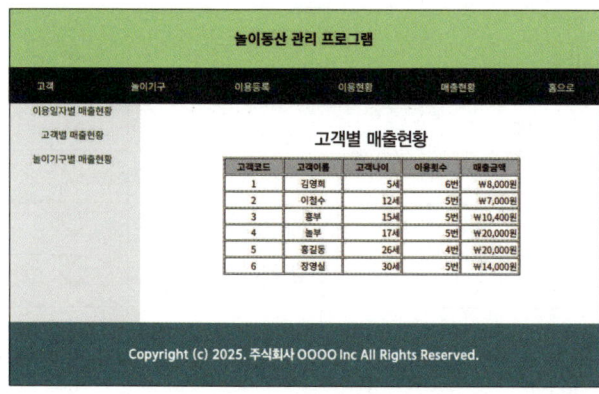

◐ 매출현황 → 고객별 매출현황

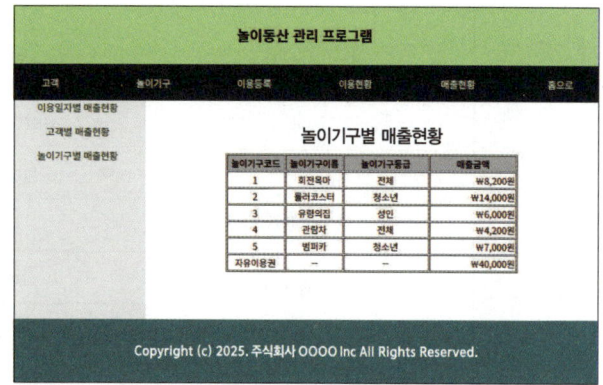

◐ 매출현황 → 놀이기구별 매출현황

마) 페이지 생성 : 웹사이트 구성을 위한 페이지를 생성한다.

① 웹 페이지를 만들기 위해 마우스 오른쪽 버튼을 클릭해서 [New] → [jsp File]를 클릭한다.

② 제작에 필요한 파일을 생성한다.

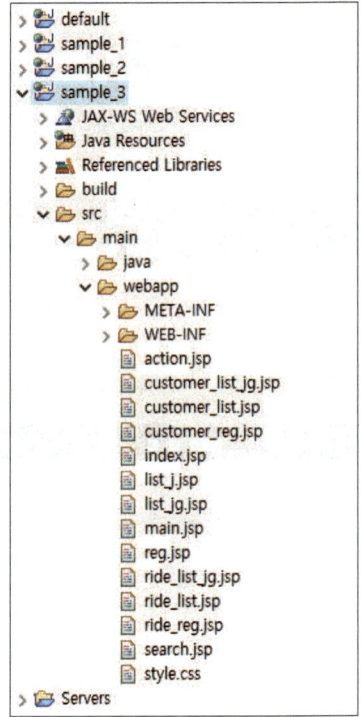

③ 기본형과 가장 큰 다른 점은 서브페이지이다. 각 테이블에 등록과 리스트 페이지가 모두 존재하고, 매출현황을 3가지 그룹으로 제공하기 때문에 다수의 페이지를 사용한다.

	이름		페이지 명	용도	사용
1	index.jsp		index.jsp	시작 페이지	✓
2	style.css		style.css	스타일 시트	✓
3	main.jsp		main.jsp	메인(홈)	✓
4	reg.jsp		reg.jsp	등록	✓
			customer_reg.jsp		
			ride_reg.jsp		
5	action.jsp		action.jsp	데이터베이스 입력 or 삭제	✓
6	list.jsp	기본(list) join(j) group by(g)	customer_list.jsp	테이블 현황 페이지	✓
			ride_list.jsp		✓
			list_j.jsp		✓
			list_jg.jsp		✓
			customer_list_jg.jsp		✓
			ride_list_jg.jsp		✓
7	DBPKG(Util.java)		Util.java	데이터베이스 접속	✓

4 페이지별 기능 구현

입력, 검색, 조회 등 각 조건에 맞는 프로그램을 구현 및 단위 테스트를 한다.

가) 시작 페이지 index.jsp

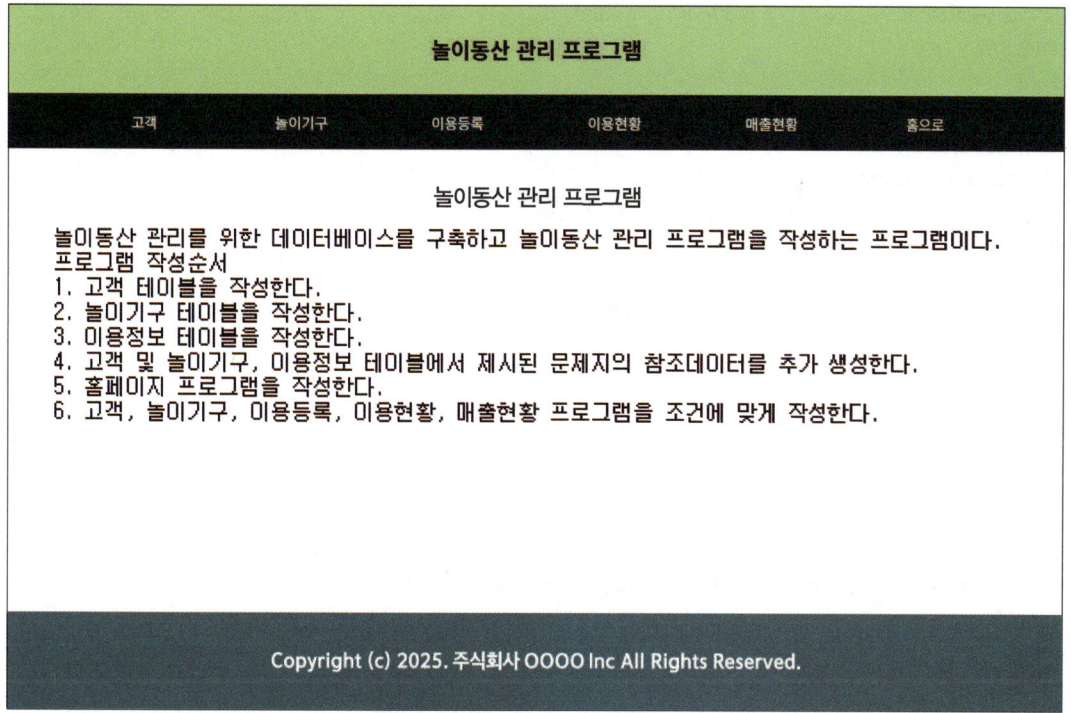

나) 시작 페이지 index.jsp는 기본 영역 구성과 디자인을 결정한다. 따라서 시작 페이지가 원활하게 작동하기 위해서는 3개의 페이지가 필요하다.

① 시작 페이지 index.jsp

② 스타일시트 페이지 style.css

③ 메인 본문 내용 페이지 mail.jsp

순서대로 소스 코드와 완성 화면 그리고 세부 설명을 차례대로 한다.

다) 각 라인의 설명이 쉽도록 번호를 달았다. 실제 코딩에서는 텍스트만 입력하면 된다.

① 코드를 쉽게 알아볼 수 있게 하기 위해서 최대한 깔끔하고 간결하게 작성하였다.

② HTML 태그는 대문자로 작성하였다.

③ 기본형에서 다룬 기본적 내용은 중복을 최소화하였다.

(1) 소스 코드 : 시작 페이지(index.jsp)

line	소스 코드
1	`<%@ page language       =       "java"`
2	`            contentType  =       "text/html; charset=UTF-8"`
3	`            pageEncoding =       "UTF-8"                     %>`
4	`<!DOCTYPE HTML>`
5	`<HTML>`
6	`<HEAD>`
7	`    <META charset="UTF-8">`
8	`    <TITLE>놀이동산 사용관리 프로그램</TITLE>`
9	`    <LINK rel="stylesheet" type="text/css" href="style.css">`
10	`</HEAD>`
11	`<BODY>`
12	`    <HEADER><H2>놀이동산 관리 프로그램</H2></HEADER>`
13	`    <NAV>`
14	`        <UL>`
15	`            <LI><A href = "c_list.jsp"     target = "main_page">고객</A></LI>`
16	`            <LI><A href = "r_list.jsp"     target = "main_page">놀이기구</A></LI>`
17	`            <LI><A href = "u_reg.jsp"      target = "main_page">이용등록</A></LI>`
18	`            <LI><A href = "u_list_j.jsp"   target = "main_page">이용현황</A></LI>`
19	`            <LI><A href = "u_list_jg.jsp"  target = "main_page">매출현황</A></LI>`
20	`            <LI><A href = "main.jsp"  target = "main_page">홈으로</A></LI>`
21	`        </UL>`
22	`    </NAV>`
23	`    <MAIN>`
24	`        <IFRAME     name = "main_page"        src    = "main.jsp"></IFRAME>`
25	`    </MAIN>`
26	`    <FOOTER>`
27	`        <H3>Copyright ⓒ 2025. 주식회사 0000 Inc All Rights Reserved.</H3>`
28	`    </FOOTER>`
29	`</BODY>`
30	`<SCRIPT>`
31	`    const frame = document.querySelector('iframe[name="main_page"]');`
32	`    frame.addEventListener('load', () => {`
33	`        const url = frame.contentWindow.location.pathname;`
34	`        if (url.endsWith('u_list_j.jsp')) {`
35	`            frame.style.height = '1100px';`
36	`        }else{`
37	`            frame.style.height = '500px';`
38	`        }`
39	`    });`
40	`</SCRIPT>`
41	`</HTML>`

(가) 코드 설명 : 각 라인의 코드 설명이다.

line	코드 설명
1	JSP page 지시자로, 서버-사이드 스크립팅 언어를 Java로 지정하고 UTF-8 인코딩을 설정합니다.
2	JSP 페이지의 MIME 타입(contentType)을 지정합니다.
3	JSP 페이지의 문자 인코딩(pageEncoding)을 지정합니다.
4	문서가 HTML5 규격임을 선언합니다.
5	HTML 문서의 루트 태그를 엽니다.
6	HEAD 구역을 시작합니다.
7	문서의 문자셋을 UTF-8로 명시하는 META 태그입니다.
8	브라우저 탭에 표시될 페이지 제목을 설정합니다.
9	외부 스타일시트 (style.css)를 연결합니다.
10	HEAD 구역을 닫습니다.
11	본문 (BODY) 영역을 시작합니다.
12	사이트 제목을 표시하는 HEADER 영역입니다.
13	사이트 내비게이션(NAV) 영역을 엽니다.
14	메뉴 항목들을 담을 UL 목록을 시작합니다.
15	메뉴 항목 — 고객 목록 페이지로 이동하는 링크입니다.
16	메뉴 항목 — 놀이기구 목록 페이지로 이동하는 링크입니다.
17	메뉴 항목 — 이용등록(reg.jsp) 페이지로 이동하는 링크입니다.
18	메뉴 항목 — 이용현황(list_j.jsp) 페이지로 이동하는 링크입니다.
19	메뉴 항목 — 매출현황(list_jg.jsp) 페이지로 이동하는 링크입니다.
20	메뉴 항목 — 홈(main.jsp)으로 이동하는 링크입니다.
21	UL 목록을 닫습니다.
22	NAV 영역을 닫습니다.
23	MAIN 영역을 시작합니다.
24	IFRAME (main_page) 요소를 삽입하여 기본 페이지(main.jsp)를 로드합니다.
25	MAIN 영역을 닫습니다.
26	푸터(FOOTER) 영역을 시작하여 저작권 문구를 배치합니다.
27	저작권 문구(Copyright)를 표시합니다.
28	푸터 영역을 닫습니다.
29	BODY 영역을 닫습니다.
30	클라이언트-사이드 스크립트(SCRIPT) 블록을 시작합니다.
31	JavaScript에서 main_page IFRAME 요소를 선택합니다.
32	IFRAME의 load 이벤트에 핸들러를 등록합니다.
33	로드된 IFRAME 문서의 경로를 url 변수에 저장합니다.
34	url이 list_j.jsp로 끝나는지 확인하는 조건문입니다.
35	조건이 참이면 IFRAME 높이를 1100 px로 설정합니다.
36	else 구문을 시작합니다.
37	조건이 거짓이면 IFRAME 높이를 500 px로 설정합니다.
38	if/else 블록을 닫습니다.
39	이벤트 핸들러 함수 블록을 닫습니다.
40	SCRIPT 블록을 닫습니다.
41	HTML 문서를 닫습니다.

(나) 코드 세부 설명 : URL 접근 시에 가장 초기에 나오는 페이지이다.

① 기본형 문제와 구성이 거의 비슷한 코드로 구현되어 있는 것을 확인할 수 있다. SECTION 대신 서브 페이지 구현을 위해 MAIN을 우선 사용하는 부분이 차이가 난다.

② 링크 태그 target이 "main_page"이다. 아이프레임 이름이 "main_page"이다.

③ 기본 페이지는 높이가 500px이고, list_j.jsp 페이지만 높이가 1100px이다.

(2) 소스 코드 : 스타일시트 페이지(style.css)

line	소스 코드 (1/2)
1	`@charset "UTF-8";`
2	`/* === 공통 === */`
3	`BODY, HTML {`
4	`    text-align:center;`
5	`}`
6	`HEADER, NAV, SECTION, IFRAME, FOOTER {`
7	`  width:100%;`
8	`  display:flex;`
9	`  align-items:center;`
10	`  justify-content:center;`
11	`}`
12	`/* === 헤더/푸터 === */`
13	`HEADER {`
14	`    height:100px;`
15	`    background:rgb(199, 238, 145);`
16	`}`
17	`FOOTER {`
18	`    height:70px;`
19	`    background:rgb(0, 128, 128);`
20	`    color:#fff;`
21	`}`
22	`/* === 내비게이션 === */`
23	`NAV {`
24	`    height:60px;`
25	`    background:rgb(0, 64, 0);`
26	`}`
27	`NAV UL {`
28	`    margin:0;`
29	`    padding:0;`
30	`}`
31	`NAV LI {`
32	`    display:inline-block;`
33	`    width:170px;`
34	`}`
35	`NAV A {`
36	`    color:#fff;`
37	`    text-decoration:none;`
38	`}`
39	`/* === 본문 === */`
40	`MAIN     {`
41	`    border:0;`
42	`}`
43	`MAIN IFRAME    {`
44	`    border:0;`
45	`    padding:0;`
46	`}`
47	`.inner   {`
48	`    display:grid;`

(가) 코드 설명 : 각 라인의 코드 설명이다.

line	코드 설명 (1/2)
1	CSS 파일의 문자 인코딩을 UTF-8로 선언합니다.
2	'공통' 영역임을 알리는 주석입니다.
3	BODY와 HTML 두 요소에 대한 공통 스타일 블록을 시작합니다.
4	텍스트를 가로 중앙으로 정렬합니다.
5	공통 스타일 블록을 닫습니다.
6	HEADER · NAV · SECTION · IFRAME · FOOTER에 대한 레이아웃 공통 스타일 블록을 시작합니다.
7	너비를 100%로 설정해 가로폭을 꽉 채웁니다.
8	display:flex 로 Flexbox 레이아웃을 적용합니다.
9	교차 축(세로) 정렬을 센터로 맞춥니다.
10	주 축(가로) 정렬을 센터로 맞춥니다.
11	공통 레이아웃 블록을 닫습니다.
12	'헤더/푸터' 스타일 영역이라는 주석입니다.
13	HEADER 태그 스타일 블록을 시작합니다.
14	HEADER 높이를 100 px로 설정합니다.
15	HEADER 배경색을 연두색(RGB 199, 238, 145)으로 지정합니다.
16	HEADER 스타일 블록을 닫습니다.
17	FOOTER 태그 스타일 블록을 시작합니다.
18	FOOTER 높이를 70 px로 설정합니다.
19	FOOTER 배경색을 청록색(RGB 0, 128, 128)으로 설정합니다.
20	FOOTER 글자색을 흰색(#fff)으로 지정합니다.
21	FOOTER 스타일 블록을 닫습니다.
22	'내비게이션' 스타일 영역이라는 주석입니다.
23	NAV 태그 스타일 블록을 시작합니다.
24	NAV 높이를 60 px로 설정합니다.
25	NAV 배경색을 진녹색(RGB 0, 64, 0)으로 지정합니다.
26	NAV 스타일 블록을 닫습니다.
27	NAV UL 스타일 블록을 시작합니다.
28	UL의 기본 마진을 0으로 제거합니다.
29	UL의 기본 패딩을 0으로 제거합니다.
30	NAV UL 스타일 블록을 닫습니다.
31	NAV LI 스타일 블록을 시작합니다.
32	LI를 inline-block으로 배치해 가로 나열되게 합니다.
33	각 LI의 너비를 170 px로 고정합니다.
34	NAV LI 스타일 블록을 닫습니다.
35	NAV A 스타일 블록을 시작합니다.
36	링크 글자색을 흰색으로 설정합니다.
37	밑줄을 제거해 텍스트 장식을 없앱니다.
38	NAV A 스타일 블록을 닫습니다.
39	'본문' 영역임을 알리는 주석입니다.
40	MAIN 태그 스타일 블록을 시작합니다.
41	MAIN에 테두리를 없앱니다(border:0).
42	MAIN 스타일 블록을 닫습니다.
43	MAIN 내 IFRAME 스타일 블록을 시작합니다.
44	IFRAME의 테두리를 없앱니다.
45	IFRAME의 패딩을 없앱니다.
46	IFRAME 스타일 블록을 닫습니다.
47	.inner 클래스 스타일 블록을 시작합니다.
48	display:grid 로 Grid 레이아웃을 적용합니다.

소스 코드 (2/2)

```css
49          grid-template-columns:1fr 4fr;
50          height:100%;
51  }
52  ASIDE   {
53              background:#f2f2f2;
54              height:480px;
55  }
56  ASIDE UL {
57              margin:0;
58              padding:0;
59  }
60  ASIDE LI {
61              align-items:center;
62              height:40px;
63  }
64  ASIDE A {
65              color:rgb(0, 64, 0);
66              text-decoration:none;
67  }
68  SECTION {
69              display: grid;
70              place-items: center;
71  }
72  CAPTION   {
73              font-size:1.25rem;
74              font-weight:700;
75              line-height:300%;
76  }
77  PRE    {
78              text-align:left;
79  }
80  TABLE {
81              margin:auto;
82  }
83  TH {
84              background:rgb(192, 192, 192);
85  }
86  TH A {
87              color:rgb(0, 64, 0);
88              text-decoration:none;
89  }
```

line	코드 설명 (2/2)
49	1fr과 4fr 두 열로 그리드 열을 설정합니다.
50	높이를 100%로 설정해 부모 높이를 꽉 채웁니다.
51	.inner 스타일 블록을 닫습니다.
52	ASIDE 태그 스타일 블록을 시작합니다.
53	배경색을 연회색(#f2f2f2)으로 지정합니다.
54	높이를 480 px로 설정합니다.
55	ASIDE 스타일 블록을 닫습니다.
56	ASIDE UL 스타일 블록을 시작합니다.
57	UL의 마진을 0으로 리셋합니다.
58	UL의 패딩을 0으로 리셋합니다.
59	ASIDE UL 스타일 블록을 닫습니다.
60	ASIDE LI 스타일 블록을 시작합니다.
61	Flex 항목을 세로 중앙으로 정렬합니다(align-items:center).
62	각 LI의 높이를 40 px로 고정합니다.
63	ASIDE LI 스타일 블록을 닫습니다.
64	ASIDE A 스타일 블록을 시작합니다.
65	링크 글자색을 진녹색(RGB 0, 64, 0)으로 설정합니다.
66	밑줄(텍스트 장식)을 제거합니다.
67	ASIDE A 스타일 블록을 닫습니다.
68	SECTION 태그 스타일 블록을 시작합니다.
69	display:grid 로 Grid 레이아웃을 사용합니다.
70	place-items:center 로 행·열 모두 중앙 정렬합니다.
71	SECTION 스타일 블록을 닫습니다.
72	CAPTION 태그 스타일 블록을 시작합니다.
73	글자 크기를 1.25 rem으로 설정합니다.
74	글자를 굵게(700) 표시합니다.
75	줄 간격을 300%로 넓혀 가독성을 높입니다.
76	CAPTION 스타일 블록을 닫습니다.
77	PRE 태그 스타일 블록을 시작합니다.
78	텍스트를 왼쪽으로 정렬합니다.
79	PRE 스타일 블록을 닫습니다.
80	TABLE 태그 스타일 블록을 시작합니다.
81	좌우 마진을 auto로 설정해 테이블을 가운데 정렬합니다.
82	TABLE 스타일 블록을 닫습니다.
83	TH 태그 스타일 블록을 시작합니다.
84	헤더 셀에 회색(RGB 192, 192, 192) 배경색을 적용합니다.
85	TH 스타일 블록을 닫습니다.
86	TH 내부 A 링크 스타일 블록을 시작합니다.
87	링크 글자색을 진녹색(RGB 0, 64, 0)으로 설정합니다.
88	링크의 밑줄을 제거합니다.
89	TH A 스타일 블록을 닫습니다.

(나) 코드 세부 설명 : 스타일 시트입니다.

① MAIN과 ASIDE, SECTION을 위해 다양한 CSS속성이 추가되었다.

② ASIDE에 목차(UL) 태그와 A 태그 디자인 관련 속성이 추가되었다.

③ 정렬을 위해 TH 〉 A 태그에도 관련 속성이 추가되었다.

(3) 소스 코드 : 메인 페이지(main.jsp)

line	소스 코드
1	`<%@ page   language       =           "java"`
2	`           contentType    =           "text/html; charset=UTF-8"`
3	`           pageEncoding   =           "UTF-8"                    %>`
4	`<!DOCTYPE html>`
5	`<HTML>`
6	`<HEAD>`
7	`     <META charset = "UTF-8">`
8	`     <LINK rel = "stylesheet" type = "text/css" href = "style.css">`
9	`</HEAD>`
10	`<BODY>`
11	`     <H4>놀이동산 관리 프로그램</H4>`
12	`     <PRE>`
13	놀이동산 관리를 위한 데이터베이스를 구축하고 놀이동산 관리 프로그램을 작성하는 프로그램이다.
14	프로그램 작성순서
15	1. 고객 테이블을 작성한다.
16	2. 놀이기구 테이블을 작성한다.
17	3. 이용정보 테이블을 작성한다.
18	4. 고객 및 놀이기구, 이용정보 테이블에서 제시된 문제지의 참조데이터를 추가 생성한다.
19	5. 홈페이지 프로그램을 작성한다.
20	6. 고객, 놀이기구, 이용등록, 이용현황, 매출현황 프로그램을 조건에 맞게 작성한다.
21	`     </PRE>`
22	`</BODY>`
23	`</HTML>`

(4) 소스 코드 : 고객 → 고객현황 페이지(customer_list.jsp)

line	소스 코드 (1/2)
1	`<%@ page language       =       "java"`
2	`    contentType         =       "text/html; charset=UTF-8"`
3	`    pageEncoding        =       "UTF-8"                    %>`
4	`<%@ page import         =       "java.sql.*"               %>`
5	`<%@ page import         =       "DBPKG.Util"               %>`
6	
7	`<!DOCTYPE html>`
8	`<HTML>`
9	`<HEAD>`
10	`    <META charset = "UTF-8">`

(가) 코드 설명 : 각 라인의 코드 설명이다.

line	코드 설명
1	JSP 페이지 지시자를 시작해 서버–사이드 스크립팅 언어를 Java로 지정합니다.
2	동일한 지시자에서 페이지의 MIME 타입(contentType)을 "text/html; charset=UTF–8"로 설정합니다.
3	지시자를 마치며 pageEncoding을 UTF–8로 지정합니다.
4	문서가 HTML5 규격임을 선언합니다.
5	HTML 문서의 루트 태그를 엽니다.
6	HEAD 구역을 시작합니다.
7	META 태그로 문자셋을 UTF–8로 명시합니다.
8	외부 스타일시트(style.css)를 연결합니다.
9	HEAD 구역을 닫습니다.
10	본문(BODY) 영역을 시작합니다.
11	페이지 제목("놀이동산 관리 프로그램")을 H4 태그로 표시합니다.
12	PRE 태그를 열어 서식 보존 문단을 시작합니다.
13	놀이동산 관리 프로그램의 개요 설명 문장을 작성합니다.
14	"프로그램 작성순서"라는 소제목을 표시합니다.
15	1단계로 '고객 테이블' 작성 작업을 안내합니다.
16	2단계로 '놀이기구 테이블' 작성 작업을 안내합니다.
17	3단계로 '이용정보 테이블' 작성 작업을 안내합니다.
18	4단계로 세 테이블에 대한 참조 데이터를 추가 생성하도록 안내합니다.
19	5단계로 홈페이지 프로그램 작성 작업을 안내합니다.
20	6단계로 고객 · 놀이기구 · 이용등록 · 이용현황 · 매출현황 프로그램 구현을 안내합니다.
21	PRE 태그를 닫아 서식 보존 영역을 마칩니다.
22	BODY 영역을 닫습니다.
23	HTML 문서를 닫아 페이지를 종료합니다.

(나) 코드 세부 설명 : 메인페이지이다.

기본형에서 본문 내용을 제외하고는 변경된 부분이 없다. 실제 실습 시험에서도 비슷하니, 부담 없이 타이핑하면 된다.

(가) 코드 설명 : 각 라인의 코드 설명이다.

line	코드 설명 (1/2)
1	JSP page 지시자를 열어 서버–사이드 스크립트 언어를 Java로 선언합니다.
2	동일 지시자에서 contentType 을 "text/html; charset=UTF–8"로 설정합니다.
3	같은 지시자에서 pageEncoding 을 UTF–8로 지정하고 지시자를 닫습니다.
4	java.sql.* 패키지를 import하여 JDBC 클래스를 사용할 수 있게 합니다.
5	사용자 정의 DB 도우미 클래스가 있는 DBPKG.Util 패키지를 import합니다.
6	빈 줄 — 코드 가독성을 위한 공백입니다.
7	HTML5 문서 유형을 선언합니다(〈!DOCTYPE html〉).
8	HTML 루트 태그를 엽니다.
9	HEAD 구역을 시작합니다.
10	META 태그로 문서 문자셋을 UTF–8로 지정합니다.

line	소스 코드 (2/2)
11	`        <LINK rel = "stylesheet" type = "text/css" href = "style.css">`
12	`</HEAD>`
13	`<BODY>`
14	`<DIV class="inner">`
15	`<ASIDE>`
16	`    <UL>`
17	`        <LI><A href = "customer_list.jsp"    target = "main_page">고객현황</A></LI>`
18	`        <LI><A href = "customer_reg.jsp"    target = "main_page">고객등록</A></LI>`
19	`    </UL>`
20	`</ASIDE>`
21	`<SECTION>`
22	`<%`
23	`String sort = request.getParameter("sort");`
24	`if(sort == null) sort = "pk_customer";`
25	`request.setCharacterEncoding("UTF-8");`
26	`Connection conn = Util.getConnection();`
27	`Statement stmt = conn.createStatement();`
28	`String sql =" SELECT  tbl_c.pk_customer              AS      고객코드   " +`
29	`           ",      tbl_c.name                       AS      이름       " +`
30	`           ",      tbl_c.age        || '세'          AS      나이       " +`
31	`           ",      CASE tbl_c.free_pass                                " +`
32	`                       WHEN 'Y' THEN '있음'                             " +`
33	`                       ELSE '--'                                       " +`
34	`                   END                              AS      자유이용권" +`
35	`           " FROM   tbl_customer    tbl_c                              " +`
36	`           " ORDER BY " + sort + " ASC                                 ";`
37	`ResultSet rs = stmt.executeQuery(sql);`
38	`%>`
39	`<TABLE border='1'>`
40	`<CAPTION>고객현황</CAPTION>`
41	`    <TR>`
42	`        <TH width="120px"><A href="customer_list.jsp?sort=pk_customer">고객코드</A></TH>`
43	`        <TH width="200px"><A href="customer_list.jsp?sort=name">이름</A></TH>`
44	`        <TH width="60px" ><A href="customer_list.jsp?sort=age">나이</A></TH>`
45	`        <TH width="100px"><A href="customer_list.jsp?sort=free_pass">자유이용권</A></TH>`
46	`    </TR>`
47	`<% while(rs.next()){ %>`
48	`    <TR>`
49	`        <TD align="center"><%=rs.getString("고객코드") %></TD>`
50	`        <TD align="center"><%=rs.getString("이름") %></TD>`
51	`        <TD align="right" ><%=rs.getString("나이") %></TD>`
52	`        <TD align="center"><%=rs.getString("자유이용권") %></TD>`
53	`    </TR>`
54	`<% } %>`
55	`</TABLE>`
56	`</SECTION>`
57	`</DIV>`
58	`</BODY>`
59	`</HTML>`

line	코드 설명 (2/2)
11	외부 스타일시트 style.css 를 연결합니다.
12	HEAD 구역을 닫습니다.
13	BODY 영역을 시작합니다.
14	레이아웃용 컨테이너 DIV(.inner) 를 엽니다.
15	좌측 메뉴 ASIDE 영역을 시작합니다.
16	메뉴 항목을 담을 UL 목록을 엽니다.
17	첫 LI — "고객현황" 페이지로 이동하는 링크입니다.
18	두 번째 LI — "고객등록" 페이지로 이동하는 링크입니다.
19	UL 목록을 닫습니다.
20	ASIDE 영역을 닫습니다.
21	메인 콘텐츠 SECTION 영역을 엽니다.
22	JSP 스크립틀릿을 시작해 Java 코드를 삽입합니다.
23	요청 파라미터 sort 값을 읽어옵니다.
24	sort 가 null 이면 기본 정렬 키(pk_customer)로 설정합니다.
25	요청 본문 문자셋을 UTF-8로 지정합니다.
26	Util.getConnection() 으로 DB 연결을 획득합니다.
27	Statement 객체를 생성합니다.
28	SQL SELECT 문 작성을 시작해 이름 컬럼(alias 이름)을 지정합니다.
29	SQL에 나이 컬럼을 '세' 단위 문자열로 결합합니다.
30	CASE 표현식 시작 — 자유이용권 여부에 따라 표시값을 결정합니다.
31	WHEN 조건: 'Y'이면 '있음'을 반환하도록 작성합니다.
32	ELSE 조건: 그 외에는 '—'를 반환하도록 작성합니다.
33	CASE 표현식을 END 하며 별칭 '자유이용권'을 부여합니다.
34	FROM 절에서 tbl_customer 테이블에 별칭 tbl_c 를 부여합니다.
35	ORDER BY 절에 동적 정렬컬럼 sort 를 삽입합니다.
36	완성된 SQL을 실행해 ResultSet rs 에 결과를 저장합니다.
37	JSP 스크립틀릿을 닫습니다.
38	테두리 1px인 TABLE 태그를 시작합니다.
39	CAPTION 태그로 표 제목 "고객현황"을 표시합니나.
40	헤더 행 〈TR〉 을 시작합니다.
41	첫 번째 TH — 고객코드(정렬 링크 포함)를 출력합니다.
42	두 번째 TH — 이름(정렬 링크 포함)을 출력합니다.
43	세 번째 TH — 나이(정렬 링크 포함)을 출력합니다.
44	네 번째 TH — 자유이용권(정렬 링크 포함)을 출력합니다.
45	헤더 행을 닫습니다.
46	while(rs.next()) 반복문을 시작해 결과 레코드를 순회합니다.
47	데이터 행 〈TR〉 을 엽니다.
48	첫 TD — 고객코드를 가운데 정렬로 출력합니다.
49	둘째 TD — 이름을 가운데 정렬로 출력합니다.
50	셋째 TD — 나이를 오른쪽 정렬로 출력합니다.
51	넷째 TD — 자유이용권 여부를 가운데 정렬로 출력합니다.
52	데이터 행을 닫습니다.
53	while 루프를 닫아 반복 출력이 끝납니다.
54	TABLE 태그를 닫아 표 출력을 완료합니다.
55	SECTION 영역을 닫습니다.
56	컨테이너 DIV(.inner) 를 닫습니다.
57	BODY 태그를 닫습니다.
58	HTML 문서를 닫아 페이지를 종료합니다.
59	빈 줄 — 파일 끝의 개행입니다.

(나) 코드 세부 설명 : 고객현황 페이지입니다. 단독 테이블의 데이터를 출력한다.

① ASIDE 구현을 위해 〈DIV class="inner"〉를 사용했다. CSS를 참조해보면 1:4 비율로 지정하였다. ASIDE에 고객현황과 고객등록 링크가 설정되어있다.

② 23번 라인을 보면 sort 변수가 추가되어있다. GET 방식으로 전송되어온 변수명과 값을 사용하여 정렬에 사용한다.

㉮ GET 메소드는 데이터(변수와 값)가 주소 줄에 노출되는 방식이다. 이와 반대로 POST 메소드는 변수와 값이 노출되지 않아서 보안에 더 강하다.

```
<A href="c_list.jsp?sort=pk_customer">고객코드</A>
```

㉯ [고객코드] 클릭 시 customer_list.jsp 주소로 이동한다.

㉰ '주소' 다음에 있는 '? 변수명=값' 형식이다. (변수명 : sort, 값 : pk_customer)

㉱ '변수'를 추가하려면 뒤에 '&기호'를 사용하면 추가 가능하다.

```
<A href="주소?변수A=값A&변수B=값B&변수C=값C">고객코드</A>
```

③ 24 : 만약 정렬 방식으로 클릭해서 접근한 상태가 아니라면 sort에는 아무 값도 없을 것이다. 따라서 기본으로 처음 페이지에 접근하면 pk_customer로 정렬이 되도록 조건문을 작성한다.

④ 36 : 정렬할 때 sort라는 전송된 값을 사용하여 오름차순(ASC)으로 정렬한다. 내림차순(DESC)도 가능하다.

```
" ORDER BY      " + sort + " ASC ";
```

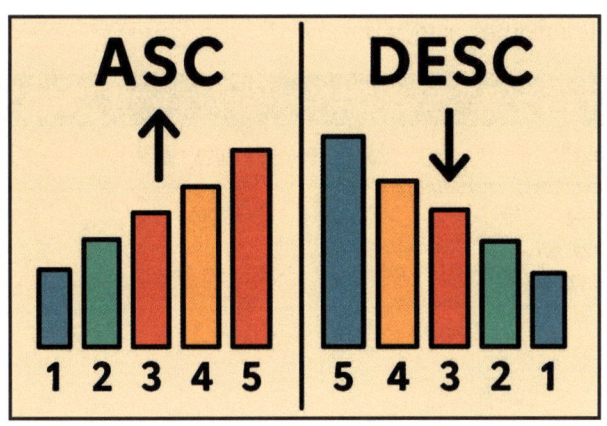

⑤ 36 : CAPTION을 사용하는데, CAPTION은 테이블 외부에서 제목 역할을 한다. 표나 그림의 제목에 주로 사용한다.

`<CAPTION>고객현황</CAPTION>`

⑥ 결과 페이지 확인 : 정렬, 제목, 데이터 모두 일치하는지 꼼꼼하게 확인한다.

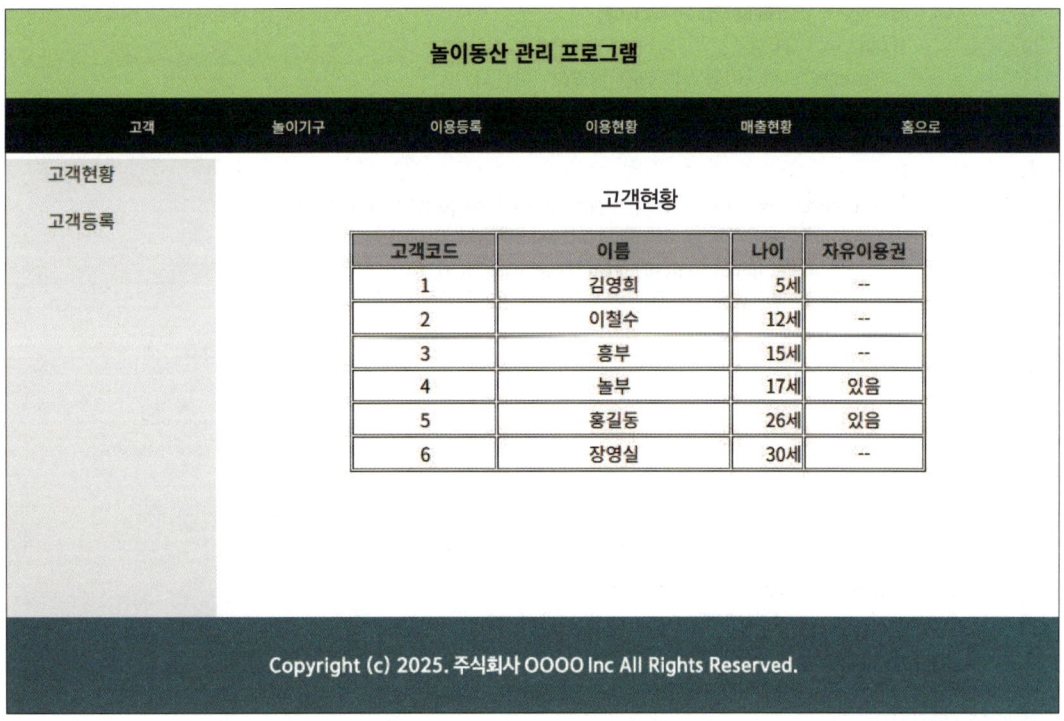

(5) 소스 코드 : 고객 → 고객등록 페이지(customer_reg.jsp)

line	소스 코드 (1/2)

```jsp
1   <%@ page    language        =           "java"
2               contentType     =           "text/html; charset=UTF-8"
3               pageEncoding    =           "UTF-8"                      %>
4   <%@ page    import          =           "java.sql.*"                 %>
5   <%@ page    import          =           "DBPKG.Util"                 %>
6   <!DOCTYPE html>
7   <HTML>
8   <HEAD>
9   <META charset = "UTF-8">
10  <LINK rel = "stylesheet" type = "text/css" href = "style.css">
11  <SCRIPT>
12      function check_val(){
13          var name = document.fm.name.value;
14          if(name == ""){
15              alert("고객이름을 입력하지 않았습니다.");
16              fm.name.focus();
17              return false;
18          }
19          var age = document.fm.age.value;
20          if(age == ""){
21              alert("고객나이를 입력하지 않았습니다.");
22              fm.age.focus();
23              return false;
24          }
25          if (!document.querySelector('input[name="free_pass"]:checked')) {
26              alert("자유이용권 여부를 선택하지 않았습니다.");
27              document.getElementsByName("free_pass")[0].focus();
28              return false;
29          }
30          return true;
31      }
32  </SCRIPT>
33  </HEAD>
34  <%
35  request.setCharacterEncoding("UTF-8");
36  Connection conn     = Util.getConnection();
37  Statement stmt      = conn.createStatement();
38  String sql          = " SELECT max(pk_customer)+1 AS pk_customer   " +
39                        " FROM   tbl_customer                       " ;
40  ResultSet rs        = stmt.executeQuery(sql);
41  rs.next();
42  String pk_customer = rs.getString("pk_customer");
43  %>
44  <BODY>
45  <DIV class="inner">
46  <ASIDE>
47      <UL>
48          <LI><A href = "c_list.jsp" target = "main_page">고객현황</A></LI>
49          <LI><A href = "c_reg.jsp" target = "main_page">고객등록</A></LI>
50      </UL>
51  </ASIDE>
52  <SECTION>
```

(가) 코드 설명 : 각 라인의 코드 설명이다.

line	코드 설명 (1/2)
1	JSP 페이지 지시어로 스크립팅 언어를 Java로 지정합니다.
2	JSP 페이지 지시어로 콘텐츠 타입을 text/html; charset=UTF-8로 설정합니다.
3	JSP 페이지 지시어로 페이지 자체의 인코딩을 UTF-8로 지정합니다.
4	JSP 페이지 지시어로 java.sql 패키지를 import하여 SQL 관련 클래스를 사용할 수 있게 합니다.
5	JSP 페이지 지시어로 DBPKG.Util 클래스를 import하여 데이터베이스 연결 유틸리티를 사용할 수 있게 합니다.
6	HTML5 문서임을 선언하는 DOCTYPE을 지정합니다.
7	HTML 문서의 시작을 나타내는 〈HTML〉 태그를 엽니다.
8	문서 헤더 영역의 시작을 나타내는 〈HEAD〉 태그를 엽니다.
9	문서 전체의 문자 인코딩을 UTF-8로 지정하는 〈META〉 태그입니다.
10	외부 스타일시트(style.css)를 연결하는 〈LINK〉 태그입니다.
11	자바스크립트 코드 블록의 시작을 알리는 〈SCRIPT〉 태그를 엽니다.
12	폼 유효성 검사를 위한 check_val() 함수 정의를 시작합니다.
13	폼(fm)의 name 필드 값을 가져옵니다.
14	name 값이 비어 있는지 검사하는 조건문을 시작합니다.
15	name이 비어 있으면 경고창을 띄웁니다.
16	name 입력 필드에 포커스를 설정합니다.
17	함수 실행을 중단하고 false를 반환합니다.
18	name 검사 조건문의 끝을 나타냅니다.
19	폼(fm)의 age 필드 값을 가져옵니다.
20	age 값이 비어 있는지 검사하는 조건문을 시작합니다.
21	age가 비어 있으면 경고창을 띄웁니다.
22	age 입력 필드에 포커스를 설정합니다.
23	함수 실행을 중단하고 false를 반환합니다.
24	age 검사 조건문의 끝을 나타냅니다.
25	자유이용권(radio) 선택 여부를 확인하는 조건문을 시작합니다.
26	자유이용권이 선택되지 않았을 때 경고창을 띄웁니다.
27	자유이용권 첫 번째 radio 버튼에 포커스를 설정합니다.
28	함수 실행을 중단하고 false를 반환합니다.
29	자유이용권 검사 조건문의 끝을 나타냅니다.
30	모든 검사가 통과되면 true를 반환하여 폼 제출을 허용합니다.
31	check_val() 함수 정의의 끝을 나타냅니다.
32	자바스크립트 코드 블록의 종료를 알리는 〈/SCRIPT〉 태그입니다.
33	문서 헤더 영역의 종료를 알리는 〈/HEAD〉 태그입니다.
34	서버 사이드 Java 코드를 삽입하는 JSP 스크립틀릿의 시작을 알립니다.
35	요청 인코딩을 UTF-8로 설정합니다.
36	Util.getConnection()을 호출해 데이터베이스 연결 객체를 생성합니다.
37	SQL 실행을 위한 Statement 객체를 생성합니다.
38	다음 고객코드(pk_customer)를 조회하는 SQL 문자열의 첫 부분을 작성합니다.
39	SQL의 FROM 절을 추가하여 tbl_customer 테이블을 지정합니다.
40	작성한 SQL을 executeQuery()로 실행해 ResultSet을 얻습니다.
41	조회 결과가 있는지 확인하기 위해 rs.next()를 호출합니다.
42	조회된 고객코드 값을 pk_customer 변수에 문자열로 저장합니다.
43	JSP 스크립틀릿(Java 코드 삽입) 블록을 닫습니다.
44	문서 본문 영역의 시작을 알리는 〈BODY〉 태그입니다.
45	내용을 감싸는 래퍼 컨테이너로 클래스 inner를 가진 〈DIV〉 태그를 엽니다.
46	사이드바(메뉴) 영역을 나타내는 〈ASIDE〉 태그를 엽니다.
47	메뉴 항목 목록을 시작하는 〈UL〉 태그입니다.
48	고객현황 페이지(customer_list.jsp)로 이동하는 첫 번째 메뉴 링크입니다.
49	고객등록 페이지(customer_reg.jsp)로 이동하는 두 번째 메뉴 링크입니다.
50	메뉴 항목 목록을 닫는 〈/UL〉 태그입니다.
51	사이드바 영역을 닫는 〈/ASIDE〉 태그입니다.
52	주요 콘텐츠 영역을 나타내는 〈SECTION〉 태그를 엽니다.

소스 코드 (2/2)

```html
53  <FORM name="fm" action="action.jsp" onsubmit="return check_val()">
54  <INPUT type='hidden' name='mode' value='customer'>
55      <TABLE border='1'>
56      <CAPTION>고객등록</CAPTION>
57      <TR>
58          <TH width="200px" >고객코드 (자동발생)</TH>
59          <TD align="left" width="400px" >
60              <INPUT type='text' name='pk_customer' value='<%=pk_customer %>' readonly>
61          </TD>
62      </TR>
63      <TR>
64          <TH>고객이름</TH>
65          <TD align="left" ><INPUT type='text' name='name'></TD>
66      </TR>
67      <TR>
68          <TH>고객나이</TH>
69          <TD align="left" ><INPUT type='number' name='age'>세</TD>
70      </TR>
71      <TR>
72          <TH>자유이용권</TH>
73          <TD align="left" >
74              <input type="radio" name="free_pass" value="Y" /> 있음
75              <input type="radio" name="free_pass" value="N" /> 없음
76          </TD>
77      </TR>
78      <TR>
79          <TD align="center" colspan="2">
80              <INPUT type="submit" value="등록">
81              <INPUT type="button" value="조회" onclick="location.href='c_list.jsp'">
82          </TD>
83      </TR>
84  </TABLE>
85  </FORM>
86  </SECTION>
87  </DIV>
88  </BODY>
89  </HTML>
```

line	코드 설명 (2/2)
53	고객 등록 폼을 정의하는 〈FORM〉 태그로, 제출 시 check_val()을 호출합니다.
54	숨은 필드로 mode 파라미터에 'customer' 값을 설정합니다.
55	입력 항목을 테이블 형태로 표시하기 위한 〈TABLE〉 태그를 엽니다.
56	테이블 제목으로 '고객등록'을 표시하는 〈CAPTION〉 태그입니다.
57	첫 번째 행을 시작하는 〈TR〉 태그입니다.
58	'고객코드 (자동발생)'를 표시하는 〈TH〉 헤더 셀입니다.
59	데이터 셀을 시작하며 왼쪽 정렬, 너비 400px를 설정하는 〈TD〉 태그입니다.
60	자동 생성된 고객코드를 표시하는 readonly 텍스트 입력 필드입니다.
61	해당 데이터 셀을 닫는 〈/TD〉 태그입니다.
62	첫 번째 행을 닫는 〈/TR〉 태그입니다.
63	두 번째 행을 시작하는 〈TR〉 태그입니다.
64	'고객이름' 헤더 셀을 나타내는 〈TH〉 태그입니다.
65	고객이름을 입력받는 텍스트 입력 필드를 포함한 〈TD〉 태그입니다.
66	두 번째 행을 닫는 〈/TR〉 태그입니다.
67	세 번째 행을 시작하는 〈TR〉 태그입니다.
68	'고객나이' 헤더 셀을 나타내는 〈TH〉 태그입니다.
69	고객나이를 입력받는 number 입력 필드와 '세'를 표시하는 〈TD〉 태그입니다.
70	세 번째 행을 닫는 〈/TR〉 태그입니다.
71	네 번째 행을 시작하는 〈TR〉 태그입니다.
72	'자유이용권' 헤더 셀을 나타내는 〈TH〉 태그입니다.
73	데이터 셀을 시작하는 〈TD〉 태그입니다.
74	자유이용권 '있음' 선택지를 정의하는 radio 입력 필드입니다.
75	자유이용권 '없음' 선택지를 정의하는 radio 입력 필드입니다.
76	자유이용권 데이터 셀을 닫는 〈/TD〉 태그입니다.
77	네 번째 행을 닫는 〈/TR〉 태그입니다.
78	버튼 영역을 위한 다섯 번째 행을 시작하는 〈TR〉 태그입니다.
79	가운데 정렬 및 colspan을 설정하는 버튼 셀(〈TD〉)입니다.
80	폼 데이터를 제출하는 '등록' 버튼을 정의하는 〈INPUT type="submit"〉 태그입니다.
81	고객 목록으로 이동하는 '조회' 버튼을 정의하는 〈INPUT type="button"〉 태그입니다.
82	버튼 셀을 닫는 〈/TD〉 태그입니다.
83	다섯 번째 행을 닫는 〈/TR〉 태그입니다.
84	입력용 테이블을 닫는 〈/TABLE〉 태그입니다.
85	고객 등록 폼을 닫는 〈/FORM〉 태그입니다.
86	주요 콘텐츠 영역을 닫는 〈/SECTION〉 태그입니다.
87	래퍼 컨테이너를 닫는 〈/DIV〉 태그입니다.
88	문서 본문 영역을 닫는 〈/BODY〉 태그입니다.
89	HTML 문서 전체를 닫는 〈/HTML〉 태그입니다.

(나) 코드 세부 설명 : 기존 등록페이지와 다른 점이 특별하게 없다.

① 결과 페이지 확인 : 정렬, 제목, 데이터 모두 일치하는지 꼼꼼하게 확인한다.

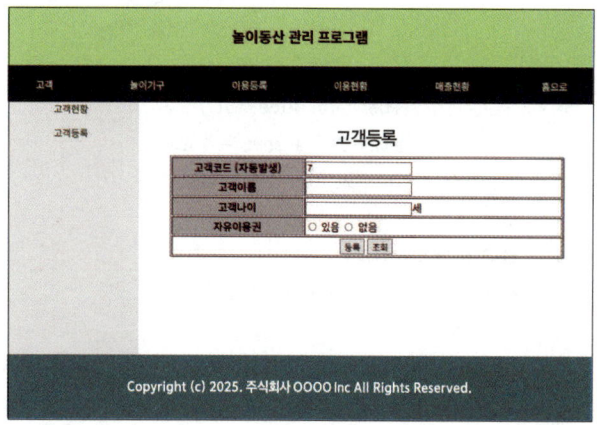

(6) 소스 코드 : 놀이기구 → 놀이기구 현황 페이지(ride_list.jsp)

line	소스 코드 (1/2)
1	`<%@ page   language      =        "java"`
2	`            contentType   =        "text/html; charset=UTF-8"`
3	`            pageEncoding  =        "UTF-8"                       %>`
4	`<%@ page   import        =        "java.sql.*"                  %>`
5	`<%@ page   import        =        "DBPKG.Util"                  %>`
6	
7	`<!DOCTYPE html>`
8	`<HTML>`
9	`<HEAD>`
10	`    <META charset = "UTF-8">`
11	`    <LINK rel = "stylesheet" type = "text/css" href = "style.css">`
12	`</HEAD>`
13	`<BODY>`
14	`<DIV class="inner">`
15	`<ASIDE>`
16	`   <UL>`
17	`       <LI><A href = "r_list.jsp"   target = "main_page">놀이기구 현황</A></LI>`
18	`       <LI><A href = "r_reg.jsp"    target = "main_page">놀이기구 등록</A></LI>`
19	`   </UL>`
20	`</ASIDE>`
21	`<SECTION>`
22	`<%`
23	`String sort = request.getParameter("sort");`
24	`if(sort == null) sort = "pk_ride";`
25	`request.setCharacterEncoding("UTF-8");`
26	`Connection conn = Util.getConnection();`
27	`Statement  stmt = conn.createStatement();`
28	`String sql =" SELECT tbl_r.pk_ride                  AS    놀이기구코드" +`
29	`           " ,      tbl_r.name                     AS    이름         " +`
30	`           " ,      TO_CHAR(tbl_r.price,'L999,999') AS    이용료       " +`
31	`           " ,      CASE tbl_r.grade                              " +`
32	`           "             WHEN '어린이' THEN '어린이 이상 가능'         " +`
33	`           "             WHEN '청소년'  THEN '청소년 이상 가능'         " +`
34	`           "             WHEN '성인'    THEN '성인 이상 가능'           " +`
35	`           "             ELSE '전체 가능'                              " +`
36	`           "        END                            AS    이용가능등급" +`
37	`           " FROM   tbl_ride tbl_r                               " +`
38	`           " ORDER BY " + sort + " ASC                           " ;`
39	`ResultSet rs = stmt.executeQuery(sql);`
40	`%>`
41	`<TABLE border='1'>`
42	`<CAPTION>놀이기구 현황</CAPTION>`
43	`   <TR>`
44	`       <TH width="120px"><A href="r_list.jsp?sort=pk_ride">놀이기구코드</A></TH>`
45	`       <TH width="150px"><A href="r_list.jsp?sort=name">이름</A></TH>`

(가) 코드 설명 : 각 라인의 코드 설명이다.

line	코드 설명 (1/2)
1	JSP 페이지 지시어로 스크립팅 언어를 Java로 지정합니다.
2	JSP 페이지 지시어로 콘텐츠 타입을 text/html; charset=UTF-8로 설정합니다.
3	JSP 페이지 지시어로 페이지 인코딩을 UTF-8로 지정합니다.
4	JSP 페이지 지시어로 java.sql 패키지를 import합니다.
5	JSP 페이지 지시어로 DBPKG.Util 클래스를 import합니다.
6	빈 줄입니다.
7	HTML5 문서 유형을 선언하는 DOCTYPE을 지정합니다.
8	HTML 문서의 루트 〈HTML〉 태그를 엽니다.
9	문서 헤더 영역을 시작하는 〈HEAD〉 태그를 엽니다.
10	문자 인코딩을 UTF-8로 지정하는 〈META〉 태그입니다.
11	외부 스타일시트(style.css)를 연결하는 〈LINK〉 태그입니다.
12	헤더 영역을 종료하는 〈/HEAD〉 태그입니다.
13	본문 영역을 시작하는 〈BODY〉 태그를 엽니다.
14	내부 레이아웃용 class="inner"인 〈DIV〉 태그를 엽니다.
15	사이드바 영역을 나타내는 〈ASIDE〉 태그를 엽니다.
16	메뉴 목록을 시작하는 〈UL〉 태그를 엽니다.
17	'놀이기구 현황' 페이지로 이동하는 링크를 포함한 〈LI〉 요소입니다.
18	'놀이기구 등록' 페이지로 이동하는 링크를 포함한 〈LI〉 요소입니다.
19	메뉴 목록을 종료하는 〈/UL〉 태그입니다.
20	사이드바 영역을 종료하는 〈/ASIDE〉 태그입니다.
21	주요 콘텐츠 영역을 시작하는 〈SECTION〉 태그를 엽니다.
22	Java 코드 삽입을 위한 JSP 스크립틀릿(〈%)을 시작합니다.
23	요청 파라미터 sort 값을 String sort 변수에 저장합니다.
24	sort 값이 null이면 기본값으로 "pk_ride"를 설정합니다.
25	요청 인코딩을 UTF-8로 설정합니다.
26	Util.getConnection()을 호출해 데이터베이스 연결 객체를 생성합니다.
27	생성한 연결로부터 Statement 객체를 생성합니다.
28	SQL 문자열의 SELECT 절 시작 부분으로 '놀이기구코드', '이름', '이용료', '이용가능등급'을 조회할 준비를 합니다.
29	SQL 구문에 이름 컬럼을 AS '이름'으로 지정합니다.
30	SQL 구문에 price 컬럼을 포맷팅해 AS '이용료'로 지정합니다.
31	grade 컬럼을 CASE 구문으로 처리하기 위한 부분을 시작합니다.
32	WHEN '어린이' THEN '어린이 이상 가능'으로 매핑합니다.
33	WHEN '청소년' THEN '청소년 이상 가능'으로 매핑합니다.
34	WHEN '성인' THEN '성인 이상 가능'으로 매핑합니다.
35	ELSE '전체 가능'으로 매핑합니다.
36	CASE 구문 결과를 AS '이용가능등급'으로 지정합니다.
37	FROM tbl_ride 절을 지정합니다.
38	ORDER BY 절에 sort 변수와 ASC를 적용합니다.
39	완성된 SQL을 executeQuery()로 실행해 ResultSet rs를 얻습니다.
40	JSP 스크립틀릿(%〉)을 종료합니다.
41	테이블을 표시하는 〈TABLE border='1'〉 태그를 엽니다.
42	표 제목으로 '놀이기구 현황'을 표시하는 〈CAPTION〉 태그입니다.
43	테이블 헤더 행을 시작하는 〈TR〉 태그입니다.
44	'놀이기구코드' 헤더를 링크와 함께 표시하는 〈TH〉 태그입니다.
45	'이름' 헤더를 링크와 함께 표시하는 〈TH〉 태그입니다.

소스 코드 (2/2)

line	
46	`            <TH width="100px"><A href="r_list.jsp?sort=price">이용료</A></TH>`
47	`            <TH width="200px"><A href="r_list.jsp?sort=grade">이용가능등급</A></TH>`
48	`        </TR>`
49	`<% while(rs.next()){ %>`
50	`        <TR>`
51	`            <TD align="center"><%=rs.getString("놀이기구코드") %></TD>`
52	`            <TD align="center"><%=rs.getString("이름") %></TD>`
53	`            <TD align="right" ><%=rs.getString("이용료") %>원</TD>`
54	`            <TD align="left"  ><%=rs.getString("이용가능등급") %></TD>`
55	`        </TR>`
56	`<% } %>`
57	`</TABLE>`
58	`</SECTION>`
59	`</DIV>`
60	`</BODY>`
61	`</HTML>`

코드 설명 (2/2)

line	
46	'이용료' 헤더를 링크와 함께 표시하는 〈TH〉 태그입니다.
47	'이용가능등급' 헤더를 링크와 함께 표시하는 〈TH〉 태그입니다.
48	헤더 행을 닫는 〈/TR〉 태그입니다.
49	while(rs.next()) 루프를 시작해 조회된 각 행을 처리합니다.
50	데이터 행을 시작하는 〈TR〉 태그입니다.
51	놀이기구코드를 가운데 정렬해 출력하는 〈TD〉 태그입니다.
52	이름을 가운데 정렬해 출력하는 〈TD〉 태그입니다.
53	이용료를 오른쪽 정렬로 출력하고 '원'을 붙이는 〈TD〉 태그입니다.
54	이용가능등급을 왼쪽 정렬해 출력하는 〈TD〉 태그입니다.
55	데이터 행을 닫는 〈/TR〉 태그입니다.
56	while 루프 스크립틀릿(%〉)을 종료합니다.
57	테이블을 닫는 〈/TABLE〉 태그입니다.
58	콘텐츠 영역을 종료하는 〈/SECTION〉 태그입니다.
59	내부 레이아웃 DIV를 닫는 〈/DIV〉 태그입니다.
60	본문 영역을 닫는 〈/BODY〉 태그입니다.
61	HTML 문서를 닫는 〈/HTML〉 태그입니다.

(나) 코드 세부 설명 : 고객 현황페이지와 거의 동일한 기능을 수행한다. 저장 테이블이 놀이기구 테이블이고, 데이터 구조의 차이만 있다.

① 결과 페이지 확인 : 정렬, 제목, 데이터 모두 일치하는지 꼼꼼하게 확인한다.

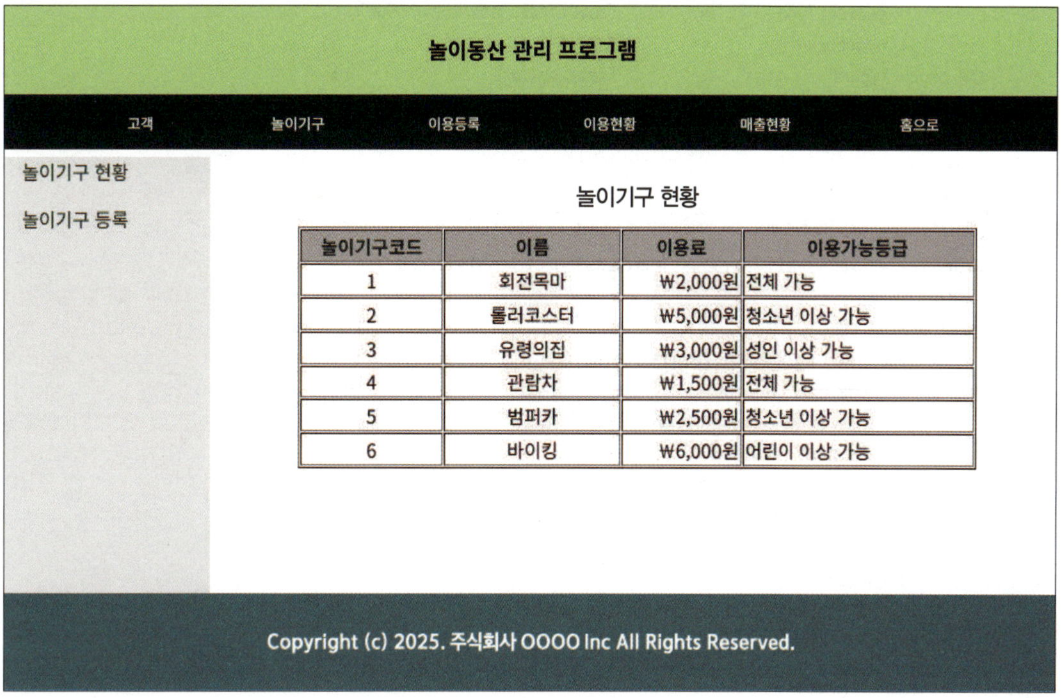

놀이동산 관리 프로그램

고객 | 놀이기구 | 이용등록 | 이용현황 | 매출현황 | 홈으로

놀이기구 현황
놀이기구 등록

놀이기구 현황

놀이기구코드	이름	이용료	이용가능등급
1	회전목마	₩2,000원	전체 가능
2	롤러코스터	₩5,000원	청소년 이상 가능
3	유령의집	₩3,000원	성인 이상 가능
4	관람차	₩1,500원	전체 가능
5	범퍼카	₩2,500원	청소년 이상 가능
6	바이킹	₩6,000원	어린이 이상 가능

Copyright (c) 2025. 주식회사 OOOO Inc All Rights Reserved.

더 알아보기 — SQL에서 다양한 통화 기호 동시에 사용하기

SQL에서 다양한 통화 기호 동시에 사용하기

1. 대한민국 원화 사용

SELECT '₩' || TO_CHAR(tbl_r.price, '9,999,999') AS price_krw FROM tbl_ride;

2. 미국 달러화 사용

SELECT '$' || TO_CHAR(tbl_r.price, '9,999,999') AS price_usd FROM tbl_ride;

3. 유럽연합 유로화 사용

SELECT '€' || TO_CHAR(tbl_r.price, '9,999,999') AS price_eur FROM tbl_ride;

4. 일본 엔화 사용

SELECT '¥' || TO_CHAR(tbl_r.price, '9,999,999') AS price_eur FROM tbl_ride;

(7) 소스 코드 : 놀이기구 → 놀이기구 등록 페이지(ride_reg.jsp)

line	소스 코드 (1/2)

```jsp
1   <%@ page   language       =       "java"
2              contentType    =       "text/html; charset=UTF-8"
3              pageEncoding   =       "UTF-8"                       %>
4   <%@ page   import         =       "java.sql.*"                  %>
5   <%@ page   import         =       "DBPKG.Util"                  %>
6   <!DOCTYPE html>
7   <HTML>
8   <HEAD>
9   <META charset = "UTF-8">
10  <LINK rel = "stylesheet" type = "text/css" href = "style.css">
11  <SCRIPT>
12      function check_val(){
13          var name = document.fm.name.value;
14          if(name == ""){
15              alert("놀이기구 이름을 입력하지 않았습니다.");
16              fm.name.focus();
17              return false;
18          }
19          var price = document.fm.price.value;
20          if(price == ""){
21              alert("이용료를 입력하지 않았습니다.");
22              fm.price.focus();
23              return false;
24          }
25          if (!document.querySelector('input[name="grade"]:checked')) {
26              alert("이용가능 등급을 선택하지 않았습니다.");
27              document.getElementsByName("grade")[0].focus();
28              return false;
29          }
30          return true;
31      }
32  </SCRIPT>
33  </HEAD>
34  <%
35  request.setCharacterEncoding("UTF-8");
36  Connection conn    = Util.getConnection();
37  Statement stmt     = conn.createStatement();
38  String sql         = " SELECT     max(pk_ride)+1 AS pk_ride   " +
39                       " FROM       tbl_ride                    " ;
40  ResultSet rs       = stmt.executeQuery(sql);
41  rs.next();
42  String pk_ride     = rs.getString("pk_ride");
43  %>
44  <BODY>
45  <DIV class="inner">
46  <ASIDE>
47      <UL>
48          <LI><A href = "r_list.jsp"   target = "main_page">놀이기구 현황</A></LI>
49          <LI><A href = "r_reg.jsp"    target = "main_page">놀이기구 등록</A></LI>
50      </UL>
51  </ASIDE>
52  <SECTION>
53  <FORM name="fm" action="action.jsp" onsubmit="return check_val()">
```

(가) 코드 설명 : 각 라인의 코드 설명이다.

line	코드 설명 (1/2)
1	JSP 페이지 지시어로 스크립팅 언어를 Java로 지정합니다.
2	JSP 페이지 지시어로 콘텐츠 타입을 text/html; charset=UTF-8로 설정합니다.
3	JSP 페이지 지시어로 페이지 인코딩을 UTF-8로 지정하고 지시어를 닫습니다.
4	JSP 페이지 지시어로 java.sql 패키지를 import합니다.
5	JSP 페이지 지시어로 DBPKG.Util 클래스를 import합니다.
6	HTML5 문서 유형을 선언하는 DOCTYPE을 지정합니다.
7	HTML 문서의 루트 〈HTML〉 태그를 엽니다.
8	문서 헤더 영역을 시작하는 〈HEAD〉 태그를 엽니다.
9	문자 인코딩을 UTF-8로 지정하는 〈META〉 태그입니다.
10	외부 스타일시트(style.css)를 연결하는 〈LINK〉 태그입니다.
11	자바스크립트 코드 블록을 시작하는 〈SCRIPT〉 태그입니다.
12	폼 검증 함수 check_val() 정의를 시작합니다.
13	폼 fm의 name 입력값을 변수에 저장합니다.
14	name 값이 비어 있는지 검사하는 조건문을 시작합니다.
15	name이 비어 있으면 경고창을 띄웁니다.
16	name 입력 필드에 포커스를 설정합니다.
17	함수 실행을 중단하고 false를 반환합니다.
18	name 검사 조건문을 종료합니다.
19	폼 fm의 price 입력값을 변수에 저장합니다.
20	price 값이 비어 있는지 검사하는 조건문을 시작합니다.
21	price가 비어 있으면 경고창을 띄웁니다.
22	price 입력 필드에 포커스를 설정합니다.
23	함수 실행을 중단하고 false를 반환합니다.
24	price 검사 조건문을 종료합니다.
25	라디오 버튼(grade) 선택 여부를 확인하기 위해 변수에 저장하고 체크 여부를 확인합니다.
26	선택되지 않았으면 경고창을 띄웁니다.
27	grade 첫 번째 라디오 버튼에 포커스를 설정합니다.
28	함수 실행을 중단하고 false를 반환합니다.
29	grade 검사 조건문을 종료합니다.
30	모든 검증이 통과되면 true를 반환합니다.
31	check_val() 함수 정의를 종료합니다.
32	자바스크립트 코드 블록을 종료하는 〈/SCRIPT〉 태그입니다.
33	문서 헤더 영역을 종료하는 〈/HEAD〉 태그입니다.
34	JSP 스크립틀릿 태그(〈%)를 열어 서버사이드 코드를 삽입합니다.
35	요청 인코딩을 UTF-8로 설정합니다.
36	Util.getConnection()을 호출해 데이터베이스 연결 객체를 생성합니다.
37	연결로부터 Statement 객체를 생성합니다.
38	새 pk_ride 번호를 계산하기 위한 SQL 문자열을 작성합니다.
39	SQL의 FROM 절에서 tbl_ride 테이블을 지정합니다.
40	작성된 SQL을 실행해 ResultSet을 얻습니다.
41	결과 행이 있으면 커서를 다음 행으로 이동합니다.
42	조회된 pk_ride 값을 문자열로 가져옵니다.
43	JSP 스크립틀릿을 닫습니다.
44	문서 본문 영역을 시작하는 〈BODY〉 태그입니다.
45	내부 레이아웃용 컨테이너로 class="inner"인 〈DIV〉 태그를 엽니다.
46	사이드바 영역을 나타내는 〈ASIDE〉 태그를 엽니다.
47	메뉴 목록을 시작하는 〈UL〉 태그입니다.
48	'놀이기구 현황' 페이지로 이동하는 링크를 포함한 〈LI〉 요소입니다.
49	'놀이기구 등록' 페이지로 이동하는 링크를 포함한 〈LI〉 요소입니다.
50	메뉴 목록을 닫는 〈/UL〉 태그입니다.
51	사이드바 영역을 닫는 〈/ASIDE〉 태그입니다.
52	주요 콘텐츠 영역을 시작하는 〈SECTION〉 태그입니다.
53	check_val() 호출과 함께 action.jsp로 제출되는 〈FORM〉 태그를 엽니다.

소스 코드 (2/2)

```html
54  <INPUT type='hidden' name='mode' value='ride'>
55      <TABLE border='1'>
56      <CAPTION>놀이기구 등록</CAPTION>
57      <TR>
58          <TH width="200px" >놀이기구코드 (자동발생)</TH>
59          <TD align="left" width="400px" >
60              <INPUT type='text' name='pk_ride' value='<%=pk_ride %>' readonly >
61          </TD>
62      </TR>
63      <TR>
64          <TH>놀이기구이름</TH>
65          <TD align="left" ><INPUT type='text' name='name'></TD>
66      </TR>
67      <TR>
68          <TH>이용료</TH>
69          <TD align="left" ><INPUT type='number' name='price'></TD>
70      </TR>
71      <TR>
72          <TH>이용가능 등급</TH>
73          <TD align="left" >
74              <input type="radio" name="grade" value="전체">전체 가능<BR>
75              <input type="radio" name="grade" value="어린이">어린이 이상 가능(8살~14살)<BR>
76              <input type="radio" name="grade" value="청소년">청소년 이상 가능(15살~19살)<BR>
77              <input type="radio" name="grade" value="성인">성인 이상 가능(20살 이상)
78          </TD>
79      </TR>
80      <TR>
81          <TD align="center" colspan="2">
82              <INPUT type="submit" value="등록">
83              <INPUT type="button" value="조회" onclick="location.href='r_list.jsp'">
84          </TD>
85      </TR>
86      </TABLE>
87  </FORM>
88  </SECTION>
89  </DIV>
90  </BODY>
91  </HTML>
```

line	코드 설명 (2/2)
54	숨은 필드로 mode="ride"를 설정하는 〈INPUT type="hidden"〉 태그입니다.
55	테두리(border=1)를 가진 〈TABLE〉 태그를 엽니다.
56	테이블 제목을 '놀이기구 등록'으로 표시하는 〈CAPTION〉 태그입니다.
57	첫 번째 행을 시작하는 〈TR〉 태그입니다.
58	'놀이기구코드 (자동발생)'를 표시하는 너비 200px의 〈TH〉 태그입니다.
59	왼쪽 정렬, 너비 400px를 설정한 〈TD〉 태그를 엽니다.
60	자동생성된 pk_ride 값을 표시하는 readonly 텍스트 입력 필드입니다.
61	〈TD〉 태그를 닫습니다.
62	첫 번째 행을 닫는 〈/TR〉 태그입니다.
63	두 번째 행을 시작하는 〈TR〉 태그입니다.
64	'놀이기구이름'을 표시하는 〈TH〉 태그입니다.
65	텍스트 입력 필드를 포함한 〈TD〉 태그입니다.
66	두 번째 행을 닫는 〈/TR〉 태그입니다.
67	세 번째 행을 시작하는 〈TR〉 태그입니다.
68	'이용료'를 표시하는 〈TH〉 태그입니다.
69	숫자 입력 필드를 포함한 〈TD〉 태그입니다.
70	세 번째 행을 닫는 〈/TR〉 태그입니다.
71	네 번째 행을 시작하는 〈TR〉 태그입니다.
72	'이용가능 등급'을 표시하는 〈TH〉 태그입니다.
73	등급 선택지를 담는 〈TD〉 태그를 엽니다.
74	'전체 가능' 라디오 버튼을 정의합니다.
75	'어린이 이상 가능(8살 ~ 14살)' 라디오 버튼을 정의합니다.
76	'청소년 이상 가능(15살 ~ 19살)' 라디오 버튼을 정의합니다.
77	'성인 이상 가능(20살 이상)' 라디오 버튼을 정의합니다.
78	〈TD〉 태그를 닫습니다.
79	네 번째 행을 닫는 〈/TR〉 태그입니다.
80	버튼 영역을 위한 다섯 번째 행을 시작하는 〈TR〉 태그입니다.
81	가운데 정렬, colspan=2인 〈TD〉 태그를 엽니다.
82	폼을 제출하는 '등록' 버튼을 정의하는 〈INPUT type="submit"〉 태그입니다.
83	'조회' 버튼을 정의하고 ride_list.jsp로 이동하도록 하는 〈INPUT type="button"〉 태그입니다.
84	〈TD〉 태그를 닫습니다
85	다섯 번째 행을 닫는 〈/TR〉 태그입니다.
86	〈TABLE〉 태그를 닫습니다.
87	〈FORM〉 태그를 닫습니다.
88	〈SECTION〉 태그를 닫습니다.
89	〈DIV〉 태그를 닫습니다.
90	〈BODY〉 태그를 닫습니다.
91	〈HTML〉 태그를 닫아 문서를 종료합니다.

(나) 코드 세부 설명 : 기존 등록페이지와 다른 점이 특별하게 없습니다.

① 결과 페이지 확인 : 정렬, 제목, 데이터 모두 일치하는지 꼼꼼하게 확인합니다.

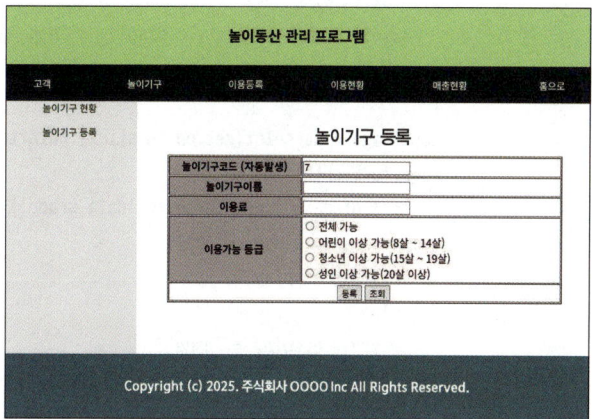

(8) 소스 코드 : 이용등록 페이지(reg.jsp)

line	소스 코드 (1/4)

```jsp
1   <%@ page language       =         "java"
2            contentType    =         "text/html; charset=UTF-8"
3            pageEncoding   =         "UTF-8"                    %>
4   <%@ page import         =         "java.sql.*"               %>
5   <%@ page import         =         "DBPKG.Util"               %>
6   <!DOCTYPE html>
7   <HTML>
8   <HEAD>
9   <META charset = "UTF-8">
10  <LINK rel = "stylesheet" type = "text/css" href = "style.css">
11  <SCRIPT>
12      function check_val(){
13          var usage_date = document.fm.usage_date.value;
14          if(usage_date == ""){
15              alert("이용일자를 선택하지 않았습니다.");
16              fm.usage_date.focus();
17              return false;
18          }
19          var fk_customer = document.fm.fk_customer.value;
20          if(fk_customer == ""){
21              alert("고객을 선택하지 않았습니다.");
22              fm.fk_customer.focus();
23              return false;
24          }
25          if (!document.querySelector('input[name="fk_ride"]:checked')) {
26              alert("놀이기구를 선택하지 않았습니다.");
27              document.getElementsByName("fk_ride")[0].focus();
28              return false;
29          }
30          return true;
31      }
32      document.addEventListener('DOMContentLoaded', updateRideList);
33       function updateRideList() {
34          const sel = document.querySelector('select[name="fk_customer"]');
35          const idx = sel.selectedIndex;
36          const rows = document.querySelectorAll('#rideTable tr[data-grade]');
37          if (idx <= 0) {
38            rows.forEach(r => r.style.display = 'none');
39            return;
40          }
41          const age = parseInt(sel.options[idx].getAttribute('data-age'), 10);
42          rows.forEach(r => {
43            const grade = r.getAttribute('data-grade').trim();
44            if (isAllowed(age, grade)) {
45              r.style.display = '';
46            } else {
47              r.style.display = 'none';
48              const radio = r.querySelector('input[type="radio"]');
49              if (radio) radio.checked = false;
```

(가) 코드 설명 : 각 라인의 코드 설명이다.

line	코드 설명 (1/4)
1	JSP 페이지 지시자로, 스크립팅 언어를 Java로 지정합니다.
2	페이지 지시자 내에서 Content-Type을 text/html; charset=UTF-8로 설정합니다.
3	페이지 인코딩을 UTF-8로 설정합니다.
4	JSP 페이지 지시자로 java.sql.* 패키지를 임포트합니다.
5	JSP 페이지 지시자로 DBPKG.Util 유틸리티 클래스를 임포트합니다.
6	HTML5 문서 타입(<!DOCTYPE html>)을 선언합니다.
7	<HTML> 루트 요소를 엽니다.
8	<HEAD> 요소를 엽니다.
9	문서의 문자 인코딩을 UTF-8로 지정하는 <meta charset="UTF-8"> 태그입니다.
10	외부 스타일시트 style.css를 링크합니다.
11	자바스크립트 블록을 시작하는 <script> 태그입니다.
12	check_val() 함수 선언을 시작합니다—폼 유효성 검사용입니다.
13	폼에서 usage_date 필드의 값을 가져옵니다.
14	usage_date 값이 빈 문자열인지 검사합니다.
15	비어 있으면 경고창으로 "이용일자를 선택하지 않았습니다."를 표시합니다.
16	usage_date 입력 필드에 포커스를 이동합니다.
17	false를 반환하여 폼 제출을 막습니다.
18	첫 번째 if 블록을 닫습니다.
19	폼에서 fk_customer(고객) 필드의 값을 가져옵니다.
20	fk_customer 값이 빈 문자열인지 검사합니다.
21	비어 있으면 경고창으로 "고객을 선택하지 않았습니다."를 표시합니다.
22	fk_customer 셀렉트 박스에 포커스를 이동합니다.
23	false를 반환하여 폼 제출을 막습니다.
24	두 번째 if 블록을 닫습니다.
25	name="fk_ride"인 라디오 버튼 중 체크된 항목이 있는지 확인합니다.
26	체크된 항목이 없으면 경고창으로 "놀이기구를 선택하지 않았습니다."를 표시합니다.
27	첫 번째 fk_ride 라디오 버튼에 포커스를 이동합니다.
28	false를 반환하여 폼 제출을 막습니다.
29	세 번째 if 블록을 닫습니다.
30	모든 검사를 통과하면 true를 반환하여 폼 제출을 허용합니다.
31	check_val() 함수 선언을 마칩니다.
32	DOMContentLoaded 이벤트 발생 시 updateRideList() 함수를 실행하도록 리스너를 등록합니다.
33	updateRideList() 함수 선언을 시작합니다—고객 나이에 따라 놀이기구 목록을 필터링합니다.
34	select[name="fk_customer"] 요소를 찾아 변수에 저장합니다.
35	현재 선택된 옵션의 인덱스를 가져옵니다.
36	#rideTable tr[data-grade] 셀렉터로 모든 놀이기구 행을 선택합니다.
37	선택된 고객이 없으면(idx <= 0):
38	모든 놀이기구 행을 숨깁니다(display none).
39	함수를 종료합니다.
40	고객 미선택 분기 종료입니다.
41	선택된 옵션의 data-age 속성에서 나이를 정수로 파싱합니다.
42	각 놀이기구 행에 대해 반복 처리합니다.
43	행의 data-grade 속성에서 등급 정보를 가져옵니다.
44	isAllowed(age, grade)로 사용 가능 여부를 판별합니다.
45	가능하면 행을 표시합니다(display "").
46	불가능하면:
47	행을 숨깁니다.
48	행 내의 라디오 버튼 요소를 찾습니다.
49	존재하면 체크 상태를 해제합니다.

```
50              }
51          });
52      }
53      function isAllowed(age, grade) {
54        switch (grade) {
55          case '전체':   return true;
56          case '어린이': return age >= 8;
57          case '청소년': return age >= 15;
58          case '성인':   return age >= 20;
59          default:       return false;
60        }
61      }
62 </SCRIPT>
63 </HEAD>
64 <%
65 request.setCharacterEncoding("UTF-8");
66 Connection conn   = Util.getConnection();
67 Statement stmt    = conn.createStatement();
68 String sql        = " SELECT        max(pk_usage)+1 AS pk_usage" +
69                     " FROM          tbl_usage                  " ;
70 ResultSet rs      = stmt.executeQuery(sql);
71 rs.next();
72 String pk_usage   = rs.getString("pk_usage");
73 %>
74 <BODY>
75 <SECTION>
76 <H4>이용등록</H4>
77 <FORM name="fm" action="action.jsp" onsubmit="return check_val()">
78 <INPUT type='hidden' name='mode' value='usage'>
79 <TABLE border='1'>
80   <TR>
81     <TH width="200px" >이용 코드(자동발생)</TH>
82     <TD align="left" width="500px" >
83        <INPUT type='text' name='pk_usage' value='<%=pk_usage %>' readonly >
84     </TD>
85 </TR>
86 <TR>
87    <TH>이용일자</TH>
88    <TD align="left" ><INPUT type='date' name='usage_date'></TD>
89 </TR>
90 <TR>
91    <TH>고객</TH>
92    <TD align="left" >
93       <SELECT name='fk_customer' onchange="updateRideList()">
94          <OPTION value=''>선택</OPTION>
95          <% sql = " SELECT        pk_customer          " +
96                   "     ,        name                 " +
97                   "     ,        age                  " +
98                   " FROM         tbl_customer         " ;
99              rs = stmt.executeQuery(sql);
```

line	코드 설명 (2/4)
50	조건문을 닫습니다.
51	놀이기구 행 반복을 마칩니다.
52	updateRideList() 함수 선언을 마칩니다.
53	isAllowed(age, grade) 함수 선언을 시작합니다—등급별 나이 허용 여부 판별.
54	switch(grade) 문을 시작합니다.
55	case '전체': 항상 true를 반환합니다.
56	case '어린이': age >= 8일 때 true를 반환합니다.
57	case '청소년': age >= 15일 때 true를 반환합니다.
58	case '성인': age >= 20일 때 true를 반환합니다.
59	default: 그 외 등급은 false를 반환합니다.
60	switch 문을 닫습니다.
61	isAllowed() 함수 선언을 마칩니다.
62	〈/script〉 태그로 자바스크립트 블록을 종료합니다.
63	〈/HEAD〉 태그로 HEAD 섹션을 닫습니다.
64	JSP 스크립틀릿(〈% ... %〉)을 열어 서버 측 코드를 작성합니다.
65	요청의 문자 인코딩을 UTF-8로 설정합니다.
66	Util.getConnection()으로 DB 연결을 획득합니다.
67	연결에서 Statement 객체를 생성합니다.
68	SQL 문자열을 정의하여 tbl_usage 테이블에서 최대 pk_usage + 1을 조회합니다.
69	SQL에 FROM tbl_usage 절을 추가합니다.
70	stmt.executeQuery(sql)로 쿼리를 실행해 ResultSet rs를 얻습니다.
71	rs.next()로 결과 집합의 첫 번째 행으로 이동합니다.
72	rs.getString("pk_usage")로 계산된 사용 코드 값을 가져옵니다.
73	JSP 스크립틀릿을 닫습니다.
74	〈BODY〉 태그로 본문을 시작합니다.
75	〈SECTION〉 태그로 구획을 시작합니다.
76	〈H4〉 태그로 "이용등록" 제목을 표시합니다.
77	〈FORM〉 요소를 열고 name="fm", action="action.jsp", onsubmit="return check_val()"을 설정합니다.
78	type="hidden"인 mode="usage" 입력 필드를 추가합니다.
79	border='1' 속성의 〈TABLE〉 요소를 열어 폼 레이아웃을 구성합니다.
80	〈TR〉로 첫 번째 테이블 행을 시작합니다.
81	〈TH width="200px"〉로 "이용 코드(자동발생)" 레이블을 표시합니다.
82	〈TD align="left" width="500px"〉로 데이터 셀을 엽니다.
83	type="text" name="pk_usage" 입력 필드에 value='〈%=pk_usage%〉' readonly 속성을 설정합니다.
84	〈/TD〉로 데이터 셀을 닫습니다.
85	〈/TR〉로 이용 코드 행을 닫습니다.
86	〈TR〉로 다음 행(이용일자)을 시작합니다.
87	〈TH〉로 "이용일자" 레이블을 표시합니다.
88	〈TD align="left"〉 내에서 type="date" name="usage_date" 입력을 추가합니다.
89	〈/TR〉로 이용일자 행을 닫습니다.
90	〈TR〉로 다음 행(고객)을 시작합니다.
91	〈TH〉로 "고객" 레이블을 표시합니다.
92	〈TD align="left"〉 내에서 고객 선택 영역을 엽니다.
93	〈SELECT name="fk_customer" onchange="updateRideList()"〉로 셀렉트 박스를 시작합니다.
94	〈OPTION value=""〉선택〈/OPTION〉으로 기본 옵션을 추가합니다.
95	JSP 스크립틀릿을 열어 고객 조회용 SQL 문자열 작성을 시작합니다.
96	SQL에 pk_customer 컬럼을 select 절에 추가합니다.
97	SQL에 name 컬럼을 추가합니다.
98	SQL에 age 컬럼을 추가합니다.
99	stmt.executeQuery(sql)로 실행합니다.

```
100                while(rs.next()){ %>
101                    <OPTION
102                      value="<%=rs.getString("pk_customer")%>"
103                      data-age="<%=rs.getString("age")%>">
104                        <%=rs.getString("name")%> (<%=rs.getString("age")%>세)
105                    </OPTION>
106                <% } %>
107            </SELECT>
108        </TD>
109    </TR>
110    <TR>
111        <TH>놀이기구</TH>
112        <TD align="left" >
113        <%
114            sql =" SELECT tbl_r.pk_ride              AS 놀이기구코드        " +
115                 " ,    tbl_r.name                  AS 이름              " +
116                 " ,    trim(tbl_r.grade)           AS grade             " +
117                 " ,    CASE tbl_r.grade                                 " +
118                 "          WHEN '어린이' THEN '어린이 이상 가능'        " +
119                 "          WHEN '청소년' THEN '청소년 이상 가능'        " +
120                 "          WHEN '성인'   THEN '성인   이상 가능'        " +
121                 "          ELSE '전체 가능'                              " +
122                 "          END                          AS 이용가능등급 " +
123                 " FROM          tbl_ride        tbl_r                  " +
124                 " ORDER BY tbl_r.pk_ride        ASC                    " ;
125            rs = stmt.executeQuery(sql);
126        %>
127        <TABLE id="rideTable">
128            <TR>
129                <TH width="150px">놀이기구코드</TH>
130                <TH width="200px">이름</TH>
131                <TH width="150px">이용가능등급</TH>
132            </TR>
133        <% while(rs.next()){ %>
134            <TR data-grade="<%=rs.getString("grade")%>">
135                <TD align="center">
136                <input type="radio" name="fk_ride" value="<%=rs.getString("놀이기구코드") %>">
137                <%=rs.getString("놀이기구코드") %>
138                </TD>
139                <TD align="center"><%=rs.getString("이름") %></TD>
140                <TD align="left"  ><%=rs.getString("이용가능등급") %></TD>
141            </TR>
142        <% } %>
143        </TABLE>
144        </TD>
145    </TR>
146    <TR>
147        <TD align="center" colspan="2">
148            <INPUT type="submit" value="등록">
149            <INPUT type="button" value="조회/" onclick="location.href='list_j.jsp'">
```

line	코드 설명 (3/4)
100	while(rs.next()) 루프를 열어 고객 레코드를 반복합니다.
101	⟨OPTION⟩ 태그를 시작합니다.
102	value="⟨%=rs.getString("pk_customer")%⟩"을 열어 옵션 요소를 시작합니다.
103	data-age="⟨%=rs.getString("age")%⟩" 속성으로 나이를 저장합니다.
104	옵션 텍스트로 이름 (나이세) 형태로 출력합니다.
105	⟨/OPTION⟩으로 옵션을 닫습니다.
106	JSP while 루프를 닫습니다.
107	⟨/SELECT⟩로 고객 셀렉트 박스를 닫습니다.
108	⟨/TD⟩로 고객 셀 데이터 셀을 닫습니다.
109	⟨/TR⟩로 고객 행을 닫습니다.
110	⟨TR⟩로 다음 행(놀이기구)을 시작합니다.
111	⟨TH⟩놀이기구⟨/TH⟩ 레이블 셀을 표시합니다.
112	⟨TD align="left"⟩ 내에서 놀이기구 목록 셀을 엽니다.
113	JSP 스크립틀릿을 열어 놀이기구 조회용 SQL 문자열을 작성합니다.
114	SQL SELECT 절에 `tbl_r.pk_ride AS 놀이기구코드`를 추가합니다.
115	SQL SELECT 절에 `tbl_r.name AS 이름`을 추가합니다.
116	SQL SELECT 절에 `TRIM(tbl_r.grade) AS grade`를 추가합니다.
117	등급(tbl_r.grade)에 대한 조건문을 시작합니다.
118	등급이 '어린이' 이면 '어린이 이상 가능'을 출력합니다.
119	등급이 '청소년' 이면 '청소년 이상 가능'을 출력합니다.
120	등급이 '성인' 이면 '성인 이상 가능'을 출력합니다.
121	나머지는 '전체가능' 출력합니다.
122	출력된 결과에 제목을 '이용가능등급'으로 합니다.
123	tbl_ride테이블을 tbl_r이라고 별칭 합니다.
124	`ORDER BY tbl_r.pk_ride ASC` 절을 추가합니다.
125	`stmt.executeQuery(sql)`로 SQL을 실행하여 `ResultSet`을 얻습니다.
126	JSP 스크립틀릿을 닫습니다.
127	`⟨TABLE id="rideTable"⟩`로 놀이기구 목록용 테이블을 생성합니다.
128	`⟨TR⟩`로 테이블 헤더 행을 시작합니다.
129	`⟨TH width="150px"⟩놀이기구코드⟨/TH⟩` 헤더 셀을 추가합니다.
130	`⟨TH width="200px"⟩이름⟨/TH⟩` 헤더 셀을 추가합니다.
131	`⟨TH width="150px"⟩이용가능등급⟨/TH⟩` 헤더 셀을 추가합니다.
132	`⟨/TR⟩`로 헤더 행을 닫습니다.
133	`⟨% while(rs.next()){ %⟩` — SQL 결과 집합을 반복 처리하기 위해 `while` 루프를 시작합니다.
134	`⟨TR data-grade="⟨%=rs.getString("grade")%⟩"⟩`로 놀이기구 행을 열고 `data-grade` 속성에 등급 정보를 저장합니다.
135	`⟨TD align="center"⟩` 내에서 라디오 버튼과 코드를 표시할 셀을 엽니다.
136	`⟨INPUT type="radio" name="fk_ride" value="⟨%=rs.getString("놀이기구코드")%⟩"⟩` 라디오 버튼을 추가합니다.
137	`⟨%=rs.getString("놀이기구코드")%⟩`로 놀이기구 코드를 표시합니다.
138	`⟨/TD⟩`로 해당 셀을 닫습니다.
139	`⟨TD align="center"⟩⟨%=rs.getString("이름")%⟩⟨/TD⟩`로 놀이기구 이름을 표시합니다.
140	`⟨TD align="left"⟩⟨%=rs.getString("이용가능등급")%⟩⟨/TD⟩`로 이용가능등급을 표시합니다.
141	`⟨/TR⟩`로 놀이기구 행을 닫습니다.
142	`⟨% } %⟩` — `While` 루프를 닫습니다.
143	`⟨/TABLE⟩`로 놀이기구 목록 테이블을 닫습니다.
144	`⟨/TD⟩`로 놀이기구 데이터 셀을 닫습니다.
145	`⟨/TR⟩`로 놀이기구 행을 닫습니다.
146	`⟨TR⟩`로 제출 버튼 행을 시작합니다.
147	`⟨TD align="center" colspan="2"⟩`로 두 칼럼을 합친 버튼 영역 셀을 엽니다.
148	`⟨INPUT type="submit" value="등록"⟩` 등록 버튼을 추가합니다.
149	`⟨INPUT type="button" value="조회" onclick="location.href='list_j.jsp'"⟩` 조회 버튼을 추가합니다.

line	소스 코드 (4/4)
150	`</TD>`
151	`</TR>`
152	`</TABLE>`
153	`</FORM>`
154	`</SECTION>`
155	`</BODY>`
156	`</HTML>`

line	코드 설명 (4/4)
150	'`</TD>`'로 버튼 영역 셀을 닫습니다.
151	'`</TR>`'로 버튼 행을 닫습니다.
152	'`</TABLE>`'로 외부 폼 테이블을 닫습니다.
153	'`</FORM>`'으로 폼 요소를 닫습니다.
154	'`</SECTION>`'으로 구획을 닫습니다.
155	'`</BODY>`'로 문서 본문을 닫습니다.
156	'`</HTML>`'으로 HTML 문서를 종료합니다.

(나) 코드 세부 설명

① 이 실기 문제의 클라이언트 사이드 스크립트 부분(CSS) 중 가장 어려운 부분이다.

② 고객을 선택하면 고객의 나이를 검색해서 나이에 맞는 등급의 놀이기구를 선택할 수 있도록 제공되는 소스이다.

㉮ 셀렉트 박스로 고객을 선택할 시(onchange) updateRideList( ) 함수를 실행한다.

```
<SELECT name='fk_customer' onchange="updateRideList()">
```

㉯ updateRideList( ) 함수는 놀이기구 리스트를 하나도 안 보여 주었다가, 셀렉트 박스에서 고객이 선택되면 고객의 정보에서 나이를 가져와서 등급을 산출한 후 해당하는 놀이기구를 찾는다.

```
function updateRideList() {
    if (고객 선택 정보가 없으면) {
        놀이기구 리스트를 출력하지 않는다.
    }
        if (나이가 등급 나이 이상이면) {
            놀이기구 정보 보이기
        } else {
            놀이기구 정보 안보이기
        }
    });
}
function isAllowed(나이, 등급) {
    switch (등급) {
        나이에 따라 어린이, 청소년, 성인 구분하는 소스
    }
}
```

㉰ 함수에서 선정한 등급에 맞는 놀이기구를 선택할 수 있도록 보여준다.

`<TR data-grade="<%=rs.getString("grade")%>">놀이기구 정보</TR>`

㉱ 두 값이 모두 입력되어야 하므로 둘 중 하나라도 값이 없으면 경고문을 표시하고, return false; 반환한다. 모두 값이 있으면, return true;를 반환하고, 다른 유효성 검사를 수행한다.

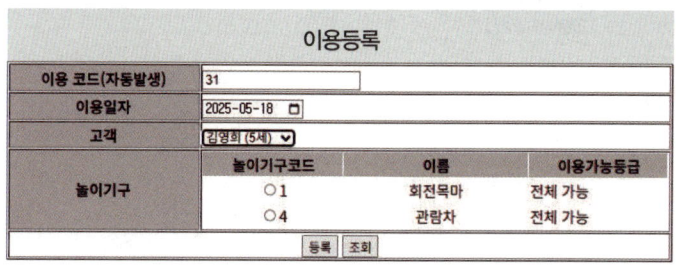

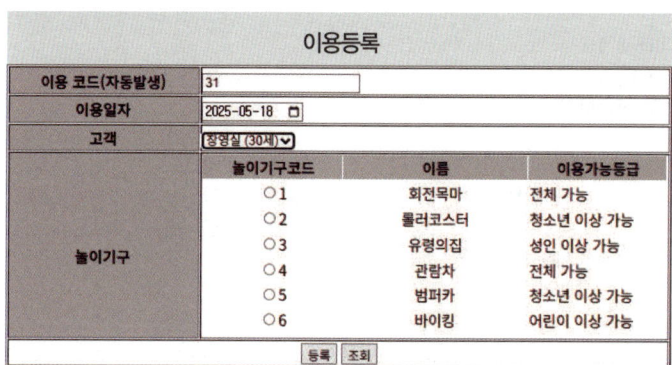

⑦ 결과 페이지 확인 : 정렬, 제목, 데이터 모두 일치하는지 꼼꼼하게 확인한다.

(9) 소스 코드 : 이용현황 페이지(list_j.jsp)

line	소스 코드 (1/2)

```jsp
1   <%@ page language      =       "java"
2           contentType    =       "text/html; charset=UTF-8"
3           pageEncoding   =       "UTF-8"                     %>
4   <%@ page import        =       "java.sql.*"                %>
5   <%@ page import        =       "DBPKG.Util"                %>
6   <!DOCTYPE html>
7   <HTML>
8   <HEAD>
9       <META charset = "UTF-8">
10      <LINK rel = "stylesheet" type = "text/css" href = "style.css">
11  </HEAD>
12  <BODY>
13  <SECTION>
14  <%
15  request.setCharacterEncoding("UTF-8");
16  Connection conn = Util.getConnection();
17  Statement  stmt = conn.createStatement();
18  String sql =
19  "  SELECT    tbl_u.pk_usage                              AS 이용내역코드  " +
20  "  ,         TO_CHAR(tbl_u.usage_date,'YYYY-MM-DD')      AS 이용일자     " +
21  "  ,         tbl_r.name                                  AS 놀이기구이름 " +
22  "  ,         TO_CHAR(tbl_r.price,'L999,999') || '원'      AS 이용료      " +
23  "  ,         TO_CHAR(CASE                                              " +
24  "              WHEN tbl_c.free_pass = 'Y'      THEN 0                  " +
25  "              WHEN tbl_c.age < 15             THEN ROUND(tbl_r.price * 0.5) " +
26  "              WHEN tbl_c.age BETWEEN 15 AND 19 THEN ROUND(tbl_r.price * 0.8) " +
27  "              ELSE tbl_r.price                                        " +
28  "            END,'L999,999') || '원'            AS 지불비용             " +
29  "  ,         tbl_c.name                                  AS 고객이름    " +
30  "  ,         CASE tbl_c.free_pass                                      " +
31  "              WHEN 'Y' THEN '있음'                                     " +
32  "              ELSE '--'                                               " +
33  "            END                                         AS 자유이용권  " +
34  "  FROM      tbl_usage     tbl_u                                       " +
35  "  LEFT JOIN tbl_ride      tbl_r on tbl_u.fk_ride     = tbl_r.pk_ride  " +
36  "  LEFT JOIN tbl_customer  tbl_c on tbl_u.fk_customer = tbl_c.pk_customer " +
37  "  ORDER BY tbl_u.pk_usage ASC                                         " ;
38  ResultSet rs = stmt.executeQuery(sql);
39  %>
40  <TABLE border='1'>
41  <CAPTION>이용현황</CAPTION>
42  <TR>
43      <TH width="100px">이용내역코드</TH>
44      <TH width="150px">이용일자</TH>
45      <TH width="100px">놀이기구이름</TH>
46      <TH width="100px">이용료</TH>
47      <TH width="100px">지불비용</TH>
48      <TH width="100px">고객이름</TH>
49      <TH width="100px">자유이용권</TH>
50      <TH width="50px">삭제</TH>
51  </TR>
52  <% while(rs.next()){ %>
53  <TR>
54      <TD align="center"><%=rs.getString("이용내역코드") %></TD>
55      <TD align="center"><%=rs.getString("이용일자") %></TD>
```

(가) 코드 설명 : 각 라인의 코드 설명이다.

line	코드 설명 (1/2)
1	이 페이지에서 사용할 스크립팅 언어(서버 사이드 코드)를 Java로 지정하는 설정입니다.
2	응답 콘텐츠 타입을 text/html; charset=UTF-8로 지정하는 설정입니다.
3	이 JSP 페이지의 내부 페이지 인코딩을 UTF-8로 지정하는 설정입니다.
4	JDBC API 사용을 위해 java.sql.* 패키지를 임포트하는 설정입니다.
5	데이터베이스 연결 유틸리티 클래스인 DBPKG.Util을 임포트하는 설정입니다.
6	문서 형식을 HTML5로 선언하는 DOCTYPE 선언입니다.
7	HTML 문서의 루트 요소를 여는 설정입니다.
8	메타정보 영역을 시작하기 위해 HEAD 섹션을 여는 설정입니다.
9	문서의 문자 인코딩을 UTF-8로 지정하는 메타 태그입니다.
10	외부 스타일시트(style.css)를 연결하여 CSS 스타일을 적용하는 설정입니다.
11	HEAD 섹션을 닫아 메타정보 구성을 종료하는 설정입니다.
12	본문 콘텐츠 영역을 시작하기 위해 BODY 섹션을 여는 설정입니다.
13	주요 콘텐츠를 담기 위한 SECTION 요소를 여는 설정입니다.
14	JSP 스크립틀릿을 시작하기 위해 자바 코드 블록을 여는 설정입니다.
15	요청 파라미터의 문자 인코딩을 UTF-8로 설정하여 한글 처리를 보장하는 코드입니다.
16	DBPKG.Util.getConnection() 호출로 데이터베이스 연결 객체를 획득하는 코드입니다.
17	획득한 연결에서 SQL 실행용 Statement 객체를 생성하는 코드입니다.
18	SQL 문자열 정의를 시작합니다.
19	pk_usage를 '이용내역코드'로 조회하도록 지정하는 부분입니다.
20	usage_date를 YYYY-MM-DD 형식으로 변환해 '이용일자'로 조회하도록 지정하는 부분입니다.
21	테이블에서 놀이기구 이름을 '이용기구이름'으로 조회하도록 지정하는 부분입니다.
22	가격을 'L999,999' 형식으로 포맷하고 '원'을 붙여 '이용료'로 조회하는 부분입니다.
23	지불비용 계산을 위해 CASE 절을 시작하는 부분입니다.
24	무료 이용권 회원인 경우 지불비용을 0으로 처리하도록 지정하는 부분입니다.
25	15세 미만 고객에게 가격의 50%를 지불비용으로 계산하도록 지정하는 부분입니다.
26	15~19세 고객에게 가격의 80%를 지불비용으로 계산하도록 지정하는 부분입니다.
27	그 외 고객에게는 원가를 지불비용으로 처리하도록 지정하는 부분입니다.
28	CASE 문을 닫고 결과를 'L999,999' 형식으로 포맷해 '지불비용'으로 지정하는 부분입니다.
29	고객 이름을 '고객이름'으로 조회하도록 지정하는 부분입니다.
30	자유이용권 여부 표시를 위해 두 번째 CASE 절을 시작하는 부분입니다.
31	free_pass가 'Y'인 경우 '있음'을 반환하도록 지정하는 부분입니다.
32	free_pass가 아닌 경우 '―'을 반환하도록 지정하는 부분입니다.
33	CASE 문을 닫고 결과를 '자유이용권'으로 지정하는 부분입니다.
34	기본 테이블로 tbl_usage(tbl_u)를 지정하는 부분입니다.
35	tbl_ride를 fk_ride 기준으로 LEFT JOIN해 놀이기구 정보를 연결하는 부분입니다.
36	tbl_customer를 fk_customer 기준으로 LEFT JOIN해 고객 정보를 연결하는 부분입니다.
37	조회 결과를 이용내역코드 기준으로 오름차순 정렬하도록 지정하는 부분입니다.
38	정의된 SQL을 실행해 ResultSet 객체(rs)에 결과를 저장하는 코드입니다.
39	JSP 스크립틀릿을 닫아 자바 코드 블록을 종료하는 설정입니다.
40	결과 표시용 HTML 테이블을 테두리 1로 생성하도록 지정하는 부분입니다.
41	테이블 상단에 '이용현황' 제목을 표시하는 설정입니다.
42	테이블의 헤더 행을 시작하기 위해 TR 요소를 여는 설정입니다.
43	'이용내역코드' 헤더 셀을 너비 100px로 지정하는 설정입니다.
44	'이용일자' 헤더 셀을 너비 150px로 지정하는 설정입니다.
45	'놀이기구이름' 헤더 셀을 너비 100px로 지정하는 설정입니다.
46	'이용료' 헤더 셀을 너비 100px로 지정하는 설정입니다.
47	'지불비용' 헤더 셀을 너비 100px로 지정하는 설정입니다.
48	'고객이름' 헤더 셀을 너비 100px로 지정하는 설정입니다.
49	'자유이용권' 헤더 셀을 너비 100px로 지정하는 설정입니다.
50	'삭제' 헤더 셀을 너비 50px로 지정하는 설정입니다.
51	헤더 행 구성을 완료하기 위해 TR 요소를 닫는 설정입니다.
52	ResultSet의 각 행을 반복 처리하기 위해 JSP while 루프를 시작하는 설정입니다.
53	데이터 행 표시를 위해 TR 요소를 여는 설정입니다.
54	가운데 정렬된 셀에 '이용내역코드' SQL 결과를 표시하는 설정입니다.
55	가운데 정렬된 셀에 '이용일자' SQL 결과를 표시하는 설정입니다.

line	소스 코드 (2/2)
56	`<TD align="left"   ><%=rs.getString("놀이기구이름") %></TD>`
57	`<TD align="right"  ><%=rs.getString("이용료") %></TD>`
58	`<TD align="right"  ><%=rs.getString("지불비용") %></TD>`
59	`<TD align="center"><%=rs.getString("고객이름") %></TD>`
60	`<TD align="center"><%=rs.getString("자유이용권") %></TD>`
61	`<TD align="center">`
62	`<A href = "action.jsp?mode=del&pk=<%=rs.getString("이용내역코드") %>">[삭제]</A>`
63	`</TD>`
64	`</TR>`
65	`<% } %>`
66	`</TABLE>`
67	`</SECTION>`
68	`</BODY>`
69	`</HTML>`

line	코드 설명 (2/2)
56	왼쪽 정렬된 셀에 '놀이기구이름' SQL 결과를 표시하는 설정입니다.
57	오른쪽 정렬된 셀에 '이용료' SQL 결과를 표시하는 설정입니다.
58	오른쪽 정렬된 셀에 '지불비용' SQL 결과를 표시하는 설정입니다.
59	가운데 정렬된 셀에 '고객이름' SQL 결과를 표시하는 설정입니다.
60	가운데 정렬된 셀에 '자유이용권' SQL 결과를 표시하는 설정입니다.
61	가운데 정렬된 셀을 시작합니다.
62	삭제 링크를 추가해 레코드 삭제를 가능하게 하는 설정입니다.
63	가운데 정렬된 셀을 종료합니다.
64	데이터 행 표시 후 TR 요소를 닫아 행 구성을 완료하는 설정입니다.
65	JSP while 루프를 닫아 반복 처리를 종료하는 설정입니다.
66	HTML 테이블 요소를 닫아 결과 섹션을 마감하는 설정입니다.
67	SECTION 요소를 닫아 주요 콘텐츠 영역을 종료하는 설정입니다.
68	BODY 요소를 닫아 본문 영역을 종료하는 설정입니다.
69	HTML 요소를 닫아 문서 구조를 종료하는 설정입니다.

(나) 코드 세부 설명

① 이용료의 지불비용을 결정하는 데 나이를 이용하여 할인율을 결정한다.

```
TO_CHAR(CASE
    WHEN tbl_c.free_pass = 'Y'          THEN 0
    WHEN tbl_c.age < 15                 THEN ROUND(tbl_r.price * 0.5)
    WHEN tbl_c.age BETWEEN 15 AND 19 THEN ROUND(tbl_r.price * 0.8)
    ELSE tbl_r.price
END,'L999,999') || '원'                  AS 지불비용
```

㉮ 자유이용권이 있으면(free_pass = 'Y') 이용료를 받지 않아서 0원이다.

㉯ 15세 미만이면 정가 요금에서 50% 할인이 적용된다.

㉰ 15세 이상 20세 미만이면 20% 할인이 적용된다.

㉱ 20세 이상이면 정상 가격이 적용된다.

② 만약 자유이용권이 있으면(free_pass = 'Y') '있음'이라고 표기한다.

```
CASE tbl_c.free_pass
    WHEN 'Y' THEN '있음'
    ELSE '--'
END                                                    AS 자유이용권
```

③ [삭제] 기능을 추가하여 해당 데이터에서 삭제된다.
　㉮ 삭제를 원하는 데이터 왼쪽에 [삭제] 버튼을 클릭한다.
　㉯ action.jsp로 페이지가 이동된다.
　㉰ get 변수 모드(mode)의 값이 'del'로 키(pk)의 값이 현재 데이터의 킷값(rs.getString("이용내역코드"))으로 전송된다.

```
<TD align="center">
    <A href = "action.jsp?mode=del&pk=<%=rs.getString("이용내역코드") %>">[삭제]</A>
</TD>
```

④ 결과 페이지 확인 : 정렬, 제목, 데이터 모두 일치하는지 꼼꼼하게 확인한다.

놀이동산 관리 프로그램

고객　놀이기구　이용등록　이용현황　매출현황　홈으로

이용현황

이용내역코드	이용일자	놀이기구이름	이용료	지불비용	고객이름	자유이용권	삭제
1	2025-05-01	회전목마	₩2,000원	₩1,000원	김영희	--	[삭제]
2	2025-05-01	롤러코스터	₩5,000원	₩2,500원	이철수	--	[삭제]
3	2025-05-01	유령의집	₩3,000원	₩1,500원	김영희	--	[삭제]
4	2025-05-01	회전목마	₩2,000원	₩1,600원	흥부	--	[삭제]
5	2025-05-01	관람차	₩1,500원	₩0원	홍길동	있음	[삭제]
6	2025-05-02	롤러코스터	₩5,000원	₩2,500원	김영희	--	[삭제]
7	2025-05-02	범퍼카	₩2,500원	₩0원	놀부	있음	[삭제]
8	2025-05-02	회전목마	₩2,000원	₩1,000원	이철수	--	[삭제]
9	2025-05-02	유령의집	₩3,000원	₩3,000원	장영실	--	[삭제]
10	2025-05-02	롤러코스터	₩5,000원	₩4,000원	흥부	--	[삭제]
11	2025-05-03	회전목마	₩2,000원	₩0원	놀부	있음	[삭제]
12	2025-05-03	범퍼카	₩2,500원	₩1,250원	김영희	--	[삭제]
13	2025-05-03	유령의집	₩3,000원	₩1,500원	이철수	--	[삭제]
14	2025-05-03	롤러코스터	₩5,000원	₩0원	홍길동	있음	[삭제]
15	2025-05-03	관람차	₩1,500원	₩1,500원	장영실	--	[삭제]
16	2025-05-04	관람차	₩1,500원	₩1,200원	흥부	--	[삭제]
17	2025-05-04	롤러코스터	₩5,000원	₩0원	놀부	있음	[삭제]
18	2025-05-04	회전목마	₩2,000원	₩1,000원	김영희	--	[삭제]
19	2025-05-04	범퍼카	₩2,500원	₩2,500원	장영실	--	[삭제]
20	2025-05-04	회전목마	₩2,000원	₩0원	홍길동	있음	[삭제]
21	2025-05-05	관람차	₩1,500원	₩750원	이철수	--	[삭제]
22	2025-05-05	유령의집	₩3,000원	₩0원	놀부	있음	[삭제]
23	2025-05-05	범퍼카	₩2,500원	₩2,000원	흥부	--	[삭제]
24	2025-05-05	회전목마	₩2,000원	₩2,000원	장영실	--	[삭제]
25	2025-05-05	유령의집	₩3,000원	₩0원	홍길동	있음	[삭제]
26	2025-05-06	범퍼카	₩2,500원	₩1,250원	이철수	--	[삭제]
27	2025-05-06	관람차	₩1,500원	₩0원	놀부	--	[삭제]
28	2025-05-06	롤러코스터	₩5,000원	₩5,000원	장영실	--	[삭제]
29	2025-05-06	회전목마	₩2,000원	₩1,600원	흥부	--	[삭제]
30	2025-05-06	관람차	₩1,500원	₩750원	김영희	--	[삭제]
31	2025-05-18	회전목마	₩2,000원	₩0원	한석봉	있음	[삭제]

Copyright (c) 2025. 주식회사 OOOO Inc All Rights Reserved.

(10) 소스 코드 : 액션 페이지(action.jsp)

line	소스 코드 (1/2)

```jsp
1   <%@ page language       =       "java"
2            contentType    =       "text/html; charset=UTF-8"
3            pageEncoding   =       "UTF-8"                          %>
4   <%@ page import         =       "java.sql.*"                     %>
5   <%@ page import         =       "DBPKG.Util"                     %>
6   <%
7   request.setCharacterEncoding("UTF-8");
8   Connection conn   = Util.getConnection();
9   Statement stmt    = conn.createStatement();
10  String mode       = request.getParameter("mode");
11  String sql        = "";
12  String url        = "";
13  if (mode.equals("customer")) {
14          String pk_customer = request.getParameter("pk_customer");
15          String name        = request.getParameter("name");
16          String age         = request.getParameter("age");
17          String free_pass   = request.getParameter("free_pass");
18          sql = " INSERT INTO tbl_customer VALUES( '"   + pk_customer   +"'" +
19               "                               ,'"   + name           +"'" +
20               "                               ,'"   + age            +"'" +
21               "                               ,'"   + free_pass      +"')" ;
22          url="c_list";
23  }else if (mode.equals("ride")) {
24          String pk_ride        = request.getParameter("pk_ride");
25          String name           = request.getParameter("name");
26          String price          = request.getParameter("price");
27          String grade          = request.getParameter("grade");
28          sql = " INSERT INTO tbl_ride VALUES( '"      + pk_ride       +"'" +
29               "                           ,'"      + name           +"'" +
30               "                           ,'"      + price          +"'" +
31               "                           ,'"      + grade          +"')" ;
32          url="r_list";
33  }else if (mode.equals("usage")) {
34          String pk_usage       = request.getParameter("pk_usage");
35          String usage_date     = request.getParameter("usage_date");
36          String fk_customer    = request.getParameter("fk_customer");
37          String fk_ride        = request.getParameter("fk_ride");
38          sql = " INSERT INTO tbl_usage VALUES( '"     + pk_usage      +"'" +
39               "                            ,'"     + usage_date     +"'" +
40               "                            ,'"     + fk_customer    +"'" +
41               "                            ,'"     + fk_ride        +"')" ;
42          url="u_list_j";
43  }else if (mode.equals("del")) {
44          String pk             = request.getParameter("pk");
45          sql = " DELETE FROM tbl_usage WHERE pk_usage='"+pk+"' " ;
```

(가) 코드 설명 : 각 라인의 코드 설명이다.

line	코드 설명 (1/2)
1	JSP 페이지 지시자로 스크립팅 언어를 Java로 지정합니다.
2	페이지 지시자 내에서 Content-Type을 text/html; charset=UTF-8로 설정합니다.
3	페이지 지시자 내에서 pageEncoding을 UTF-8로 설정합니다.
4	JSP 페이지 지시자로 java.sql 패키지를 임포트합니다.
5	JSP 페이지 지시자로 DBPKG.Util 유틸리티 클래스를 임포트합니다.
6	JSP 스크립틀릿을 시작합니다.
7	요청의 문자 인코딩을 UTF-8로 설정합니다.
8	Util.getConnection()으로 데이터베이스 연결을 획득합니다.
9	생성된 연결에서 Statement 객체를 생성합니다.
10	request.getParameter("mode")로 mode 파라미터 값을 가져와 변수에 저장합니다.
11	SQL 실행을 위한 sql 변수를 빈 문자열로 초기화합니다.
12	리다이렉트할 URL을 저장할 url 변수를 빈 문자열로 초기화합니다.
13	mode가 "customer"인 경우 분기문을 시작합니다.
14	request.getParameter("pk_customer")로 고객 PK를 가져옵니다.
15	request.getParameter("name")로 고객 이름을 가져옵니다.
16	request.getParameter("age")로 고객 나이를 가져옵니다.
17	request.getParameter("free_pass")로 자유이용권 여부를 가져옵니다.
18	tbl_customer 테이블에 삽입할 INSERT SQL 문자열을 시작 설정합니다.
19	INSERT SQL에 이름(name) 값을 결합합니다.
20	INSERT SQL에 나이(age) 값을 결합합니다.
21	INSERT SQL에 free_pass 값을 결합하여 완성합니다.
22	삽입 후 이동할 URL을 customer_list로 설정합니다.
23	mode가 "ride"인 경우 분기문을 시작합니다.
24	request.getParameter("pk_ride")로 놀이기구 PK를 가져옵니다.
25	request.getParameter("name")로 놀이기구 이름을 가져옵니다.
26	request.getParameter("price")로 가격을 가져옵니다.
27	request.getParameter("grade")로 등급을 가져옵니다.
28	tbl_ride 테이블에 삽입할 INSERT SQL 문자열을 시작 설정합니다.
29	INSERT SQL에 이름(name) 값을 결합합니다.
30	INSERT SQL에 가격(price) 값을 결합합니다.
31	INSERT SQL에 등급(grade) 값을 결합하여 완성합니다.
32	삽입 후 이동할 URL을 ride_list로 설정합니다.
33	mode가 "usage"인 경우 분기문을 시작합니다.
34	request.getParameter("pk_usage")로 사용 PK를 가져옵니다.
35	request.getParameter("usage_date")로 이용일자를 가져옵니다.
36	request.getParameter("fk_customer")로 고객 FK를 가져옵니다.
37	request.getParameter("fk_ride")로 놀이기구 FK를 가져옵니다.
38	tbl_usage 테이블에 삽입할 INSERT SQL 문자열을 시작 설정합니다.
39	INSERT SQL에 이용일자(usage_date) 값을 결합합니다.
40	INSERT SQL에 고객 FK(fk_customer) 값을 결합합니다.
41	INSERT SQL에 놀이기구 FK(fk_ride) 값을 결합하여 완성합니다.
42	삽입 후 이동할 URL을 list_j로 설정합니다.
43	mode가 "del"인 경우 분기문을 시작합니다.
44	request.getParameter("pk")로 삭제할 사용 PK를 가져옵니다.
45	tbl_usage 테이블에서 해당 PK를 삭제하는 DELETE SQL을 생성합니다.

line	소스 코드 (2/2)
46	url="u_list_j";
47	}
48	ResultSet rs = stmt.executeQuery(sql);
49	%>
50	<script>
51	alert("정상적으로 처리되었습니다.");
52	window.location.href = "<%=url%>.jsp";
53	</script>

line	코드 설명 (2/2)
46	삭제 후 이동할 URL을 list_j로 설정합니다.
47	분기문을 종료합니다.
48	stmt.executeQuery(sql)로 작성된 SQL을 실행하여 ResultSet을 얻습니다.
49	JSP 스크립틀릿을 종료합니다.
50	<script> 태그로 클라이언트 사이드 스크립트 블록을 시작합니다.
51	alert 창으로 "정상적으로 처리되었습니다." 메시지를 표시합니다.
52	window.location.href를 통해 지정된 URL로 페이지를 이동합니다.
53	</script> 태그로 스크립트 블록을 종료합니다.

(나) 코드 세부 설명 : mode에 따라 3가지 입력과 1가지 삭제 기능을 수행한다.

① 이전 페이지에서 hidden 값으로 전송된 mode에 따라 다른 조건을 수행한다.

```
if (모드의 값이 "customer"이면)) {
                데이터베이스 "tbl_customer"테이블에 값 입력 SQL 작성
}else if (모드의 값이 "ride"이면)) {
                데이터베이스 "tbl_ride"테이블에 값 입력 SQL 작성
}else if (모드의 값이 "usage"이면)) {
                데이터베이스 "tbl_usage"테이블에 값 입력 SQL 작성
}else if (모드의 값이 "del"이면)) {
                데이터베이스 "tbl_usage"테이블에 값 삭제 SQL 작성
}
 작성된 SQL 실행
```

② SQL이 실행되면 메시지를 출력하고, 각 조건문에서 적용된 페이지로 이동한다.

```
<script>
   alert("정상적으로 처리되었습니다.");
   window.location.href = "이동주소.jsp";
</script>
```

③ usage_date_start 는 usage_date와 usage_date_start를 병합해서 입력한다.

④ usage_date_end 는 usage_date와 usage_date_end를 병합해서 입력한다.

⑤ 입력 SQL 문을 작성한다. (변수 수량만큼 줄을 추가하면 된다.)

```
String sql =
" INSERT INTO tbl_studycafe VALUES('"    + pk_studycafe       +"'              " +
"                                  ,TO_DATE('"+ usage_date_start +"','YYYY-MM-DD HH24')  " +
"                                  ,TO_DATE('"+ usage_date_end   +"','YYYY-MM-DD HH24')  " +
"                                  ,'"    + seat_x              +"'              " +
"                                  ,'"    + seat_y              +"'              " +
"                                  ,'"    + fk_learner          +"')             ";
```

㉮ DATE 자료형에 입력하기 위해 TO_DATE를 사용해서 연월일시('YYYY-MM-DD HH24') 날짜 형태로 변환한다.

㉯ usage_date_start, usage_date_end 둘 다 TO_DATE로 변환한다.

⑥ 정상적으로 입력되면 문제 조건에 맞게 "자리등록이 정상적으로 되었습니다." 메시지 창을 띄우고 메인(main.jsp) 페이지로 이동한다.

```
<script>
    alert("자리등록이 정상적으로 되었습니다.");
    window.location.href = "main.jsp";
</script>
```

더 알아보기 — window.location.href의 활용법

자바스크립트에서 현재 페이지의 URL을 가져오거나 변경하는 데 사용

현재 URL 가져오기
console.log(window.location.href);

다른 페이지로 이동하기 (리디렉션)
window.location.href = 'https://www.woongbo.co.kr';

다른 창에서 열기 (같은 URL로 이동하지만 새 창)
window.open('https://www.woongbo.co.kr');
href 대신 window.open( ) 사용 시 새 탭/창으로 열림

같은 사이트의 다른 경로로 이동
window.location.href = '/about.html';

GET 파라미터(쿼리스트링) 활용하여 이동
let keyword = 'hello';
window.location.href = '/search?query=' + encodeURIComponent(keyword);
encodeURIComponent( ) 사용 권장 (특수문자 처리)

특정 요소 클릭 시 페이지 이동
<button onclick="window.location.href='/home'">홈으로</button>

(11) 소스 코드 : 매출현황 → 이용일자별 매출현황 페이지(list_jg.jsp)

line	소스 코드 (1/2)

```jsp
1   <%@ page language      =   "java"
2            contentType   =   "text/html; charset=UTF-8"
3            pageEncoding  =   "UTF-8"                    %>
4   <%@ page import        =   "java.sql.*"               %>
5   <%@ page import        =   "DBPKG.Util"               %>
6   <!DOCTYPE html>
7   <HTML>
8   <HEAD>
9       <META charset = "UTF-8">
10      <LINK rel = "stylesheet" type = "text/css" href = "style.css">
11  </HEAD>
12  <BODY>
13  <DIV class="inner">
14  <ASIDE>
15      <UL>
16          <LI><A href = "u_list_jg.jsp"       target = "main_page">이용일자별 매출현황</A></LI>
17          <LI><A href = "c_list_jg.jsp"       target = "main_page">고객별 매출현황</A></LI>
18          <LI><A href = "r_list_jg.jsp"       target = "main_page">놀이기구별 매출현황</A></LI>
19      </UL>
20  </ASIDE>
21  <SECTION>
22  <%
23  request.setCharacterEncoding("UTF-8");
24  Connection conn = Util.getConnection();
25  Statement  stmt = conn.createStatement();
26  String sql =
27  " SELECT     TO_CHAR(tbl_u.usage_date,'FMYYYY\"년\" MM\"월\" DD\"일\"') AS 이용일자 " +
28  " ,          TO_CHAR(SUM(CASE                                                   " +
29  "                WHEN tbl_c.free_pass = 'Y'      THEN 0                         " +
30  "                WHEN tbl_c.age < 15             THEN ROUND(tbl_r.price * 0.5)  " +
31  "                WHEN tbl_c.age BETWEEN 15 AND 19 THEN ROUND(tbl_r.price * 0.8) " +
32  "                ELSE tbl_r.price                                               " +
33  "           END),'L999,999') || '원'                       AS 매출금액           " +
34  " FROM       tbl_usage tbl_u                                                    " +
35  " LEFT JOIN  tbl_ride          tbl_r on tbl_u.fk_ride = tbl_r.pk_ride           " +
36  " LEFT JOIN  tbl_customer      tbl_c on tbl_u.fk_customer = tbl_c.pk_customer   " +
37  " GROUP BY   tbl_u.usage_date                                                   " +
38  " UNION  ALL                                                                    " +
39  " SELECT     '자유이용권'                                                         " +
40  " ,          TO_CHAR(COUNT(*) * 20000,'L999,999') || '원'                        " +
41  " FROM       tbl_customer                                                       " +
42  " WHERE      free_pass='Y'                                                     ";
43  ResultSet rs = stmt.executeQuery(sql);
44  %>
45  <TABLE border='1'>
46  <CAPTION>이용일자별 매출현황</CAPTION>
47      <TR>
48          <TH width="150px">이용일자</TH>
```

(가) 코드 설명 : 각 라인의 코드 설명이다.

line	코드 설명 (1/2)
1	JSP 페이지 지시자로 스크립팅 언어를 Java로 지정하는 설정입니다.
2	JSP 페이지 지시자로 응답 콘텐츠 타입을 text/html과 문자 인코딩 UTF-8로 설정하는 지시자입니다.
3	JSP 페이지의 내부 페이지 인코딩을 UTF-8로 지정하는 설정입니다.
4	JDBC API 사용을 위해 java.sql.* 패키지를 임포트하는 설정입니다.
5	DB 연결 유틸리티 클래스를 사용하기 위해 DBPKG.Util을 임포트하는 설정입니다.
6	HTML5 문서 형식을 선언하여 브라우저에 문서 타입을 알리는 선언입니다.
7	HTML 문서의 루트 요소를 여는 설정입니다.
8	문서의 메타정보 영역을 시작하기 위해 HEAD 요소를 여는 설정입니다.
9	문서의 문자 인코딩을 UTF-8로 지정하는 메타 태그입니다.
10	외부 스타일시트(style.css)를 연결하여 전체 문서의 스타일을 적용하는 설정입니다.
11	HEAD 요소를 닫아 메타정보 구성을 종료하는 설정입니다.
12	본문 콘텐츠를 담기 위해 BODY 요소를 여는 설정입니다.
13	내부 레이아웃을 위한 DIV 컨테이너를 시작하는 설정입니다.
14	사이드바(내비게이션) 영역을 시작하기 위해 ASIDE 요소를 여는 설정입니다.
15	사이드바 메뉴 리스트를 만들기 위해 UL 요소를 여는 설정입니다.
16	"이용일자별 매출현황" 메뉴 항목을 추가하여 일자별 매출 페이지로 이동하도록 설정합니다.
17	"고객별 매출현황" 메뉴 항목을 추가하여 고객별 매출 페이지로 이동하도록 설정합니다.
18	"놀이기구별 매출현황" 메뉴 항목을 추가하여 놀이기구별 매출 페이지로 이동하도록 설정합니다.
19	UL 요소를 닫아 사이드바 메뉴 리스트 구성을 완료하는 설정입니다.
20	ASIDE 요소를 닫아 사이드바 영역 구성을 종료하는 설정입니다.
21	주요 콘텐츠를 담기 위해 SECTION 요소를 여는 설정입니다.
22	JSP 스크립틀릿을 시작하여 자바 코드 블록을 여는 설정입니다.
23	요청 파라미터의 문자 인코딩을 UTF-8로 설정하여 한글 데이터 처리를 보장하는 코드입니다.
24	Util.getConnection()을 호출해 데이터베이스 연결 객체를 획득하는 코드입니다.
25	획득한 연결에서 SQL 실행용 Statement 객체를 생성하는 코드입니다.
26	SQL 문자열을 정의하여 이용일자별 매출을 조회하도록 설정합니다.
27	SELECT 절에서 tbl_u.usage_date를 'FMYYYY"년" MM"월" DD"일"' 형식으로 포맷해 '이용일지'로 지정하는 코드입니다.
28	SUM 및 CASE 문을 사용해 할인 및 무료 사용자 처리를 포함한 매출 합계를 계산하기 위해 CASE 절을 시작하는 코드입니다.
29	CASE 절에서 무료 이용권 회원(free_pass='Y')인 경우 매출을 0으로 처리하도록 지정하는 코드입니다.
30	CASE 절에서 15세 미만 고객에게 가격의 50%를 적용하도록 지정하는 코드입니다.
31	CASE 절에서 15세 이상 19세 이하 고객에게 가격의 80%를 적용하도록 지정하는 코드입니다.
32	CASE 절에서 그 외 고객에게는 정가(tbl_r.price)를 그대로 반환하도록 지정하는 코드입니다.
33	TO_CHAR 함수를 사용해 'L999,999' 포맷으로 매출금액을 포맷한 뒤 '원'을 붙여 '매출금액' 컬럼을 완성하는 코드입니다.
34	FROM 절에서 기본 테이블(tbl_usage tbl_u)을 지정하는 코드입니다.
35	LEFT JOIN을 사용해 tbl_ride(tbl_r) 테이블을 조인하여 놀이기구 정보와 연결하는 코드입니다.
36	LEFT JOIN을 사용해 tbl_customer(tbl_c) 테이블을 조인하여 고객 정보와 연결하는 코드입니다.
37	GROUP BY 절을 사용해 tbl_u.usage_date별로 그룹핑을 지정하는 코드입니다.
38	UNION ALL을 사용해 무료 이용권 건수에 따른 고정 매출 합계를 추가하기 위한 두 번째 SELECT 절을 시작하는 코드입니다.
39	두 번째 SELECT 절에서 문자열 '자유이용권'을 '이용일자' 컬럼으로 고정 출력하도록 지정하는 코드입니다.
40	COUNT(*)*20000 계산 결과를 포맷해 'L999,999' 형식으로 매출금액을 계산해 '매출금액'으로 지정하는 코드입니다.
41	FROM 절에서 tbl_customer 테이블을 지정해 무료 이용권 대상 레코드를 조회하도록 하는 코드입니다.
42	WHERE 절에서 free_pass='Y'인 레코드만 필터링하도록 지정하는 코드입니다.
43	작성된 SQL 문자열을 executeQuery에 전달해 ResultSet 객체를 획득하는 코드입니다.
44	JSP 스크립틀릿을 닫아 자바 코드 블록을 종료하는 설정입니다.
45	결과 표시용 테이블을 시작하기 위해 TABLE 요소를 여는 설정입니다.
46	테이블 제목을 '이용일자별 매출현황'으로 표시하는 CAPTION 요소입니다.
47	테이블 헤더 행을 시작하기 위해 TR 요소를 여는 설정입니다.
48	'이용일자' 헤더 셀을 추가해 첫 번째 컬럼 제목을 지정하는 설정입니다.

line	소스 코드 (2/2)
49	`            <TH width="150px">매출금액</TH>`
50	`        </TR>`
51	`<% while(rs.next()){ %>`
52	`        <TR>`
53	`            <TD align="center"><%=rs.getString("이용일자") %></TD>`
54	`            <TD align="right"><%=rs.getString("매출금액") %></TD>`
55	`        </TR>`
56	`<% } %>`
57	`</TABLE>`
58	`</SECTION>`
59	`</DIV>`
60	`</BODY>`
61	`</HTML>`

line	코드 설명 (2/2)
49	'매출금액' 헤더 셀을 추가해 두 번째 컬럼 제목을 지정하는 설정입니다.
50	헤더 행을 닫는 TR 요소를 종료하는 설정입니다.
51	JSP while 루프를 시작해 ResultSet 반복 처리를 시작하는 코드입니다.
52	데이터 행을 시작하기 위해 TR 요소를 여는 설정입니다.
53	가운데 정렬된 TD 칸에 ResultSet의 '이용일자' 값을 표시하는 설정입니다.
54	오른쪽 정렬된 TD 칸에 ResultSet의 '매출금액' 값을 표시하는 설정입니다.
55	데이터 행을 닫는 TR 요소를 종료하는 설정입니다.
56	JSP while 루프를 종료하는 코드입니다.
57	테이블을 닫는 TABLE 요소를 종료하는 설정입니다.
58	SECTION 요소를 닫아 주요 콘텐츠 영역을 종료하는 설정입니다.
59	DIV 요소를 닫아 내부 레이아웃 컨테이너를 종료하는 설정입니다.
60	BODY 요소를 닫아 본문 영역을 종료하는 설정입니다.
61	HTML 요소를 닫아 문서 구조를 종료하는 설정입니다.

(나) 코드 세부 설명 :

① 날짜 데이터를 0000-00-00에서 0000년00월00일로 변환한다. 매우 쉬워 보이지만 쉽지는 않다. SQL="쿼리 문"; 형식이어서 그 안에 ' '만 사용이 가능(Java 코드에서는 큰따옴표 " "가 문자열의 시작·끝을 표시하기 때문에)한데. 한글 연월일을 입력하기 위해서는 " "로 감싸야 한다. 그래서 " "(큰따옴표) 자체를 포함하려면, 그 앞에 \를 붙여 "이스케이프(escape)"를 해야 한다.

자바에서 해석되는 문장
TO_CHAR(tbl_u.usage_date,'FMYYYY\"년\" MM\"월\" DD\"일\"')   AS   이용일자

데이터베이스에서 해석되는 문장
TO_CHAR(tbl_u.usage_date,'FMYYYY"년" MM"월" DD"일"')   AS   이용일자

㉮ 이스케이프는 Java 컴파일러에게는 "여기서 문자열은 끝나는 게 아니고, 실제 "문자를 출력하려는 겁니다"라고 알리는 표시이다.

㉯ 따라서 Java에서 \"사용하면 종료하지 않고, 문자열 안에 " 문자 그대로 포함한다.

② UNION ALL : 출력 결과를 하나로 병합한다.

```
SELECT    '병합할 값A'       AS letter
,         1                 AS seq
FROM TABLE A

UNION ALL

SELECT    '병합할 값B'
,         2
FROM TABLE B
```

㉮ 왼쪽 상단의 TABLE A와 왼쪽 하단의 TABLE B에서 각기 3개의 행(색塊)을 선택한다.

㉯ UNION ALL(오른쪽) 연산을 수행하면 두 테이블의 모든 행을 중복 포함하여 결합한다.

㉰ UNION ALL은 중복을 제거하지 않고 두 결과 집합을 그대로 합치는 특징이 있다.

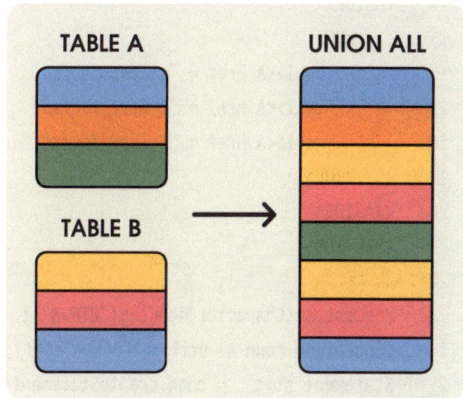

③ 결과 페이지 확인 : 정렬, 제목, 데이터 모두 일치하는지 꼼꼼하게 확인한다.

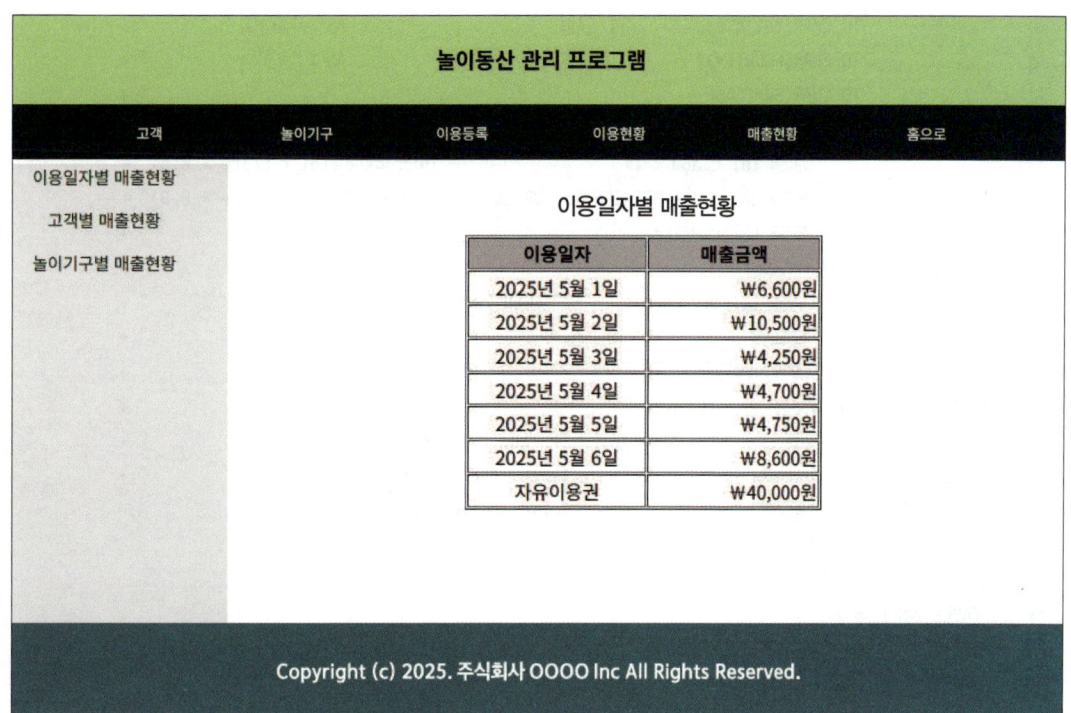

(12) 소스 코드 : 매출현황 → 고객별 매출현황 페이지(customer_list_jg.jsp)

line	소스 코드 (1/2)

```jsp
1   <%@ page language       =       "java"
2            contentType    =       "text/html; charset=UTF-8"
3            pageEncoding   =       "UTF-8"                         %>
4   <%@ page import         =       "java.sql.*"                    %>
5   <%@ page import         =       "DBPKG.Util"                    %>
6   <!DOCTYPE html>
7   <HTML>
8   <HEAD>
9       <META charset = "UTF-8">
10      <LINK rel = "stylesheet" type = "text/css" href = "style.css">
11  </HEAD>
12  <BODY>
13  <DIV class="inner">
14  <ASIDE>
15      <UL>
16          <LI><A href = "u_list_jg.jsp"      target = "main_page">이용일자별 매출현황</A></LI>
17          <LI><A href = "c_list_jg.jsp"      target = "main_page">고객별 매출현황</A></LI>
18          <LI><A href = "r_list_jg.jsp"      target = "main_page">놀이기구별 매출현황</A></LI>
19      </UL>
20  </ASIDE>
21  <SECTION>
22  <%
23  request.setCharacterEncoding("UTF-8");
24  Connection conn = Util.getConnection();
25  Statement stmt  = conn.createStatement();
26  String sql =
27  " SELECT    TO_CHAR(tbl_c.pk_customer)               AS 고객코드        " +
28  " ,         tbl_c.name                               AS 고객이름        " +
29  " ,         TO_CHAR(tbl_c.age)      || '세'           AS 고객나이        " +
30  " ,         TO_CHAR(COUNT(*))       || '번'           AS 이용횟수        " +
31  " ,         TO_CHAR(SUM(CASE                                           " +
32  "               WHEN tbl_c.free_pass = 'Y'          THEN 0             " +
33  "               WHEN tbl_c.age < 15                 THEN ROUND(tbl_r.price * 0.5)" +
34  "               WHEN tbl_c.age BETWEEN 15 AND 19    THEN ROUND(tbl_r.price * 0.8)" +
35  "               ELSE tbl_r.price                                       " +
36  "           END) + CASE                                                " +
37  "               WHEN tbl_c.free_pass = 'Y' THEN 20000                  " +
38  "               ELSE 0                                                 " +
39  "           END,'L999,999') || '원'                  AS 매출금액        " +
40  " FROM      tbl_usage     tbl_u                                        " +
41  " LEFT JOIN tbl_ride      tbl_r on tbl_u.fk_ride = tbl_r.pk_ride       " +
42  " LEFT JOIN tbl_customer  tbl_c on tbl_u.fk_customer = tbl_c.pk_customer" +
43  " GROUP BY  tbl_c.pk_customer, tbl_c.name, tbl_c.age, tbl_c.free_pass  ";
44  ResultSet rs = stmt.executeQuery(sql);
45  %>
46  <TABLE border='1'>
47  <CAPTION>고객별 매출현황</CAPTION>
48      <TR>
```

(가) 코드 설명 : 각 라인의 코드 설명이다.

line	코드 설명 (1/2)
1	JSP 페이지 지시자로 스크립팅 언어를 Java로 지정합니다.
2	페이지 지시자로 응답 콘텐츠 타입을 text/html과 문자 인코딩을 UTF-8로 설정합니다.
3	JSP 페이지 인코딩을 UTF-8로 지정합니다.
4	JDBC 사용을 위해 java.sql.* 패키지를 임포트합니다.
5	DB 연결 유틸리티를 위해 DBPKG.Util 클래스를 임포트합니다.
6	HTML5 문서 타입 선언을 통해 문서 형식을 지정합니다.
7	〈HTML〉 요소를 열어 전체 문서 구조를 시작합니다.
8	〈HEAD〉 요소를 열어 메타정보 섹션을 시작합니다.
9	메타 태그로 페이지 문자 인코딩을 UTF-8로 지정합니다.
10	외부 CSS 파일(style.css)을 연결하여 스타일을 적용합니다.
11	〈/HEAD〉 요소를 닫아 메타정보 섹션을 종료합니다.
12	〈BODY〉 요소를 열어 본문 콘텐츠 영역을 시작합니다.
13	내부 레이아웃을 위한 DIV 래퍼를 생성합니다.
14	〈ASIDE〉 요소를 열어 사이드바 영역을 시작합니다.
15	〈UL〉 요소로 사이드바 메뉴 리스트를 시작합니다.
16	첫 번째 메뉴 항목 '이용일자별 매출현황'을 사이드바에 추가합니다.
17	두 번째 메뉴 항목 '고객별 매출현황'을 사이드바에 추가합니다.
18	세 번째 메뉴 항목 '놀이기구별 매출현황'을 사이드바에 추가합니다.
19	〈/UL〉 요소를 닫아 메뉴 리스트를 종료합니다.
20	〈/ASIDE〉 요소를 닫아 사이드바 영역을 종료합니다.
21	〈SECTION〉 요소를 열어 주요 콘텐츠 영역을 시작합니다.
22	JSP 스크립틀릿(〈% ... %〉)을 열어 자바 코드 블록을 시작합니다.
23	request.setCharacterEncoding("UTF-8")로 요청 인코딩을 설정합니다.
24	Util.getConnection() 호출로 데이터베이스 연결 객체를 획득합니다.
25	conn.createStatement()로 SQL 실행용 Statement 객체를 생성합니다.
26	SQL 문자열을 정의하여 고객별 매출을 조회하도록 설정합니다.
27	SELECT 절에서 고객 코드를 '고객코드' 컬럼으로 지정합니다.
28	이름 컬럼을 '고객이름'으로 지정하여 SELECT 절에 추가합니다.
29	나이에 '세' 단위를 붙여 '고객나이'로 출력하도록 지정합니다.
30	COUNT(*) 결과에 '번' 단위를 붙여 '이용횟수'로 출력하도록 지정합니다.
31	첫 번째 CASE 문으로 기본 매출금액 계산 로직을 정의합니다.
32	free_pass가 'Y'인 경우 매출금액을 0으로 처리하도록 지정합니다.
33	나이가 15세 미만인 경우 가격의 50%를 계산하도록 지정합니다.
34	15~19세인 경우 가격의 80%를 계산하도록 지정합니다.
35	그 외에는 원가격을 그대로 반환하도록 지정합니다.
36	첫 번째 CASE 문을 닫고 자유이용권 회원당 20000원을 더하는 로직을 연결합니다.
37	두 번째 CASE 문을 사용해 자유이용권 여부에 'Y'인 경우 20000원을 반환하도록 지정합니다.
38	그 외에는 0원을 반환하도록 지정합니다.
39	금액 출력을 1000원 단위로 ','를 표기하고, 원화 ₩표시와 '원'을 끝에 붙입니다.
40	FROM 절에서 기본 테이블로 tbl_usage(tbl_u)을 지정합니다.
41	LEFT JOIN으로 tbl_ride(tbl_r)를 fk_ride 기준으로 조인하여 놀이기구 정보를 연결합니다.
42	LEFT JOIN으로 tbl_customer(tbl_c)를 fk_customer 기준으로 조인하여 고객 정보를 연결합니다.
43	GROUP BY 절로 고객별 그룹핑을 지정합니다.
44	stmt.executeQuery()로 SQL을 실행해 ResultSet을 획득합니다.
45	JSP 스크립틀릿을 닫아 자바 코드 블록을 종료합니다.
46	테이블 시작 선언으로 고객별 매출현황을 표시할 구조를 생성합니다.
47	〈CAPTION〉으로 '고객별 매출현황' 표 제목을 표시합니다.
48	테이블 헤더 행을 시작해 각 열의 제목을 추가할 준비를 합니다.

소스 코드 (2/2)

line	
49	`<TH width="100px">고객코드</TH>`
50	`<TH width="100px">고객이름</TH>`
51	`<TH width="100px">고객나이</TH>`
52	`<TH width="100px">이용횟수</TH>`
53	`<TH width="100px">매출금액</TH>`
54	`</TR>`
55	`<% while(rs.next()){ %>`
56	`<TR>`
57	`<TD align="center"><%=rs.getString("고객코드") %></TD>`
58	`<TD align="center"><%=rs.getString("고객이름") %></TD>`
59	`<TD align="right" ><%=rs.getString("고객나이") %></TD>`
60	`<TD align="right" ><%=rs.getString("이용횟수") %></TD>`
61	`<TD align="right" ><%=rs.getString("매출금액") %></TD>`
62	`</TR>`
63	`<% } %>`
64	`</TABLE>`
65	`</SECTION>`
66	`</DIV>`
67	`</BODY>`
68	`</HTML>`

코드 설명 (2/2)

line	
49	'고객코드' 헤더 셀을 추가합니다.
50	'고객이름' 헤더 셀을 추가합니다.
51	'고객나이' 헤더 셀을 추가합니다.
52	'이용횟수' 헤더 셀을 추가합니다.
53	'매출금액' 헤더 셀을 추가합니다.
54	헤더 행을 닫아 구조를 확정합니다.
55	JSP while 루프로 SQL 결과를 반복 처리할 루프를 시작합니다.
56	데이터 행용 TR 요소를 열어 한 레코드 분량의 데이터를 표시할 준비를 합니다.
57	가운데 정렬된 TD 셀에 '고객코드' SQL 결과를 표시합니다.
58	가운데 정렬된 TD 셀에 '고객이름' SQL 결과를 표시합니다.
59	오른쪽 정렬된 TD 셀에 '고객나이' SQL 결과를 표시합니다.
60	오른쪽 정렬된 TD 셀에 '이용횟수' SQL 결과를 표시합니다.
61	오른쪽 정렬된 TD 셀에 '매출금액' SQL 결과를 표시합니다.
62	데이터 행을 닫아 TR 요소를 종료합니다.
63	JSP while 루프를 종료합니다.
64	테이블을 닫아 고객별 매출현황 섹션을 마감합니다.
65	</SECTION> 요소를 닫아 주요 콘텐츠 영역을 종료합니다.
66	내부 레이아웃 DIV를 닫아 레이아웃 컨테이너를 종료합니다.
67	</BODY> 요소를 닫아 본문 콘텐츠를 종료합니다.
68	</HTML> 요소를 닫아 문서를 종료합니다.

(나) 코드 세부 설명

① 계산 문제가 어려운 페이지이다.

```
TO_CHAR(SUM(CASE
        WHEN tbl_c.free_pass = 'Y'          THEN 0
        WHEN tbl_c.age < 15                 THEN ROUND(tbl_r.price * 0.5)
        WHEN tbl_c.age BETWEEN 15 AND 19    THEN ROUND(tbl_r.price * 0.8)
        ELSE tbl_r.price
END) + CASE
        WHEN tbl_c.free_pass = 'Y' THEN 20000
        ELSE 0
```

㉮ 자유이용권이 없으면, 정해진 할인율에 따라서 고객의 나이에 따라 50%, 20%, 0% 가격 할인이 되어야 한다.

㉯ 자유이용권을 있으면, 놀이기구 이용 수와 상관없이 20,000원의 매출이 발생한다.

② 결과 페이지 확인 : 정렬, 제목, 데이터 모두 일치하는지 꼼꼼하게 확인한다.

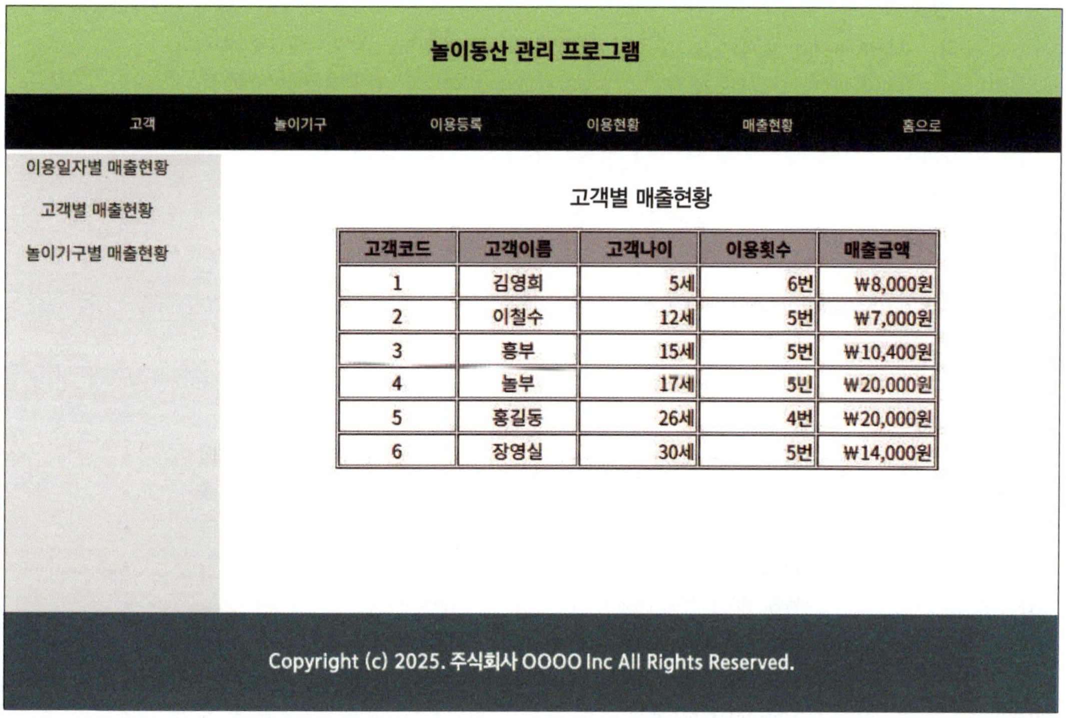

놀이동산 관리 프로그램

고객 | 놀이기구 | 이용등록 | 이용현황 | 매출현황 | 홈으로

이용일자별 매출현황
고객별 매출현황
놀이기구별 매출현황

고객별 매출현황

고객코드	고객이름	고객나이	이용횟수	매출금액
1	김영희	5세	6번	₩8,000원
2	이철수	12세	5번	₩7,000원
3	흥부	15세	5번	₩10,400원
4	놀부	17세	5번	₩20,000원
5	홍길동	26세	4번	₩20,000원
6	장영실	30세	5번	₩14,000원

Copyright (c) 2025. 주식회사 OOOO Inc All Rights Reserved.

(13) 소스 코드 : 매출현황 → 놀기이구별 매출현황 페이지(ride_list_jg.jsp)

line	소스 코드 (1/2)
1	`<%@ page language         =          "java"`
2	`        contentType       =          "text/html; charset=UTF-8"`
3	`        pageEncoding      =          "UTF-8"                         %>`
4	`<%@ page import           =          "java.sql.*"                    %>`
5	`<%@ page import           =          "DBPKG.Util"                    %>`
6	`<!DOCTYPE html>`
7	`<HTML>`
8	`<HEAD>`
9	`   <META charset = "UTF-8">`
10	`   <LINK rel = "stylesheet" type = "text/css" href = "style.css">`
11	`</HEAD>`
12	`<BODY>`
13	`<DIV class="inner">`
14	`<ASIDE>`
15	`   <UL>`
16	`      <LI><A href = "u_list_jg.jsp"   target = "main_page">이용일자별 매출현황</A></LI>`
17	`      <LI><A href = "c_list_jg.jsp"   target = "main_page">고객별 매출현황</A></LI>`
18	`      <LI><A href = "r_list_jg.jsp"   target = "main_page">놀이기구별 매출현황</A></LI>`
19	`   </UL>`
20	`</ASIDE>`
21	`<SECTION>`
22	`<%`
23	`request.setCharacterEncoding("UTF-8");`
24	`Connection conn =   Util.getConnection();`
25	`Statement  stmt  = conn.createStatement();`
26	`String sql =`
27	`" SELECT     TO_CHAR(tbl_r.pk_ride)                   AS 놀이기구코드     " +`
28	`" ,          tbl_r.name                               AS 놀이기구이름     " +`
29	`" ,          tbl_r.grade                              AS 놀이기구등급     " +`
30	`" ,          TO_CHAR(SUM(CASE                                            " +`
31	`"              WHEN tbl_c.free_pass = 'Y'     THEN 0                     " +`
32	`"              WHEN tbl_c.age < 15            THEN ROUND(tbl_r.price * 0.5)" +`
33	`"              WHEN tbl_c.age BETWEEN 15 AND 19 THEN ROUND(tbl_r.price * 0.8)" +`
34	`"              ELSE tbl_r.price                                          " +`
35	`"              END),'L999,999') || '원'       AS 매출금액"                + `
36	`" FROM       tbl_usage       tbl_u                                       " +`
37	`" LEFT JOIN  tbl_ride        tbl_r on tbl_u.fk_ride = tbl_r.pk_ride      " +`
38	`" LEFT JOIN  tbl_customer    tbl_c on tbl_u.fk_customer = tbl_c.pk_customer " +`
39	`" GROUP BY tbl_r.pk_ride, tbl_r.name, tbl_r.grade                        " +`
40	`" UNION   ALL                                                            " +`
41	`" SELECT     '자유이용권'                                                " +`
42	`" ,          '--'                                                        " +`
43	`" ,          '--'                                                        " +`
44	`" ,          TO_CHAR(COUNT(*) * 20000,'L999,999') || '원'                " +`
45	`" FROM       tbl_customer                                                " +`

(가) 코드 설명 : 각 라인의 코드 설명이다.

line	코드 설명 (1/2)
1	JSP 페이지 지시자로 스크립팅 언어를 Java로 지정하는 설정입니다.
2	페이지 지시자로 응답 콘텐츠 타입을 text/html과 문자 인코딩 UTF-8로 설정하는 설정입니다.
3	JSP 페이지 인코딩을 UTF-8로 지정하는 설정입니다.
4	JSP 페이지 지시자로 JDBC API 사용을 위해 java.sql.* 패키지를 임포트하는 설정입니다.
5	JSP 페이지 지시자로 DB 연결 유틸리티인 DBPKG.Util 클래스를 임포트하는 설정입니다.
6	HTML5 문서 타입을 선언하여 브라우저에 문서 형식을 알리는 선언입니다.
7	`<html>` 요소를 열어 전체 HTML 문서 구조를 시작합니다.
8	`<head>` 요소를 열어 메타정보 영역을 시작합니다.
9	메타 태그로 페이지 문자 인코딩을 UTF-8로 지정하는 설정입니다.
10	외부 CSS 파일(style.css)을 연결하여 문서 전체에 스타일을 적용하는 설정입니다.
11	`</head>` 요소를 닫아 헤더 메타정보 영역을 종료합니다.
12	`<body>` 요소를 열어 본문 콘텐츠 영역을 시작합니다.
13	내부 레이아웃 구성을 위한 `<div class="inner">` 컨테이너를 여는 설정입니다.
14	`<aside>` 요소를 열어 사이드바(내비게이션) 영역을 시작합니다.
15	`<ul>` 요소를 열어 사이드바 메뉴 리스트를 시작합니다.
16	"이용일자별 매출현황" 메뉴 항목을 사이드바에 추가합니다.
17	"고객별 매출현황" 메뉴 항목을 사이드바에 추가합니다.
18	"놀이기구별 매출현황" 메뉴 항목을 사이드바에 추가합니다.
19	`</ul>` 요소를 닫아 사이드바 메뉴 리스트 구성을 종료합니다.
20	`</aside>` 요소를 닫아 사이드바 영역 구성을 종료합니다.
21	`<section>` 요소를 열어 주요 콘텐츠 영역을 시작합니다.
22	JSP 스크립틀릿(`<%`)을 열어 자바 코드 블록을 시작합니다.
23	요청 파라미터의 문자 인코딩을 UTF-8로 설정하여 한글 처리를 보장합니다.
24	`Util.getConnection()` 호출로 데이터베이스 연결 객체를 획득합니다.
25	획득한 연결에서 SQL 실행용 Statement 객체를 생성합니다.
26	SQL 문자열에 첫 번째 SELECT 절을 시작합니다.
27	SQL 문자열에 tbl_r.pk_ride를 '놀이기구코드'로 지정하여 SELECT 절에 추가합니다.
28	SQL 문자열에 tbl_r.name을 '놀이기구이름'으로 지정하여 SELECT 절에 추가합니다.
29	SQL 문자열에 tbl_r.grade를 '놀이기구등급'으로 지정하여 SELECT 절에 추가합니다.
30	SQL 문자열에 SUM과 CASE를 결합해 할인 및 무료 사용자 처리 로직을 시작합니다.
31	CASE 구문에서 free_pass가 'Y'인 경우 매출금액을 0으로 처리하도록 조건을 추가합니다.
32	CASE 구문에서 나이가 15세 미만인 경우 50% 할인 금액을 계산하도록 조건을 추가합니다.
33	CASE 구문에서 나이가 15~19세인 경우 80% 할인 금액을 계산하도록 조건을 추가합니다.
34	CASE 구문에서 그 외의 경우 원가를 그대로 반환하도록 지정합니다.
35	CASE 구문을 닫고 TO_CHAR(...,'L999,999') || '원' 형태로 '매출금액' 컬럼을 지정합니다.
36	FROM 절에서 기본 테이블로 tbl_usage(tbl_u)을 지정합니다.
37	LEFT JOIN으로 tbl_ride(tbl_r)를 fk_ride 기준으로 조인하여 놀이기구 정보를 연결합니다.
38	LEFT JOIN으로 tbl_customer(tbl_c)를 fk_customer 기준으로 조인하여 고객 정보를 연결합니다.
39	GROUP BY 절에서 놀이기구 코드·이름·등급으로 그룹핑을 지정합니다.
40	UNION ALL로 두 번째 SELECT 절과 결과를 합치도록 설정합니다.
41	두 번째 SELECT 절에서 문자열 '자유이용권'을 '놀이기구코드'로 고정 출력하도록 지정합니다.
42	두 번째 SELECT 절에서 '—'을 '놀이기구이름'으로 고정 출력하도록 지정합니다.
43	두 번째 SELECT 절에서 '—'을 '놀이기구등급'으로 고정 출력하도록 지정합니다.
44	두 번째 SELECT 절에서 COUNT(*)*20000을 포맷해 '매출금액'으로 지정하도록 추가합니다.
45	두 번째 SELECT 절의 FROM 절에서 tbl_customer 테이블을 지정합니다.

소스 코드 (2/2)

line	
46	`"  WHERE    free_pass='Y'                                                        ";`
47	`ResultSet rs = stmt.executeQuery(sql);`
48	`%>`
49	`<TABLE border='1'>`
50	`    <CAPTION>놀이기구별 매출현황</CAPTION>`
51	`    <TR>`
52	`        <TH width="100px">놀이기구코드</TH>`
53	`        <TH width="100px">놀이기구이름</TH>`
54	`        <TH width="150px">놀이기구등급</TH>`
55	`        <TH width="150px">매출금액</TH>`
56	`    </TR>`
57	`<% while(rs.next()){ %>`
58	`    <TR>`
59	`        <TD align="center"><%=rs.getString("놀이기구코드") %></TD>`
60	`        <TD align="center"><%=rs.getString("놀이기구이름") %></TD>`
61	`        <TD align="center"><%=rs.getString("놀이기구등급") %></TD>`
62	`        <TD align="right" ><%=rs.getString("매출금액") %></TD>`
63	`    </TR>`
64	`<% } %>`
65	`</TABLE>`
66	`</SECTION>`
67	`</DIV>`
68	`</BODY>`
69	`</HTML>`

더 알아보기 — 순서 없는 목록(<UL>)과 비슷한 순서 있는 목록(<OL>)

<OL Type="옵션">을 사용하면 다양한 순서 목록의 출력이 가능하다.

type 옵션	설명	예시 출력
1(기본값)	숫자	1, 2, 3
a	소문자 알파벳	a, b, c
A	대문자 알파벳	A, B, C
i	로마 숫자(소문자)	i, ii, iii
I	로마 숫자(대문자)	I, II, III

line	코드 설명 (2/2)
46	WHERE 절에서 free_pass가 'Y'인 레코드만 필터링하도록 지정합니다.
47	위에서 완성한 SQL 문자열을 executeQuery에 전달해 ResultSet(rs)을 획득합니다.
48	JSP 스크립틀릿(%)을 닫아 자바 코드 블록을 종료합니다.
49	⟨table border='1'⟩ 요소를 열어 결과 표시용 테이블을 시작합니다.
50	⟨caption⟩ 요소로 "놀이기구별 매출현황" 표 제목을 표시합니다.
51	⟨tr⟩ 요소를 열어 테이블 헤더 행을 시작합니다.
52	⟨th⟩ 셀에 '놀이기구코드' 헤더를 추가합니다.
53	⟨th⟩ 셀에 '놀이기구이름' 헤더를 추가합니다.
54	⟨th⟩ 셀에 '놀이기구등급' 헤더를 추가합니다.
55	⟨th⟩ 셀에 '매출금액' 헤더를 추가합니다.
56	⟨/tr⟩ 요소를 닫아 헤더 행 구성을 완료합니다.
57	JSP 반복문(⟨% while(rs.next()){ %⟩)을 통해 결과 행을 반복 처리하기 시작합니다.
58	⟨tr⟩ 요소를 열어 데이터 행을 시작합니다.
59	가운데 정렬된 ⟨td⟩ 칸에 ResultSet의 '놀이기구코드' 값을 표시합니다.
60	가운데 정렬된 ⟨td⟩ 칸에 ResultSet의 '놀이기구이름' 값을 표시합니다.
61	가운데 정렬된 ⟨td⟩ 칸에 ResultSet의 '놀이기구등급' 값을 표시합니다.
62	오른쪽 정렬된 ⟨td⟩ 칸에 ResultSet의 '매출금액' 값을 표시합니다.
63	⟨/tr⟩ 요소를 닫아 데이터 행 구성을 완료합니다.
64	JSP 반복문 종료 태그(⟨% } %⟩)로 루프를 닫습니다.
65	⟨/table⟩ 요소를 닫아 결과 테이블 구성을 마칩니다.
66	⟨/section⟩ 요소를 닫아 주요 콘텐츠 영역을 종료합니다.
67	⟨/div⟩ 요소를 닫아 내부 레이아웃 컨테이너를 종료합니다.
68	⟨/body⟩ 요소를 닫아 문서 본문을 종료합니다.
69	⟨/html⟩ 요소를 닫아 HTML 문서를 종료합니다.

(나) 코드 세부 설명

① 놀이기구라는 기준만 잡혀 있으면 이용일자별 매출현황과 방식이 동일하며, 출력되는 컬럼만 조금 더 많다.

② 결과 페이지 확인 : 정렬, 제목, 데이터 모두 일치하는지 꼼꼼하게 확인한다.

놀이동산 관리 프로그램

| 고객 | 놀이기구 | 이용등록 | 이용현황 | 매출현황 | 홈으로 |

이용일자별 매출현황
고객별 매출현황
놀이기구별 매출현황

놀이기구별 매출현황

놀이기구코드	놀이기구이름	놀이기구등급	매출금액
1	회전목마	전체	₩8,200원
2	롤러코스터	청소년	₩14,000원
3	유령의집	성인	₩6,000원
4	관람차	전체	₩4,200원
5	범퍼카	청소년	₩7,000원
자유이용권	--	--	₩40,000원

Copyright (c) 2025. 주식회사 OOOO Inc All Rights Reserved.

5 최종 테스트

문제에서 요구하는 기능이 원활히 되는지 통합테스트를 실행한다.

① 시작 페이지 작동 확인 : 웹브라우저에 "http://localhost:8090/sample_3/"를 입력한다.
② '고객', '놀이기구', '이용등록', '이용현황', '매출현황', '홈으로' 버튼을 클릭해서 페이지가 정상적으로 변경되는지 확인한다. (서브 페이지까지 확인한다.)

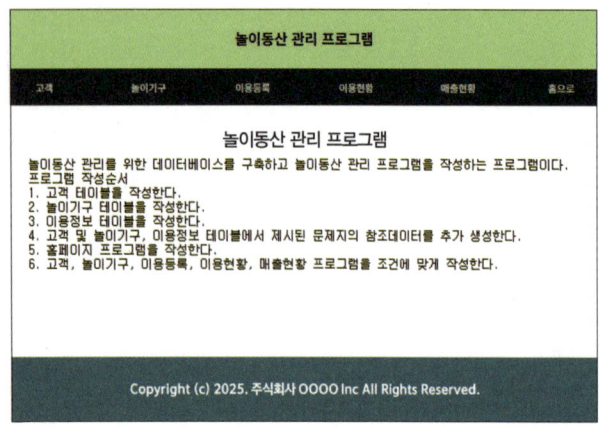

◎ 시작 페이지   ◎ 고객 → 고객현황

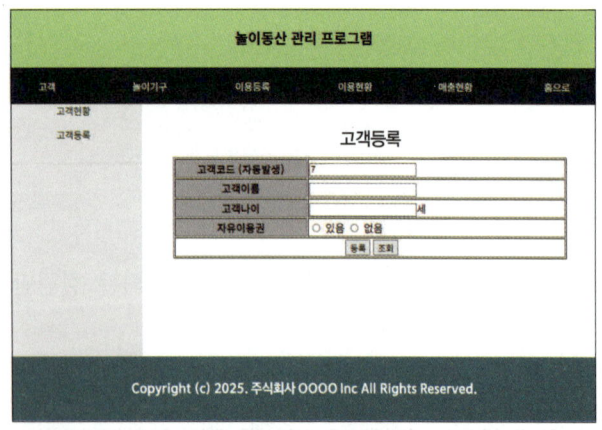
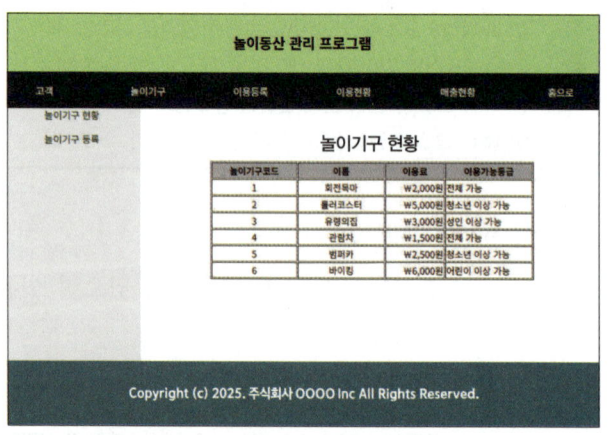

◎ 고객 → 고객등록   ◎ 놀이기구 → 놀이기구 현황

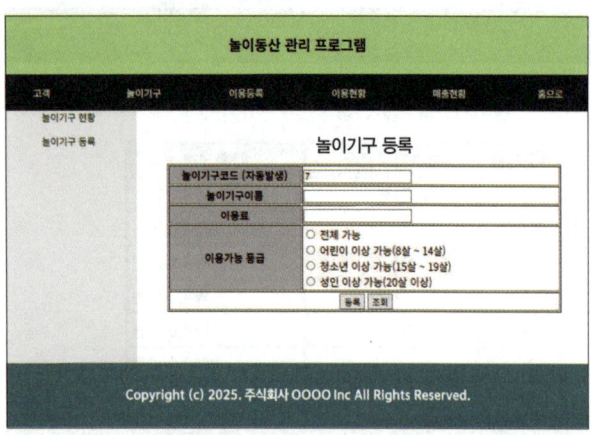
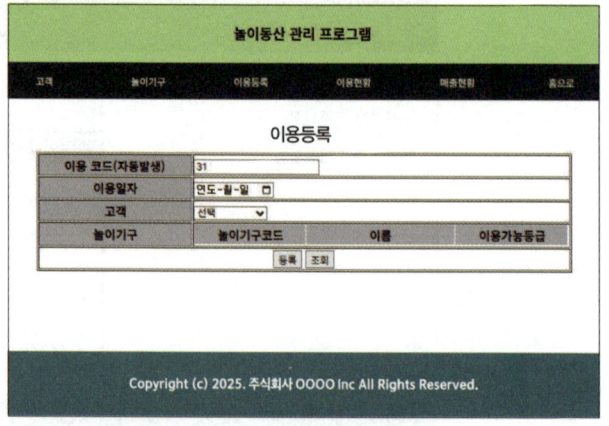

◎ 놀이기구 → 놀이기구 등록   ◎ 이용등록

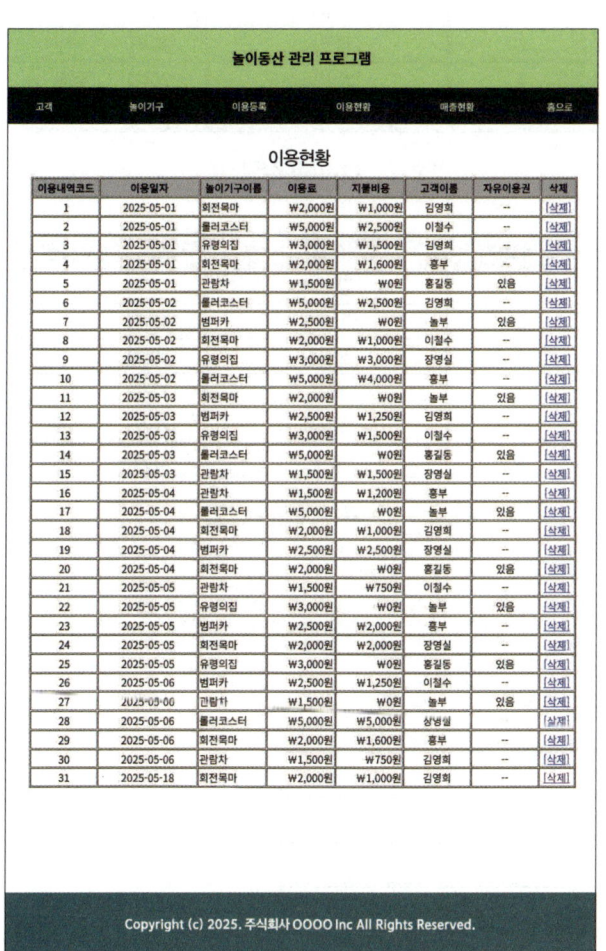

◉ 이용현황

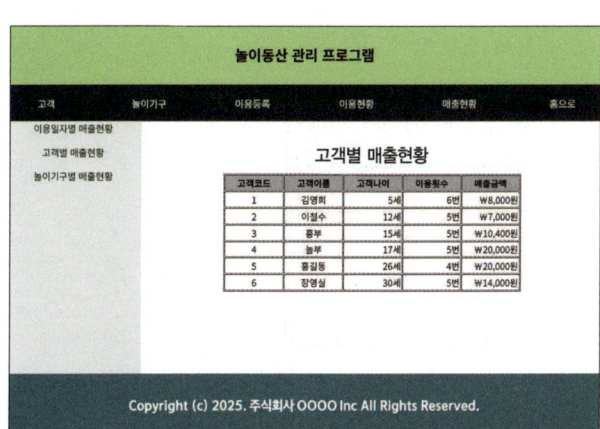

◉ 매출현황 → 고객별 매출현황

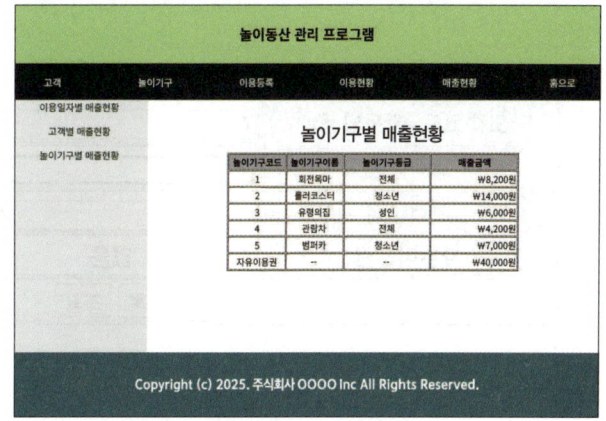

◉ 매출현황 → 놀이기구별 매출현황

③ 고객 → 고객현황 페이지를 클릭한다.

④ 테이블 상단 제목(고객코드, 이름, 나이, 자유이용권)을 클릭하면 해당 항목으로 오름차순 정렬이 되도록 처리되는지 확인한다.

고객코드	이름	나이	자유이용권
1	김영희	5세	--
2	이철수	12세	--
3	홍부	15세	--
4	놀부	17세	있음
5	홍길동	26세	있음
6	장영실	30세	--

○ 고객코드 정렬

고객코드	이름	나이	자유이용권
1	김영희	5세	--
4	놀부	17세	있음
2	이철수	12세	--
6	장영실	30세	--
5	홍길동	26세	있음
3	홍부	15세	--

○ 이름 정렬

고객코드	이름	나이	자유이용권
1	김영희	5세	--
2	이철수	12세	--
3	홍부	15세	--
4	놀부	17세	있음
5	홍길동	26세	있음
6	장영실	30세	--

○ 나이 정렬

고객코드	이름	나이	자유이용권
1	김영희	5세	--
2	이철수	12세	--
6	장영실	30세	--
3	홍부	15세	--
5	홍길동	26세	있음
4	놀부	17세	있음

○ 자유이용권 정렬

⑤ 고객 → 고객등록 페이지를 클릭한다.

⑥ '고객코드'가 00007번으로 나오는지, 수정이 안 되는지 확인한다.

고객등록	
고객코드 (자동발생)	7
고객이름	
고객나이	세
자유이용권	○ 있음 ○ 없음
	등록 조회

⑦ '고객이름' 항목은 텍스트를 입력할 수 있는지 확인한다.

고객등록	
고객코드 (자동발생)	7
고객이름	
고객나이	세
자유이용권	○ 있음 ○ 없음
	등록 조회

⑧ '고객나이' 항목은 숫자만 입력되는지 확인한다.

⑨ '자유이용권' 항목은 라디오 버튼을 사용해서 '있음'과 '없음' 중 선택이 가능한지 확인한다.

⑩ 이름, 나이, 자유이용권 항목 값이 입력되지 않은 경우에 [등록] 버튼을 누르면 '{항목}을 입력(선택)하지 않았습니다!'라는 알림창이 화면에 나타나고 알림창의 '확인' 버튼을 클릭하면 포커스가 해당 항목으로 이동하는지 확인한다. ('자유이용권'은 브라우저에 따라 포커스 표시가 안 될 수 있음)

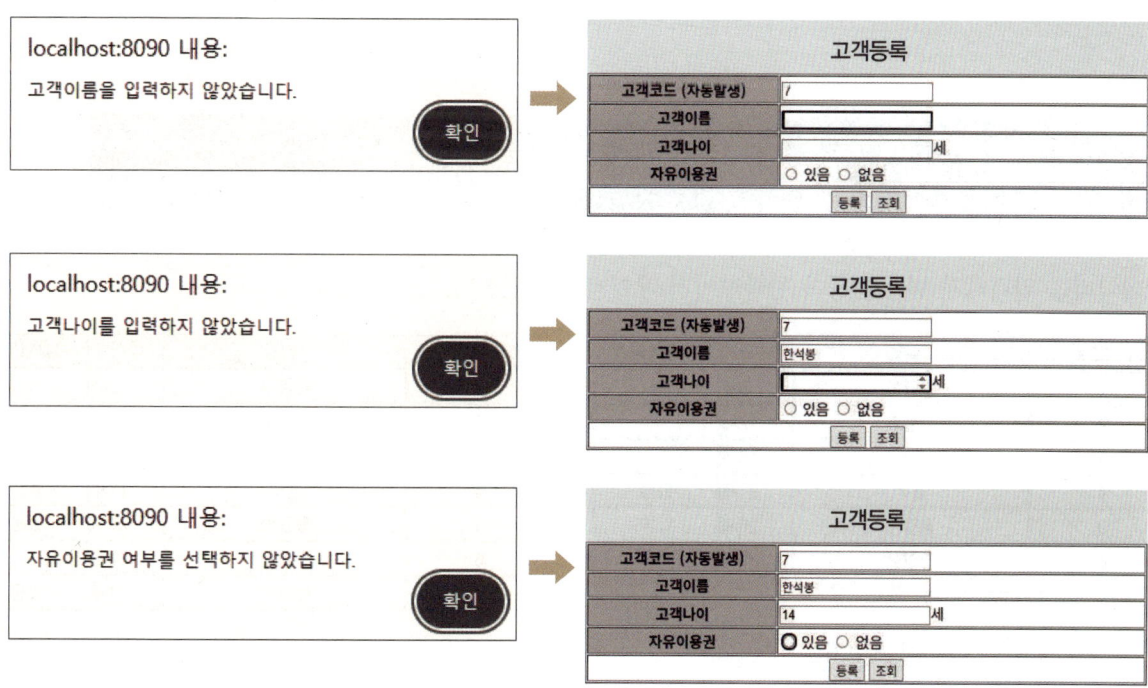

⑪ 데이터(한석봉, 14세, 자유이용권 있음)를 입력하고 '등록' 버튼을 클릭하면 데이터베이스 '고객' 테이블에 저장된 후 '정상적으로 처리되었습니다.'라는 알림창이 화면에 출력되며, 알림창의 '확인' 버튼을 클릭하면 '고객현황' 화면으로 이동하는지 확인한다.

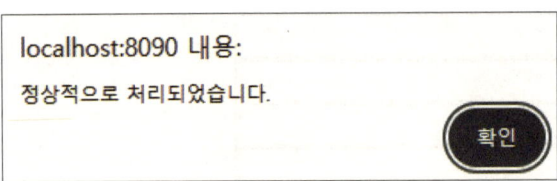

⑫ '조회' 버튼을 누르면 '고객현황' 페이지 화면으로 이동하는지 확인한다.

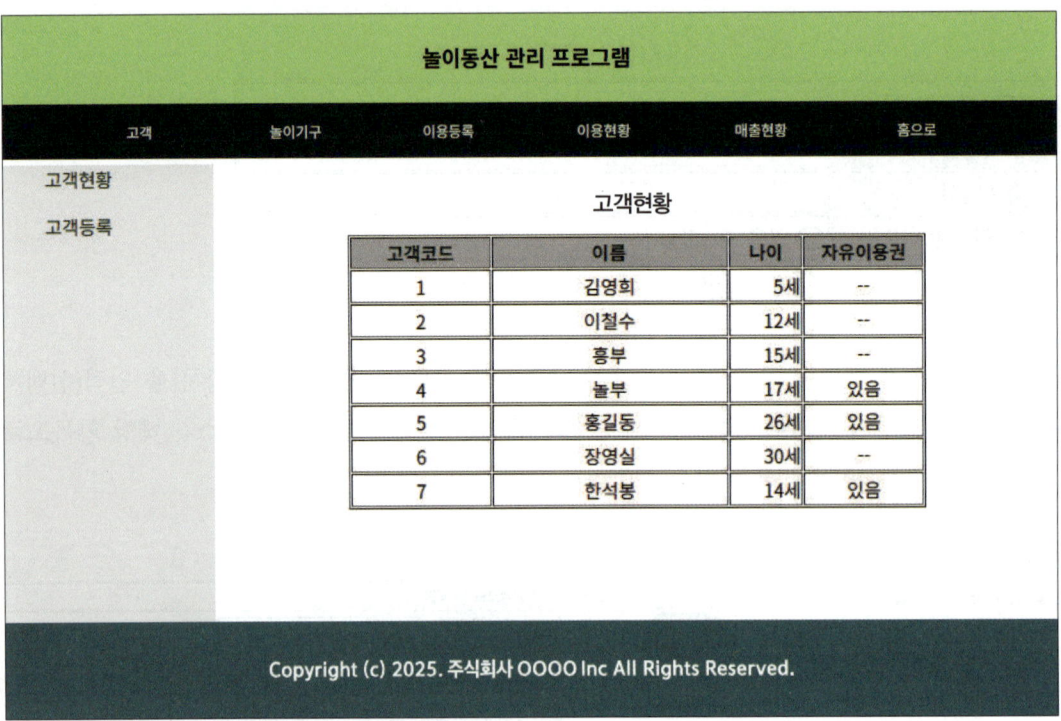

⑬ 데이터를 입력해서 변동된 등록 현황페이지 데이터를 확인한다..

고객코드	이름	나이	자유이용권
1	김영희	5세	--
2	이철수	12세	--
3	흥부	15세	--
4	놀부	17세	있음
5	홍길동	26세	있음
6	장영실	30세	--

○ 고객 현황(기존)

고객코드	이름	나이	자유이용권
1	김영희	5세	--
2	이철수	12세	--
3	흥부	15세	--
4	놀부	17세	있음
5	홍길동	26세	있음
6	장영실	30세	--
7	한석봉	14세	있음

○ 고객 현황(데이터 입력)

⑭ 놀이기구 → 놀이기구 현황페이지를 클릭한다.

⑮ 테이블 상단 제목(고객코드, 이름, 나이, 자유이용권)을 클릭하면 해당 항목으로 오름차순 정렬이 되도록 처리되는지 확인한다.

놀이기구코드	이름	이용료	이용가능등급
1	회전목마	₩2,000원	전체 가능
2	롤러코스터	₩5,000원	청소년 이상 가능
3	유령의집	₩3,000원	성인 이상 가능
4	관람차	₩1,500원	전체 가능
5	범퍼카	₩2,500원	청소년 이상 가능

◯ 놀이기구 코드 정렬

놀이기구코드	이름	이용료	이용가능등급
4	관람차	₩1,500원	전체 가능
2	롤러코스터	₩5,000원	청소년 이상 가능
5	범퍼카	₩2,500원	청소년 이상 가능
3	유령의집	₩3,000원	성인 이상 가능
1	회전목마	₩2,000원	전체 가능

◯ 이름 정렬

놀이기구코드	이름	이용료	이용가능등급
4	관람차	₩1,500원	전체 가능
1	회전목마	₩2,000원	전체 가능
5	범퍼카	₩2,500원	청소년 이상 가능
3	유령의집	₩3,000원	성인 이상 가능
2	롤러코스터	₩5,000원	청소년 이상 가능

◯ 이용료 정렬

놀이기구코드	이름	이용료	이용가능등급
3	유령의집	₩3,000원	성인 이상 가능
4	관람차	₩1,500원	전체 가능
1	회전목마	₩2,000원	전체 가능
2	롤러코스터	₩5,000원	청소년 이상 가능
5	범퍼카	₩2,500원	청소년 이상 가능

◯ 이용가능등급 정렬

⑯ 놀이기구 〉 놀이기구 등록 페이지를 클릭한다.

⑰ '놀이기구코드 (자동발생)' 항목은 '놀이기구' 테이블의 마지막 기본 키값 +1의 값이 자동으로 입력되어 있는지 확인한다. 사용자가 웹에서 임의로 수정할 수 없는지 확인한다.

놀이기구 등록	
놀이기구코드 (자동발생)	6
놀이기구이름	
이용료	
이용가능 등급	○ 전체 가능 ○ 어린이 이상 가능(8살 ~ 14살) ○ 청소년 이상 가능(15살 ~ 19살) ○ 성인 이상 가능(20살 이상)
	등록 조회

⑱ '놀이기구 이름' 항목은 텍스트를 입력할 수 있는지 확인한다.

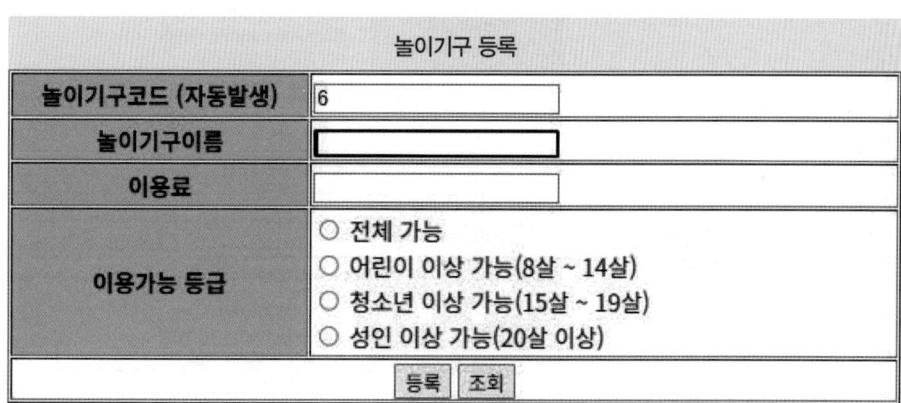

⑲ '이용료' 항목은 숫자만 입력될 수 있는지 확인한다.

⑳ '이용가능 등급' 항목은 라디오 버튼을 사용해서 전체 가능, 어린이 이상 가능(8살~14살), 청소년 이상 가능(15살~19살), 성인 이상 가능(20살 이상) 중 선택할 수 있는지 확인한다.

㉑ 이름, 나이, 자유이용권 항목 값이 입력되지 않은 경우에 [등록] 버튼을 누르면 '{항목}을 입력(선택)하지 않았습니다!'라는 알림창이 화면에 나타나고 알림창의 '확인' 버튼을 누르면 포커스가 해당 항목으로 이동하는지 확인한다. ('자유이용권'은 브라우저에 따라 포커스 표시가 안 될 수 있음)

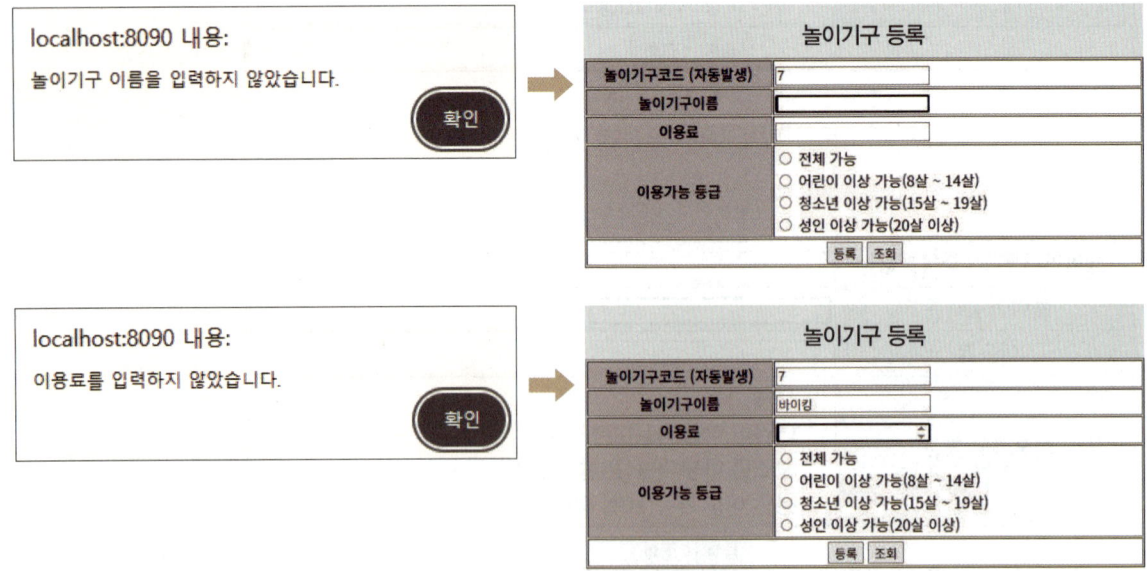

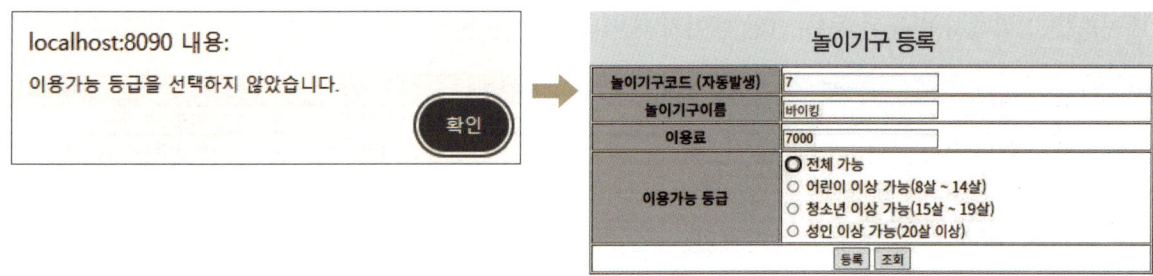

㉒ 데이터(바이킹, 7000, 어린이 이상 가능) 입력한 후 '등록' 버튼을 누르면 데이터베이스 '고객' 테이블에 저장된 후 '정상적으로 처리되었다.'라는 알림창이 화면에 출력되며 알림창의 '확인' 버튼을 누르면 '고객현황' 화면으로 이동하는지 확인한다.

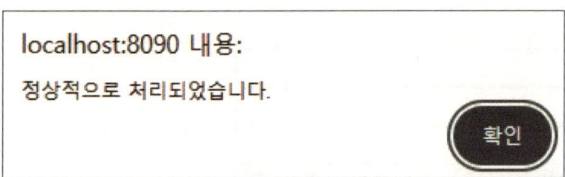

㉓ '조회' 버튼을 누르면 '놀이기구 현황' 페이지 화면으로 이동하는지 확인한다.

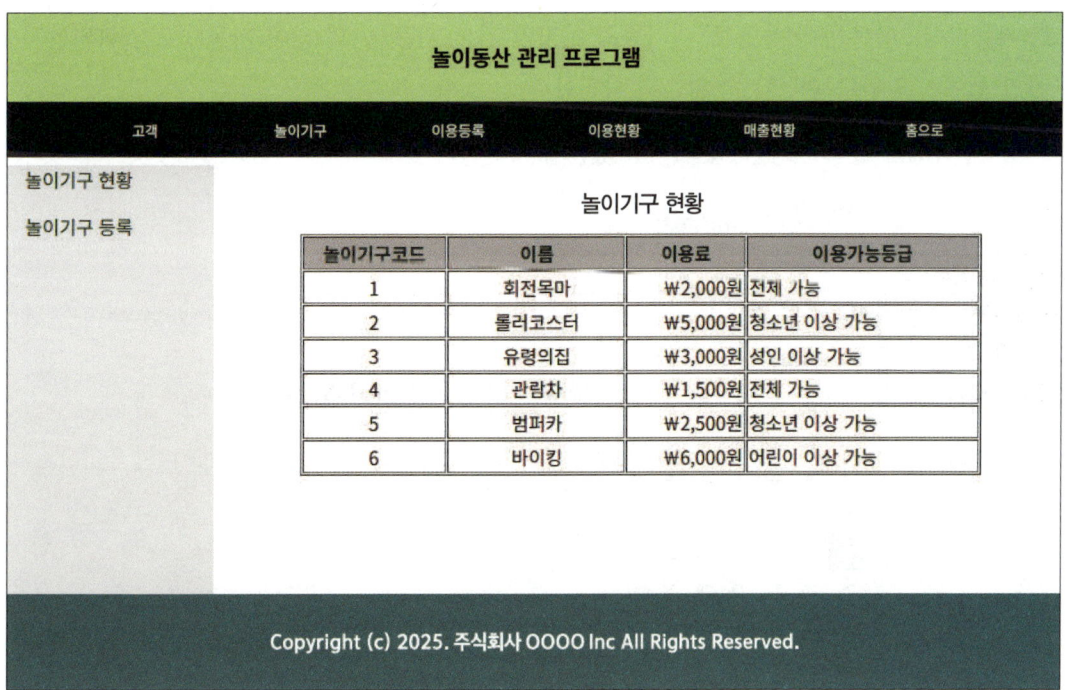

㉔ 데이터를 입력해서 변동된 등록 현황 페이지 데이터를 확인한다.

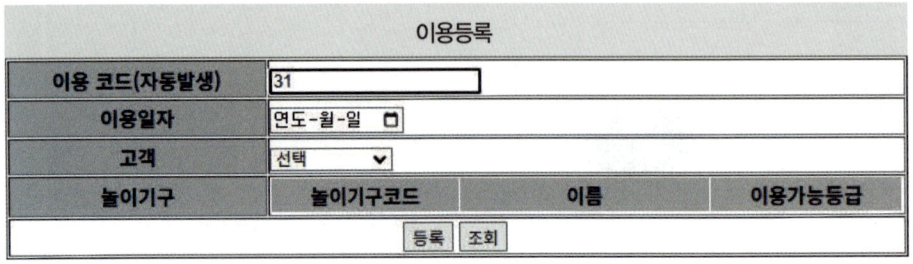

○ 놀이기구 현황(기존)   ○ 놀이기구 현황(데이터 입력)

㉕ '이용등록' 메뉴를 클릭하면 그림과 같이 '이용등록' 화면이 출력되는지 확인한다.

㉖ '이용 코드(자동발생)' 항목은 '이용정보' 테이블의 마지막 기본 키값 +1의 값이 자동으로 입력되는지 확한다. 사용자가 웹에서 임의로 수정할 수 없는지 확인한다.

㉗ '이용일자' 항목은 html 달력 기능을 입력할 수 있는지 확인한다.

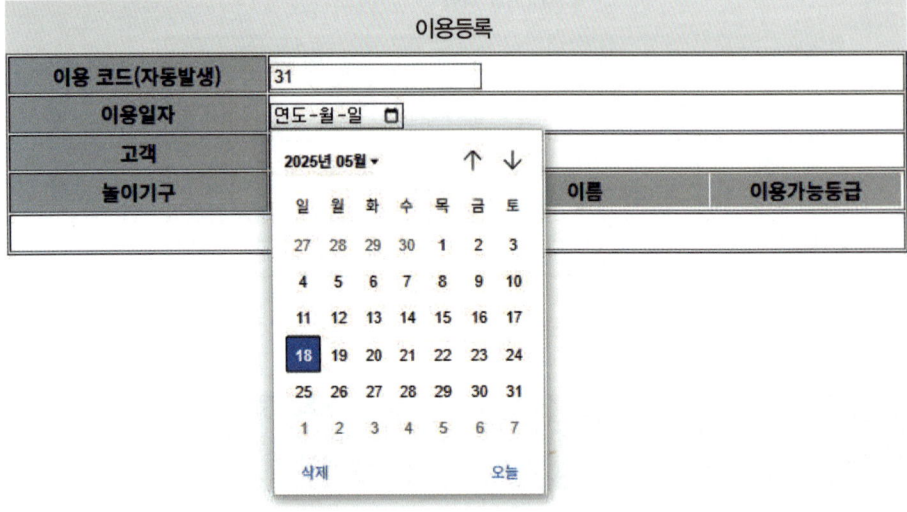

㉘ '고객' 항목은 고객 테이블에서 정보를 가져와서 '이름(나이)'을 선택할 수 있는지 확인한다.

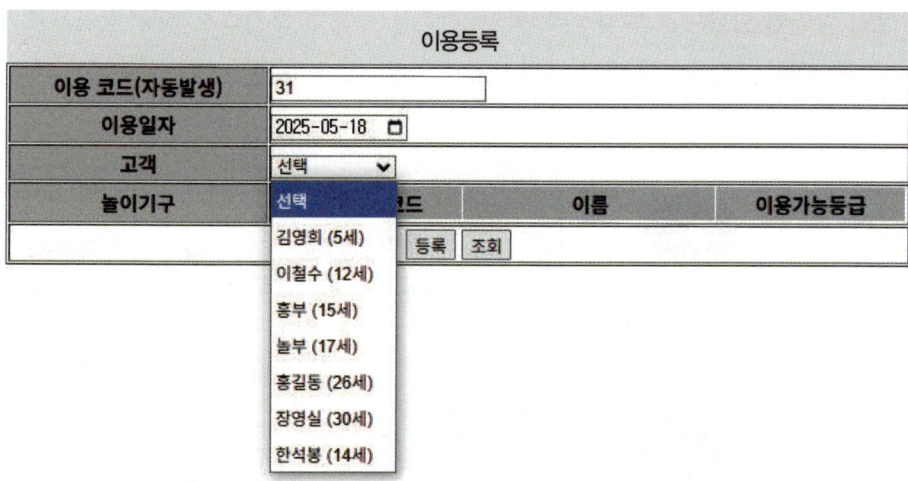

㉙ '놀이기구' 항목은 고객을 선택하였을 때 고객의 나이에 따라 선택할 수 있는 놀이기구만 자동으로 표기하여 선택할 수 있는지 확인한다.

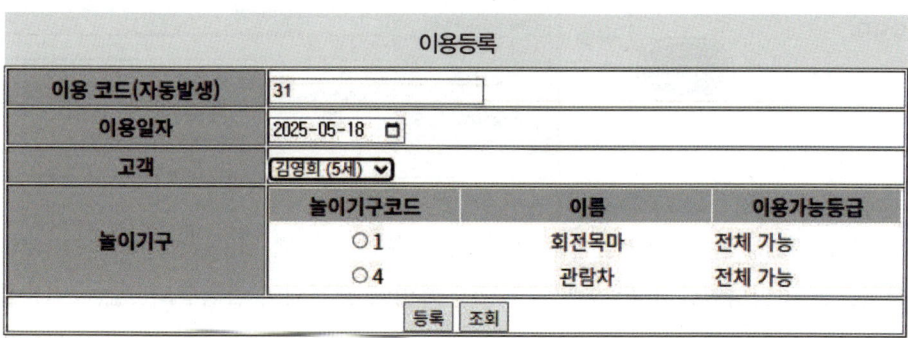

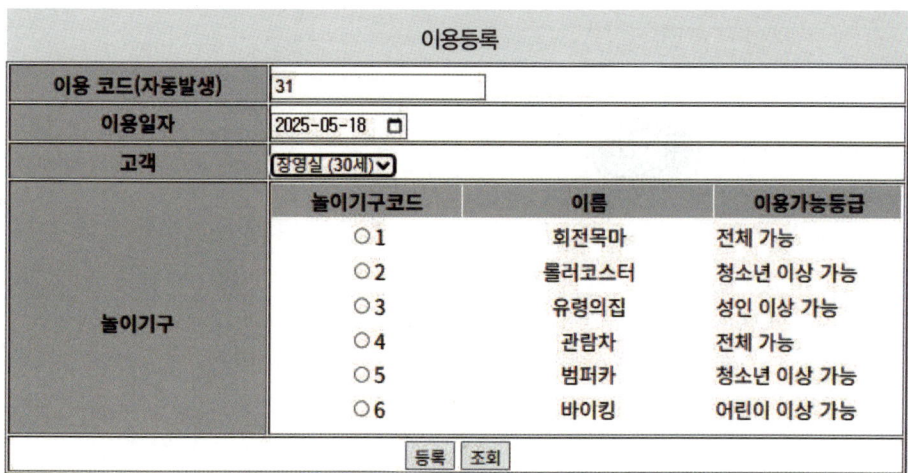

㉚ 이용일자, 고객, 놀이기구 항목 값이 입력되지 않은 경우에 [등록] 버튼을 누르면 '{항목}을 입력(선택)하지 않았습니다.'라는 알림창이 화면에 나타나고 알림창의 '확인' 버튼을 누르면 포커스가 해당 항목으로 이동하는지 확인한다. ('놀이기구 코드' 브라우저에 따라 포커스 표시가 안 될 수 있음)

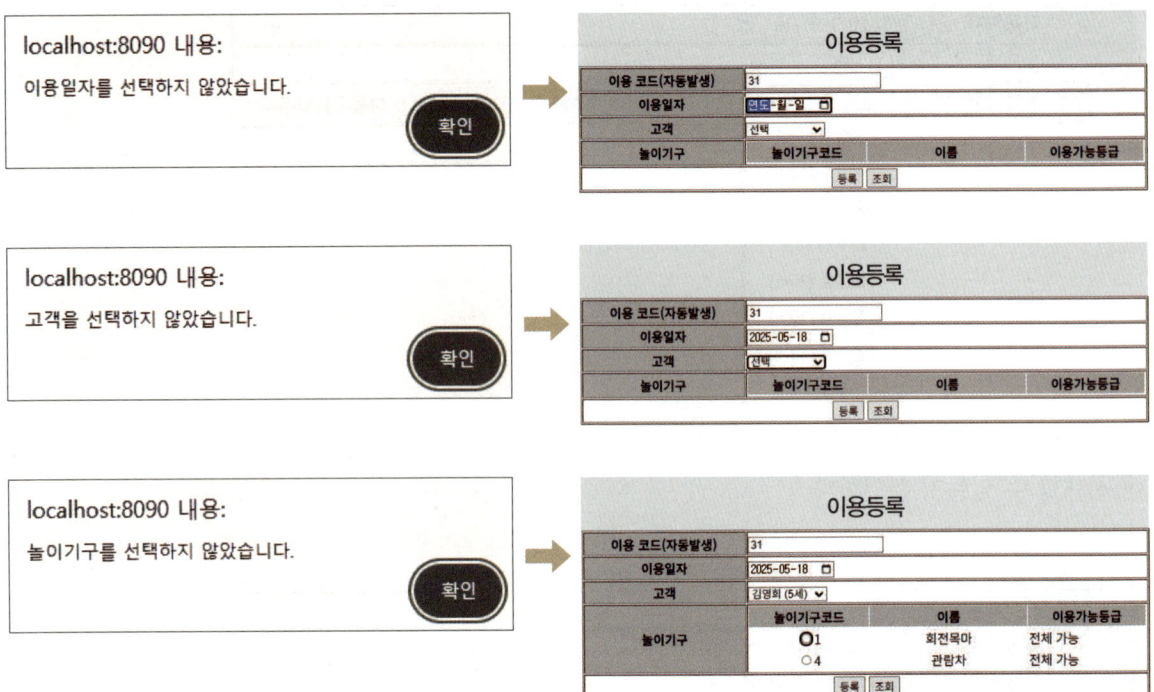

㉛ 데이터(2025-5-18, 한석봉(14세), 회전목마) 입력한 후 '등록' 버튼을 누르면 데이터베이스 '이용정보' 테이블에 저장된 후 '정상적으로 처리되었습니다.'라는 알림창이 화면에 출력되며 알림창의 '확인' 버튼을 누르면 '이용현황' 화면으로 이동한다.

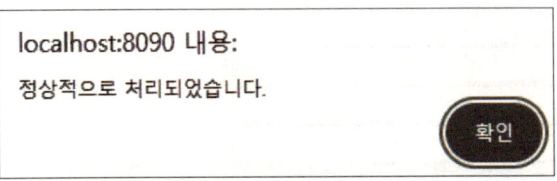

㉜ '조회' 버튼을 누르면 '이용현황' 페이지 화면으로 이동한다.

놀이동산 관리 프로그램

고객 | 놀이기구 | 이용등록 | 이용현황 | 매출현황 | 홈으로

이용현황

이용내역코드	이용일자	놀이기구이름	이용료	지불비용	고객이름	자유이용권	삭제
1	2025-05-01	회전목마	₩2,000원	₩1,000원	김영희	--	[삭제]
2	2025-05-01	롤러코스터	₩5,000원	₩2,500원	이철수	--	[삭제]
3	2025-05-01	유령의집	₩3,000원	₩1,500원	김영희	--	[삭제]
4	2025-05-01	회전목마	₩2,000원	₩1,600원	흥부	--	[삭제]
5	2025-05-01	관람차	₩1,500원	₩0원	홍길동	있음	[삭제]
6	2025-05-02	롤러코스터	₩5,000원	₩2,500원	김영희	--	[삭제]
7	2025-05-02	범퍼카	₩2,500원	₩0원	놀부	있음	[삭제]
8	2025-05-02	회전목마	₩2,000원	₩1,000원	이철수	--	[삭제]
9	2025-05-02	유령의집	₩3,000원	₩3,000원	장영실	--	[삭제]
10	2025-05-02	롤러코스터	₩5,000원	₩4,000원	흥부	--	[삭제]
11	2025-05-03	회전목마	₩2,000원	₩0원	놀부	있음	[삭제]
12	2025-05-03	범퍼카	₩2,500원	₩1,250원	김영희	--	[삭제]
13	2025-05-03	유령의집	₩3,000원	₩1,500원	이철수	--	[삭제]
14	2025-05-03	롤러코스터	₩5,000원	₩0원	홍길동	있음	[삭제]
15	2025-05-03	관람차	₩1,500원	₩1,500원	장영실	--	[삭제]
16	2025-05-04	관람차	₩1,500원	₩1,200원	흥부	--	[삭제]
17	2025-05-04	롤러코스터	₩5,000원	₩0원	놀부	있음	[삭제]
18	2025-05-04	회전목마	₩2,000원	₩1,000원	김영희	--	[삭제]
19	2025-05-04	범퍼카	₩2,500원	₩2,500원	장영실	--	[삭제]
20	2025-05-04	회전목마	₩2,000원	₩0원	홍길동	있음	[삭제]
21	2025-05-05	관람차	₩1,500원	₩750원	이철수	--	[삭제]
22	2025-05-05	유령의집	₩3,000원	₩0원	놀부	있음	[삭제]
23	2025-05-05	범퍼카	₩2,500원	₩2,000원	흥부	--	[삭제]
24	2025-05-05	회전목마	₩2,000원	₩2,000원	장영실	--	[삭제]
25	2025-05-05	유령의집	₩3,000원	₩0원	홍길동	있음	[삭제]
26	2025-05-06	범퍼카	₩2,500원	₩1,250원	이철수	--	[삭제]
27	2025-05-06	관람차	₩1,500원	₩0원	놀부	있음	[삭제]
28	2025-05-06	롤러코스터	₩5,000원	₩5,000원	장영실	--	[삭제]
29	2025-05-06	회전목마	₩2,000원	₩1,600원	흥부	--	[삭제]
30	2025-05-06	관람차	₩1,500원	₩750원	김영희	--	[삭제]
31	2025-05-18	회전목마	₩2,000원	₩0원	한석봉	있음	[삭제]

Copyright (c) 2025. 주식회사 OOOO Inc All Rights Reserved.

㉝ 매출현황 페이지의 데이터가 적용되었는지 확인한다.

이용일자별 매출현황 (기존)

이용일자	매출금액
2025년 5월 1일	₩6,600원
2025년 5월 2일	₩10,500원
2025년 5월 3일	₩4,250원
2025년 5월 4일	₩4,700원
2025년 5월 5일	₩4,750원
2025년 5월 6일	₩8,600원
자유이용권	₩40,000원

○ 이용일자별 매출현황(기존)

이용일자별 매출현황 (데이터 입력)

이용일자	매출금액
2025년 5월 18일	₩0원
2025년 5월 1일	₩6,600원
2025년 5월 2일	₩10,500원
2025년 5월 3일	₩4,250원
2025년 5월 4일	₩4,700원
2025년 5월 5일	₩4,750원
2025년 5월 6일	₩8,600원
자유이용권	₩60,000원

○ 이용일자별 매출현황(데이터 입력)

고객별 매출현황 (기존)

고객코드	고객이름	고객나이	이용횟수	매출금액
4	놀부	17세	5번	₩20,000원
6	장영실	30세	5번	₩14,000원
1	김영희	5세	6번	₩8,000원
3	흥부	15세	5번	₩10,400원
5	홍길동	26세	4번	₩20,000원
2	이철수	12세	5번	₩7,000원

○ 고객별 매출현황(기존)

고객별 매출현황 (데이터 입력)

고객코드	고객이름	고객나이	이용횟수	매출금액
4	놀부	17세	5번	₩20,000원
6	장영실	30세	5번	₩14,000원
1	김영희	5세	6번	₩8,000원
3	흥부	15세	5번	₩10,400원
5	홍길동	26세	4번	₩20,000원
7	한석봉	14세	1번	₩20,000원
2	이철수	12세	5번	₩7,000원

○ 고객별 매출현황(데이터 입력)

놀이기구별 매출현황 (기존)

놀이기구코드	놀이기구이름	놀이기구등급	매출금액
2	롤러코스터	청소년	₩14,000원
3	유령의집	성인	₩6,000원
4	관람차	전체	₩4,200원
5	범퍼카	청소년	₩7,000원
1	회전목마	전체	₩8,200원
자유이용권	--	--	₩40,000원

○ 놀이기구별 매출현황(기존)

놀이기구별 매출현황 (데이터 입력)

놀이기구코드	놀이기구이름	놀이기구등급	매출금액
2	롤러코스터	청소년	₩14,000원
3	유령의집	성인	₩6,000원
4	관람차	전체	₩4,200원
5	범퍼카	청소년	₩7,000원
1	회전목마	전체	₩8,200원
자유이용권	--	--	₩60,000원

○ 놀이기구별 매출현황(데이터 입력)

㉞ '31번' 항목에서 [삭제]를 눌러서 정상적으로 삭제되는지 확인한다.

놀이동산 관리 프로그램

고객　　　놀이기구　　　이용등록　　　이용현황　　　매출현황　　　홈으로

이용현황

이용내역코드	이용일자	놀이기구이름	이용료	지불비용	고객이름	자유이용권	삭제
1	2025-05-01	회전목마	₩2,000원	₩1,000원	김영희	--	[삭제]
2	2025-05-01	롤러코스터	₩5,000원	₩2,500원	이철수	--	[삭제]
3	2025-05-01	유령의집	₩3,000원	₩1,500원	김영희	--	[삭제]
4	2025-05-01	회전목마	₩2,000원	₩1,600원	흥부	--	[삭제]
5	2025-05-01	관람차	₩1,500원	₩0원	홍길동	있음	[삭제]
6	2025-05-02	롤러코스터	₩5,000원	₩2,500원	김영희	--	[삭제]
7	2025-05-02	범퍼카	₩2,500원	₩0원	놀부	있음	[삭제]
8	2025-05-02	회전목마	₩2,000원	₩1,000원	이철수	--	[삭제]
9	2025-05-02	유령의집	₩3,000원	₩3,000원	장영실	--	[삭제]
10	2025-05-02	롤러코스터	₩5,000원	₩4,000원	흥부	--	[삭제]
11	2025-05-03	회전목마	₩2,000원	₩0원	놀부	있음	[삭제]
12	2025-05-03	범퍼카	₩2,500원	₩1,250원	김영희	--	[삭제]
13	2025-05-03	유령의집	₩3,000원	₩1,500원	이철수	--	[삭제]
14	2025-05-03	롤러코스터	₩5,000원	₩0원	홍길동	있음	[삭제]
15	2025-05-03	관람차	₩1,500원	₩1,500원	장영실	--	[삭제]
16	2025-05-04	관람차	₩1,500원	₩1,200원	흥부	--	[삭제]
17	2025-05-04	롤러코스터	₩5,000원	₩0원	놀부	있음	[삭제]
18	2025-05-04	회전목마	₩2,000원	₩1,000원	김영희	--	[삭제]
19	2025-05-04	범퍼카	₩2,500원	₩2,500원	장영실	--	[삭제]
20	2025-05-04	회전목마	₩2,000원	₩0원	홍길동	있음	[삭제]
21	2025-05-05	관람차	₩1,500원	₩750원	이철수	--	[삭제]
22	2025-05-05	유령의집	₩3,000원	₩0원	놀부	있음	[삭제]
23	2025-05-05	범퍼카	₩2,500원	₩2,000원	흥부	--	[삭제]
24	2025-05-05	회전목마	₩2,000원	₩2,000원	장영실	--	[삭제]
25	2025-05-05	유령의집	₩3,000원	₩0원	홍길동	있음	[삭제]
26	2025-05-06	범퍼카	₩2,500원	₩1,250원	이철수	--	[삭제]
27	2025-05-06	관람차	₩1,500원	₩0원	놀부	있음	[삭제]
28	2025-05-06	롤러코스터	₩5,000원	₩5,000원	장영실	--	[삭제]
29	2025-05-06	회전목마	₩2,000원	₩1,600원	흥부	--	[삭제]
30	2025-05-06	관람차	₩1,500원	₩750원	김영희	--	[삭제]

Copyright (c) 2025. 주식회사 OOOO Inc All Rights Reserved.

6 데이터 초기화

검토를 받기 위해서 프로그램이 제공한 데이터 이외에 테스트 데이터를 삭제한다.

① 이클립스 db.sql에 다음과 같이 입력한다.
- 중요 : 이용등록에 신규데이터를 입력한 것이 있다면 일관성 제약조건으로 삭제가 안 된다.

```sql
DELETE FROM tbl_customer WHERE pk_customer in('7');
DELETE FROM tbl_ride WHERE pk_ride in('6');
COMMIT
```

② 마우스 오른쪽을 눌러서 실행한다.
③ 데이터가 원상태로 돌아온 것을 확인한다.

고객코드	이름	나이	자유이용권
1	김영희	5세	--
2	이철수	12세	--
3	흥부	15세	--
4	놀부	17세	있음
5	홍길동	26세	있음
6	장영실	30세	--
7	한석봉	14세	있음

○ 고객현황(삭제 전)

고객코드	이름	나이	자유이용권
1	김영희	5세	--
2	이철수	12세	--
3	흥부	15세	--
4	놀부	17세	있음
5	홍길동	26세	있음
6	장영실	30세	--

○ 고객현황(삭제 후)

놀이기구코드	이름	이용료	이용가능등급
1	회전목마	₩2,000원	전체 가능
2	롤러코스터	₩5,000원	청소년 이상 가능
3	유령의집	₩3,000원	성인 이상 가능
4	관람차	₩1,500원	전체 가능
5	범퍼카	₩2,500원	청소년 이상 가능
6	바이킹	₩6,000원	어린이 이상 가능

○ 놀이기구 현황(삭제 전)

놀이기구코드	이름	이용료	이용가능등급
1	회전목마	₩2,000원	전체 가능
2	롤러코스터	₩5,000원	청소년 이상 가능
3	유령의집	₩3,000원	성인 이상 가능
4	관람차	₩1,500원	전체 가능
5	범퍼카	₩2,500원	청소년 이상 가능

○ 놀이기구 현황(삭제 후)

| 저자 약력 | **이대희**

현) 세명컴퓨터고등학교 정보 교사
성균관대학교 컴퓨터교육 박사 수료
국가직무능력표준(NCS) 개발·개선·점검·평가 위원

▶ **과정평가형 내부평가 가이드북 집필:** 정보처리기능사, 정보처리산업기사,
  웹디자인기능사 외
▶ **고등학교 인정 교과서 집필:** 인공지능 기초, 컴퓨터 시스템 일반,
  디지털 직업생활, 정보보호 이론, 정보보호 실습, 시스템 보안 실무,
  네트워크 보안 외

과정평가형
정보처리산업기사 실기

2025년 06월 25일 제1판 제1쇄 인쇄
2025년 06월 30일 제1판 제1쇄 발행

지은이 | 이 대 희
펴낸이 | 정 병 국
펴낸곳 | 웅보출판사

주　소 | 서울특별시 강서구 양천로 551-17
　　　　한화비즈메트로 1차 413호(가양동)
전　화 | (02) 326-1497
팩　스 | (02) 326-1843

ISBN 978-89-8462-546-4 (13000)
정가 27,000원

이 책의 어느 부분도 발행인의 승인 없이 일부 또는 전부를 무단으로 복제할 경우
저작권법 98조에 의거 5년 이하의 징역이나 5,000만원 이하의 벌금에 처합니다.